## UNSER ONLINE-BONUS

Herzlichen Glückwunsch zum
Kauf dieses Buches. Auf der
unten genannten Website finden
Sie exklusive und kostenlose
Zusatzangebote. Klicken Sie rein –
es lohnt sich!

www.doko-buch.de

KOMPETENZ · HANSER · GEWINNT

Doberenz/Gewinnus

# Visual C# 2005
Kochbuch

Walter Doberenz
Thomas Gewinnus

# Visual C# 2005
# Kochbuch

Professor Dr.-Ing. habil Walter Doberenz, Altenburg
Dipl.-Ing. Thomas Gewinnus, Frankfurt/Oder

Bibliografische Information Der Deutschen Bibliothek:
Die Deutsche Bibliothek verzeichnet diese Publikation in der Deutschen Nationalbibliografie; detaillierte bibliografische Daten sind im Internet über http://dnb.ddb.de abrufbar.

© 2007 Carl Hanser Verlag München Wien
Lektorat: Fernando Schneider
Sprachlektorat: Sabine Wagner, Altenburg
Herstellung: Monika Kraus
Umschlagdesign: Marc Müller-Bremer, Rebranding, München
Umschlaggestaltung: MCP · Susanne Kraus GbR, Holzkirchen
Datenbelichtung, Druck und Bindung: Kösel, Krugzell
Ausstattung patentrechtlich geschützt. Kösel FD 351, Patent-Nr. 0748702
Printed in Germany

ISBN-10: 3-446-40652-2
ISBN-13: 978-3-446-40652-0
www.hanser.de/computer

# Inhaltsverzeichnis

# Vorwort

Liebe Leserin, lieber Leser,

vor Ihnen liegt unser neues "Visual C# 2005-Kochbuch", dessen Vorgänger sich nun schon fast drei Jahre erfolgreich auf dem Markt behauptet hat.

Ergänzt wurde es um zahlreiche Rezepte, die sich vor allem auf die Neuerungen der .NET-Version 2.0 beziehen, andererseits wurden viele inzwischen veraltete Rezepte gestrichen bzw. grundlegend überarbeitet.

Eingeflossen sind weiterhin die kritischen Hinweise unserer Leser zu den bis jetzt von uns veröffentlichten .NET-Büchern, die Erfahrungen von Lehrgängen und Workshops und last but not least die gesammelten Erkenntnisse unserer eigenen Programmiertätigkeit.

Wir denken und hoffen, dass diese Fundamente so tragfähig sind, dass sie diesem Buch einen ähnlichen Erfolg bescheren wie auch seinem Vorgänger.

## Ist C# die richtige Sprache für Sie?

Wenn Sie sich gerade für C# entschieden haben, dann haben Sie eine gute Wahl getroffen, denn C# ist das ideale Werkzeug zum Programmieren beliebiger .NET-Komponenten, angefangen bei einfachen Windows-Applikationen und lokalen Datenbankanwendungen bis hin zu Web-Anwendungen und XML-basierten Webdiensten.

C# bietet Ihnen die Möglichkeiten und die Flexibilität von C++ und erlaubt trotzdem eine schnelle und unkomplizierte Programmierpraxis wie Visual Basic. C# ist genauso mächtig wie C++, wurde aber komplett neu auf objektorientierter Basis geschrieben.

## Ist dieses Buch genau das, was Sie suchen?

Wahrscheinlich gehören auch Sie zum Kreis der angehenden oder gestandenen .NET-Programmierer, die es mittlerweile überdrüssig sind, ziel- und endlos in den zahlreichen Handbüchern oder Hilfedateien herumzustöbern, und die deshalb nach einem praxistauglichen Nachschlagewerk Ausschau halten, mit dem man

1. möglichst alle Fragen beantworten kann und

2. möglichst schnell das Gesuchte findet.

Zum Punkt 1 müssen wir Sie leider enttäuschen – ein derartiges "Großes Buch" gibt es bis heute noch nicht und wird es angesichts des gigantischen Füllhorns der .NET-Technologie, das Microsoft über uns ausgegossen hat, voraussichtlich auch niemals geben. Wir wollen uns aber im vorliegenden Buch bemühen, möglichst viele Lernbeispiele und Problemlösungen in allgemein verständlicher Form zu bringen, ohne dabei das zu wiederholen, was Ihnen die bereits etablierte

Fachliteratur oder die zu Visual C# 2005 bzw. Visual Studio 2005 mitgelieferte Dokumentation ohnehin schon bietet.

Bezüglich Punkt 2 sieht es da schon viel besser aus. Die einzelnen Rezepte des Kochbuchs sind in 11 Themengruppen übersichtlich angeordnet und mit treffsicheren Titeln ausgestattet. Der Index sollte ein Übriges dazu beitragen, schnell an die gewünschten Informationen zu kommen.

## Programmieren lernt man nur durch Beispiele!

Die Grundphilosophie unserer Kochbücher, die auch zu verschiedenen anderen Programmiersprachen (Borland Delphi, Visual Basic) erschienen sind, basiert auf zwei Erkenntnissen:

■ Programmieren lernt man nicht durch lineares Durcharbeiten eines Lehrbuchs, sondern nur nach dem "learning by doing"-Prinzip, d.h. durch unermüdliches Ausprobieren von Beispielen, verbunden mit ständigem Nachschlagen in der Referenz. Diese Beispiele fügen sich erst nach längerer Zeit wie Mosaiksteinchen zu einer tragfähigen Basis.

■ Umfang und Möglichkeiten einer .NET-Programmiersprache sind so gewaltig, dass jeder seriöse Titel das Prinzip der Vollständigkeit aufgeben muss und sich nach dem Prinzip "so viel wie nötig" lediglich eine "Initialisierungsfunktion" auf die Fahnen schreiben kann.

Der inhaltliche Bogen der rund 400 Rezepte spannt sich vom simplen Einsteigerbeispiel bis hin zu anspruchsvollen Profi-Techniken und erfasst dabei, von sprachlichen Grundlagen über Steuerelemente, Grafik, Dateien und Datenbanken bis hin zu Druckersteuerung und Internetanwendungen so gut wie alle wesentlichen Einsatzgebiete der Windows- und Web-Programmierung mit Visual C# 2005.

So hoffen wir, dass auch Sie der angebotene Breitband-Mix nicht enttäuschen wird und für jeden Ihrer Ansprüche etwas dabei ist.

**HINWEIS:** Wer an fortgeschrittenen Techniken der .NET-Programmierung unter besonderer Berücksichtigung der Neuerungen in .NET 2.0 interessiert ist, den verweisen wir auf unser Buch Visual C# 2005 für Profis (ISBN 3-446-40653-0).

## Ideal auch für Visual Basic-Umsteiger

Das Pendant zum vorliegenden Buch ist unser ebenfalls bei Hanser erschienenes Visual Basic 2005-Kochbuch. Da beide Bücher exakt das gleiche Inhaltsverzeichnis haben (inkl. Beispielcode auf CD), lassen sich ideale Vergleiche zwischen beiden Sprachen anstellen.

Eine solche "Übersetzungshilfe" ist besonders nützlich, weil einerseits viele altgediente Visual Basic-Programmierer zu C# wechseln und man andererseits in einem .NET-Entwicklerteam durchaus in mehreren .NET-Sprachen zusammenarbeitet.

## Inhalt der Buch-CD

Die zu diesem Buch mitgelieferte CD-ROM enthält den vollständigen Quellcode aller Rezepte. Auch alle benötigten Beispieldatenbanken sind mehrfach enthalten.

Für den Einsteiger einige weitere Hinweise, die wir aufgrund von Erfahrungen mit unseren .NET-Vorgängertiteln diesmal nicht vergessen wollen:

- Sie sollten natürlich Visual Studio 2005 auf Ihrem PC installiert haben (diese Software befindet sich nicht auf der Buch-CD!).

- Wollen Sie direkt auf die Ordner zugreifen, dann klicken Sie auf das CD-Laufwerk mit der rechten Maustaste und wählen im Kontextmenü den Eintrag *Öffnen*. Kopieren Sie dann die gewünschten Dateien auf die Festplatte (falls Sie mit einem älteren Betriebssystem als Windows XP arbeiten, müssen Sie anschließend den Schreibschutz manuell entfernen).

- In der Regel sind alle von der Festplatte gestarteten Beispiele sofort lauffähig, da die Datenbanken meistens direkt in das Projektverzeichnis kopiert wurden, wodurch Probleme mit absoluten Pfadangaben entfallen.

- Für einige Beispiele ist eine Installation von SQL Server 2005 (SQLEXPRESS) erforderlich.

- Bei verteilten Anwendungen, insbesondere bei den Beispielen zu ASP.NET und XML-Webdiensten, ist besondere Aufmerksamkeit geboten (Reihenfolge der Installation der Client- und Server-Komponenten beachten, siehe beigefügte Liesmich-Dateien).

## Nobody is perfect

... und so können auch die Autoren nicht ausschließen, dass sich auf fast 900 Seiten dieser oder jener Fehler eingeschlichen hat oder dass etwas sehr Wichtiges einfach vergessen wurde.

Wenn Sie das "Haar in der Suppe" gefunden haben sollten – wir sind für alle sachlich fundierten Hinweise und Kritiken dankbar!

Richten Sie Ihr Feedback bitte an folgende Adresse:

*autoren@doko-buch.de*

Aktuelle Hinweise, Fehlerberichtigungen etc. finden Sie auf unserer Homepage:

*www.doko-buch.de*

## Dank an alle Helfer und ein guter Rat für den Leser

Beide Autoren wollen es nicht versäumen, sich bei ihren Familien wieder mal für eine mehrwöchige totale geistige Abwesenheit zu entschuldigen und sich mit einem großen Blumenstrauß für die über alle Maßen hinaus strapazierte Geduld und Nachsicht zu bedanken.

Einen herzlichen Dank auch den netten Damen und Herren vom Carl Hanser Verlag, allen voran unserem tapferen und unbeugsamen Lektor Fernando Schneider, die uns zum richtigen Zeitpunkt ermutigt haben, den immer weiter aufquellenden Hefeteig endlich in die Backröhre zu schieben.

Und zum Schluss ein gut gemeinter Rat an alle Leser:

**HINWEIS:** Machen Sie beim Experimentieren möglichst viele Fehler – denn nur so lernen Sie wirklich etwas!

In diesem Sinne wünschen wir Ihnen neben dem notwendigen Stehvermögen auch zahlreiche freudige "Aha"-Erlebnisse auf Ihrem Weg zum erfolgreichen C#-Programmierer!

*Walter Doberenz und Thomas Gewinnus*

*Altenburg und Frankfurt/O., im September 2006*

# Kapitel 1

# Sprache

## R1.1  Anwendungen von VB.NET nach C# portieren

Sie sind VB.NET-Programmierer und wollen zu C# wechseln? Das vorliegende Rezept soll Ihnen den Umstieg erleichtern.

Leider können wir Ihnen für eine automatisierte Durchführung keine Patentlösung geben. Im Internet werden zwar diverse Übersetzungshilfen angeboten, sie sind allerdings so mit Mängeln behaftet, dass wir sie Ihnen beim besten Willen nicht empfehlen wollen.

Am schnellsten und zuverlässigsten geht das Portieren immer noch in "Handarbeit":

- Öffnen Sie das zu übersetzende VB.NET-Projekt mit Visual Studio .NET.

- Laden Sie eine zweite Instanz von Visual Studio .NET und öffnen Sie ein neues C#-Projekt.

- Kopieren Sie über die Windows-Zwischenablage die visuellen Komponenten (keine Formulare!) von der VB- in die C#-Entwicklungsumgebung.

- Kopieren Sie abschnittsweise den VB-Code in das C#-Codefenster und ersetzen Sie dort Schritt für Schritt die VB- durch die C#-Syntax.

Die folgenden Ausführungen sollen Ihnen die Arbeit erleichtern.

### Die augenfälligsten Unterschiede

Beim Vergleich beider Programmiersprachen stechen zunächst die folgenden Unterschiede ins Auge:

- **Abschluss einer Befehlszeile**
  Während in Visual Basic der Zeilenumbruch eine Befehlszeile abschließt, übernimmt in C# das Semikolon diese Funktion, sodass sich Anweisungen über mehrere Zeilen erstrecken können!

■ **Groß-/Kleinschreibung**

In Visual Basic spielt die Groß-/Kleinschreibung keine Rolle, C# hingegen ist eine case-sensitive Sprache, die in "Oberlehrermanier" peinlichst zwischen Groß- und Kleinschreibung unterscheidet.

■ **Kommentare**

In VB sind nur einzeilige, in C# hingegen auch mehrzeilige Kommentare möglich.

■ **Module und Klassen**

Während sich in C# alles in Klassenmodulen abspielt, gibt es in VB zusätzlich noch die Möglichkeit, die aus dem alten Visual Basic stammenden Module einzusetzen. Als Bezug auf die eigene Klasseninstanz benutzt man unter VB das Schlüsselwort *Me*, unter C# aber *this*.

■ **Gültigkeitsbereiche**

Während die Gültigkeitsbereiche der lokalen Variablen sich in C# eindeutig aus der durch die geschweiften Klammern eingegrenzten Blockstruktur ergeben, kann man in VB.NET die Blöcke nur indirekt aus der Struktur der Anweisungen ableiten.

■ **Variablendeklaration**

In C# beginnen Variablendeklarationen grundsätzlich mit der Angabe des Datentyps.

■ **Typkonvertierungen**

In C# finden strengere Typkontrollen statt. Es gibt weder *Option Strict Off* noch *Option Explicit Off*.

■ **Namespaces**

Während ein Namensraum unter VB mit *Imports* eingebunden wird, erfolgt dies unter C# mit *using*.

Ehe wir weiter ins Detail gehen, zeigt die folgende Tabelle eine zeilenweise Gegenüberstellung von zwei kompletten Programmen (Konsolenanwendungen).

---

**HINWEIS:** Den Quellcode für beide Programme finden Sie auf der Buch-CD!

| VB | C# |
|---|---|
| ```
Imports System      ' Namespace einbinden
Module Module1      ' Das Programm ist eine
                    ' Konsolenanwendung


Sub Main()

    Dim c As Char
    Console.WriteLine("Umrechnung Euro-Dollar")
    Do

        Dim kurs, euro, dollar As Single
        Console.Write("Kurs 1 : ")
        kurs = CSng(Console.ReadLine())
        Console.Write("Euro: ")
        euro = CSng(Console.ReadLine())
        dollar = euro * kurs
        Console.WriteLine("Sie erhalten " & _
        dollar.ToString("0.00 Dollar"))
        Console.Write("Programm beenden? (j/n)")
        c = CChar(Console.ReadLine())
    Loop While c <> "j"
    End Sub
End Module
``` | ```
using System;      // Namespace einbinden
class Program      /* Das Programm ist eine
                        Konsolenanwendung */
{
  static void Main(string[] args)
  {
    char c;
    Console.WriteLine("Umrechnung Euro-Dollar");
    do
    {
        float kurs, euro, dollar;
        Console.Write("Kurs 1 : ");
        kurs = Convert.ToSingle(Console.ReadLine());
        Console.Write("Euro: ");
        euro = Convert.ToSingle(Console.ReadLine());
        dollar = euro * kurs;
        Console.WriteLine("Sie erhalten " +
                dollar.ToString("0.00 Dollar"));
        Console.Write("Programm beenden? (j/n)");
        string s = Console.ReadLine(); c = s[0];
    } while(c != 'j');
  }
}
``` |

## Datentypen

C#- und VB.NET-Datentypen werden durch die .NET-Klassenbibliothek vorgegeben.

| VB.NET-Datentyp | C#-Datentyp | .NET-CLR-Typ |
|---|---|---|
| Byte | byte | System.Byte |
| SByte | sbyte | System.SByte |
| Short | short | System.Int16 |
| UShort | ushort | System.UInt16 |
| Integer | int | System.Int32 |
| UInteger | uint | System.UInt32 |
| Long | long | System.Int64 |
| ULong | ulong | System.UInt64 |
| Single | float | System.Single |
| Double | double | System.Double |
| Decimal | decimal | System.Decimal |
| Char | char | System.Char |
| Boolean | bool | System.Boolean |
| String | string | System.String |
| Object | object | System.Object |

Dazu einige Bemerkungen:

- Die vorzeichenlosen C#-Datentypen *sbyte*, *ushort*, *uint* und *ulong* werden erst ab .NET 2.0 auch von Visual Basic unterstützt.

- Der *Date*-Datentyp aus VB wird in C# durch die komplexe *DateTime*-Struktur ersetzt.

## Operatoren

| VB | C# | VB | C# | VB | C# |
|------|------|---------|------|--------|------|
| =  +  - | =  +  - | And | & | = | == |
|    | ++ | Or | \| | ⟨  ⟩ | ⟨  ⟩ |
| *  / | *  / | Xor | ^ | <=  >= | <=  >= |
| \  | | AndAlso | && | <> | != |
| Mod | % | OrElse | \|\| |  |  |
| ^ |  | Not | ! |  |  |

Einige Bemerkungen:

- Zuweisungen können in C# noch einen Tick kompakter geschrieben werden, so wird aus

  ```
  x += 1
  ```

  die Anweisung

  ```
  x++;
  ```

- In C# gibt es offensichtlich keinen Potenzoperator. Hinreichenden Ersatz bietet die *Pow*-Methode der *Math*-Klasse. So kann z.B. die Anweisung

  ```
  d = 6 ^ 3
  ```

  ersetzt werden durch:

  ```
  d = Math.Pow(6, 3);
  ```

## Verzweigungen

| VB | C# |
|------|------|
| ```If zensur = 1 Then```<br>`   Label1.Text = "Sehr gut!"`<br>`ElseIf zensur = 2 Then`<br>`   Label1.Text = "Gut"`<br>`ElseIf zensur = 3`<br>`   Label1.Text = "Befriedigend"`<br>`Else`<br>`   Label1.Text = "Nicht erlaubte Zensur!"`<br>`End If` | `if (zensur == 1)`<br>`  label1.Text = "Sehr gut!";`<br>`else if (zensur == 2)`<br>`  label1.Text = "Gut";`<br>`else if (zensur == 3)`<br>`  label1.Text = "Befriedigend";`<br>`else`<br>`  label1.Text = "Nicht erlaubte Zensur!";` |

| VB | C# |
|---|---|
| ```
Select Case zensur
  Case 1: label1.Text = "Sehr gut"
  Case 2: label1.Text = "Gut"
  Case 3: label1.Text = "Mmmm"
  Case Else
    Label1.Text = "????"
End Select
``` | ```
switch (zensur)
{ case 1: label1.Text = "Sehr gut"; break;
  case 2: label1.Text = "Gut"; break;
  case 3: label1.Text = "Mmmm"; break;
  default :
  label1.Text = "????"; break;
}
``` |
| ```
Try
  c = a / b
  Me.Text = c.ToString
Catch ex As Exception
  MessageBox.Show(ex.Message)
End Try
``` | ```
try
{
  c = a / b;
  this.Text = c.ToString();
}
catch(Exception ex)
{
  MessageBox.Show(ex.Message);
}
``` |

## Schleifen

| VB | C# |
|---|---|
| ```
For i As Integer = 1 To 10
    ListBox1.Items.Add("Hallo!")
Next i
``` | ```
for (int i = 1; i <= 10; i++)
    listBox1.Items.Add(" Hallo!");
``` |
| ```
Do While i <= 10
  ListBox1.Items.Add("Hallo!")
  i += 1
Loop
``` | ```
while (i <= 10)
{ listBox1.Items.Add("Hallo!");
  i++;
}
``` |
| ```
Do
 ListBox1.Items.Add("Hallo!")
 i +=1
Loop While i <=10
``` | ```
do
{ listBox1.Items.Add("Hallo!");
  i ++;
} while (i <= 10);
``` |

## Arrays

| VB | C# |
|---|---|
| ```
Dim A(100) As Double
A(0) = 12.5
``` | ```
double[] A = new double[100];
A[0] = 12.5;
``` |
| ```
Dim feld As Double
For Each feld In A
  MessageBox.Show(feld.ToString)
Next feld
``` | ```
foreach (double feld in A)
{
  MessageBox.Show(feld.ToString());
}
``` |

## Strukturen

| VB | C# |
|---|---|
| ```Structure Person``` | ```struct Person``` |

```
Structure Person
  Public vorName, nachName As String
  Public alter As Integer
End Structure
```

```
struct Person
{ public string vorName, nachName;
  public int alter;
}
```

## Enumerationen

| VB | C# |
|---|---|

```
Enum erstesQuartal As Byte
  JANUAR = 1
  FEBRUAR
  MÄRZ
End Enum
```

```
enum erstesQuartal : byte
{JANUAR = 1,
 FEBRUAR,
 MÄRZ
}
```

- Arrays sind in .NET alle dynamisch und beginnen grundsätzlich mit dem Index 0, dieser ist in VB in runde, in C# hingegen in eckige Klammern einzuschließen.

- In VB ist einfaches Umdimensionieren von Arrays zur Laufzeit mittels *ReDim*-Anweisung möglich, das geht unter C# nicht mehr. Benutzen Sie zu diesem Zweck komfortablere Klassen, wie z.B. die *ArrayList*.

- VB bietet den einfachen *With*-Zugriff auf Struktur- und Objektvariablen. Dieses Feature ist unter C# leider immer noch nicht vorhanden.

## Funktionen, Prozeduren, Methoden

| VB | C# |
|---|---|

```
Function Kugel(ByVal ra As Double, _
            ByVal sg As Double) As Double
  Dim vol As Double = _
      4 / 3 * Math.Pi * Math.Pow(ra, 3)
  Return sg * vol
End Function
```

```
double Kugel(double ra, double sg)
{
    double vol =
      4 / 3.0 * Math.PI * Math.Pow(ra, 3);
  return(sg * vol);
}
```

```
Sub Kugel(ByVal ra As Double, _
            ByVal sg As Double)
  Dim vol As Double = _
      4 / 3 * Math.Pi * Math.Pow(ra, 3)
  gew = sg * vol
End Sub
```

```
void Kugel(double ra, double sg)
{
    double vol =
      4 / 3F * Math.PI * Math.Pow(ra, 3);
  gew = sg * vol;
}
```

| VB | C# |
|---|---|
| ```Declare Function GetDC Lib "user32" _    Alias "GetDC" (ByVal hwnd As Integer) _    As Integer ... Dim dc As Integer = GetDC(0)``` | ```[DllImport("user32.dll")] static extern int  GetDC(int  hwnd); ... int dc = GetDC(0);``` |

- VB unterscheidet zwischen Funktionen und Prozeduren, C# kennt nur noch Methoden mit und ohne (*void*) Rückgabewert.

- In C# wird beim Aufruf einer Methode grundsätzlich die Argumentliste geklammert, auch wenn sie leer ist.

```
textBox1.Text = euro.ToString();
```

## Klassendefinition

| VB | C# |
|---|---|
| ```Public Class CKunde    Public Shared Const mwst As Double = 0.16   Private _anrede, _name As String    Public Sub New(ByVal anr As String, _                ByVal nam As String)     _anrede = anr; _name = nam   End Sub    Public Property name() As String      Get         Return _name      End Get      Set(ByVal Value As String)         _name = Value      End Set   End Property    Public Function adresse() As String      Dim s As String = _anrede & " " & _name      Return s   End  End Class``` | ```public class CKunde {   public static const double mwst = 0.16;   private string _anrede, _name;    public CKunde(string anr, string nam)   {     _anrede = anr;  _name = nam;   }    public string name   {      get      {return(_name);}      set      {_name = value;}   }    public string adresse()   {      string s = _anrede + " " + _name;      return(s);   } }``` |

### Erzeugen eines Objekts

| VB | C# |
|---|---|
| ```Private kunde1 As CKunde
kunde1 = New CKunde("Frau", "Maus")``` | ```private CKunde kunde1;
kunde1 = new CKunde1("Frau", "Maus");``` |
| ```Private kunde1 As New CKunde("Frau", "Maus")``` | ```private CKunde kunde1 = new CKunde("Frau", "Maus");``` |

### Ereignis definieren

| VB | C# |
|---|---|
| ```Public Event ereignis( _
    ByVal Sender As Object, ByVal e As String)
...
RaiseEvent ereignis(Me, "Hallo")``` | ```public delegate void EreignisTyp(
            object sender, string e);

public event EreignisTyp ereignis;
...
ereignis(this, "Hallo");``` |

### Ereignis benutzen

| VB | C# |
|---|---|
| ```Private WithEvents kunde1 As CKunde

kunde1 = New CKunde

AddHandler kunde1.ereignis, _
        AddressOf Me.ereignisHandler
...
Private Sub ereignisHandler( _
  ByVal sender As Object, ByVal e As String)
  ...
End Sub``` | ```private CKunde kunde1;

kunde1 = new CKunde();

kunde1.ereignis += new
  CKunde.EreignisTyp(this.ereignisHandler);
...
private void ereignisHandler(
            object sender, string e)
{
  ...
}``` |

**HINWEIS:** Das unter VB übliche (statische) Zuweisen eines Eventhandlers mittels *Handles*-Klausel ist unter C# nicht möglich.

# R1.2  An der Kommandozeile kompilieren

Auch ohne das teure *Visual Studio 2005* können Sie bereits Programme in *C#* entwickeln, da der benötigte Compiler Bestandteil des von Microsoft kostenlos erhältlichen .NET-Frameworks ist und zum Schreiben des Quellcodes ein normaler Texteditor genügt. Das Rezept beschreibt die dazu erforderlichen Vorbereitungen, wie Sie sie normalerweise unter Windows XP vornehmen sollten, um sich die Arbeit zu erleichtern.

## Compilerpfad eintragen

Der C# Compiler *csc.exe* befindet sich ziemlich versteckt im Verzeichnis *...\WINDOWS\Microsoft.NET\Framework\v2.0.50727*. Allerdings kann der letzte Ordner auch anders heißen, da er immer nach der aktuellen Versionsnummer des .NET Frameworks benannt ist.

Weil das Compilieren an der Kommandozeile ausgeführt wird, sollten Sie *csc.exe* in den Windows-Pfad aufnehmen, um so den Aufruf in jedem Ordner des Systems zu ermöglichen. Sie finden den Dialog zur Einstellung der *Path*-Umgebungsvariablen in der Windows XP-Systemsteuerung unter dem Eintrag "System" im Register "Erweitert".

▪ Klicken Sie dort auf die Schaltfläche "Umgebungsvariablen".

▪ Suchen Sie in der Liste "Systemvariablen" den *Path*-Eintrag und klicken Sie auf die Schaltfläche "Bearbeiten".

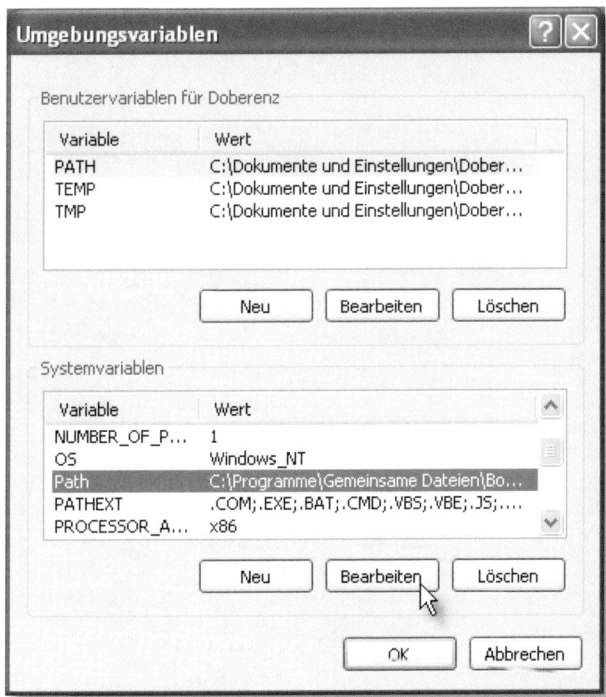

▪ Durch ein Semikolon (;) getrennt hängen Sie den Namen des .NET Framework-Verzeichnisses, in welchem sich auch *csc.exe* befindet, an den bisherigen Eintrag an:

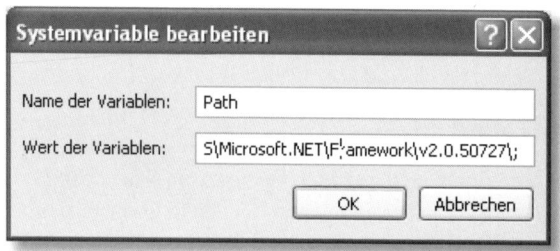

- Die Übernahme der Änderungen an den *Path*-Umgebungsvariablen und die prinzipielle Funktion des C#-Kommandozeilencompilers können Sie in einem kleinen Test überprüfen, bei dem Sie sich als durchaus nützlichen Nebeneffekt gleich die vielfältigen Optionen des Compilers anzeigen lassen. Wechseln Sie dazu über das Windows-Startmenü zur Eingabeaufforderung (*Start|Programme|Zubehör|Eingabeaufforderung*) und geben Sie von einem beliebigen Verzeichnis aus den folgenden Befehl ein, den Sie mit *Enter* abschließen:

```
csc /?
```

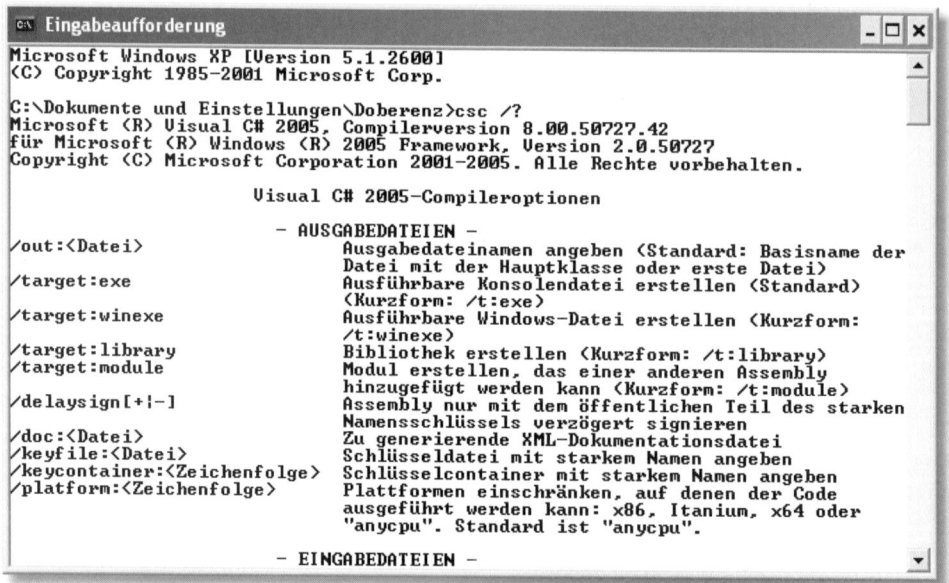

## Kommandozeile per Kontextmenü aufrufen

Wenn Sie an der Kommandozeile arbeiten müssen, kann es ziemlich umständlich sein, von dort aus mit den ungewohnten DOS-Befehlen (*cd ...*) in beliebige Ordner zu wechseln. Abhilfe schaffen die folgenden Einstellungen unter Windows:

- Öffnen Sie ein beliebiges Fenster des Windows-Explorers.

■ Klicken Sie im Menü *Extras* auf *Ordneroptionen...*.

■ Öffnen Sie die Registerkarte *Dateitypen*, wählen Sie die "CS"-Extension und klicken Sie unten rechts die Schaltfläche "Erweitert".

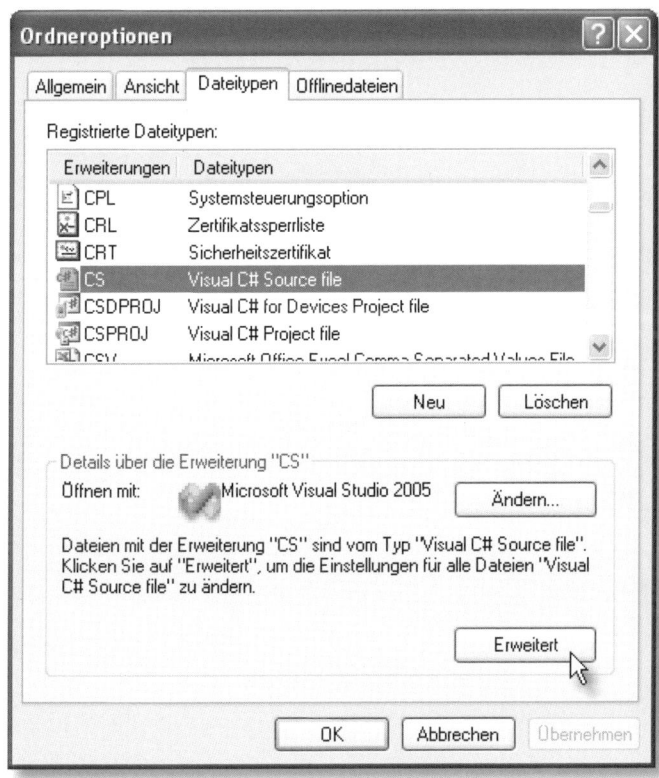

■ Im Dialogfenster *Dateityp bearbeiten* klicken Sie auf "Neu".

■ Im anschließenden Dialog *Neue Aktion* tragen Sie als Vorgang z.B. "Eingabeaufforderung" ein und geben als Anwendung für diesen Vorgang den Pfad zur Kommandozeile an, im Allgemeinen ist dies *C:\Windows\System32\cmd.exe*:

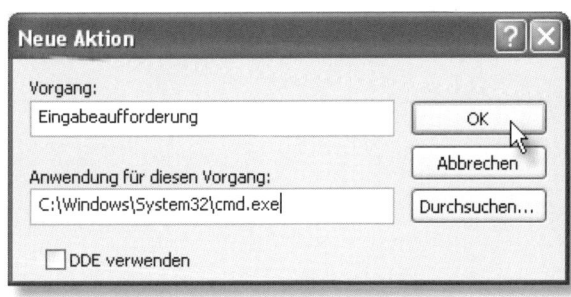

**Test**

Vom Erfolg der vorgenommenen Einstellungen können Sie sich erst dann überzeugen, wenn Sie eine C#-Source-Datei (*.cs*) erstellt haben, siehe R1.3 "Vom PAP zur Konsolenanwendung".

# R1.3 Vom PAP zur Konsolenanwendung

Dieses Einsteiger-Rezept erläutert die Umsetzung eines Programmablaufplans (PAP) in eine klassische Konsolenanwendung. Es sind nacheinander drei positive ganze Zahlen einzugeben. Das Programm soll die größte der drei Zahlen ermitteln und das Ergebnis anzeigen!

### Programmablaufplan

Der nachfolgend abgebildete PAP zeigt die Berechnungsvorschrift (Algorithmus). Sie erkennen hier die typische EVA-Grundstruktur, bei der die Anweisungen in der Reihenfolge **E**ingabe, **V**erarbeitung, **A**usgabe ausgeführt werden.

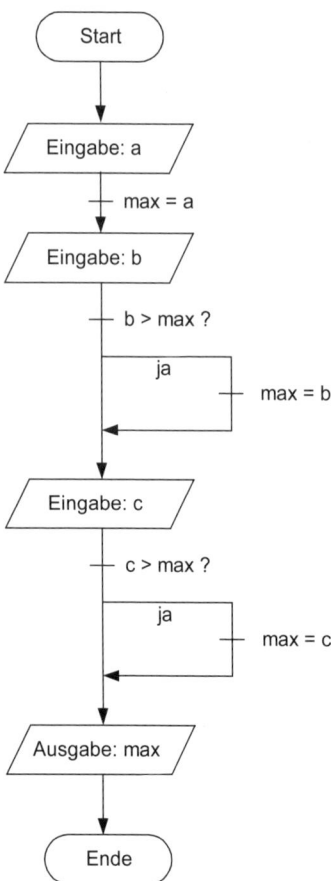

## Programmierung

Beim Schreiben der Befehle (z.B. mit dem Editor aus dem Windows-Zubehör) gibt obiger PAP eine nützliche Orientierung:

```
using System;
class Maximum3
{
  static void Main()
  {
    Console.WriteLine("Maximum von drei Zahlen");          // Überschrift
    Console.WriteLine();                                   // Leerzeile
    int a, b, c, max;                                      // Variablendeklaration
    Console.WriteLine("Geben Sie die erste Zahl ein!");
    a = Convert.ToInt32(Console.ReadLine());               // Eingabe a
    max = a;                                               // Initialisieren von max
    Console.WriteLine("Geben Sie die zweite Zahl ein!");
    b = Convert.ToInt32(Console.ReadLine());               // Eingabe von b
    if (b > max) max = b;                                  // Bedingung
    Console.WriteLine("Geben Sie die dritte Zahl ein!");
    c = Convert.ToInt32(Console.ReadLine());               // Eingabe c
    if (c > max) max = c;                                  // Bedingung
    Console.WriteLine("Das Maximum ist " + max.ToString()); // Ergebnisausgabe
    Console.ReadLine();                       // Programm wartet auf <Enter>, um zu beenden
  }
}
```

Speichern Sie die Textdatei als *Maximum3.cs* ab.

## Kompilieren

Klicken Sie mit der rechten Maustaste auf die Datei *Maximum3.cs* und wählen Sie im Kontextmenü den Eintrag *Eingabeaufforderung*. Wir setzen hier voraus, dass Sie die in R1.2 "An der Kommandozeile kompilieren" beschriebenen Einstellungen zur Eingabeaufforderung bereits vorgenommen haben.

Geben Sie den folgenden Text an der Kommandozeile ein:

```
csc /t:exe Maximum3.cs
```

Haben Sie beim Eintippen des Quellcodes keine Fehler gemacht, so verläuft das Kompilieren anstandslos:

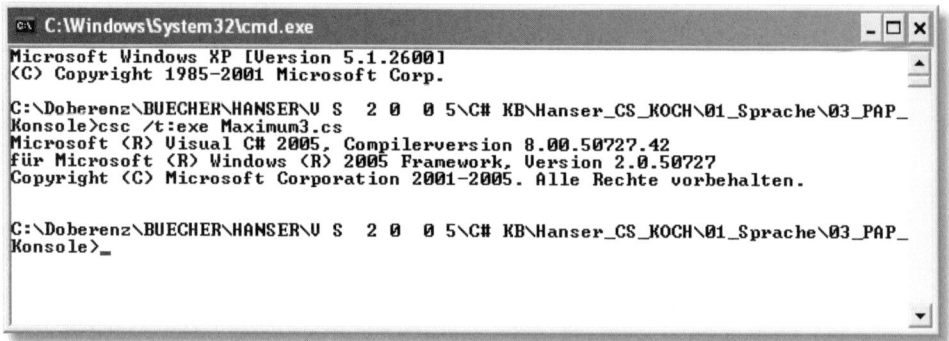

Im Projektverzeichnis finden Sie nun die Datei *Maximum3.exe* vor.

### Test

Starten Sie *Maximum3.exe* durch Doppelklick!

---

**HINWEIS:** Durch Drücken der Enter-Taste beenden Sie die Anwendung.

---

# R1.4   Ein Konsolen- in ein Windows-Programm verwandeln

Eine Windows-Anwendung ist natürlich wesentlich attraktiver als eine Konsolen-Applikation und schließlich wollen Sie ja zukünftig mit dem Komfort von Visual Studio .NET statt mit einem simplen Texteditor arbeiten!

Ziel dieses Rezepts soll es sein, das im Vorgängerrezept erstellte Konsolen-Programm in eine "richtige" Windows-Applikation zu verwandeln.

### Oberfläche

Starten Sie Visual Studio 2005 und öffnen Sie ein neues Projekt (*Projekttyp* "Visual C#", *Vorlage* "Windows-Anwendung"). Geben Sie als *Namen* z.B. "Maximum3" ein.

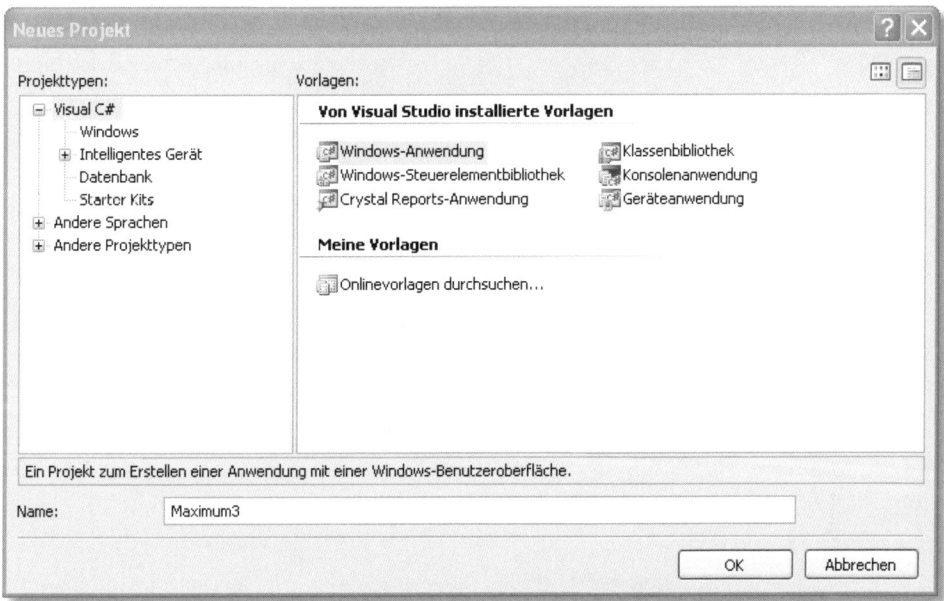

Mit F4 holen Sie sich das Eigenschaftenfenster in den Vordergrund und stellen damit die *Text*-Eigenschaft (das ist die Beschriftung der Titelleiste) des Startformulars *Form1* neu ein: "Maximum von drei Zahlen".

Von der Toolbox (*Strg+Alt+X*) ziehen Sie sich die Steuerelemente (3 mal *TextBox*, 1 mal *Button*, 4 mal *Label*) gemäß folgender Abbildung auf *Form1* und stellen auch hier bestimmte *Text*-Eigenschaften neu ein:

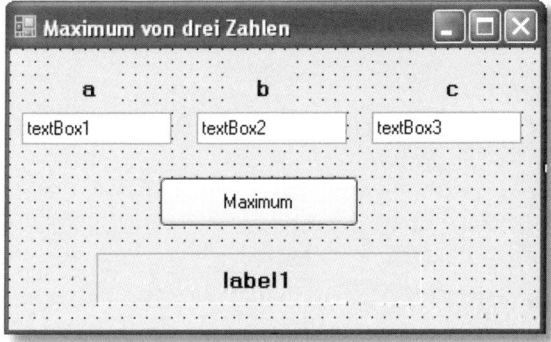

## Quelltext

Durch einen Doppelklick auf *button1* wird automatisch das Codefenster der (partiellen) Klasse *Form1* mit dem bereits vorbereiteten Rahmencode des *Click*-Eventhandlers geöffnet. In diesem Zusammenhang ein für den Einsteiger wichtiger Hinweis, der auch für die Zukunft gilt:

---

**HINWEIS:** Sie sollten den Rahmencode der Eventhandler nie selbst eintippen, sondern immer durch die Visual Studio-Entwicklungsumgebung erzeugen lassen!

---

```csharp
using System;
using System.Windows.Forms;
...


namespace Maximum3
{
    public partial class Form1 : Form
    {
        public Form1()
        {
            InitializeComponent();
        }

        private void button1_Click(object sender, EventArgs e)
        {
            // Hier müssen Ihre C#-Anweisungen eingefügt werden!
        }
    }
}
```

Füllen Sie den Körper des Eventhandlers mit den erforderlichen Anweisungen aus, sodass der komplette Eventhandler schließlich folgendermaßen aussieht:

```csharp
private void button1_Click(object sender, EventArgs e)
{
    int a = Convert.ToInt32(textBox1.Text);      // Eingabe a
    int max = a;                                 // Initialisieren von max
    int b = Convert.ToInt32(textBox2.Text);      // Eingabe b
    if (b > max) max = b;                        // Bedingung
    int c = Convert.ToInt32(textBox3.Text);      // Eingabe c
    if (c > max) max = c;                        // Bedingung
    label1.Text = "Das Maximum ist " + max.ToString();     // Ergebnisausgabe
}
```

---

**HINWEIS:** Beim Vergleich mit der Konsolenanwendung erkennen Sie, dass Ein- und Ausgabe deutlich einfacher geworden sind!

---

Speichern Sie das Projekt ab (siehe folgende Abbildung).

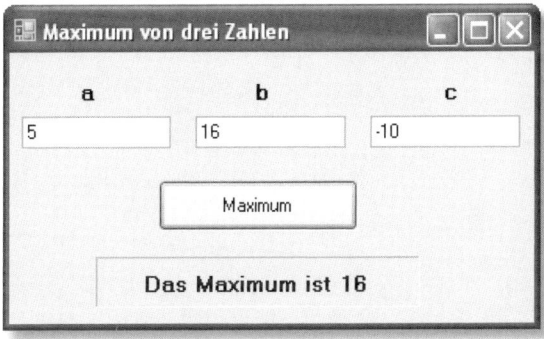

### Test

Mit der F5-Taste compilieren und starten Sie das Programm:

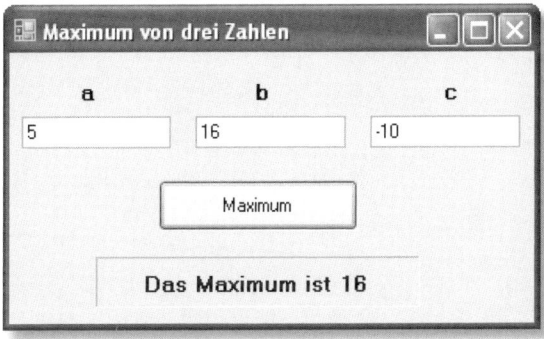

### Bemerkungen

Neben dem von Haus aus attraktiveren Outfit einer Windows-Anwendung schlagen auch noch weitere Vorteile gegenüber der tristen Konsolenanwendung deutlich zu Buche:

- So ist z.B. die Reihenfolge der Zahleneingaben ohne Bedeutung und

- Sie können bequem mittels Tab-Taste zwischen den Steuerelementen wechseln.

# R1.5 Schleifenanweisungen verstehen

C# offeriert ein reichhaltiges Angebot an Schleifenanweisungen. Da der Umgang mit ihnen zum Einmaleins des Programmierens gehört, demonstriert Ihnen das vorliegende Rezept die prinzipielle Anwendung der wichtigsten Schleifentypen (außer *foreach*-Schleife).

Ziel soll es sein, zehnmal untereinander einen Text in einer *ListBox* auszugeben, wobei fünf verschiedene Schleifenkonstruktionen gegenübergestellt werden.

### Oberfläche

Alles, was wir zum Testen brauchen, ist das mit einer *ListBox* und einigen *Button*s bestückte Startformular *Form1* (siehe Laufzeitabbildung).

## Quellcode

```
public partial class Form1 : Form
{
    ...
```

Wir beginnen mit der altbekannten *for*-Schleife:

```
private void button1_Click(object sender, EventArgs e)
{
    for (int i = 1; i<=10; i++)
        listBox1.Items.Add(i.ToString() + " Viele Wege führen nach Rom!");
}
```

Eine der möglichen Modifikationen, wo Sie sich selbst um die Verwaltung der Zählvariablen kümmern müssen:

```
private void button2_Click(object sender, EventArgs e)
{
    int i = 1;                    // Ersatz für Initialisierung der Zählvariablen
    for (; i<=10; )
    {
        listBox1.Items.Add(i.ToString() + " Viele Wege führen nach Rom!");
        i++;                      // Ersatz für Aktualisierung der Zählvariablen
    }
}
```

Die *while*-Schleife ist kopfgesteuert:

```
private void button3_Click(object sender, EventArgs e)
{
    int i = 1;
    while (i <= 10)
    {
        listBox1.Items.Add(i.ToString() + " Viele Wege führen nach Rom!");
        i++;
    }
}
```

Fußgesteuert hingegen gibt sich die *do-while*-Schleife:

```
private void button4_Click(object sender, EventArgs e)
{
    int i = 1;
    do
    {
```

```
                    listBox1.Items.Add(i.ToString() + " Viele Wege führen nach Rom!");
                    i ++;
                }
            while (i <= 10);
        }
```

Das vorzeitige Verlassen der Schleife mittels *break*:

```
    private void button5_Click(object sender, EventArgs e)
    {
        for (int i = 1; ; i++)
        {
            listBox1.Items.Add(i.ToString() + " Viele Wege führen nach Rom!");
            if (i == 10) break;                                    // Abbruchbedingung
        }
    }
```

Eher nebensächlich ist das Löschen der *ListBox*:

```
    private void button6_Click(object sender, EventArgs e)
    {
        listBox1.Items.Clear();
    }
```
...

### Test

Alle fünf Schleifenvarianten erzeugen ein absolut identisches Ergebnis:

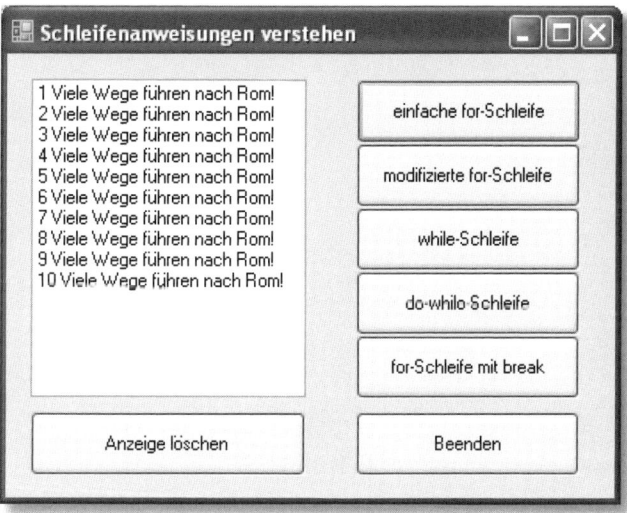

# R1.6  String in Array kopieren und umgekehrt

Es gibt die verschiedensten Gründe, einen String zu zerpflücken und seine Bestandteile in einem Array abzuspeichern (Formelparser, Compiler, Suchfunktionen, ...). Dieses Rezept zeigt die Vorgehensweise und dürfte gleichzeitig ein gutes Beispiel für das Zusammenwirken von Instanzen- und Klassenmethoden sein (*Split* und *Join*) .

### Oberfläche

Um die Wirkungsweise anschaulich zu demonstrieren, zeigen wir den Stringinhalt links in einer *TextBox* an und den Arrayinhalt rechts in einer *ListBox*. Die drei *RadioButton*s dienen uns zum Einstellen des gewünschten Trennzeichens (Zeilenumbruch, Leerzeichen oder Komma).

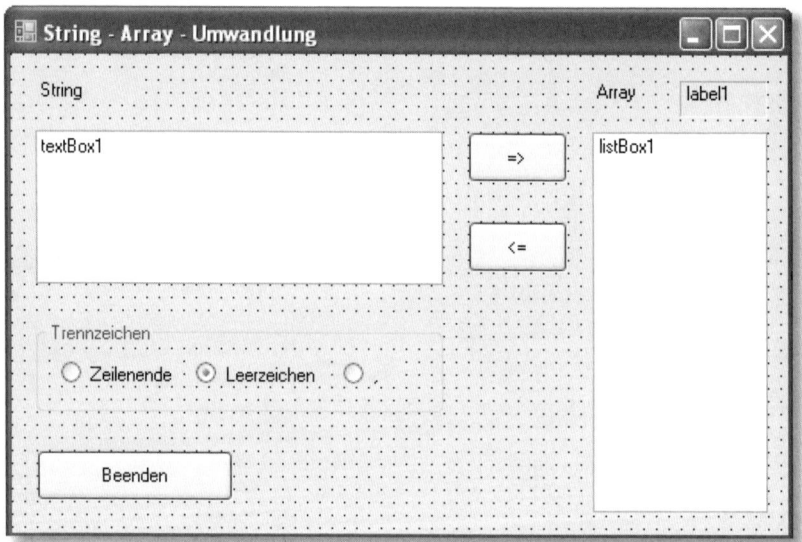

### Quellcode

```
public partial class Form1 : Form
{
    ...
```

Das Trennzeichen bestimmt die Aufteilung des Strings:

```
    private Char tz;
```

Ein dynamisches Array soll als Behälter für die Bestandteile des Strings dienen:

```
    private String[] A;
```

Damit Sie sich das mühselige Eintippen eines Beispieltextes ersparen:

```
    private void Form1_Load(object sender, EventArgs e)
```

```
    {
        textBox1.Text = "Alle Vögel sind schon da, alle Vögel alle! ";
        textBox1.Text += "Welch ein Singen, Musiziern, ";
        textBox1.Text += "Pfeifen, Zwitschern, Tirriliern!";
    }
```

Zum Kopieren des Strings in das Array wird die *Split*-Methode des Strings ausgeführt, der man als Parameter das Trennzeichen übergibt. Rückgabewert ist das gefüllte Array.

```
    private void button1_Click(object sender, EventArgs e)
    {
        string s = textBox1.Text;
```

Die Auswahl des Trennzeichens (nur erstes Zeichen nehmen):

```
        if (radioButton1.Checked) tz = Convert.ToChar(Environment.NewLine.Remove(0,1));
        if (radioButton2.Checked) tz = Convert.ToChar(" ");
        if (radioButton3.Checked) tz = Convert.ToChar(",");
        textBox1.Text = "";
```

Hier erfolgt die Trennung:

```
        A = s.Split(tz);
```

Die Anzeige des Arrayinhalts dient lediglich unserer Information:

```
        listBox1.Items.Clear();
        for (int i = 0; i < A.Length; i++)
            listBox1.Items.Add(A[i]);
```

Ebenfalls nur der Befriedigung unserer Neugier dient die Anzeige der Arraygröße:

```
        label1.Text = "A(" + A.Length.ToString() + ")";
    }
```

Die Rückverwandlung des Arrays in einen String ist mit der (statischen) *Join*-Methode der *String*-Klasse eine einfache Angelegenheit. Übergabeparameter sind das Trennzeichen und das gefüllte Array. Rückgabewert ist der zusammengesetzte String:

```
    private void button2_Click(object sender, EventArgs e)
    {
        listBox1.Items.Clear();
        string s = String.Join(tz.ToString(), A);
        textBox1.Text = s;
    }
    ...
}
```

### Test

Kopieren Sie die Strings unter Benutzung verschiedener Trennzeichen hin und zurück!

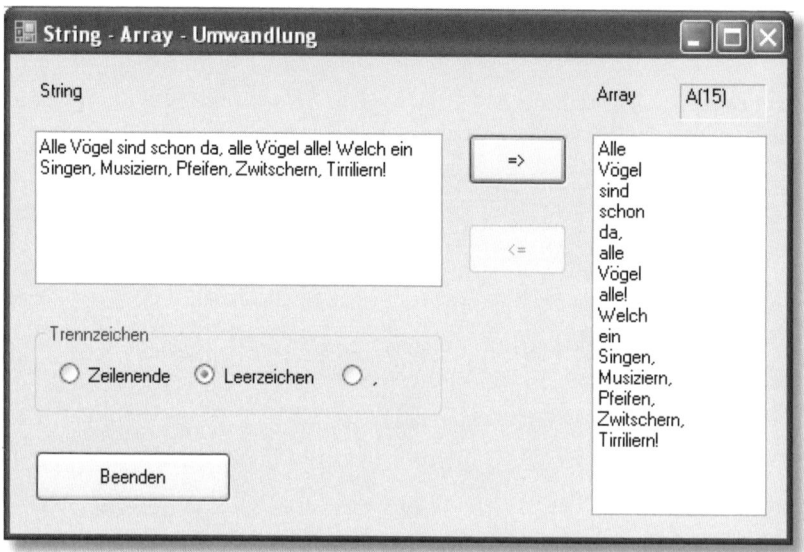

## R1.7   Ein Byte-Array in einen String konvertieren

Haben Sie beispielsweise ein Byte-Array mit acht Feldern und möchten die ersten fünf Felder in einen ersten String und die letzten in einen zweiten String kopieren, so sind Sie als Einsteiger ratlos. Als "richtiger" Programmierer wissen Sie sich natürlich zu helfen. Getreu der Devise "Hauptsache es funktioniert" werden Sie mit den Ihnen bekannten elementaren String-Funktionen natürlich zu einer Lösung kommen.

Erst wenn Sie sich ein wenig in der gigantischen Klassenbibliothek des .NET-Frameworks auskennen, wird Ihnen vielleicht eine elegantere Lösung einfallen und Sie wissen, dass die *Encoding*-Klasse Methoden bereitstellt, mit deren Hilfe Arrays und Zeichenfolgen von Unicode-Zeichen aus direkt in Byte-Arrays konvertiert werden können, die für eine bestimmte Zielcodepage codiert sind.

Das vorliegende Rezept bietet durch Gegenüberstellung beider Varianten gute Vergleichsmöglichkeiten.

### Oberfläche

Zwei *Button*s und zwei *Label* genügen für einen Test (siehe Laufzeitabbildung).

## Quelltext

```
public partial class Form1 : Form
{
    ...
```

Die Quelle ist ein gefülltes Byte-Array, welches den Zeichen *A, B, C, D, E, F, G, H* entspricht:

```
private byte[] ba = {65, 66, 67, 68, 69, 70, 71, 72};
```

Das Ziel sind zwei Strings, in welche die ersten fünf bzw. die letzten drei Elemente des Arrays kopiert werden sollen:

```
private string s1, s2;
```

Beginnen wir mit der umständlichen Lösung, bei der wir jedes einzelne Byte in einer *for*-Schleife aus dem Array herauskopieren und mittels explizitem Typecasting in einen *char*-Datentyp verwandeln und zum Ergebnisstring hinzuaddieren:

```
private void button1_Click(object sender, System.EventArgs e)
{
    for (int i = 0; i<= 4; i++)
        s1 += (char) ba[i];            // 5 Zeichen ab Position 0
    for (int i = 5; i <= 7; i++)
        s2 += (char) ba[i];            // 3 Zeichen ab Position 5
    label1.Text = s1 + Environment.NewLine + s2;
}
```

Jetzt die einfache Lösung, bei der jeweils eine Anweisung genügt, um mittels *GetString*-Methode das Byte-Array zu decodieren:

```
private void button2_Click(object sender, System.EventArgs e)
{
    s1 = System.Text.Encoding.Default.GetString(ba, 0, 5);     // 5 Zeichen ab Position 0
    s2 = System.Text.Encoding.Default.GetString(ba, 5, 3);     // 3 Zeichen ab Position 5
    label2.Text = s1 + Environment.NewLine + s2;
}
}
```

## Test

Die aus dem *Byte*-Array erzeugten Strings werden rechts angezeigt. Wie man sieht, kommen beide Varianten zum gleichen Ergebnis.

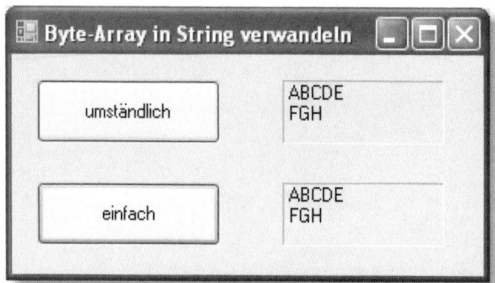

## R1.8   Strukturvariablen in Arrays einsetzen

Dieses Lernrezept zeigt dem Einsteiger anschaulich, wie man ein Array von Strukturvariablen erzeugen und darauf zugreifen kann. Ziel ist eine kleine Personalverwaltung, in welcher wir Daten von maximal zehn Personen ablegen wollen.

---

**HINWEIS:** Strukturvariablen kann man durchaus als Vorläufer der Objekte bezeichnen. Wer ihre Verwendung beherrscht, dem wird auch der Übergang zur OOP (Objektorientierte Programmierung) nicht schwer fallen.

---

### Oberfläche

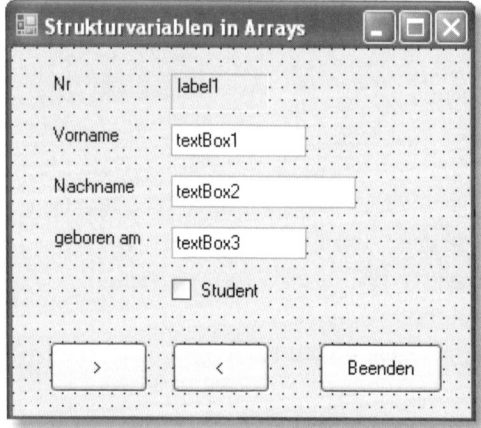

### Quellcode

```
public partial class Form1 : Form
{
    ...
```

Die Struktur definieren:

```
private struct Person
{
    public string vorName, nachName;
    public DateTime geburt;
    public bool student;
}
```

Einige globale Variablen:

```
private const int pmax = 10;                    // maximale Anzahl Personen
private Person[] pListe = new Person[pmax+1];    // statisches Array aus Strukturvariablen
private int pos = 1;                            // Positionszähler
```

Die Methode zum Anzeigen eines Datensatzes:

```
private void anzeigen()
{
    label1.Text = pos.ToString();
    textBox1.Text = pListe[pos].vorName;
    textBox2.Text = pListe[pos].nachName;
    textBox3.Text = pListe[pos].geburt.ToShortDateString();  // Typkonvertierung beachten!
    checkBox1.Checked = pListe[pos].student;
}
```

Die Methode zum Speichern eines Datensatzes:

```
private void speichern()
{
    pListe[pos].vorName = textBox1.Text;
    pListe[pos].nachName = textBox2.Text;
    pListe[pos].geburt = Convert.ToDateTime(textBox3.Text);   // Typkonvertierung beachten!
    pListe[pos].student = checkBox1.Checked;
}
```

Es folgen vier Ereignisbehandlungsroutinen (Eventhandler).

Beim Laden des Formulars wird die Anzeige mit Anfangswerten initialisiert:

```
private void Form1_Load(object sender, System.EventArgs e)
{
    label1.Text = "1";
    textBox1.Text = "";
    textBox2.Text = "";
    textBox3.Text = "00:00:00";
}
```

Vorwärts blättern mit der ">"-Schaltfläche:

```
private void button1_Click(object sender, System.EventArgs e)
{
 if (pos < pmax)              // Anschlagkontrolle
 {

     speichern();
     pos++;
     anzeigen();
 }
}
```

Rückwärts blättern mit der "<"-Schaltfläche:

```
private void button2_Click(object sender, System.EventArgs e)
{
    if (pos > 1)                // Anschlagkontrolle
    {
        speichern();
        pos--;
        anzeigen();
    }
}
```

Beenden des Programms:

```
private void button3_Click(object sender, System.EventArgs e)
{
    this.Close();
}
}
```

## Test

Nach dem Programmstart (F5) können Sie das leere *Personal*-Array mit Daten füllen.

---

**HINWEIS:** Die Übernahme in den Speicher erfolgt hier erst nach dem Weiterblättern!

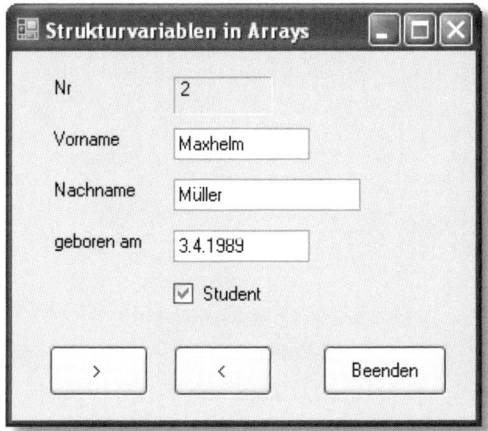

## Bemerkungen

- Der unterste Index eines Arrays ist stets 0! Dieses Feld haben wir aber leer gelassen, damit wir mit dem Feldindex 1 beginnen können.

- Leider sind nach dem Beenden des Programms alle mühselig eingegebenen Personaldaten futsch. In der Praxis werden Sie deshalb diese Daten auf der Festplatte abspeichern, siehe dazu R5.9 Eine sequenzielle Datei lesen und schreiben.

# R1.9   Eine einzelne Spalte aus einer Matrix kopieren

Von einem mehrdimensionalen Array(4, 3) soll die Spalte 2 in ein eindimensionales Array kopiert werden.

**BEISPIEL:**   Zunächst die falsche Lösung:

```
int[,] a = new int[4, 3];
int[] b = new int[3];
b = a[2];      // das geht leider nicht !!!
```

Leider funktioniert auch *System.Array.CopyTo* nicht, weil die Elemente [2,0], [2,1] und [2,2] nicht direkt hintereinander im Speicher angeordnet sind:

[0,0] [1,0] **[2,0]** [3,0] [4,0]

[0,1] [1,1] **[2,1]** [3,1] [4,1]

[0,2] [1,2] **[2,2]** [3,2] [4,2]

Man muss also eine Schleife verwenden, um das neue Array zu füllen.

## Oberfläche

Eine kleine *ListBox* zur Kontrollanzeige des Inhalts der kopierten Spalte soll uns genügen.

## Quellcode

```
public partial class Form1 : Form
{

    ...
```

Die folgende Methode liefert ein eindimensionales Integer-Array mit dem Inhalt der Spalte $c$ des übergebenen zweidimensionalen Integer-Arrays $a$:

```
    private int[] getColumn(int[,] a, int c)
    {
        int zmax = a.GetLength(1);          // Anzahl Zeilen
        int[] b = new int[zmax];            // eindimensionales Array passender Größe
```

Array $b$ mit Inhalt der Spalte $c$ aus $a$ füllen:

```
        for (int i = 0; i < zmax; i++)
            b[i] = a[c, i];
        return b;
    }
```

Der Aufruf der Methode *getColumn* erfolgt beim Laden des Formulars:

```
    private void Form1_Load(object sender, EventArgs e)
    {
```

Beispiel-Array mit 3 Zeilen und 4 Spalten erzeugen und initialisieren:

```
        int[,] a = { { 1, 2, 3 }, { 4, 5, 6 }, { 7, 8, 9 }, { 10, 11, 12 } };
```

Ziel-Array mit Inhalt der zweiten Spalte von $a$ füllen:

```
        int[] b = getColumn(a, 1);
```

Kontrollanzeige:

```
        for (int i = 0; i < b.Length; i++)
            listBox1.Items.Add(b[i].ToString());        // zeigt 4, 5, 6
    }
}
```

### Test

Nach dem Programmstart wird der Inhalt der zweiten Spalte von *A* in der *ListBox* ausgegeben:

```
4
5
6
```

# R1.10   In einer ArrayList suchen und sortieren

Bei einer *ArrayList* handelt es sich um eine universell einsetzbare Sammlung (Collection) von Objekten, die vom standardmäßig eingebundenen Namensraum *System.Collections* bereitgestellt wird.

Das vorliegende Rezept zeigt nicht nur, wie man in der *ArrayList* sortiert oder sucht, sondern auch wie man deren Inhalt ausliest und in einer *ListBox* zur Anzeige bringt.

### Oberfläche

Auf dem Startformular *Form1* platzieren Sie eine *ListBox*, eine *TextBox* und drei *Button*s (siehe Laufzeitabbildung).

### Quellcode

```
using System.Collections;

public partial class Form1 : Form
{
    ...
    private ArrayList  al = null;
```

Nach Programmstart wird die *ArrayList* erzeugt, mit Werten gefüllt und angezeigt:

```
    private void Form1_Load(object sender, EventArgs e)
    {
        al = new ArrayList(); al.Add("Das"); al.Add("ist"); al.Add("ein"); al.Add("Test");
        al.Add("mit"); al.Add("der"); al.Add("ArrayList"); al.Add("Das"); al.Add("ist");
        al.Add("ok.");
        listeAnzeigen(al);
    }
```

Die Routine zur Anzeige des Inhalts in der *ListBox*:

```
    private void listeAnzeigen(ArrayList al)
    {
```

```
    listBox1.Items.Clear();
    for (int i = 0; i < al.Count; i++)
    {
        listBox1.Items.Add(al[i]);
    }
}
```

Aufsteigend sortieren:

```
private void button1_Click(object sender, System.EventArgs e)
{
    al.Sort();
    listeAnzeigen(al);
}
```

Absteigend sortieren:

```
private void button2_Click(object sender, System.EventArgs e)
{
    al.Reverse();
    listeAnzeigen(al);
}
```

Suchen:

```
private int ix = -1;          // Index des letztmaligen Vorkommens
private void button3_Click(object sender, System.EventArgs e)
{
    char lf = (char) 10;      // für Zeilenvorschub
    int i = al.IndexOf(textBox1.Text, ix+1);    // Suche wird ab ix fortgesetzt
    if (i < 0)
    {
        MessageBox.Show("Das Element wurde nicht gefunden!" + lf +
                                          " Suche beginnt wieder von vorn!");
        ix = -1;
        listBox1.SelectedIndex = -1;      // Zeilenmarkierung entfernen
    }
    else
    {
        listBox1.SelectedIndex = i;       // gefundenes Wort markieren
        ix = i;
    }
}
}
```

### Test

Die Abbildung zeigt eine erfolgreiche Suche ohne vorherige Sortierung.

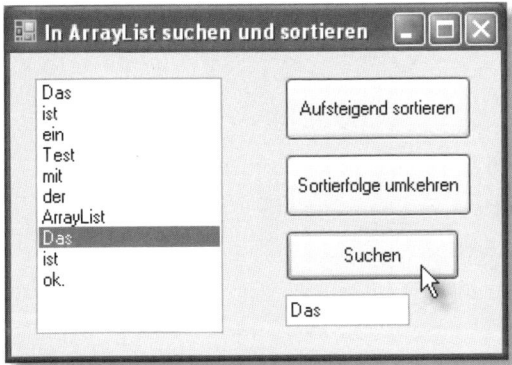

Die Ansichten der sortierten Liste:

# R1.11 In einer generischen Liste suchen und sortieren

Unter .NET 2.0 wurden die so genannten Generics eingeführt, das sind Klassen bzw. Methoden, denen die Typinformationen erst zur Laufzeit zugewiesen werden. Die variablen Datentypen werden in spitzen Klammern unmittelbar nach dem Klassen- bzw. Methodenbezeichner angegeben. Im neuen Namespace *System.Collections.Generic* finden sich zahlreiche generische Klassen, wie z.B. die *List*, welche als Alternative zur altbekannten *ArrayList* infrage kommt.

Unser Beispiel löst das gleiche Problem wie im Vorgängerrezept R1.10 "In einer ArrayList suchen und sortieren" mittels einer generischen *List*.

### Oberfläche

Die Bedienoberfläche entspricht dem Vorgängerrezept.

## Quellcode

Alle Änderungen gegenüber dem Vorgängerrezept sind fett hervorgehoben. Wie Sie sehen, können *ArrayList* und *List* direkt ausgetauscht werden, da sie über dieselben Methoden (*Add*, *Sort*, *Reverse*, *IndexOf*) verfügen.

```
using System.Collections.Generic;

public partial class Form1 : Form
{
    private List<string> gl = null;
    private void Form1_Load(object sender, EventArgs e)
    {
        gl = new List<string>();
        gl.Add("Das");
        gl.Add("ist");
        ...
        listeAnzeigen(al);
    }

    private void listeAnzeigen(List<string> gl)
    {
        listBox1.Items.Clear();
        for (int i = 0; i < gl.Count; i++)
            listBox1.Items.Add(gl[i]);
    }
    ...
// restlicher Code siehe Vorgängerrezept
}
```

## Test

Das Programm zeigt erwartungsgemäß das gleiche Verhalten wie das Vorgängerrezept.

## Bemerkungen

Gegenüber der *ArrayList* des Vorgängerrezepts bietet die generische *List* alle Vorteile einer typsicheren Programmierung:

- Anstatt eines Laufzeitfehlers erhalten Sie bereits einen Compiler-Fehler, falls Sie einen falschen Datentyp in der *List* speichern wollen.

- Eine Typumwandlung (Typecasting) entfällt, wenn Sie auf die Werte der generischen *List* zugreifen wollen.

■   Das Boxing von Wertetypen ist nicht mehr erforderlich, weil *List<string>* in unserem
Beispiel jetzt "weiß", welcher Datentyp zu speichern ist und wie viel Speicher man dafür
reservieren muss.

# R1.12   Mit Zeichenkettenfunktionen arbeiten

In diesem Lernrezept geht es vor allem um den Umgang mit Stringfunktionen, der an folgendem
praktischen Beispiel demonstriert werden soll:

Vielleicht haben Sie sich in Ihrer Schulzeit schon mal gegenseitig "hochgeheime" Nachrichten
nach folgendem Prinzip zugeschickt: Jeder Buchstabe des Originals wird um eine bestimmte
Anzahl Stellen innerhalb der alphabetischen Reihenfolge verschoben. Dem Empfänger teilt man
vorher den "Geheimschlüssel" mit, d.h. die Anzahl der Buchstabenverschiebungen nach rechts
bzw. links.

BEISPIEL:   Der Text "hallo" wird mit einer Verschiebung von drei Stellen als "kdoor" verschlüsselt. Ausgerüstet mit einer Schablone kann man auf diese Weise relativ schnell kleinere Texte chiffrieren
und dechiffrieren.

## Oberfläche

Die folgende Laufzeitansicht zeigt die benötigten Steuerelemente (von oben nach unten: *Text-
Box1, NumericUpDown1, Button1, TextBox2, Button2, TextBox3, Button3*):

Die Anpassung der *Font*-Eigenschaft der drei *TextBox*en ist empfehlenswert (*Font.Bold = True*). Die Eigenschaften *Value* und *Increment* der *NumericUpDown*-Komponente belassen wir auf ihren Standardwerten (*0* bzw. *1*).

## Quellcode

Die fett gedruckten Elemente im Code weisen auf Eigenschaften bzw. Methoden der *String*-Klasse hin, wie wir sie beispielsweise zum Herauskopieren (*Substring*) bzw. Suchen (*IndexOf*) eines bestimmten Zeichens benötigen.

```
public partial class Form1 : Form
{
    ...
```

Zu Beginn deklarieren wir den Zeichensatz als Stringkonstante, in welcher alle erlaubten Buchstaben, Zahlen, Leerzeichen etc. enthalten sein müssen. Die Reihenfolge ist von untergeordneter Bedeutung (siehe Bemerkung am Schluss). Außerdem deklarieren wir eine Variable, die die Länge des Zeichensatzes ermittelt:

```
private const string s0 = "abcdefghijklmnopqrstuvwxyz" +
                          "äöüABCDEFGHIJKLMNOPQRSTUVWXYZÄÖÜ1234567890 .,-?!";
private int nmax = s0.Length;            // Anzahl der Zeichen
```

Beim Laden des Formulars werden der obere und untere Grenzwert der *NumericUpDown*-Komponente auf die positive bzw. negative Länge des Zeichensatzes gesetzt:

```
private void Form1_Load(object sender, EventArgs e)
{
    numericUpDown1.Maximum = nmax;
    numericUpDown1.Minimum = -nmax;
}
```

Das Verschlüsseln und das Entschlüsseln des Textes wird von einer einzigen Funktion erledigt. Als Übergabeparameter erhält sie einen String *s* sowie die gewünschte (positive oder negative) Verschiebung *n*. Rückgabewert ist der verschlüsselte bzw. der entschlüsselte String:

```
private string codieren(string s, int n)
{
    string s1 = String.Empty;       // zurückzugebender String
```

In der folgenden Schleife wird pro Durchlauf ein Zeichen aus dem übergebenen String "herauskopiert" und seine Position im Zeichensatz gesucht. Anschließend werden das verschobene Zeichen berechnet und der Ergebnisstring stückweise wieder "zusammengebaut":

```
for (int i = 0; i < s.Length; i++)
{
    char z = s.Substring(i)[0];     // i-tes Zeichen herauskopieren
    int pos = s0.IndexOf(z);        // Position im Zeichensatz suchen
```

```
        if (pos ==-1)                    // Zeichen nicht gefunden
        {
            MessageBox.Show(z + " ist ein unzulässiges Zeichen!", "Warnung");
            break;
        }
        int posN = pos + n;              // auf neue Position verschieben
        if (posN >= nmax) posN = posN - nmax;   // bei Überlauf wieder von vorn beginnen
        if (posN < 0) posN = posN + nmax;       // ... bzw. hinten weitermachen
        z = s0.Substring(posN)[0];       // korrespondierendes Zeichen ermitteln
        s1 = s1 + z;                     // Rückgabestring zusammensetzen
    }
    return(s1);
}
```

Der Funktionsaufruf beim Verschlüsseln:

```
private void button1_Click(object sender, EventArgs e)
{
    textBox2.Text = codieren(textBox1.Text, (int) numericUpDown1.Value);
}
```

Der Aufruf beim Entschlüsseln:

```
private void button2_Click(object sender, EventArgs e)
{
    textBox3.Text = codieren(textBox2.Text, (int) -numericUpDown1.Value);
}
}
```

## Test

Nach dem Programmstart haben Sie die Möglichkeit zu umfassenden Experimenten. Falls Sie ein nicht erlaubtes Zeichen eingeben, erfolgt ein Hinweis:

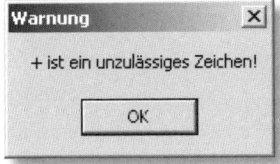

## Bemerkungen

■ Es liegt an Ihnen, den erlaubten Zeichenvorrat zu vergrößern bzw. einzuschränken. Dazu brauchen Sie lediglich die Stringkonstante *s0* zu ändern.

- Die "Knackfestigkeit" des Verfahrens lässt sich deutlich steigern, wenn Sie die Zeichen innerhalb s0 nicht in alphabetischer Reihenfolge, sondern zufällig anordnen.

- Die Achillesferse unserer "Chiffriermaschine" soll nicht verschwiegen werden: Der Hacker sucht im Text zunächst nach dem am häufigsten vorkommenden Zeichen, und das ist mit hoher Wahrscheinlichkeit das verschlüsselte "e". In obiger Laufzeitabbildung kommt deshalb das "$p$" am häufigsten vor. Fast ist der Code geknackt! Allerdings werden die Tüftler unter Ihnen bald einen Weg finden, wie sich auch dieser Angriffspunkt entschärfen lässt.

- Eine professionelle Lösung zeigt R11.17 "Einen String verschlüsseln".

# R1.13  Funktionen, Array-Parameter und Enums verwenden

Auch in diesem Rezept geht es um das Erlernen grundlegender Sprachkonzepte.

Für eine Liste von Zahlen wollen wir *arithmetischen Mittelwert, geometrischen Mittelwert* und *Wert in der Mitte* berechnen.

### Oberfläche

Alles was Sie an Steuerelementen brauchen, entnehmen Sie der folgenden Abbildung:

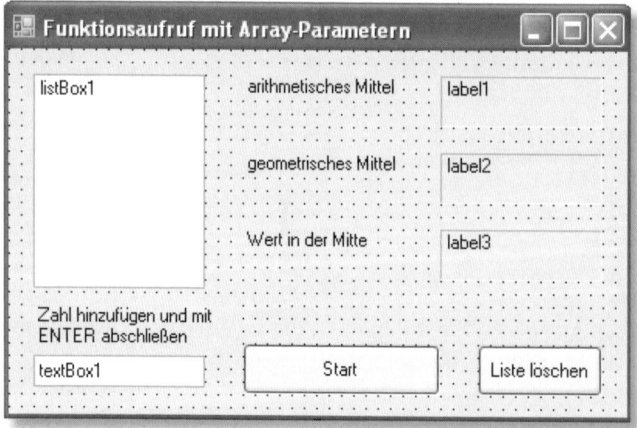

### Quellcode

Eine von uns später noch zu definierende Hauptmethode *Average* verwendet drei spezialisierte Methoden:

- *MeanAritmetic* (für den arithmetischen Mittelwert)

- *MeanGeometric* (für den geometrischen Mittelwert)

- *MeanMedian* (für den Wert in der Mitte der sortierten Folge)

```
public partial class Form1 : Form
{
    ...
```

Welche der drei genannten Methoden jeweils gemeint ist, wird durch Übergabe einer von drei Konstanten gesteuert, die in einer Enumeration gekapselt sind.

```
public enum averageType: byte
{
    MeanA = 0,        // arithmetisches Mittel
    MeanG,            // geometrisches Mittel
    Median            // Wert in der Mitte
}
```

Es folgen die Implementierungen der drei Methoden. Allen ist gemeinsam, dass ihnen als Parameter das mit den auszuwertenden Zahlen gefüllte *Decimal*-Array übergeben wird.

*MeanArithmetic*-Funktion: Die Summe aller Zahlen geteilt durch deren Anzahl (arithmetischer Mittelwert).

```
private decimal MeanArithmetic(decimal[] arr)
{
    decimal total = 0;
    decimal teiler = arr.GetLength(0);
    if (teiler == 0) return(0);
    int i = 0;
    while (i <= arr.GetUpperBound(0))
    {
        total += arr[i];
        i++;
    }
    return(total / teiler);
}
```

*MeanGeometric*-Funktion: Die Quadratwurzel aus der Quadratsumme aller Zahlen (geometrischer Mittelwert).

```
private decimal MeanGeometric(decimal[] arr)
{
    double total=0;
    int i = 0;
    while (i <= arr.GetUpperBound(0))
    {
        total += (double) (arr[i] * arr[i]);
        i++;
```

```
    }
    return((decimal) Math.Sqrt(total));
}
```

*MeanMedian*-Funktion: Wenn die Liste eine ungerade Anzahl von Einträgen hat, so ist es der in der Mitte der sortierten(!) Zahlenfolge stehende Wert. Bei einer geraden Anzahl von Einträgen ist es die Summe der beiden mittleren Werte geteilt durch zwei.

```
private decimal MeanMedian(decimal[] arr)
{
    int count = arr.GetLength(0);
    if (count == 0) return(0);
    Array.Sort(arr);                        // Zahlen sortieren
    if ((count % 2) == 0)      // für geradzahlige Liste
    {
        return((arr[(int) (count/2.0) - 1] + arr[(int) (count/2.0)])/2);
    }
    else                       // für ungeradzahlige Liste
    {
        return(arr[count / 2]);        // ganzzahlige Division!
    }
}
```

Die Hauptmethode *Average* entscheidet auf Grundlage der übergebenen Enumerationskonstanten, zu welcher der drei speziellen Funktionen verzweigt werden soll:

```
public decimal Average(decimal[] arr, averageType avType)
{
    switch(avType)
    {
        case averageType.MeanA: return (MeanArithmetic(arr));
        case averageType.MeanG: return (MeanGeometric(arr));
        case averageType.Median: return (MeanMedian(arr));
        default: throw new Exception("Ungültiger Mittelwert-Typ (" + avType.ToString());
    }
}
```

Nun endlich kommen wir zur Anwendung (Klick auf den "Start"-Button):

```
private void button2_Click(object sender, EventArgs e)
{
    int n = listBox1.Items.Count;
    decimal[] arr = new decimal[n];   // Array passender Größe deklarieren
    for (int i = 0; i < n; i++)
        arr[i] = Convert.ToDecimal(listBox1.Items[i]);        // Array aus ListBox füllen
```

Dreimaliger Aufruf der *Average*-Funktion mit unterschiedlichen Konstanten:

```
label1.Text = Average(arr, averageType.MeanA).ToString("#,##0.###"); // MeanArithmetic
label2.Text = Average(arr, averageType.MeanG).ToString("#,##0.###"); // MeanGeometric
label3.Text = Average(arr, averageType.Median).ToString();           // Median:
}
```

Um eine Zahl zur *ListBox* hinzuzufügen, geben Sie diese in die *TextBox* ein und schließen mit der Enter-Taste ab:

```
private void textBox1_KeyUp(object sender, KeyEventArgs e)
{
    if (e.KeyCode == Keys.Enter)
    {
        listBox1.Items.Add(textBox1.Text);
        textBox1.Clear();
    }
}
```

Die *ListBox* löschen:

```
private void button1_Click(object sender, System.EventArgs e)
{
    listBox1.Items.Clear();
}
}
```

## Test

Nach Programmstart übertragen Sie zunächst in beliebiger Reihenfolge einige Zahlenwerte aus der *TextBox* in die *ListBox*, um anschließend die Auswertung vornehmen zu können:

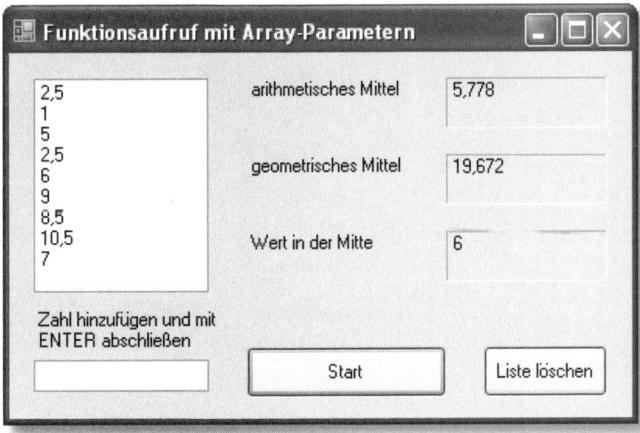

### Bemerkungen

- Verwenden Sie zur Zahleneingabe das Dezimalkomma und nicht den Dezimalpunkt!

- Jede Eingabe muss mit ENTER abgeschlossen werden.

# R1.14  Sortieren mit Bubblesort

Das vorliegende Rezept realisiert einen einfachen Sortieralgorithmus (Bubblesort) unter Verwendung eines Delegaten als Methodenzeiger.

### Oberfläche

Auf das Startformular setzen wir drei *ListBox*en und einen *Button* (siehe Laufzeitansicht).

### Quelltext

```
public partial class Form1 : Form
{
   ...
```

Wir deklarieren unseren Delegaten:

```
   private delegate bool CompareDeleg(int x, int y);
```

*CompareDeleg* soll auf die Funktionen *SortAscending* oder *SortDescending* zeigen, deren Signatur natürlich zum Delegaten passen muss:

Vergleichsfunktion für die aufsteigende Suche:

```
   private bool SortAscending(int x, int y)
   {
       if (y < x)  return(true);
       else return(false);
   }
```

Vergleichsfunktion für die absteigende Suche:

```
   private bool SortDescending(int x, int y)
   {
       if (y > x) return(true);
       else return(false);
   }
```

Die Sortier-Routine arbeitet nach dem Bubblesort-Verfahren und empfängt als Parameter den Delegaten als Funktionszeiger und das zu sortierende Integer-Array:

```
   private void BubbleSort(CompareDeleg compMethod, int[] intArr)
   {
```

```
int tmp;              // Zwischenspeicher
for (int i = 0; i < intArr.Length; i++)
{
    for (int j = i + 1; j < intArr.Length; j++)
```

Ob die *SortAscending-* oder *SortDescending*-Methode aufgerufen wird, bestimmt das übergebene *Delegate*-Objekt *compMethod*:

```
if (compMethod(intArr[i], intArr[j]))   // Aufruf der Methode
{
```

Falls erforderlich, muss getauscht werden:

```
tmp = intArr[j];
intArr[j] = intArr[i];
intArr[i] = tmp;
}
}
}
```

Wir testen die Sortierfunktion mit einem Array, welches mit 20 Zufallszahlen gefüllt wird:

```
private void button1_Click(object sender, EventArgs e)
{
    Random rnd = new Random();
    int max = 20;
    listBox1.Items.Clear();
    listBox2.Items.Clear();
    listBox3.Items.Clear();
    int[] iArr = new int[max];
```

Das Array füllen:

```
for (int i = 0; i < max; i++)
{
    iArr[i] = rnd.Next(0, 100);
    listBox1.Items.Add(iArr[i].ToString());
}
```

Aufsteigend sortieren:

```
BubbleSort(SortAscending, iArr);
for (int i = 0; i < max; i++)
    listBox2.Items.Add(iArr[i].ToString());
```

Absteigend sortieren:

```
BubbleSort(SortDescending, iArr);
```

```
        for (int i = 0; i < max; i++)
            listBox3.Items.Add(iArr[i].ToString());
    }
}
```

**Test**

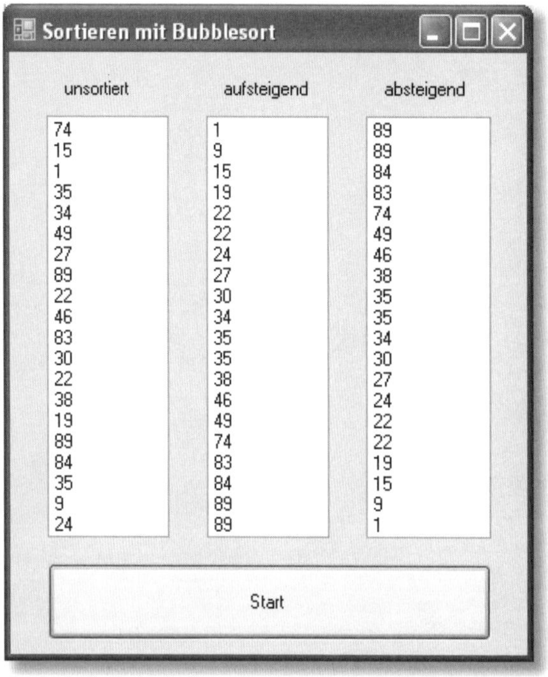

**Bemerkung**

Mehr zu typisierten Funktionszeigern siehe R1.30 "Delegaten verstehen".

# R1.15   Zufallszahlen erzeugen

Das .NET-Framework enthält eine Klasse mit dem Namen *Random*, die Sie zum Erzeugen zufälliger Integer-Werte verwenden können. Das vorliegende Rezept zeigt die Realisierung eines Zufallszahlengenerators.

## Oberfläche

Auf dem Startformular finden ein *Label* und zwei *NumericUpDown*-Komponenten ihren Platz (siehe Laufzeitabbildung). Außerdem wird noch ein *Timer* benötigt (*Interval = 1000*; *Enabled = True*).

Um das Beispiel optisch etwas aufzuwerten, können Sie die *FormBorderStyle*-Eigenschaft von *Form1* auf *Fixed3D* setzen und auch die Eigenschaften *Font.Size* und *Font.Bold* von *Label1* ändern.

## Quellcode

```csharp
public partial class Form1 : Form
{

    ...
    private void timer1_Tick(object sender, EventArgs e)
    {
        int uWert = (int) numericUpDown1.Value;
        int oWert = (int) numericUpDown2.Value;
        if (oWert >= uWert)
        {
            System.Random rnd = new System.Random();
            int z = rnd.Next(uWert, oWert + 1);
            label1.Text = z.ToString();
        }
        else label1.Text = String.Empty;
    }
}
}
```

## Test

Nach Programmstart ändern sich die Zufallszahlen zwischen beiden Grenzwerten im Sekundentakt.

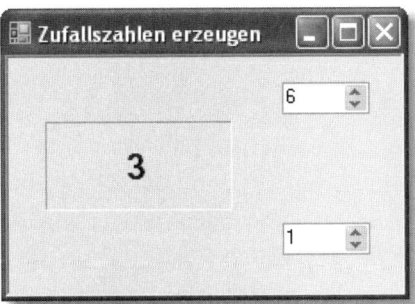

## Bemerkungen

- Der *Next*-Methode eines *Random*-Objekts werden in unserem Beispiel die beiden Bereichsgrenzen als Parameter übergeben, wobei die erzeugte Zufallszahl größer oder gleich dem unteren Grenzwert, aber kleiner als der obere Grenzwert ist. Zwei weitere Überladungen der *Next*-Methode erlauben die Übergabe des oberen Grenzwerts als einzigen Parameter (der untere Grenzwert ist 0) oder einen parameterlosen Aufruf (es wird der gesamte positive Integer-Bereich ausgeschöpft).

▪ Eine komfortableres Beispiel finden Sie unter R3.10 "Einen grafischen Würfel programmieren".

# R1.16   Iterationen verstehen

Eigentlich ist ein Computer ja "dumm" und erscheint uns nur dadurch "intelligent", dass er primitive Rechenoperationen in hoher Geschwindigkeit erledigt. Der pfiffige Programmierer kann dies ausnutzen, indem er dem Computer Aufgaben stellt, die sich nicht sofort, sondern nur durch schrittweises Ausprobieren lösen lassen. Typisch für diese Sorte von Aufgaben ist eine so genannte *Iterationsschleife*, die mit einer *Startnäherung* beginnt und an deren Ende eine *Abbruchbedingung* überprüft wird. Wie viele Male die Schleife durchlaufen wird, kann nicht exakt vorausbestimmt werden.

Ohne auf die mathematischen Grundlagen näher einzugehen, wollen wir in diesem Rezept eine Iterationsschleife für das Ziehen der Quadratwurzel demonstrieren. Wir verzichten also auf die *Sqrt*-Funktion, wie sie standardmäßig von der *Math*-Klasse bereitgestellt wird, und programmieren eine eigene Lösung.

## Programmablaufplan

Obwohl in der objekt- und ereignisorientierten Programmierung der PAP völlig aus der Mode gekommen ist, eignet er sich nach wie vor gut zur Veranschaulichung von Iterationszyklen.

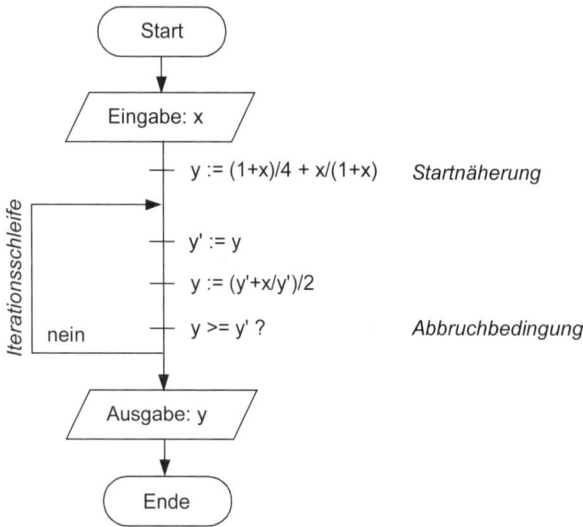

## Oberfläche

Für die Eingabe findet eine *TextBox*- und für die Ausgabe eine *Label*-Komponente Verwendung. Die Iterationsschleife starten wir mit einem *Button*. Eine *ListBox* ist nicht unbedingt erforderlich, aber wir sind ja neugierig und wollen auch die Zwischenergebnisse betrachten (siehe Laufzeitabbildung).

## Quellcode

Die programmtechnische Umsetzung des obigen PAP führt (in Verbindung mit dem Code für die Ein- und Ausgabe und für die Anzeige von Zwischenergebnissen) zu folgender Lösung:

```
public partial class Form1 : Form
{
    ...
```

Die Schaltfläche "Quadratwurzel>>":

```
    private void button1_Click(object sender, EventArgs e)
    {
        double x, y, ya;
        x = Convert.ToDouble(textBox1.Text);
```

Die Quadratwurzel darf nur aus positiven Zahlen gezogen werden:

```
        if (x > 0)
        {
            listBox1.Items.Clear();   // Inhalt der ListBox löschen
```

Die Startnäherung:

```
            y = (1 + x) / 4 + x / (1 + x);
```

Wie geschaffen für unsere Iterationsschleife ist die *do...while*-Anweisung:

```
            do
            {
                ya = y;
                y = (ya + x / ya) / 2;
```

Das Zwischenergebnis anzeigen:

```
                listBox1.Items.Add(y.ToString());
            }
```

Die Abbruchbedingung prüfen:

```
            while (y < ya);
```

Das Endergebnis anzeigen:

```
            label1.Text = y.ToString();
```

```
        }
        else label1.Text = "Bitte geben Sie einen positiven Wert ein!";
    }
}
```

## Test

Die Zwischenergebnisse nähern sich schrittweise der endgültigen Lösung. Sie werden feststellen, dass circa fünf bis sieben Iterationen notwendig sind, um die Abbruchbedingung zu erfüllen, d.h., die Quadratwurzel in einer für *double*-Zahlen ausreichenden Genauigkeit zu ermitteln:

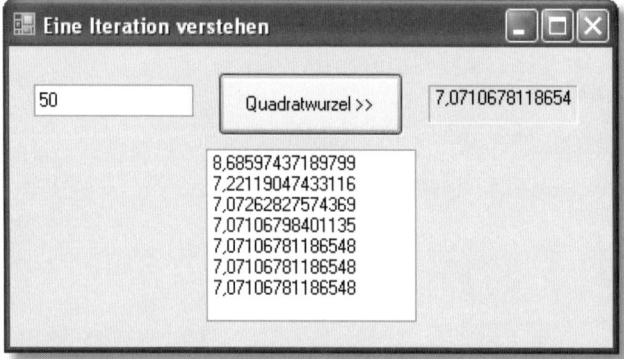

## Ergänzung

Der fortgeschrittene Programmierer wird obigen Code – besonders im Hinblick auf seine Wiederverwendbarkeit – in eine Funktion *qWurzel* verpacken. Da die Testphase abgeschlossen ist, kann auch auf die Anzeige der Zwischenergebnisse in der *ListBox* verzichtet werden:

```
public double qWurzel(double x)
{
    double y, ya = 0;
    y = (1 + x) / 4 + x / (1 + x);
    int i = 0;
    do
    {
        ya = y;
        y = (ya + x / ya) / 2;
        i++;
    }
    while (y < ya);
    label1.Text = i.ToString();
```

```
        return(y);
    }
```

Der Aufruf gestaltet sich nun wesentlich übersichtlicher:

```
private void button1_Click(object sender, EventArgs e)
{
    double x = Convert.ToDouble(textBox1.Text);
    if (x > 0)
        label1.Text = qWurzel(x).ToString();
    else label1.Text = "Bitte geben Sie einen positiven Wert ein!";
}
```

# R1.17   Den Goldenen Schnitt ermitteln

Der so genannte "Goldene Schnitt" unterteilt eine Strecke $c$ so in zwei ungleiche Abschnitte $a$ und $b$, dass das Verhältnis der Gesamtlänge $c$ zur langen Seite $a$ gleich dem Verhältnis der langen Seite $a$ zur kurzen Seite $b$ ist, also gelten die Beziehungen:

```
c = a + b
```

und

```
c / a = a / b
```

Im Ergebnis entsteht die quadratische Gleichung

```
a2 - ab - b2 = 0
```

deren Lösung für $a$ einen Wert von 61,8 % und für $b$ einen Wert von 38,2 % der Gesamtlänge $c$ ergibt.

Jeder, der nicht mehr ganz so sattelfest in Mathematik ist, kann sich die Mühen der Berechnung sparen und stattdessen eine Lösung mittels Iterationsschleife versuchen.

## Oberfläche

Um den Goldenen Schnitt auf anschauliche Weise zu demonstrieren, verwenden wir eine *ProgressBar* mit den Starteigenschaften *Minimum = 0*, *Maximum = 100* und *Value = 0*. Weiterhin werden ein *Button* und zwei *Label*s auf *Form1* platziert (siehe Laufzeitansicht).

## Quellcode

```
public partial class Form1 : Form
{
    ....
```

```
private void button1_Click(object sender, EventArgs e)
{
    decimal a = 0;
```

Die folgende Schleife vergrößert die Variable *a* in kleinen Schritten (*0.001*) solange, bis ihr Verhältnis zur kurzen Seite (*100-a*) dem Goldenen Schritt entspricht:

```
    do
    {
        a += 0.001M;
        progressBar1.Value = (int) a;
    }
    while (100 / a > a / (100 - a));
```

Die Prozentanzeige der beiden Teilabschnitte:

```
    label1.Text = a.ToString("#0.00") + " %";
    label2.Text = (100 - a).ToString("#0.00") + " %";
}
}
```

### Test

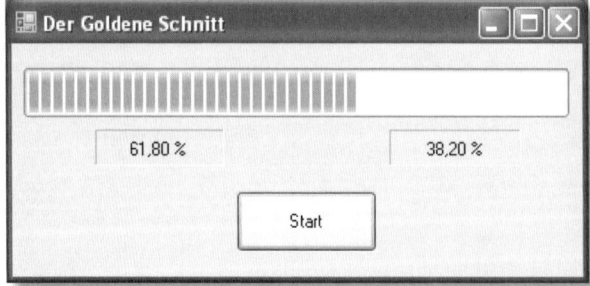

## R1.18   Funktionen rekursiv aufrufen

Dass eine Funktion sich wiederholt auch selbst aufrufen kann, um damit quasi eine Iterationsschleife in Gang zu setzen, wollen wir am Beispiel der *Fibonacci*[1]-Zahlenreihe demonstrieren.

### Oberfläche

Auf das Startformular setzen wir eine *TextBox*, einen *Button* und ein *Label* (siehe Laufzeitabbildung).

---

[1] Wer sich für die nicht unbedeutende Rolle dieser Zahlen bei diversen Naturprozessen interessiert, der mag ja mal in einem Mathe-Grundlagenbuch nachschauen, ansonsten tut der theoretische Hintergrund nichts zur Sache.

## Quelltext

```
public partial class Form1 : Form
{
    ...
```

Die Funktion zur Berechnung der Fibonacci-Zahl für den Zeittakt *n* sieht zwar kurz und harmlos aus, hat es aber in sich:

```
    private int berechneFibo(int n)
    {
        if (n <= 0) return(0);
        if (n == 1) return(1);
```

Hintereinander erfolgen hier zwei rekursive Aufrufe:

```
        return (berechneFibo(n - 1) + berechneFibo(n - 2));
    }
```

Die Auswertung:

```
    private void button1_Click(object sender, EventArgs e)
    {
        int n = Convert.ToInt32(textBox1.Text);
        int res = berechneFibo(n);
        label1.Text = res.ToString();
    }
}
```

## Test

Es empfiehlt sich nicht, Werte größer als 50 einzugeben, da die Berechnungszeit selbst bei einem superschnellen Rechner ins Uferlose ansteigt bzw. ein Zahlenüberlauf gemeldet wird (für den Wert 40 warten Sie etwa 5 bis 10 Sekunden auf das Ergebnis).

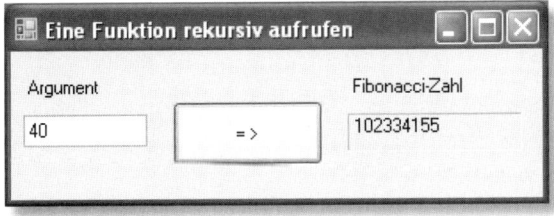

HINWEIS: Ein weiteres anschauliches Anwendungsbeispiel finden Sie in R5.8 "Dateien rekursiv suchen".

# R1.19   Zeichenketten mittels StringBuilder addieren

Unter .NET sind auch Strings Referenztypen, d.h., eine Stringvariable speichert nicht den Wert, sondern lediglich einen Verweis (Referenz, Adresse) auf die Speicherstelle. Allerdings muss ein wichtiger Unterschied beachtet werden:

---

**HINWEIS:** Strings werden im Speicher als unveränderliche Zeichenketten abgelegt. Mit jeder Änderung einer String-Variablen wird ein neuer String erzeugt!

---

In diesem Rezept können Sie sich davon überzeugen, was für ein gefährlicher Zeit- und Speicherplatzfresser deshalb die einfache Stringaddition mittels + Operator sein kann und welch gewaltige Performancesteigerung man durch Verwendung eines *StringBuilder*-Objekts erreicht. Nebenbei erfahren Sie auch etwas über den Einsatz der *TimeSpan*-Klasse zur Zeitmessung.

### Oberfläche

Öffnen Sie eine neue Windows Forms-Anwendung und gestalten Sie die abgebildete Benutzerschnittstelle. Weisen Sie der *TrackBar* die Werte *Maximum = 50000*, *Minimum = 1000*, *SmallChange = 1000*, *LargeChange = 10000* zu.

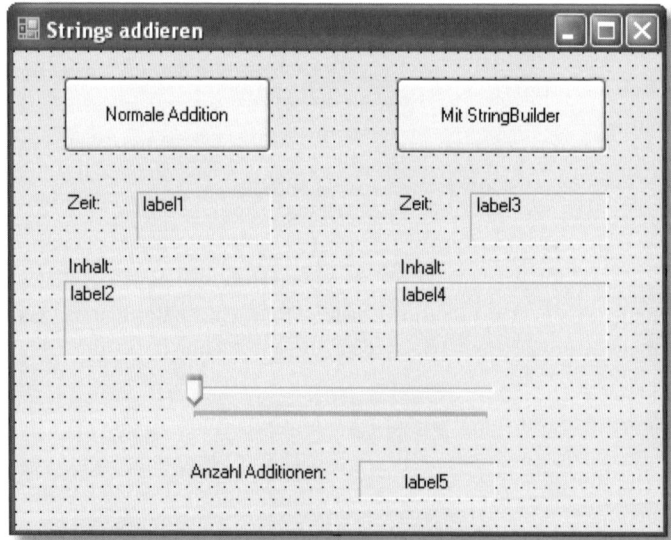

### Quellcode Klasse CTest

Über das Menü *Projekt|Klasse hinzufügen...* fügen Sie zum Projekt eine neue Datei mit dem Namen *Test.cs* hinzu.

```
using System;
```

```
using System.Text;
...
```

Die statische Klasse *CTest* stellt zwei Methoden bereit, welche die beiden Verfahren zur Stringaddition demonstrieren sollen. Als Rückgabewert der beiden Methoden dient die Struktur *TestResult*, deren Felder den Ergebnisstring und die zur Addition benötigte Zeit (in Millisekunden) kapseln:

```
public struct TestResult
{
    public string inhalt;
    public int zeit;
}


public static class CTest
{
```

Beide Methoden addieren in einer Schleife (beginnend mit Eins) die ganzen Zahlen fortlaufend zu einem Teststring. Beim Aufruf wird ein Parameter *nr* übergeben, welcher die Anzahl der Schleifendurchläufe bzw. Additionsoperationen festlegt.

Die erste Methode demonstriert die übliche Stringaddition mittels + Operator. Für die Zeitmessung wird die *TimSpan*-Klasse benutzt:

```
    public static TestResult addNormal(int nr)
    {
        DateTime t1 = DateTime.Now;
        TestResult r;
```

String addieren:

```
        string str = String.Empty;
        for (int i = 0; i < nr; i++)
            str += i.ToString() + " ";
        r.inhalt = str;
```

Zeitmessung:

```
        DateTime t2 = DateTime.Now;
        TimeSpan ts = new TimeSpan(t2.Ticks - t1.Ticks);
        r.zeit = Convert.ToInt32(ts.TotalMilliseconds);
        return r;
    }
```

Analog ist die Methode *addWithStringBuilder* aufgebaut, welche zur Addition die *Append*-Methode der *StringBuilder*-Klasse benutzt:

```
    public static TestResult addWithStringBuilder(int nr)
```

```
    {
        DateTime t1 = DateTime.Now;
        TestResult r;
```

Mit *StringBuilder* addieren:

```
        StringBuilder sb = new StringBuilder();
        for (int i = 0; i < nr; i++)
            sb.Append(i.ToString() + " ");
        r.inhalt = sb.ToString();
```

Zeitmessung:

```
        DateTime t2 = DateTime.Now;
        TimeSpan ts = new TimeSpan(t2.Ticks - t1.Ticks);
        r.zeit = Convert.ToInt32(ts.TotalMilliseconds);
        return r;
    }
}
```

## Quellcode Form1

```
public partial class Form1 : Form
{
    ...
```

Die normale Stringaddition:

```
    private void button1_Click(object sender, EventArgs e)
    {
        label1.Text = ""; label2.Text = "";
        this.Refresh(); this.Cursor = Cursors.WaitCursor;
        TestResult tr = CTest.addNormal(trackBar1.Value);
        label1.Text = tr.zeit.ToString() + " ms";
        string s = tr.inhalt;
```

Da es sinnlos ist, einen tausende Zeichen langen String komplett in einem *Label* anzuzeigen, beschränken wir uns hier auf die letzten hundert Zeichen:

```
        label2.Text = s.Substring(0, 100);
        this.Cursor = Cursors.Default;
    }
```

Die Addition mittels *StringBuilder*:

```
    private void button2_Click(object sender, EventArgs e)
    {
```

```
        label3.Text = ""; label4.Text = "";
        this.Refresh(); this.Cursor = Cursors.WaitCursor;
        TestResult tr = CTest.addWithStringBuilder(trackBar1.Value);
        label3.Text = tr.zeit.ToString() + " ms";
        string s = tr.inhalt;
        label4.Text = s.Substring(0, 100);
        this.Cursor = Cursors.Default;
    }
```

Die Anzeige der Anzahl der Schleifendurchläufe wird aktualisiert:

```
    private void trackBar1_ValueChanged(object sender, EventArgs e)
    {
        label5.Text = trackBar1.Value.ToString();
    }
}
```

## Test

Kompilieren Sie das Programm und stellen Sie zuerst die gewünschte Anzahl von Additionen ein. Das Ergebnis ist eindrucksvoll. Wie das abgebildete Beispiel zeigt, bringt hier bei 50000 Durchläufen die Verwendung eines *StringBuilder*s einen Performancegewinn fast um den Faktor 1000! Allerdings wächst dieses Verhältnis nicht linear. Bei nur 20000 Durchläufen war das Verhältnis immerhin noch 16ms zu 6250ms zugunsten des *StringBuilder*s (Pentium 2,6 GHz).

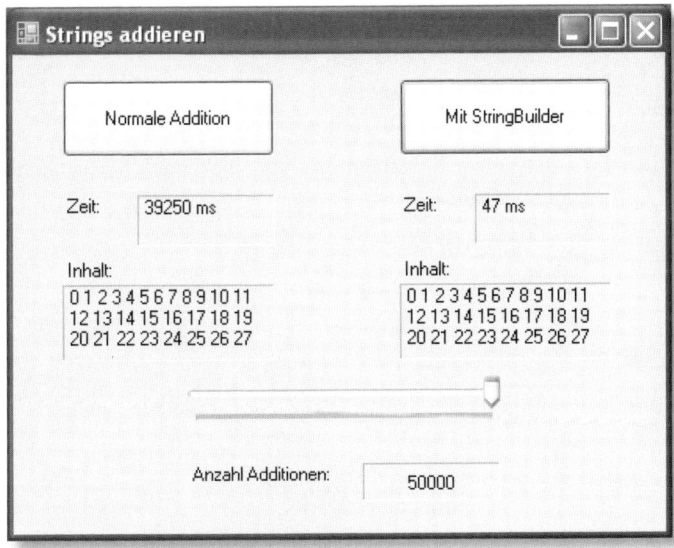

### Bemerkungen

■ Da jede Änderung an einer *String*-Variablen einen neuen Wert erzeugt, wird dadurch ein Verhalten quasi wie bei Wertetypen erreicht, obwohl es sich bei Strings – genauso wie z.B. bei Arrays – um Referenztypen handelt.

■ Bei der einfachen Stringaddition muss pro Addition stets eine Kopie des Strings im Speicher angelegt werden, selbst wenn nur ein einzelnes Zeichen hinzuzufügen ist. Das ist sehr zeit- und speicherplatzaufwändig.

■ Werden, wie in unserem Beispiel, viele Additionen nacheinander ausgeführt, so kommen Sie kaum um die Verwendung eines *StringBuilder*s umhin, wenn Sie Ihr Programm nicht total ausbremsen wollen.

■ Wenn Sie beim Instanziieren der *StringBuilder*-Klasse die möglichst gut geschätzte Anfangsgröße des internen Arrays übergeben, können Sie den Code beschleunigen.

## R1.20   Strings vergleichen

Man kann Strings entweder über ihre Referenz oder über ihren Inhalt miteinander vergleichen:

■ Die *ReferenceEquals*-Methode der *Object*-Klasse vergleicht die Speicheradressen zweier Variablen. Damit stellt man fest, ob es sich tatsächlich um identische Objekte handelt.

■ Um nur den Inhalt von Strings miteinander zu vergleichen, stehen die Methoden *Equals* und *Compare/CompareTo* entweder als statische Methoden der *String*-Klasse oder (teilweise) als Instanzenmethoden des aktuellen Strings zur Verfügung.

In diesem Rezept demonstrieren wir einige Vergleichsmöglichkeiten von Zeichenketten.

### Oberfläche

Außer den beiden *TextBox*en für die Eingabe der zu vergleichenden Zeichenketten werden noch einige in eine *GroupBox* eingebetteten *RadioButton*s, zwei *CheckBox*en sowie diverse *Label*s benötigt (siehe Laufzeitabbildung).

### Quellcode

```
public partial class Form1 : Form
{
```

Die Schaltfläche "Vergleichen":

```
    private void button1_Click(object sender, EventArgs e)
    {
        string s1 = textBox1.Text;
        string s2 = textBox2.Text;
```

Vergleich der Objektreferenzen:

```
if (radioButton1.Checked)
{
    if (checkBox2.Checked) s2 = s1;
    if (Object.ReferenceEquals(s1, s2))
        label1.Text = "s1 ist dasselbe Objekt wie s2";
    else
        label1.Text = "s1 und s2 sind unterschiedliche Objekte";
}
```

Bei der von uns verwendeten (überladenen) Version der (statischen) *Compare*-Methode wird neben den beiden zu vergleichenden Zeichenketten auch ein boolescher Parameter übergeben, der das Ignorieren der Groß-/Kleinschreibung einschaltet (*true*) bzw. ausschaltet (*false*).

```
if (radioButton2.Checked)
{
    int i = String.Compare(s1, s2, checkBox1.Checked);
    switch (i)
    {
        case -1: label1.Text = "s1 ist kleiner als s2 !"; break;
        case 0: label1.Text = "s1 ist gleich s2 !"; break;
        case 1: label1.Text = "s1 ist größer als s2 !"; break;
    }
}
```

Die *Equals*-Methode der statischen *String*-Klasse liefert einen booleschen Rückgabewert (zum *StringComparision*-Parameter, siehe Bemerkungen am Schluss):

```
if (radioButton3.Checked)
{
    bool b;
    if (checkBox1.Checked)
        b = String.Equals(s1, s2, StringComparison.InvariantCultureIgnoreCase);
    else
        b = String.Equals(s1, s2, StringComparison.InvariantCulture);
    if (b)
        label1.Text = "s1 ist gleich s2";
    else
        label1.Text = "s1 ist ungleich s2";
}
```

Die *Equals*-Methode kann auch als Methode des aktuellen Strings zum Einsatz kommen:

```
if (radioButton4.Checked)
```

```
        {
            if (s1.Equals(s2))
                label1.Text = "s1 ist gleich s2";
            else
                label1.Text = "s1 ist ungleich s2";
        }
```

Natürlich kann der Inhalt von Strings auch mit dem simplen Gleichheitsoperator (= =)  vergli-chen werden (Operation wird intern auf *Equals*-Methode zurückgeführt):

```
        if (radioButton5.Checked)
        {
            if (s1 == s2)
                label1.Text = "s1 ist gleich s2";
            else
                label1.Text = "s1 ist ungleich s2";
        }
    }
}
```

### Test

Überzeugen Sie sich von den verschiedenen Möglichkeiten des Vergleichs von Zeichenketten.

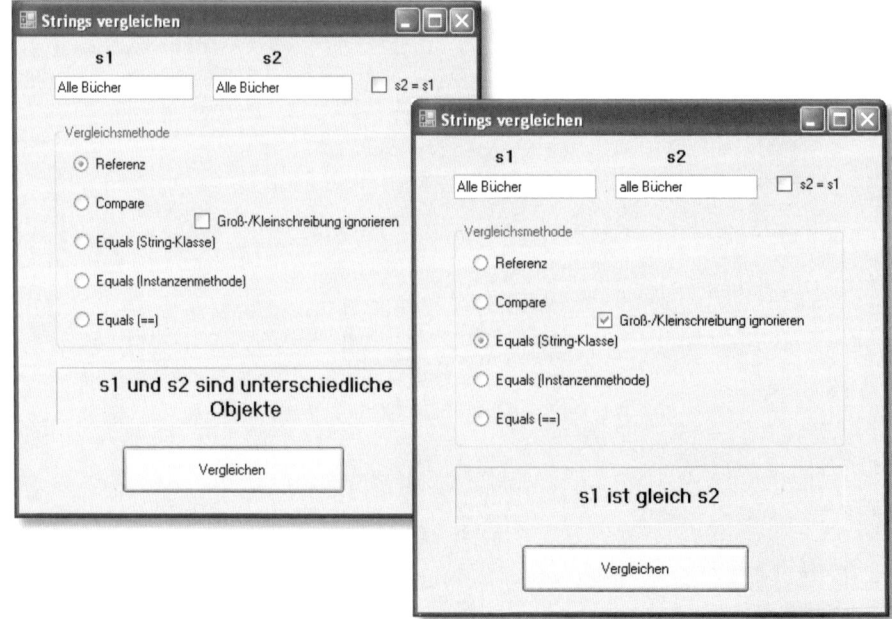

---

**HINWEIS:** Eine Berücksichtigung der Groß-/Kleinschreibung ist in diesem Beispiel nur bei den Vergleichsmethoden *Compare-* und der statischen *Equals-*Methode möglich!

---

## Bemerkungen

- Unter .NET 2.0 wurde die *Compare-*Methode um einige neue Überladungen erweitert.

- Sowohl *Compare-* als auch *Equals-*Methode verwenden den neuen .NET 2.0-Typ *StringComparision*, der die (kulturabhängigen) Regeln des Stringvergleichs definiert.

- Der Wert *InvariantCulture* aus *StringComparision* ist weder eine neutrale noch eine spezifische Kultur, sondern dient zum Stringvergleich ohne das Risiko kulturspezifischer Fehler (vorher auf ordinalen Vergleich umstellen).

# R1.21   Zeitdifferenzen ermitteln

Mit dem *TimeSpan*-Datentyp kann man genaue Zeitdifferenzen zwischen zwei Datumswerten ermitteln. Grundlage der Berechnungen ist die *Ticks*-Eigenschaft (1 Tick = 100 Nanosekunden) von *DateTime*-Werten, welche die Anzahl von Nanosekunden (!) liefert, die seit dem 1.1.0001 vergangen sind. Diese *Ticks*-Werte können dann ganz normal addiert oder subtrahiert werden.

## Oberfläche

Im Wesentlichen benötigen wir zwei *TextBox*en zur Eingabe der beiden Datums-Zeit-Werte, einen *Button* zum Starten der Berechnung und vier *Label* zur Anzeige der Ergebnisse in Tagen, Stunden, Minuten und Sekunden (siehe Laufzeitabbildung).

## Quellcode

```
public partial class Form1 : Form
{   ...
```

Berechnen der Zeitdifferenz:

```
    private void button1_Click(object sender, EventArgs e)
    {
        DateTime d1 = Convert.ToDateTime(textBox1.Text);
        DateTime d2 = Convert.ToDateTime(textBox2.Text);
        TimeSpan ts = new TimeSpan(d2.Ticks - d1.Ticks);
        label1.Text = ts.TotalDays.ToString("0.000");
        label2.Text = ts.TotalHours.ToString("0.000");
        label3.Text = ts.TotalMinutes.ToString("0.000");
        label4.Text = ts.TotalSeconds.ToString();
    }
}
```

**Test**

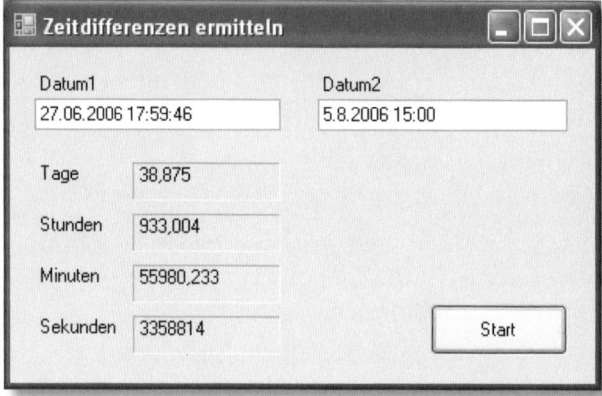

Wie die Abbildung zeigt, sind zwischen beiden Datumswerten exakt 38,875 Tage vergangen. Das entspricht 933,004 Stunden oder 55980,233 Minuten oder 3358814 Sekunden.

**Bemerkung**

- Wem die Genauigkeit immer noch nicht ausreicht, der kann auf die *TotalMilliseconds*-Methode der *TimeSpan*-Klasse zurückgreifen, eine praktische Anwendung zur Zeitmessung finden Sie z.B. in R1.19 "Zeichenketten mittels StringBuilder addieren".

- Wer auf die *TimeSpan*-Klassen verzichten und alles per Hand programmieren will sollte beachten, dass es seit dem 16. Jahrhundert den Gregorianischen Kalender gibt der besagt, dass ein Februar nie 30 Tage hat, sondern 28 Tage und im Schaltjahr 29 Tage. Schaltjahr ist alle 4 Jahre mit Ausnahme der vollen Jahrhunderte mit Ausnahme der durch 4 teilbaren Jahrhunderte (z.B. Jahr 2000 -> Schaltjahr, Jahr 2004 -> Schaltjahr, Jahr 2100 -> kein Schaltjahr).

# R1.22   Datumsdifferenzen ermitteln

Zwar ist es uns bereits im Vorgängerrezept  R1.21 "Zeitdifferenzen ermitteln" mit Hilfe von Methoden der *TimeSpan*-Klasse gelungen, genaue Zeitdifferenzen zwischen zwei Datumswerten zu berechnen, allerdings nur in den Einheiten "Tage", "Stunden", "Minuten" oder "Sekunden".

Was aber, wenn die Differenz zwischen zwei Datumswerten als Summe von Jahren, Monaten und Tagen ausgedrückt werden soll? An dieser an und für sich simplen Aufgabenstellung hat sich schon mancher die Zähne ausgebissen, da .NET hierfür keine direkte Unterstützung anbietet. Der Grund ist, dass – im Unterschied zu Tagen, Stunden etc. – Monate und Jahre keine konstante Länge haben. Monate können 28, 29, 30 oder 31 Tage lang sein und Schaltjahre sind einen Tag länger als normale Jahre.

Um das Problem zu lösen müssen wir zunächst herausfinden, wie wir als Menschen an diese Aufgabe herangehen würden. Für uns ist ein Jahr dann vergangen, wenn dasselbe Datum (Tag und Monat) im Folgejahr erreicht ist. Analog dazu ist ein Monat dann verstrichen, wenn derselbe Tag im Folgemonat herangekommen ist.

Wir addieren also zum ersten Datum so viele Jahre bis das zweite Datum ohne Überlauf erreicht ist. Anschließend werden entsprechend viele Monate und schließlich Tage hinzuaddiert bis das Zieldatum erreicht ist.

**BEISPIEL:**  Die Differenz zwischen dem 28.2.2004 und dem 1.4.2006 beträgt 2 Jahre, 1 Monat und 4 Tage. Die gleiche Differenz wird aber auch zwischen dem 28.2.2005 und dem 1.4.2007 berechnet, obwohl 2004 ein Schaltjahr ist.

### Oberfläche

Die Oberfläche ähnelt dem Vorgängerrezept, nur dass wir diesmal zur Eingabe der Datumswerte zwei *DateTimePicker*-Controls verwenden und zur Anzeige nur drei *Label*s brauchen (Jahre, Monate, Tage).

### Quellcode

```
public partial class Form1 : Form
{
    ...
```

Als Rückgabewert der Funktion *DateDiff* definieren wir einen neuen Datentyp, welcher die berechneten Jahre, Monate und Tage kapselt:

```
private struct DateDiff
{
    public int years, months, days;
}
```

Die Funktion *DateDiff* erwartet als Parameter zwei Datumswerte.

Das Datum *d1* muss immer vor *d2* liegen, ansonsten liefert die Funktion *DateDiff* falsche Ergebnisse!

```
private DateDiff calcDateDiff(DateTime d1, DateTime d2)
{
    int years, months, days;
    years = d2.Year - d1.Year;
    DateTime dt = d1.AddYears(years);
    if (dt > d2)
    {
        years--;
        dt = d1.AddYears(years);
```

```
        }
        months = d2.Month - d1.Month;
        if (d2.Day < d1.Day) months--;
        months = (months + 12) % 12;
        dt = dt.AddMonths(months);
        days = (d2 - dt).Days;
        DateDiff ddf;
        ddf.years = years; ddf.months = months; ddf.days = days;
        return (ddf);
    }
```

Bevor die Berechnung gestartet werden kann, müssen die Datumswerte übergeben und und validiert werden:

```
    private void button1_Click(object sender, EventArgs e)
    {
        label1.Text = ""; label2.Text = ""; label3.Text = "";
        try
        {
            DateTime d1 = dateTimePicker1.Value;
            DateTime d2 = dateTimePicker2.Value;
            if (d2 >= d1)
            {
                DateDiff ddf = calcDateDiff(d1, d2);
                label1.Text = ddf.years.ToString();
                label2.Text = ddf.months.ToString();
                label3.Text = ddf.days.ToString();
            }
            else
            {
                MessageBox.Show("Datum2 muss größer oder gleich Datum1 sein!",
                                                    "Falsche Eingabewerte!");
            }
        }
        catch (Exception ex)
        {
            MessageBox.Show(ex.Message, "Kein gültiges Datum!");
        }
    }
}
```

### Test

Sie können jetzt z.B. das erreichte Lebensalter Ihres Hundes genau berechnen:

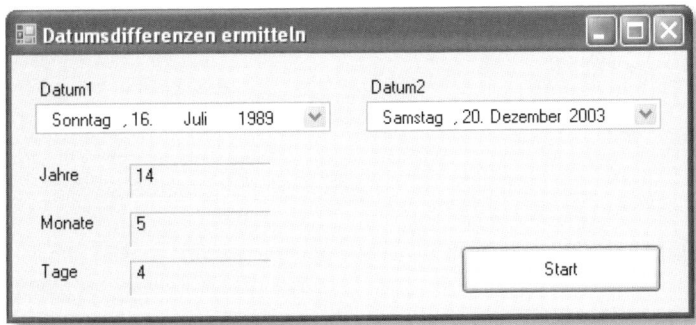

Bei Eingabe eines ungültigen Datums erhalten Sie die Meldung:

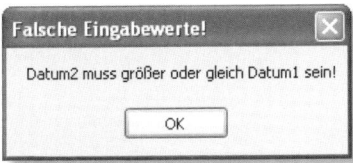

# R1.23   Das Alter in Jahren bestimmen

Das Alter einer Person wird in der Regel in Jahren (ganzzahlig) angegeben. Wenn Sie aber "quick and dirty" nur die Differenz aus der aktuellen Jahreszahl und dem Geburtsjahr bilden, so ist das Ergebnis nur dann exakt, wenn die Person im aktuellen Jahr bereits Geburtstag hatte. Anderenfalls wird ein Jahr zuviel berechnet.

BEISPIEL:  Ein Kind, das am 31.12.2004 geboren wurde, wäre am 1.1.2005 bereits 1 Jahr alt, was höchst unsinnig ist.

Die hier demonstrierte Lösung ist eine vereinfachte Variante des Vorgängerrezepts R1.22.

### Oberfläche

Auf einem Formular (*Form1*) platzieren Sie im Wesentlichen zwei *TextBox*en für die Datums-eingaben und ein *Label* zur Ausgabe des Alters (siehe Laufzeitansicht am Schluss).

### Quellcode

```
public partial class Form1 : Form
{
```

Aus Bequemlichkeitsgründen weisen wir im Konstruktorcode beiden *TextBox*en bereits gültige
Werte zu:

```
public Form1()
{
    InitializeComponent();

    textBox1.Text = "3.4.1975";                              // beliebiges Datum
    textBox2.Text = DateTime.Now.ToString("dd.MM.yyyy");     // aktuelles Datum
}
```

Die folgende Funktion ermittelt das exakte Alter einer Person (in Jahren) zum Zeitpunkt *heute*:

```
public int berechneAlter(DateTime gebTag, DateTime heute)
{
    int alter = heute.Year - gebTag.Year;      // grobe Ermittlung des Alters
    DateTime gth = gebTag.AddYears(alter);     // Geburtstag im Jahr von heute
    if (gth > heute)  alter--;                 // falls noch kein Geburtstag dann korrigieren
    return alter;
}
```

Die Berechnung starten:

```
private void button1_Click(object sender, EventArgs e)
{
    int alter = berechneAlter(Convert.ToDateTime(textBox1.Text),
                                         Convert.ToDateTime(textBox2.Text));
    label1.Text = " Die Person ist " + alter.ToString() + " Jahre alt!";
}
}
```

## Test

Geben Sie verschiedene Datumswerte ein und überprüfen Sie z.B. auch das Alter vor, zum und
nach dem Geburtstag.

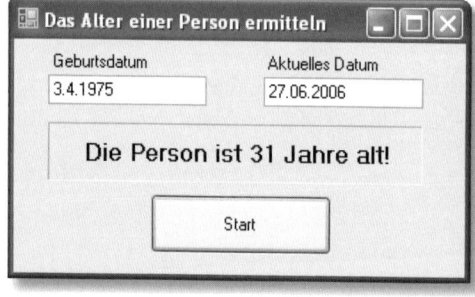

# R1.24 Die Monatsdifferenz berechnen

Es gibt Fälle, wo man die Anzahl von Monaten zwischen zwei Datumswerten wissen muss, z.B. bei rückständigen Mietzahlungen. Zur Lösung des Problems stellen wir hier zwei Varianten vor.

## Oberfläche

Ein *Form*ular mit zwei *TextBox*en, drei *Label*s und zwei *Button*s genügt zum Testen (siehe Laufzeitansicht am Schluss).

## Variante 1

Bei dieser Variante können wir auf die *AddYears*-Methode sowie die *Month*- und *Day*-Eigenschaften von *DateTime*-Variablen zurückgreifen.

```
private int calcMonths_1(DateTime d1, DateTime d2)
{
    int years = d2.Year - d1.Year;
    DateTime dt = d1.AddYears(years);
    if (dt > d2) years--;
    int months = d2.Month - d1.Month;
    if (d2.Day < d1.Day) months--;
    months = (months + 12) % 12 + years * 12;          // Modulo-Division!
    return (months);
}
```

Der Aufruf:

```
private void button1_Click(object sender, EventArgs e)
{
    label3.Text = "Die Differenz beträgt " + calcMonths_1(Convert.ToDateTime(textBox1.Text),
        Convert.ToDateTime(textBox2.Text)).ToString() + " Monate!";
}
```

## Variante 2

Diese Variante der *calcMonths*-Funktion ist vielleicht etwas zeitaufwändiger, dafür aber leichter zu verstehen. Unter Benutzung der *AddMonths*-Methode addiert man in einer Schleife immer wieder einen Monat zu *d1* bis das Zieldatum *d2* erreicht ist:

```
private int calcMonths_2(DateTime d1, DateTime d2)
{
    int i = 0;
    do
    {
        d1 = d1.AddMonths(1);
```

```
        i++;
    }
    while (d1 <= d2);
    return (i-1);
}
```

Der Aufruf entspricht dem von Variante 1.

## Test

Beide Varianten müssen natürlich zum gleichen Ergebnis führen.

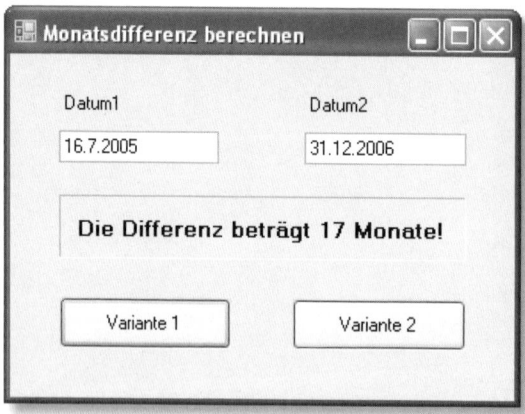

## R1.25  Das Datum beweglicher Feiertage berechnen

Der Schlüssel zur Berechnung des Datums beweglicher Feiertage liegt beim Ostersonntag. Dies ist der erste Sonntag des Jahres, der dem Tag des ersten Vollmonds nach dem Frühjahrsäquinoktium (Tag- und Nacht-Gleiche) folgt.

Relativ zum Ostersonntag lassen sich folgende Feiertage einfach ermitteln:

- Aschermittwoch (-46 Tage)

- Karfreitag (-2 Tage)

- Ostermontag (1 Tag)

- Christi Himmelfahrt (+ 39 Tage)

- Pfingstsonntag (+49 Tage)

- Pfingstmontag (+50 Tage)

- Fronleichnam (+60 Tage)

## Oberfläche

Das Startformular *Form1*, eine *TextBox* und ein *Label* genügen.

## Quellcode

Die folgende Funktion liefert das Datm des Ostersonntags ab dem Jahr 1583 (Einführung des bis heute gültigen Gregorianischen Kalenders)[1].

```
public static DateTime Ostern(int year)
{
    int c1, c2, c3, c4, c5, c6, c7, c8, c9, c10, c11, c12, c13, c14, c15;
    c1 = year % 19;
    c2 = year / 100;
    c3 = year % 100;
    c4 = c2 / 4;
    c5 = c2 % 4;
    c6 = (c2 + 8) / 25;
    c7 = (c2 - c6 + 1) / 3;
    c8 = (19 * c1 + c2 - c4 - c7 + 15)% 30;
    c9 = c3 / 4;
    c10 = c3 % 4;
    c11 = (32 + 2 * c5 + 2 * c9 - c8 - c10) % 7;
    c12 = (c1 + 11 * c8 + 22 * c11) / 451;
    c13 = c8 + c11 - 7 * c12 + 114;
    c14 = c13 / 31;         // Monat
    c15 = c13 % 31 + 1;     // Tag
    DateTime res = new DateTime(year, c14, c15);
    return res;
}
```

Der Aufruf:

```
private void textBox1_KeyUp(object sender, KeyEventArgs e)
{
    if ((e.KeyCode == Keys.Enter) && (textBox1.Text != String.Empty))
    {
        int jahr = Convert.ToInt32(textBox1.Text);
        label1.Text = "Der Ostersonntag ist der " + Ostern(jahr).ToString("d.M.yyyy");
    }
}
```

---

[1] Die verwendete Berechnungsformel entstammt dem Buch *Astronomical Formulae for Calculators* von *Jean Meeus*, *Willmann Bell Verlag 1982*.

**Test**

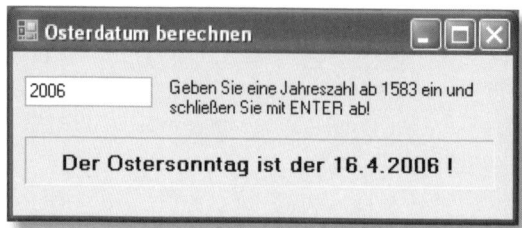

### Andere Feiertage berechnen

Die anderen beweglichen Feiertage lassen sich aufgrund ihrer bekannten relativen Verschiebung zu Ostern (siehe ganz oben) mittels *AddDays*-Methode einfach berechnen.

BEISPIEL:   Pfingsten

```
DateTime pfingsten = Ostern(jahr).AddDays(49);
```

# R1.26   Geldbeträge kaufmännisch runden

Wie schafft man es, einen Betrag immer auf 50 Cent aufzurunden, z.B. von 11,35 € auf 11,50 € oder von 11,52 € auf 12,00 €? Mit der *Round*-Funktion der *Math*-Klasse ist das nicht zu schaffen, denn die rundet auf oder ab, je nach nächstliegendem ganzzahligen Wert.

Wir entwickeln eine Funktion, die dieses Problem löst!

### Oberfläche

Im Wesentlichen benötigen wir nur eine *TextBox* für die Eingabe eines Geldbetrags und ein *Label* für die Anzeige des gerundeten Betrags (siehe Laufzeitabbildung).

### Quellcode

Da auch die expliziten Typkonvertierungen *CInt*, *Convert.ToInt32* bzw. *CType* alle auf den nächstliegenden Integer-Wert runden, muss zunächst eine Hilfsfunktion definiert werden, die nur abrundet, also immer nur den ganzzahligen Anteil einer Gleitkommazahl zurückgibt.

Rettung naht in Gestalt der *Floor*-Funktion der *Math*-Klasse, die den nächstliegenden gleichgroßen oder kleineren ganzzahligen Wert zurückgibt:

```
public partial class Form1 : Form
{
    ...
    private double Int(double z)
```

```
    {
        return(Math.Floor(z));
    }
```

Das kaufmännische Runden erledigt dann die folgende Funktion:

```
    public double betragK(double betr, double rdUp)
    {
        return(rdUp * (1 + Int((betr - 0.001) / rdUp)));
    }
```

Im Folgenden wird die Anwendung der Funktion *betragK* im *KeyUp*-Event der *TextBox* gezeigt. Der Berechnungsvorgang startet nach Betätigen der ENTER-Taste:

```
    private void textBox1_KeyUp(object sender, KeyEventArgs e)
    {
        if ((int) e.KeyCode == 13)
        {
            double geld = Convert.ToDouble(textBox1.Text);
            label1.Text = betragK(geld, 0.5d).ToString("c");   // rundet auf 50 Cent
        }
    }
}
```

### Test

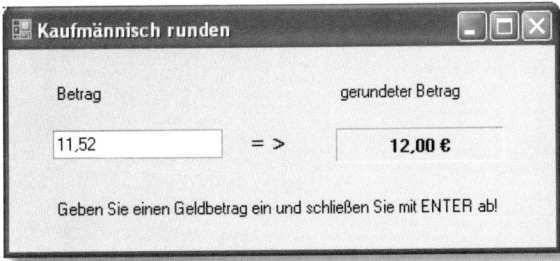

**HINWEIS:** Überprüfen Sie auch das Runden glatter Werte, z.B. dürfen 12,00 €  nicht auf 12,50 € aufgerundet werden!

### Bemerkungen

■  Der Formatstring "c" formatiert das Ergebnis entsprechend der in der Windows-Systemeinstellung vorgenommenen Währungseinstellung.

■  Durch Ändern des Übergabeparameters beim Aufruf der *betragK*-Funktion kann natürlich auch eine andere Rundungsschwelle als *50 Cent* gewählt werden.

# R1.27   Fehler bei mathematischen Operationen behandeln

Dieses Rezept soll nur nebenbei die (doch relativ triviale) Anwendung der mathematischen
Grundoperationen demonstrieren. Vor allem soll auf die Möglichkeiten der Fehlerbehandlung
mittel *try-catch*-Blöcken und *throw Exception* hingewiesen werden.

### Oberfläche

Die Abbildung zeigt einen sehr einfachen "Taschenrechner", der nur für ganze Zahlen (Integer)
ausgelegt ist.

In einer *GroupBox* sind fünf *RadioButton*s angeordnet. Das Textfeld für die Ergebnisanzeige
(*textBox4*) ist deshalb so breit, weil dort auch die eventuellen Fehlermeldungen erscheinen
sollen.

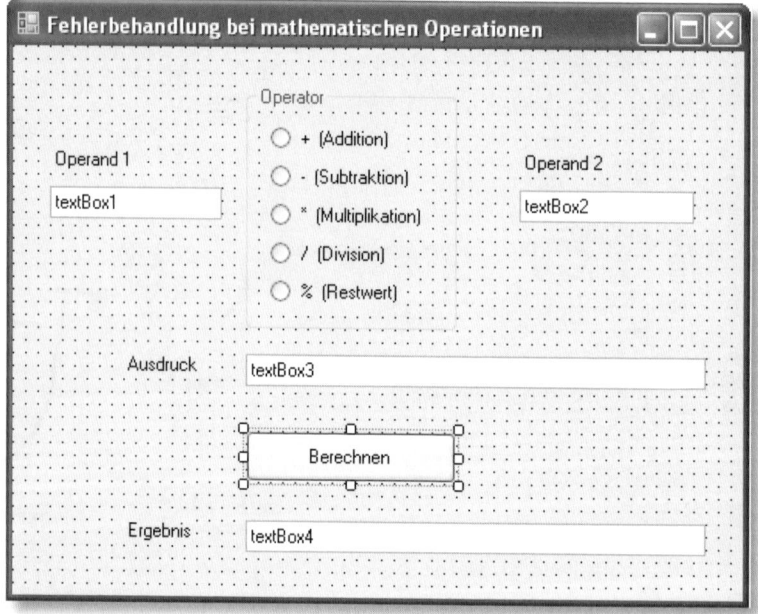

### Quellcode

```
public partial class Form1 : Form
{
    ...
```

Für jede der fünf arithmetischen Grundoperationen wird eine eigene Funktion definiert, welche
die Anzeige des Ausdrucks übernimmt und die Berechnung durchführt.

Alle fünf Operationen nehmen nur *Integer*-Werte als Operanden entgegen und liefern als
Ergebnis einen Integer-Wert zurück!

Die Addition:

```
private int addiere(int op1, int op2)
{
    textBox3.Text = op1.ToString() + " + " + op2.ToString();
    return (op1 + op2);
}
```

Die Subtraktion:

```
private int subtrahiere(int op1, int op2)
{
    textBox3.Text = op1.ToString() + " - " + op2.ToString();
    return (op1 - op2);
}
```

Das Multiplizieren:

```
private int multipliziere(int op1, int op2)
{
    textBox3.Text = op1.ToString() + " * " + op2.ToString();
    return (checked(op1 * op2));              // Überlaufsteuerung
}
```

Die Integer-Division:

```
private int dividiere(int op1, int op2)
{
    textBox3.Text = op1.ToString() + " / " + op2.ToString();
    return (op1 / op2);
}
```

Die Restwert-Division:

```
private int modulo(int op1, int op2)
{
    textBox3.Text = op1.ToString() + " % " + op2.ToString();
    return (op1 % op2);
}
```

In Abhängigkeit vom angeklickten *RadioButton* führt die folgende Funktion die Operation aus bzw. liefert eine Fehlermeldung:

```
private int berechne(int op1, int op2)
{
    int res = 0;
    if (radioButton1.Checked) res = addiere(op1, op2);
    else if (radioButton2.Checked) res = subtrahiere(op1, op2);
```

```
            else if (radioButton3.Checked) res = multipliziere(op1, op2);
            else if (radioButton4.Checked) res = dividiere(op1, op2);
            else if (radioButton5.Checked) res = modulo(op1, op2);
            else throw new InvalidOperationException("Kein Operator ausgewählt!");
            return res;
        }
```

Die Schaltfläche "Berechnen":

```
    private void button1_Click(object sender, EventArgs e)
    {
        try
        {
            int op1 = System.Int32.Parse(textBox1.Text);
            int op2 = System.Int32.Parse(textBox2.Text);
            int res = berechne(op1, op2);
            textBox4.Text = res.ToString();
        }
        catch (System.Exception ex)
        {
            textBox4.Text = ex.Message;
        }
    }
    ...
}
```

---

**HINWEIS:** Achten Sie darauf, dass im obigen Code an zwei unterschiedlichen Stellen eine Fehlerbehandlung erfolgt (Fettdruck)!

---

## Test

Ihrer Experimentierfreude sind nun keine Grenzen gesetzt, dank der doppelten Fehlerbehandlung werden Sie großzügig mit Informationen versorgt und es wird Ihnen nicht gelingen, das Programm zum Absturz zu bewegen.

Auch bei der gefürchteten Division durch Null erfolgt anstelle des Ergebnisses eine vernünftige Fehlermeldung:

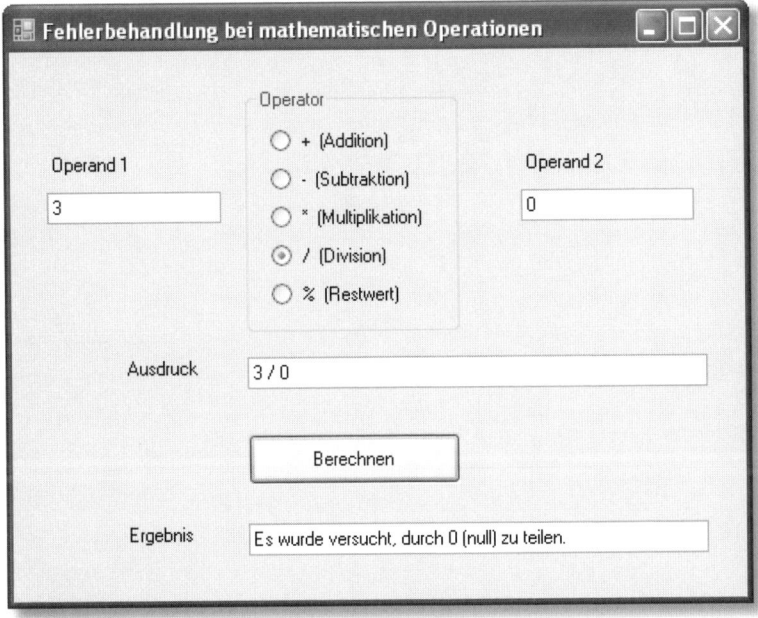

## Bemerkungen

■ Sie können leicht nachprüfen, dass das Ergebnis der Modulo-Division gleich dem Restwert ist, wie er  bei Integer-Division übrig bleibt.

```
10 / 3 = 3        der Rest ist 1
10 % 3 = 1
```

■ Einen weiteren " Taschenrechner" finden Sie in R1.30 "Delegaten verstehen".

# R1.28  Mit Potenzen und Wurzeln rechnen

Ein gutes Beispiel, um den Umgang mit Wurzeln und Potenzen zu trainieren, bietet die Formel zur Berechnung des Volumens einer Kugel:

$V = 4 / 3 * \pi * r^3$

## Oberfläche

Ein *Form*ular mit zwei *TextBox*en genügt.

## Quellcode

```
public partial class Form1 : Form
{   ...
```

Mit Hilfe der *Pow*-Methode der (statischen) *Math*-Klasse ist es kein Problem, ausgehend von obiger Formel die entsprechenden Funktionen zu entwickeln, wobei wir anstatt des Radius den Durchmesser der Kugel als Parameter bzw. Rückgabewert verwenden. Die Genauigkeit wird auf drei Nachkommastellen begrenzt.

```
public double Kugeldurchmesser(double v)
{
    double d = Math.Pow((6.0 / Math.PI * v), 1 / 3.0);  // Pow berechnet dritte Wurzel
    return (d);
}


public double Kugelvolumen(double d)
{
    double v = Math.PI * Math.Pow(d, 3) / 6;              // Pow berechnet dritte Potenz
    return (v);
}
```

Nun zur Anwendung der beiden Funktionen. Wenn in einer der beiden Textboxen ein Wert geändert wurde, soll auch der Wert in der jeweils anderen Textbox aktualisiert werden.

Der Kugeldurchmesser wurde geändert:

```
private void textBox1_KeyUp(object sender, KeyEventArgs e)
{
    if (e.KeyCode == Keys.Enter)
    {
        textBox2.Text = Kugelvolumen(Convert.ToDouble(textBox1.Text)).ToString("#,#0.000");
    }
}
```

Das Kugelvolumen wurde geändert:

```
private void textBox2_KeyUp(object sender, KeyEventArgs e)
{
    if (e.KeyCode == Keys.Enter)
    {
        textBox1.Text=Kugeldurchmesser(Convert.ToDouble(textBox2.Text)).ToString("#,#0.000");
    }
}
```

## Test

Geben Sie in eine der beiden Textboxen einen Wert ein und schließen Sie die Eingabe mit der Enter-Taste ab:

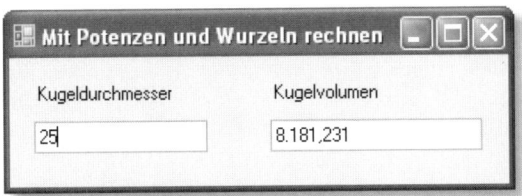

# R1.29  Überladene und überschriebene Methoden

Für den Einsteiger scheint es ziemlich schwierig zu sein, beide ähnlich lautenden "Methoden-typen" auseinanderzuhalten, sodass es oft zu Verwechslungen oder gar Verwirrungen kommt. Zunächst bleibt festzuhalten, dass es sich in beiden Fällen um Methoden mit gleich lautenden Namen handelt, die in einem Programm in mehreren Versionen existieren können. Damit enden aber auch schon die Gemeinsamkeiten.

- *Überladen von Methoden*
  Innerhalb einer Klasse können zwei und mehr gleichnamige Methoden konfliktfrei neben-einander existieren, wenn sie eine unterschiedliche Signatur (Reihenfolge und Datentyp der Übergabeparameter) besitzen. Eine besondere Kennzeichnung ist nicht erforderlich.

- *Überschreiben von Methoden*
  Im Unterschied zum Überladen findet das Überschreiben von Methoden innerhalb einer Ver-erbungshierarchie statt, d.h., eine in der Oberklasse als *virtual* definierte Methode kann in den Unterklassen mittels *override* überschrieben (komplett ersetzt) werden. Dabei bleibt die Signatur dieselbe. Was sich ändert ist der Methodenkörper, d.h. die Implementierung.

## Oberfläche

Um zu verdeutlichen, dass Überladen und Überschreiben von Methoden zwei grundsätzlich ver-schiedene Dinge sind, benutzen wir zwei *GroupBox*en, in denen die für die Demonstration des jeweiligen Features erforderlichen Steuerelemente zusammengefasst werden (siehe Laufzeitan-sicht).

## Quellcode

```
public partial class Form1 : Form
{
    ...
```

Wir demonstrieren das **Überladen** am Beispiel von zwei Versionen einer Methode *addGutha-ben* in der Klasse *CKunde*, die erste Überladung hat nur den Nettobetrag als Parameter, die zweite den Bruttobetrag und die Mehrwertsteuer.

```
    public class CKunde
    {
```

```csharp
public decimal guthaben;

public void addGuthaben(decimal netto)              // erste Überladung
{
    guthaben += netto;
}

public void addGuthaben(decimal brutto, decimal mwst)   // zweite Überladung
{
    guthaben += brutto/(1 + mwst);
}
}
```

Der Aufruf der ersten Überladung:

```csharp
private void button1_Click(object sender, EventArgs e)
{
    kunde1.addGuthaben(Convert.ToDecimal(textBox1.Text));
    label1.Text = "Das Guthaben beträgt " + kunde1.guthaben.ToString("c");
}
```

Aufruf der zweiten Überladung:

```csharp
private void button2_Click(object sender, EventArgs e)
{
    kunde1.addGuthaben(Convert.ToDecimal(textBox2.Text),Convert.ToDecimal(textBox3.Text));
    label1.Text = "Das Guthaben beträgt " + kunde1.guthaben.ToString("c");
}
```

In unserem Beispiel soll das **Überschreiben** anhand der virtuellen Methode *getTypeName* der Basisklasse *CKunde* demonstriert werden. Fügen Sie also zu *CKunde* folgende Methode hinzu:

```csharp
public virtual string getTypeName()
{
    return "Das ist ein Kunde!";
}
```

Die Methode *getTypeName* wird in der von *CKunde* abgeleiteten Klasse *CFirmenKunde* überschrieben:

```csharp
public class CFirmenKunde : CKunde
{
    public override string getTypeName()
    {
        return "Das ist ein Firmenkunde!";
```

```
        }
    }
```

Aufruf der Basisklassenmethode:

```
private void button3_Click(object sender, EventArgs e)
{
    CKunde kunde2 = new CKunde();
    label2.Text = kunde2.getTypeName();
}
```

Aufruf der überschriebenen Methode:

```
private void button4_Click(object sender, EventArgs e)
{
    CKunde kunde2 = new CFirmenKunde();
    label2.Text = kunde2.getTypeName();
}
}
```

Wie Sie sehen, ruft die gleiche Anweisung (*getTypeName*) unterschiedliche Methoden auf, was als Polymorphie (Vielgestaltigkeit) bezeichnet wird und zu den zentralen OOP-Konzepten gehört.

## Test

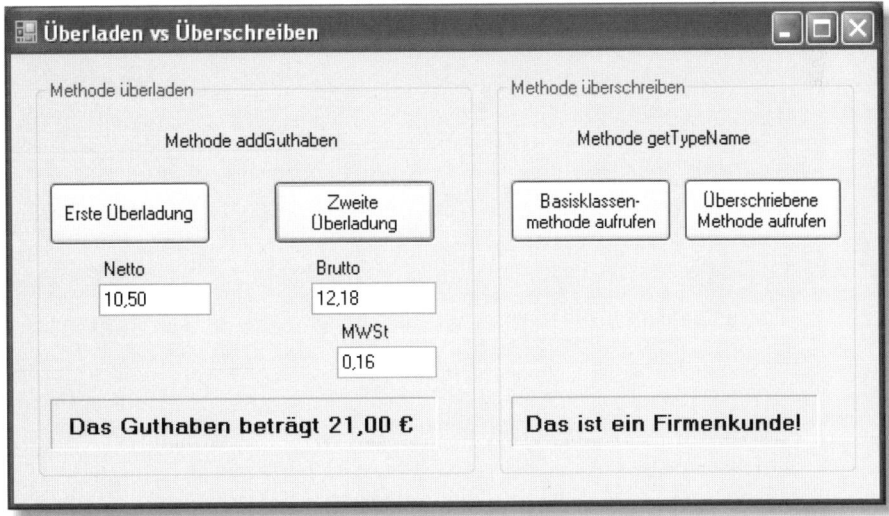

### Bemerkungen

Während das Überladen mehrere Versionen einer Methode innerhalb einer Klasse erlaubt, wird durch das Überschreiben eine geerbte Methode komplett ersetzt.

- Überladung wird beispielsweise verwendet, wenn eine Methode mehrere optionale Parameter besitzen soll. Die Auswahl unter VS.NET fällt leicht, da die  Intellisense alle Überladungen und deren Signaturen anzeigt.

- Überschreibung kommt bei der Vererbung zum Einsatz. So kann eine Basisklasse die Implementierung einer Methode vorschreiben, die jedoch bei jeder Ableitung – trotz gleicher Signatur - eine unterschiedliche Aufgabe lösen soll.

# R1.30   Delegaten verstehen

Delegaten sind typisierte Funktionszeiger und als solche für den Ein- und Umsteiger gewöhnnungsbedürftig. Das vorliegende Rezept soll das Prinzip am Beispiel eines einfachen "Taschenrechners" erläutern.

### Oberfläche

Auf das Startformular *Form1* setzen wir zwei *TextBox*en für die Eingabe der Operanden und ein attraktives *Label* zur Ergebnisanzeige. Die durchzuführende Rechenoperation (Addition, Multiplikation, Division) wird über drei *RadioButtons* ausgewählt, die in einer *GroupBox* angeordnet sind (siehe Laufzeitabbildung).

### Quellcode

```
public partial Form1 : Form
{
    public Form1()
    {
        InitializeComponent();
```

Das Anmelden der Eventhandler lassen wir diesmal nicht von Visual Studio erledigen, sondern nehmen das selbst in die Hand. Grund dafür ist, dass sowohl beide *TextBox*en als auch alle drei *RadioButton*s jeweils gemeinsame Eventhandler benutzen sollen.

```
        textBox1.KeyUp += new System.Windows.Forms.KeyEventHandler(textBox_KeyUp);
        textBox2.KeyUp += new System.Windows.Forms.KeyEventHandler(textBox_KeyUp);

        radioButton1.CheckedChanged += new System.EventHandler(radioButton_CheckedChanged);
        radioButton2.CheckedChanged += new System.EventHandler(radioButton_CheckedChanged);
        radioButton3.CheckedChanged += new System.EventHandler(radioButton_CheckedChanged);
    }
```

Zum eigentlichen Thema dieses Rezepts kommen wir erst jetzt: Unser Delegate soll einen Methodentyp definieren, welcher zwei Gleitkommazahlen als Parameter entgegennimmt und eine Gleitkommazahl zurückliefert:

```
private delegate float calcDlg(float x, float y);
```

Die drei Rechenmethoden müssen die Signatur des Delegaten aufweisen:

```
private float addFloat(float a, float b)
{
    return (a + b);
}


private float multFloat(float a, float b)
{
    return (a * b);
}


private float divFloat(float a, float b)
{
    return (a / b);
}
```

Im Folgenden weisen wir dem Delegaten eine konkrete Methodenadresse zu, führen die Rechenoperation aus und zeigen das Ergebnis auf zwei Nachkommastellen genau an:

```
private void calc()
{
    calcDlg calcMethod = null;
    if (radioButton1.Checked) calcMethod = addFloat;
    else if (radioButton2.Checked) calcMethod = multFloat;
    else if (radioButton3.Checked) calcMethod = divFloat;
    float z1 = Convert.ToSingle(textBox1.Text);
    float z2 = Convert.ToSingle(textBox2.Text);
    label1.Text = calcMethod(z1, z2).ToString("#,##0.00");
}
```

Der Rest ist Routine:

```
private void textBox_KeyUp(object sender, KeyEventArgs e)
{
    if (e.KeyCode == Keys.Enter) calc();
}
```

```
private void radioButton_CheckedChanged(object sender, EventArgs e)
{
    calc();
}
}
```

## Test

Wenn Sie die Eingabe eines Operanden mittels ENTER-Taste abschließen oder eine andere Rechenoperation einstellen wird das Ergebnis sofort aktualisiert.

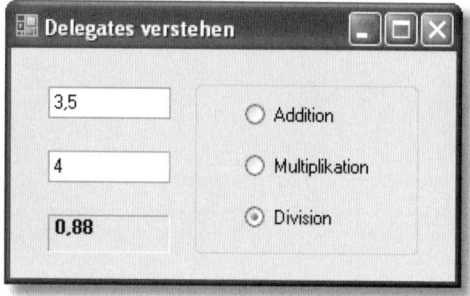

# R1.31  Abschreibungen auf Monatsbasis berechnen

Jetzt verlangt das Finanzamt auch vom Freiberufler nicht mehr die Aufsplittung der Abschreibungskosten auf jährlicher bzw. halbjährlicher, sondern auf monatlicher Basis. Das macht sich vor allem bei relativ teuren kurzlebigen Wirtschaftsgütern, wie z.B. Computern, deutlich bemerkbar, wo Sie z.B. im ersten Jahr nur noch den monatlichen Anteil an der Gesamtlebenszeit als Kosten ansetzen können.

**BEISPIEL:**  Sie kaufen sich am 23.12.2006 für 1000 € einen Computer, für den Sie eine Lebenszeit von drei Jahren festlegen, was einer jährlichen Abschreibungsrate von 33,3%, d.h. 333,33 €, entspricht. Bislang konnten Sie dafür im Anschaffungsjahr noch die Hälfte, das sind 166,66 €, als Kosten ansetzen, obwohl der Computer nur ca. einen Monat da war. Jetzt sind dafür höchstens noch 27,78 € möglich (monatliche Abschreibungsrate = 33,3 % / 12 = 2,78%).

Es ist üblich, dass ein vollständig abgeschriebenes Wirtschaftsgut nicht den Restwert null erhält, sondern mit einem so genannten "Erinnerungswert" (1€) so lange in den Büchern verbleibt, bis es explizit "verschrottet" wird.

Die Programmierung einer entsprechenden Funktion scheint zunächst nicht sonderlich schwierig zu sein. Wie Sie aber sehen werden, bereiten vor allem das erste und das letzte Jahr der Lebensdauer gewisse Probleme.

### Oberfläche

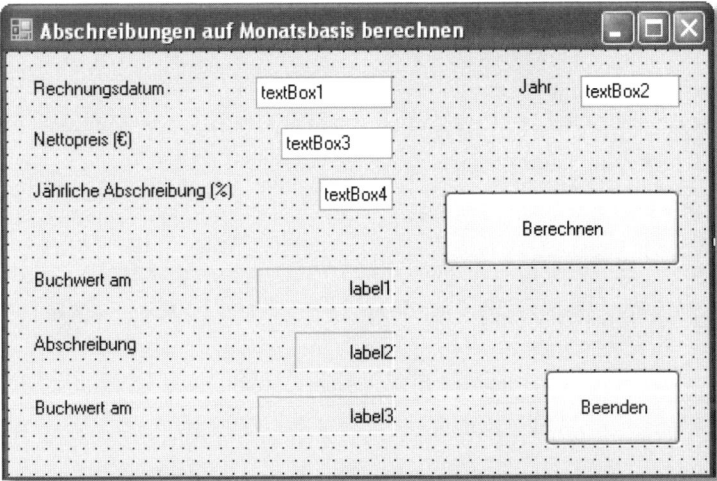

### Quellcode

```
public partial class Form1 : Form
{
    ...
```

Es sieht professioneller aus, wenn wir die Rückgabewerte der Funktion *calcAbschreibung* – anstatt in mehreren "lose herumflatternden" globalen Variablen – in einer Struktur kapseln, dabei sind *abz* die Abschreibungskosten im abzurechnenden Jahr, *bw1* der Buchwert am 31.12. des Vorgängerjahrs und *bw2* der Buchwert am 31.12. des abzurechnenden Jahrs.

```
    private struct TAbschreibung
    {
        public decimal abz, bw1, bw2;
    }
```

Die an die Funktion *calcAbschreibung* zu übergebenden Parameter sind das Datum der Anschaffung *dr*, das abzurechnende Jahr *jahr*, der Anschaffungspreis *netto* und die jährliche Abschreibung in % *apj*:

```
    private TAbschreibung calcAbschreibung(DateTime dr, int jahr,decimal netto, decimal apj)
    {
        TAbschreibung AB;                  // Strukturvariable für den Rückgabewert
        AB.abz = 0; AB.bw1 = 0; AB.bw2 = 0;
        decimal am = apj / 100 / 12 * netto;    // monatliche Abschreibung in Euro
```

Durchlaufen aller Monate mit folgenden Startwerten:

```
decimal rw = netto;            // Restwert (entspricht zu Beginn Netto)
DateTime ad = dr;              // lfd. Datum (entspricht zu Beginn dem Rechnungsdatum)
decimal bw = 0;                // Buchwert im Vorgängerjahr
```

Wiederholen, solange Restwert > 0 und Jahr nicht größer als Auswertungsjahr ist:

```
while ((rw > 1) && (ad.Year <= jahr))
{
    decimal betrag;                // Abschreibungsbetrag
    decimal rw1 = rw - am;         // neuer Restwert
    if (rw1 < 1.00M) rw1 = 0;      // unter 1 Euro auf Null runden
    // Restwert herabsetzen:
    if (rw1 > 0)     // volle Monatsrate
    {
        betrag = am;
          rw -= betrag;
    }
    else             // letzte Monatsrate (kann nicht größer als rw sein)
    {
        betrag = rw - 1;
        rw = 1.00M;     // Erinnerungswert
    }
```

Abschreibungen im Auswertungsjahr akkumulieren:

```
    if (ad.Year == jahr) AB.abz += betrag;
```

Buchwert für Dezember des Vorgängerjahrs:

```
    if ((ad.Year == (jahr - 1)) && (ad.Month == 12)) bw = rw;
    ad = ad.AddMonths(1);                   // weiter mit nächstem Monat
}
```

Die Buchwerte ermitteln:

```
if (jahr == dr.Year)        // im Anschaffungsjahr gibt es keinen Buchwert bw1
{
    AB.bw1 = 0;
    AB.bw2 = netto - AB.abz;
}
else
{
    AB.bw1 = bw;
```

```
        AB.bw2 = AB.bw1 - AB.abz;
    }
```

Erinnerungswert 1 € auch bei Jahren nach Ende der Lebensdauer beibehalten:

```
    if (jahr > ad.Year)
    {
        AB.bw1 = 1.00M; AB.bw2 = 1.00M;
    }
    return (AB);
}
```

Die Schaltfläche "Berechnen" realisiert das bekannte EVA-Prinzip (Eingabe-Verarbeitung-Ausgabe):

```
    private void button1_Click(object sender, EventArgs e)
    {
        label2.Text = ""; label1.Text = ""; label3.Text = "";
        try
        {
```

Eingabe:

```
            DateTime dr = Convert.ToDateTime(textBox1.Text);
            int jahr = Convert.ToInt32(textBox2.Text);
            decimal netto = Convert.ToDecimal(textBox3.Text);
            decimal afm = Convert.ToDecimal(textBox4.Text);
```

Verarbeitung:

```
            TAbschreibung ab = calcAbschreibung(dr, jahr, netto, afm);
```

Ausgabe:

```
            label1.Text = ab.bw1.ToString("c");
            label2.Text = ab.abz.ToString("c");
            label3.Text = ab.bw2.ToString("c");
            label4.Text = "Buchwert am " + "31.12." + (jahr - 1).ToString();
            label5.Text = "Abschreibungen in " + jahr.ToString();
            label6.Text = "Buchwert am " + "31.12." + (jahr).ToString();
        }
        catch (Exception ex)
        {
            MessageBox.Show(ex.Message.ToString());
        }
    }
}
```

**Test**

In unserem Beispiel berechnen wir für das Jahr 2008 die Kosten, die man in der Gewinnermittlung für einen im September 2005 angeschafften 1000 € -Computer mit einer Lebenszeit von 3 Jahren (Abschreibung = 33,33 % pro Jahr) ansetzen kann. Wie Sie sehen, ist der Computer im Jahr 2008 abgeschrieben und verbleibt mit einem Erinnerungswert von 1 € in den Büchern.

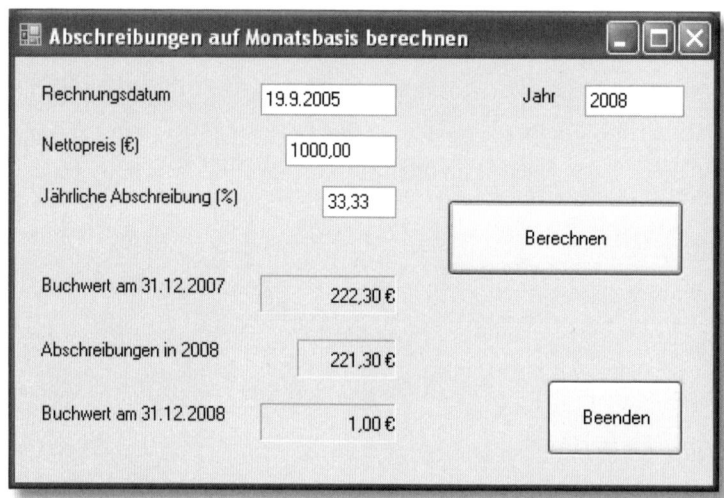

**HINWEIS:** Zwecks Kontrolle ermitteln Sie nacheinander die jährlichen Abschreibungskosten (2005 = 111,10 €; 2006 = 333,30 €; 2007 = 333,30 €; 2008 = 221,30 €). Die Summe plus Erinnerungswert 1 € muss exakt den Neuwert von 1000 € ergeben.

# R1.32   Reisespesen berechnen

Sie möchten den Umgang mit Datums-/Zeitfunktionen an einem sinnvollen praktischen Beispiel üben, wie z.B. die Spesenberechnung für Dienstreisen. Im "Steuerfachchinesisch" heißt das "Verpflegungsmehraufwendungen".

Grundlage ist folgende Spesentabelle:

| Dauer | Pauschbetrag |
| --- | --- |
| >= 24 Std. | 24 € |
| >= 14 ... <24 Std. | 12 € |
| >= 8 ... <14 | 6 € |

Für jeden einzelnen Tag wird der Pauschbetrag gemäß obiger Tabelle ermittelt und zur Gesamtsumme addiert.

**BEISPIEL:** Eine Inlandsdienstreise beginnt am 10.12.2006 um 17 Uhr und endet am 13.12.2006 um 16 Uhr. Der Verpflegungsmehraufwand ergibt sich zu 60 Euro, die sich wie folgt zusammensetzen:

- 0 Euro für den ersten Tag, da weniger als 8 Stunden unterwegs;

- 48 Euro zusammen für den zweiten und dritten Tag, da jeden Tag 24 Stunden unterwegs;

- 12 Euro für den Abreisetag, da mehr als 14 Stunden unterwegs.

Von Gerechtigkeit kann hier allerdings keine Rede sein.

**BEISPIEL:** Wer am 10.12.2006 16:05 zu einer Dienstfahrt aufgebrochen ist und am nächsten Tag um 7:55 zurückkehrt erhält, obwohl er ca. 16 Std. unterwegs war und sich sogar die Nacht um die Ohren geschlagen hat, ... nichts. Allerdings muss auch an der Intelligenz des Betreffenden gezweifelt werden, denn eine winzige Mogelei auf dem Abrechnungsformular (10.12.2006 16:05 bis 11.12.2006 8:00) hätte ihm wenigstens 12 € eingebracht.

## Bedienoberfläche

Öffnen Sie eine neue Windows-Anwendung. Auf dem Startformular platzieren Sie zwei *Text-Box*en, zwei *Button*s und drei *Label*s (siehe Laufzeitansicht).

## Quellcode

Das eigentliche Problem sind nicht die vollen Reisetage, sondern An- und Abreisetag, wofür wir zweckmäßigerweise eine Hilfsprozedur *pHours* schreiben. Die Übergabeparameter *dat1* und *dat2* sind DatumZeit-Werte vom gleichen Tag, sie unterscheiden sich also nur in ihrem Zeitanteil!

```
private decimal pHours(DateTime dat1, DateTime dat2)
{
    decimal betrag = 0;
```

Da die *Hours*-Eigenschaft einer Datumsdifferenz immer die abgerundete Stundenzahl liefert, wird die Verpflegungspauschale korrekt ermittelt, also erst ab Erreichen der vollen Stunde wirksam:

```
int stunden = (dat2 - dat1).Hours;
if (stunden >= 8) betrag += 6.0M;
if (stunden >= 14) betrag += 6.0M;
return (betrag);
}
```

Die Hauptprozedur *getExpenses* benötigt als Parameter den Beginn (*beginn*) und das Ende (*ende*) der Reise, Rückgabewert ist die Höhe der Spesen:

```
public decimal getExpenses(DateTime beginn, DateTime ende)
{
    decimal vp = 0;
```

Wir führen zwei Hilfsvariablen *d1* und *d2* ein, sie entsprechen *dat1* und *dat2* ohne Zeitanteil:

```
string sd1 = beginn.ToShortDateString();
DateTime d1 = Convert.ToDateTime(sd1);      // 0 Uhr am Anreisetag
string sd2 = ende.ToShortDateString();
DateTime d2 = Convert.ToDateTime(sd2);      // 0 Uhr am Abreisetag
```

Die Reisedauer in Tagen, wobei hier An- und Abreisetag ebenfalls als ein Tag zählen:

```
int tage = (d2 - d1).Days + 1;
if (tage == 1) vp += pHours(beginn, ende);    // eintägige Reise
if (tage > 1)
{
    DateTime d1E = d1.AddDays(1);   // Ende des Anreisetags (0 Uhr am zweiten Tag)
    vp += pHours(beginn, d1E);      // Spesen für Anreisetag
    vp += pHours(d2, ende);         // ......    Abreisetag
}
```

Die Spesen für die zwischen An- und Abreisetag liegenden vollen Tage berechnen sich hingegen kinderleicht:

```
if (tage > 2) vp += 24.0M * (tage - 2);
return (vp);
}
```

Die "Start"-Schaltfläche, wobei wir diesmal bezüglich Fehlerbehandlung nicht geizen wollen:

```
private void button1_Click(object sender, EventArgs e)
{
    DateTime dat1; DateTime dat2;
    try
    {
        dat1 = Convert.ToDateTime(textBox1.Text);
        dat2 = Convert.ToDateTime(textBox2.Text);
        if (dat2 > dat1)
        {
            decimal vp = getExpenses(dat1, dat2);
            label3.Text = "Sie erhalten " + vp.ToString("c") + " Spesen!";
        }
        else label3.Text = "Beginn-Datum muss vor Ende-Datum liegen!";
    }
    catch (Exception ex)
    { label3.Text = ex.Message.ToString();  }
}
```

### Test

Ab sofort dürfte es für Sie kein Problem mehr sein, Ihre Reisespesen exakt zu ermitteln:

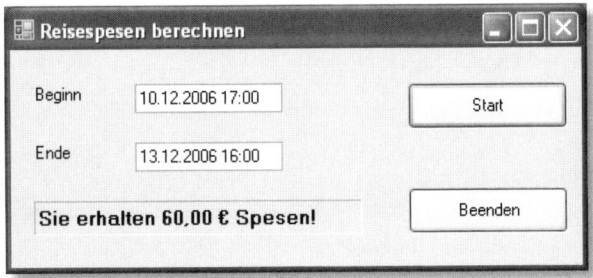

# R1.33  Tipps & Tricks

## Die aktuelle Uhrzeit anzeigen

BEISPIEL:  Die aktuelle Uhrzeit erscheint in einem *Label*.

```csharp
timer1.Enabled = true;
timer1.Interval = 1000;
...
private void timer1_Tick(object sender, System.EventArgs e)
{
    label1.Text = DateTime.Now.ToString("hh:mm:ss");
}
```

## Die Uhrzeit als DateTime-Datentyp speichern

BEISPIEL:  Sie haben z.B. eine Ini-Datei, in der eine Uhrzeit steht (Format: "21:00") und wollen diesen Wert irgendwie in einen *DateTime*-Datentyp "quetschen".

```csharp
string s = "21:00";
DateTime d = Convert.ToDateTime(s);
label1.Text = d.ToShortTimeString();            // zeigt "21:00"
```

## Zahlen gezielt runden

BEISPIEL:  Einen *decimal*-Typ ab dem Wert 0,01 auf 0 runden.

```csharp
if (d < 0.01M) d = 0;
```

## Zur Laufzeit ein String-Array definieren

**BEISPIEL:**   Ein String-Aray mit 5 Feldern wird definiert. Das letzte Feld erhält den Wert "Hallo".

```
int länge = 5;
string[] strArr = new string[länge];
strArr[4] = "Hallo";
```

## Auf das letzte Zeichen im String testen

**BEISPIEL:**   Einen Backslash (\) an den Dateipfad anhängen, falls der Backslash  nicht vorhanden ist.

```
if (!pfad.EndsWith(@"\")) pfad += @"\";
```

Das vorangestellte Zeichen @ sorgt dafür, dass ein Backslash im String nicht als Steuerzeichen (Escape-Sequenz) interpretiert wird.

## Die letzten Zeichen eines Strings abschneiden

**BEISPIEL:**   Ein einzelnes Zeichen am Schluss entfernen:

```
string st = "Hallo";
st = st.Remove(st.Length-1, 1);          // ergibt "Hall"
```

**BEISPIEL:**   Das angehängte Euro-Symbol eines Währungsstrings abschneiden.

```
string kostenS = "3.567,89 Euro";
decimal kosten = Convert.ToDecimal(kostenS.Remove(kostenS.Length - 5, 5));
```

oder

```
private string removeLast(string s, int n)
{
    return (s.Remove(s.Length-n, n);
}
```

## Leerzeichen aus einem String entfernen

Verwenden Sie den Namespace *System.Text.RegularExpressions*.

```
string strval = "Jack and Jill";
string strnewval = Regex.Replace(strval, " ", "");
Response.Write(strnewval);
```

# Kapitel 2

# Oberfläche

## R2.1   Zur Laufzeit ein Steuerelement erzeugen

Wie Sie beliebige Controls nicht von der Toolbox abziehen, sondern selbst per Code erzeugen können, zeigt dieses einfache Rezept.

Aufgabe ist es, zu einem *Form*ular einen *Button* hinzuzufügen, mit dem das *Form*ular geschlossen werden kann.

### Oberfläche

Das leere Startformular *Form1* genügt!

### Quellcode

```
public partial class Form1 : Form
{
    ...
```

Auf globaler Ebene deklarieren Sie zunächst eine Objektvariable vom Typ *Button*:

```
    private Button button1;
```

In unserem Beispiel soll *button1* beim Initialisieren von *Form1* erzeugt werden, wir ergänzen also den Konstruktorcode:

```
    public Form1()
    {
        InitializeComponent();
```

Eine Instanz der *Button*-Klasse wird erzeugt:

```
        this.button1 = new Button();
```

Nun die wichtigsten Eigenschaften zuweisen, wie Position der linken oberen Ecke (200, 100), die Abmessungen (Breite = 100, Höhe = 50) und die Beschriftung:

```
        this.button1.Bounds = new Rectangle(new Point(200, 100), new Size(100, 50));
        this.button1.Text = "Beenden";
```

Der frisch erzeugte *Button* muss zur *Controls*-Auflistung von *Form1* hinzugefügt werden:

```
    this.Controls.Add(button1);
```

Last but not least soll unser *Button* nicht nur zur Dekoration da sein, sondern auch auf das *Click*-Ereignis reagieren:

```
        this.button1.Click += new System.EventHandler(this.button1_Click);
    }
```

Den Rahmencode für den Eventhandler müssen Sie diesmal komplett per Hand eintippen, da Ihnen Visual Studio dabei nicht helfen kann:

```
    private void button1_Click(object sender, System.EventArgs e)
    {
        this.Close();
    }
}
```

## Test

Sofort nach dem Start ist wie von Geisterhand der neue *Button* da und erfüllt seine Aufgabe:

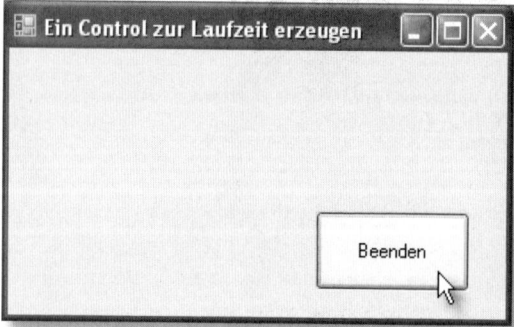

## Bemerkungen

▪ Nach dem gleichen Prinzip können Sie jedes beliebige Steuerelement zur Laufzeit erzeugen.

▪ Weitere Details zur Ereignisbehandlung finden Sie z.B. in R2.8 "Tastatureingaben filtern"

# R2.2  **Steuerelemente-Array per Code erzeugen**

Das "Zusammenschieben" einer großen Anzahl matrixförmig angeordneter Steuerelemente ist eine ziemlich stupide, wenn nicht gar nervige Angelegenheit. Hier sollte man der reinen Code-programmierung den Vorzug geben und auf den visuellen Designer verzichten. Neben der Zeitersparnis ist dabei auch die pixelgenaue Positionierung von Vorteil.

Im vorliegenden Beispiel wollen wir ein eindimensionales und ein zweidimensionales *Label*-Arrays per Code erzeugen. Um der Demo einen Sinn zu geben, wollen wir mittels einer *Track-Bar* eine bestimmte Spalte im zweidimensionalen Array markieren, um deren Inhalt in das eindimensionale Array zu kopieren.

### **Oberfläche**

Da wir alle Controls (auch die *TrackBar*) erst zur Laufzeit hinzufügen wollen, genügt ein nacktes *Form*ular.

### **Quellcode**

```
public partial class Form1 : Form
{
    ...
```

Referenzen auf die per Code zu erzeugenden Steuerelemente:

```
    private Label[,] labels_A;      // Quell-Array
    private Label[] labels_B;       // Ziel-Array
    private TrackBar tbar;          // zum Markieren der zu kopierenden Spalte des Quell-Arrays
```

Das eindimensionale Ziel-Array erzeugen ($x0$, $y0$ = linke obere Ecke; $b$, $h$ = Breite und Höhe einer Zelle, *zmax* = Anzahl der Zeilen):

```
    private void createArray_B(int x0, int y0, int b, int h, int zmax)
    {
        labels_B = new Label[zmax];              // Label-Array instanziieren
        for (int z = 0; z < zmax; z++)
        {
            Label lb = new Label();
            lb.Bounds = new Rectangle(new Point(x0, y0 + z * h), new Size(b, h));
            lb.BorderStyle = BorderStyle.Fixed3D;
            this.Controls.Add(lb);               // Label zum Formular hinzufügen
            labels_B[z] = lb;                    // Label in Array eintragen
        }
    }
```

Das zweidimensionale Quell-Array erzeugen ($x0$, $y0$ = linke obere Ecke; $b$, $h$ = Breite und Höhe einer Zelle; *zmax*, *smax* = Anzahl der Zeilen bzw. Spalten):

```
private void createArray_A(int x0, int y0, int b, int h, int zmax, int smax)
{
    labels_A = new Label[zmax, smax];        // Label-Array instanziieren
    Random rnd = new Random();
    for (int z = 0; z < zmax; z++)
    {
        for (int s = 0; s < smax; s++)
        {
            Label lb = new Label();
            lb.Bounds = new Rectangle(new Point(x0 + s * b, y0 + z * h), new Size(b, h));
            lb.BorderStyle = BorderStyle.Fixed3D;
            this.Controls.Add(lb);           // Label zum Formular hinzufügen
            double wert = rnd.Next(100);     // Zufallszahl erzeugen und
            lb.Text = wert.ToString();       // ... in Label eintragen
            labels_A[z, s] = lb;             // Label in Array eintragen
        }
    }
```

*TrackBar* hinzufügen und über dem Quell-Array positionieren:

```
    tbar = new TrackBar();
    tbar.Bounds = new Rectangle(new Point(x0, y0 - h), new Size(b * smax, h));
    tbar.Minimum = 0;
    tbar.Maximum = smax - 1;
    tbar.LargeChange = 1;
    this.Controls.Add(tbar);
```

Ereignisbehandlung für die *TrackBar* anmelden:

```
    tbar.ValueChanged += new EventHandler(tbar_ValueChanged);
}
```

*TrackBar*-Wert wurde geändert:

```
private void tbar_ValueChanged(object sender, EventArgs e)
{
    int s = tbar.Value;        // die ausgewählte Spalte
```

Kopieren der Spalte s in das eindimensionale Zielarray B:

```
    for (int z = 0; z < labels_A.GetLength(0); z++)   // für alle Zeilen der  Spalte
        labels_B[z].Text = labels_A[z, s].Text;       // Kopieren des Wertes
}
```

Erzeugen der Arrays bei Programmstart:

```
private void Form1_Load(object sender, EventArgs e)
```

```
    {
        createArray_A(40, 70, 50, 30, 3, 4);     // zweidimensional (3 Zeilen, 4 Spalten)
        createArray_B(300, 70, 50, 30, 3);       // eindimensional (3 Zeilen)
    }
}
```

### Test

Bereits nach Programmstart erscheint eine mit Zufallszahlen gefüllte zweidimensionale *Label*-Matrix. Verschieben Sie die *TrackBar* auf eine bestimmte Spalte, so wird deren Inhalt nach rechts in die eindimensionale Matrix kopiert.

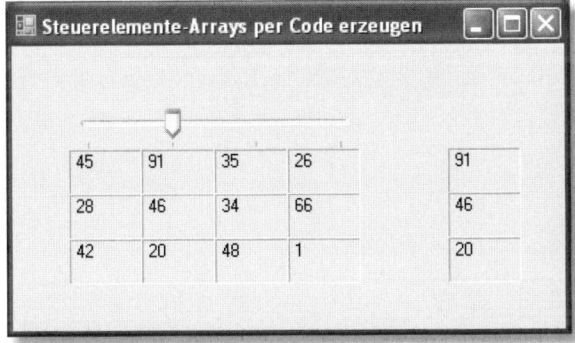

### Bemerkungen

- Wem das Beispiel noch zu kompliziert ist, der sollte es zunächst mal mit folgendem Rezept versuchen: R2.1 "Zur Laufzeit ein Steuerelement erzeugen".

- Anstatt mit *Label*s können auf identische Weise auch Arrays aus anderen Steuerelementen erzeugt werden (*TextBox*, *Button*, ...).

## R2.3  Auf ein Control-Array zugreifen

Am Beispiel eines Schachbretts wollen wir demonstrieren, wie ein zur Laufzeit erzeugtes Control-Array mit interaktivem Verhalten ausgestattet werden kann, d.h., das Anmelden von Eventhandlern für jedes Feld. Nebenbei kommen auch noch andere Techniken zum Einsatz, wie z.B. Grafikmethoden zum Beschriften der Zeilen und Spalten oder die Verwendung der *Tag*-Eigenschaft.

### Oberfläche

Außer dem Startformular *Form1* wird im Wesentlichen nur noch ein am unteren Rand angeordnetes *Label* benötigt, welches den Namen des angeklickten Feldes anzeigt.

## Quellcode

```
public partial class Form1 : Form
{   ...
```

Die folgende Methode erzeugt ein Schachbrett. Übergabeparameter sind *x0, y0* (linke obere Ecke des Bretts) und *a* (Breite und Höhe eines einzelnen Felds).

```
    public void createChessTable(int x0, int y0, int a)
    {
```

Die folgenden drei Anweisungen sind für die Beschriftung der Zeilen und Spalten erforderlich:

```
        Graphics g = CreateGraphics();
        g.TranslateTransform(x0, y0);
        Brush b = new SolidBrush(Color.Black);
```

Das Schachbrett wird als zweidimensionale Matrix aus 64 *Label*-Controls generiert:

```
        Label lb = null;
        Color farbe = Color.White;
```

Alle Zeilen durchlaufen:

```
        for (int z = 0; z < 8; z++)
        {
            if (farbe.Equals(Color.Black)) farbe = Color.White;
            else farbe = Color.Black;
```

Beschriftung der Zeilen:

```
            g.DrawString((8 - z).ToString(), new Font("Arial", 8), b, -30, a * z + 10);
```

Alle Spalten durchlaufen:

```
            for (int s = 0; s < 8; s++)
            {
                lb = new Label();
                lb.Bounds = new Rectangle(x0 + s * a, y0 + z * a, a, a);
                if (farbe.Equals(Color.Black)) farbe = Color.White;
                else farbe = Color.Black;
                lb.BackColor = farbe;
```

Der Bezeichner eines Feldes wird in der *Tag*-Eigenschaft hinterlegt:

```
                lb.Tag = (char)(s + 65) + (8 - z).ToString();
```

Beschriftung der Spalten:

```
                g.DrawString(((char)(s + 65)).ToString(), new Font("Arial", 8),
                                        b, s * a + 10, y0 + 8 * a);
```

Einen gemeinsamen *Click*-Eventhandler anmelden:

```
            lb.Click += new EventHandler(lb_Click);
            this.Controls.Add(lb);
        }
    }
}
```

Der *Click*-Eventhandler zeigt den Wert der *Tag*-Eigenschaft an:

```
private void lb_Click(object sender, EventArgs e)
{
    Label lb = sender as Label;
    label1.Text = lb.Tag.ToString();
}
```

Wegen der für die Beschriftung erforderlichen Grafikoperationen erfolgt der Aufruf im *Paint*-Ereignis:

```
protected override void OnPaint(PaintEventArgs e)
{
    createChessTable(60, 20, 30);
    base.OnPaint(e);
}
}
```

## Test

# R2.4   Mit der TextBox arbeiten

Die *TextBox* gehört zweifelsfrei mit zu den wichtigsten Steuerelementen der Benutzeroberfläche. In diesem kleinen Rezept wollen wir uns näher mit ihr beschäftigen.

## Oberfläche

Entwerfen Sie eine Oberfläche mit zwei *TextBox*en und einigen *Button*s (siehe Laufzeitabbildung). Die *MultiLine*-Eigenschaft beider *TextBox*en setzen Sie auf *True*.

## Quelltext

```
public partial class Form1 : Form
{
    ...
```

Text zuweisen:

```
    private void button1_Click(object sender, EventArgs e)
    {
        textBox1.Text = "Ein erster Test mit der TextBox!" +
                            Environment.NewLine + "Das ist die zweite Zeile!";
    }
```

Die *TextBox* löschen:

```
    private void button2_Click(object sender, EventArgs e)
    {
        textBox1.Clear();
    }
```

11 Zeichen ab dem 4. Zeichen markieren:

```
    private void button3_Click(object sender, EventArgs e)
    {
        textBox1.Select(4, 11);
```

oder

```
    // textBox1.SelectionStart = 4;
    // textBox1.SelectionLength = 11;
```

Selektierten Text markieren:

```
        textBox1.Focus();
    }
```

Die Verbindung zur Windows-Zwischenablage verwaltet das *Clipboard*-Objekt, welches unter .NET 2.0 mit zahlreichen neuen Methoden nachgerüstet wurde.

Möchten Sie den selektierten Inhalt einer *TextBox* in die Zwischenablage kopieren, genügt der folgende Aufruf:

```
private void button4_Click(object sender, EventArgs e)
{
    if (textBox1.SelectedText != String.Empty)
            Clipboard.SetText(textBox1.SelectedText);
    else
            MessageBox.Show("Kein Text selektiert!");
}
```

Das Einfügen von Daten aus der Zwischenablage in die rechte *TextBox*:

```
private void button5_Click(object sender, EventArgs e)
{
    if (Clipboard.ContainsText())
        textBox2.Text = Clipboard.GetText();
    else
        MessageBox.Show("Keine geeigneten Daten in der Zwischenablage!");
}
```

Die zweite Zeile der linken *TextBox* in der rechten *TextBox* anzeigen:

```
private void button6_Click(object sender, EventArgs e)
{
    if (textBox1.Lines.Length > 1)
        textBox2.Text = textBox1.Lines[1];
}
}
```

## Test

Starten Sie das Programm und testen Sie alle Möglichkeiten.

# R2.5   In einer TextBox suchen

In diesem Rezept erfahren Sie, wie Sie die *IndexOf*-Methode der *String*-Klasse zum Suchen innerhalb eines Textes einsetzen. Außerdem wird gezeigt, wie man mit der *SelectionStart*- und *SelectionLength*-Eigenschaft einer *TextBox* bestimmte Textstellen markieren kann.

## Oberfläche

Neben dem Startformular benötigen wir im Wesentlichen zwei *TextBox*en zur Eingabe eines Textes und eines Suchbegriffs, ein *Label* zum Melden des Suchergebnisses sowie einen *Button* (siehe Laufzeitabbildung).

Setzen Sie die *HideSelection*-Eigenschaft von *textBox1* auf *False* und *MultiLine* auf *True*.

## Quellcode

```
public partial class Form1 : Form
{

    ...
```

Zwei globale Variablen für die Position des ersten Zeichens und die Länge der zu suchenden Zeichenfolge:

```
    private int pos, len;
```

Die folgenden Anfangsinitialisierungen dienen lediglich der Arbeitserleichterung:

```
    protected override void OnLoad(EventArgs e)
    {
        textBox1.Text = "Willkommen in der Skatstadt Altenburg!";
        textBox2.Text = "Altenburg";
        label3.Text = String.Empty;
        pos = 0;
        button1.Select();              // Eingabefokus
        base.OnLoad(e);
    }
```

Die Suche geht los:

```
    private void button1_Click(object sender, System.EventArgs e)
    {
        if (pos == 0)                  // Suche starten
            pos = textBox1.Text.IndexOf(textBox2.Text, 0);
        else                           // Suche fortsetzen
```

Wenn am Ende, dann die Position auf den Anfang zurücksetzen:

```
        {
```

```
            if (pos > textBox1.Text.Length - 1) pos = -1;          // Position zurücksetzen
            pos = textBox1.Text.IndexOf(textBox2.Text, pos + 1);   // Suche ab pos fortsetzen
        }
```

Anzeige der Suchergebnisse:

```
        if (pos >= 0)
        {
            len = textBox2.Text.Length;
            label1.Text = "Wort gefunden an Position  " + pos.ToString() +
                                    " bis " + (pos + len - 1).ToString() + " !";
```

Markieren:

```
            textBox1.SelectionStart = pos;
            textBox1.SelectionLength = len;
            textBox1.Select();
        }
        else
            label3.Text = "Leider nichts (mehr) gefunden!";
    }
    ...
}
```

### Test

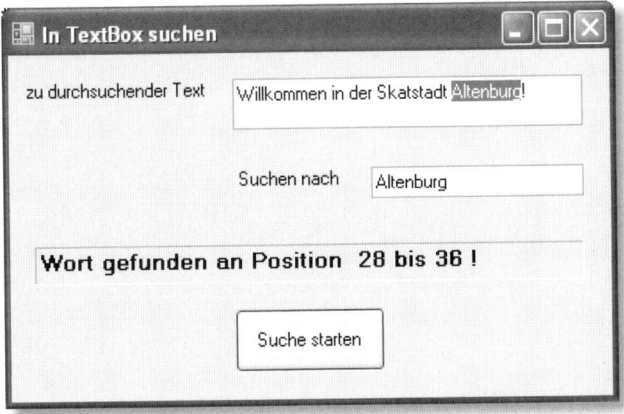

**HINWEIS:** Suchen Sie auch einmal nach mehrfach vorkommenden Zeichen bzw. Wörtern. Durch wiederholtes Betätigen der Schaltfläche wird die nächste "Fundstelle" angezeigt, falls vorhanden.

# R2.6   Nur Zahleneingaben zulassen

Häufig sind für die Eingabe in *TextBox*en nur Zahlen (inkl. Komma) zugelassen, z.B. Preise. Das vorliegende Rezept zeigt dazu eine Realisierungsmöglichkeit.

## Oberfläche

Auf das Startformular setzen wir im Wesentlichen eine *TextBox* und ein *Label*.

## Quellcode

```
public partial class Form1 : Form
{

    ...
```

Die Auswertung beginnt mit Betätigen der Enter-Taste. Wir benutzen die *Parse*-Methode der (statischen) *Decimal*-Klasse und überlassen die Entscheidung über die Gültigkeit der Eingabe einem *try-catch*-Block:

```
private void textBox1_KeyUp(object sender, KeyEventArgs e)
{
    decimal zahl;
    if (e.KeyCode == Keys.Enter)
    try
    {
        zahl = Decimal.Parse(textBox1.Text);
        label1.Text = zahl.ToString("c");
    }
    catch
    {
        label1.Text = String.Empty;
        MessageBox.Show("Das ist keine Zahl!");
    }
}
}
```

### Test

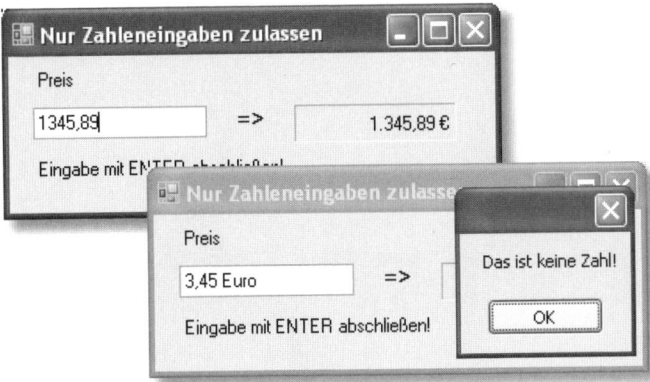

### Bemerkungen

- Auf die Verwendung gemeinsamer Eventhandler wird eingegangen in R12.8 "Tastatureingaben für mehrere TextBoxen filtern".

- Ähnliche Problemlösungen werden erörtert in R2.25 "Mit dem ErrorProvider arbeiten" und R2.26 "Eingaben validieren".

## R2.7  Dezimalkomma in Dezimalpunkt umwandeln

Das Rezept zeigt, wie ein eingegebenes Zeichen nach jedem Tastendruck auf das Komma geprüft und dann "gewaltsam" in einen Punkt verwandelt wird.

### Oberfläche

Eine *TextBox* – mehr brauchen Sie nicht für diesen kleinen Test. Sie können – müssen aber nicht – die *TextAlign*-Eigenschaft der *TextBox* auf *Right* setzen und außerdem die Schrift über die *Font.Size*-Eigenschaft etwas vergrößern.

### Quellcode

```
public partial class Form1 : Form
{
    ...
```

Wir benutzen das *KeyPress*-Event der *TextBox*, um das Komma (aus dem übergebenen Ereignisobjekt *e*) herauszufiltern und stattdessen einen Punkt einzufügen.

```
    private void textBox1_KeyPress(object sender, KeyPressEventArgs e)
    {
```

```
            if (e.KeyChar == ',')
            {
```

Die eigene Behandlung verhindert, dass das Komma angezeigt wird:

```
                e.Handled = true;
```

Stattdessen wird ein Punkt hinten angehängt:

```
                (sender as TextBox).AppendText(".");
            }
        }
}
```

### Test

Immer wenn Sie versuchen, ein Komma einzugeben, wird es "wie von Geisterhand" in einen Punkt umgewandelt.

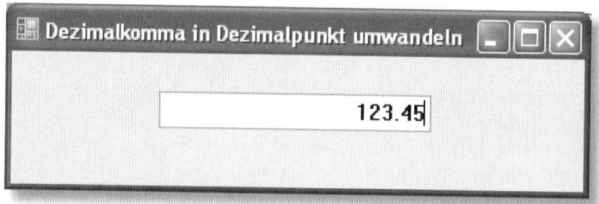

# R2.8   Tastatureingaben für mehrere TextBoxen filtern

Dieses Rezept demonstriert Ihnen den Umgang mit Ereignisbehandlungsroutinen (Event-Handlern) in C#, wobei als Fallbeispiel folgendes Problem zugrunde liegt:

In mathematischen Programmen oder in Datenbankanwendungen ist es häufig erforderlich, nur Ziffern für die Eingabe zuzulassen. Zusätzlich sollten eine Korrekturmöglichkeit (Rücktaste) und natürlich das Dezimaltrennzeichen erlaubt sein.

Das Beispielprogramm demonstriert die Addition von drei Gleitkommazahlen.

### Oberfläche

Vier *TextBox*en und ein *Button* sollen uns genügen (siehe Laufzeitabbildung).

### Quellcode

Da wir für alle drei zur Eingabe benutzten *TextBox*en jeweils identische Ereignisprozeduren für das *KeyPress*-Event schreiben müssten, lohnt sich eine Zusammenfassung in einer einzigen Prozedur. Diese muss allerdings exakt die gleiche Signatur wie die *KeyPress*-Ereignisprozedur aufweisen. Fügen Sie also die folgende "ganz normale" Methode hinzu, welche das Herausfiltern der zugelassenen Zeichen aufgrund des übergebenen ASCII-Codes übernimmt:

```
public partial class Form1 : Form
{
    ...
    private void eingabeFilter(object absender, KeyPressEventArgs keyArgs)
    {
        int asc = (int) keyArgs.KeyChar;   // Ascii-Code ermitteln
        switch(asc)
        {
```

Diese Zeichen (Rücktaste, Komma, Punkt, 0 bis 9) sind zugelassen:

```
            case 8: break; case 44: break; case 48: break; case 49: break; case 50: break;
            case 51: break; case 52: break; case 53: break; case 54: break; case 55: break;
            case 56: break; case 57: break;
```

Alle anderen Zeichen werden von der Ereignisbehandlung ausgeschlossen:

```
            default:
            keyArgs.Handled = true; break;    // Ereignis wird als quasi behandelt markiert
        }
    }
```

Eine Tabelle über die ASCII-Codes der Tastatur entnehmen Sie bitte dem Anhang des Buches!

Damit obige Prozedur den drei *TextBox*en als *KeyPress*-Ereignisprozedur zugeordnet werden kann, sind bereits vorher (hier beim Laden des Formulars) die entsprechenden Zuweisungen durch Aufruf von *AddHandler* zu treffen:

```
protected override void OnLoad(EventArgs e)
{
    textBox1.KeyPress += new KeyPressEventHandler(eingabeFilter);
    textBox2.KeyPress += new KeyPressEventHandler(eingabeFilter);
    textBox3.KeyPress += new KeyPressEventHandler(eingabeFilter);
}
```

Einfach hingegen ist das Ausführen der Addition:

```
private void button1_Click(object sender, EventArgs e)
{
    try
    {
        double d = Convert.ToDouble(textBox1.Text) + Convert.ToDouble(textBox2.Text) +
                                        Convert.ToDouble(textBox3.Text);

        textBox4.Text = d.ToString();
```

```
        }
        catch (Exception ex)
        {
            MessageBox.Show(ex.ToString(), "Fehler");
        }
    }
}
```

### Test

Es wird Ihnen nicht gelingen, das Programm zum Absturz zu bewegen. Stattdessen werden Sie zu korrekten Eingaben gezwungen:

### Bemerkungen

- Auf die gleiche Weise können Sie beliebige Tastaturfilter entwickeln, z.B. zum Umwandeln von Groß- in Kleinschreibung oder zum Überprüfen von Wertebereichen, siehe auch R.2.7 "Dezimalkomma in Dezimalpunkt umwandeln".

- Lösungen zum gleichen Thema finden Sie auch unter R2.25 "Mit dem ErrorProvider arbeiten" oder R2.26 "Eingaben validieren".

# R2.9   RadioButtons und CheckBoxen einsetzen

Für das Auswerten von Optionen und Einstellungen werden häufig Komponenten vom Typ *RadioButton* oder *CheckBox* eingesetzt. Während Erstere immer eine *1* aus *n* Auswahl realisieren (also gegeneinander verriegelt sind), arbeiten Letztere völlig unabhängig voneinander. Das vorliegende Rezept zeigt die Verwendung beider Komponententypen.

## Oberfläche

In eine *GroupBox* setzen Sie vier *RadioButton*s. Außerhalb platzieren Sie vier *CheckBox*en. Zusätzlich werden jeweils zwei *Button*s zum Setzen bzw. Abfragen benötigt (siehe Laufzeitansicht).

---

**HINWEIS:** Achten Sie darauf, dass die *RadioButton*s direkt in die *GroupBox* eingefügt werden, dazu müssen Sie die *GroupBox* vorher markieren!

---

## Quelltext

```
public partial class Form1 : Form
{

    ...
```

Setzen des dritten *RadioButton*s, der vorher aktive Button verliert dadurch automatisch die Markierung:

```
    private void button1_Click(object sender, EventArgs e)
    {
        radioButton3.Checked = true;
    }
```

Beim Auswerten der *RadioButton*s können Sie in jedem Fall davon ausgehen, dass immer nur ein einziger Button markiert ist:

```
    private void button2_Click(object sender, EventArgs e)
    {
        if (radioButton1.Checked)  MessageBox.Show("RadioButton 1 gesetzt");
        else if (radioButton2.Checked)  MessageBox.Show("RadioButton 2 gesetzt");
        else if (radioButton3.Checked) MessageBox.Show("RadioButton 3 gesetzt");
        else if (radioButton4.Checked) MessageBox.Show("RadioButton 4 gesetzt");
    }
```

Setzen Sie hingegen eine *CheckBox*, so bleibt der Status der anderen *CheckBox*en erhalten.

```
    private void button3_Click(object sender, EventArgs e)
    {
        checkBox3.Checked = true;
    }
```

Die Auswertung der *CheckBox*en erfolgt wie bei den *RadioButton*s, hier aber können durchaus mehrere Meldungsfenster nacheinander erscheinen:

```
    private void button4_Click(object sender, EventArgs e)
    {
        if (checkBox1.Checked)  MessageBox.Show("CheckBox 1 gesetzt");
```

```
        if (checkBox2.Checked)  MessageBox.Show("CheckBox 2 gesetzt");
        if (checkBox3.Checked) MessageBox.Show("CheckBox 3 gesetzt");
        if (checkBox4.Checked) MessageBox.Show("CheckBox 4 gesetzt");
    }
}
```

### Test

Starten Sie das Programm und studieren Sie die Funktionalität der beiden Komponententypen! Das Setzen der Komponenten kann natürlich auch direkt erfolgen.

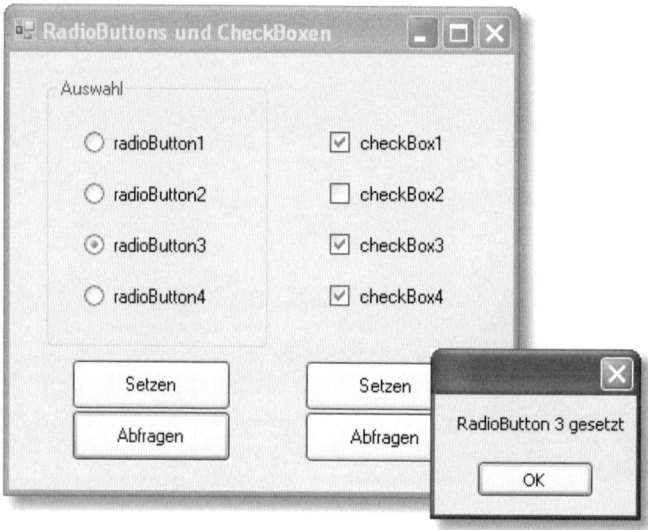

# R2.10  Die ListBox kennen lernen

Die *ListBox* gehört zu den häufiger benutzten Standardkomponenten von Visual Studio. Im vorliegenden Rezept lernen Sie dazu einige grundlegende Programmiertechniken kennen:

- Füllen einer *ListBox* mit mehreren Einträgen
- Löschen des Inhalts einer *ListBox*
- Löschen des selektierten Eintrags
- Lesezugriff auf den selektierten Eintrag
- Hinzufügen eines Eintrags
- Suchen nach einem bestimmten Eintrag

Die getroffene Auswahl ist keinesfalls vollständig, trotzdem ist es für Sie sicherlich angenehm, dass Sie nicht von der kompletten Flut aller möglichen Objekte, Eigenschaften und (überladenen) Methoden überschwemmt werden, sondern den Blick auf das zunächst Wesentliche richten können.

## Oberfläche

Unser Experimentierprogramm besteht aus einer *ListBox*, einer *TextBox* und mehreren *Button*s (siehe Laufzeitansicht).

Im Eigenschaften-Fenster (F4) der *ListBox* nehmen Sie folgende Einstellungen vor:

■ *SelectionMode = One*
   Damit ist die Auswahl nur eines einzigen Eintrags erlaubt. Alternativen wären *None*, *Multi-Simple* und *MultiExtended*, womit Sie keine Auswahl oder eine Mehrfachauswahl (durch gleichzeitiges Drücken der Leertaste bzw. der Shift-Taste) erreichen.

■ *Sorted = True*
   Die Einträge erscheinen in alphabetischer Reihenfolge geordnet.

## Quellcode

Die zentrale Rolle spielt bei einer *ListBox* die *Items*-Auflistung, in welcher alle Einträge enthalten sind und deren vielfältige Eigenschaften und Methoden eine Manipulation ermöglichen. Sie können die *Items*-Auflistung bereits sehr bequem im Eigenschaften-Fenster (F4) zuweisen, es öffnet sich dazu ein kleiner Texteditor (ein Eintrag pro Zeile), wir aber wollen das im Folgenden per Code erledigen und füllen die *ListBox* mittels *Add*-Methode zunächst mit zehn Einträgen.

> **HINWEIS:** Beachten Sie, dass die Indizierung der Einträge in allen Auflistungen prinzipiell mit null beginnt, der erste Eintrag also immer den Index 0 hat !

```
public partial class Form1 : Form
{
    ...
```

Die *ListBox* mit 10 Einträgen füllen:

```
private void button1_Click(object sender, EventArgs e)
{
    listBox1.BeginUpdate();                    // Anzeige ausschalten
    for (int i = 1; i<=10; i++)
    {
        listBox1.Items.Add("Eintrag " + i.ToString());    // 10 Einträge hinzufügen
    }
```

```
        listBox1.EndUpdate();                       // Anzeige einschalten
        listBox1.SetSelected(0, true);              // ersten Eintrag markieren
    }
```

Die oben angewendeten *BeginUpdate-/EndUpdate*-Methoden sorgen dafür, dass die *ListBox* während des Füllens nicht immer wieder neu angezeigt wird.

Um einen selektierten Eintrag zu löschen, muss zunächst dessen Index ermittelt und der *RemoveAt*-Methode der *Items*-Auflistung übergeben werden:

```
private void button2_Click(object sender, EventArgs e)
{
    if (listBox1.SelectedItems.Count > 0)
    {
        int i = listBox1.SelectedIndices[0];     // Index des selektierten Eintrags
        listBox1.Items.RemoveAt(i);
    }
}
```

Beachten Sie, dass die Methode *SelectedIndices[0]* den Index des **ersten** selektierten Eintrags zurückliefert. Da die *SelectionMode*-Eigenschaft auf *One* eingestellt ist, gibt es nur natürlich immer nur einen einzigen selektierten Eintrag.

Den selektierten Eintrag in die *TextBox* kopieren:

```
private void button3_Click(object sender, EventArgs e)
{
    if (listBox1.SelectedItems.Count > 0)
    {
        textBox1.Text = listBox1.SelectedItems[0].ToString();
        listBox1.ClearSelected();                         // Selektion aufheben
    }
}
```

Einen einzelnen Eintrag hinzufügen:

```
private void button4_Click(object sender, EventArgs e)
{
    listBox1.Items.Add(textBox1.Text);
}
```

Einen bestimmten Eintrag suchen, der vorher in die *TextBox* eingegeben wurde:

```
private void button5_Click(object sender, EventArgs e)
{
    int i = listBox1.FindString(textBox1.Text);
    if (i >= 0)
```

```
        {
            listBox1.SetSelected(i, true);        // gefundenen Eintrag markieren
        }
        else
        {
            listBox1.ClearSelected();
        }
    }
```

Allerdings wird nur der **erste** Eintrag markiert, dessen Anfangszeichenfolge dem in der *Text-Box* eingegebenen Suchstring entspricht.

Den kompletten Inhalt der *ListBox* löschen wir mit der *Clear*-Methode der *Items*-Auflistung:

```
    private void button6_Click(object sender, EventArgs e)  // ListBox löschen
    {
        listBox1.Items.Clear();
    }
}
```

## Test

Nach Programmstart (F5) haben Sie nun die Chance, durch "Herumspielen" die Wirkung der einzelnen Funktionen in der Praxis zu überprüfen und mit dem Quellcode zu vergleichen.

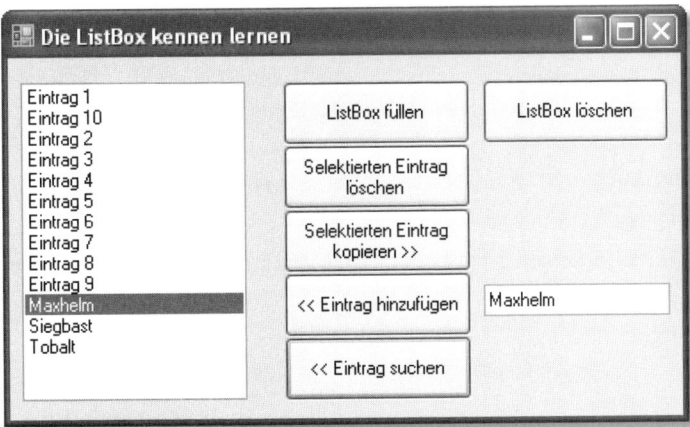

## Bemerkungen

■ Setzen Sie die *MultiColumn*-Eigenschaft der *ListBox* auf *True*, so ist eine mehrspaltige Anzeige möglich. Allerdings erreichen Sie damit keine Tabellendarstellung, die Spalte "bricht" lediglich um, wenn der untere Rand erreicht ist, sodass ein vertikaler Bildlauf vermieden wird. Für mehrspaltige Ausgaben in Tabellenform sollten Sie deshalb ein *DataGridView* oder eine *ListView* verwenden, siehe dazu z.B. R2.21 "Ein Array in einer ListView anzeigen".

■   Als Alternative zur *Add*-Methode der *Items*-Eigenschaft können Sie eine *ListBox* auch noch über deren *DataSource*-Eigenschaften füllen, siehe dazu R2.12 "Objekte in ListBox/Combo-Box anzeigen".

■   Eine Anwendung zur Anzeige von Datenbankinhalten finden Sie unter R7.22 "Eine ListBox an eine DataView binden".

# R2.11   Die ComboBox kennen lernen

Die *ComboBox* gehört – genauso wie ihre Schwester, die *ListBox* – zu den gebräuchlichsten Standardkomponenten. Im vorliegenden Rezept lernen Sie dazu einige grundlegende Programmiertechniken kennen:

■   Füllen einer *ComboBox* mit mehreren Einträgen

■   Löschen des Inhalts einer *ComboBox*

■   Löschen des selektierten Eintrags

■   Lesezugriff auf den selektierten Eintrag

■   Hinzufügen eines Eintrags

■   Suchen nach einem bestimmten Eintrag

Obwohl die *ComboBox* viele Ähnlichkeiten mit der *ListBox* aufweist, sind doch auch einige gravierende Unterschiede zu beachten, insbesondere beim Zugriff auf selektierte Einträge.

## Oberfläche

Unser Experimentierprogramm besteht aus einer *ComboBox*, einer *TextBox* und mehreren *Button*s (siehe Laufzeitansicht).

Nehmen Sie im Eigenschaften-Fenster (F4) folgende Einstellungen vor bzw. überprüfen Sie diese:

■   *Sorted = True*
   Die Einträge erscheinen in alphabetischer Reihenfolge geordnet.

■   *DropDownStyle = DropDown*
   Das ist normalerweise die Standardeinstellung für das äußere Erscheinungsbild. Die beiden anderen Werte ergeben wenig Sinn bzw. lassen sich besser durch eine *ListBox* ersetzen.

## Quellcode

Auch bei einer *ComboBox* spielt die *Items*-Auflistung die zentrale Rolle, denn sie speichert alle Einträge. Sie können die *Items*-Auflistung bereits im Eigenschaften-Fenster (F4) zuweisen, es öffnet sich dazu ein kleiner Texteditor (ein Eintrag = eine Zeile), wir aber wollen das im Folgenden per Code erledigen (Füllen der *ComboBox* mittels *Add*-Methode mit zehn Einträgen).

---

**HINWEIS:** Beachten Sie, dass die Indizierung der Einträge in allen Auflistungen mit null beginnt, der erste Eintrag also stets den Index 0 hat !

---

```
public partial class Form1 : Form
{
    ...
```

Die *ComboBox* füllen:

```
private void button1_Click(object sender, EventArgs e)
{
    comboBox1.BeginUpdate();                    // Anzeige ausschalten
    for (int i = 1; i<=10; i++)
    {
        comboBox1.Items.Add("Eintrag " + i.ToString());    // 10 Einträge hinzufügen
    }
    comboBox1.EndUpdate();                      // Anzeige einschalten
    comboBox1.SelectedIndex = 0;                // ersten Eintrag markieren
}
```

Die oben angewendeten *BeginUpdate*-/*EndUpdate*-Methoden sorgen dafür, dass die *ComboBox* während des Füllens nicht immer wieder neu angezeigt wird, was der Performance zugute kommt.

Um den ausgewählten Eintrag zu löschen, muss dessen Index ermittelt und der *RemoveAt*-Methode der *Items*-Auflistung übergeben werden:

```
private void button2_Click(object sender, EventArgs e)
{
    int  i = comboBox1.SelectedIndex;          // Index des selektierten Eintrags
    if (i >= 0) comboBox1.Items.RemoveAt(i);
}
```

Um den selektierten Eintrag in die *TextBox* zu kopieren, gibt es eine einfache Möglichkeit:

```
private void button3_Click(object sender, EventArgs e)
{
    textBox1.Text = comboBox1.Text;
}
```

Einen Eintrag zur *ComboBox* hinzufügen, den Sie vorher in die *TextBox* geschrieben haben:

```
private void button4_Click(object sender, EventArgs e)
{
    comboBox1.Items.Add(textBox1.Text);
    comboBox1.Text = textBox1.Text;
}
```

So realisieren Sie mit der *FindString*-Methode eine Suchfunktion:

```
private void button5_Click(object sender, EventArgs e)
{
    int i = comboBox1.FindString(textBox1.Text);
    comboBox1.SelectedIndex = i;
}
```

Angezeigt wird der **erste** Eintrag, dessen Anfangszeichenfolge dem in der *TextBox* eingegebenen Suchstring entspricht.

Den kompletten Inhalt der *ComboBox* löscht man mittels *Clear*-Methode der *Items*-Auflistung:

```
private void button6_Click(object sender, EventArgs e)
{
    comboBox1.Items.Clear();
    comboBox1.Text = "";                      // Anzeigefeld säubern
}
}
```

## Test

Es bietet sich Ihnen nun die Chance, nach Programmstart (F5) durch "Herumspielen" die Wirkung der einzelnen Funktionen zu überprüfen und mit dem Quellcode zu vergleichen.

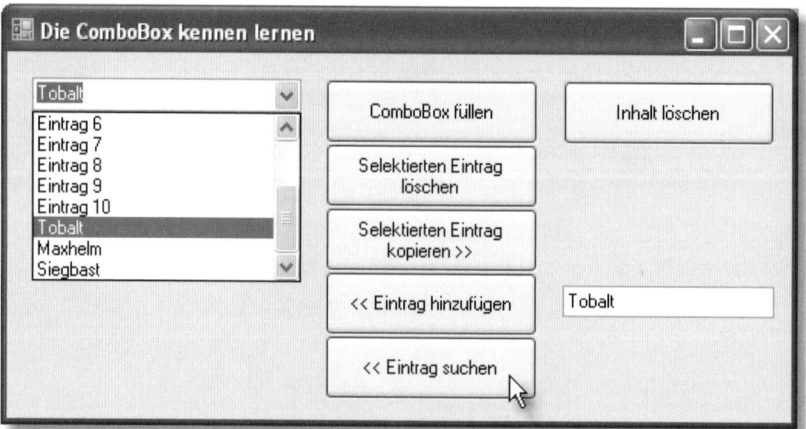

### Bemerkungen

◻ Da es sich bei der *ComboBox* quasi um eine *ListBox* mit angefügter *TextBox* handelt, könnten Sie in unserem Beispiel auch die separate *TextBox* weglassen und stattdessen die "eingebaute" TextBox verwenden, z.B. beim Hinzufügen eines Eintrags:

```
comboBox1.Items.Add(comboBox1.Text);
```

◻ Alternativ zur *Add*-Methode der *Items*-Eigenschaft können Sie eine *ComboBox* auch noch über ihre *DataSource*-Eigenschaft füllen, siehe dazu R2.12 "Objekte in ListBox/ComboBox anzeigen".

◻ Eine Anwendung der *ComboBox* zum Verknüpfen von Datenbanktabellen finden Sie in R7.34 "Tabellen mittels ComboBox verknüpfen".

# R2.12   Objekte in ListBox/ComboBox anzeigen

Neben der Anwendung der *Items*-Auflistung gibt es mit den Eigenschaften *DataSource*, *Value-Member* und *DisplayMember* eine weitere Möglichkeit, um *ComboBox* bzw. *ListBox* mit Daten zu füllen.

Das vorliegende Rezept zeigt, wie man damit die in einer *ArrayList* gespeicherten Objekte anzeigt.

### Oberfläche

Auf das Startformular *Form1* setzen Sie eine *ComboBox* und eine *ListBox* (siehe Laufzeitabbildung).

### Quellcode der Klasse CPerson

Bevor wir Objekte anzeigen können, müssen wir uns um ihre Definition kümmern. Über das Menü *Projekt|Klasse hinzufügen ...* erweitern Sie das Projekt um eine weitere Klasse:

```
public class CPerson
{
```

Zwei Zustandsvariablen:

```
    private string _vorN;
    private string _nachN;
```

Ein einfacher Konstruktor:

```
    public CPerson(string vorN, string nachN): base()
    {
        this._vorN = vorN;
        this._nachN = nachN;
```

```
    }
```

Ein einfacher Lesezugriff genügt uns:

```
    public string Vorname
    {
        get{return(_vorN);}
    }

    public string Nachname
    {
        get {return(_nachN);}
    }
```

Die *ToString*-Methode wird überschrieben, sie liefert uns jetzt den kompletten Namen (Nachname + Vorname):

```
    public override string ToString()
    {
        return(this._nachN + ", " + this._vorN);
    }
}
```

## Quellcode Form1

```
public partial class Form1 : Form
{
    ...
```

Eine generische *List* dient als (typisierter) Behälter für unsere Objekte:

```
    private List<CPerson> personen;
```

Bei Programmstart wird die *List* mit Objekten gefüllt und anschließend in der *ListBox* angezeigt:

```
    private void Form1_Load(object sender, System.EventArgs e)
    {
        personen = new List<CPerson>();
        personen.Add(new CPerson("Maxhelm", "Müller"));
        personen.Add(new CPerson("Wahnfried", "Wagner"));
        personen.Add(new CPerson("Susi", "Sägezahn"));
        personen.Add(new CPerson("Siegbast", "Sorglos"));
        listBox1.DisplayMember = "NachName";   // Eigenschaft, die angezeigt wird
        listBox1.ValueMember = "VorName";       // Eigenschaft, die angebunden wird
```

```
        listBox1.DataSource = personen;          // Datenquelle zuweisen
    }
```

Ein Eintrag in der *ListBox* wird selektiert und in der *ComboBox* angezeigt:

```
    private void listBox1_SelectedValueChanged(object sender, System.EventArgs e)
    {
        int i = listBox1.SelectedIndex;
        if (i != -1)
        {
            comboBox1.DataSource = personen;
            comboBox1.DisplayMember = personen[i].ToString();
        }
    }
}
```

### Test

Wenn Sie links auf einen Eintrag klicken, wird er nach rechts übernommen:

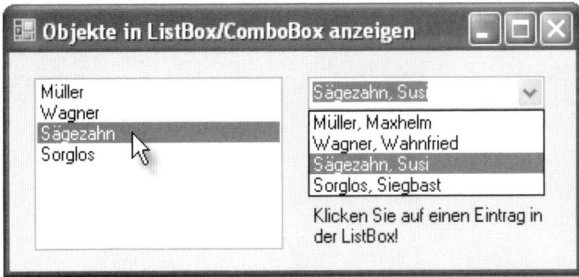

### Bemerkungen

▪ Ist die *DataSource*-Eigenschaft einmal festgelegt, kann der Benutzer die Elementauflistung nicht mehr ändern.

▪ Zum Sortieren sollten Sie anstatt der *Sort*-Eigenschaft von *ListBox/ComboBox* besser die *Sort*-Methode der *ArrayList* verwenden.

▪ Die Anzeige mittels *Items*-Eigenschaft wird beschrieben in R2.10 "Die ListBox kennen lernen" und R2.11 "Die ComboBox kennen lernen".

# R2.13   Mit der CheckedListBox arbeiten

Bei der *CheckedListBox* handelt es sich um ein interessantes und vielseitig verwendbares Steuerelement, welches – im Unterschied zur *ListBox* – zusätzlich über Kontrollkästchen verfügt, wodurch es möglich wird, bestimmte Einträge auszuwählen. Das vorliegende Rezept demonstriert
die wichtigsten Einsatzmöglichkeiten.

### Oberfläche

Neben einer *CheckedListBox* benötigen Sie noch eine "normale" *ListBox*, eine *TextBox* und vier
*Button*s (siehe Laufzeitansicht).

### Quellcode

```
public partial class Form1 : Form
{    ...
```

Gleich zu Beginn füllen wir die *CheckedListBox* mit einigen Einträgen (zur Laufzeit können
dann weitere Einträge hinzugefügt werden):

```
    private void Form1_Load(object sender, EventArgs e)
    {
        checkedListBox1.Items.Clear();
        checkedListBox1.Items.Add("Müller");
        checkedListBox1.Items.Add("Krause");
        checkedListBox1.Items.Add("Lehmann");
        checkedListBox1.Items.Add("Schultze");
        checkedListBox1.Items.Add("Kaiser");
        checkedListBox1.Items.Add("Siegbast");
```

Um eine weitere Möglichkeit zu demonstrieren, wollen wir mittels *AddRange*-Methode noch
eine Namensliste mit fünf Einträgen anhängen:

```
        string[] weitereNamen = {"Apel", "König", "Meyer", "Weber", "Zacharias"};
        checkedListBox1.Items.AddRange(weitereNamen);
```

Die Auswahl eines Eintrags soll durch einfachen Klick statt Doppelklick ermöglicht werden:

```
        checkedListBox1.CheckOnClick = true;
```

Anzeige in sortierter Reihenfolge:

```
        checkedListBox1.Sorted = true;
```

Da zu Beginn kein Eintrag markiert ist, soll die "Übertragen"-Schaltfläche zunächst gesperrt
sein:

```
        button1.Enabled = false;
    }
```

Das *ItemCheck*-Event der *CheckedListBox* wird dann ausgelöst, wenn Sie auf ein Kontrollkästchen klicken. Wir benutzen es, um den "Übertragen"-Button zu aktivieren, falls mindestens ein neuer Eintrag vorhanden ist:

```csharp
private void checkedListBox1_ItemCheck(object sender, ItemCheckEventArgs e)
{
    if (e.NewValue == CheckState.Unchecked)
    {
        if (checkedListBox1.CheckedItems.Count == 1)
        button1.Enabled = false;
    }
    else
        button1.Enabled = true;
}
```

Durch Klick auf den "Übertragen"-Button werden alle markierten Einträge nach rechts in die *ListBox* übertragen und dort angezeigt:

```csharp
private void button1_Click(object sender, EventArgs e)
{
    listBox1.Items.Clear();
    for (int i = 0;  i < checkedListBox1.CheckedItems.Count; i++)
    listBox1.Items.Add(checkedListBox1.CheckedItems[i]);
    button1.Enabled = false;
}
```

Weitere Einträge können über die *TextBox* zur *CheckedListBox* hinzugefügt werden. Dazu dient der "Hinzufügen"-Button. Die *Contains*-Methode erlaubt eine Prüfung, ob der Eintrag bereits in der Liste vorhanden ist.

Ein Kontrollkästchen kann die drei Zustände *Checked*, *UnChecked* oder *Indeterminate* annehmen, welche Bestandteile der *CheckState*-Enumeration sind. Wir wollen einem neu hinzugefügten Eintrag den Zwischenzustand *Indeterminate* verordnen:

```csharp
private void button2_Click(object sender, EventArgs e)
{
    if (textBox1.Text != String.Empty)
    {
        if (checkedListBox1.Items.Contains(textBox1.Text) == false)
            checkedListBox1.Items.Add(textBox1.Text, CheckState.Indeterminate);
        else
            MessageBox.Show(textBox1.Text + " ist bereits vorhanden!");
        textBox1.Text = String.Empty;
    }
}
```

Über den "Zurücksetzen"-Button deaktivieren Sie alle Kontrollkästchen in der *CheckedList-Box*, außerdem wird mittels *SetItemCheckState*-Methode der komplette Inhalt der *ListBox* gelöscht:

```
private void button3_Click(object sender, EventArgs e)
{
    checkedListBox1.ClearSelected();
    for (int i = 0; i < checkedListBox1.Items.Count; i++)
        checkedListBox1.SetItemCheckState(i, CheckState.Unchecked);
    listBox1.Items.Clear();
}
}
```

### Test

Das kleine Programm bietet zahlreiche Experimentiermöglichkeiten. So wird z.B. der Versuch, einen bereits vorhandenen Eintrag hinzuzufügen, verwehrt:

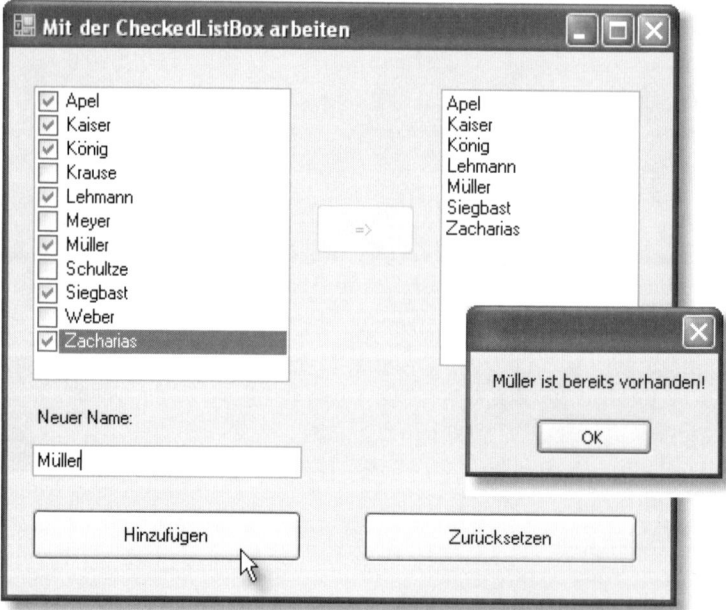

### Bemerkungen

▪ Wie Sie mit einer normalen *ListBox* arbeiten, siehe R2.10 "Die ListBox kennen lernen".

▪ Das Pendant zur *SetItemCheckState*- ist die *GetItemCheckState*-Methode, mit welcher Sie den Aktivierungszustand eines bestimmten Eintrags abfragen können (auch hier hat der erste Eintrag den Index 0):

**BEISPIEL:**   Abfrage des Zustands des dritten Eintrags:

```
CheckState z = checkedListBox1.GetItemCheckState[2];
MessageBox.Show(z.ToString());        // liefert "Unchecked"
```

# R2.14   Die Maus abfragen

Im Ereignisparameter *e* eines Maus-Ereignisses werden sowohl die aktuellen Koordinaten übermittelt als auch die Information darüber, welche Maustaste gedrückt wurde. Das vorliegende Rezept zeigt dazu ein einfaches Lernbeispiel.

## Oberfläche

Auf das Startformular *Form1* setzen wir lediglich zwei dicke fette *Label* zwecks Koordinatenanzeige (siehe Laufzeitabbildung).

## Quellcode

```
public partial class Form1 : Form
{
    ...
    private Rectangle rec = new Rectangle(50, 50, 100, 150);
```

Im *Paint*-Ereignis des Formulars wird das Rechteck gezeichnet:

```
private void Form1_Paint(object sender, PaintEventArgs e)
{
    e.Graphics.DrawRectangle(new Pen(Color.Black), rec);
}
```

Jede Mausbewegung löst das *MouseMove*-Event aus, welches wir wie folgt besetzen:

```
private void Form1_MouseMove(object sender, MouseEventArgs e)
{
    label1.Text = e.X.ToString();
    label2.Text = e.Y.ToString();
```

Die *Contains*-Methode des *Rectangle*-Objekts ermittelt, ob die Mauskoordinaten innerhalb des Rechtecks liegen. Die Ereignisdaten werden dem übergebenen Objekt *e* entnommen:

```
    if (rec.Contains(e.X, e.Y) && (e.Button == MouseButtons.Right))
            this.Cursor = Cursors.WaitCursor;     // Mauszeiger ändert sich (Sanduhr)
    else
            this.Cursor = Cursors.Default;        // Mauszeiger wird zurückgesetzt (Pfeil)
    }
}
```

### Test

Die aktuellen Mauskoordinaten werden kontinuierlich angezeigt. Sobald Sie den Cursor im Bereich des Rechtecks bewegen und dabei die rechte Maustaste drücken, wird er sein Aussehen ändern.

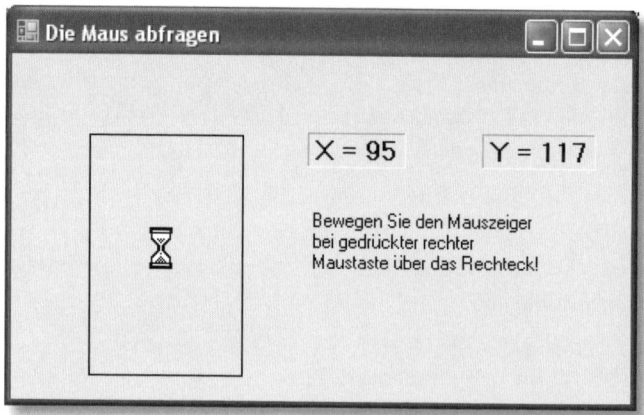

## R2.15   Mit mehreren Formularen arbeiten

Dieses Rezept soll Ihnen zeigen, wie Sie von einem Hauptformular aus verschiedene andere Formulare öffnen können. Sie lernen, wie man Eigenschaften und Methoden eines anderen Formulars aufruft und wie man eine *PictureBox* zur Laufzeit mit Bildinhalten füllt.

### Oberfläche

Diesmal genügt uns das Startformular *Form1* allein nicht, denn wir benötigen noch vier weitere Formulare. Über das Menü *Projekt|Windows Form hinzufügen* ... fügen zu Ihrem Projekt die Formulare *Form2* bis *Form5* hinzu.

Vom Hauptformular *Form1* aus sollen über vier Schaltflächen *Form2* bis *Form5* aufgerufen werden:

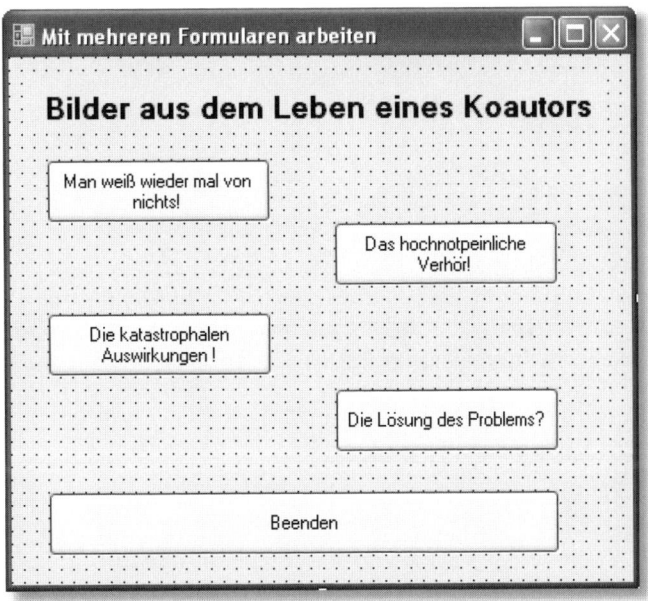

*Form2* bis *Form5* erhalten jeweils eine *PictureBox* und einen *Button* mit der Beschriftung "Zurück" (siehe Laufzeitabbildung).

## Quellcode Form1

```
public partial class Form1 : Form
{
    ...
```

Der Aufruf von *Form2*:

```
    private void button1_Click(object sender, EventArgs e)
    {
        Form2 f = new Form2();
```

Die *Text*-Eigenschaft von *Form2* wird geändert:

```
        f.Text = button1.Text;
```

Beim Aufruf der Methode *anzeigen* wird als Parameter der Namen einer Bilddatei übergeben:

```
        f.anzeigen("Bild1.wmf");       // Bild wird übergeben
        f.Show();                      // Form2 wird angezeigt
    }
```

Völlig analog programmieren Sie den Aufruf der übrigen Formulare *Form3* bis *Form5*.

Die "Beenden"-Schaltfläche:

```
private void button5_Click(object sender, EventArgs e)
{
    this.Close();
}
}
```

**HINWEIS:** Vergessen Sie nicht, die Bilddateien *Bild1.wmf* bis *Bild4.wmf* in das Unterverzeichnis *\bin\Debug* des Projekts zu kopieren (damit umgehen Sie ärgerliche Probleme mit absoluten Pfadangaben).

## Quellcode Form2 bis Form5

```
public partial class Form2 : Form
{
    ...
    private Bitmap bild;                // Bitmap-Objekt referenzieren

    public void anzeigen(string pfad)   // neue Methode
    {
```

Alte *Bitmap* freigeben:

```
        if (!(bild == null)) bild.Dispose();
```

Neues Bild an Größe der *PictureBox* anpassen:

```
        pictureBox1.SizeMode = PictureBoxSizeMode.StretchImage;
```

Bild anzeigen:

```
        bild = new Bitmap(pfad);
        pictureBox1.Image = (Image) bild;
    }
```

Die "Zurück"-Schaltfläche:

```
private void button1_Click(object sender, EventArgs e)
{
    this.Close();
}
}
```

**HINWEIS:** Der Code für *Form3*, *Form4* und *Form5* ist identisch!

**Test**

Starten Sie die ach sooooo lustige Bilderstory!

## Eine elegantere Variante

Diese zweite Programmiervariante vermeidet das mehrfache Kopieren von Code. Benutzt werden nur zwei Formulare (*Form1* und *Form2*), wobei *Form2* als Prototyp für *Form2* bis *Form5* dient.

Im Code von *Form1* kommt ein gemeinsamen Click-Eventhandler für alle vier *Button*s zum Einsatz:

```
public partial class Form1 : Form
{

    ...

    private void Form1_Load(object sender, EventArgs e)
    {
        button1.Click += new EventHandler(button_Click);
        button2.Click += new EventHandler(button_Click);
        button3.Click += new EventHandler(button_Click);
        button4.Click += new EventHandler(button_Click);
    }


    private void button_Click(object sender, EventArgs e)
    {
        Form2 f = new Form2();
        Button btn = sender as Button;
        f.Text = btn.Text;
        if (btn == button1) f.anzeigen("Bild1.wmf");
        if (btn == button2) f.anzeigen("Bild2.wmf");
        if (btn == button3) f.anzeigen("Bild3.wmf");
        if (btn == button4) f.anzeigen("Bild4.wmf");
        f.Show();
    }
}
```

Der Code von *Form2* ist geringfügig gegenüber der ersten Variante modifiziert:

```
public partial class Form2 : Form
{

    private Bitmap bild;

    public void anzeigen(string pfad)
    {
```

Alte *Bitmap* freigeben:

```
        if (!(bild == null)) bild.Dispose();
```

Neues Bild an Größe der *PictureBox* anpassen:

```
pictureBox1.SizeMode = PictureBoxSizeMode.StretchImage;
```

Bild anzeigen:

```
    bild = new Bitmap(pfad);
    pictureBox1.Image = bild as Image;
  }
}
```

**HINWEIS:** Diese Variante ist allerdings nur dann der ursprünglichen Lösung mit fünf Formularen vorzuziehen, wenn Abmessungen und Ausstattung aller aufgerufenen Formulare gleich sind.

# R2.16   Das Startformular ändern

Normalerweise besteht ein C#-Projekt nicht nur aus einem, sondern aus mehreren Formularen. Wie kann ich es erreichen, dass nicht *Form1*, sondern ein beliebiges anderes Formular beim Programmstart zuerst erscheint?

Als Ausgangsbasis soll das in R2.15 "Mit mehreren Formularen arbeiten" beschriebene Projekt dienen, welches aus insgesamt fünf Formularen (*Form1 ... Form5*) besteht.

### Die Datei Program.cs

Öffnen Sie die von Visual Studio automatisch angelegte Datei *Program.cs* (z.B. durch Doppelklick im Projektmappen-Explorer).

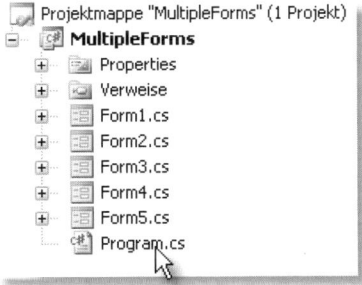

### Main-Methode

Die Datei *Program.cs* enthält die statische Klasse *Program*, welche die *Main*-Methode (der Einsprungpunkt für die Anwendung) kapselt.

```
Form2.cs  Program.cs*  MultipleForms   Form1.cs [Entwurf]              ▾  ✕
MultipleForms.Program                        ▾  Main()                    ▾
                                                              Aktive Dat
using System;
 using System.Collections.Generic;
 using System.Windows.Forms;

namespace MultipleForms
 {
     static class Program
     {
         /// <summary>
         /// Der Haupteinstiegspunkt für die Anwendung.
         /// </summary>
         [STAThread]
         static void Main()
         {
             Application.EnableVisualStyles();
             Application.SetCompatibleTextRenderingDefault(false);
             Application.Run(new Form1());
         }
     }
 }
```

Damit ein anderes Formular die Rolle des Startobjekts übernehmen kann, müssen Sie Visual Studio ins Handwerk pfuschen und die *Main*-Methode editieren.

**BEISPIEL:**   *Form2* wird zum Startformular

```
[STAThread]
static void Main()
{
    Application.EnableVisualStyles();
    Application.SetCompatibleTextRenderingDefault(false);
    Application.Run(new Form2());
}
```

# R2.17  Eine MDI-Applikation erstellen

Dieses Rezept soll eine sinnvolle Weiterentwicklung des Vorgängerrezepts R2.15 "Mit mehreren Formularen arbeiten" sein, denn die dort noch lose herum flatternden Fensterchen können nicht als der Weisheit letzter Schluss angesehen werden. Der erfahrene Programmierer bringt mit einer MDI-Applikation Ordnung in das Chaos!

Sie lernen unter anderem auch, wie schnell man mit Visual Studio eine Menüleiste erstellen kann. Gehen Sie wie folgt vor, um das vorhandene Projekt in eine standesgemäße MDI-Anwendung zu verwandeln:

## Anpassen des Hauptfensters (Form1)

Ändern Sie die *IsMDIContainer*-Property des Hauptformulars (*Form1*) in *True*. Entfernen Sie alle *Button*s von der Oberfläche und den dahinterliegenden Ereigniscode, denn wir wollen die Unterformulare, so wie es sich gehört, über ein Menü aufrufen. Fügen Sie deshalb eine *MainMenuStrip*-Komponente von der Toolbox hinzu, sie wird ihren Platz im Komponentenfach einnehmen.

Nach einem Klick auf die Menüleiste öffnet sich der Menüeditor, und im Handumdrehen ist das Menü erstellt.

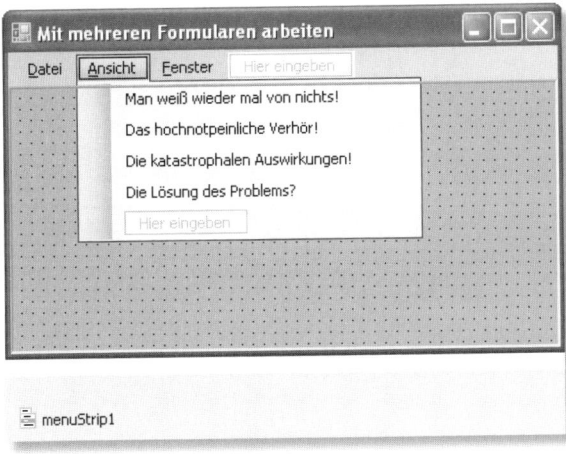

HINWEIS: Die Bedienung des Menüeditors ist so intuitiv, dass sich weitere Erläuterungen erübrigen!

Das Menü kann z.B. folgende Struktur haben:

| 1. Ebene | 2. Ebene |
|---|---|
| &Datei | |
| | &Beenden |
| &Ansicht | |
| | Wehe, man weiß mal wieder von nichts! |
| | Das hochnotpeinliche Verhör! |
| | Die Auswirkungen sind katastrophal! |
| | Das aber kann die Lösung nicht sein! |

| 1. Ebene | 2. Ebene |
|----------|----------|
| &Fenster | |
| | &Überlappend |
| | &Horizontal anordnen |
| | &Vertikal anordnen |

**HINWEIS:** Durch Voranstellen des Zeichens "&" (es bleibt zur Laufzeit unsichtbar) wird es möglich, einen Menüpunkt über die Tastatur aufzurufen!

## Anpassen des Quellcodes von Form1

Jeder Menüeintrag ist ein Objekt, für das man – genauso wie z.B. für einen *Button* – einen Eventhandler für das *Click*-Ereignis schreiben kann.

**HINWEIS:** Wenn Sie (zur Entwurfszeit) auf einen Menüeintrag klicken, erscheint sofort der Rahmencode des entsprechenden Event-Handlers!

```
public partial class Form1 : Form
{

    ...
```

Klappen Sie (im Entwurfsmodus) das *Datei*-Menü auf und doppelklicken Sie auf den Eintrag *Beenden*:

```
    private void beendenToolStripMenuItem_Click(object sender, EventArgs e)
    {
        this.Close();
    }
```

Wie Sie sehen, leitet sich die standardmäßige Namensvergabe der einzelnen Menüeinträge von deren *Text*-Eigenschaft ab, was teilweise zu ziemlich langen Bezeichnern führt. Wem das nicht gefällt, der kann die *Name*-Eigenschaft ändern.

Der Aufruf des ersten Kindfensters (*Form2*):

```
    private void manWeißWiederMalVonNichtsToolStripMenuItem_Click(object sender, EventArgs e)
    {
        Form2 f = new Form2();
```

Damit sich ein Kindfenster dem Hauptfenster unterordnet, muss seine *MdiParent*-Eigenschaft gesetzt werden:

```
        f.MdiParent = this;          // MDI-Hauptfenster zuordnen
        f.Text = manWeißWiederMalVonNichtsToolStripMenuItem.Text;
        f.anzeigen("Bild1.wmf");
```

```
        f.Show();
    }
```

Völlig analog werden die übrigen Aufrufe programmiert.

Über das *Fenster*-Menü soll die Art der Anordnung der Kindfenster festgelegt werden. Dazu ist die *LayoutMdi*-Eigenschaft des Hauptfensters zu setzen:

Überlappend:

```
private void überlappendToolStripMenuItem_Click(object sender, EventArgs e)
{
    this.LayoutMdi(MdiLayout.Cascade);
}
```

Horizontal anordnen:

```
private void horizontalAnordnenToolStripMenuItem_Click(object sender, EventArgs e)
{
    this.LayoutMdi(MdiLayout.TileHorizontal);
}
```

Vertikal anordnen:

```
private void vertikalAnordnenToolStripMenuItem_Click(object sender, EventArgs e)
{
    this.LayoutMdi(MdiLayout.TileVertical);
}
}
```

## Anpassen der Kindfenster (Form2 bis Form5)

Den übrigen Formularen müssen Sie nicht begreiflich machen, dass sie ihr freies Dasein aufgeben müssen und zu MDI-Kindfenstern "versklavt" werden, denn dies wurde bereits im Code von *Form1* erledigt (*f.MdiParent = this;*). Es bleibt also alles so wie es war!

## Test

Nach dem Programmstart erscheint zunächst nur das leere Rahmenfenster. Fügen Sie nun über das *Ansicht*-Menü nach Belieben Kindfenster hinzu und ordnen Sie diese über das *Fenster*-Menü auf verschiedene Weise an.

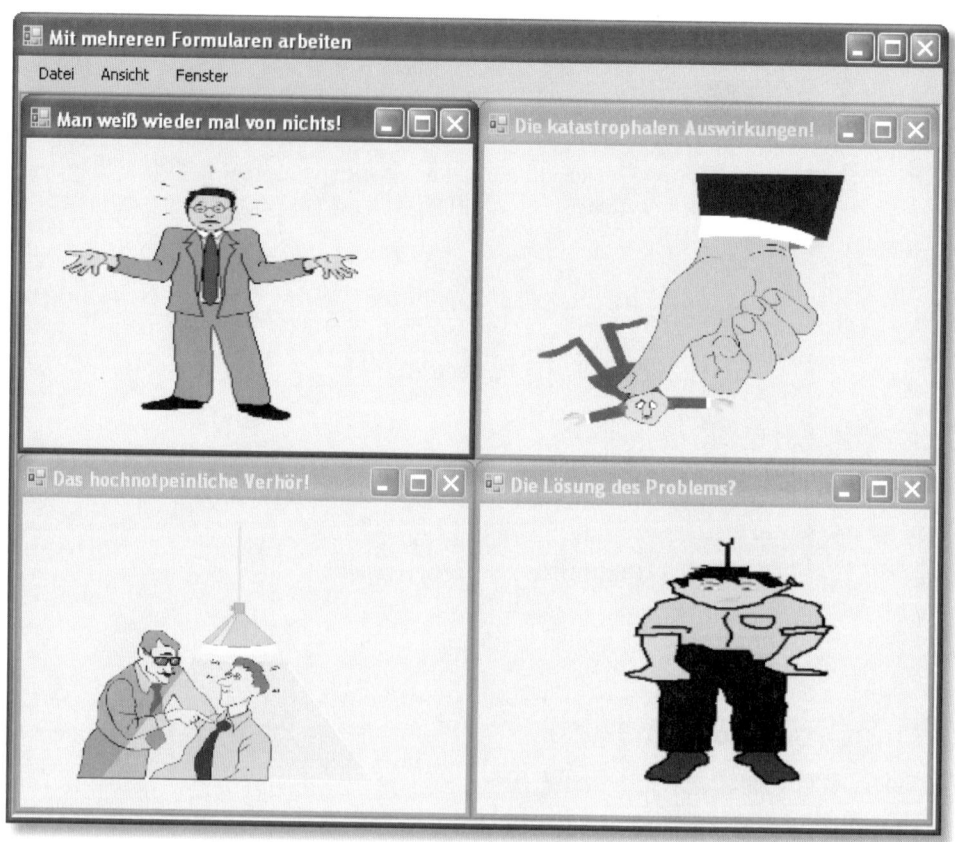

## R2.18  Formulare im Formular anzeigen

Dieses Rezept zeigt Ihnen, wie Sie – gewissermaßen als Alternative zur MDI-Anwendung –
weitere Formulare nicht nur innerhalb eines normalen Formulars anzeigen können, sondern auch
innerhalb eines anderen Controls, wie z.B. eines *Panel*s oder eines *Button*s.

### Oberfläche

Klicken Sie das Menü *Projekt|Windows Form hinzufügen...*, um zum Startformular (*Form1*) ein
zweites Formular (*Form2*) hinzuzufügen.

Statten Sie beide Formulare, wie in der Abbildung gezeigt, mit Steuerelementen aus.

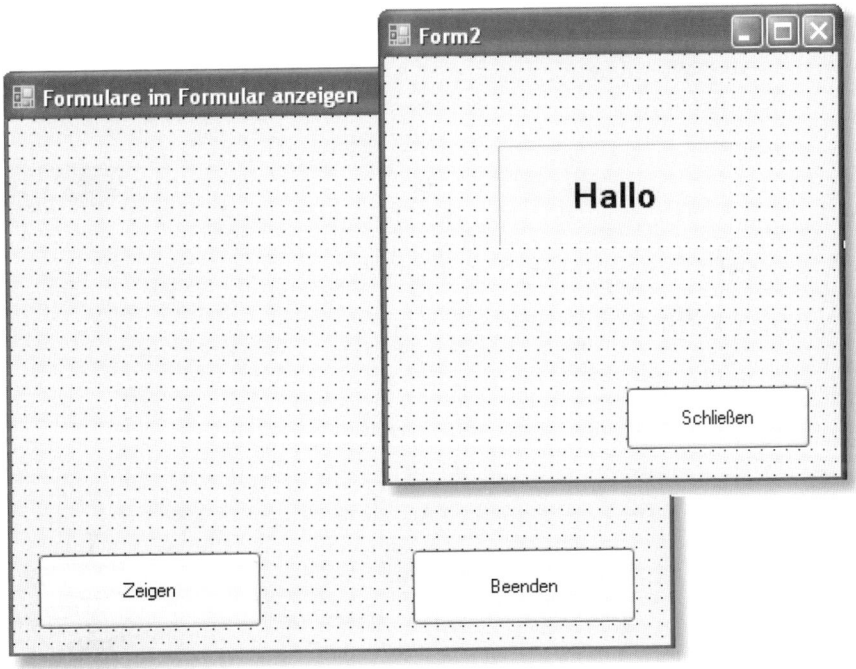

## Quellcode Form1

```
public partial class Form1 : Form
{
    ...
```

Die Schaltfläche "Zeigen":

```
    private void button1_Click(object sender, EventArgs e)
    {
        Form2 f = new Form2();
        f.TopLevel = false;
        this.Controls.Add(f);
        f.Show();
    }
```

Die "Beenden"-Schaltfläche:

```
    private void button2_Click(object sender, System.EventArgs e)
    {
        this.Close();
    }
}
```

### Quellcode Form2

```
public partial class Form2 : Form
{

    ...
```

Die "Schließen"-Schaltfläche:

```
    private void button1_Click(object sender, EventArgs e)
    {
        this.Close();
    }
}
```

### Test

Nach dem Programmstart können Sie mehrfach auf den "Zeigen"-Button klicken und Zeuge der wundersamen Vermehrung von *Form2* werden.

---

**HINWEIS:** Da sich die erzeugten Instanzen von *Form2* exakt überdecken, müssen Sie sie zunächst mit der Maus "anfassen" und "wegziehen"!

---

### Bemerkungen

■  Das Setzen der *TopLevel*-Property von *Form2* auf *False* ist wichtig, weil ein Steuerelement der oberen Ebene nicht zu einem anderen Steuerelement hinzugefügt werden kann.

■  Sie können *Form2* auch zu einem beliebigen anderen Control hinzufügen, welches sich auf *Form1* befindet.

**BEISPIEL:**   *Form2* wird zu *panel1* hinzugefügt:

```
Form2 f = new Form2();
f.TopLevel = false;
this.panel1.Controls.Add(f);
f.Show();
```

## R2.19   Das TableLayoutPanel einsetzen

In diesem Rezept erzeugen wir unter Benutzung einer *TableLayouPanel*-Komponente eine einfache Eingabemaske, deren Controls sich an der Gitterstruktur des Containers orientieren, der sich dynamisch an die Größenverhältnisse des Formulars anpasst. Das gewünschte Verhalten ist bereits zur Entwurfszeit sichtbar.

### Oberfläche Form1

Auf das Startformular *Form1* setzen wir eine *TableLayoutPanel*-Komponente, am unteren rechten Rand von *Form1* findet noch ein *Button* seinen Platz. Dieser befindet sich außerhalb des *TableLayoutPanels* und wir können für ihn bereits jetzt die *Anchor*-Eigenschaft auf *Bottom, Right* setzen um dafür zu sorgen, dass er sich – unabhängig von den Formularabmessungen – stets in der rechten unteren Ecke befindet.

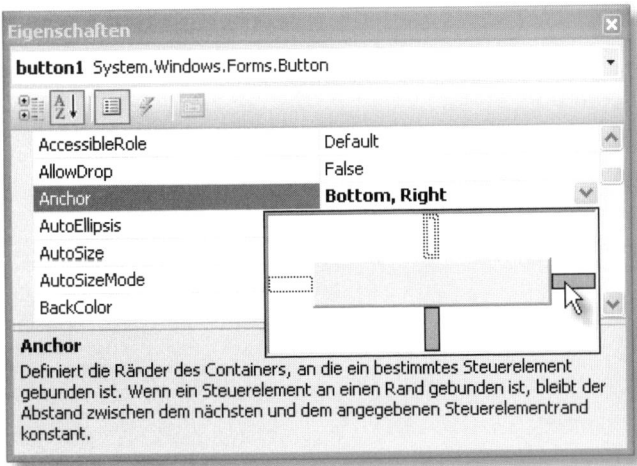

Da das *TableLayoutPanel* standardmäßig mit nur zwei Zeilen und zwei Spalten erscheint, vergrößern wir zunächst deren Anzahl auf 5 bzw. 4. Dazu ändern wir im Eigenschaftenfenster *RowCount* und *ColumCount* oder aber wir benutzen das normale Kontextmenü oder das durch den Smarttag zur Verfügung gestellte Menü (*Spalte hinzufügen* bzw. *Zeile hinzufügen*).

HINWEIS: Für ein attraktiveres Outfit können wir die *CellBorderStyle*-Eigenschaft z.B. auf *Inset* setzen.

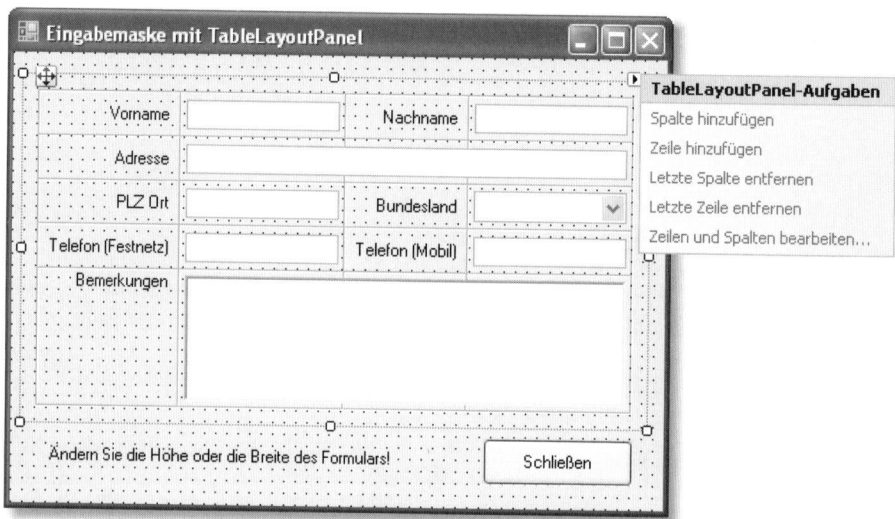

Damit sich das *TableLayoutPanel* gleichmäßig an die Größe des Formulars anpasst, verankern wir es allseitig, indem wir seine *Anchor*-Eigenschaft auf *Top*, *Bottom*, *Left*, *Right* setzen.

## Child-Controls platzieren

Um das Prinzip des *TableLayoutPanel*s zu verstehen ist es ziemlich egal, welche Child-Controls wir in den einzelnen Zellen platzieren. Wir ziehen deshalb einige für Eingabemasken besonders typische Controls (*Label*, *TextBox*en, *ComboBox*, *RichTextBox*) direkt von der Toolbox in die entsprechenden Zellen des *TableLayoutPanel*s (siehe erste Abbildung).

HINWEIS: Um das Verhalten der Child-Controls innerhalb ihrer Container-Zellen zu spezifizieren, sind vor allem die Eigenschaften *Anchor*,  *ColumnSpan* und *Dock* wichtig.

Für die in der ersten und dritten Spalte platzierten *Label*s ist die *Anchor*-Eigenschaft auf *Right* zu setzen, damit bleibt ihr Abstand zum rechten Rand der Zelle konstant. Lediglich das *label8* "Bemerkungen" (erste Spalte der fünften Zeile) soll zusätzlich noch am oberen Rand der Zelle festgemacht werden (*Anchor = Top, Right*).

Die beiden *TextBox*en der ersten Zeile (*Vorname*, *Nachname*) sollen ihre Breite an die Breite der Container-Zelle anpassen, demzufolge gilt für beide *Anchor = Left, Right*.

Die gleiche Verankerung gilt auch für *textBox3*, in welche die *Adresse* eingetragen werden soll. Da diese relativ viel Platz beansprucht, soll sich das Control auch noch über die nächsten beiden Spalten ausdehnen (*ColumnSpan = 3*).

Die *ComboBox* wird per Programm mit einem Inhalt fester Breite gefüllt, weshalb sich eine automatische Größenanpassung erübrigt (*Anchor = Left*).

Mit der *RichTextBox* haben wir schließlich ein Beispiel für ein Child-Control, das sich über drei Spalten erstreckt (*ColumnSpan = 3*) und diesen Platz in beiden Richtungen vollständig ausfüllen soll. Zu diesem Zweck  setzen wir *Anchor = Top, Bottom, Left, Right* oder aber *Dock = Fill*.

## Weitere Anpassungen

Sie brauchen das Programm nicht erst zu starten, um das Layout zu testen, denn das reale Verhalten zeigt sich bereits zur Entwurfszeit. So werden Sie feststellen, dass beim vertikalen Aufzoomen des Formulars die Höhe der ersten drei Zeilen nicht konstant bleibt, was von unserer Seite keinesfalls beabsichtigt ist. Abhilfe ist über das Smarttag-Menü des *TableLayoutPanel*s möglich (*Zeilen und Spalten anpassen ...*).

Wie Sie dem Dialog "Spalten- und Zeilenstile" entnehmen, lassen sich bei Zeilen und Spalten drei so genannte *Größentypen* unterscheiden:

- *Absolut*
  Breite der Spalte bzw. Höhe der Zeile entspricht genau einer bestimmten Anzahl von Pixeln.

- *Prozent*
  Breite der Spalte bzw. Höhe der Zeile in Prozent von Breite bzw. Höhe des *TableLayout-Panel*s

- *AutoSize*
  automatisches Anpassen, damit Platz für weitere Zeilen bzw. Spalten vorhanden ist.

Das Zuweisen geeigneter Größentypen verlangt etwas Fingerspitzengefühl und lässt viele Gestaltungsspielräume. Unser Vorschlag:

- Wir stellen für die erste und die dritte Spalte *AutoSize* und für die zweite und vierte Spalte *Percent* (ca. 50%) ein.

- Die ersten vier Zeilen erhalten den Größentyp *Absolut* (28 Pixel), die letzte Zeile *Percent* (100%).

---

**HINWEIS:** Auf eine absolut genaue Festlegung der Werte für die einzelnen  Zeilen bzw. Spalten kommt es nicht an, denn wenn im ContainerZeilen oder Spalten unterschiedliche Größentypen aufweisen, wird der nach der anfänglichen Reservierung verbleibende Speicherplatz zwischen den Zeilen oder Spalten verteilt, die die Größentypen *AutoSize* oder *Percent* aufweisen.

---

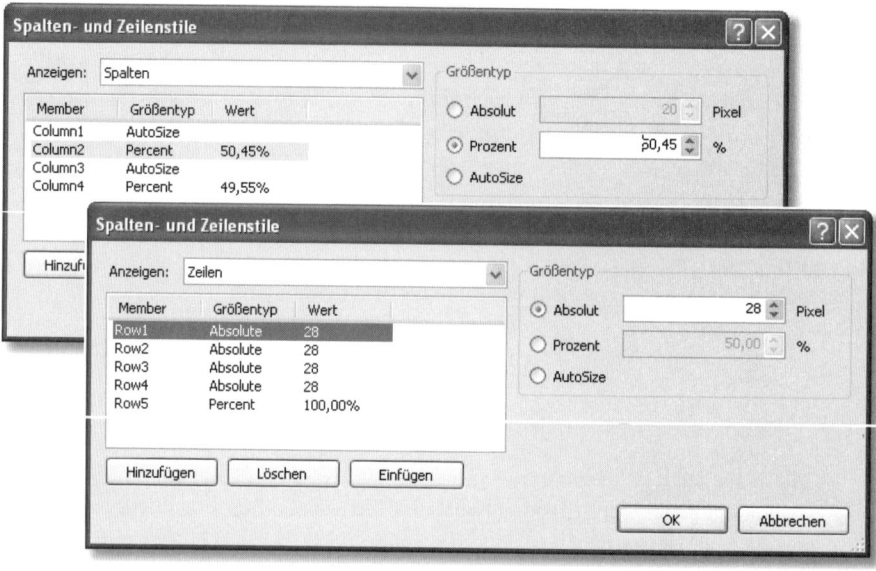

## Test

Egal ob zur Entwurfszeit oder zur Laufzeit – Sie können das Formular in beliebigen Richtungen auf- und abzoomen und werden mit dem Ergebnis stets zufrieden sein.

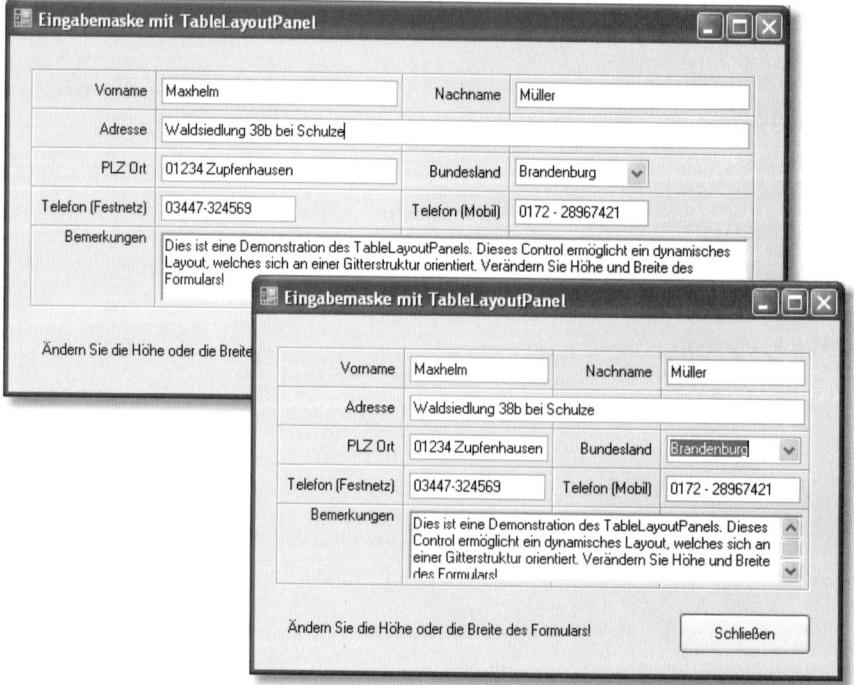

### Bemerkungen

- Jedes Windows Forms Control kann als Child-Control eines *TableLayoutPanels* verwendet werden, sogar andere Instanzen des *TableLayoutPanel*!

- Das Docking-Verhalten der Child-Controls entspricht dem anderer Container Controls, hingegen weicht das Verhalten beim Verankern ab. Falls der Wert der *Anchor* Property *Left* oder *Right* ist, wird das Control relativ zur linken oder rechten Kante der Zelle platziert, wobei sich der Abstand aus der Summe der *Margin* Property des Controls und der *Padding* Property des Panels ergibt.

- Wenn sowohl die Werte für *Left* und *Right* gesetzt sind, wird sich das Control der Breite der Zelle unter Berücksichtigung der *Margin* und *Padding* Werte anpassen. Analog ist das Verhalten beim *Top* und *Bottom* Verankern.

- Falls *Column* und *Row* Eigenschaften eines Child-Controls *-1* sind, wird das Control zur Laufzeit zur ersten leeren Zelle verschoben. Die leere Zelle wird von links oben nach rechts unten gesucht.

## R2.20   Mit einem Kontextmenü arbeiten

Fast jede Windows-Applikation stellt diverse kontextsensitive PopUp-Menüs bereit. Diese erscheinen nach Klick mit der rechten Maustaste auf ein bestimmtes Objekt der Bedienoberfläche. Das folgende kleine Testprogramm zeigt, wie Sie im Handumdrehen Ihre eigenen Programme mit derartigen Menüs "nachrüsten" können. Ganz nebenbei demonstriert es auch den Einsatz gemeinsamer Eventhandler und die Benutzung von *if-else-* und *switch-case*-Konstrukten.

### Oberfläche

Auf dem Startformular *Form1* platzieren Sie eine *TextBox* und einen *ContextMenuStrip*.

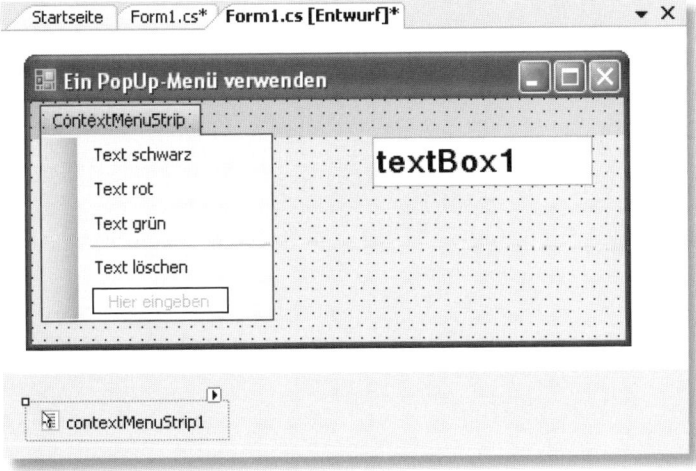

Klicken Sie einmal auf die *ContextMenuStrip*-Komponente und es erscheint der Menüeditor am oberen linken Rand von *Form1*. Tragen Sie dort die Menüzeilen entsprechend der Abbildung ein.

---

**HINWEIS:** Um den Trennstrich einzugeben, genügt ein einzelnes Zeichen "-".

---

## Quelltext

```
public partial class Form1 : Form
{

    ...
```

Jeder Menüeintrag ist genauso ein Objekt wie jede andere Komponente und verfügt demzufolge auch über Eigenschaften und Methoden. Ähnlich wie bei einem *Button* gibt es aber nur ein wesentliches Ereignis, das *Click*-Event.

Wir benutzen für alle Menüobjekte eine gemeinsame Ereignisbehandlungsroutine:

```
private void menuItem_Click(object sender, EventArgs e)
{
    switch ((sender as ToolStripMenuItem).Text)
    {
        case ("Text schwarz"): textBox1.ForeColor = Color.Black; break;
        case ("Text rot"): textBox1.ForeColor = Color.Red; break;
        case ("Text grün"): textBox1.ForeColor = Color.Green; break;
        case ("Text löschen"): textBox1.Clear(); break;
    }
}
```

Da wir obigen Eventhandler nicht mit Hilfe der IDE erzeugt haben, müssen wir uns selbst darum kümmern, dass die *Click*-Ereignisse der einzelnen Menüeinträge mit diesem Eventhandler verbunden werden. Wir erledigen dies beim Laden von *Form1*:

```
private void Form1_Load(object sender, EventArgs e)
{
    textSchwarzToolStripMenuItem.Click += new System.EventHandler(menuItem_Click);
    textRotToolStripMenuItem.Click += new System.EventHandler(menuItem_Click);
    textGrünToolStripMenuItem.Click += new System.EventHandler(menuItem_Click);
    textLöschenToolStripMenuItem.Click += new System.EventHandler(menuItem_Click);
}
}
```

## Test

Starten Sie das Programm und drücken Sie über der *TextBox* die rechte Maustaste. Es passiert –
nichts! Kein Wunder, denn woher soll *textBox1* denn von ihrem Glück wissen, dass ihr ein
Popup-Menü zugeordnet wurde?

Setzen Sie deshalb die *ContextMenuStrip*-Eigenschaft von *textBox1* auf *contextMenuStrip1!*
Dieser Bezeichner wird in der kleinen Rollbox daneben angeboten:

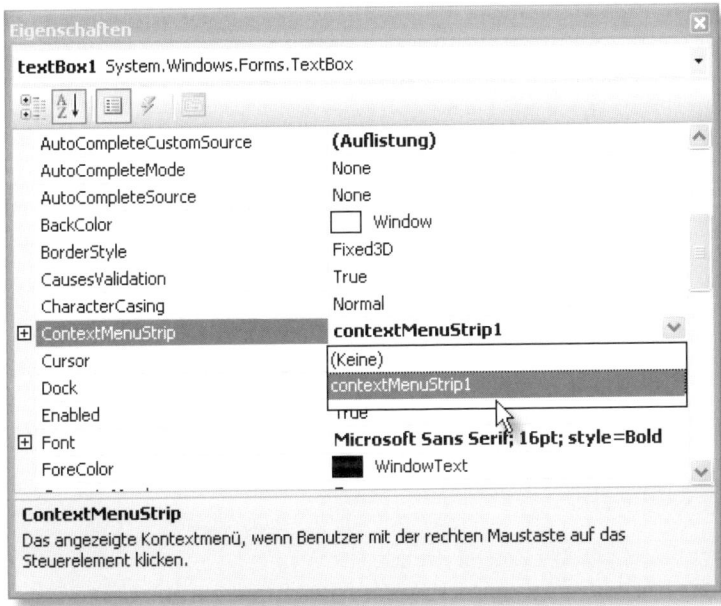

Haben Sie das Versäumte nachgeholt, können Sie über das Kontextmenü die Schriftfarbe der
*TextBox* ändern sowie deren Inhalt löschen.

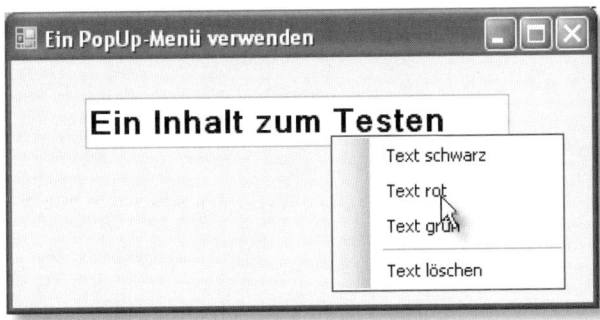

---

**HINWEIS:** Durch Setzen der Properties *Visible*, *Enabled*, *Checked* u.a. (siehe Eigenschaften-Fenster) zur Laufzeit können Sie Menüeinträge verschwinden lassen, sperren oder mit einem Häkchen versehen.

---

# R2.21   Ein Array in einer ListView anzeigen

Häufig benötigt man für die tabellenförmige Ausgabe von Zahlen eine scrollbare Komponente. Das vorliegende Rezept zeigt, wie man den Inhalt eines zweidimensionalen Integer-Arrays in einer *ListView* darstellen kann. Zugegebenermaßen ist die *ListView* nicht gerade ein Muster-beispiel an Bedienerfreundlichkeit. Anstatt einen einfachen indizierten Zugriff zu ermöglichen, müssen wir mit *Item*- und *SubItem*-Objekten kämpfen.

## Oberfläche

Ein Formular mit einer *ListView*, der wir die Eigenschaften *View = Details* und *GridLines = True* zuweisen, und ein *Button* genügen (siehe Laufzeitansicht).

## Quellcode

```
public partial class Form1 : Form
{
    ...
```

Die "Start"-Schaltfläche:

```
    private void button1_Click(object sender, EventArgs e)
    {
```

Ein zweidimensionales Integer-Array mit 21 Zeilen und 11 Spalten wird erzeugt und mit Zufallszahlen zwischen 0 und 100 gefüllt:

```
        int[,] A = new int[20, 10];              // 20 Zeilen, 10 Spalten
        Random rnd = new Random();
        for (int i = 0; i < A.GetLength(0); i++)  // alle Zeilen
        {
            for (int j = 0; j < A.GetLength(1); j++)  // alle Spalten
            A[i, j] = rnd.Next(100);
        }
```

Das Array wird an die Anzeigeroutine der *ListView* übergeben:

```
        showListView(A);
    }
```

Jetzt zur Anzeigeroutine, die als Parameter das zweidimensionale Integer-Array empfängt:

```
    private void showListView(int[,] M)
```

```
    {
```

Den kompletten Inhalt löschen:

```
    listView1.Clear();
```

Zunächst wollen wir alle Spalten erzeugen und beschriften. Wir beginnen mit der linken (leeren) Randspalte, der wir eine Breite von 20 Pixeln und rechtsbündige Ausrichtung verordnen:

```
    listView1.Columns.Add("", 20, HorizontalAlignment.Right);
```

Die übrigen Spalten erzeugen und die Kopfzeile beschriften:

```
    for (int j = 0; j < M.GetLength(1); j++)
        listView1.Columns.Add(j.ToString(), 30, HorizontalAlignment.Center);
```

Jetzt beginnt die Hauptarbeit: Alle Zeilen erzeugen, beschriften und die Zellen füllen.

```
    for (int i = 0; i < M.GetLength(0); i++)
    {
```

Pro Zeile brauchen wir ein neues *ListViewItem*, welches wir gleichzeitig mit der Zeilennummer beschriften (linke Randspalte):

```
        ListViewItem item = new ListViewItem(i.ToString());
```

Nun geht es an das Hinzufügen der *SubItem*-Objekte, jedes davon entspricht einem Feld unseres Arrays:

```
        for (int j = 0; j < M.GetLength(1); j++)
            item.SubItems.Add(M[i, j].ToString());
```

Das Hinzufügen des *ListViewItem*-Objekts zur *ListView*-Komponente entspricht dem Hinzufügen einer Zeile:

```
        listView1.Items.Add(item);
    }
    }
}
```

## Test

Die angezeigte Tabelle entspricht exakt dem Inhalt des Arrays.

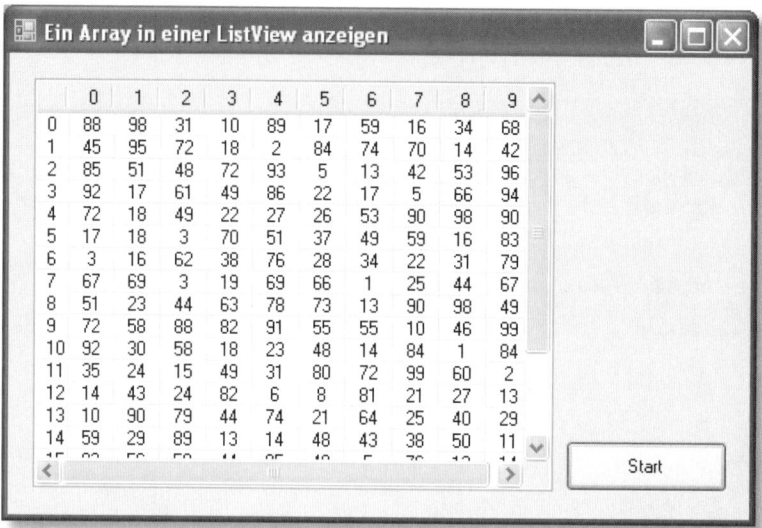

### Bemerkungen

▪ Der naheliegende Gedanke, es mal weniger kompliziert mit einer *ListBox* zu versuchen, führt in die Irre, denn diese eignet sich leider nicht für eine tabellenförmige Zahlendarstellung, siehe R2.10 "Die ListBox kennen lernen".

▪ Die *showListView*-Routine ist universell einsetzbar, da sie jedes übergebene Array entgegennimmt und nicht von den Abmessungen abhängig ist.

## R2.22   Einfache Datenbindung praktizieren

In diesem Rezept wird gezeigt, wie Sie Objekte, die in einer generischen *List* gespeichert sind, an beliebige Steuerelemente binden können.

Um alternative Lösungen zu studieren, empfehlen wir R1.8 "Strukturvariablen in Arrays einsetzen" und R2.12 "Objekte in ListBox/ComboBox anzeigen".

### Oberfläche

Die Eingabemaske bedarf wohl kaum weiterer Erklärungen:

Verbinden Sie die *BindingSource*-Eigenschaft von *bindingNavigator1* mit *bindingSource1*!

## Quellcode für Klasse CPerson

Die Personendaten sind in Objekts abgelegt, die aus der Klasse *CPerson* erzeugt werden:

```
public class CPerson
{
```

Die Zustandsvariablen:

```
    private string _vorname, _nachname;
    private DateTime _geburt;
    private bool _student;
```

Ein Konstruktor initialisiert die Zustandsvariablen:

```
    public CPerson(string vorname, string nachname, string geburt, bool student)
    {
        this._vorname = vorname;
        this._nachname = nachname;
        this._geburt = Convert.ToDateTime(geburt);
        this._student = student;
    }
```

Die Zugriffsmethoden für die Eigenschaften:

```
    public string Vorname
    {
        get {return this._vorname;}
        set {this._vorname = value;}
    }
```

```csharp
    public string Nachname
    {

        get {return this._nachname;}
        set {this._nachname = value;}

    }


    public bool Student
    {

        get {return this._student;}
        set {this._student = value;}

    }


    public string Geburtstag
    {

        get {return this._geburt.ToShortDateString();}
        set {this._geburt = Convert.ToDateTime(value);}

    }
}
```

---

**HINWEIS:** Am übersichtlichsten ist es, wenn Sie obigen Code in einem separaten Klassen-modul *CPerson.cs* speichern, dessen Rahmencode Sie über das Menü *Projekt| Klasse hinzufügen...* erzeugen.

---

## Quellcode für Form1

```csharp
public partial class Form1 : Form
{

    ...
```

Eine generische *List* mit den Daten sollte auf Klassenebene verfügbar sein:

```csharp
    private List<CPerson> Persons = new List<CPerson>();
```

Beim Laden von *Form1* sind wichtige Vorbereitungen zu treffen:

```csharp
    private void Form1_Load(object sender, EventArgs e)
    {
```

Die *List* mit einigen *Personen*-Objekten füllen:

```csharp
        Persons.Add(new CPerson("Maxhelm", "Müller", "3.2.1953", false));
        Persons.Add(new CPerson("Siegbast", "Senf", "5.11.1961", true));
        Persons.Add(new CPerson("Tobalt", "Müller", "13.6.1979", true));
        Persons.Add(new CPerson("Wahnfried", "Wagner", "15.12.1975", true));
        Persons.Add(new CPerson("Susi", "Sorglos", "28.5.1973", false));
```

Die *BindingSource* mit der *List* verbinden:

```
bindingSource1.DataSource = Persons;
```

Die *Text*-Eigenschaft der *TextBox*en an die *BindingSource* anbinden:

```
textBox1.DataBindings.Add("Text", bindingSource1, "Vorname");
textBox2.DataBindings.Add("Text", bindingSource1, "Nachname");
textBox3.DataBindings.Add("Text", bindingSource1, "Geburtstag");
checkBox1.DataBindings.Add("Checked", bindingSource1, "Student");
    }
}
```

### Test

Sofort nach Programmstart können Sie durch die vorhandenen Datensätze blättern:

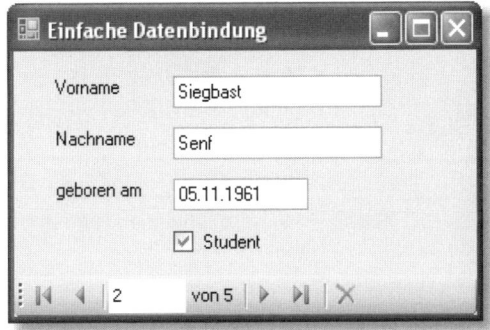

HINWEIS: Auch das Editieren und Löschen von Datensätzen ist möglich, allerdings ist keine Datenpersistenz implementiert, d.h., alle vorgenommenen Änderungen sind nach Beenden des Programms futsch (eine Lösung zeigt R5.9 "Eine sequenzielle Datei lesen und schreiben").

## R2.23  Mit Drag & Drop arbeiten

Drag & Drop-Operationen gehören mit zur Kernfunktionalität von Windows-Anwendungen. Auch unter .NET sind im Zusammenhang mit dem "Ziehen und Loslassen" eine Vielzahl von Objekten, Ereignissen und Methoden zu beachten. Das vorliegende Rezept zeigt anhand zweier einfacher Beispiele wie es geht.

### Oberfläche

Platzieren Sie auf dem Startformular zwei *ListBox*en und zwei *PictureBox*en, deren *SizeMode*-Eigenschaft Sie zweckmäßigerweise auf *StretchImage* setzen.

Kopieren Sie in das Anwendungsverzeichnis eine beliebige Bilddatei (*Bild1.jpg*).

## Quellcode

```
public partial class Form1 : Form
{
    ...
    private void Form1_Load(object sender, EventArgs e)
    {
```

Alle vier Controls werden zu potenziellen Drag & Drop-Ablagezielen:

```
        listBox1.AllowDrop = true;
        listBox2.AllowDrop = true;
        pictureBox1.AllowDrop = true;
        pictureBox2.AllowDrop = true;
```

Einige Anfangswerte zuweisen:

```
        string[] liste = { "Müller", "Schulze", "Lehmann", "Krause", "Fischer", "Wagner" };
        listBox1.Items.AddRange(liste);
        pictureBox1.Image = Image.FromFile("Bild1.jpg");
    }
```

Der nachfolgende Code besteht aus zwei voneinander völlig unabhängigen Teilen.

#### 1. Drag & Drop zwischen *listBox1 und listBox2*:

Die folgenden Ereignisbehandlungen werden von beiden *ListBox*en jeweils gemeinsam benutzt. Am besten erstellen Sie zunächst den Eventhandler für *listBox1* auf bekannte Weise, benennen ihn anschließend im Eigenschaftenfenster um und weisen ihn dann auch der *listBox2* zu (analog verfahren Sie später mit den anderen Eventhandlern).

Das zu ziehende Objekt (ein *ListBox*-Eintrag) wird angefasst:

```
    private void listBox_MouseDown(object sender, MouseEventArgs e)
    {
```

Nur wenn die linke Maustaste gedrückt und ein Eintrag selektiert wurde, startet die Drag & Drop-Operation durch Aufruf der *DoDragDrop*-Methode der *ListBox*:

```
        if (e.Button == System.Windows.Forms.MouseButtons.Left)
        {
            ListBox lbSrc = sender as ListBox;
            if (lbSrc.SelectedIndex > -1)
            {
                System.Object dat = lbSrc.Items[lbSrc.SelectedIndex];
```

Der *DoDragDrop*-Methode werden ein Objekt mit den zu übertragenden Informationen und der Typ des DragDrop-Vorgangs als Parameter übergeben. Hier ist lediglich das Verschieben (*Move*) von Text erwünscht (kein *Copy*, Link, *Scroll* oder *None* !)

```
DragDropEffects dropEffect = lbSrc.DoDragDrop(dat, DragDropEffects.Move);
```

Start der Drag & Drop-Operation. Nur bei Erfolg der Drag & Drop-Operation wird der Eintrag in der Quellen-*ListBox* gelöscht. Der Rückgabewert präsentiert das Ergebnis des Drag & Drop-Vorgangs, er kann deshalb benutzt werden, um notwendige "Aufräumarbeiten" in der Quelle zu erledigen, in unserem Fall soll der Eintrag in der Quellen-*ListBox* gelöscht werden:

```
        if (dropEffect == DragDropEffects.Move)
            lbSrc.Items.RemoveAt(lbSrc.SelectedIndex);
        }
    }
}
```

Das *DragEnter*-Ereignis wird dann ausgelöst, wenn ein gezogenes Objekt in den Zielbereich eintritt. Im Eventhandler legen wir den Typ des Drag & Drop-Vorgangs fest (*Move*), falls das gezogene Objekt Text enthält (Form des Mauszeigers ändert sich und signalisiert Bereitschaft zum Ablegen):

```
private void listBox_DragEnter(object sender, DragEventArgs e)
{
```

Typ des Drag & Drop-Vorgangs festlegen, nur das Verschieben (*Move*) von Text ist erlaubt (kein *Copy*, *Link* oder *Scroll*):

```
    if (e.Data.GetDataPresent(DataFormats.Text) == true) e.Effect = DragDropEffects.Move;
    else e.Effect = DragDropEffects.None;
}
```

Das gezogene Objekt wird losgelassen und löst damit das *DragDrop*-Ereignis aus:

```
private void listBox_DragDrop(object sender, DragEventArgs e)
{
    ListBox lbDest = sender as ListBox;
```

Dem Parameter *e* können nun die übertragenen Textdaten entnommen werden:

```
    string txt = e.Data.GetData(DataFormats.Text).ToString();
```

Eintrag zur Ziel-*ListBox* hinzufügen:

```
    lbDest.Items.Add(txt);
}
```

## 2. Drag & Drop zwischen *pictureBox1* und *pictureBox2*:

Auch hier ist der Drag & Drop-Vorgang durch die Aufeinanderfolge von *MouseDown*-Ereignis des Quellenobjektes sowie *DragEnter*- und *DragDrop*-Ereignis des Zielobjekts charakterisiert.

Da die Programmierung analog zu den *ListBox*en erfolgt, kann auf weitere Erläuterungen verzichtet werden.

```
private void pictureBox_MouseDown(object sender, MouseEventArgs e)
{
    if (e.Button == System.Windows.Forms.MouseButtons.Left)
    {
        PictureBox pbSrc = sender as PictureBox;
        DragDropEffects dropEffect = DragDropEffects.None;
        if (pbSrc.Image != null)
            dropEffect = pbSrc.DoDragDrop(pbSrc.Image, DragDropEffects.Move);
        if (dropEffect == DragDropEffects.Move)
            pbSrc.Image = null;
    }
}


private void pictureBox_DragEnter(object sender, DragEventArgs e)
{
    if (e.Data.GetDataPresent(DataFormats.Bitmap))
        e.Effect = DragDropEffects.Move;
    else
        e.Effect = DragDropEffects.None;
}


private void pictureBox_DragDrop(object sender, DragEventArgs e)
{
    PictureBox pbDest = sender as PictureBox;
    pbDest.Image = (Bitmap)e.Data.GetData(DataFormats.Bitmap);
}
}
```

## Test

Sie können die Objekte beliebig hin- und herbewegen. In bekannter Windows-Manier signalisiert die Gestalt des Mauszeigers, ob ein Ablegen erlaubt ist.

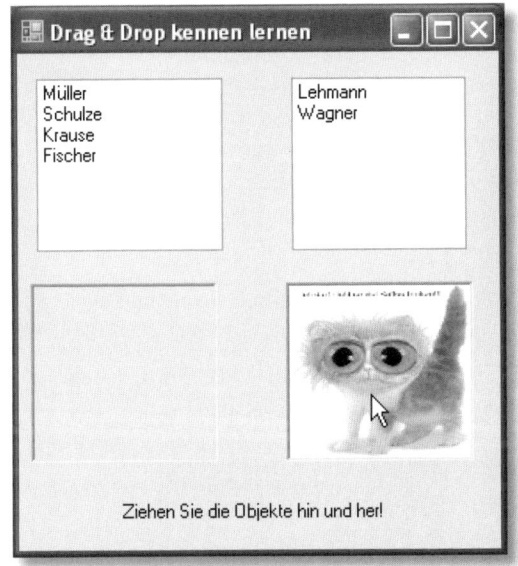

**HINWEIS:** Interessant dürfte für Sie die Entdeckung sein, dass Sie die Drag & Drop-Operation auch innerhalb einer einzigen *ListBox* ausführen können. In diesem Fall kommt es lediglich zu einem Umsortieren der Reihenfolge der Einträge!

**HINWEIS:** Testen Sie auch Drag & Drop zwischen zwei Instanzen des Programms!

## Bemerkungen

■ Das *GiveFeedback*-Ereignis ermöglicht der Quelle des Zieh-Ereignisses, die Darstellung des Mauszeigers zu ändern (visuelles Feedback).

■ Tritt der Mauszeiger in ein anderes Steuerelement ein, so wird *DragEnter* für dieses Steuerelement ausgelöst. Verlässt die Benutzeraktion das Fenster, wird das *DragLeave*-Ereignis ausgelöst.

■ Ein Bewegen der Maus ohne das Steuerelement zu verlassen löst das *DragOver*-Ereignis aus. *DragOver*- und *GiveFeedback*-Ereignis können zusammengefasst werden, damit der Benutzer beim Bewegen der Maus über das Ablageziel eine aktuelle Rückmeldung von der Mausposition erhält.

■ Ändert sich der Tastatur- oder Maustastenzustand, so wird das *QueryContinueDrag*-Ereignis ausgelöst. Entsprechend dem Wert der *Action*-Eigenschaft von *QueryContinueDragEventArgs* wird bestimmt, ob der Ziehvorgang fortgesetzt, die Daten abgelegt oder der Vorgang abgebrochen werden soll.

# R2.24  Anwendungseinstellungen an Steuerelemente binden

Mit der Eigenschaft *ApplicationSettings* lassen sich Steuerelemente bereits zur Entwurfszeit an die von Ihnen in die Konfigurationsdatei (*App.config*) eingetragenen anwendungs- oder benutzerspezifischen Eigenschaften binden. Außerdem ergeben sich bequeme Möglichkeiten für nachträgliche Anpassungen des Programms an die Bedürfnisse des Benutzers.

## Oberfläche

Auf dem Startformular *Form1* platzieren wir ein attraktives *Label* und einen *Button*. Außerdem brauchen wir noch ein *ToolTip*-Control.

Die beiden Steuerelemente und das Formular erhalten Quickinfos, indem im Eigenschaftenfenster die Eigenschaft *ToolTip auf toolTip1* mit einem entsprechenden Text belegt wird:

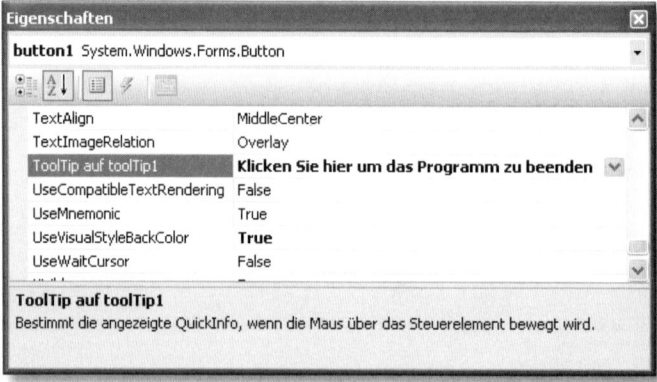

## Anwendungseinstellungen eintragen

Über das Menü *<Projektname>|Eigenschaften...* öffnen Sie die Seite "Einstellungen" des Projekteigenschaften-Dialogs. Hier tragen Sie die vier Anwendungseinstellungen *Welcome*, *FormColor*, *ButtonText1* und *DisplayToolTips* gemäß der folgenden Abbildung ein:

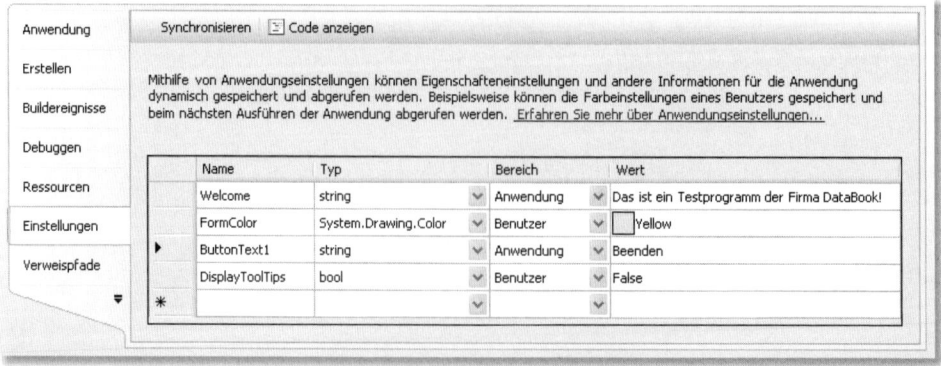

Wie Sie sehen, müssen wir zwischen anwendungs- und benutzerspezifischen Einstellungen unterscheiden.

**HINWEIS:** Alle Einträge in der "Werte"-Spalte sind als Standardwerte zu betrachten, denn sie können später durch Editieren der Konfigurationsdatei *<Projektname>.exe.config* geändert werden, ohne dass das Programm neu kompiliert werden müsste!

## Anwendungseinstellungen an Steuerelemente binden

Sie können nun beliebige Eigenschaften mit den unter *ApplicationSettings* angebotenen Anwendungseinstellungen verbinden. Da unter Windows Forms 2.0 die API für Anwendungseinstellungen streng typisiert ist, werden immer nur die Anwendungseinstellungen angeboten, deren Typ zur jeweiligen Eigenschaft passt.

Die folgenden Abbildungen zeigen dies für die Hintergrundfarbe des Formulars und für die Sichtbarkeit von Quickinfos:

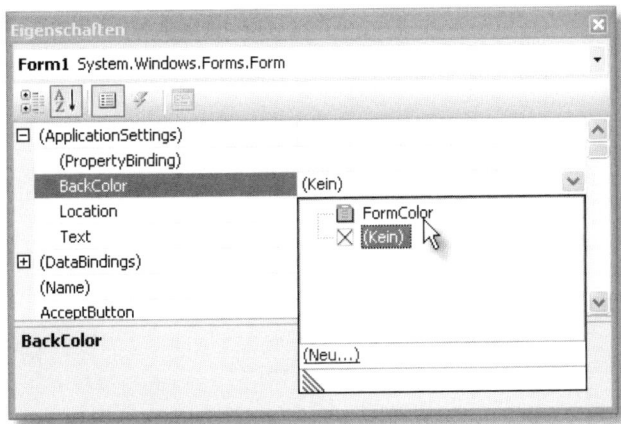

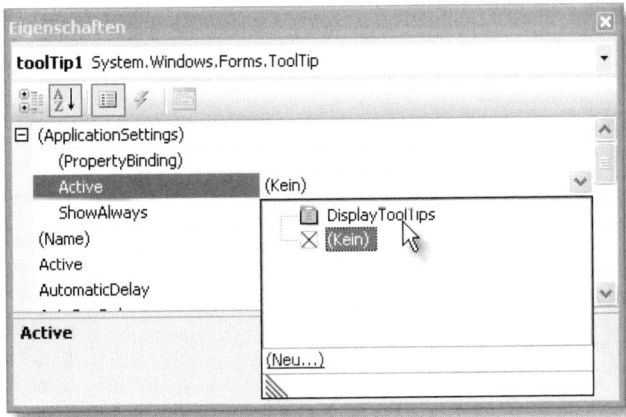

Auf gleiche Weise verbinden wir die *Text*-Eigenschaften von *label1* und *button1* mit den Anwendungseinstellungen *Welcome* und *ButtonText1*.

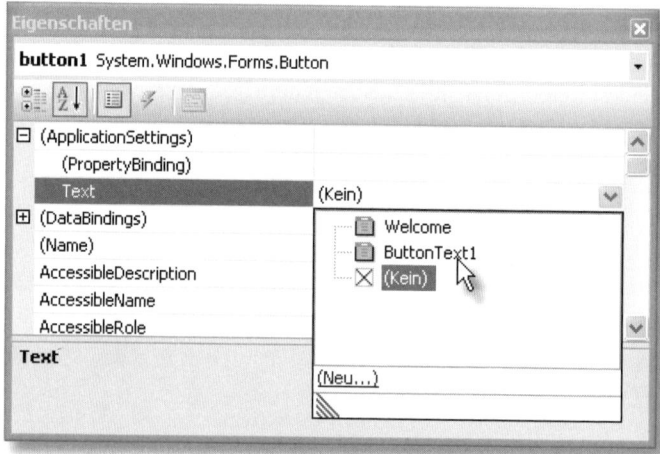

Alle vorgenommenen Einstellungen sind, soweit dies möglich ist, bereits zur Entwurfszeit sichtbar:

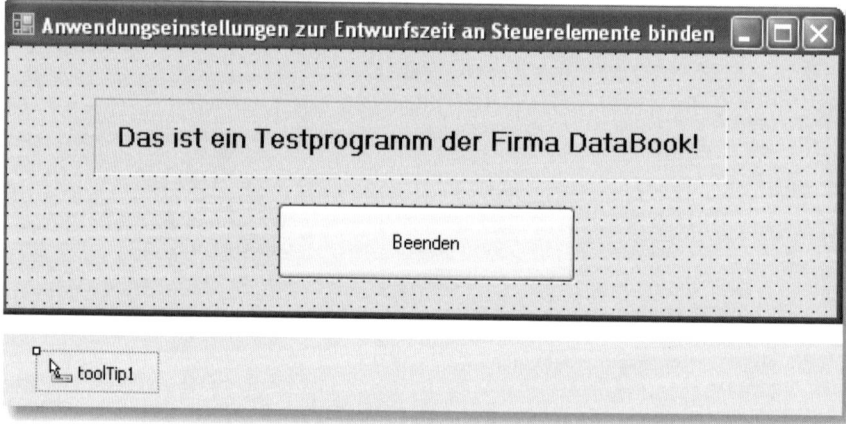

## Test

Kompilieren und starten Sie das Programm, so werden vielleicht nur Sie zufrieden mit dem Ergebnis sein. Ihr Auftraggeber wird aber die fehlenden Quickinfos vermissen. Auch an der Farbe des Formulars und den Beschriftungen der Steuerelemente hat er etwas auszusetzen.

Für Sie ist das aber kein Grund zur Beunruhigung, denn Sie haben, wie im Folgenden gezeigt, vorgesorgt und die Angelegenheit ist mit einem Telefonanruf erledigt.

## Anpassungen durch den Programmnutzer

Da auch der spätere Programmbenutzer die zur Assembly mitgegebene Xml-Konfigurationsdatei (*.exe.config*) einfach editieren kann, ergeben sich ideale Möglichkeiten für nachträgliche benutzerspezifische Anpassungen, ohne das Programm erneut kompilieren zu müssen.

Hier das (etwas verkürzte) Listing dieser Xml-Datei, wie man sie bequem mit dem im Windows-Zubehör enthaltenen *Notepad* öffnen kann:

```xml
<?xml version="1.0" encoding="utf-8" ?>
<configuration>
    <configSections>

    ...

    </configSections>
    <applicationSettings>
        <WindowsApplication1.Properties.Settings>
            <setting name="Welcome" serializeAs="String">
                <value>Das ist ein Testprogramm der Firma DataBook!</value>
            </setting>
            <setting name="ButtonText1" serializeAs="String">
                <value>Beenden</value>
            </setting>
        </WindowsApplication1.Properties.Settings>
    </applicationSettings>
    <userSettings>
        <WindowsApplication1.Properties.Settings>
            <setting name="FormColor" serializeAs="String">
                <value>Yellow</value>
            </setting>
            <setting name="DisplayToolTips" serializeAs="String">
                <value>False</value>
            </setting>
        </WindowsApplication1.Properties.Settings>
    </userSettings>
</configuration>
```

Wie Sie sehen, sind die anwendungsspezifischen Einstellungen im Abschnitt *applicationSettings* und die nutzerspezifischen Einstellungen im Abschnitt *userSettings* enthalten.

Ändern Sie die im obigen Listing fett hervorgehobenen Einträge wie folgt:

*Das ist ein Testprogramm der Firma DataBook* => *H A P P Y  S O F T W A R E*

*Beenden* => *Mir reicht es jetzt*

**172**                                                                                          Kapitel 2:   Oberfläche

*Yellow => LightGreen*

*False => True*

Anschließend können Sie sofort die *.exe*-Datei starten um sich von den Auswirkungen der Änderungen zu überzeugen:

## R2.25   Mit dem ErrorProvider arbeiten

Eine Eingabevalidierung ist sinnvoll, um den Nutzer Ihrer Programme sofort auf ungültige Eingaben hinzuweisen. Für diese Zwecke eignet sich das *ErrorProvider* Control, es zeigt ein Fehlersymbol unmittelbar neben dem betreffenden Eingabe-Control (z.B. *TextBox*) an und erlaubt erst dann die Fortsetzung des Programms, wenn alle Fehler behoben sind.

In unserem Beispiel wird der Inhalt der *TextBox*en eines *Form*ulars bei jedem Tastendruck überprüft. Bei der ersten *TextBox* wird ein *Regulärer Ausdruck* benutzt um festzustellen, ob es sich um eine gültige EMail-Adresse handelt, bei der zweiten *TextBox* wird geprüft, ob wirklich eine Zahl eingegeben wurde.

### Oberfläche

Auf das Startformular *Form1* setzen Sie zwei *TextBox*en (für die Eingabe einer EMail-Adresse und einer Zahl bzw. eines Preises). Fügen Sie außerdem ein *ErrorProvider*-Control aus der Toolbox hinzu (alternativ könnten Sie die Komponente auch im Quellcode mittels *new*-Operator erzeugen).

---

**HINWEIS:** Pro Formular ist – unabhängig von der Anzahl der zu validierenden Controls – nur ein *ErrorProvider* erforderlich!

---

## Quellcode

```
using System.Text.RegularExpressions;

public partial class Form1 : Form
{
    ...
```

Gültigkeit der EMail-Adresse mit Hilfe eines regulären Ausdrucks prüfen:

```
private void textBox1_TextChanged(object sender, EventArgs e)
{
    Control ctrl = sender as Control;
```

Dieser reguläre Ausdruck definiert die Grundstruktur einer EMail-Adresse:

```
Regex regex = new Regex(@"\S+@\S+\.\S+");
```

Falls der eingegebene Text gültig ist, wird eine evtl. vorhandene Fehlermeldung vom *Error-Provider* entfernt:

```
if (regex.IsMatch(ctrl.Text))
{
    errorProvider1.SetError(ctrl, String.Empty);
}
```

Falls die Überprüfung fehlschlägt, wird unter Benutzung der *ErrorProvider.SetError*-Methode eine Fehlermeldung generiert und ein Error- Icon erscheint neben dem Control:

```
else
{
    errorProvider1.SetError(ctrl, "Das ist keine gültige E-Mail Addresse!");
}
}
```

Beim Validieren der zweiten *TextBox* (nur Zahleneingaben) ist die Vorgehensweise identisch, nur dass diesmal die Bewertung nicht in einem *if-else*-, sondern in einem *try-catch*-Block erfolgt:

```
private decimal preis = 0;

private void textBox2_TextChanged(object sender, EventArgs e)
{
    Control ctrl = sender as Control;
    try
    {
        preis = Decimal.Parse(textBox2.Text);
        errorProvider1.SetError(ctrl, String.Empty);
```

```
        }
        catch
        {
            errorProvider1.SetError(ctrl, "Das ist keine gültige Zahl!");
        }
    }
```

Schließlich durchläuft der *Click*-Eventhandler des "OK"-*Button*s alle Controls des Formulars und überprüft, ob ihre Inhalte fehlerfrei sind, bevor die Anwendung geschlossen werden kann:

```
private void button1_Click(object sender, EventArgs e)
{
    string errorText = String.Empty;
    bool invalidInput = false;

    foreach (Control ctrl in this.Controls)
    {
        if (errorProvider1.GetError(ctrl) != String.Empty)
        {
            errorText += " - " + errorProvider1.GetError(ctrl) + "\n";
            invalidInput = true;
        }
    }

    if (invalidInput)
    {
        MessageBox.Show("Das Formular enthält unbehandelte Fehler:\n\n" + errorText,
                "Fehlerhafte Eingabe", MessageBoxButtons.OK, MessageBoxIcon.Warning);
    }
    else  {this.Close(); }
    }
}
```

## Test

Nach Programmstart können Sie beliebige Eingaben in den *TextBox*en vornehmen. Der *Error-Provider* wird sofort ein Warnsymbol rechts neben der entsprechenden *TextBox* anzeigen, falls Eingabefehler vorliegen. Wenn der Nutzer mit der Maus über ein Warnsymbol fährt, erscheint die detaillierte Fehlermeldung.

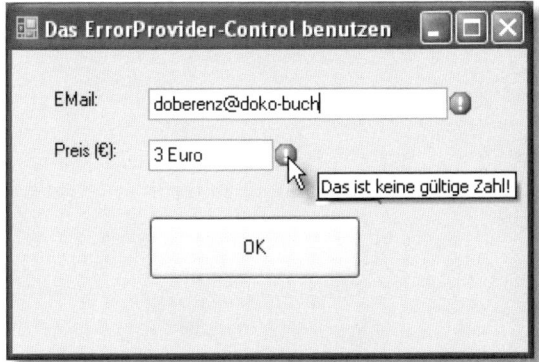

Der Versuch, die Anwendung trotz fehlerhafter Eingaben über die "OK"-Schaltfläche zu schließen, wird verhindert, wobei das Meldungsfenster alle Fehler auflistet:

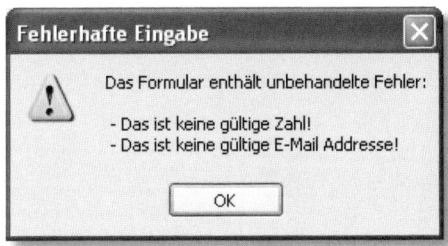

# R2.26 Eingaben validieren

Dieses Rezept zeigt Ihnen eine weitere Möglichkeit, wie Sie den Anwender Ihres Programms zu
gültigen Eingaben zwingen können. In diesem Zusammenhang verdienen insbesondere die
*CausesValidation*-Eigenschaft der Steuerelemente und ihr *Validating*-Event Beachtung.

## Oberfläche

Wir benötigen drei *TextBox*en für die Eingabe einiger Personendaten und zwei *Button*s für das
Abbrechen der Eingabe bzw. das Beenden des Programms.

Der folgende Hinweis ist besonders wichtig, weil sonst ein Verlassen des Programms bei ungültigen Eingaben unmöglich wird:

**HINWEIS:** Setzen Sie die *CausesValidation*-Eigenschaft des "Abbrechen"-*Button*s auf *False*!

## Quellcode

```
public partial class Form1 : Form
{

    ...
```

Im *Validating*-Event der ersten *TextBox* wird der Namen überprüft:

```
private void textBox1_Validating(object sender, System.ComponentModel.CancelEventArgs e)
{
    if (textBox1.Text == "")
    {
        MessageBox.Show("Geben Sie einen Namen ein!");
        e.Cancel = true;
    }
}
```

Das Geburtsdatum überprüfen:

```
private void textBox2_Validating(object sender, System.ComponentModel.CancelEventArgs e)
{
    DateTime d;
    try
    {
        d = Convert.ToDateTime(textBox2.Text);
    }
     catch
    {
        MessageBox.Show("Geben Sie ein gültiges Datum ein!");
        e.Cancel = true;
    }
}
```

Das Gehalt überprüfen:

```
private void textBox3_Validating(object sender, System.ComponentModel.CancelEventArgs e)
{
    decimal d;
    try
    {
        d = Convert.ToDecimal(textBox3.Text);
        if (d < 100)
        {
            MessageBox.Show("Geben Sie Betrag größer 100   ein!");
            e.Cancel = true;
```

```
            }
        }
        catch
        {
            MessageBox.Show("Geben Sie einen gültigen Betrag ein!");
            e.Cancel = true;
        }
    }
```

Die "Abbrechen"-Schaltfläche:

```
private void button1_Click(object sender, EventArgs e)
{
    textBox1.CausesValidation = false;
    textBox2.CausesValidation = false;
    textBox3.CausesValidation = false;
    button1.Focus();
}
```

Nicht vergessen werden darf das Rücksetzen von *CausesValidation* bei Eintritt in die *TextBox*:

```
private void textBox_Enter(object sender, System.EventArgs e)
{
    (sender as TextBox).CausesValidation = true;
}
```

Obige gemeinsame Behandlung des Enter-Events wird beim Laden des Formulars zugewiesen:

```
private void Form1_Load(object sender, EventArgs e)
{
    textBox1.Enter += new EventHandler(textBox_Enter);
    textBox2.Enter += new EventHandler(textBox_Enter);
    textBox3.Enter += new EventHandler(textBox_Enter);
    button1.CausesValidation = false;          // ermöglicht Abbrechen!
}
```

Beenden:

```
private void button2_Click(object sender, System.EventArgs e)
{
    this.Validate();
    this.Close();
}
```

## Test

Es wird Ihnen zunächst nicht gelingen, nach einer ungültigen Eingabe eine *TextBox* zu verlassen oder die Anwendung zu beenden, Sie werden jedes Mal gnadenlos zurückgepfiffen:

---

**HINWEIS:** Erlösung aus dem Teufelskreis ist nur durch gültige Eingaben oder durch Betätigen der "Abbrechen"-Schaltfläche möglich.

---

## Bemerkungen

- Die gezeigte Eingabevalidierung ist nur direkt nach Verlassen eines Steuerelementes sinnvoll. Wenn Sie erst nach Betätigen des OK-Schalters prüfen wollen, dann verwenden Sie besser das *Click*-Event dieses Schalters.

- Durch Aufruf der *Validate*-Methode des Formulars können Sie auch das Steuerelement, welches zuletzt den Fokus hatte, überprüfen.

# Kapitel 3

# Grafikprogrammierung

## R3.1  Ein Graphics-Objekt erzeugen

In klassischen Programmiersprachen ist es üblich, mit Methoden direkt auf die Zeichenober-fläche eines Formulars oder eines Picture-Controls zuzugreifen. Als .NET-Programmierer müssen Sie umdenken.

Zugriff auf alle wesentlichen Grafik-Methoden erhalten Sie über ein *Graphics*-Objekt. Im Vergleich mit anderen .NET-Objekten hat es allerdings die Besonderheit, dass man es nicht mit dem *new*-Konstruktor erzeugen kann. Woher also nehmen wir es? Das vorliegende Rezept zeigt Ihnen vier Möglichkeiten:

- Nutzung des im *Paint*-Event des Formulars übergebenen *Graphics*-Objekts,

- Nutzung des in der überschriebenen *OnPaint*-Methode übergebenen *Graphics*-Objekts,

- Erzeugen eines neuen *Graphics*-Objekts mit der *CreateGraphics*-Methode des Formulars,

- Nutzung des im *Paint*-Event einer *PictureBox* (oder einer anderen Komponente, die über dieses Ereignis verfügt) übergebenen *Graphics*-Objekts.

Lassen Sie uns also ein wenig experimentieren!

### Oberfläche

Zunächst soll uns ein nacktes Windows Form genügen, auf das wir verschiedenfarbige Ellipsen zeichnen wollen. Später ergänzen wir noch weitere Steuerelemente (*Button*, *PictureBox*).

## Variante 1: Verwendung des Paint-Events

Die in der *System.Windows.Forms.Form*-Basisklasse implementierte *OnPaint*-Methode wird automatisch nach jedem Freilegen und Verdecken des Fensters aufgerufen, sie löst das *Paint*-Ereignis aus, das wir in einem *Paint*-Eventhandler abfangen und behandeln wollen.

Über das Argument des Events ist ein *Graphics*-Objekt verfügbar:

```
private void Form1_Paint(object sender, PaintEventArgs e)
{
    Graphics g = e.Graphics;
    g.FillEllipse(new SolidBrush(Color.Red), 10, 30, 200, 100);      // rote Ellipse
}
```

## Test

Die rote Ellipse erscheint sofort nach Programmstart und ist auch nach Freilegen und Verdecken des Fensters zu sehen:

# Variante 2: Überschreiben der OnPaint-Methode

Dies ist die in der MS.NET Dokumentation favorisierte Realisierung, bei der Sie keinen neuen Eventhandler verwenden müssen, sondern lediglich die *OnPaint*-Methode der Basisklasse überschreiben. Wir wollen nach diesem Prinzip eine versetzte blaue Ellipse zeichnen.

Implementieren Sie die Überschreibung wie folgt:

```
protected override void OnPaint(PaintEventArgs e)
{
    Graphics g = e.Graphics;
    g.FillEllipse(new SolidBrush(Color.Blue), 40, 60, 200, 100);    // blaue Ellipse
    base.OnPaint(e);          // Aufruf der Basisklassenmethode
}
```

## Test

An der Reihenfolge (unten Blau, oben Rot) erkennen Sie, dass die überschriebene *OnPaint*-Methode zuerst abgearbeitet wurde und erst anschließend der bereits vorhandene *Paint*-Eventhandler:

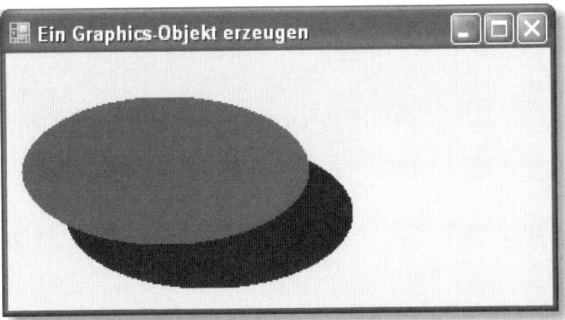

---

**HINWEIS:** Wenn Sie die Anweisung *base.OnPaint(e)* auskommentieren, wird das *Paint-*Ereignis nicht mehr ausgelöst, und nur noch die blaue Ellipse erscheint!

---

## Variante 3: Graphics-Objekt mit CreateGraphics erzeugen

Diese Variante nutzt die Möglichkeit, über die *CreateGraphics*-Methode des Formulars ein neues *Graphics*-Objekt zu erzeugen. Allerdings benötigen wir hier einen *Button*, um das Zeichnen (versetzte gelbe Ellipse) zu demonstrieren.

```
private void button1_Click(object sender, EventArgs e)
{
    Graphics g = this.CreateGraphics();
    g.FillEllipse(new SolidBrush(Color.Yellow), 70, 90, 200, 100);    // gelbe Ellipse
}
```

### Test

Die gelbe Ellipse erscheint erst nach Klick auf den Button. Im Unterschied zur roten und blauen Ellipse (Variante 1 und 2) verschwindet diese Ellipse wieder, nachdem das Formular vorüberge-hend verdeckt wurde.

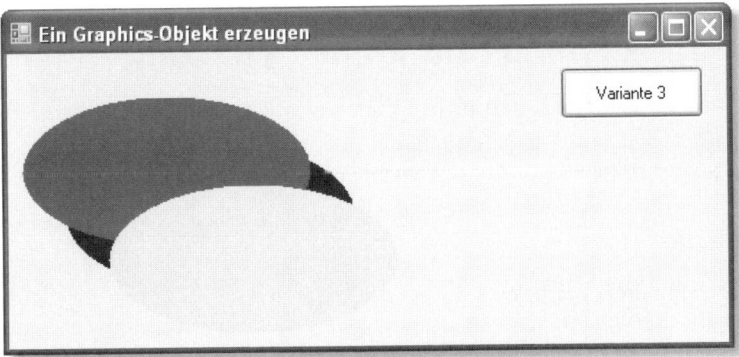

## Variante 4: Verwendung des Graphics-Objekts einer PictureBox

Bei einer *PictureBox* – wie bei vielen anderen Komponenten auch – können Sie über die *CreateGraphics*-Methode auf die Zeichenfläche zugreifen. Sinnvoller ist allerdings auch hier die Nutzung des im *Paint*-Event übergebenen *Graphics*-Objekts, da Sie sich dann um die Restaurierung des Bildinhalts nicht weiter zu kümmern brauchen.

Ergänzen Sie die Oberfläche des Testformulars um eine *PictureBox* und erzeugen Sie einen Eventhandler für das *Paint*-Ereignis der *PictureBox*:

```
private void pictureBox1_Paint(object sender, PaintEventArgs e)
{
    Graphics g = e.Graphics;
    g.FillEllipse(new SolidBrush(Color.Red), 10, 30, 200, 100);
}
```

### Abschlusstest

Alle vier Varianten im Überblick:

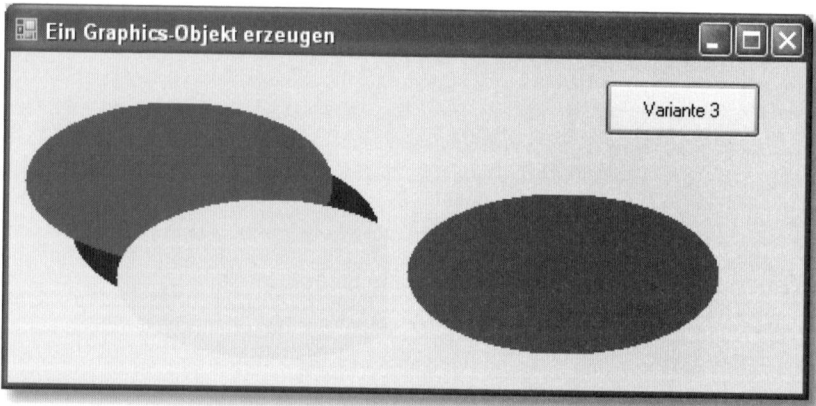

# R3.2   Verbundene Linien und Pfeile zeichnen

Dieses Rezept zeigt Ihnen den Umgang mit einigen Klassen des *System.Drawing.Drawing2D*-Namespace wie *LineCap* und *LineJoin*, die es ermöglichen, mehr als nur eine simple Linie zu erzeugen.

### Oberfläche

Ein nacktes Windows Form genügt!

## Quelltext

```
using System.Drawing.Drawing2D;

public partial class Form1 : Form
{
...
```

Alles spielt sich in der überschriebenen *OnPaint*-Ereignisprozedur von *Form1* ab:

```
    protected override void OnPaint(PaintEventArgs e)
    {
        Graphics g = e.Graphics;
```

Einen einfarbigen Pen der Stärke 15 erzeugen:

```
        Pen myPen = new Pen(Color.Red, 15);
```

Ein Punkte-Array für die Linienenden definieren und initialisieren:

```
        PointF[] punkte = {new PointF(100, 50), new PointF(300, 150), new PointF(100, 250)};
```

Der Linienstart (als Pfeil):

```
        myPen.StartCap = LineCap.ArrowAnchor;
```

Das (runde) Linienende:

```
        myPen.EndCap = LineCap.Round;
```

Verbindung der zwei Linien (rund):

```
        myPen.LineJoin = LineJoin.Round;
```

Linien zeichnen:

```
        g.DrawLines(myPen, punkte);

        base.OnPaint(e);
    }
}
```

## Test

Ohne Kommentar:

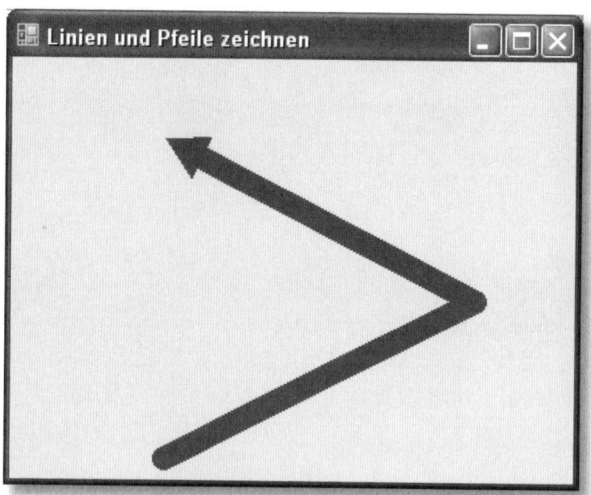

## R3.3   Eine gemusterte Linie zeichnen

Verwechseln Sie nie Stifte mit Pinseln! Mit Stiften können Sie niemals eine Figur füllen, mit
Pinseln hingegen können Sie keine Figuren zeichnen, sondern nur füllen!

### Oberfläche

Eine Windows *Form* genügt.

### Quelltext

```
public partial class Form1 : Form
{
...
    private void Form1_Paint(object sender, PaintEventArgs e)
    {
        HatchBrush myBrush = new HatchBrush(HatchStyle.DiagonalCross, Color.Yellow, Color.Red);
        Pen myPen = new Pen(myBrush, 20);
        Graphics g = e.Graphics;
        g.DrawLine(myPen, 10, 10, 200, 200);
    }
}
```

**Test**

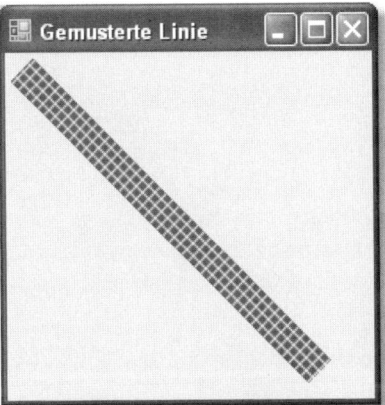

# R3.4   Rechtecke und Ellipsen zeichnen

Das *Graphics*-Objekt der *System.Drawing*-Klassenbibliothek verfügt über zahlreiche Grafik-methoden. Neben dem Zeichnen einer Linie werden besonders häufig Rechtecke und Ellipsen/Kreise benötigt.

Auch die Lösung eines weiteren Problems soll demonstriert werden: Das Wiederherstellen der Zeichnung nach vorübergehendem Verdecken durch ein anderes Formular unter Verwendung des *Paint*-Ereignisses.

Um die Vielfalt der Lösungsmöglichkeiten zu demonstrieren, wollen wir sowohl auf ein *Formu-lar* als auch auf eine *PictureBox* zeichnen und dabei unterschiedliche Techniken zum Erzeugung von Grafikobjekten demonstrieren.

### Oberfläche

Außer einem *Button* brauchen wir unten rechts eine *PictureBox*, deren *BorderStyle*-Eigenschaft wir der besseren Übersicht wegen auf *Fixed3D* setzen.

### Quellcode

Zunächst wollen wir auf das Formular zeichnen. Den Aufruf der Grafikfunktionen verlegen wir in die *OnPaint*-Methode des Formulars, die wir zu diesem Zweck überschreiben. Über den Parameter *e* wird der Methode das *Graphics*-Objekt des Formulars übergeben:

```
public partial class Form1 : Form
{
    protected override void OnPaint(PaintEventArgs e)
    {
```

```
        Rectangle rec = new Rectangle();
        rec.X = 10; rec.Y = 10;                    // linke obere Ecke
        rec.Width = 200; rec.Height = 100;
        e.Graphics.DrawRectangle(Pens.Blue, rec);
        e.Graphics.FillEllipse(Brushes.Green, rec);
        base.OnPaint(e);
    }
```

Als alternative Variante zeichnen wir die gleichen Figuren – allerdings mit anderen Farben bzw. Füllungen – in die *PictureBox*. Zur Abwechslung verwenden wir hier direkt die *Paint*-Ereignisprozedur, nehmen einen Konstruktor für das *Rectangle*-Objekt und leisten uns auch den Luxus extra angelegter *Pen*- und *Brush*-Objekte.

```
    private void pictureBox1_Paint(object sender, PaintEventArgs e)
    {
        Rectangle rec = new Rectangle(10, 10, 200, 100);
        SolidBrush b = new SolidBrush(Color.Yellow);
        e.Graphics.FillRectangle(b, rec);
        Pen p = new Pen(Color.Red, 2);
        e.Graphics.DrawEllipse(p, rec);
    }
}
```

## Test

Die Figuren sind sofort nach dem Start zu sehen und verschwinden auch nicht, wenn sie vorübergehend verdeckt worden sind.

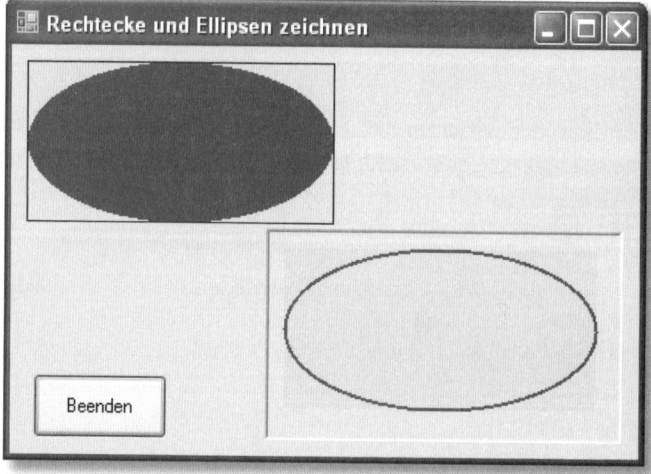

# R3.5 Rechtecke mit runden Ecken zeichnen

Leider scheint es so, als hätte man dieses Feature unter GDI+ ersatzlos gestrichen! Das vorliegende Rezept zeigt deshalb eine "selbstgestrickte" *RoundRect*-Methode.

## Oberfläche

Ein leeres Formular genügt!

## Quelltext

```
public partial class Form1 : Form
{
    ...
```

Der Routine werden ein *Graphics*-, ein *Pen*- und ein *Rectangle*-Objekt sowie die Koordinaten der linken oberen Ecke übergeben:

```
private void RoundRect(Graphics g, Pen p, Rectangle rect, int x, int y)
{
    // Rundung oben links:
    g.DrawArc(p, new Rectangle(rect.Left, rect.Top, 2 * x, 2 * y), 180, 90);
    // Rundung oben rechts:
    g.DrawArc(p, new Rectangle(rect.Left + rect.Width - 2 * x, rect.Top,
            2 * x, 2 * y), 270, 90);
    // Rundung unten rechts:
    g.DrawArc(p, new Rectangle(rect.Left + rect.Width - 2 * x,
            rect.Top + rect.Height - 2 * y, 2 * x, 2 * y), 0, 90);
    // Rundung unten links:
    g.DrawArc(p, new Rectangle(rect.Left, rect.Top + rect.Height - 2 * y, 2 * x, 2 * y),
            90, 90);
    // Die vier Linien:
    // obere Kante
    g.DrawLine(p, rect.Left + x, rect.Top, rect.Right - x + 1, rect.Top);
    // untere Kante
    g.DrawLine(p, rect.Left + x, rect.Bottom, rect.Right - x + 1, rect.Bottom);
    // linke Kante
    g.DrawLine(p, rect.Left, rect.Top + y, rect.Left, rect.Bottom - y + 1);
    // rechte Kante
    g.DrawLine(p, rect.Right, rect.Top + y, rect.Right, rect.Bottom - y + 1);
```

Der Aufruf erfolgt im *Paint*-Event:

```
private void Form1_Paint(object sender, PaintEventArgs e)
{
```

```
        Graphics g = e.Graphics;
        RoundRect(g, new Pen(Color.Black, 3), new Rectangle(50, 30, 250, 150), 20, 10);
    }
}
```

## Test

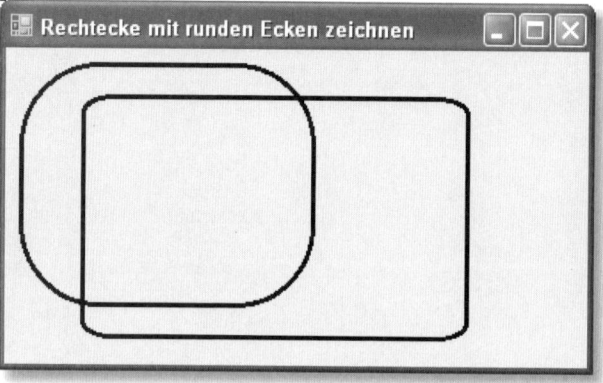

# R3.6   Transparente Farben verwenden

Im höchstwertigen Byte einer ARGB-Farbe wird die Transparenz gespeichert (255 = volle
Deckkraft, 0 = vollständige Transparenz). Das vorliegende Rezept demonstriert die Wirkung an
Hand der Überdeckung von zwei teiltransparenten Ellipsen.

## Oberfläche

Ein Windows Form mit einem *Button* genügt!

## Quellcode

```
public partial class Form1 : Form
{
```

Der überschriebene *OnPaint*-Eventhandler sorgt für das Zeichnen :

```
    protected override void OnPaint(System.Windows.Forms.PaintEventArgs e)
    {
        Color c1, c2;
        Graphics g = e.Graphics;
        c1 = Color.FromArgb(125, Color.Red);
        g.FillEllipse(new SolidBrush(c1), new Rectangle(10, 10, 150, 100));
        c2 = Color.FromArgb(12, Color.Red);
```

```
        g.FillEllipse(new SolidBrush(c2), new Rectangle(50, 50, 250, 200));
        base.OnPaint(e);
    }
```

Zusätzlich können Sie über den *Button* die zweite Ellipse mehrfach zeichnen:

```
    private void button1_Click(object sender, EventArgs e)
    {
        Graphics g = this.CreateGraphics();
        Color c = Color.FromArgb(12, Color.Red);
        g.FillEllipse(new SolidBrush(c), new Rectangle(50, 50, 250, 200));
    }
}
```

## Test

Klicken Sie wiederholt auf die Schaltfläche, so addieren sich die Farbwerte immer weiter, bis eine vollständige Deckung erreicht ist:

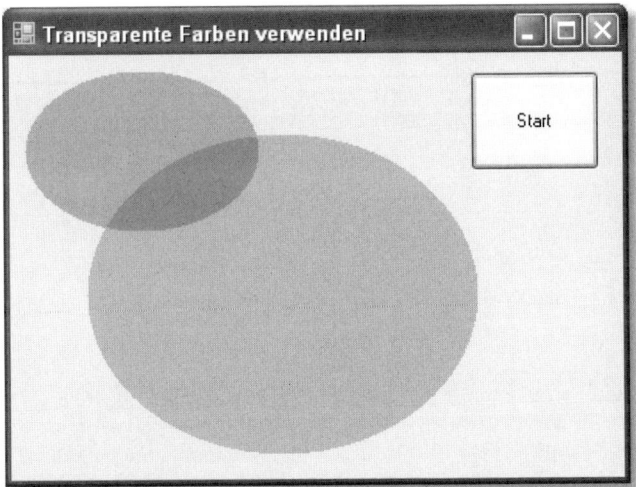

HINWEIS: Nach vorübergehendem Überdecken durch ein anderes Fenster ist sofort wieder der Anfangszustand der Farben erreicht!

# R3.7   Ein Tortendiagramm zeichnen

Da die GDI+-Funktionen Winkel als Parameter erwarten, ist das Erzeugen von Tortendiagrammen besonders einfach.

In diesem Rezept zeichnen wir mittels *FillPie*-Methode ein Tortendiagramm mit den Winkeln 100, 60 und 200 (in Grad).

### Oberfläche

Ein leeres Formular genügt!

### Quellcode

```
public partial class Form1 : Form
{
...
    protected override void OnPaint(PaintEventArgs e)
    {
        Graphics g = e.Graphics;
        Rectangle rec = new Rectangle(50, 20, 200, 200);
        g.FillPie(new SolidBrush(Color.Red), rec, 0, 100);
        g.FillPie(new SolidBrush(Color.Green), rec, 100, 60);
        g.FillPie(new SolidBrush(Color.Yellow), rec, 160, 200);
        base.OnPaint(e);
    }
}
```

### Test

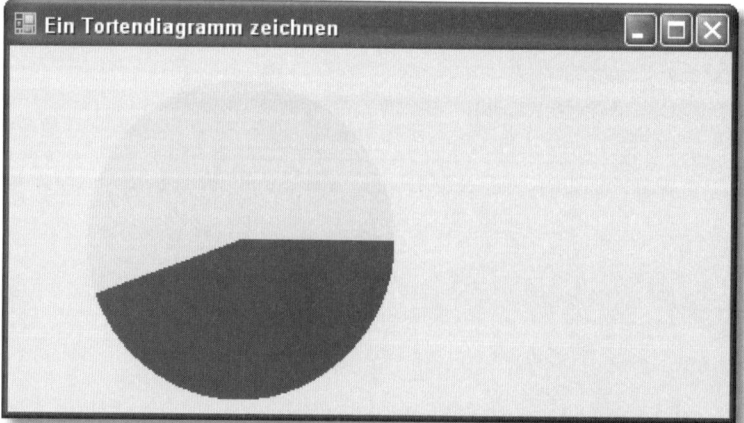

# R3.8   Die Grafikdialoge richtig einsetzen

Dieses einfache Rezept soll den Einsatz der *FontDialog*- und der *ColorDialog*-Komponente am praktischen Beispiel demonstrieren:

### Oberfläche

Erstellen Sie eine Oberfläche entsprechend folgender Abbildung:

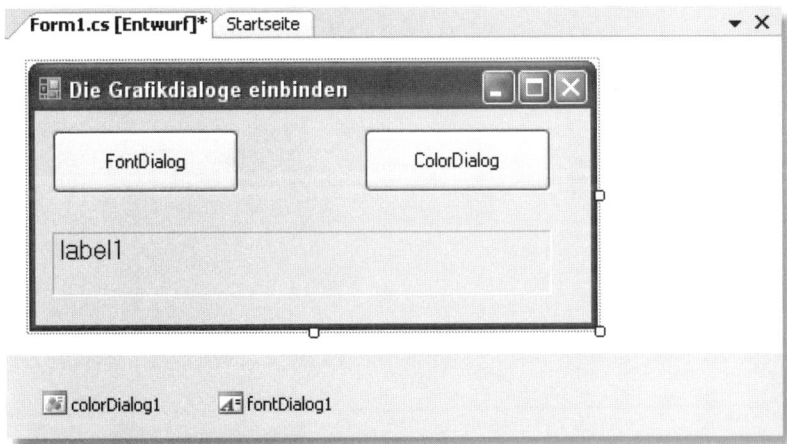

### Quellcode

```
public partial class Form1 : Form
{
...
```

Schriftartendialog aufrufen:

```
private void button1_Click(object sender, EventArgs e)
{
    fontDialog1.Font = label1.Font;
    if (fontDialog1.ShowDialog() == DialogResult.OK)
        label1.Font = fontDialog1.Font;
}
```

Farbdialog aufrufen:

```
private void button2_Click(object sender, EventArgs e)
{
    colorDialog1.AllowFullOpen = false;
```

Der im Farbdialog angezeigte Satz benutzerdefinierter Farben wird festgelegt:

```
colorDialog1.CustomColors = new int[] { 6975964, 231202, 1294476 };
if (colorDialog1.ShowDialog() == DialogResult.OK)
        this.BackColor = colorDialog1.Color;
    }
}
```

### Test

Sie können nun nach Belieben sowohl die im *Label* angezeigte Schriftart als auch die Hintergrundfarbe des Formulars manipulieren:

Ein Beispiel:

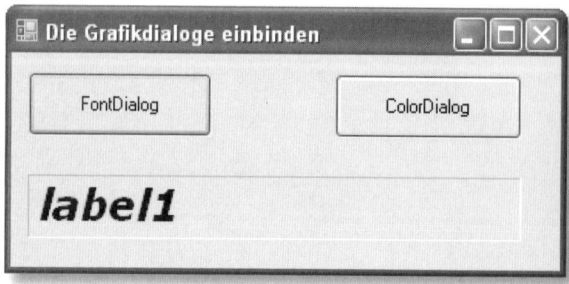

# R3.9  Ein Control-Array mit Grafiken ausstatten

Ein Control-Array (Steuerelementefeld) besteht aus vielen gleichartigen Komponenten. In der Regel sind auch deren Ereignisbehandlungen nahezu identisch. Wie aber kann man die vielen Ereignisbehandlungen in einer einzigen zusammenfassen, so dass sinnlose Schreibarbeit vermieden wird? Das vorliegende Rezept zeigt eine Lösung und dürfte gleichzeitig den Umgang mit den Methoden der *Graphics*-Objekte der Windows Forms-Controls anschaulich verdeutlichen.

## Oberfläche

Die Oberfläche mit den neun matrixförmig angeordneten *Panel*-Komponenten erinnert an das bekannte Tic-Tac-Toe-Spiel:

## Quelltext

```
public partial class Form1 : Form
{
```

Zu Beginn gibt es allerhand zu tun:

```
    protected override void OnLoad(System.EventArgs e)
    {
```

Zunächst werden alle *Panel*-Komponenten "herausgefischt", sie erhalten eine rote Farbe und ihre *Tag*-Eigenschaft wird als Index (1, 2, 3 ... 9) verwendet:

```
        int index = 0;
```

```
for (int i = 0; i < this.Controls.Count; i++)
{
    object o = Controls[i];
    if (o.GetType().Name == "Panel")
    {
        Panel p = (Panel)o;
        p.BackColor = Color.Red;
        index++;
        p.Tag = index.ToString();
    }
}
```

---

**HINWEIS:** Obiger Code könnte entfallen, wenn Sie *BackColor = Red* sowie die *Tag*-Eigenschaft (1, 2, 3 ... 9) bereits im Eigenschaften-Fenster zuweisen.

---

Als nächstes werden die Eventhandler *panelPaint* und *panelClick* für das *Paint*- und das *Click*-Ereignis aller Panels angemeldet:

```
panel1.Paint += new PaintEventHandler(panelPaint);
panel2.Paint += new PaintEventHandler(panelPaint);
panel3.Paint += new PaintEventHandler(panelPaint);
panel4.Paint += new PaintEventHandler(panelPaint);
panel5.Paint += new PaintEventHandler(panelPaint);
panel6.Paint += new PaintEventHandler(panelPaint);
panel7.Paint += new PaintEventHandler(panelPaint);
panel8.Paint += new PaintEventHandler(panelPaint);
panel9.Paint += new PaintEventHandler(panelPaint);
panel1.Click += new EventHandler(panelClick);
panel2.Click += new EventHandler(panelClick);
panel3.Click += new EventHandler(panelClick);
panel4.Click += new EventHandler(panelClick);
panel5.Click += new EventHandler(panelClick);
panel6.Click += new EventHandler(panelClick);
panel7.Click += new EventHandler(panelClick);
panel8.Click += new EventHandler(panelClick);
panel9.Click += new EventHandler(panelClick);

base.OnLoad(e);
}
```

Der gemeinsame Eventhandler für das *Paint*-Ereignis der Panels:

```
private void panelPaint(object sender, System.Windows.Forms.PaintEventArgs e)
{
    Panel p = (Panel)sender;
    // e.Graphics ist das übergebene Graphics-Objekt des Panels:
    e.Graphics.FillRectangle(new SolidBrush(p.BackColor), p.ClientRectangle);
    if (p.BackColor.Equals(Color.Red))
        e.Graphics.DrawEllipse(new Pen(Color.Blue, 3), p.ClientRectangle);  // Ellipse
    else
    {
        e.Graphics.DrawLine(new Pen(Color.Red, 3), 0, 0, p.Width, p.Height);
        e.Graphics.DrawLine(new Pen(Color.Red, 3), 0, p.Height, p.Width, 0);
    }
}
```

In Abhängigkeit von der Hintergrundfarbe wird entweder eine blaue Ellipse (die das *Panel* exakt ausfüllt) oder aber ein rotes diagonales Kreuzchen gezeichnet. Sie sehen im obigen Code, wie einfach es sich auf dem im *Paint*-Event übergebenen *Graphics*-Objekt zeichnen lässt.

Nun zum gemeinsamen Eventhandler für das *Click*-Ereignis der Panels:

```
private void panelClick(object sender, System.EventArgs e)
{
    Panel p = (Panel)sender;
    if (p.BackColor.Equals(Color.Red))
        p.BackColor = Color.Blue;
    else
    {
        p.BackColor = Color.Red;
    }
```

Dank der eingangs zugewiesenen *Tag*-Eigenschaft ist es möglich, die Panels sauber voneinander zu unterscheiden:

```
    label1.Text = "Es wurde auf das " + p.Tag + ". Panel geklickt!";
    // p.Invalidate();
    }
}
```

---

**HINWEIS:** Der (auskommentierte) Aufruf der *Invalidate*-Methode am Ende erklärt das *Panel* für ungültig und veranlasst, dass es neu gezeichnet wird. Die Praxis zeigt aber, dass das *Paint*-Ereignis bereits beim Neuzuweisen von *BackColor* ausgelöst wird, sodass dieser Methodenaufruf entfallen kann.

---

### Test

Klicken Sie auf ein Feld, so wechseln Farbe und Zeichnung, ähnlich wie dies bei einem Tic-Tac-Toe-Spiel der Fall ist. Im *Label* wird der Index angezeigt:

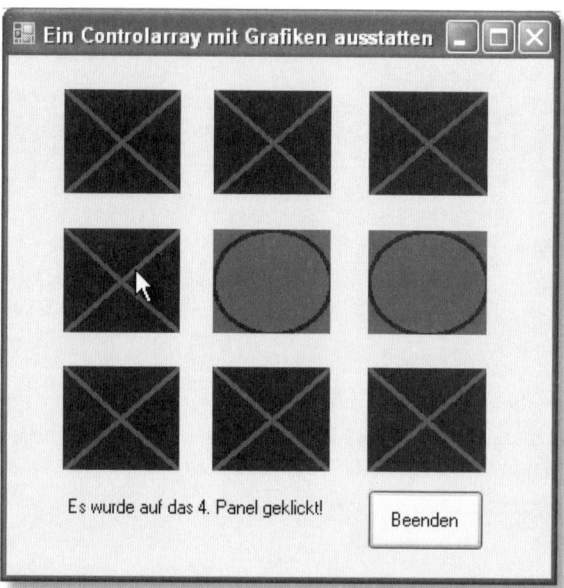

### Bemerkungen

▪ Gezeichnet werden kann auf jedes Windows Forms-Steuerelement, für welches das *Paint*-Ereignis zur Verfügung steht.

▪ Wer die Steuerelemente nicht mühselig per Hand positionieren möchte, wird fündig in R2.2 "Steuerelemente-Array per Code erzeugen".

## R3.10   Einen grafischen Würfel programmieren

Bekanntlich ist der jedem Menschen innewohnende Spieltrieb eine gewaltige Triebkraft für seine geistige Entwicklung. Deshalb wollen wir in diesem Rezept einen "richtigen" Würfel mit Hilfe der .NET-Grafikfunktionen programmieren.

Ausgangsbasis ist das Rezept R1.15 "Zufallszahlen erzeugen", wo der Einsatz der *Random*-Klasse demonstriert wird.

## Oberfläche

Da wir den Würfel direkt auf das Startformular *Form1* zeichnen wollen, brauchen wir lediglich einen *Button* zum Beenden des Programms und etwas Platz (siehe Laufzeitabbildung am Schluss).

Die optische Darstellung nähert sich an das physikalische Original an. Umrandet von einem Quadrat sollen die sieben Punkte P1... P7 die gewürfelte Zahl darstellen:

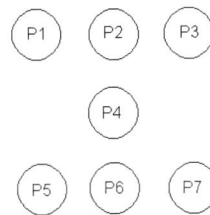

Die folgende Tabelle zeigt die Zuordnung der sieben Punkte zu den Zahlen 1 bis 6:

|   | P1 | P2 | P3 | P4 | P5 | P6 | P7 |
|---|----|----|----|----|----|----|----|
| 1 |    |    |    | X  |    |    |    |
| 2 | X  |    |    |    |    |    | X  |
| 3 | X  |    |    | X  |    |    | X  |
| 4 | X  |    | X  |    | X  |    | X  |
| 5 | X  |    | X  | X  | X  |    | X  |
| 6 | X  | X  | X  |    | X  | X  | X  |

## Quelltext

```
public partial class Form1 : Form
{
```

Die Methode *drawWürfel* zeichnet den Würfel in einer zufälligen Lage, wobei lediglich die Koordinaten der linken oberen Ecke übergeben werden müssen:

```
private void drawWürfel(int x0, int y0)
{
```

Eine Zufallszahl zwischen 1 und 6 wird erzeugt:

```
Random rnd = new Random();
int z = rnd.Next(1, 7);       // Zufallszahl zwischen >=1 und < 7
```

Vorbereitende Grafikoperationen:

```
Graphics g = this.CreateGraphics();
Brush b = new SolidBrush(Color.White);
```

```
        g.FillRectangle(new SolidBrush(Color.Black), x0, y0, 100, 100); // Würfelgehäuse
```

Damit wir die *FillElipse*-Methode nicht 21mal aufrufen müssen, sondern nur einmal pro Punkt, lohnt sich ein Blick auf die obige Tabelle:

```
    if ((z == 1) || (z == 3) || (z == 5))
            g.FillEllipse(b, x0 + 40, y0 + 40, 15, 15);   // P4 (Mitte)
    if (z > 1)
    {
        g.FillEllipse(b, x0 + 20, y0 + 20, 15, 15);   // P1 (links oben)
        g.FillEllipse(b, x0 + 60, y0 + 60, 15, 15);   // P7 (rechts unten)
    }
    if (z > 3)
    {
        g.FillEllipse(b, x0 + 60, y0 + 20, 15, 15);   // P3 (rechts oben)
        g.FillEllipse(b, x0 + 20, y0 + 60, 15, 15);   //  P5 (links unten)
    }
    if (z == 6)
    {
        g.FillEllipse(b, x0 + 40, y0 + 20, 15, 15);   // P2 (Mitte oben)
        g.FillEllipse(b, x0 + 40, y0 + 60, 15, 15);   // P6 (Mitte unten)
    }
    g.Dispose();
}
```

Durch Mausklick auf den Würfel wird obige Funktion aufgerufen, wobei die Koordinaten der linken oberen Ecke des Würfels übergeben werden:

```
private void Form1_MouseDown(object sender, MouseEventArgs e)
{
    int x0 = 150, y0 = 50;
    if (new Rectangle(x0, y0, 100, 100).Contains(e.X, e.Y)) drawWürfel(x0, y0);
}
```

Damit die Grafik sofort nach Programmstart zu sehen ist und auch nach einem vorübergehenden Überdecken des Fensters nicht verschwindet, sollte man das *Paint*-Ereignis von *Form1* wie folgt besetzen:

```
private void Form1_Paint(object sender, PaintEventArgs e)
{
    drawWürfel(150, 50);
}
...
}
```

**Test**

Viel Spaß beim Würfeln!

HINWEIS: Sind Sie mit den Grundlagen der Objektorientierten Programmierung (OOP) vertraut, so dürfte es Ihnen nicht schwer fallen, eine Klasse *CWürfel* zu programmieren, um dann z.B. mit drei Instanzen gleichzeitig spielen zu können.

# R3.11   Den Abstand zwischen zwei Punkten berechnen

Haben Sie im Mathematikunterricht gut aufgepasst, so wird Ihnen das vorliegende Rezept nicht mehr als ein müdes Lächeln entlocken. Allen anderen soll die folgende Skizze auf die Sprünge helfen:

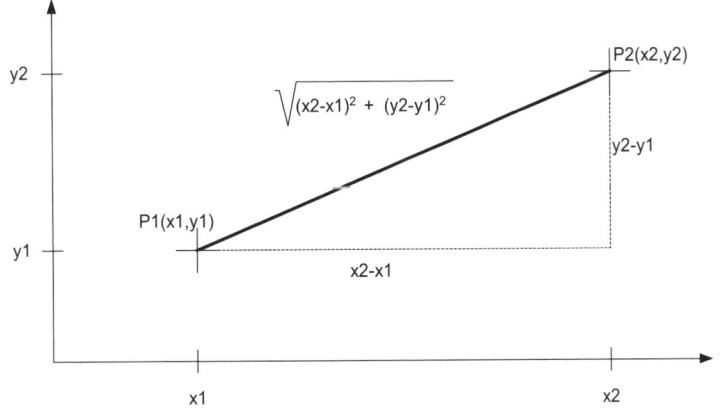

Neben der Umsetzung des *Lehrsatzes des Pythagoras* mittels der Funktionen *Sqr* (Quadrat) und *Sqrt* (Quadratwurzel) werden ganz nebenbei scheinbar triviale Dinge aus dem Grafikbereich (Löschen der Zeichenfläche, Zeichnen einer Linie, Umwandeln von Grafikkoordinaten) sowie der Begriff der *Zustandsvariablen* geübt.

## Oberfläche

Für das Startformular *Form1* werden zwei *Labels* und ein *Button* benötigt (siehe Laufzeitansicht).

## Quellcode

Das Programm muss seinen Zustand "kennen", d.h., ob der Anfangs- oder der Endpunkt der Linie angeklickt wurde. Zu diesem Zweck wird eine Zustandsvariable *state* eingeführt und mit dem Wert 1 initialisiert:

```
public partial class Form1 : Form
{
    private int state = 1;          // Zustandsvariable (1, 2)
    private int x1, y1, x2, y2;     // Koordinaten für Anfangs- und Endpunkt
    private int dist;               // Entfernung (Pixel)
```

Um das *MouseDown*-Ereignis auszuwerten, überschreiben wir die Methode *OnMouseDown* der Basisklasse. Im Parameter *e* finden Sie die aktuellen Mauskoordinaten *X, Y* (in Pixel):

```
protected override void OnMouseDown(MouseEventArgs e)
{
    Graphics g = this.CreateGraphics();
    g.Clear(this.BackColor);
    if (state == 1)             // Anfangspunkt setzen
    {
        x1 = e.X; y1 = e.Y;
        state = 2;                  // Überführung zum nächsten Zustand
    }
    else    // Endpunkt setzen und Linie berechnen und zeichnen
    {
        x2 = e.X; y2 = e.Y;
```

Die Verbindungslinie wird gezeichnet:

```
        g.DrawLine(new Pen(Color.Black), x1, y1, x2, y2);
```

Jetzt endlich kommt der gute alte Pythagoras zu Wort:

```
        dist = (int) Math.Sqrt((x2 - x1) * (x2 - x1) + (y2 - y1) * (y2 - y1));
```

Die Anzeige der Länge:

```
        label1.Text = " Länge der Linie :   " + dist.ToString() + " Pixel";
        state = 1;                    // zurück zum Anfangszustand
    }
    base.OnMouseDown(e);
  }
}
```

### Test

Ohne viele Worte:

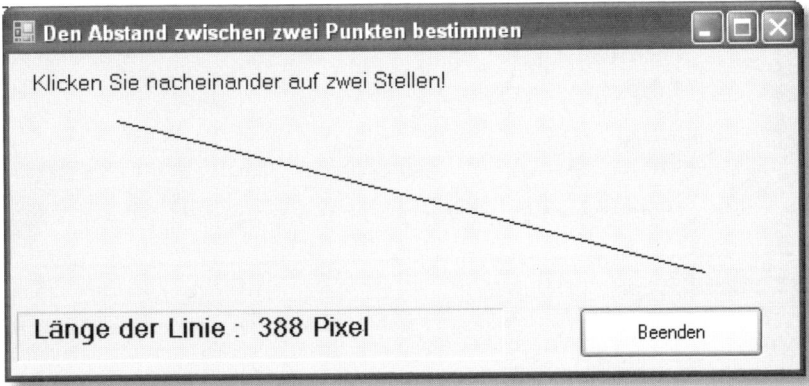

## R3.12  Ein Balkendiagramm zeichnen

Zwar gibt es mittlerweile .NET-Komponenten, die diese Aufgabe erledigen, doch in diesem Rezept geht es vor allem um das Vermitteln von Grundlagenwissen in der Grafikprogrammierung, wie z.B.

▪ der Einsatz der *TranslateTransform*-Methode des *Graphics*-Objekts,

▪ der Unterschied zwischen *DrawLine* und *DrawLines*,

▪ die maßstabsgerechte Unterteilung und Beschriftung von Achsen

▪ oder ganz allgemein die Darstellung eines Funktionsdiagramms, dessen Werte in einem Array abgelegt sind.

### Oberfläche

Dazu gibt es nicht viel zu sagen (siehe Abbildung), wichtig ist nur, dass auf dem Formular genügend Platz für das Diagramm freigehalten wird.

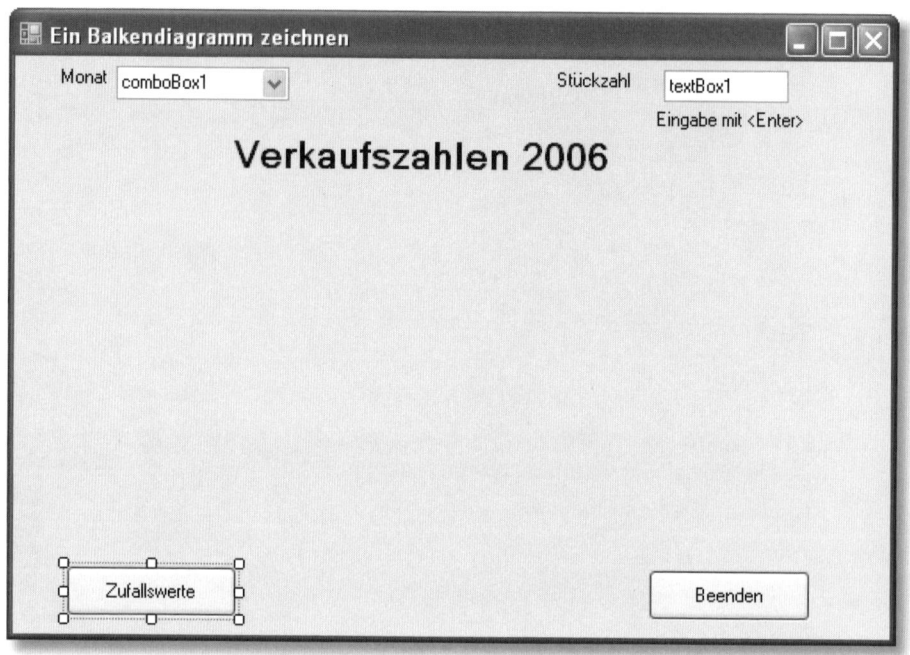

## Quelltext

```
public partial class Form1 : Form
{
```

Eine ganze Reihe von globalen Konstanten und Variablen bestimmen das spätere Outfit des Diagramms:

Die Werte für die Verschiebung des Koordinatensystems (Pixel):

```
private const float x0 = 50, y0 = 100;
```

Die gewünschten Skalenteilungen in Einheiten:

```
private const int xmax = 12, ymax = 10;
```

Den y-Maßstabsfaktor legen wir mit 10 fest, d.h., die Skalenteilung der y-Achse hat die Werte 0, 10, 20, ... 100:

```
private const int my = 10;
```

Die Dehnungsfaktoren für die Darstellung der Achsen:

```
private const int fx = 40;          // 40 Pixel / Einheit
private const int fy = 20;          // 20 Pixel / Einheit
```

Die Anzahl Pixel pro Achse bestimmt die Auflösung des Diagramms:

```
private int xpix = xmax * fx;
```

```
private int ypix = ymax * fy;
```

Ein Array dient als Zwischenspeicher für die y-Werte:

```
private int[] a = new int[xmax];
```

Die Aktivitäten beim Laden des Formulars:

```
protected override void OnLoad(System.EventArgs e)
{
    string[] monate =
        {"Januar", "Februar", "März", "April", "Mai", "Juni",
         "Juli", "August", "September", "Oktober", "November", "Dezember"};
    comboBox1.Items.AddRange(monate);        // Füllen der ComboBox
    comboBox1.SelectedIndex = 0;
```

Damit das Diagramm zu Beginn nicht gar zu leer und trostlos aussieht, werden Zufallswerte eingetragen:

```
    randomValues();    // Zufallswerte eintragen
    base.OnLoad(e);
}
```

Die Hauptroutine *drawBarGraph()* hat es in sich, muss hier doch maßstabsgerecht das komplette Diagramm aufgebaut werden:

```
private void drawBarGraph()
{
```

Ohne ein *Graphics*-Objekt, dessen Koordinatenursprung wir auf die linke obere Ecke unseres Diagramms verschieben, geht gar nichts:

```
    Graphics g = this.CreateGraphics();
    g.TranslateTransform(x0, y0);              // Koordinatenursprung verschieben
    Pen p = new Pen(Color.Black, 1);
    Brush b = new SolidBrush(Color.Black);
```

Beide Koordinatenachsen mit einem einzigen Befehl (*DrawLines*) zeichnen:

```
    Point[] points = { new Point(0, 0), new Point(0, ypix), new Point(xpix, ypix) };
    g.DrawLines(p, points);
```

Vertikale Skalenteilung:

```
    for (int i = 0; i <= ymax; i++)
    {
        g.DrawLine(p, -4, i * fy, 0, i * fy);
        // Beschriftung entsprechend Maßstab (0 ... 100)
        string s = ((ymax - i) * my).ToString();
```

```
            g.DrawString(s, new Font("Arial", 8), b, -30, i * fy - 6);
        }
```

Für die Beschriftung der horizontalen Achse verwenden wir die ersten drei Buchstaben des Monats, den wir kurzerhand der *ComboBox* entnehmen:

```
        for (int i = 1; i <= xmax; i++)
        {
            string monat = comboBox1.Items[i - 1].ToString();
            monat = monat.Substring(0, 3);        // nur die ersten drei Buchstaben
            g.DrawString(monat, new Font("Arial", 8), b, i * fx - 30, ypix + 2);
        }
```

Balken eintragen:

```
        for (int i = 0; i < xmax; i++)
        {
            int x, y;
            x = i * fx;
            y = a[i] * fy / my;
```

Zunächst den alten Balken in voller Länge mit der Hintergrundfarbe löschen:

```
            g.FillRectangle(new SolidBrush(this.BackColor), x + 5, 0, fx - 5, ypix);
```

Dann den neuen Balken eintragen (in diesem Fall beträgt der Abstand zwischen beiden Balken 5 Pixel):

```
            g.FillRectangle(new SolidBrush(Color.Red), x + 5, ypix - y, fx - 5, y);
        }
        g.Dispose();
    }
```

Nach jedem Verdecken des Formulars muss alles neu gezeichnet werden:

```
    protected override void OnPaint(PaintEventArgs e)
    {
        drawBarGraph();
        base.OnPaint(e);
    }
```

Die Übernahme des Textbox-Inhalts ist erst nach dem Betätigen der Enter-Taste möglich:

```
    private void textBox1_KeyUp(object sender, KeyEventArgs e)
    {
        if ((e.KeyCode == Keys.Enter) && (textBox1.Text != ""))
        {
            int i = comboBox1.SelectedIndex;
            int y = Convert.ToInt32(textBox1.Text);
```

Falls der zulässige Maximalwert nicht überschritten wird, erfolgt die Übernahme in den Zwischenspeicher:

```
            if (y <= ymax * my) a[i] = y;
            drawBarGraph();
        }
    }
```

Zufällige Beispielwerte erzeugen:

```
    private void randomValues()
    {
        Random rnd = new Random();
        for (int i = 0; i < 12; i++) a[i] = rnd.Next(100);
        textBox1.Text = a[0].ToString();
    }
}
```

## Test

Nach dem Start können Sie das Programm auf Herz und Nieren prüfen.

---

**HINWEIS:** Vergessen Sie bei der Eingabe neuer Werte nicht, diese mit der *Enter*-Taste abzuschließen!

---

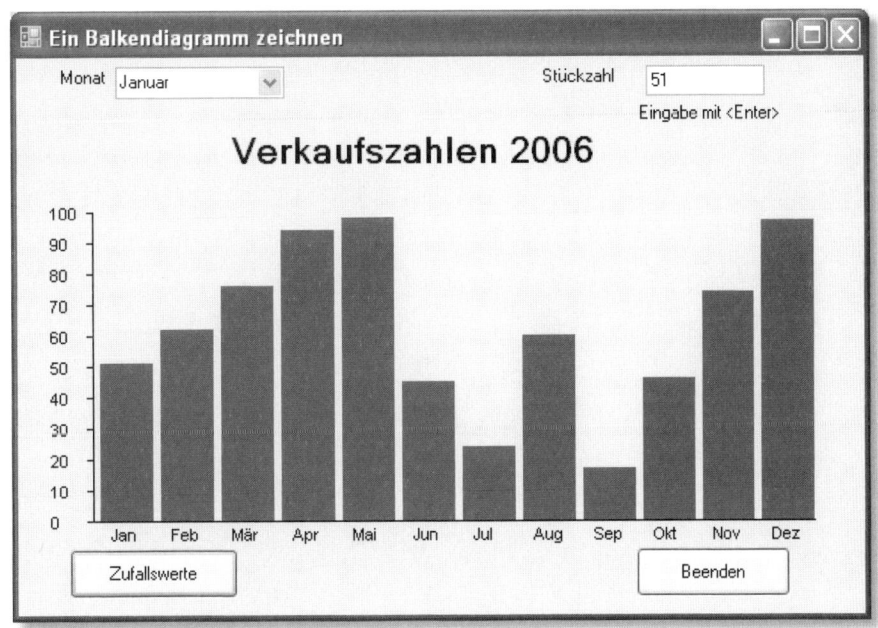

**Bemerkung**

Durch Ändern der globalen Konstanten lassen sich Position, Abmessungen, Auflösung und die Anzahl der anzuzeigenden Werte verändern, ohne dass Eingriffe in die *drawBarGraph*-Methode erforderlich sind.

# R3.13  Das Mischen von Farbwerten verstehen

Wer möchte nicht auch einmal andere Farben verwenden, als es die in .NET integrierten Farbkonstanten (*Color.Red, Color.SteelBlue, ...*) ermöglichen?

Vorliegendes Rezept soll anschaulich demonstrieren, wie man beliebige Farben aus der additiven Überlagerung der drei Grundfarben gewinnen kann.

---

**HINWEIS:** Farbwerte haben den Datentyp *Color*, dahinter verbirgt sich eine vier Byte lange Integer-Zahl, von der das höchstwertige Byte die Transparenz der Farbe speichert und die nachfolgenden Bytes die Farbintensität für Blau, Grün und Rot angeben. Damit sind ca. 16 Mio. Farben möglich!

---

**Vorbereitungen**

Wir wollen einfachheitshalber jede der drei Grundfarben in einem Quadrat statt wie üblich in einem Farbkreis darstellen. Alle drei Quadrate überlappen sich und zeigen die verschiedenen daraus resultierenden Mischfarben. Um ein ausgewogenes Verhältnis zwischen den einzelnen Flächen zu erhalten, wird eine Aufteilung wie in folgender Abbildung vorgenommen:

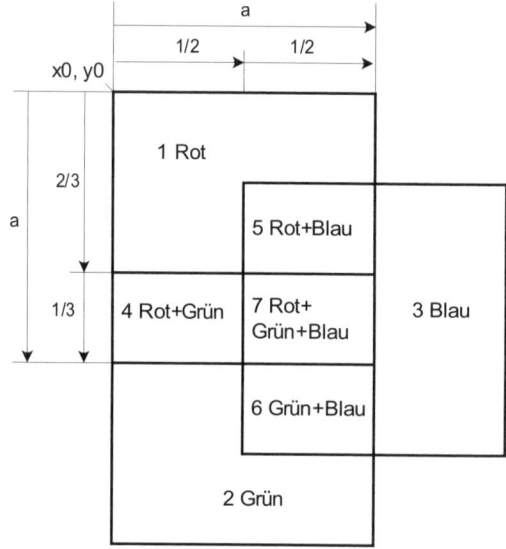

Die folgende Tabelle dient als Grundlage für die spätere Programmierung (*x0, y0* = Bezugspunkt = linke obere Ecke des roten Farbquadrats; *x1,y1* = linke obere Ecke des Rechtecks):

| Rechteck | Farbe | x1 | y1 | Höhe | Breite |
| --- | --- | --- | --- | --- | --- |
| 1 | Rot | x0 | y0 | a | a |
| 2 | Grün | x0 | y0+2a/3 | a | a |
| 3 | Blau | x0+a/2 | y0+a/3 | a | a |
| 4 | Rot+Grün | x0 | y0+2a/3 | a/3 | a/2 |
| 5 | Rot+Blau | x0+a/2 | y0+a/3 | a/3 | a/2 |
| 6 | Grün+Blau | x0+a/2 | y0+a | a/3 | a/2 |
| 7 | Rot+Grün+Blau | x0+a/2 | y0+2a/3 | a/3 | a/2 |

## Oberfläche

Auf dem Startformular platzieren Sie drei *VScrollBar*- und drei *Panel*-Komponenten. Ändern Sie deren *Maximum*-Eigenschaft in 255. Lassen Sie rechts genug Platz, damit zur Laufzeit die sich überlappenden drei Farbquadrate angezeigt werden können (Laufzeitansicht).

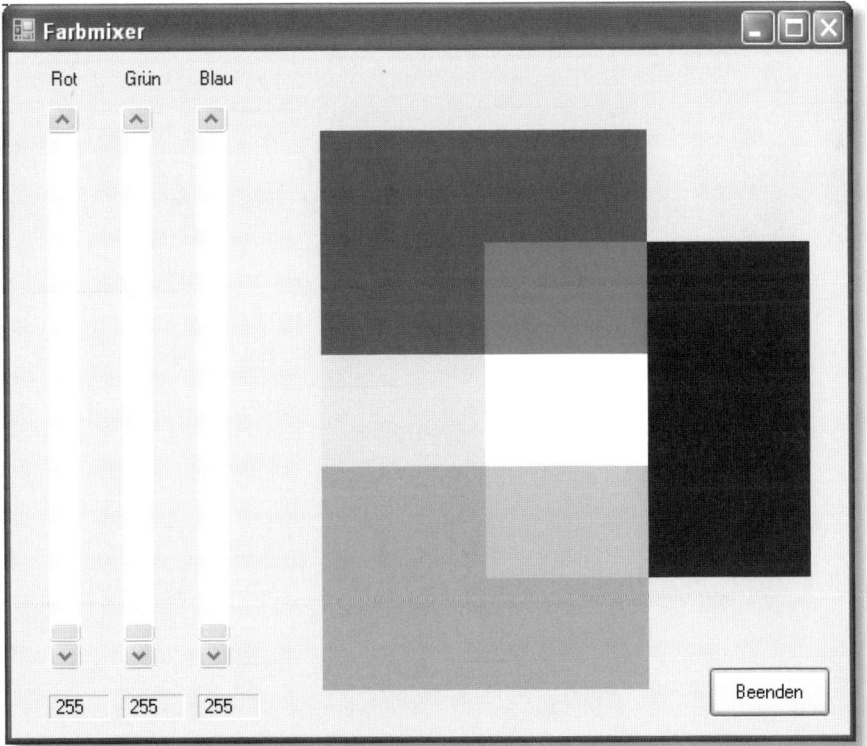

## Quelltext

```
public partial class Form1 : Form
{
```

Folgende globale Variablen sind notwendig, um sich die aktuellen Einstellungen der *VScroll-Bar*s zu "merken":

```
private int rot, grün, blau;              // Farbanteile (0 ... 255)
```

Die folgenden Konstanten bestimmen Position und Abmessungen der Zeichnung:

```
private const int x0 = 200, y0 = 50;      // linke obere Ecke des roten Farbquadrats
private const int a = 210;                // Kantenlänge eines Farbquadrats
```

Diese zentrale Methode zeichnet ein farbiges Rechteck ( *x1,y1* = linke obere Ecke, *breit* = Breite, *hoch* = Höhe in Pixel, *frb* = Farbe):

```
private void füllRechteck(int x1, int y1, int breit, int hoch, Color frb)
{
    Graphics g = this.CreateGraphics();
    Rectangle rec = new Rectangle(x1, y1, breit, hoch);
    g.FillRectangle(new SolidBrush(frb), rec);
    g.Dispose();
}
```

Die folgende Methode zeichnet die vier Bereiche, in denen es zu einer Farbmischung kommt. Das Mischen erledigt hierbei die *FromArgb*-Methode der *Color*-Klasse, welcher die Werte der drei Farbanteile (0... 255) als Parameter übergeben werden. Die Transparenz (erster Parameter) wird immer auf 255 eingestellt (volle Deckkraft):

```
private void überDeckung()
{
    Color c;
```

Überdeckung rot + grün:

```
    c = Color.FromArgb(255, rot, grün, 0);
    füllRechteck(x0, y0 + (2 * a) / 3, a / 2, a / 3, c);
```

Überdeckung rot + blau:

```
    c = Color.FromArgb(255, rot, 0, blau);
    füllRechteck(x0 + a / 2, y0 + a / 3, a / 2, a / 3, c);
```

Überdeckung grün + blau:

```
    c = Color.FromArgb(255, 0, grün, blau);
    füllRechteck(x0 + a / 2, y0 + a, a / 2, a / 3, c);
```

Überdeckung rot + grün + blau:

```
    c = Color.FromArgb(255, rot, grün, blau);
    füllRechteck(x0 + a / 2, y0 + (2 * a) / 3, a / 2, a / 3, c);
}
```

Die nachfolgenden Event-Handler reagieren auf das *ValueChanged*-Ereignis der Scrollbars.

Rotanteil ändern:

```
private void vScrollBar1_ValueChanged(object sender, EventArgs e)
{
    rot = vScrollBar1.Value;
    füllRechteck(x0, y0, a, a, Color.FromArgb(255, rot, 0, 0));
    label1.Text = rot.ToString();
    überDeckung();
}
```

Grünanteil ändern:

```
private void vScrollBar2_ValueChanged(object sender, EventArgs e)
{
    grün = vScrollBar2.Value;
    füllRechteck(x0, y0 + (2 * a) / 3, a, a, Color.FromArgb(255, 0, grün, 0));
    label2.Text = grün.ToString();
    überDeckung();
}
```

Blauanteil ändern:

```
private void vScrollBar3_ValueChanged(object sender, EventArgs e)
{
    blau = vScrollBar3.Value;
    füllRechteck(x0 + a / 2, y0 + a / 3, a, a, Color.FromArgb(255, 0, 0, blau));
    label3.Text = blau.ToString();
    überDeckung();
}
```

Um bereits beim Start des Programms etwas Sinnvolles anzuzeigen sowie nach vorübergehendem Abdecken des Fensters die Grafik zu regenerieren, kann das *OnPaint*-Event überschrieben werden:

```
protected override void OnPaint(PaintEventArgs e)
{
    vScrollBar1_ValueChanged(this, e);
    vScrollBar2_ValueChanged(this, e);
    vScrollBar3_ValueChanged(this, e);
```

```
        base.OnPaint(e);
    }
}
```

## Test

Zu Beginn sind alle drei Regler auf Maximalstellung, das zentrale Feld wird deshalb ein reines Weiß anzeigen. Sind alle Regler in der oberen Stellung, sehen die Farbquadrate schwarz und hässlich aus, kein Wunder, denn alle drei Grundfarben sind dann auf null gesetzt.

## Bemerkungen

- Das Beispiel eignet sich gut zum Beurteilen von Farbwerten, die man in anderen Programmen verwenden möchte. Dabei sollte natürlich Ihre Grafikkarte auf die hohe Farbauflösung eingestellt sein.

- Sie können mit einem zusätzlichen Regler auch noch den ersten Parameter (Transparenz) der *FromArgb*-Methode variabel gestalten.

# R3.14   Eine Verkehrsampel programmieren

"Mit der *FillEllipse*-Methode des *Graphics*-Objekts dürfte das wohl kaum ein Problem sein", werden Sie vielleicht denken. Das vorliegende Rezept bietet aber weit mehr als nur eine bloße Demonstration von .NET-Grafikfunktionen. Sie lernen auch den Umgang mit Klassen und die Bedeutung von Zustandsvariablen kennen.

## Oberfläche

Ein *Timer* und eine "Beenden"-Schaltfläche – das ist alles (siehe Laufzeitansicht)!

## Zustandsdiagramm

Unsere Verkehrsampel soll vier Zustände haben, die unterschiedlich lang andauern und zyklisch in vorgegebener Reihenfolge wechseln. In Abhängigkeit vom aktuellen Zustand führt das *Timer*-Ereignis zu einem anderen Folgezustand.

## Quellcode für Klasse CAmpel

Über den Menüpunkt *Projekt|Klasse hinzufügen...* erzeugen Sie das Skelett einer neuen Klasse.

```
using System.Drawing;

public class CAmpel
{
```

Von besonderer Bedeutung ist die Zustandsvariable *state*, welche den aktuellen Zustand der Ampel speichert:

```
private int state;              // Zustandsvariable (1, 2, 3, 4)
```

Weitere private Variablen:

```
private Form frm;          // Referenz auf Form-Objekt
private float xp, yp;            // linke obere Ecke der Ampel
private int dt1, dt2, dt3, dt4;     // Länge der vier Umschaltphasen in ms
```

Im Konstruktor wird die Ampel initialisiert, die privaten Variablen erhalten ihre Anfangswerte:

```
public CAmpel(Form f, float x, float y, int st, int t1, int t2, int t3, int t4)
{
    state = st;        // Anfangszustand
    frm = f;           // Form - Objekt
    xp = x; yp = y;    // linke obere Ecke der Ampel
```

Die vier Schaltphasen:

```
    dt1 = t1 * 1000;    // Grün
    dt2 = t2 * 1000;    // Gelb
    dt3 = t3 * 1000;    // Rot
    dt4 = t4 * 1000;    // RotGelb
}
```

Die (private) Methode zum Zeichnen der Ampel. Übergabeparameter sind die Farben der drei Leuchten:

```
private void drawAmpel(Color fO, Color fM, Color fU)
{
    Graphics g = frm.CreateGraphics();
    g.FillRectangle(new SolidBrush(Color.Black), xp - 20, yp - 20,90, 210);  // Ampelkasten
    g.FillEllipse(new SolidBrush(fO), xp, yp, 50, 50);           // oben:  Rot - Leuchte
    g.FillEllipse(new SolidBrush(fM), xp, yp + 60, 50, 50);      // Mitte: Gelb - Leuchte
    g.FillEllipse(new SolidBrush(fU), xp, yp + 120, 50, 50);     // unten: Grün - Leuchte
    g.Dispose();
}
```

Die einzige öffentliche Methode der Klasse ist deren Zustandsüberführungsfunktion. Als Parameter wird ein *Timer*-Objekt übergeben, dessen *Interval*-Eigenschaft der Dauer des neuen Zustands anzupassen ist:

```
public void nextState(Timer tm)
{
    switch (state)
    {
```

```
            case 1 : drawAmpel(Color.Gray, Color.Gray, Color.LightGreen);
                    tm.Interval = dt1; break;                    // Grün
            case 2 : drawAmpel(Color.Gray, Color.Yellow, Color.Gray);
                    tm.Interval = dt2; break;                    // Gelb
            case 3 : drawAmpel(Color.Red, Color.Gray, Color.Gray);
                    tm.Interval = dt3; break;                    // Rot
            case 4 : drawAmpel(Color.Red, Color.Yellow, Color.Gray);
                    tm.Interval = dt4; break;                    // Rot Gelb
        }
        state++;
        if (state == 5) state = 1;   // zurück zum Anfangszustand des Schaltzyklus
    }
}
```

## Quellcode für Form1

Wie es sich für einen ordentlichen objektorientierten Entwurf gehört, kommt die Benutzer-schnittstelle mit wenig Programmcode aus (die gesamte Intelligenz ist ja in der darunter liegen-den Klasse *CAmpel* gekapselt):

```
public partial class Form1 : Form
{
```

Ein Ampelobjekt wird referenziert:

```
    private CAmpel ampel;
```

Beim Laden des Formulars werden die gewünschten Ampeleigenschaften dem Konstruktor als Initialisierungsparameter übergeben. In unserem Fall soll die Ampel auf dem aktuellen Formular (*Me*) an der Position x=100, y=50 gezeichnet werden. Der Ampelzyklus beginnt mit dem Zustand 1 (Grünphase). Als Dauer der einzelnen Zyklen werden die Werte 3 Sekunden (Grün), 1 Sekunde (Gelb), 3 Sekunden (Rot) und 1 Sekunde (RotGelb) festgelegt:

```
    protected override void OnLoad(System.EventArgs e)
    {
        ampel = new CAmpel(this, 100, 50, 1, 3, 1, 3, 1);
        base.OnLoad(e);
    }
```

Der Zustandswechsel wird durch das *Tick*-Event des Timers ausgelöst:

```
    private void timer1_Tick(object sender, EventArgs e)
    {
        ampel.nextState(timer1);
    }
```

Formular schließen:

```
private void button1_Click(object sender, EventArgs e)
{ Close(); }
}
```

### Test

Nach dem Programmstart brauchen Sie sich um nichts weiter zu kümmern. Lehnen Sie sich entspannt zurück und beobachten Sie den Wechsel zwischen den Ampelphasen:

### Bemerkungen

▪ Durch Zuweisen von helleren und dunkleren Farbtönen (*FromArgb()*-Funktion der *Color*-Klasse) können Sie die Ampel noch attraktiver gestalten. Siehe dazu R3.13 "Das Mischen von Farbwerten verstehen".

▪ Die Vorteile einer objektorientierten Programmierung (OOP) werden noch deutlicher, wenn Sie eine komplette Ampelkreuzung mit 4 Ampeln programmieren. Hierzu bilden Sie vier Instanzen (*ampel1, ampel2, ampel3, ampel4*) der Klasse *CAmpel*, denen Sie jeweils andere Anfangszustände zuweisen.

## R3.15   Eine 2D-Vektorgrafik manipulieren

Vektorgrafiken brauchen weniger Speicherplatz und sind meist schneller im Bildaufbau als Pixelgrafiken. Ein einzelnes Grafiksymbol braucht nur einmal in "Normalposition" definiert zu werden, um dann für alle nur möglichen gedrehten bzw. gespiegelten Raumlagen gleichermaßen gültig zu sein. Wir schreiben ein Demoprogramm, mit welchem wir das im Folgenden abgebildete "Haus" vergrößern, verkleinern, drehen und spiegeln können.

Ganz nebenbei werden auch theoretische Grundlagen animierter Grafiken vermittelt oder scheinbar nebensächliche Dinge wie das Löschen des Fensterhintergrunds.

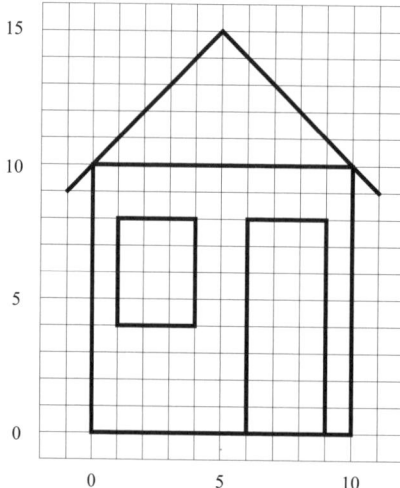

## Oberfläche

Auf dem Startformular (*Form1*) werden ein *Timer* und fünf Befehlsschaltflächen (*button1* bis *button5*) platziert (siehe Abbildung am Ende). Die *Interval*-Eigenschaft des Timers stellen Sie auf ca. 100 ein (= 100 ms).

---

**HINWEIS:** Vergessen Sie nicht, die *Enabled*-Eigenschaft des Timers auf *True* zu setzen!

---

## Quellcode

```
public partial class Form1 : Form
{
    ...
```

Es beginnt mit einer Reihe von globalen Variablendeklarationen:

```
    private double alf;        // Drehwinkel
    private double si, co;     // Sinus und Kosinus
    private int sf;            // Spiegelungsfaktor
    private double mf;         // Maßstabsfaktor
    private double x0, y0;     // absolute Bezugskoordinaten
    private bool dirFlg;       // Richtungsflag
```

Zwecks Anfangsinitialisierung der globalen Variablen wird die virtuelle *OnLoad*-Methode der Basisklasse überschrieben. Dabei werden die Bezugskoordinaten *x0, y0* automatisch in Mitte von *Form1* zentriert:

```
protected override void OnLoad(System.EventArgs e)
{
    x0 = this.Size.Width / 2;
    y0 = this.Size.Height / 2;
    alf = 0;
    sf = 1;
    mf = 10;
    base.OnLoad(e);
}
```

Die nachfolgenden Methoden haben ganz bewusst kurze Bezeichner, da sie häufig aufgerufen werden und der Quellcode möglichst nicht zu lang sein sollte (siehe *drawHouse*-Methode unten).

Die Methode *dwc* zeichnet einen Kreis mit dem Radius *R* an der zu *x0, y0* relativen Position *dx1, dy1*:

```
private void dwc(double dx1, double dy1, double R)
{
    double x1, y1;
    // Koordinaten transformieren:
    dx1 = mf * dx1;
    dy1 = mf * dy1;
    R = mf * R;
    x1 = x0 + dx1 * co - sf * dy1 * si;
    y1 = y0 - sf * dy1 * co - dx1 * si;
    float x, y, d;              // Hilfsvariablen
```

Wegen *Option Strict On* sind die nachfolgenden Typkonvertierungen unumgänglich:

```
    x = Convert.ToSingle(x1 - R);      // linke obere Ecke
    y = Convert.ToSingle(y1 - R);      //    "    "    "
    d = Convert.ToSingle(2 * R);       // Durchmesser
```

Jetzt kann der Kreis gezeichnet werden (Linienstärke = 2 Pixel):

```
    Pen p = new Pen(Color.Black, 2);
    Graphics g = this.CreateGraphics();
    g.DrawEllipse(p, x, y, d, d);
    g.Dispose();
}
```

Völlig analog laufen die Dinge bei der *dwl*-Methode, welche eine Linie zeichnet, deren An-
fangs- und Endkoordinaten(*dx1, dy1, dx2, dy2*) relativ zum Ursprung *x0, y0* transformiert
werden:

```
private void dwl(double dx1, double dy1, double dx2, double dy2)
{
    double x1, y1, x2, y2;
    // Koordinaten transformieren:
    dx1 = mf * dx1;
    dy1 = mf * dy1;
    x1 = x0 + dx1 * co - sf * dy1 * si;
    y1 = y0 - sf * dy1 * co - dx1 * si;
    dx2 = mf * dx2;
    dy2 = mf * dy2;
    x2 = x0 + dx2 * co - sf * dy2 * si;
    y2 = y0 - sf * dy2 * co - dx2 * si;
    float xa, ya, xb, yb;    // Hilfsvariablen
```

Auc hier sind Konvertierungen vom *double*- in den *float*-Datentyp erforderlich, da die *Draw-
Line*-Methode leider keine Überladung für *double*-Parameter besitzt:

```
    xa = Convert.ToSingle(x1);    // Anfangspunkt
    ya = Convert.ToSingle(y1);    //        "
    xb = Convert.ToSingle(x2);    // Endpunkt
    yb = Convert.ToSingle(y2);    //        "
```

Linie zeichnen:

```
    Pen p = new Pen(Color.Black, 2);
    Graphics g = this.CreateGraphics();
    g.DrawLine(p, xa, ya, xb, yb);
    g.Dispose();
}
```

Der Aufruf der obigen Methoden erfolgt entsprechend der gewünschten Grafik, wobei die
Rasterzeichnung des Hauses als Vorlage dient:

```
private void drawHouse() // zeichnet Haus
{
    //Frontseite:
    dwl(0, 10, 10, 10); dwl(10, 10, 10, 0); dwl(10, 0, 0, 0); dwl(0, 0, 0, 10);
    // Fenster:
    dwl(1, 8, 4, 8); dwl(4, 8, 4, 4); dwl(4, 4, 1, 4); dwl(1, 4, 1, 8);
    // Tür:
    dwl(6, 0, 6, 8); dwl(6, 8, 9, 8); dwl(9, 8, 9, 0); dwl(9, 0, 6, 0);
```

```
        // Dachgiebel:
        dwl(-1, 9, 5, 15); dwl(5, 15, 11, 9);
        // rundes Giebelfenster:
        dwc(5, 12, 1);
        // Schornstein:
        dwl(7, 13, 7, 16); dwl(7, 16, 9, 16); dwl(9, 16, 9, 11);
    }
```

Der Aufruf erfolgt im *Tick*-Event des Timers:

```
    private void timer1_Tick(object sender, EventArgs e)
    {
        Graphics g = this.CreateGraphics();
        g.Clear(this.BackColor);        // Zeichnung löschen
        if (dirFlg) alf = alf + Math.PI / 100;   // im Uhrzeigersinn
        else alf = alf - Math.PI / 100;          // entgegen Uhrzeigersinn
        si = Math.Sin(alf);
        co = Math.Cos(alf);
        drawHouse();
    }
```

Die Manipulation der Vektorgrafik gestaltet sich einfach durch Verändern der globalen Variablen.

Vergrößern:

```
    private void button1_Click(object sender, EventArgs e)
    { mf++;    }
```

Verkleinern:

```
    private void button2_Click(object sender, EventArgs e)
    { mf--;    }
```

Spiegeln:

```
    private void button4_Click(object sender, EventArgs e)
    { sf = -sf;    }
```

Richtung ändern:

```
    private void button3_Click(object sender, EventArgs e)
    { dirFlg = !dirFlg;    }
}
```

## Test

Nach Programmstart sollte die Grafik in 1/8-Grad-Schritten im Uhrzeigersinn rotieren. Weitere Manipulationen können Sie bequem über die Schaltflächen quasi online durchführen.

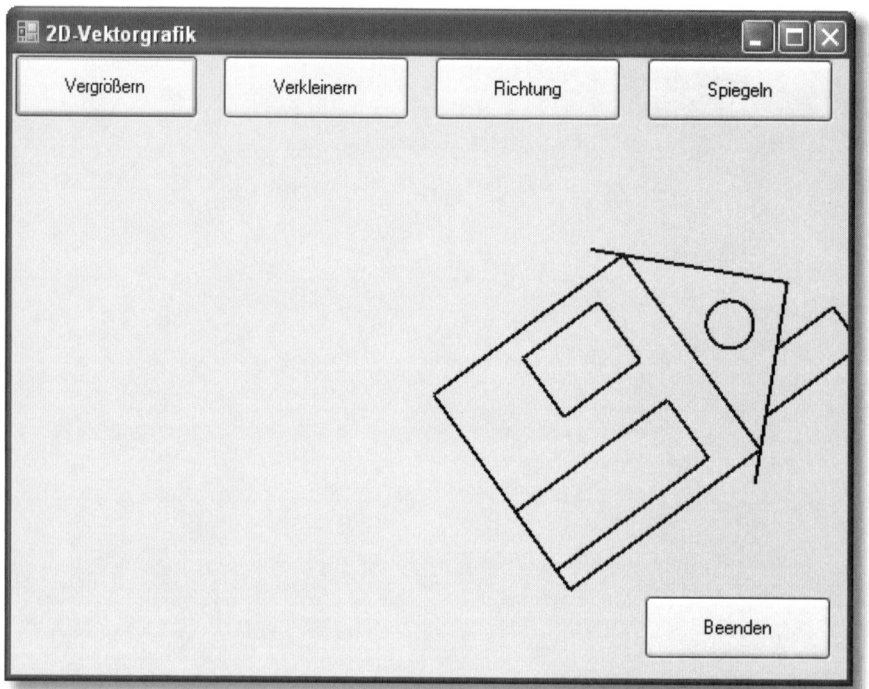

## Bemerkungen

- Weitere Verbesserungen lassen sich erzielen, wenn für die Rechtecke eine eigene Methode (*dwr*) geschrieben wird, für welche nur noch die Koordinaten der linken oberen und rechten unteren Ecke zu übergeben sind.

- Natürlich wäre es auch möglich, die Geometrie nicht direkt im Quelltext, sondern z.B. in einem *Array* zu speichern, was allerdings zusätzliche Eingabeprozeduren erforderlich machen würde.

- Dieses ist vor allem ein Lernrezept, welches den Einsteiger mit einfachen Mitteln in die Grundlagen der 2D-Grafikprogrammierung einführen soll. Wer das Beispiel mit den Klassen des *System.Drawing.Drawing2D*-Namensraums programmieren möchte sei auf R3.16 "Geometrische Transformationen durchführen" verwiesen.

# R3.16   Geometrische Transformationen durchführen

Der *System.Drawing.Drawing2D*-Namespace stellt leistungsfähige Klassen für die Manipulation von 2D-Vektorgrafiken bereit. In diesem Rezept wollen wir die *Matrix*-Klasse einsetzen, um das gleiche Problem wie im Vorgängerbeispiel R3.15 (die Rotation eines Hauses) auf eine etwas elegantere Art zu lösen.

### Oberfläche

Die Bedienoberfläche entspricht der des Vorgängerrezepts, lediglich auf die Schaltfläche "Spiegeln" wurde verzichtet.

### Quellcode

```
using System.Drawing.Drawing2D;
...
public partial class Form1 : Form
{
```

Die globalen Variablen zur Steuerung der Grafik:

```
    private float alf = 0;        // Drehwinkel
    private int mf = 10;          // Maßstabsfaktor
    private int x0, y0;           // absolute Bezugskoordinaten
    private bool dirFlg = true;
```

Beim Laden des Formulars werden die Bezugskoordinaten auf die Mitte von *Form1* gesetzt:

```
    protected override void OnLoad(EventArgs e)
    {
        x0 = (int)this.Size.Width / 2;
        y0 = (int)this.Size.Height / 2;
        base.OnLoad(e);
    }
```

Die folgende Routine kapselt alle Zeichenoperationen:

```
    public void drawHaus()
    {
        Graphics g = this.CreateGraphics();
        Pen myPen = new Pen(Color.Black, 2);
```

Die Rotation um den Punkt *x0, y0* wird vorbereitet:

```
        PointF rPunkt = new PointF(x0, y0);     // Rotationspunkt
```

Die Matrix kapselt eine affine 3 x 3-Matrix, die die Umrechnungskoeffizienten für eine geometrische Transformation bereitstellt:

```
Matrix mtrx = new Matrix();
mtrx.RotateAt(alf, rPunkt, MatrixOrder.Append);          // Rotation
```

Schließlich kann das Grafikobjekt transformiert werden:

```
g.Transform = mtrx;
```

Die Zeichenoperationen können wie in Normalposition kodiert werden:

```
// Frontseite:
g.DrawRectangle(myPen, new Rectangle(x0, y0 - mf * 10, mf * 10, mf * 10));
// Fenster:
g.DrawRectangle(myPen, new Rectangle(x0 + mf * 1, y0 - mf * 8, mf * 3, mf * 4));
// Tür:
g.DrawRectangle(myPen, new Rectangle(x0 + mf * 6, y0 - mf * 8, mf * 3, mf * 8));
// Dachgiebel:
g.DrawLine(myPen, x0 - mf * 1, y0 - mf * 9, x0 + mf * 5, y0 - mf * 15);
g.DrawLine(myPen, x0 + mf * 5, y0 - mf * 15, x0 + mf * 11, y0 - mf * 9);
// Dachfenster:
g.DrawEllipse(myPen, new Rectangle(x0 + mf * 4, y0 - mf * 13, mf * 2, mf * 2));
}
```

Die Bedienfunktionen entsprechen (fast) 100%-ig dem Vorgängerrezept.

Vergrößern:

```
private void button1_Click(object sender, EventArgs e)
{
    mf++;
}
```

Verkleinern:

```
private void button2_Click(object sender, EventArgs e)
{
    mf--;
}
```

Richtung ändern:

```
private void button3_Click(object sender, EventArgs e)
{ dirFlg = !dirFlg; }
```

Im *Tick*-Event des Timers wird das Neuzeichnen ausgelöst:

```
private void timer1_Tick(object sender, EventArgs e)
{
```

```
        Graphics g = this.CreateGraphics();
        g.Clear(this.BackColor);          // Zeichnung löschen
        if (dirFlg)
            alf = alf + 2;          // im Uhrzeigersinn drehen
        else
            alf = alf - 2;
        drawHaus();                   // neu zeichnen
    }
}
```

## Test

Es wird das gleiche Ergebnis wie im Vorgängerrezept erzielt, allerdings mit deutlich geringerem Programmieraufwand:

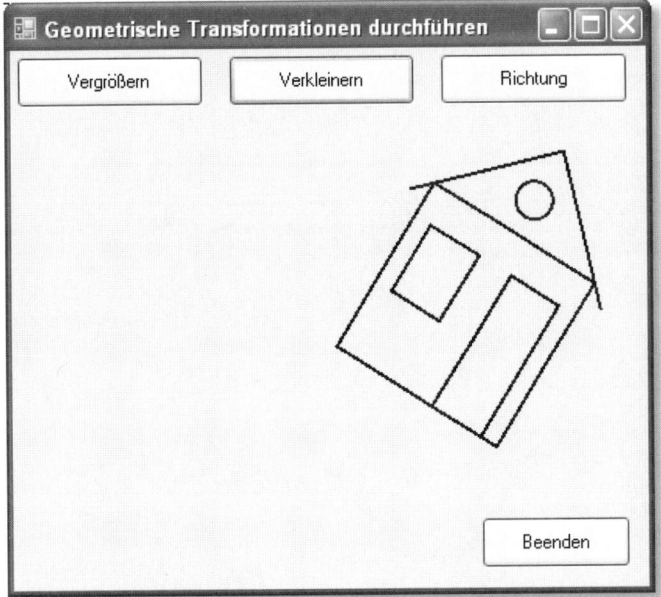

## Bemerkungen

▪ Anstatt mit globalen Koordinaten könnten Sie es z.B. auch mit Seiten- oder Gerätekoordinaten versuchen, die durch entsprechende Transformationsmethoden (*TranslateTransform, RotateTransform, ScaleTransform*) ermittelt werden.

▪ Zum Vergrößern bzw. Verkleinern kann alternativ die *PageScale*-Eigenschaft des *Graphics*-Objekts verwendet werden.

# R3.17   Eine Grafik scrollen

Oft ist eine Grafik größer als es die Fensterabmessungen zulassen. Hier bietet es sich an, mit Hilfe eines *Panel*s die Grafik, d.h. in unserem Fall eine *PictureBox,* zu verschieben.

## Oberfläche

Auf das *Form*ular platzieren Sie ein *Panel*, das den Scrollbereich darstellt. Auf das *Panel* kopieren Sie wiederum eine *PictureBox* (*SizeMode=AutoSize*), in der wir später das Bild anzeigen wollen. Legen Sie die Eigenschaft *AutoScroll* mit *True* fest.

Mit einem *OpenFileDialog*, den Sie ebenfalls einbinden, laden wir später die Grafikdatei.

## Quelltext

```
public partial class Form1 : Form
{
```

Das Laden der Grafik:

```
    private void Button1_Click(object sender, EventArgs e)
    {
        openFileDialog1.InitialDirectory = Application.StartupPath;
        openFileDialog1.Filter =
                "Grafikdateien (*.jpg)|*.jpg|(*.bmp)|*.bmp|Alle Dateien (*.*)|*.*";
        if (openFileDialog1.ShowDialog() == DialogResult.OK)
        {
            pictureBox1.Location = new Point(0, 0);
            pictureBox1.Image = new Bitmap(openFileDialog1.FileName);
        }
    }
}
```

## Test

Nach dem Start können Sie eine entsprechend große Bitmap laden und verschieben:

# R3.18   Eine Bitmap erzeugen und als Datei speichern

Die Lösung dieses ziemlich häufig auftretenden Problems soll an einem kleinen Beispiel demonstriert werden.

## Oberfläche

Benötigt werden lediglich ein Windows Form und ein *Button*.

## Quelltext

Importieren Sie zunächst den folgenden Namespace, um sich etwas Schreibarbeit zu ersparen:

```
using System.Drawing.Imaging;
```

```
public partial class Form1 : Form
{
```

Der Klick auf den *Button*:

```
    private void Button1_Click(object sender, EventArgs e)
    {
```

Wir erzeugen zunächst eine Bitmap in der gewünschten Größe:

```
        Bitmap b = new Bitmap(100, 100, PixelFormat.Format32bppArgb);
```

Ein dazu passendes *Graphics*-Objekt:

```
Graphics g = Graphics.FromImage(b);
```

Zwei einfache Zeichenoperationen:

```
g.FillRectangle(Brushes.Yellow, 0, 0, b.Width, b.Height);
g.DrawEllipse(new Pen(Color.Red, 4), 10, 10, 100, 100);
```

Und schon können wir die Bitmap in einer Datei speichern:

```
b.Save("c:\\test.png", ImageFormat.Png);
    }
}
```

---

**HINWEIS:** In diesem Fall haben wir uns für das PNG-Format entschieden, Sie können jedoch auch jedes andere Format verwenden.

---

### Test

Nach Klick auf den "Start"-Button sollte sich folgende Grafik auf Ihrer Festplatte wiederfinden:

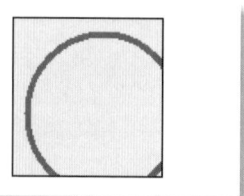

# R3.19   Eine Metafilegrafik erzeugen und speichern

Auch Freunde von Vektorgrafiken werden in den .NET-Untiefen fündig. Relativ problemlos können Sie Metafilegrafiken erzeugen, speichern und verarbeiten. Im vorliegenden Rezept beschränken wir uns auf das Erzeugen und Speichern einer einfachen Vektorgrafik.

### Oberfläche

Nur ein Windows Form und ein *Button*.

### Quelltext

Namespace einbinden:

```
using System.Drawing.Imaging;
```

```
public partial class Form1 : Form
```

```
{
    private void button1_Click(object sender, EventArgs e)
    {
```

Zunächst benötigen wir einen gültigen DC, also erzeugen wir einen:

```
        Graphics g1 = this.CreateGraphics();
        IntPtr hdc = g1.GetHdc();
```

Mit dem DC können wir auch das Metafile erezugen:

```
        Metafile mf = new Metafile("c:\\test.wmf", hdc);
```

Jetzt noch ein *Graphics*-Objekt für die Zeichenoperationen erzeugen ...

```
        Graphics g2 = Graphics.FromImage(mf);
```

... und schon können wir nach Herzenslust Grafikausgaben in das Metafile schreiben:

```
        for (int i = 0; i <= 40; i++)
        {
            g2.DrawLine(Pens.Black, 0, 0, i * 10, 150);
            g2.DrawLine(Pens.Black, 400, 0, 400 - i * 10, 150);
        }
```

Das Aufräumen nicht vergessen:

```
        g2.Dispose();
        g1.ReleaseHdc(hdc);
        g1.Dispose();
    }
}
```

## Test

Klicken Sie auf den *Button* und kontrollieren Sie, ob die neue Datei vorhanden ist:

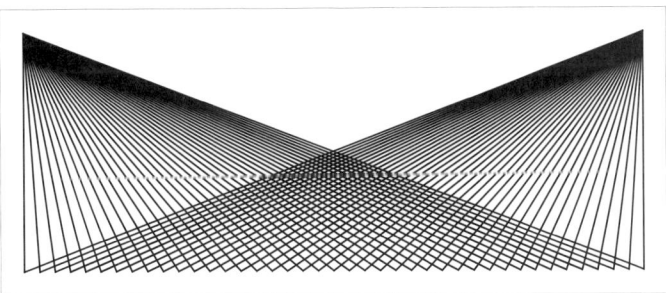

## Bemerkung

Ob die 39 möglichen Überladungen des *Metafile*-Konstruktors der Übersicht förderlich sind, muss jeder selbst beantworten. Wir wollen Sie dennoch auf einen weiteren Konstruktor hinweisen, bei dem Sie die Größe der Grafik bestimmen können:

**BEISPIEL:**  Eine Grafik mit vorgegebener Größe erzeugen

```
...
Metafile mf = new Metafile("c:\\test.wmf", hdc, new Rectangle(0,0,10000,10000));
...
```

**HINWEIS:**  Die Maßeinheit für das umschließende Rechteck sind 1/100 mm!

# R3.20   Einen Fenster-Screenshot erzeugen

Geht es darum, einen Screenshot vom aktuellen Fenster zu erzeugen, kommen Sie um ein wenig GDI-Programmierung nicht herum.

## Oberfläche

Erstellen Sie zunächst eine Oberfläche mit drei Schaltflächen und einer *PictureBox* (siehe Laufzeitansicht).

## Quelltext

```
using System.Runtime.InteropServices;

public partial class Form1 : Form
{
```

Binden Sie nachfolgende Konstante sowie die GDI-Funktion *BitBlt* ein:

```
    private const int SRCCOPY = 0xCC0020;

    [DllImport("gdi32.dll")]
    private static extern int BitBlt(IntPtr hDestDC, int x, int y, int nWidth,
                          int nHeight, IntPtr hSrcDC, int xSrc, int ySrc, int dwRop);
```

Die Routine zum Speichern des Screenshots:

```
    private void Button1_Click(object sender, EventArgs e)
    {
        Graphics g1, g2;
        IntPtr dc1, dc2;
```

```
Image img;
```

Erzeugen einer neuen Bitmap mit den Maßen und der Farbtiefe des aktuellen Fensters:

```
g1 = this.CreateGraphics();
img = new Bitmap(this.ClientRectangle.Width, this.ClientRectangle.Height, g1);
g2 = Graphics.FromImage(img);
```

Kopieren der Fenster-Bitmap in die eigene Bitmap:

```
dc1 = g1.GetHdc();
dc2 = g2.GetHdc();
BitBlt(dc2, 0, 0, this.ClientRectangle.Width, this.ClientRectangle.Height,
                                             dc1, 0, 0, 13369376);

g1.ReleaseHdc(dc1);
g2.ReleaseHdc(dc2);
```

Speichern der Daten im PNG-Format:

```
img.Save("c:\\Form1.png", System.Drawing.Imaging.ImageFormat.Png);
MessageBox.Show("Fenster-Screenshot gesichert", "Info");
}
```

Ähnlich gestaltet sich die Routine zur Anzeige in der *PictureBox*:

```
private void Button2_Click(object sender, EventArgs e)
{
    Graphics g1, g2;
    IntPtr dc1, dc2;
    Image img;

    g1 = this.CreateGraphics();
    img = new Bitmap(this.ClientRectangle.Width, this.ClientRectangle.Height, g1);
    g2 = Graphics.FromImage(img);
    dc1 = g1.GetHdc();
    dc2 = g2.GetHdc();
    BitBlt(dc2, 0, 0, this.ClientRectangle.Width, this.ClientRectangle.Height,
                                                 dc1, 0, 0, 13369376);

    g1.ReleaseHdc(dc1);
    g2.ReleaseHdc(dc2);
```

Zuweisen der Grafik:

```
    pictureBox1.Image = img;
}
...
}
```

**Test**

Nach dem Programmstart und dem Klick auf den Button "Anzeige in PictureBox" sollte sich Ihnen der folgende Anblick bieten:

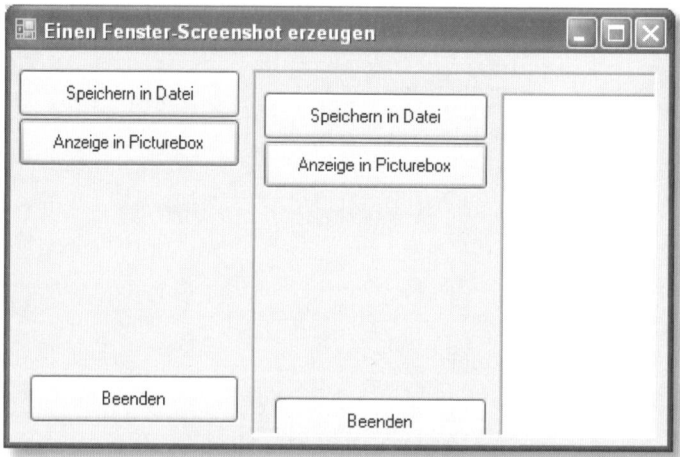

Die erzeugte Datei *Form1.png* findet sich im Verzeichnis "C:\", Sie können diese zum Beispiel mit dem Internet Explorer anzeigen oder aber auch mit der in Windows integrierten Bild- und Faxanzeige.

# R3.21   Einen Desktop-Screenshot realisieren

Etwas aufwändiger als ein Fenster-Screenshot ist ein echter Screenshot des gesamten Desktops. Voraussetzung ist, dass wir einen Handle bzw. ein DC für den Desktop erhalten. Dies ist mit Hilfe der API-Funktion *GetDC* kein Problem.

### Oberfläche

Entwerfen Sie eine einfache Oberfläche mit drei Schaltflächen und einer *PictureBox* (siehe Laufzeitansicht).

### Quelltext

```
using System.Runtime.InteropServices;

public partial class Form1 : Form
{
```

Binden Sie zunächst die folgenden GDI- und API-Funktionen ein:

```
    private const int SRCCOPY = 0xCC0020;
```

```
[DllImport("gdi32.dll")]
private static extern int BitBlt(IntPtr hDestDC, int x, int y, int nWidth,
                     int nHeight, IntPtr hSrcDC, int xSrc, int ySrc, int dwRop);


[DllImport("user32.dll")]
private static extern IntPtr GetDC(int hwnd);


[DllImport("user32.dll")]
private static extern int ReleaseDC(int hwnd, IntPtr hdc);
```

Die Routine zum Speichern des Screenshots in einer Datei:

```
private void Button1_Click(object sender, EventArgs e)
{
    IntPtr dc1, dc2;
    Image img;
```

Eine Bitmap mit den Maßen des Desktops erzeugen:

```
img = new Bitmap(Screen.PrimaryScreen.WorkingArea.Width,
                          Screen.PrimaryScreen.WorkingArea.Height);
Graphics g1 = Graphics.FromImage(img);
```

Einen DC für den Screen erzeugen:

```
dc1 = GetDC(0);
```

Einen DC für die Bitmap erzeugen:

```
dc2 = g1.GetHdc();
```

Die Bilddaten kopieren:

```
BitBlt(dc2, 0, 0, Screen.PrimaryScreen.WorkingArea.Width,
            Screen.PrimaryScreen.WorkingArea.Height, dc1, 0, 0, SRCCOPY);
```

Screen-DC und Bitmap-DC freigeben:

```
ReleaseDC(0, dc1);
g1.ReleaseHdc(dc1);
```

Das Bild speichern:

```
img.Save("c:\\Form1.png", System.Drawing.Imaging.ImageFormat.Png);
MessageBox.Show("Desktop-Screenshot gesichert", "Info");
}
```

---

**HINWEIS:** Verwenden Sie für derartige Bitmaps (relativ große gleichfarbige Flächen, wenige Farben) das Platz sparende PNG-Format, das im Gegensatz zu JPEG verlustfrei ist.

Zur Anzeige in einer *PictureBox* gehen Sie genauso vor, weisen Sie jedoch zum Schluss das Image der *PictureBox* zu:

```
private void Button2_Click(object sender, EventArgs e)
{

    this.Visible = false;
    Image img = new Bitmap(Screen.PrimaryScreen.WorkingArea.Width,
                           Screen.PrimaryScreen.WorkingArea.Height);
    Graphics gl = Graphics.FromImage(img);
    IntPtr dc1 = GetDC(0);
    IntPtr dc2 = gl.GetHdc();
    BitBlt(dc2, 0, 0, Screen.PrimaryScreen.WorkingArea.Width,
                      Screen.PrimaryScreen.WorkingArea.Height, dc1, 0, 0, SRCCOPY);
    ReleaseDC(0, dc1);
    gl.ReleaseHdc(dc1);
    pictureBox1.Image = img;
    this.Visible = true;
}
...
}
```

## Test

Starten Sie das Programm und probieren Sie die beiden Varianten aus:

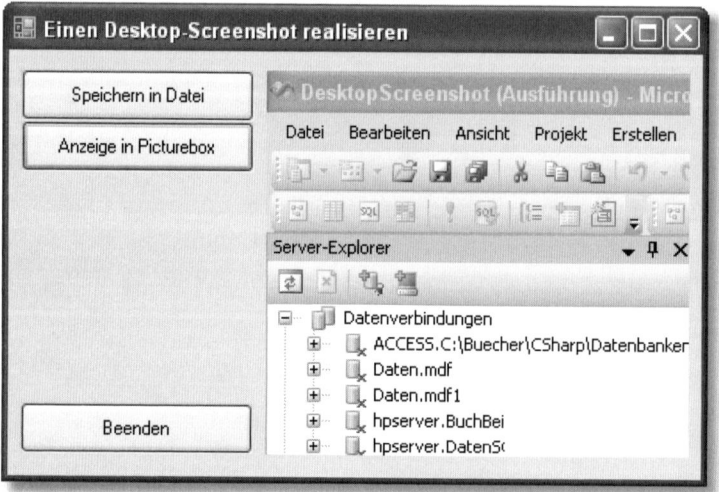

# R3.22 Auf dem Windows-Desktop zeichnen

Das folgende Rezept demonstriert, wie Sie für einen vorhandenen DC (*Device Context*), in diesem Fall den Windows-Desktop, ein *Graphics*-Objekt erzeugen und verwenden.

### Oberfläche

Wieder einmal brauchen wir lediglich ein Windows Form und einen *Button*.

### Quelltext

```
using System.Runtime.InteropServices;

public partial class Form1 : Form
{
```

Binden Sie zunächst die folgenden API-Funktionen ein:

```
    [DllImport("user32.dll")]
    private static extern IntPtr GetDC(int hwnd);


    [DllImport("user32.dll")]
    private static extern int ReleaseDC(int hwnd, IntPtr hdc);
```

Mit dem Klick auf den Button geht das Inferno los:

```
    private void button1_Click(object sender, EventArgs e)
    {
```

Einige Objekte und Variablen erzeugen:

```
        Pen blackPen = new Pen(Color.Black, 3);
        IntPtr dc;
        Graphics g;
        Random Rnd = new Random();        // Zufallszahl
```

Den DC des Desktops ermitteln:

```
        dc = GetDC(0);
```

Ein *Graphics*-Objekt erzeugen:

```
        g = Graphics.FromHdc(dc);
```

Grafikausgaben vornehmen:

```
        for (int i = 0; i <= 1000; i++)
            g.DrawLine(blackPen, Rnd.Next(600), Rnd.Next(600), Rnd.Next(600),Rnd.Next(600));
```

*Graphics*-Objekt und DC freigeben:

```
        g.Dispose();
        ReleaseDC(0, dc);
    }
}
```

### Test

Starten Sie das Programm, klicken Sie auf die "Start"-Schaltfläche und bewundern Sie die abscheuliche "Schmiererei":

# R3.23   Eine Grafik aus den Programmressourcen laden

Nicht in jedem Fall möchten Sie, dass zu einem Programm Dutzende externer Dateien mitgegeben werden müssen. Soll beispielsweise der Formularhintergrund mit unterschiedlichen Bitmaps gefüllt werden, bietet es sich doch an, diese gleich mit in die EXE zu kompilieren.

Was in .NET 1.x noch umständliche und fehlerträchtige Aufrufe zur Anzeige der Bitmap erforderte ist in .NET 2.0 mit einem Methodenaufruf und strikter Typisierung realisiert

## Oberfläche

Erstellen Sie ein neues Projekt, das lediglich aus dem nackten Formular *Form1* besteht. Fügen Sie über *Projekt|Ressourcen-Eigenschaften|Ressourcen* eine oder mehrere Grafiken in die Programmressourcen ein:

## Quelltext (.NET 2.0)

```
public partial class Form1 : Form
{
```

Tragen Sie in das Form-*Load*-Ereignis folgende Anweisung ein:

```
    private void Form1_Load(object sender, EventArgs e)
    {
        this.BackgroundImage = Properties.Resources.LEDGER;
    }
```

Der Editor:

```
private void Form1_Load(object sender, EventArgs e)
{
    this.BackgroundImage = Properties.Resources.|
}
                                        CALENDAR          Bitmap Resources.CALENDAR
                                        Culture
                                        Equals
                                        GREENBAR
                                        LEDGER
                                        QUADRILL
                                        ReferenceEquals
                                        ResourceManager
                                        WRITING
```

Wie Sie sehen, werden Ihnen bereits die verfügbaren Ressourcen angezeigt, es genügt, wenn Sie diese aus der Liste auswählen. Fehlerhafte Schreibweisen etc., wie noch unter .NET 1.x, gehören damit der Vergangenheit an.

### Quelltext (.NET 1.x)

Haben Sie noch "Altprojekte" zu pflegen oder wollen Sie die Ressourcen aus einer externen Assembly laden, müssen Sie noch die "konventionelle" Variante verwenden. In diesem Fall wird die Grafik der Assembly über den Projektmappen-Explorer hinzugefügt:

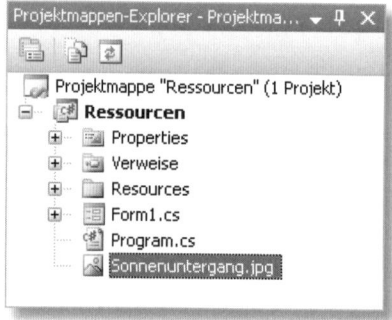

Über das Eigenschaftenfenster legen Sie für diese Ressource den Buildvorgang mit "Eingebettete Ressource" fest.

Der Zugriff auf diese Ressource erfolgt mit:

```
using System.Reflection;


public partial class Form1 : Form
{
    ...
    private void Form1_MouseDown(object sender, MouseEventArgs e)
    {
        Image bmp = new Bitmap(Assembly.GetExecutingAssembly().
                             GetManifestResourceStream("Ressourcen.Sonnenuntergang.jpg"));
        Graphics g = this.CreateGraphics();
        g.DrawImage(bmp, 40, 40);
    }
    ...
}
```

**HINWEIS:** Achten Sie peinlichst auf die korrekte Schreibweise, Groß-/Kleinschreibung wird berücksichtigt! "Ressourcen" im obigen Code steht für den Namen Ihres Projekts!

### Test

Unmittelbar nach Programmstart können Sie sich bereits am Ergebnis erfreuen. Klicken Sie mit der Maustaste auf das Formular, wird die zweite Ressource angezeigt:

# R3.24  Zwei Farbwerte miteinander vergleichen

Vielleicht sind Sie auch schon auf die Idee gekommen, zwei Farbwerte miteinander zu vergleichen. Die folgende Lösung ist in jedem Fall fehlerhaft:

```
Color c1 = Color.AliceBlue;
Color c2 = Color.FromArgb(-984833);
if (c1 == c2) MessageBox.Show("Gleich!");
```

---

**HINWEIS:** Sie vergleichen in diesem Fall zwei Objekte und nicht zwei Farben!

---

Richtig ist die folgende Lösung:

```
Color c1 = Color.AliceBlue;
Color c2 = Color.FromArgb(-984833);

if (c1.ToArgb() == c2.ToArgb())
        MessageBox.Show("Beide Farben sind gleich!");
else
        MessageBox.Show("Keine Übereinstimmung!");
```

## Bemerkung

In praktischen Anwendungen werden zwei Farbwerte nicht immer auf das Bit genau gleich sein. In diesem Fall hilft Ihnen die folgende Funktion weiter:

```
private bool Farbvergleich(Color c1, Color c2, byte diff)
{
    return (Math.Abs(c1.R - c2.R) < diff) &&
           (Math.Abs(c1.G - c2.G) < diff) &&
           (Math.Abs(c1.B - c2.B) < diff);
}
```

Kontrolliert wird, ob die Farbdifferenz unter einem Schwellwert liegt. Dazu müssen jedoch die drei Farbebenen einzelnen verglichen werden, der Wert von *ToArgb* ist hierfür nicht geeignet.

BEISPIEL:   Verwendung der obigen Funktion

```
Color c1 = Color.FromArgb(100, 150, 160);
Color c2 = Color.FromArgb(105, 147, 159);

if (Farbvergleich(c1,c2, 10))
    MessageBox.Show("Beide Farben sind (fast) gleich!");
else
    MessageBox.Show("Keine Übereinstimmung!");
```

# R3.25   Einen Farbverlauf erzeugen

Nichts einfacher als das, mit GDI+ reduziert sich diese Aufgabe auf die Verwendung eines *LinearGradientBrush*s. Das Grundprinzip: Sie geben zwei Farben und eine Richtung (daher das "linear") an, und GDI+ berechnet Ihnen den zugehörigen Farbverlauf.

An den Konstruktor können Sie folgende Werte übergeben:

SYNTAX:   `LinearGradientBrush(Point p1, Point p2, Color startfarbe, Color endfarbe);`

oder auch

SYNTAX:   `LinearGradientBrush(Rectangle rect, Color startfarbe, Color endfarbe,`
`                    LinearGradientMode linearGradientMode);`

*Rectangle* gibt ein Rechteck an (es sind auch zwei *Point*-Werte zulässig), in dem der Farbverlauf berechnet wird. Die Betonung liegt auf "berechnet", welche Ausgabefläche Sie später mit dem neuen *Brush* füllen ist eine ganz andere Frage.

Start- und Endfarbe sind normale ARGB-Color-Werte mit Transparenzangabe, d.h., wenn Sie beispielsweise zwei gleiche Farben, aber unterschiedliche Alpha-Werte angeben, können Sie einen Farbverlauf mit zu- bzw. abnehmender Transparenz realisieren.

## Oberfläche

Nur ein Windows Form.

## Quelltext

```
using System.Drawing.Drawing2D;

public partial class Form1 : Form
{
    private void Form1_Paint(object sender, PaintEventArgs e)
    {
        Graphics g = e.Graphics;
```

Neuen Brush erstellen (Farbverlauf links oben, rechts unten):

```
        LinearGradientBrush myBrush = new LinearGradientBrush(new Point(0, 0),
                                        new Point(this.Width, this.Height),
                                        Color.Yellow, Color.SteelBlue);
        g.FillRectangle(myBrush, this.ClientRectangle);
    }
}
```

## Test

# R3.26   Einen transparenten Stift erzeugen

Möchten Sie transparente Stifte verwenden ist auch das dank GDI+ kein Problem. Ein kleines Beispielprogramm zeigt wie es geht.

## Oberfläche

Ein Windows Form in das Sie über die Eigenschaft *BackgroundImage* eine Grafik einblenden.

## Quelltext

```
public partial class Form1 : Form
{
```

Erzeugen eines einfarbigen Pens mit 50% Transparenz und 20 Pixeln Breite:

```
    private void Form1_Paint(object sender, PaintEventArgs e)
    {
        Pen myPen = new Pen(Color.FromArgb(128, 17, 69, 137), 20);
```

---

**HINWEIS:** Alternativ können Sie auch *Color.FromArgb (<Transparenzwert>, <Color>)* schreiben.

---

```
        Graphics g = e.Graphics;
```

Linie zeichnen:

```
        g.DrawLine(myPen, 10, 10, this.Width, 300);
    }
}
```

## Test

# R3.27   **Texte gedreht ausgeben**

Wer sich in der Vor-.NET-Ära mit der Ausgabe von gedrehtem Text beschäftigt hat, wird sich vielleicht mit einem Stöhnen an den Aufwand erinnern. Wesentlich einfacher geht es mit GDI+.

### Oberfläche

Nur ein Windows Form.

### Quelltext

```
public partial class Form1 : Form
{
```

Zur Abwechslung überschreiben wir die *Paint*-Methode, Sie können jedoch auch die anderen Varianten, wie in R3.1 gezeigt, verwenden:

```
    protected override void OnPaint(PaintEventArgs e)
    {
        string s = "Gedrehter Text ...";
        Font f;
```

Wir verschieben zunächst das Koordinatensystem in die Mitte des Fensters:

```
        e.Graphics.TranslateTransform(this.ClientSize.Width / 2,
                                      this.ClientSize.Height / 2);
```

Und jetzt geht's rund:

```
        for (int i = 1; i < 25; i++)
        {
```

Unterschiedlich große Schriften definieren:

```
            f = new Font("Arial", i);
```

Textausgabe:

```
            e.Graphics.DrawString(s, f, Brushes.Black, i+10 , 0,
                                        StringFormat.GenericTypographic);
```

Drehwinkel verändern:

```
            e.Graphics.RotateTransform(18);
        }
```

Nicht vergessen, die Basis-Methode aufrufen:

```
        base.OnPaint(e);
    }
}
```

**Test**

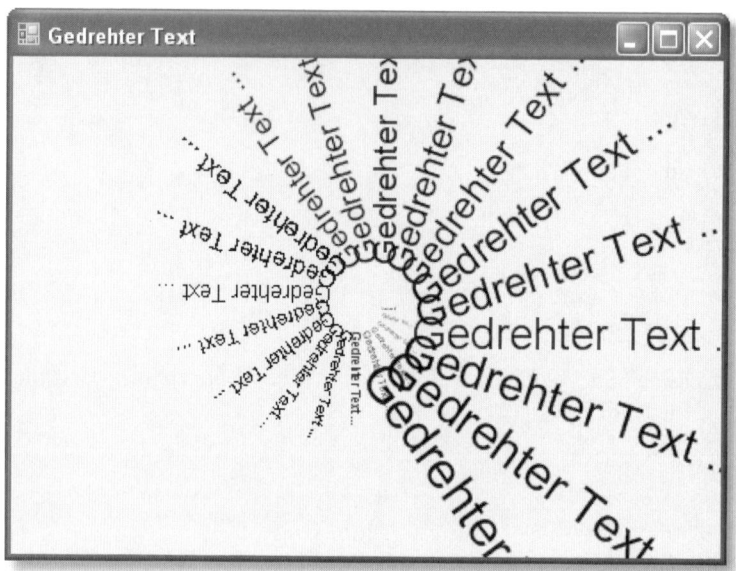

# R3.28 Text mit Schatten ausgeben

Schnöden Text kann jeder per *DrawString* ausgeben, wer etwas Besonderes sucht wird vielleicht auf Schatteneffekte zurückgreifen wollen. Wir zeigen Ihnen, wie Sie einen diffusen Schatteneffekt realisieren können.

### Oberfläche

Ein Windows Form, sonst nichts.

### Quelltext

HINWEIS: Die folgende Routine verwendet Funktionen aus dem Rezept R3.40. Bitte informieren Sie sich ab Seite 261 über die technischen Hintergründe.

Binden Sie zunächst zwei zusätzliche Namespaces ein:

```
using System.Drawing.Imaging;
using System.Drawing.Drawing2D;

public partial class Form1 : Form
{
```

Die Ausgabefunktion (Parameter: Koordinaten, Text, Schriftart):

```
private void TextShadow(int x, int y, String text, Font f)
{
```

*Graphics*-Objekt erzeugen:

```
        Graphics g = this.CreateGraphics();
```

Eine passende Hintergrund-Bitmap erzeugen (Maße entsprechend Textbreite/-höhe):

```
        SizeF size = g.MeasureString(text,f);
        Bitmap bmp = new Bitmap((int) size.Width + 6, (int)size.Height + 6);
        Graphics g2 = Graphics.FromImage(bmp);
        g2.Clear(this.BackColor);
```

Text auf der Hintergrundgrafik ausgeben:

```
        g2.DrawString(text, f, Brushes.Gray, 3, 3, StringFormat.GenericTypographic);
        g2.Dispose();
```

Weichzeichner anwenden und Hintergrundbitmap (Schatten) im Fenster ausgeben:

```
        Filter.Smoothing(bmp);
        g.DrawImage(bmp, x, y);
```

Den Text ausgeben:

```
        g.DrawString(text, f, Brushes.Black, x, y, StringFormat.GenericTypographic);
}
```

Die Verwendung:

```
private void Form1_Paint(object sender, PaintEventArgs e)
{
    Font myfont = new Font("Arial", 50, FontStyle.Bold);
    TextShadow(10, 10, "Text mit Schatten", myfont);
}
}
```

**Test**

## R3.29   Mehrzeiligen Text ausgeben

Für die Ausgabe von mehrzeiligem Text nutzen Sie eine überladene Variante von *DrawString*, die zusätzlich eine *Rectangle*-Struktur als Parameter akzeptiert:

**SYNTAX:**   `DrawString (String, Font, Brush, RectangleF)`

### Oberfläche

Ein nacktes Windows Form.

### Quelltext

```
public partial class Form1 : Form
{

    private void Form1_Paint(object sender, PaintEventArgs e)
    {

        Graphics g = e.Graphics;
        Font myfont = new Font("Arial", 12,FontStyle.Bold);
        g.DrawString("Mehrzeilige Textausgabe im GDI+" +
                    " ohne viel Aufwand möglich!", myfont, Brushes.Red,
                    new RectangleF(10, 10, 180, 120));
        g.DrawRectangle(new Pen(Color.Black), new Rectangle(10, 10, 180, 120));
    }

}
```

### Test

Das Ergebnis:

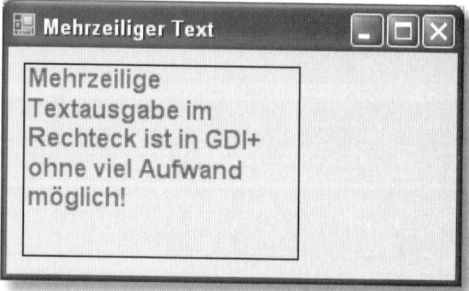

---

**HINWEIS:**   Möchten Sie die Anzahl der entstehenden Zeilen und Spalten ermitteln, können Sie die Methode *MeasureString* nutzen.

---

# R3.30   Text mit Tabulatoren ausgeben

Für die Ausgabe von Tabellen etc. bietet sich nach wie vor die Verwendung von Tabulatoren an.
Wie Sie diese richtig verwenden, zeigt das folgende Beispiel.

## Oberfläche

Nur ein Windows Form.

## Quelltext

```
public partial class Form1 : Form
{
    private void Form1_Paint(object sender, PaintEventArgs e)
    {
        Graphics g = e.Graphics;
```

Schrift erzeugen:

```
        Font myfont = new Font("Arial", 12, FontStyle.Bold);
```

Array mit den Tabulatoren erzeugen und in *StringFormat* speichern:

```
        StringFormat sFormat = new StringFormat();
        sFormat.SetTabStops(2, new float[] { 75, 190 });
```

Kopfzeile erzeugen:

```
        string s = "i \tSIN(i) \tCOS(i)";
        g.DrawString(s, myfont, Brushes.Black,
                    new RectangleF(10, 0, this.Width, 120), sFormat);
```

Zehn Zeilen ausgeben:

```
        for (int i = 0; i < 10; i++)
        {
            s = i.ToString() + "\t" + Math.Sin(i).ToString() + "\t" +
                                            Math.Cos(i).ToString();
            g.DrawString(s, myfont, Brushes.Black,
                        new RectangleF(10, i*15 +15, this.Width, 120), sFormat);
        }
    }
}
```

**Test**

```
Text mit Tabulatoren ausgeben
i           SIN(i)                    COS(i)
0           0                         1
1           0,841470984807897         0,54030230586814
2           0,909297426825682         -0,416146836547142
3           0,141120008059867         -0,989992496600445
4           -0,756802495307928        -0,653643620863612
5           -0,958924274663138        0,283662185463226
6           -0,279415498198926        0,960170286650366
7           0,656986598718789         0,753902254343305
8           0,989358246623382         -0,145500033808614
9           0,412118485241757         -0,911130261884677
```

# R3.31   Die installierten Schriftarten ermitteln

Bevor Sie in Ihren Anwendungen großzügig Gebrauch von diversen Schriftarten machen, sollten Sie überprüfen, ob diese überhaupt beim Anwender installiert sind. Das vorliegende Rezept listet alle installierten Schriftarten auf und zeigt optional ein Beispiel an.

## Oberfläche

Ein Windows Form, eine *ListBox* und eine *PictureBox* (siehe Laufzeitansicht).

## Quelltext

```
using System.Drawing.Text;

public partial class Form1 : Form
{
    InstalledFontCollection ifc = new InstalledFontCollection();
```

*ListBox* füllen:

```
    private void Form1_Load(object sender, EventArgs e)
    {
        foreach (FontFamily ff in ifc.Families)
            listBox1.Items.Add(ff.Name);
    }
```

Den selektierten Font darstellen:

```
    private void listBox1_SelectedIndexChanged(object sender, EventArgs e)
    {
        Font f = new Font(listBox1.SelectedItem.ToString(), 30, FontStyle.Bold);
```

```
        Graphics g = pictureBox1.CreateGraphics();
        g.Clear(Color.White);
        g.DrawString(listBox1.SelectedItem.ToString(), f, Brushes.Black, new PointF(10, 5));
    }
}
```

### Test

Nach dem Start ist die Liste bereits gefüllt, beim Klick auf einen Eintrag wird die entsprechende Schriftart dargestellt:

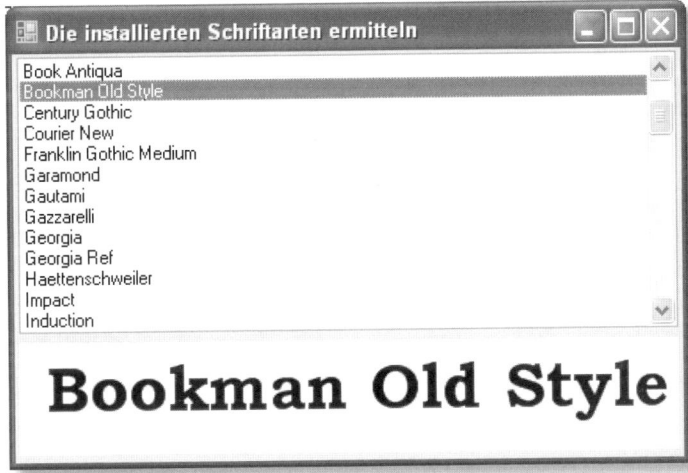

## R3.32   Die JPEG-Kompression festlegen

Sicher hat es Sie auch schon gestört, dass Sie Ihre Bilder zwar problemlos im JPEG-Format sichern können, es aber zunächst keine Möglichkeit zu geben scheint, die Kompressionsrate einzustellen.

**BEISPIEL:**   Sichern einer Grafik im JPEG-Format

```
pictureBox1.Image.Save("Bild.jpg", ImageFormat.Jpeg);
```

Wer genauer hinschaut, der wird unter den zahlreichen Überladungen der *Save*-Methode einen Kandidaten für unsere Aufgabenstellung finden:

**SYNTAX:**   `Image.Save (String, ImageCodecInfo, EncoderParameters);`

Das vorliegende Rezept erklärt die Vorgehensweise.

## Oberfläche

Ein Windows Form, eine *PictureBox*, eine *CombobBox* sowie eine Schaltfläche genügen (siehe Laufzeitansicht).

## Quelltext

```
using System.Drawing.Imaging;

public partial class Form1 : Form
{
    private void button1_Click(object sender, EventArgs e)
    {
```

Wegen der universellen Architektur ist die Verwendung nicht ganz trivial. Zunächst müssen wir den JPEG-Codec aus der Liste der möglichen Codes ermitteln:

```
ImageCodecInfo myImageCodecInfo = null;
foreach (ImageCodecInfo codec in ImageCodecInfo.GetImageEncoders())
            if (codec.MimeType == "image/jpeg") myImageCodecInfo = codec;
EncoderParameters myParameter = new EncoderParameters();
```

Parameter festlegen:

```
myParameter.Param[0] = new EncoderParameter(System.Drawing.Imaging.Encoder.Quality,
                            comboBox1.SelectedIndex * 25 + 25);
```

Zu guter Letzt speichern wir mit Hilfe des Codes und des Parameters unsere JPEG-Grafik ab:

```
pictureBox1.Image.Save("Bild.jpg", myImageCodecInfo, myParameter);
    }
}
```

## Test

Die folgenden Abbildungen zeigt einen Vergleich zwischen der Qualität 25% (deutliche Artefakte, kaum noch Details) und der Qualität von 75% (beide Abbildungen sind stark vergrößert).

# R3.33   Eine Grafik maskieren

Für die Wiedergabe von grafischen Animationen benötigen Sie meist keine rechteckigen Objekte (Sprites) sondern bereits freigestellte Grafiken, d.h., der Hintergrund ist transparent.

Zwei Verfahren bieten sich an:

- Sie verwenden das GIF- oder PNG-Format und definieren bereits hier (im Zeichenprogramm) den transparenten Hintergrund. Lesen Sie eine derartige Datei mittels GDI+ ein, wird auch die Transparenz bei Ausgaben berücksichtigt.

- Sie füllen den Hintergrund mit einer definierten Farbe (z.B. Violett) und stellen die Grafik erste zur Laufzeit frei.

---

**HINWEIS:** Verwenden Sie ein verlustloses Komprimierverfahren (GIF, PNG, BMP), anderenfalls werden durch die Kompressionsartefakte die Masken unscharf wiedergegeben.

---

- Variante 1 unterscheidet sich nicht von der normalen Wiedergabe mittels *DrawImage* etc., wir gehen deshalb nicht weiter darauf ein.

- Variante 2 erfordert etwas Vorarbeit.

Freigestellte Grafik, der Hintergrund wurde mit Violett gefüllt

## Oberfläche

Ein Windows Form, in das Sie eine beliebige Hintergrundgrafik einblenden (*Background-Image*), sowie zwei Schaltflächen.

Fügen Sie jeweils eine Grafik mit definierter Transparenz und eine Grafik mit freigestelltem Hintergrund als Ressourcen in das Projekt ein (*Projekt|Eigenschaften*).

## Quelltext

```
public partial class Form1 : Form
{
```

Im Programm selbst müssen wir zunächst die Grafik laden und können dann mit Hilfe der Methode *MakeTransparent* den "Hintergrund" entfernen. Dazu lesen wir die Farbe eines der violetten Pixel aus:

```
private void button1_Click(object sender, EventArgs e)
{
    Bitmap bmp1 = Properties.Resources._2;
    Graphics g = this.CreateGraphics();
    bmp1.MakeTransparent(bmp1.GetPixel(2, 2));
```

Grafikausgabe:

```
    g.DrawImage(bmp1, 150,80);
    g.Dispose();
}
```

Die Variante mit transparentem Hintergrund:

```
private void button2_Click(object sender, EventArgs e)
```

```
    {
        Bitmap bmp1 = Properties.Resources._1;
        Graphics g = this.CreateGraphics();
        g.DrawImage(bmp1, 110, 80);
        g.Dispose();
    }
}
```

**Test**

Das Bild über der Hintergrundgrafik einblenden:

# R3.34  Die Transparenz einer Grafik steuern

Sollen Bilder ein- bzw. ausgeblendet werden, müssen Sie das Rad nicht neu erfinden. Hier hilft Ihnen GDI+ mit seiner bereits eingebauten Fähigkeit, die Transparenz mit Hilfe des so genannten Alpha-Kanals zu steuern (im vorhergehenden Beispiel war die Transparenz des Hintergrunds auf 100% gesetzt).

## Oberfläche

Ein Windows Form, ein *TrackBar* sowie eine Grafik, die Sie als Ressource einbinden. Das *TrackBar*-Maximum legen Sie mit 100 fest.

## Quelltext

```
using System.Drawing.Imaging;
public partial class Form1 : Form
{
    private Bitmap bmp;

    public Form1()
    {
        InitializeComponent();
```

Das Flackern unterbinden:

```
        SetStyle(ControlStyles.UserPaint, true);
        SetStyle(ControlStyles.AllPaintingInWmPaint, true);
        SetStyle(ControlStyles.DoubleBuffer, true);
```

Bild aus den Ressourcen laden:

```
        bmp = GDI_Samples.Properties.Resources._0000003550;
    }
```

Das Bild zeichnen:

```
    protected override void OnPaint(PaintEventArgs e)
    {
```

Der Bitmap werden neue Attribute (eine *ColorMatrix*) zugewiesen:

```
        ImageAttributes iattr = new ImageAttributes();
        ColorMatrix m = new ColorMatrix();
```

Hier wird die Transparenz festgelegt:

```
        m.Matrix33 = trackBar1.Value / 100f;
        iattr.SetColorMatrix(m);
```

Leider ist die nötige Überladung der *DrawImage*-Methode etwas umfangreich:

```
        e.Graphics.DrawImage(bmp, new Rectangle(0, 0, bmp.Width, bmp.Height), 0, 0,
                          bmp.Width, bmp.Height, GraphicsUnit.Pixel, iattr);
    }
```

Zu guter Letzt müssen wir noch die Bildaktualisierung erzwingen:

```
    private void trackBar1_Scroll(object sender, EventArgs e)
    {
        this.Invalidate();
    }
}
```

## Test

Verschieben Sie den *TrackBar*-Regler um die Transparenz zu verändern:

# R3.35  Einfache GIF-Animationen wiedergeben

Auch für diese Aufgabe stellt das .NET-Framework bereits die nötige Infrastruktur in Gestalt der *ImageAnimator*-Klasse zur Verfügung. Diese hat einen integrierten Timer, der automatisch zwischen den einzelnen Bildern umschaltet.

## Oberfläche

Zunächst nur ein Windows Form. Fügen Sie zusätzlich die Animated GIFs als Ressourcen in Ihre Anwendung ein, diese laden wir zur Laufzeit.

## Quelltext

```
public partial class Form1 : Form
{
```

Die beiden Grafiken:

```
    Bitmap bmp2 = Properties.Resources.affe_03;
    Bitmap bmp1 = Properties.Resources.vogel_041;


    public Form1()
    {

        InitializeComponent();
```

Melden Sie nachfolgend die Bitmap beim ImageAnimator an:

```
        if (ImageAnimator.CanAnimate(bmp1))  ImageAnimator.Animate(bmp1, this.OnNextFrame);
        if (ImageAnimator.CanAnimate(bmp2))  ImageAnimator.Animate(bmp2, this.OnNextFrame);
```

Verwenden Sie dazu die *Animate*-Methode, der Sie neben der jeweiligen Grafik auch einen Eventhandler übergeben können. Immer wenn ein neues Bild fällig ist, wird das Ereignis ausgelöst.

Flackern unterbinden:

```
        SetStyle(ControlStyles.UserPaint, true);
        SetStyle(ControlStyles.AllPaintingInWmPaint, true);
        SetStyle(ControlStyles.DoubleBuffer, true);
    }
```

Erstellen Sie den Eventhandler, der für die Ausgabe verantwortlich ist:

```
    private void OnNextFrame(object o, EventArgs e)
    {

        this.Invalidate();
    }
```

Geben Sie die Grafiken aus und schalten Sie mit *UpdateFrames* auf das jeweils nächste Bild in der Sequenz um:

```
    protected override void OnPaint(PaintEventArgs e)
    {

        e.Graphics.DrawImage(bmp2, 10, 20);
        e.Graphics.DrawImage(bmp1, 100, 50);
        ImageAnimator.UpdateFrames();
    }
}
```

**Test**

# R3.36   Auf einzelne GIF-Frames zugreifen

Im vorhergehenden Rezept haben wir eine Möglichkeit aufgezeigt, wie Sie als Programmierer die einzelnen Frames einer animierten GIF-Datei auslesen können, um zum Beispiel eine Animation zu realisieren. Allerdings haben Sie mit den o.g. Mitteln keinen Zugriff auf einen beliebigen Frame und Sie können auch nicht die Anzahl der Frames bestimmen.

Verantwortlich für diese Aufgaben ist ein *FrameDimension*-Objekt, dessen Konstruktor übergeben Sie die GUID der *FrameDimensionsList* des gewählten Bildes.

**BEISPIEL:**   Abrufen eines *FrameDimension*-Objekts

```
FrameDimension fdim = new FrameDimension(bmp.FrameDimensionsList[0]);
```

**HINWEIS:**   Über die *FrameDimensionsList* werden die einzelnen Frames bzw. verschiedenen Auflösungen des Bildes von .NET verwaltet.

Unser Beispielprogramm zeigt, wie Sie auf einzelne Frames zugreifen können.

### Oberfläche

Ein Windows Form und ein *TrackBar*. Fügen Sie zusätzlich eine GIF-Grafik in die Projektressourcen ein.

### Quelltext

Möchten Sie einzelne Frames wiedergeben (zum Beispiel durch Verschieben eines *TrackBars*), brauchen Sie neben der Anzahl der Frames auch eine Möglichkeit, den aktuellen Frame zu setzen. In beiden Fällen hilft Ihnen das o.g. *FrameDimensions*-Objekt weiter.

```
using System.Drawing.Imaging;
```

```
public partial class Form1 : Form
{
    Bitmap bmp = Properties.Resources.vogel_041;
    FrameDimension fdim;

    public Form1()
    {
        InitializeComponent();
```

*FrameDimensions*-Objekt abrufen und *TrackBar* konfigurieren:

```
        fdim = new FrameDimension(bmp.FrameDimensionsList[0]);
        trackBar1.Maximum = bmp.GetFrameCount(fdim) - 1;
    }
```

Auf die Änderungen des *TrackBars* reagieren und anderen Frame einblenden::

```
    private void trackBar1_Scroll(object sender, EventArgs e)
    {
        bmp.SelectActiveFrame(fdim, trackBar1.Value);
        Graphics g = this.CreateGraphics();
        g.Clear(this.BackColor);
        g.DrawImage(bmp, 30, 30);
    }
}
```

---

**HINWEIS:** *GetFrameCount* liefert die Anzahl der verfügbaren Frames für die gewählte Bildabmessung, *SelectActiveFrame* setzt den aktiven Frame, der zum Beispiel beim
Kopieren mittels *DrawImage* genutzt wird.

---

## Test

Verschieben Sie den *TrackBar* und erfreuen Sie sich an der "Nervensäge":

...

# R3.37   Aus animierten Gifs ein Bitmap-Strip erzeugen

Möchten Sie alle Bilder aus einer animierten Gif extrahiert und zum Beispiel als fortlaufenden Streifen in einer Bitmap sichern, hilft Ihnen das vorliegende Rezept weiter.

## Oberfläche

Ein Windows Form, eine *PictureBox* und eine in die Projektressourcen eingebundene GIF-Grafik.

## Quelltext

```
using System.Drawing.Imaging;

public partial class Form1 : Form
{
    private void Form1_Load(object sender, EventArgs e)
    {
```

GIF aus den Ressourcen laden:

```
        Bitmap bmp = Properties.Resources.frosch_11;
        FrameDimension fdim;
        fdim = new FrameDimension(bmp.FrameDimensionsList[0]);
```

Hilfsbitmap erzeugen, mit *Breite=Frameanzahl\*Framebreite*:

```
        Bitmap bmp2 = new Bitmap((bmp.GetFrameCount(fdim) - 1) * bmp.Width, bmp.Height);
        Graphics g = Graphics.FromImage(bmp2);
```

Nacheinander die Frames kopieren:

```
        for (int i = 0; i < bmp.GetFrameCount(fdim); i++)
        {
            bmp.SelectActiveFrame(fdim, i);
            g.DrawImageUnscaled(bmp, i * bmp.Width, 0);
        }
```

Die Hilfsbitmap der *PictureBox* zuweisen:

```
        pictureBox1.BackgroundImage = bmp2;
        pictureBox1.Size = bmp2.Size;
        g.Dispose();
    }
}
```

**Test**

Das Ergebnis:

---

**HINWEIS:** Alternativ können Sie die Bitmap auch mit der *Save*-Methode in verschiedenen Dateiformaten speichern.

---

# R3.38   Flackernde Grafikausgaben vermeiden

Sicher haben Sie auch schon vor dem Problem gestanden, dass Sie umfangreiche Grafiken ausgeben wollten, die Darstellung auf dem Bildschirm aber unerträglich flackerte. Ein Beispielprogramm zeigt die Problematik und im Anschluss auch den Lösungsansatz.

### Oberfläche

Lediglich ein Windows Form und zwei *Button*s.

### Quelltext

```
public partial class Form1 : Form
{
    ...
```

Zunächst die konventionelle Variante, bei der die Grafik mit viel Flackerei aufgebaut wird:

```
    private void button1_Click(object sender, EventArgs e)
    {
        double von = System.Environment.TickCount;
        Graphics g = this.CreateGraphics();
```

```
    for (int i = 0; i < 800; i++)
            g.DrawLine(Pens.Red, 0, i, 420, i);
    for (int x = 0; x < 400; x+=28)
            for (int y = 0; y < 400; y += 28)
                g.DrawImage(Properties.Resources.fax, x, y);
    g.Dispose();
    double bis = System.Environment.TickCount;
    label1.Text = ((bis - von) / 1000).ToString() + " s";
}
```

Mit Hilfe einer zusätzlichen Speicher-Bitmap können wir die Ausgaben zunächst unabhängig von der Oberfläche realisieren und nachfolgend ausgeben.

Fortführung des obigen Beispiels:

```
private void button2_Click(object sender, EventArgs e)
{
    double von = System.Environment.TickCount;
```

Bitmap erzeugen (entsprechend der Fenstergröße):

```
    Bitmap bmp = new Bitmap(ClientRectangle.Width, ClientRectangle.Height);
```

Grafikausgaben in der Bitmap vornehmen:

```
    Graphics g = Graphics.FromImage(bmp);
    for (int i = 0; i < 800; i++)
            g.DrawLine(Pens.Red, 0, i, 420, i);
    for (int x = 0; x < 400; x+=28)
            for (int y = 0; y < 400; y += 28)
                g.DrawImage(Properties.Resources.fax, x, y);
    g.Dispose();
    g = this.CreateGraphics();
```

Die Bitmap im Fenster wiedergeben:

```
    g.DrawImage(bmp, 0, 0);
    g.Dispose();
    bmp.Dispose();
    double bis = System.Environment.TickCount;
    label1.Text = ((bis - von) / 1000).ToString() + " s";          }
}
}
```

## Test

Bei Verwendung der Hintergrundbitmap können Sie eine wesentliche Verbesserung beim Zeitbedarf feststellen, zusätzlich ist die Ausgabe flackerfrei und – last but not least – können wir die Bitmap mit jeder *Paint*-Operation ausgeben, ohne sie erneut aufbauen zu müssen.

## Bemerkungen

Und was ist mit der *PictureBox*? Hier haben wir es mit einem Sonderfall zu tun, die *PictureBox* beherrscht bereits "ab Werk" Double Buffering. Doch Achtung:

**HINWEIS:** Sie müssen mit der enthaltenen Grafik arbeiten, nicht mit der Bildschirmdarstellung.

Falsch:

```
Graphics g = pictureBox1.CreateGraphics();
...
```

Richtig:

```
Graphics g = Graphics.FromImage(pictureBox1.Image);
...
g.Dispose();
pictureBox1.Invalidate();
```

**HINWEIS:** Wichtig ist das *Invalidate*, sonst passiert auf dem Bildschirm nichts, bis die Grafik – zum Beispiel nach einem Verdecken – neu gezeichnet werden muss.

Sollten Sie keine Grafik in die *PictureBox* geladen haben, erzeugen Sie einfach eine entsprechende Grafik:

```
Bitmap bmp = new Bitmap(ClientRectangle.Width, ClientRectangle.Height);
pictureBox1.Image = bmp;
```

# R3.39  Einfache Grafikanimationen realisieren

Welcher Programmierer wird nicht ab und zu vom Spieltrieb übermannt? Zu jedem Spiel gehört auch etwas Action, und damit sind wir schon mitten im Thema angelangt. Wie können wir in .NET ein paar Bitmaps möglichst flackerfrei über den Bildschirm bewegen, ohne gleich auf DirectX zurückgreifen zu müssen?

## Oberfläche

Ein Windows Form und ein *Timer*. Binden Sie zusätzlich eine Grafik für den Hintergrund und eine Grafik für das Sprite (Vordergrundbitmap) ein. Nutzen Sie dafür den neuen Ressourcen-Editor von Visual Studio 2005.

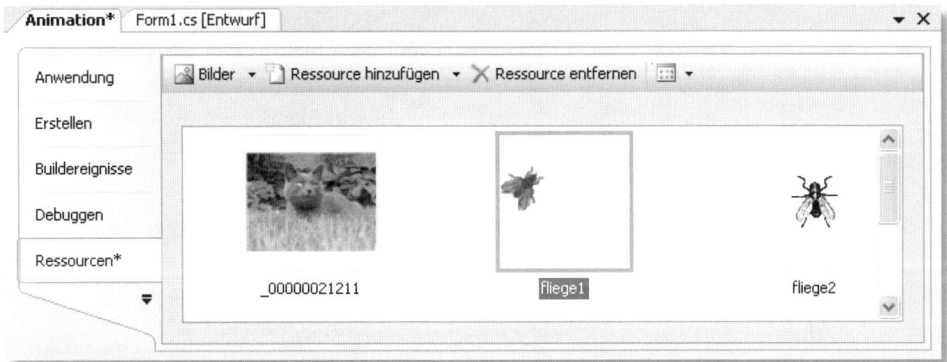

## Quelltext

Im vorhergehenden Rezept war ja bereits die Rede von Double Buffering, eine Technik, die wir auch hier einsetzen wollen.

Die nahe liegende Lösung dürfte also das Erzeugen einer Hintergrundbitmap sein, auf der wir die einzelnen Bitmaps verschieben. Mit einem *Timer* blenden wir diese Bitmap zyklisch in den Vordergrund ein.

So weit so gut, das Flackern beim Bildaufbau könnten wir auf diese Weise rein theoretisch vermeiden, allerdings macht uns Windows hier einen Strich durch die Rechnung. Es flackert trotzdem und zwar mit der Frequenz des Timers. Die Ursache findet sich in der Messagebehandlung für das Aktualisieren des Fensterhintergrunds (gilt auch für ein Control). Windows löscht bei jedem Refresh zunächst den Hintergrund mit der entsprechenden Hintergrundfarbe.

Lange Rede kurzer Sinn, mit Hilfe veränderter ControlStyles können wir Einfluss auf die Messagebehandlung durch Windows nehmen und stattdessen selbst für das Neuzeichnen des Controls/Fensters sorgen.

```
public partial class Form1 : Form
{
```

Die Bitmaps aus den Ressourcen laden:

```
    Bitmap bmp1 = Properties.Resources.fliege1;
    Bitmap bmp2 = Properties.Resources.fliege1;
    Bitmap bckbmp = Properties.Resources._00000021211;

    int pos = 0;
```

Ändern der Messagebehandlung im Formular-Konstruktor

```
public Form1()
{

    InitializeComponent();
    SetStyle(ControlStyles.UserPaint, true);
    SetStyle(ControlStyles.AllPaintingInWmPaint, true);
    SetStyle(ControlStyles.DoubleBuffer, true);
```

Da wir im Beispielrezept für die Sprites GIF-Grafiken verwendet haben, können wir diese auch animiert darstellen:

```
    if (ImageAnimator.CanAnimate(bmp1)) ImageAnimator.Animate(bmp1, null);
    if (ImageAnimator.CanAnimate(bmp2)) ImageAnimator.Animate(bmp2, null);
}
```

Überschreiben Sie die *OnPaint*-Methode des Formulars und führen Sie hier die Grafikoperationen aus:

```
protected override void OnPaint(PaintEventArgs e)
{
    e.Graphics.DrawImage(bckbmp, 0, 0);
    e.Graphics.DrawImage(bmp2, 500-pos, pos);
    e.Graphics.DrawImage(bmp1, 2 * pos- 100, 200);
}
```

Nutzen Sie einen *Timer*, um zyklisch die *Invalidate*-Methode aufzurufen (ruft die *Paint*-Methode auf):

```
private void timer1_Tick(object sender, EventArgs e)
{

    pos++;
    ImageAnimator.UpdateFrames();
    if (pos > 500) pos = 0;
    this.Invalidate();
}
}
```

## Test

Im Beispielprogramm verschieben wir zwei Sprites über der Hintergrundbitmap, ein Ruckeln werden Sie trotz des recht einfachen Verfahrens nicht feststellen:

> **HINWEIS:** Beachten Sie, dass im Beispielprojekt für die Sprites GIF-Grafiken verwendet wurden. Diese ermöglichen es, Transparenz bereits in der Grafik festzulegen, Sie müssen die Objekte also nicht erst freistellen (Maskieren).

# R3.40   RGB-Grafiken manipulieren

Im Folgenden möchten wir Ihnen die Verwendung einer Klasse demonstrieren, die einen Low-Level-Zugriff auf RGB-Grafiken ermöglicht.

Ansatzpunkt ist in diesem Fall die Verwendung von *LockBits* und *Scan0*. Dabei handelt es sich um Eigenschaften des *Bitmap*-Objekts. Mit *LockBits* wird eine Bitmap im Arbeitsspeicher für uns gesperrt, gleichzeitig können wir die Bitmap in einen für uns günstigen Datentyp umwandeln. Der eigentliche Clou ist *Scan0*, ein Pointer auf das erste Bitmap-Byte.

> **HINWEIS:** Auf die technischen Einzelheiten können wir an dieser Stelle leider nicht weiter eingehen, diese werden ausführlich in unserem aktuellen [C# Profibuch] beschrieben.

### Oberfläche

Entwerfen Sie eine Oberfläche entsprechend folgender Abbildung (Laufzeitansicht):

**HINWEIS:** Damit Sie das Beispiel kompilieren können, muss in den Projektoptionen auch das Kompilieren von unsicherem Code erlaubt werden.

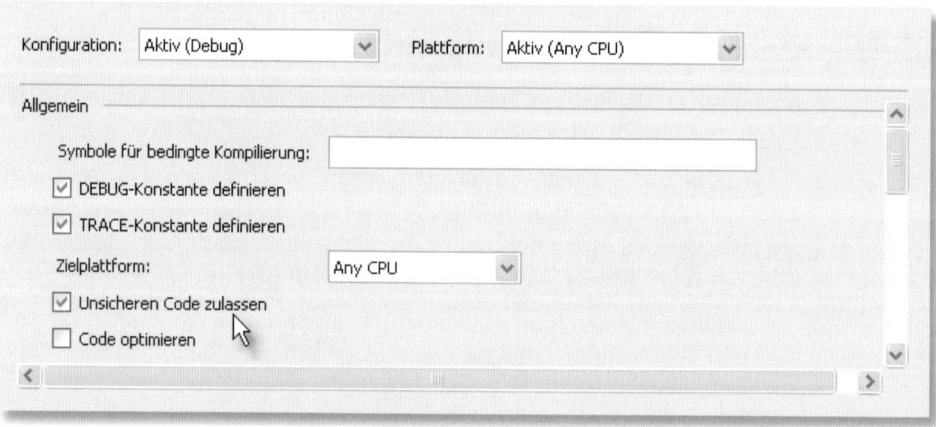

## Quelltext (Filter-Klasse)

Für Experimente mit dem *Marshal*-Objekt:

```
using System.Runtime.InteropServices;


public static class Filter
{
```

Folgende Reihenfolge müssen Sie beim direkten Zugriff auf die einzelnen Bitmap-Bytes beachten:

- Bitmap mit *LockBits* sperren,

- mit *Scan0* einen Pointer auf das erste Byte ermitteln,

- über *Marshal.Read*... die gewünschten Bytes/Integers etc. lesen,

- über *Marshal.Write*... die gewünschten Bytes/Integers schreiben,

- die Bitmap mit *UnlockBits* freigeben und

- eventuell die zugehörige *PictureBox* mit *Refresh* aktualisieren.

Den wohl wichtigsten Punkt dürfen wir natürlich auch nicht vergessen:

---

**HINWEIS:** Auch wenn die Konstanten *Format24bppRgb* oder *Format32bppArgb* heißen, lassen Sie sich nicht veralbern! Die Bytes liegen immer in der Reihenfolge Blau-Grün-Rot bzw. Blau-Grün-Rot-Alpha im Speicher!

---

**BEISPIEL:** Alle Pixel der Grafik sollen auf Schwarz gesetzt werden (24-Bit-Bitmap)

```
public static void AllesSchwarzTest1(Bitmap bmp)
{
    int x, y, offset;
    BitmapData bmpData;
    Byte p;
    IntPtr ptr;
```

Sperren der Bitmap:

```
    bmpData = bmp.LockBits(new Rectangle(0, 0, bmp.Width, bmp.Height),
                        ImageLockMode.ReadWrite, PixelFormat.Format24bppRgb);
```

Pointer ermitteln:

```
    ptr = bmpData.Scan0;
    offset = 0;
    for (y = 0; y < bmp.Height - 1; y++)
    {
```

```
        for (x = 0; x < bmp.Width * 3 - 1; x++)
        {
            p = 0;
```

Schreiben in den gewünschten Speicherbereich (alle Farbwerte = 0):

```
            Marshal.WriteByte(ptr, offset, p);
```

Offset für *Marshal.Write* setzen:

```
            offset += 1;
        }
    }
```

Freigabe der Bitmap:

```
    bmp.UnlockBits(bmpData);
}
```

Haben Sie sich zu einem Test hinreißen lassen, wird es Ihnen sicher nicht anders als den Autoren ergangen sein. Nach quälenden Sekunden (bei den Autoren waren es mindestens 20) ist endlich das Bild schwarz. Programmierer der ersten Stunde (Visual Studio 2002/2003) werden jetzt sicher verwundert sein, war doch dort dasselbe Beispiel ausreichend schnell (im Millisekunden-Bereich).

**BEISPIEL:**   Eine optimierte Variante des vorhergehenden Beispiels, wir verwenden unsicheren Code, lösen unnötige Schleifen auf und verzichten auf unnötige Rechnereien:

```
public static void AllesSchwarzTest4(Bitmap bmp)
{
    BitmapData bmpData;

    bmpData = bmp.LockBits(new Rectangle(0, 0, bmp.Width, bmp.Height),
                           ImageLockMode.ReadWrite, PixelFormat.Format32bppRgb);
    unsafe
    {
        int* ptr = (int*)bmpData.Scan0;
        int size = bmp.Height * bmp.Width;
        for (int i = 0; i < size; i++)
                ptr[i] = 0;
    }
    bmp.UnlockBits(bmpData);
}
```

Endlich dürfte die Ausführungsgeschwindigkeit auch den letzten Nörgler zufrieden stellen, 16 Millisekunden für die Beispielgrafik von der CD sind schon ganz gut.

Damit wird uns dieser Lösungsansatz auch für die weiteren Beispiele als Vorlage dienen.

**BEISPIEL:**   Eine der einfachsten Operationen ist das **Invertieren** einer Bitmap, die einzelnen RGB-Werte brauchen nur negiert zu werden, d.h., der Farbwert ist von 255 abzuziehen.

```
public static void Invert(Bitmap bmp)
{
    BitmapData bmpData;

    bmpData = bmp.LockBits(new Rectangle(0, 0, bmp.Width, bmp.Height),
                           ImageLockMode.ReadWrite, PixelFormat.Format32bppRgb);
    unsafe
    {
        byte* ptr = (byte*)bmpData.Scan0;
        int size = bmp.Height * bmp.Width * 4;
        for (int i = 0; i < size; i++)
                ptr[i] = (byte)(ptr[i]^255);
        //    oder auch
        //    ptr[i] = (Byte)(255 - ptr[i]);
    }
    bmp.UnlockBits(bmpData);
}
```

**BEISPIEL:**   Beim Umwandeln einer Farbgrafik in ein **Graustufenbild** werden die einzelnen Farben entsprechend ihrer Leuchtkraft bewertet und daraus ein Graustufenwert (8 Bit) berechnet. Dieser Wert wird nachfolgend allen drei Farbkanälen zugewiesen.

```
public static void Grey(Bitmap bmp)
{
    BitmapData bmpData;

    bmpData = bmp.LockBits(new Rectangle(0, 0, bmp.Width, bmp.Height),
                           ImageLockMode.ReadWrite, PixelFormat.Format32bppRgb);
    unsafe
    {
        byte* ptr = (byte*)bmpData.Scan0;
        int size = bmp.Height * bmp.Width;
        for (int i = 0; i < size; i++)
        {
            Byte blau = ptr[0];
            Byte grün = ptr[1];
            Byte rot = ptr[2];
            Byte grau = (Byte) ((77 * blau + 151 * grün + 28 * rot) / 256);
            ptr[0] = ptr[1] = ptr[2] = grau;
```

```
                ptr += 4;
            }
        }
        bmp.UnlockBits(bmpData);
    }
```

**BEISPIEL:** Um ein Bild aufzuhellen oder dunkler zu machen genügt es, dass zu jedem Wert eine Konstante addiert wird. Um Werteüberläufe zu verhindern, müssten wir entweder bei jedem Wert abfragen, ob das Berechnungsergebnis den Wertebereich (255) überschreitet, oder wir legen gleich ein Array an, in welchem für jeden der möglichen 256 Werte der neue Wert gespeichert ist. Insbesondere bei großen Bildern können Sie so wertvolle Sekunden sparen, da nur noch der Wert aus dem Array ausgelesen werden muss (LUT = Look-Up-Table).

Normieren auf den Bereich 0... 255:

```
private static byte normiere(int Value)
{
    if (Value < 0) return 0;
    if (Value > 255) return 255;
    return (byte)Value;
}


public static void Brightness(Bitmap bmp, short Value)
{
    Byte[] ar = new Byte[256];
    //Zunächst die Tabelle berechnen:
    for (int i = 0; i < 256; i++)
        ar[i] = normiere(i + Value);
    BitmapData bmpData;
    bmpData = bmp.LockBits(new Rectangle(0, 0, bmp.Width, bmp.Height),
                        ImageLockMode.ReadWrite, PixelFormat.Format32bppRgb);
    unsafe
    {
        byte* ptr = (byte*)bmpData.Scan0;
        int size = bmp.Height * bmp.Width;
        for (int i = 0; i < size; i++)
        {
            ptr[0] = ar[ptr[0]];
            ptr[1] = ar[ptr[1]];
            ptr[2] = ar[ptr[2]];
            ptr += 4;
        }
```

```
        }
        bmp.UnlockBits(bmpData);
    }
```

**BEISPIEL:** Um den Kontrast eines Bildes zu erhöhen, normieren wir zunächst die Farbwerte, indem wir diese in einen Integerwert umwandeln und 128 abziehen. Den resultierenden Wert multiplizieren wir mit einem konstanten Faktor, nachfolgend wird die Normierung durch Addition von 128 wieder aufgehoben. Da wir die Gleitkomma-Operationen nicht für jeden Pixel ausführen möchten (Performance!), verwenden wir wieder ein Array (LUT), in welchem wir die Farbwerte vorberechnen.

```
public static void Contrast(Bitmap bmp, Single Value)
{
    Byte[] ar = new Byte[256];
    Value = 1 + Value / 100;
    //Zunächst die Tabelle berechnen:
    for (int i = 0; i < 256; i++)
        ar[i] = normiere((int)((i - 128) * Value) + 128);
    BitmapData bmpData;
    bmpData = bmp.LockBits(new Rectangle(0, 0, bmp.Width, bmp.Height),
                           ImageLockMode.ReadWrite, PixelFormat.Format32bppRgb);
    unsafe
    {
        byte* ptr = (byte*)bmpData.Scan0;
        int size = bmp.Height * bmp.Width;
        for (int i = 0; i < size; i++)
        {
            ptr[0] = ar[ptr[0]];
            ptr[1] = ar[ptr[1]];
            ptr[2] = ar[ptr[2]];
            ptr += 4;
        }
    }
    bmp.UnlockBits(bmpData);
}
```

**BEISPIEL:** Möchten Sie den Gamma-Wert eines Bildes anpassen, ist die Rechnerei schon etwas aufwändiger. Auch hier hilft nur eine LUT weiter, sonst ist die Laufzeit nicht zu verantworten.

```
public static void Gamma(Bitmap bmp, double Value)
{
    Byte[] ar = new Byte[256];
```

```
//Zunächst die Tabelle berechnen:
for (int i = 0; i < 256; i++)
    ar[i] = (byte)Math.Min(255, (int)((255.0 *
                        Math.Pow(i / 255.0, 1.0 / Value)) + 0.5));
BitmapData bmpData;
bmpData = bmp.LockBits(new Rectangle(0, 0, bmp.Width, bmp.Height),
                    ImageLockMode.ReadWrite, PixelFormat.Format32bppRgb);
unsafe
{
    byte* ptr = (byte*)bmpData.Scan0;
    int size = bmp.Height * bmp.Width;
    for (int i = 0; i < size; i++)
    {
        ptr[0] = ar[ptr[0]];
        ptr[1] = ar[ptr[1]];
        ptr[2] = ar[ptr[2]];
        ptr += 4;
    }
}
bmp.UnlockBits(bmpData);
}
```

**HINWEIS:** Die weiteren Funktionen finden Sie auf der Buch-CD, wir drucken den Quellcode an dieser Stelle nicht vollständig ab.

```
public static void AutoAdjust(Bitmap bmp)
{ ... }


public static void Sharpen(Bitmap bmp)
{ ... }


public static void Smoothing(Bitmap bmp)
{ ... }


public static void Emboss(Bitmap bmp)
{ ... }


public static void Gauss(Bitmap bmp)
{ ... }
...
```

### Quelltext (Form1)

Die Verwendung der *Filter*-Klasse ist denkbar einfach, Sie können den Methoden die jeweilige *Bitmap* übergeben und müssen nur noch die Bildschirmdarstellung mit *Invalidate* aktualisieren:

```
public partial class Form1 : Form
{
    private void button9_Click(object sender, EventArgs e)
    {
        Filter.Brightness((Bitmap)pictureBox1.Image,2);
        pictureBox1.Invalidate();
    }
    ...
}
```

### Test

Probieren Sie die verschiedenen Varianten mit unterschiedlichen Parametern aus.

---

**HINWEIS:** Eine Verwendung der *Filter*-Klasse finden Sie ebenfalls im Rezept R3.28.

---

# R3.41   Einen Markierungsrahmen erzeugen

So wie den Autoren wird es auch sicher manchem Leser ergangen sein. Mit der Umstellung auf .NET bzw. auf GDI+ fehlte plötzlich ein XOR-Zeichenmodus, bei dem das erneute Zeichnen mit den gleichen Koordinaten die vorhergehende Zeichnung wieder löscht (Gummiband).

Wir zeigen Ihnen eine einfach zu realisierende Lösung.

### Oberfläche

Ein nacktes Windows Form.

### Quelltext

```
public partial class Form1 : Form
{
```

Zunächst zwei Variablen, in denen wir uns die Koordinaten merken:

```
    Point p1;
    Point p2;
```

Mit dem Klicken der Maus speichern wir die Position ab:

```
private void Form1_MouseDown(object sender, MouseEventArgs e)
{
    p1 = e.Location;
    p2 = e.Location;
}
```

Bewegt sich die Maus und ist die linke Maustaste gedrückt:

```
private void Form1_MouseMove(object sender, MouseEventArgs e)
{
    if (e.Button == MouseButtons.Left)
    {
```

Löschen des vorher gezeichneten Rechtecks:

```
        ControlPaint.DrawReversibleFrame(new Rectangle(PointToScreen(p1),
                new Size(p2.X-p1.X,p2.Y-p1.Y)),Color.Black, FrameStyle.Dashed);
```

Neue Koordinate bestimmen:

```
        p2 = e.Location;
```

Zeichnen des neuen Rechtecks:

```
        ControlPaint.DrawReversibleFrame(new Rectangle(PointToScreen(p1),
                new Size(p2.X - p1.X, p2.Y - p1.Y)), Color.Black, FrameStyle.Dashed);
    }
}
```

Soll zum Schluss das Markierungsrechteck gelöscht werden, müssen wir noch einmal die Zeichenoperation ausführen:

```
private void Form1_MouseUp(object sender, MouseEventArgs e)
{
    ControlPaint.DrawReversibleFrame(new Rectangle(PointToScreen(p1),
            new Size(p2.X - p1.X, p2.Y - p1.Y)), Color.Black, FrameStyle.Dashed);
}
}
```

## Test

Ziehen Sie einfach einen Rahmen im Fenster auf:

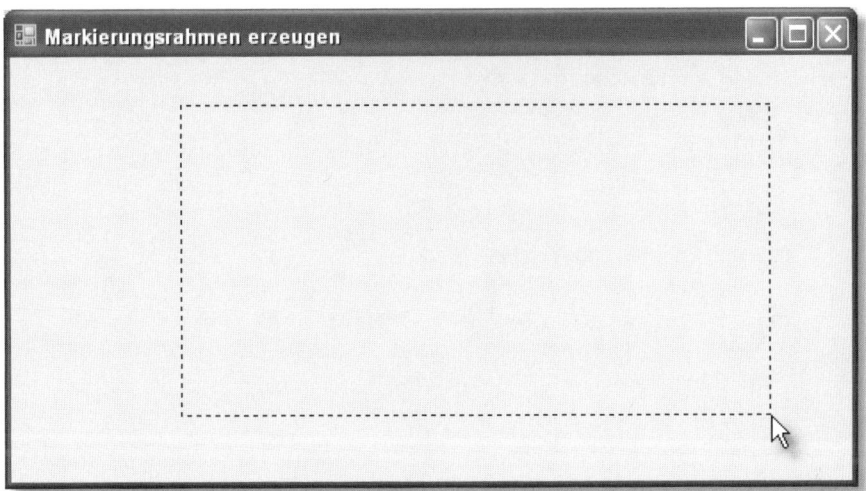

# R3.42  Zeichenoperationen mit der Maus realisieren

Dieses Rezept zeigt Ihnen eine Möglichkeit, wie Sie einfache Zeichenoperationen (Linie, Ellipse, Rechteck) in ein eigenes Programm integrieren können. Dreh- und Angelpunkt ist die Verwendung einer Hintergrundbitmap, mit deren Hilfe wir einen Gummiband-Effekt beim Zeichnen realisieren.

## Oberfläche

Ein Windows Form und eine *ToolStrip*-Komponente zur Auswahl der Zeichenoperation. Zusätzlich fügen Sie bitte noch eine *ColorDialog*-Komponente zur Auswahl der Malfarbe ein.

---

**HINWEIS:**  Wir haben die Oberfläche bewusst einfach gehalten, hier geht es um das Handling der Maus-Events und die Verwendung einer Hintergrundbitmap und nicht um Schönheit im Detail.

---

## Quelltext

```
public partial class Form1 : Form
{
```

Zunächst eine Enumeration definieren:

```
enum Figuren : int { Linie, Ellipse, Rechteck }
```

Eine Statusvariable für die Zeichenoperation:

```
private Figuren Figur = Figuren.Linie;
```

Die Bitmap und das *Graphics*-Objekt für die Hintergrundbitmap

```
private Bitmap bmp;
private Graphics bckg;
```

Der Malstift:

```
private Pen p;
```

Start- und Endpunkt der Zeichenoperation:

```
private Point p1;
private Point p2;
```

Im Konstruktor erzeugen wir zunächst die Hintergrundgrafik in der maximal nötigen Größe:

```
public Form1()
{
    InitializeComponent();
    Size maxsize = SystemInformation.PrimaryMonitorMaximizedWindowSize;
    bmp = new Bitmap(maxsize.Width, maxsize.Height);
    bckg = Graphics.FromImage(bmp);
```

Mit Hintergrundfarbe füllen:

```
    bckg.Clear(this.BackColor);
```

Zeichenstift initialisieren:

```
    p = new Pen(Color.Black);
}
```

Mit dem Drücken der Maustaste beginnt der Zeichenvorgang, wir merken uns die Position:

```
private void Form1_MouseDown(object sender, MouseEventArgs e)
{
    p1 = e.Location;
}
```

Jede Mausbewegung bei gedrückter linker Maustaste erfordert das Wiederherstellen der Grafik vor dem Zeichenvorgang und das erneute Zeichnen mit den neuen Mauskoordinaten:

```
private void Form1_MouseMove(object sender, MouseEventArgs e)
{
    p2 = e.Location;
    if (e.Button == MouseButtons.Left)
    {
        Graphics g = CreateGraphics();
        g.DrawImage(bmp, 0, 0);
        Zeichne(g);
```

```
        g.Dispose();
    }
}
```

Erst wenn die Maustaste losgelassen wird, fügen wir das gerade gewählte Zeichenobjekt mit den aktuellen Koordinaten in die Hintergrundbitmap ein:

```
private void Form1_MouseUp(object sender, MouseEventArgs e)
{
    Zeichne(bckg);
}
```

Die eigentliche Zeichenroutine unterscheidet die einzelnen Zeichenobjekte:

```
private void Zeichne(Graphics dst)
{
    switch (Figur)
    {
        case Figuren.Linie:
        {
                dst.DrawLine(p, p1, p2);
                break;
        }
        case Figuren.Rechteck:
        {
                dst.DrawRectangle(p, p1.X, p1.Y, p2.X - p1.X, p2.Y - p1.Y);
                break;
        }
        case Figuren.Ellipse:
        {
                dst.DrawEllipse(p, p1.X, p1.Y, p2.X - p1.X, p2.Y - p1.Y);
                break;
        }
    }
}
```

Auch nach einem Verdecken des Fensters soll die Grafik wieder hergestellt werden:

```
private void Form1_Paint(object sender, PaintEventArgs e)
{
    Graphics g = e.Graphics;
    g.DrawImage(bmp, 0, 0);
}
```

Auswahl der Zeichenobjekte über den *ToolStrip*:

```
private void toolStripButton1_Click(object sender, EventArgs e)
{
    Figur = Figuren.Linie;
}


private void toolStripButton3_Click(object sender, EventArgs e)
{
    Figur = Figuren.Ellipse;
}


private void toolStripButton2_Click(object sender, EventArgs e)
{
    Figur = Figuren.Rechteck;
}
```

Auswahl der Malfarbe:

```
private void toolStripButton4_Click(object sender, EventArgs e)
{
    colorDialog1.AllowFullOpen = true;
    if (colorDialog1.ShowDialog() == DialogResult.OK) p = new Pen(colorDialog1.Color);
}
}
```

## Test

Nach dem Start können Sie Ihren künstlerischen Fähigkeiten nachgehen:

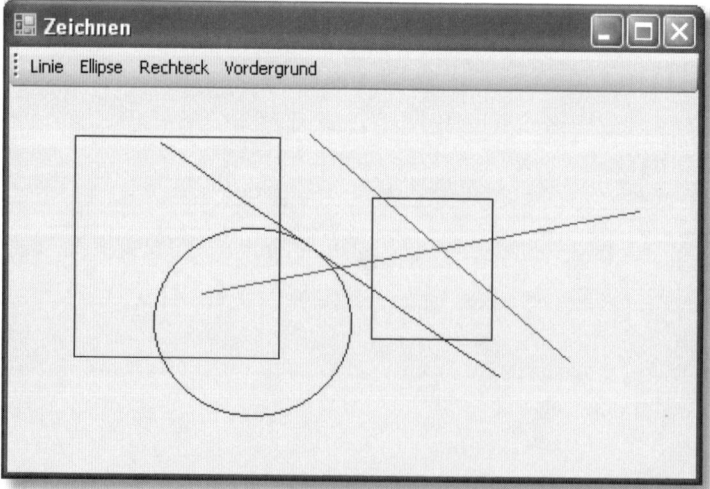

# R3.43   Ein Testbild programmieren

Vielleicht haben Sie sich endlich eine neue Grafikkarte gekauft und vielleicht auch den dazu passenden Monitor und möchten beides optimal aufeinander abstimmen. Dann dürfte dieser Beitrag genau richtig für Sie sein. Statt irgendein Testprogramm zu bemühen, schreiben Sie sich doch einfach selbst eins! Der Aufwand ist relativ gering, mit C# lässt sich schon nach ein paar Minuten ein Testbild auf den Monitor zaubern.

---

**HINWEIS:** Die Geschwindigkeit spielt eine untergeordnete Rolle. Eine Forderung an unser Programm soll jedoch nicht vergessen werden: Automatische Größenanpassung, unabhängig von der Bildschirmauflösung.

---

### Oberfläche

Setzen Sie die *BackColor*-Eigenschaft des Formulars auf *Black* und *FormBorderStyle* auf *None* (im Gegensatz zu obiger Abbildung sollte der Bildschirmhintergrund schwarz sein, das Formular hat weder Titelleiste noch Rand).

Zusätzlich müssen wir noch für ein möglichst großes Fenster sorgen, setzen Sie dazu die Eigenschaft *WindowsState* auf *Maximized*.

---

**HINWEIS:** Falls Sie die Windows-Taskbar stört: im Rezept R10.25 finden Sie eine Lösung, wie Sie diese ausblenden können.

---

### Quelltext

```
public partial class Form1 : Form
{
    private void Form1_Paint(object sender, PaintEventArgs e)
    {
```

Einen weißen Stift definieren:

```
        Pen p1 = new Pen(Color.White);
```

In einem Array legen wir ein paar Standardfarben ab:

```
        Brush[] brush = new Brush[16];
        brush[0] = Brushes.Black;
        brush[1] = Drushes.Maroon;
        brush[2] = Brushes.Green;
        brush[3] = Brushes.Olive;
        brush[4] = Brushes.Navy;
        brush[5] = Brushes.Purple;
        brush[6] = Brushes.Teal;
        brush[7] = Brushes.Gray;
```

```
brush[8]  = Brushes.Silver;
brush[9]  = Brushes.Red;
brush[10] = Brushes.Lime;
brush[11] = Brushes.Blue;
brush[12] = Brushes.Fuchsia;
brush[13] = Brushes.Aqua;
brush[14] = Brushes.Yellow;
brush[15] = Brushes.White;
```

Höhe und Breite des Fensters bestimmen.

```
int b = this.Width-1;
int h = this.Height-1;
```

Den Zugriff auf das *Graphics*-Objekt vereinfachen:

```
Graphics g = e.Graphics;
```

Wir zeichnen einige Farbblöcke:

```
for (int i = 0; i <= 7; i++)
{
    g.FillRectangle(brush[i+1], (i + 4) * b / 16 +1, h / 4 +1,  b / 16 , h / 12);
    g.FillRectangle(brush[i+8], (i + 4) * b / 16 + 1, h * 8/12 + 1, b / 16, h / 12);
}
```

Ein Raster einblenden:

```
for (int  x = 0; x <= 16; x++)
        g.DrawLine(p1, x * b/ 16, 0, x * b/ 16, h);
for (int y =  0; y<= 12; y++)
        g.DrawLine(p1, 0, y * h/12, b, y * h/ 12);
g.DrawLine(p1, 0,0,b,h);
g.DrawLine(p1, b,0, 0,h);
```

Einige Kreise zeichnen:

```
for (int i = 1; i <= h / 100; i++ )
{
    int h1 = i * 100;
    g.DrawEllipse(p1, (b-h1) / 2 , (h-h1) / 2 , h1,  h1);
}
```

Interferenz-Muster zeichnen:

```
for (int i = 0; i <= b / 16; i += 2)
{
    g.DrawLine(p1, i, 0, i, h / 12);
```

```
                    g.DrawLine(p1, b - i, 0, b - i, h / 12);
                    g.DrawLine(p1, i, h, i, h - h / 12);
                    g.DrawLine(p1, b - i, h, b - i, h - h / 12);
                }
                for (int i = b / 16; i <= b / 8; i += 3)
                {
                    g.DrawLine(p1, i, 0, i, h / 12);
                    g.DrawLine(p1, b - i, 0, b - i, h / 12);
                    g.DrawLine(p1, i, h, i, h - h / 12);
                    g.DrawLine(p1, b - i, h, b - i, h - h / 12);
                }
                for (int i = b / 8; i <= b * 3 / 16; i += 4)
                {
                    g.DrawLine(p1, i, 0, i, h / 12);
                    g.DrawLine(p1, b - i, 0, b - i, h / 12);
                    g.DrawLine(p1, i, h, i, h - h / 12);
                    g.DrawLine(p1, b - i, h, b - i, h - h / 12);
                }
```

Einen Text ausgeben:

```
        string s = "abcdefghijklmnopqrstuvwxyz ABCDEFGHIJKLMNOPQRSTUVWXYZ 1234567890";
        int w = (int) g.MeasureString(s,this.Font).Width;
        g.DrawString(s, this.Font, new SolidBrush(Color.White),
                              new PointF((b-w) / 2, h / 2+10));
    }
```

Last but not least müssen wir auch noch das Fenster schließen (bei beliebigem Tastendruck):

```
    private void Form1_KeyPress(object sender, KeyPressEventArgs e)
    {
        Close();
    }
}
```

## Test

Das Ergebnis zeigt recht anschaulich die Verwendung der verschiedenen Grafikmethoden sowie die in diesem Zusammenhang interessanten Eigenschaften des Formulars.

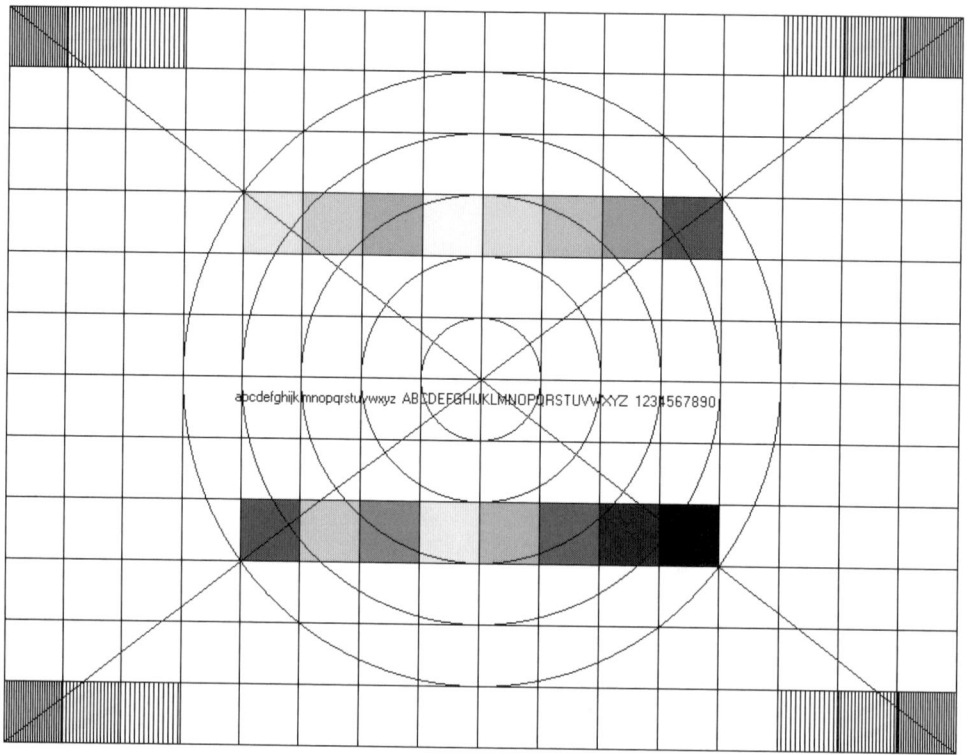

# Kapitel 4

# Drucker/Drucken

## R4.1 Mit C# drucken

Aufgabe dieses "Rezepts" ist die Druckausgabe eines 10 x 10 cm großen Rechtecks auf dem Standarddrucker. Damit soll das Grundkonzept der Druckausgabe in C# demonstriert werden.

### Oberfläche

Fügen Sie einem Windows Formular lediglich eine *PrintDocument*-Komponente und einen *Button* hinzu.

### Quelltext

```
public partial class Form1 : Form
{
```

Besetzen Sie das *PrintPage*-Ereignis der *PrintDocument*-Komponente wie folgt:

```
    private void printDocument1_PrintPage(object sender,
                                    System.Drawing.Printing.PrintPageEventArgs e)
    {
        e.Graphics.PageUnit = GraphicsUnit.Millimeter;
        e.Graphics.FillRectangle(new SolidBrush(Color.Blue), 30, 30, 100, 100);
    }
```

Den Druckvorgang starten Sie über den *Button*:

```
    private void button1_Click(object sender, EventArgs e)
    {
        printDocument1.Print();
    }
}
```

### Test

Nach dem Klick auf den *Button* dürfte sich Ihr Drucker in Bewegung setzen.

## R4.2   Den Windows Standard-Drucker ermitteln

Für die Anzeige in Auswahlboxen oder den Vergleich mit dem aktuell im Programm ausgewählten Drucker ist es sinnvoll, auch den von Windows definierten Standarddrucker abzufragen.

Dafür eigentlich sich am besten ein neu initialisiertes *PrintDocument*-Objekt, diesem ist automatisch zunächst der System-Standarddrucker zugewiesen.

### Oberfläche

Nur ein Windows Formular und ein *Label*-Control zur Anzeige.

### Quelltext

```
using System.Drawing.Printing;

public partial class Form1 : Form
{
    ...
    private void Form1_Load(object sender, EventArgs e)
    {
```

Instanz bilden:

```
        PrintDocument pd = new PrintDocument();
```

Abfrage des aktuell gewählten Druckers:

```
        label1.Text = pd.PrinterSettings.PrinterName;
    }
}
```

### Test

Nach dem Start wird der Name des Windows Standarddruckers angezeigt:

Den Standarddrucker erkennen Sie in der Systemsteuerung an einem kleinen Häkchen:

### Bemerkung

Möchten Sie überprüfen, ob der aktuell gewählte Drucker gleichzeitig auch der Systemstandarddrucker ist, können Sie dies mit Hilfe der Eigenschaft *IsDefaultPrinter* realisieren.

```
if (printDocument1.PrinterSettings.IsDefaultPrinter)
{  ...
```

# R4.3   Den Windows Standard-Drucker ändern

Soll der Drucker nicht nur innerhalb Ihrer .NET-Anwendung geändert werden (z.B. für das Drucken per Web-Browser oder OLE-Automation), müssen Sie schon auf die API zurückgreifen, die .NET-Klassen wirken sich nicht auf die Systemeinstellungen aus.

### Oberfläche

Nur ein Windows Form und eine *ComboBox* zur Anzeige der vorhandenen Drucker.

### Quelltext

```
using System.Drawing.Printing;
using System.Runtime.InteropServices;

public partial class Form1 : Form
{
```

Die API-Funktion einbinden:

```
    [DllImport("Winspool.drv")]
    private static extern bool SetDefaultPrinter(string printerName);
```

*ComboBox* mit den Namen der verfügbaren Drucker füllen und  Standarddrucker markieren:

```
    private void Form1_Load(object sender, EventArgs e)
    {
        foreach (string Printername in PrinterSettings.InstalledPrinters)
                comboBox1.Items.Add(Printername);
```

```
        string DefaultPrinter = (new PrintDocument()).PrinterSettings.PrinterName;
        comboBox1.SelectedItem = DefaultPrinter;
    }
```

Mit einer Auswahl in der *ComboBox* ändern wir auch den Standarddrucker:

```
    private void comboBox1_SelectedIndexChanged(object sender, EventArgs e)
    {
        SetDefaultPrinter((string) comboBox1.SelectedItem);
    }
}
```

### Test

Öffnen Sie neben der Anwendung noch die Windows-Druckerliste und beobachten Sie die Position des kleinen schwarzen Häkchens, wenn Sie den Drucker per *ComboBox* wechseln:

# R4.4   Die verfügbaren Drucker ermitteln

Der notwendige Quelltext ist so kurz, dass es sich kaum lohnt, dafür ein extra Rezept zu schreiben.

### Oberfläche

Auf das Startformular *Form1* setzen Sie eine *ListBox* und zwei *Button*s.

### Quelltext

```
using System.Drawing.Printing;

public partial class Form1 : Form
{
    private void button1_Click(object sender, EventArgs e)
    {
        foreach (string Printername in PrinterSettings.InstalledPrinters)
                listBox1.Items.Add(Printername);
    }
}
```

### Test

Nach Klick auf die "Start"-Schaltfläche begrüßt Sie die Auflistung Ihrer Drucker:

## R4.5  Einen Drucker auswählen

Natürlich könnte man einen Standarddialog verwenden, um einen anderen als den Windows-Standarddrucker einzustellen. Wir aber wollen dies per Code erledigen und müssen deshalb in der *Printers*-Auflistung nach weiteren Alternativen Ausschau halten. Einen Lösungsvorschlag zeigt das vorliegende Rezept.

### Oberfläche

Mehr als eine *ComboBox*, ein *Button* und eine *PrintDocument*-Komponente sind nicht erforderlich.

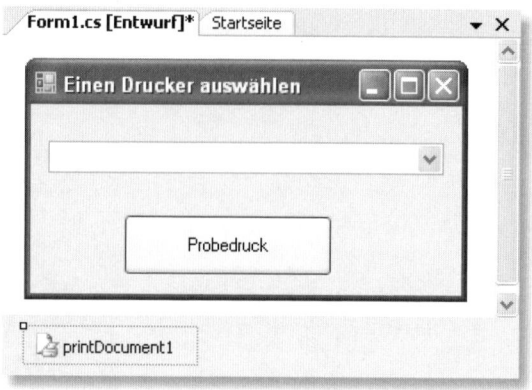

## Quelltext

```
using System.Drawing.Printing;
public partial class Form1 : Form
{
```

Die Startaktivitäten:

```
    public Form1()
    {
        InitializeComponent();
        foreach (String Printername in PrinterSettings.InstalledPrinters)
                comboBox1.Items.Add(Printername);
        comboBox1.Text = printDocument1.PrinterSettings.PrinterName;
    }
```

Den Probedruck starten:

```
    private void button1_Click(object sender, EventArgs e)
    {
        printDocument1.DefaultPageSettings.PrinterSettings.PrinterName = comboBox1.Text;
        printDocument1.Print();
    }
```

Der Aufruf der *Print*-Methode löst das *PrintPage*-Event aus. Im übergebenen *Graphics*-Objekt
zeichenen wir ein blaues Rechteck:

```
    private void printDocument1_PrintPage(object sender, PrintPageEventArgs e)
    {
        e.Graphics.PageUnit = GraphicsUnit.Millimeter;
         e.Graphics.FillRectangle(new SolidBrush(Color.Blue), 30, 30, 100, 100);
    }
}
```

**Test**

Sofort nach Programmstart erscheint die Liste der verfügbaren Drucker. Treffen Sie Ihre Auswahl und starten Sie den Probedruck

# R4.6 Papierformate und Seitenabmessungen bestimmen

Geht es um die Abfrage, welche Papierarten der Drucker unterstützt, können Sie einen Blick auf die *PaperSizes*-Collection werfen. Diese gibt Ihnen nicht nur Auskunft über die Blattgröße (*Height, Width*), sondern auch über die Blattbezeichnung (*PaperName*) und den Typ (*Kind*).

## Oberfläche

Ein Windows Form und eine *ListBox*.

## Quelltext

```
using System.Drawing.Printing;

public partial class Form1 : Form
{
    private void Form1_Load(object sender, EventArgs e)
    {
        PrintDocument pd = new PrintDocument();
        foreach (PaperSize ps in pd.PrinterSettings.PaperSizes)
                listBox1.Items.Add(ps);
    }
}
```

## Test

---

**HINWEIS:**  Die Blattabmessungen werden in 1/100 Zoll zurückgegeben! Der Umrechnungs-
faktor in Millimetern ist 0,254.

---

**BEISPIEL:**   Anzeige der aktuellen Blattabmessungen in Millimetern

```
Debug.WriteLine(pd.PrinterSettings.DefaultPageSettings.PaperSize.Height * 0.254);

Debug.WriteLine(pd.PrinterSettings.DefaultPageSettings.PaperSize.Width * 0.254);
```

Gleichzeitig steht Ihnen mit *System.Drawing.Printing.PaperKind* eine Aufzählung der Standard-
papierformate zur Verfügung (Auszug):

| Element | Beschreibung |
| --- | --- |
| *A2* | A2 (420 x 594 mm) |
| *A3* | A3 (297 x 420 mm) |
| *A3Extra* | A3 Extra (322 x 445 mm) |
| *A3ExtraTransverse* | A3 Extra quer (322 x 445 mm) |
| *A3Rotated* | A3 gedreht (420 x 297 mm) |
| *A3Transverse* | A3 quer (297 x 420 mm) |
| *A4* | A4 (210 x 297 mm) |

# R4.7   Den physikalischen Druckbereich ermitteln

Leider druckt nicht jeder Drucker bis zu den Betträndern, was den MS-Programmierern bis zur
Version 2.0 des .NET-Framework wohl verborgen geblieben ist. Doch alles wird gut, und so finden Sie in der neuen Version drei Eigenschaften, mit der sich der eigentliche Druckbereich und
insbesondere der Offset des Druckbereichs bestimmen lassen.

---

**HINWEIS:**  Vergessen Sie in diesem Zusammenhang die Eigenschaft *Margins* ganz schnell
wieder, hier handelt es sich lediglich um theoretische Seitenränder, die Sie selbst
definieren können.

---

### Oberfläche

Nur ein Windows Form und eine *ListBox*.

### Quelltext

```
using System.Drawing.Printing;

public partial class Form1 : Form
{
```

Auslesen der Werte:

```csharp
private void Form1_Load(object sender, EventArgs e)
{
    PrintDocument pd = new PrintDocument();
    listBox1.Items.Add("Linker Rand:" + pd.DefaultPageSettings.HardMarginX * 0.254);
    listBox1.Items.Add("Oberer Rand:" + pd.DefaultPageSettings.HardMarginY * 0.254);
    listBox1.Items.Add("Druckbreite:" + pd.DefaultPageSettings.PrintableArea.Width *
                                                                                0.254);
    listBox1.Items.Add("Druckhöhe:" + pd.DefaultPageSettings.PrintableArea.Height *
                                                                                0.254);
}
}
```

---

**HINWEIS:** Die etwas umständliche Rechnerei ist dem Maßsystem unserer amerikanischen
Freunde geschuldet.

---

### Test

Nach dem Start werden die gesuchten Werte in der *ListBox* angezeigt:

### Bemerkung

Wer noch mit dem alten Framework arbeiten darf, muss auf die GDI-Programmierung verwiesen werden.

**BEISPIEL:**   Ausgabe des bedruckbaren Blattbereichs sowie der physikalischen Seitenränder in der *ListBox*

Binden Sie zunächst die GDI-Funktion *GetDeviceCaps* sowie einige Konstanten ein:

```csharp
using System.Drawing.Printing;
using System.Diagnostics;
using System.Runtime.InteropServices;

...
```

```
[DllImport("gdi32.dll")]
private static extern int GetDeviceCaps(IntPtr hdc,int nIndex);


private const int PHYSICALOFFSETX = 112;
private const int PHYSICALOFFSETY = 113;
private const int LOGPIXELSX = 88;
private const int LOGPIXELSY = 90;
private const int HORZSIZE = 4;
private const int VERTSIZE = 6;
```

Das nächste Problem: Woher bekommen wir einen DC für die GDI-Funktion? Ein *Graphics*-Objekt, mit dem sich ein DC erzeugen lässt, steht uns zu diesem Zeitpunkt nicht zur Verfügung.

Doch ein aufmerksamer Blick in die Online-Hilfe verrät uns, dass die Methode *CreateMeasurementGraphics* doch ein *Graphics*-Objekt zurück gibt, das vom konzeptionellen Ansatz her einem Informationsgerätekontext entspricht. Der mit der Methode *GetDC* erzeugte DC genügt uns für die Abfrage von Eigenschaften des aktuellen Druckers:

```
private void button1_Click(object sender, EventArgs e)
{

    PrintDocument pd = new PrintDocument();


    Graphics g = pd.PrinterSettings.CreateMeasurementGraphics();
    IntPtr dc = g.GetHdc();
    listBox1.Items.Add("Offset X: " + GetDeviceCaps(dc, PHYSICALOFFSETX) * 25.4 /
                                        GetDeviceCaps(dc, LOGPIXELSX));
    listBox1.Items.Add("Offset Y: " + GetDeviceCaps(dc, PHYSICALOFFSETY) * 25.4 /
                                        GetDeviceCaps(dc, LOGPIXELSY));
    listBox1.Items.Add("Druckbreite: " + GetDeviceCaps(dc, HORZSIZE));
    listBox1.Items.Add("Druckhöhe: " + GetDeviceCaps(dc, VERTSIZE));
    g.ReleaseHdc(dc);
}
```

Der Vergleich beider Varianten zeigt Erstaunliches:

```
Linker Rand:6,35
Oberer Rand:4,064
Druckbreite:197,358
Druckhöhe:286,342677001953
Offset X: 6,35
Offset Y: 4,23333333333333
Druckbreite: 197
Druckhöhe: 286
```

Während der linke Rand übereinstimmt (ist ja schon mal was ...) differieren die restlichen Werte teilweise. Da hat wohl der Rechenfehler beim mehrfachen Wechsel der Einheiten zugeschlagen.

# R4.8   Die aktuelle Seitenausrichtung ermitteln

Kurz und knapp: Die aktuelle Blatt- bzw. Seitenausrichtung können Sie über die Eigenschaft *Landscape* abfragen.

**BEISPIEL:**   Abfrage der Seitenausrichtung

```
using System.Drawing.Printing;
...
            PrintDocument pd = new PrintDocument();
            if (pd.PrinterSettings.DefaultPageSettings.Landscape)
            {
...
```

# R4.9   Testen ob es sich um einen Farbdrucker handelt

Auch hier gibt es eine kurze Antwort: Ob Ihr aktuell gewählter Drucker auch in der Lage ist, mehr als nur Schwarz zu Papier zu bringen, lässt sich mit der Eigenschaft *SupportsColor* ermitteln.

**BEISPIEL:**   Farbfähigkeit bestimmen

```
using System.Drawing.Printing;
...
            PrintDocument pd = new PrintDocument();
            if (pd.PrinterSettings.SupportsColor)
            {
...
```

# R4.10   Die physikalische Druckauflösung abfragen

Möchten Sie sich über die physikalische Druckauflösung des aktiven Druckers informieren, sollten Sie sich mit der Eigenschaft *PrinterResolution* näher beschäftigen.

### Oberfläche

Nur ein Windows Form und eine *ListBox*.

## Quelltext

```
using System.Drawing.Printing;


public partial class Form1 : Form
{
    private void Form1_Load(object sender, EventArgs e)
    {
        PrintDocument pd = new PrintDocument();
        listBox1.Items.Add("Auflösung X: " + pd.DefaultPageSettings.PrinterResolution.X);
        listBox1.Items.Add("Auflösung Y: " + pd.DefaultPageSettings.PrinterResolution.Y);
        listBox1.Items.Add("Kind: " + pd.DefaultPageSettings.PrinterResolution.Kind);
    }
}
```

**HINWEIS:** Die Rückgabewerte entsprechen Punkten pro Zoll (Dots per Inch: dpi).

Über die *Kind*-Eigenschaft können Sie folgenden Werte abrufen:

| Kind | Beschreibung |
|------|--------------|
| *Custom* | Benutzerdefinierte Auflösung |
| *Draft* | Auflösung in Entwurfsqualität |
| *High* | Hohe Auflösung |
| *Low* | Niedrige Auflösung |
| *Medium* | Mittlere Auflösung |

## Test

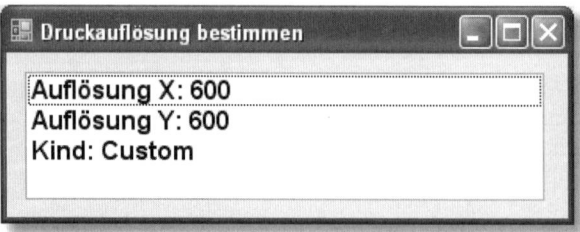

## Bemerkung

Möchten Sie die Druckauflösung ändern, können Sie nur auf die *PrinterResolution*-Eigenschaft zugreifen, die Elemente *X* bzw. *Y* sind schreibgeschützt. Gültige Werte für die Zuweisung können Sie über die Auflistung *PrinterResolutions* abrufen:

```
...
                PrintDocument pd = new PrintDocument();
                foreach (PrinterResolution pr in pd.PrinterSettings.PrinterResolutions)
                  listBox1.Items.Add(pr);
```

Beispielausgabe:

```
[PrinterResolution Low]
[PrinterResolution Draft]
[PrinterResolution X=600 Y=600]
[PrinterResolution X=300 Y=300]
```

# R4.11   Prüfen, ob beidseitiger Druck möglich ist

Ob ein Drucker duplexfähig ist, d.h., ob er beidseitig drucken kann, ermitteln Sie über die Eigenschaft *CanDuplex*.

**BEISPIEL:**   Duplexfähigkeit bestimmen

```
using System.Drawing.Printing;
...
                PrintDocument pd = new PrintDocument();
                if (pd.PrinterSettings.CanDuplex)
                {
...
```

**HINWEIS:**   Siehe dazu auch R4.17 "Beidseitigen Druck realisieren".

# R4.12   Einen Informationsgerätekontext erzeugen

Wer schon mit GDI-Funktionen gearbeitet hat, dem wird der Begriff "Informationsgerätekontext" sicher nicht unbekannt sein. Der Hintergrund: Bei einem Drucker wird für die Abfrage von Gerätemerkmalen (Auflösung, Seitenränder etc.) häufig ein DC benötigt, der zum Beispiel im Zusammenhang mit der Funktion *GetDeviceCaps* genutzt wird. Dieses DC ist nur für die **Abfrage** von Werten vorgesehen.

Die Lösung: Mit Hilfe der Methode *CreateMeasurementGraphics* erzeugen Sie zunächst ein *Graphics*-Objekt, und dieses stellt bekanntlich die Methode *GetDC* zur Verfügung.

Im Beispielprogramm testen wir die Grafikfähigkeit des Druckers[1].

---

[1] Nicht jeder Drucker muss auch voll grafikfähig sein, hier müssen Sie teilweise Einschränkungen erwarten.

## Oberfläche

Nur ein Windows Form und ein *Label*.

## Quelltext

```
using System.Drawing.Printing;
using System.Runtime.InteropServices;

public partial class Form1 : Form
{
```

Die Konstanten für die möglichen Rückgabewerte der API-Funktion:

```
    private const int TECHNOLOGY = 2;
    private const int DT_PLOTTER = 0;
    private const int DT_RASPRINTER = 2;
    private const int DT_CHARSTREAM = 4;
    private const int DT_METAFILE = 5;
```

Einbinden der API-Funktion:

```
    [DllImport("gdi32.dll")]
    private static extern int GetDeviceCaps(IntPtr hdc, int nIndex);

    private void Form1_Load(object sender, EventArgs e)
    {
```

Informationsgerätekontext erzeugen:

```
        PrintDocument pd = new PrintDocument();
        Graphics g = pd.PrinterSettings.CreateMeasurementGraphics();
        IntPtr dc = g.GetHdc();
```

Abfrage der Grafikfähigkeit und Auswertung:

```
        switch (GetDeviceCaps(dc, TECHNOLOGY))
        {
            case DT_PLOTTER:
                label1.Text = "Plotter"; break;
            case DT_CHARSTREAM:
                label1.Text = "Zeichen"; break;
            case DT_METAFILE:
                    label1.Text = "Metafile"; break;
            case DT_RASPRINTER:
                    label1.Text = "Rasterdrucker"; break;
        }
```

```
        g.ReleaseHdc(dc);
    }
}
```

**HINWEIS:** Vergessen Sie nicht, den DC wieder freizugeben. Dies muss innerhalb der aktuellen Ereignisroutine geschehen, Sie können den Wert **nicht** in einer globalen Variablen speichern!

### Test

Nach dem Start wird bereits das Ergebnis angezeigt:

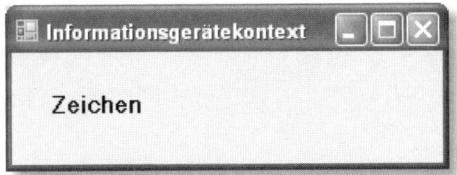

**HINWEIS:** Installieren Sie ruhig einmal den "Generic/Text Only"-Drucker als Standarddrucker und lassen Sie dann das Programm laufen. Dieser Druckertreiber kann nur Zeichen verarbeiten, keine Grafiken (siehe oben).

# R4.13 Drucken in Millimetern

Sie werden hoffentlich nicht auf die Idee kommen, Zeichnungen in Pixeln auf dem Drucker auszugeben, je nach Modell ist sonst Ihre Grafik mikroskopisch klein oder riesengroß. Bleibt die Frage, wie Sie die Maßeinheit auf Millimeter umstellen können. Die Lösung ist schnell gefunden, über die Eigenschaft *PageUnit* können Sie eine der folgenden Maßeinheiten auswählen:

| Konstante | Eine Einheit entspricht ... |
|---|---|
| *Display* | 1/75 Zoll |
| *Document* | 1/300 Zoll |
| *Inch* | 1 Zoll |
| *Millimeter* | 1 Millimeter |
| *Pixel* | 1 Gerätepixel |
| *Point* | 1/72 Zoll (Point) |

**BEISPIEL:** Setzen der Maßeinheit im *PrintPage*-Ereignis

```
using System.Drawing.Printing;
...
```

```
private void printDocument1_PrintPage(object sender, PrintPageEventArgs e)
{
    e.Graphics.PageUnit = GraphicsUnit.Millimeter;
    e.Graphics.DrawLine(new Pen(Color.Black, 10), 50, 100, 150, 200);
...
```

# R4.14   Die Seitenränder für den Druck festlegen

Tja, welche Ränder meinen Sie denn? Geht es um Seitenränder wie zum Beispiel in MS Word, nutzen Sie die Eigenschaft *Margins*. Allerdings bedeutet das Festlegen per Code oder mit Hilfe der Dialogbox *PageSetupDialog* noch lange nicht, dass diese Ränder auch zwingend eingehalten werden. Dafür sind Sie im *PrintPage*-Ereignis selbst verantwortlich.

Die folgende Abbildung soll Ihnen die Problematik verdeutlichen. In jedem der drei Fälle werden, beginnend mit der Koordinate 0,0 (linke obere Ecke), Zufallslinien gezeichnet, die maximal die Abmessungen des Blattes erreichen.

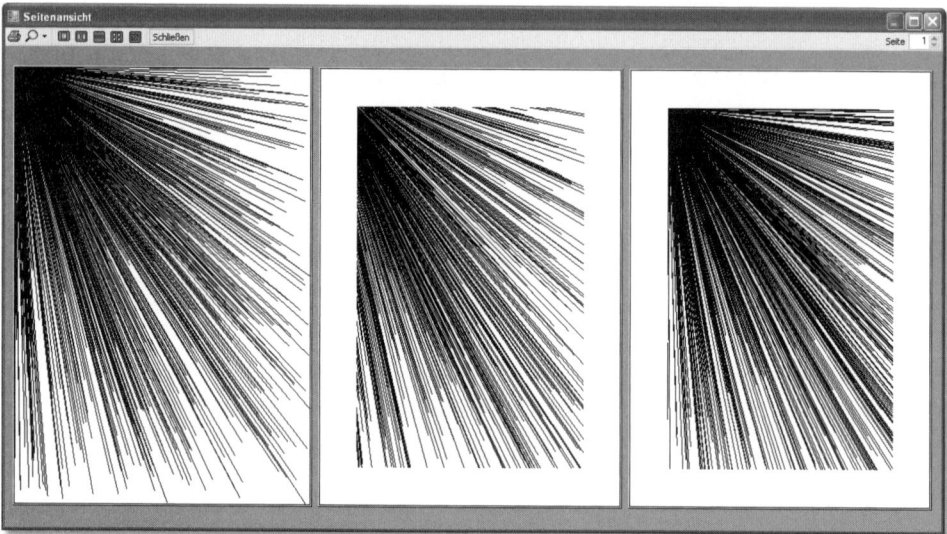

Ein kleines Testprogramm zeigt die Vorgehensweise.

### Oberfläche

Ein Windows Form, ein *Button*, eine *PrintDocument*-Komponente sowie ein *PrintPreview-Dialog* als Druckvorschau.

Verknüpfen Sie *PrintDocument* und *PrintPreviewDialog* über die Eigenschaft *Document* miteinander.

## Quelltext

```
public partial class Form1 : Form
{
...
```

Eine Variable für die Seitenauswahl:

```
    private int page;
```

Die Anzeige der Druckvorschau:

```
    private void button1_Click(object sender, EventArgs e)
    {
        printPreviewDialog1.ShowDialog();
    }
```

Vor dem Drucken wählen wir die erste Seite:

```
    private void printDocument1_BeginPrint(object sender,
                                System.Drawing.Printing.PrintEventArgs e)

    {
        page = 1;
    }
```

Der eigentliche Druckvorgang:

```
    private void printDocument1_PrintPage(object sender,
                                System.Drawing.Printing.PrintPageEventArgs e)

    {
```

Einige Objekte initialisieren:

```
        Graphics g = e.Graphics;
        Pen p = new Pen(Color.Black);
        Random Rnd = new Random();
        g.PageUnit = GraphicsUnit.Display;
        switch (page)
        {
            case 1:
```

Variante1 ignoriert die eingestellten Seitenränder (Default:100,100,100,100) :

```
                g.PageUnit = GraphicsUnit.Display;
                for (int i = 0; i <= 500; i++)
                    g.DrawLine(p, 0, 0, Rnd.Next(e.PageBounds.Width),
                                    Rnd.Next(e.PageBounds.Height));
                break;
```

Variante 2 berücksichtigt bereits die eingestellten Seitenränder durch die Verwendung eines Clipping-Bereichs:

```
case 2:
    g.PageUnit = GraphicsUnit.Display;
    g.SetClip(e.MarginBounds);
    for (int i = 0; i <= 500; i++)
        g.DrawLine(p, 0, 0, Rnd.Next(e.PageBounds.Width),
                            Rnd.Next(e.PageBounds.Height));
    break;
```

Variante 3 bringt auch den Koordinatenursprung an die richtige Position:

```
case 3:
    g.PageUnit = GraphicsUnit.Display;
    g.SetClip(e.MarginBounds);
    g.TranslateTransform(e.MarginBounds.Left, e.MarginBounds.Top);
```

Damit brauchen Sie sich beim Zeichnen eigentlich nur noch um die Breite und Höhe des bedruckbaren Bereichs (*e.MarginBounds.Width* bzw. *e.MarginBounds.Height*) zu kümmern, die linke obere Ecke ist bereits korrekt gesetzt.

```
    for (int i = 0; i <= 500; i++)
        g.DrawLine(p, 0, 0, Rnd.Next(e.PageBounds.Width),
                            Rnd.Next(e.PageBounds.Height));
    break;
}
}
```

Auf die nächste Seite wechseln:

```
    page++;
    e.HasMorePages = page < 4;
}
}
```

---

**HINWEIS:** Die Eigenschaft *Margins* hebt natürlich keine physikalischen Grenzen auf. Wenn der Drucker einen entsprechenden Offset aufweist, müssen Sie diesen auch berücksichtigen (siehe Rezept R4.7 "Den physikalischen Druckbereich ermitteln").

---

## Test

Nach dem Start klicken Sie auf den Button, um die Druckvorschau mit den drei Varianten anzuzeigen (siehe Einleitung).

## R4.15    Den Druckjobnamen festlegen

Was im Normalfall eher sekundär ist, kann in Netzwerk- bzw. Multiuser-Umgebungen für mehr Übersicht sorgen. Über die Eigenschaft *DocumentName* können Sie vor dem Drucken einen aussagekräftigen Druckjobnamen festlegen, der im Druckerspooler angezeigt wird.

BEISPIEL:    Ändern des Druckjob-Namens

```
printDocument1.DocumentName = "Mein erster C#.NET-Druckversuch";
```

## R4.16    Die Anzahl der Kopien festlegen

Die Anzahl der Druckkopien kann zum einen mit Hilfe des Dialogs *PrintDialog*, zum anderen auch per Code festgelegt werden. Nutzen Sie dazu die Eigenschaft *Copies*.

BEISPIEL:    Drei Kopien

```
printDocument1.PrinterSettings.Copies = 3;
```

HINWEIS:    Mit *MaximumCopies* können Sie einen Maximalwert für die Druckdialoge vorgeben!

BEISPIEL:    Maximal drei Kopien zulassen

```
printDocument1.PrinterSettings.MaximumCopies = 5;
```

## R4.17    Beidseitigen Druck realisieren

Geht es um das beidseitige Bedrucken von Papier, was aus ökologischer Sicht sicher sinnvoll ist, müssen Sie sich zunächst vergewissern, dass der Drucker auch über dieses Feature verfügt (siehe Rezept R4.11 "Prüfen, ob beidseitiger Druck möglich ist"). Nachfolgend können Sie über die *Duplex*-Eigenschaft den gewünschten Wert einstellen.

BEISPIEL:    Einstellen der *Duplex*-Eigenschaft

```
using System.Drawing.Printing;

...

printDocument1.PrinterSettings.Duplex = Duplex.Horizontal;
```

| Konstante | Beschreibung |
|---|---|
| *Default* | Die Standardeinstellungen des Druckers werden genutzt. |
| *Simplex* | Der "normale" einseitige Druck. |

| Konstante | Beschreibung |
|---|---|
| *Horizontal* | 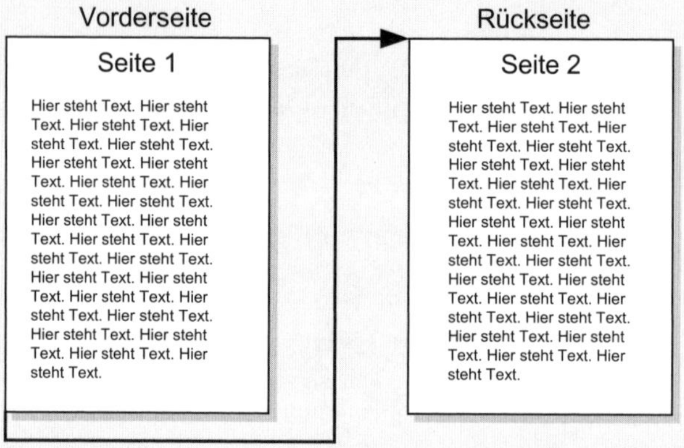 **Vorderseite**     **Rückseite**<br><br>Seite 1<br><br>Hier steht Text. Hier steht Text. Hier steht Text. Hier steht Text. Hier steht Text. Hier steht Text. Hier steht Text. Hier steht Text. Hier steht Text. Hier steht Text. Hier steht Text. Hier steht Text. Hier steht Text. Hier steht Text. Hier steht Text. Hier steht Text. Hier steht Text. Hier steht Text.<br><br>Seite 2<br><br>Hier steht Text. Hier steht Text. Hier steht Text. Hier steht Text. Hier steht Text. Hier steht Text. Hier steht Text. Hier steht Text. Hier steht Text. Hier steht Text. Hier steht Text. Hier steht Text. Hier steht Text. Hier steht Text. Hier steht Text. |
| *Vertical* | 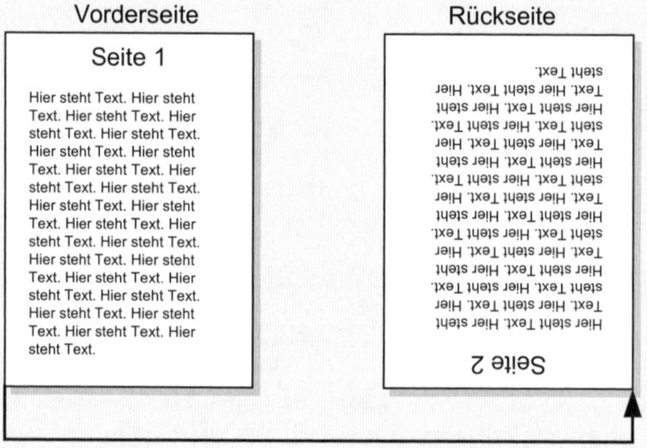 **Vorderseite**     **Rückseite**<br><br>Seite 1<br><br>Hier steht Text. Hier steht Text. Hier steht Text. Hier steht Text. Hier steht Text. Hier steht Text. Hier steht Text. Hier steht Text. Hier steht Text. Hier steht Text. Hier steht Text. Hier steht Text. Hier steht Text. Hier steht Text. Hier steht Text. Hier steht Text. Hier steht Text. Hier steht Text. |

# R4.18 Bestimmte Seitenbereiche drucken

Die Überschrift dürfte auf den ersten Blick etwas missverständlich klingen, da Sie doch selbst über den zu druckenden Inhalt entscheiden. Wenn Sie sich jedoch an den Standard-Druckerdialog erinnern, sind dort auch Optionen für die Seitenauswahl möglich:

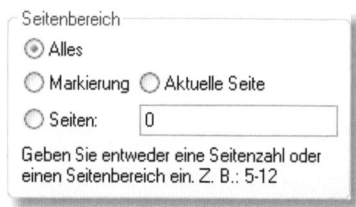

Leider ist die Unterstützung dieser Option ein nicht ganz leicht verdaulicher Brocken.

Zunächst einmal unterscheiden Sie die vier gewählten Optionen (Alles, Markierung, Seiten, Aktuelle Seite) mit Hilfe der folgenden Konstanten über die *PrintRange*-Eigenschaft.

| Konstante | Beschreibung |
| --- | --- |
| *AllPages* | Alle Seiten drucken. |
| *Selection* | Die ausgewählten Seiten drucken (diese müssen in Ihrem Programm ausgewählt werden). |
| *SomePages* | Die Seiten zwischen *FromPage* und *ToPage* sollen gedruckt werden. |
| *CurrentPage* | Die aktuelle Seite drucken (was die aktuelle Seite ist, bestimmt Ihr Programm). |

Ein Beispiel zeigt die Auswertung der vier Varianten im Zusammenhang.

## Oberfläche

Entwerfen Sie eine einfache Oberfläche nach folgendem Vorbild:

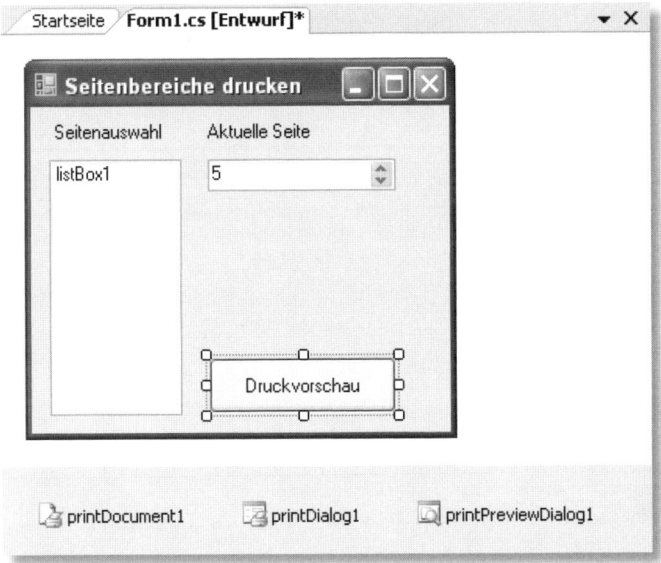

- *ListBox1* soll eine Mehrfachauswahl ermöglichen, setzen Sie dazu *SelectionMode* auf *MultiExtended*. Die Einträge erzeugen wir zur Laufzeit.

- Die *Document*-Eigenschaft von *PrintDialog1* und *PrintPreviewDialog1* setzen Sie auf *PrintDocument1*.

- Setzen Sie *AllowCurrentPage*, *AllowSelection* und *AllowSomePages* von *PrintDialog1* auf *True*.

- *Maximum* und *Minimum* von *NumericUpDown1* legen Sie auf 30 bzw. 1 fest.

## Quelltext

```
using System.Drawing.Printing;

public partial class Form1 : Form
{
```

Eine Variable für die aktuell zu druckende Seite:

```
    int page;
```

Die aktuelle Seite bei Mehrfachauswahl:

```
    int selectedindex;
```

Die maximal druckbaren Seiten (Dokumentlänge):

```
    const int maxpages = 30;
```

Beim Programmstart füllen wir ´zunächst die *ListBox* mit den möglichen Seitenzahlen (1..30):

```
    private void Form1_Load(object sender, EventArgs e)
    {
        for (int i = 0; i <= maxpages; i++)
                listBox1.Items.Add("Seite " + i.ToString());
    }
```

Druckerdialog anzeigen und im Erfolgsfall die Druckvorschau öffnen:

```
    private void button1_Click(object sender, EventArgs e)
    {
        if (printDialog1.ShowDialog() == DialogResult.OK)
                printPreviewDialog1.ShowDialog();
    }
```

Vorbereiten des "Druckvorgangs":

```
    private void printDocument1_BeginPrint(object sender,
                                    System.Drawing.Printing.PrintEventArgs e)
    {
        page = 1;
        selectedindex = 0;
```

Zur Sicherheit prüfen wir, ob auch mindestens eine Seiten ausgewählt wurde (nur bei Seiten-auswahl):

```
        switch (printDialog1.PrinterSettings.PrintRange)
        {
            case PrintRange.Selection:
                    if (listBox1.SelectedItems.Count == 0)
```

```
                                            e.Cancel = true;
                        break;
                }
        }
```

Der eigentliche Druckvorgang:

```
    private void printDocument1_PrintPage(object sender,
                                        System.Drawing.Printing.PrintPageEventArgs e)
    {
        int printpage = 0;
```

Ja nach Auswahl im Druckdialog müssen wir nun die aktuelle Seite bestimmen:

```
        switch (e.PageSettings.PrinterSettings.PrintRange)
        {
```

Es soll die aktuelle Seite gedruckt werden (der Wert wird per *NumericUpDown* bestimmt):

```
            case PrintRange.CurrentPage:
                    printpage = (int) numericUpDown1.Value;
                    break;
```

Es soll ein Seitenbereich gedruckt werden:

```
            case PrintRange.SomePages:
                    printpage = page + e.PageSettings.PrinterSettings.FromPage - 1;
                    break;
```

Es sollen Alle Seiten gedruckt werden:

```
            case PrintRange.AllPages:
                    printpage = page;
                    break;
```

Eine Seitenauswahl (*ListBox*) soll gedruckt werden:

```
            case PrintRange.Selection:
                    printpage = listBox1.SelectedIndices[selectedindex];
                    selectedindex++;
                    break;
        }
```

Hier können Sie die Seite auswerten und die Drucklogik unterbringen:

```
        switch (printpage)
        {
            case 1:
                    break;
```

```
        case 2:
                break;
        // ...
    }
```

Unser Beispiel zeigt stattdessen die aktuelle Seitenzahl an:

```
e.Graphics.DrawString("Seite : " + printpage.ToString(),
    new Font("Arial", 20, FontStyle.Bold, GraphicsUnit.Millimeter),
        Brushes.Black, 70, 50);
```

Eine Seite weiter:

```
page++;
```

Ja nach Auswahl im Druckerdialog bestimmen wir jetzt, ob es noch weitere Seiten gibt:

```
switch (e.PageSettings.PrinterSettings.PrintRange)
{
    case PrintRange.Selection:
            e.HasMorePages = selectedindex < listBox1.SelectedIndices.Count;
            break;
    case PrintRange.CurrentPage:
            e.HasMorePages = false;
            break;
    case PrintRange.SomePages:
            e.HasMorePages = (printpage < e.PageSettings.PrinterSettings.ToPage);
            break;
    case PrintRange.AllPages:
            e.HasMorePages = (page <= maxpages);
            break;
    }
  }
}
```

## Test

Der Sinn der obigen Logik wird sich sicher erst nach intensiven Tests mit dem Beispielprogramm erschließen.

**BEISPIEL:**    Auswahl einiger Elemente in der *ListBox*

Auswahl im Druckdialog:

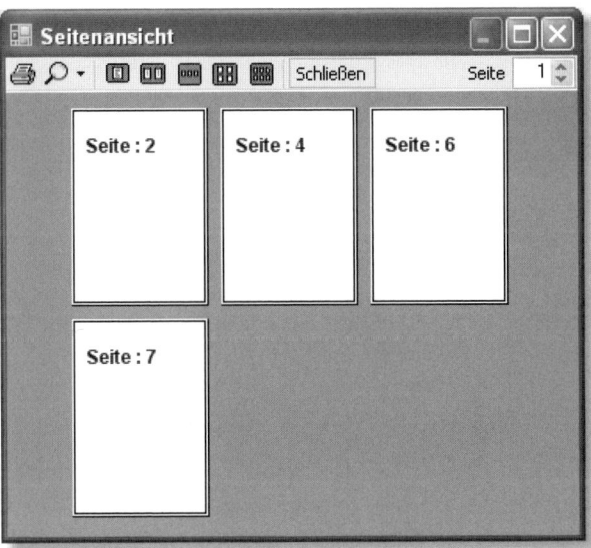

Das Ergebnis:

# R4.19   Den PageSetup-Dialog verwenden

Aus vielen Programmen dürfte Ihnen der folgende Dialog bekannt sein, mit dem Sie einen
Menüpunkt "Seite einrichten" realisieren können.

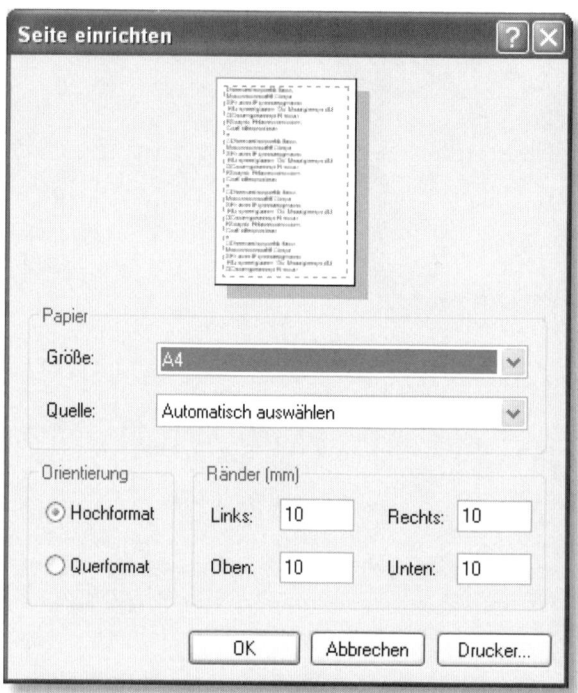

Auch diese *PageSetupDialog*-Komponente können Sie mittels *Document*-Eigenschaft direkt an
eine *PrintDocument*-Komponente binden, um die eingestellten Parameter automatisch zu übernehmen.

| Eigenschaft | Beschreibung |
|---|---|
| *AllowMargins* | ... aktiviert den Bereich "Ränder (mm)". |
| *AllowOrientation* | ... aktiviert den Bereich "Orientierung". |
| *AllowPaper* | ... aktiviert den Bereich "Papier". |
| *AllowPrinter* | ... aktiviert die Schaltfläche "Drucker...". |
| *ShowHelp* | ... aktiviert die Schaltfläche "Hilfe". |
| *MinMargins* | ... legt die minimalen Werte für die Ränder fest. |
| *PageSettings* *PrinterSettings* | Über diese Eigenschaften können Sie Standardwerte vorgeben bzw. die geänderten Werte abfragen. |

**HINWEIS:** Über das Ereignis *HelpRequest* können Sie auf den Button "Hilfe" reagieren!

Doch wo viel Licht, da ist auch Schatten, ein kleiner Bug hat sich in die Komponente einge-
schlichen, der nur in den lokalisierten Varianten von Visual Studio auftritt:

---

**HINWEIS:** Die Werte der eingestellten Ränder stimmen nicht mit den Werten der Eigenschaft
*Margins* überein (aus einem Zoll Vorgabewert werden in der Anzeige 10 Millimeter und aus diesen wiederum korrekte 0,39 Zoll). Eine fragwürdige Umrechnung.

---

Mit einem kleinen Workaround ist auch dieses Problem lösbar.

## Oberfläche

Ein *Button*, ein *PageSetupDialog-* und ein *PrintDocument*-Control sowie eine *ListBox*. Verknüpfen Sie *PageSetupDialog* und *PrintDocument* über die *Document*-Eigenschaft miteinander.

## Quelltext

```
public partial class Form1 : Form
{
    private void button1_Click(object sender, EventArgs e)
    {
```

Je nach Systemeinstellung die Umrechnung vornehmen::

```
        if (System.Globalization.RegionInfo.CurrentRegion.IsMetric)
        {
            pageSetupDialog1.PageSettings.Margins.Left =
                    (int)(pageSetupDialog1.PageSettings.Margins.Left * 2.54);
            pageSetupDialog1.PageSettings.Margins.Top =
                    (int)(pageSetupDialog1.PageSettings.Margins.Top * 2.54);
            pageSetupDialog1.PageSettings.Margins.Right =
                    (int)(pageSetupDialog1.PageSettings.Margins.Right * 2.54);
            pageSetupDialog1.PageSettings.Margins.Bottom =
                    (int)(pageSetupDialog1.PageSettings.Margins.Bottom * 2.54);
        }
```

Dialog anzeigen:

```
        if (pageSetupDialog1.ShowDialog() == DialogResult.OK)
        {
```

Das Ergebnis in der *ListBox* präsentieren:

```
            listBox1.Items.Clear();
```

Nach der Aufruf stehen Ihnen die Seitenränder wieder in der korrekten 1/100-Zoll-Angabe zur
Verfügung.

```
            listBox1.Items.Add("Links = " +
                  (pageSetupDialog1.PageSettings.Margins.Left*0.2541).ToString() + " mm");
            listBox1.Items.Add("Oben = " +
                  (pageSetupDialog1.PageSettings.Margins.Top * 0.2541).ToString() + " mm");
            listBox1.Items.Add("Rechts = " +
                  (pageSetupDialog1.PageSettings.Margins.Right * 0.2541).ToString() + " mm");
            listBox1.Items.Add("Unten = " +
                  (pageSetupDialog1.PageSettings.Margins.Bottom * 0.2541).ToString() + " mm");
        }
    }
}
```

## Test

Rufen Sie den PageSetup-Dialog auf und geben Sie die folgenden Werte ein:

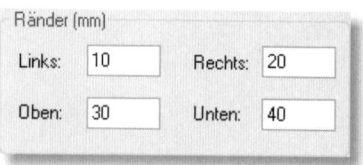

Die Ergebnisse in der *ListBox* zeugen von diversen Rundungsfehlern, die jedoch in den meisten Fällen vernachlässigbar sind:

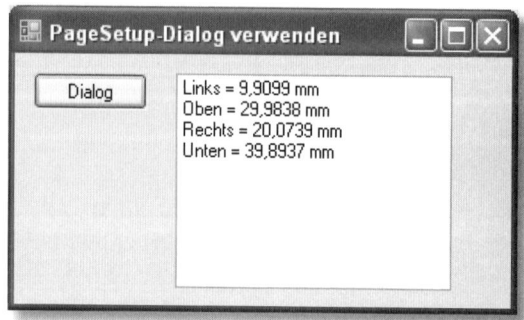

---

**HINWEIS:**  Der PageSetup-Dialog zeigt nur ganzzahlige Werte an (so entstehen die Rundungs-
differenzen).

---

# R4.20   Das Windows-Drucker-Fenster anzeigen

Haben Sie einen umfangreichen Druckjob gestartet kann es sinnvoll sein, das zugehörige Druckerfenster einzublenden, um den Nutzer über den Druckfortschritt zu informieren.

Über die Funktion *SHInvokePrinterCommand* der Shell-API steht Ihnen diese Funktionalität zur Verfügung.

### Oberfläche

Nur ein Windows Form und ein *Button*.

### Quelltext

```
using System.Drawing.Printing;
using System.Runtime.InteropServices;

public partial class Form1 : Form
{
```

Deklaration der API-Konstante:

```
    public const uint PRINTACTION_OPEN = 0;
```

Einbinden der API-Funktion:

```
    [DllImport("shell32.dll", CharSet = CharSet.Unicode)]
    public static extern bool SHInvokePrinterCommand(IntPtr hwnd, UInt32 uAction,
                             String lpBuf1, String lpBuf2, Int32 fModal);


    private void button1_Click(object sender, EventArgs e)
    {
```

Fenster für den Standard-Drucker anzeigen:

```
        PrintDocument pd = new PrintDocument();
        SHInvokePrinterCommand(this.Handle, PRINTACTION_OPEN,
                             pd.PrinterSettings.PrinterName, "", 1);
    }
}
```

### Test

Nach dem Start brauchen Sie nur auf den Button zu klicken, um das Fenster zu öffnen:

# R4.21   Eine Textdatei drucken

Grundsätzlich erfolgt das Drucken unter .NET ereignisgesteuert. Jeder Druckvorgang benötigt ein *PrintDocument*-Objekt, dessen *Print*-Methode die *PrintPage*-Ereignisprozedur aufruft, in welcher der eigentliche Code zum Drucken einer Seite implementiert werden muss.

Im vorliegenden Rezept wird eine Textdatei auf dem Standarddrucker ausgedruckt.

## Oberfläche

Ein Formular mit zwei *Button*s soll für unseren Test genügen.

## Quellcode

```
using System.Drawing.Printing;
using System.IO;                          // für Dateioperationen

public partial class Form1 : Form
{
    ...
    private Font fnt;
    private StreamReader reader;
```

Um Alternativen zu zeigen, wollen wir diesmal das *PrintDocument*-Objekt nicht von der Werkzeugleiste abziehen, sondern durch handgeschriebenen Code selbst erzeugen:

```
    private PrintDocument doc;
```

Die Startaktivitäten:

```
    protected override void OnLoad(System.EventArgs e)
    {
        fnt = new Font("Arial", 12);
```

Objekt erzeugen:

```
        doc = new PrintDocument();
```

Nicht vergessen dürfen wir auch das Anmelden der *PrintPage*-Ereignisbehandlung:

```
this.doc.PrintPage += new
        System.Drawing.Printing.PrintPageEventHandler(this.doc_PrintPage);
base.OnLoad(e);
}
```

Drucken:

```
private void button1_Click(object sender, EventArgs e)
{
    try
    {
        reader = new StreamReader("Test.txt");    // Lesezugriff auf Textdatei
        doc.Print();                              // Druckvorgang starten
        reader.Close();
    }
    catch (Exception ex)
    {
        MessageBox.Show(ex.Message);
    }
}
```

Das *PrintPage*-Ereignis (wird zu Beginn jeder Seite ausgelöst):

```
private void doc_PrintPage(object sender, PrintPageEventArgs e)
{
    float max = 0;               // Zeilen pro Seite
    float y = 0;                 // y-Position
    int i = 0;                   // Zeilenzähler
    float left = e.MarginBounds.Left;    // linke Randbreite
    float top = e.MarginBounds.Top;      // obere Randbreite
    string line = null;                  // Zwischenspeicher für eine Zeile
```

Maximale Zeilenanzahl pro Seite ermitteln:

```
    max = e.MarginBounds.Height / fnt.GetHeight(e.Graphics);
```

Jede Zeile der Seite drucken:

```
    while (i < max)
    {
        line = reader.ReadLine();    // nächste Zeile aus Datei lesen
        if (!(line == null))         // wenn Dateiende noch nicht erreicht ist
        {
```

Neue vertikale Druckposition berechnen:

```
y = top + i * fnt.GetHeight(e.Graphics);
```

Nächste Zeile drucken:

```
            e.Graphics.DrawString(line, fnt, Brushes.Black, left, y, new StringFormat());
            i++;
        }
        else i = (int)max + 1;    // Abbruch erzwingen, wenn Dateiende erreicht ist
    }
```

Falls mehr Zeilen, dann nächste Seite drucken:

```
    if (!(line == null))
            e.HasMorePages = true;
    else
            e.HasMorePages = false;
    }
}
```

## Test

Klicken Sie auf die "Drucken"-Schaltfläche und es wird nicht lange dauern, bis sich Ihr angeschlossener Standarddrucker in Bewegung setzt.

---

**HINWEIS:** Es wird in unserem Beispiel davon ausgegangen, dass keine Zeile die Seitenbreite überschreitet!

---

## Bemerkungen

- Die zu druckende Textdatei *Test.txt* befindet sich in unserem Fall im *\bin\Debug*-Unterverzeichnis des Projekts. Durch Verwenden eines Dateidialogs könnten Sie den Standort frei bestimmen.

- Der Quellcode lässt sich auf vielfältige Weise verbessern, z.B. durch Kontrolle der Seitenbreite oder durch Einfügen einer Druckvorschau, siehe z.B. R3.22 "Den Inhalt einer Textbox drucken".

# R4.22 Den Inhalt einer TextBox drucken

Das Zeichnen von Figuren mit den .NET-Druckfunktionen ist relativ einfach. Hingegen gestaltet sich die Ausgabe von Text (*DrawString*-Methode) ziemlich umständlich, da Sie in der .NET-Klassenbibliothek nach einer nostalgischen *Print "Hallo"*-Methode vergeblich suchen werden und sich stattdessen um alle Details wie Druckposition, Zeilenvorschub, Zeilenhöhe etc. pixelgenau selbst kümmern müssen.

Das vorliegende Rezept versucht mit Hilfe eines einfachen Beispiels, der Textausgabe ihren Schrecken zu nehmen.

## Oberfläche

Neben einer *TextBox* (*MultiLine = True*) brauchen Sie noch eine *PrintDialog*- und eine *PrintDocument*-Komponente.

Verbinden Sie die *Document*-Eigenschaft von *printDialog1* mit *printDocument1*.

## Quellcode

```
public partial class Form1 : Form
{
...
```

Die "Drucken"-Schaltfläche:

```
    private void button1_Click(object sender, EventArgs e)
    {
        if (printDialog1.ShowDialog() == DialogResult.OK)
        {
            try
            {
                printDocument1.Print();
            }
            catch
```

```
        {
            MessageBox.Show("Fehler beim Drucken", "Fehler");
        }
    }
}
```

Der obligatorische *PrintPage*-Eventhandler erledigt das eigentliche Drucken:

```
private void printDocument1_PrintPage(object sender,
                                      System.Drawing.Printing.PrintPageEventArgs e)
{
    Graphics g = e.Graphics;
    Rectangle printRec = e.MarginBounds;
    Font fnt = textBox1.Font;
```

Umrandung drucken:

```
    g.DrawRectangle(Pens.Black, printRec);
```

Ausgabeposition:

```
    float x = printRec.X, y = printRec.Y;
```

Zeilenhöhe bestimmen:

```
    float lineH = g.MeasureString("X", fnt).Height;
```

Layoutformat festlegen (Deaktiviert Textumbruch während des Formatierens):

```
    StringFormat sf = new StringFormat(StringFormatFlags.NoWrap);
```

Alle Zeilen durchlaufen:

```
    for (int i = 0; i < textBox1.Lines.Length; i++)
    {
        RectangleF rectf = new RectangleF(x, y, printRec.Width, lineH);
```

Zeile drucken:

```
        g.DrawString(textBox1.Lines[i], fnt, Brushes.Black, rectf, sf);
        y += lineH;
    }
}
}
```

## Test

Starten Sie das Programm, geben Sie etwas Text ein und starten Sie den Druckvorgang.

### Bemerkungen

▪ Das Programm funktioniert nur dann zufriedenstellend, wenn der Inhalt der *TextBox* in eine einzige Druckseite passt. Anderenfalls ist eine Seitensteuerung zu implementieren, was einen deutlich größerer Aufwand erfordert.

▪ Zum Drucken können nur TrueType- oder OpenType-Schriften verwendet werden, leider keine PostScript-Schriften.

## R4.23   Den Drucker umfassend konfigurieren

Das Ziel dieses Rezepts ist eine umfassende Darstellung des Zusammenspiels der einzelnen Drucker-Komponenten sowie deren Konfiguration per Code bzw. per Dialogbox. Insgesamt zehn Beispielseiten verdeutlichen die verschiedenen Möglichkeiten der Gestaltung des Druckbildes.

### Oberfläche (Hauptformular Form1)

Entwerfen Sie eine Oberfläche entsprechend folgender Abbildung:

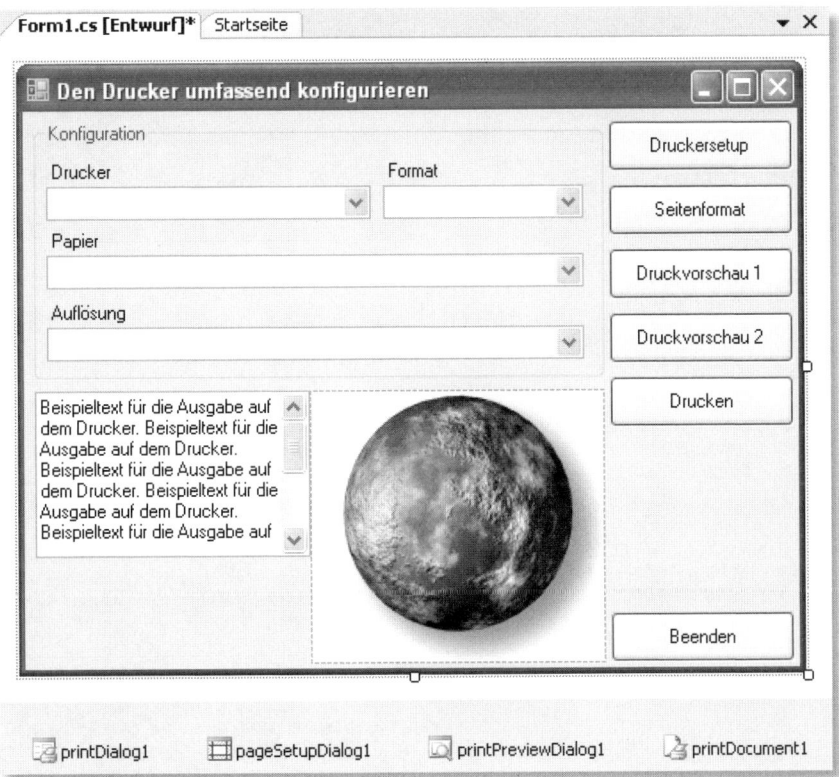

Verknüpfen Sie die vier nicht sichtbaren Komponenten (siehe unterer Bildrand) über die *Documents*-Eigenschaft mit dem *printDocument1*.

Sowohl die *TextBox* als auch die *PictureBox* dienen uns lediglich als Container für einen zu druckenden Text bzw. eine zu druckende Grafik.

## Oberfläche (Druckvorschau Form2)

Mit der folgenden Oberfläche wollen wir keinen Schönheitspreis gewinnen, es geht lediglich um die Darstellung des Grundprinzips. Welche Komponenten Sie für die Oberflächengestaltung nutzen, bleibt Ihrer Fantasie überlassen. Wichtig ist vor allem das *PrintPreview*-Control.

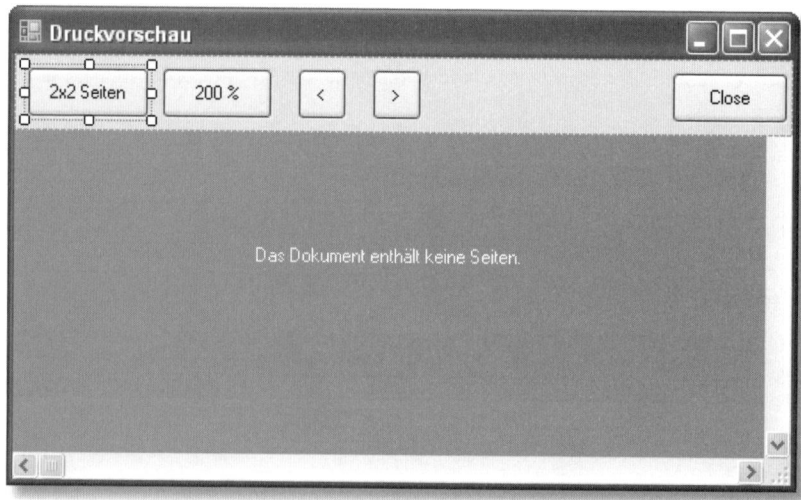

## Quelltext (Form1)

```
using System.Drawing.Printing;

public partial class Form1 : Form
{
```

Eine globale Variable erleichtert uns die Anzeige bzw. den Druck der richtigen Seite:

```
    private int page;
```

Die folgende Routine aktualisiert die *ComboBox*en nach Änderungen über die Standard-dialoge:

```
    private void aktualisieren()
    {
```

Der aktuelle Drucker:

```
        comboBox1.Text = printDocument1.PrinterSettings.PrinterName;
```

Die verschiedenen Papierformate:

```
comboBox2.Items.Clear();
foreach (PaperSize ps in printDocument1.PrinterSettings.PaperSizes)
    comboBox2.Items.Add(ps);
comboBox2.Text = printDocument1.DefaultPageSettings.PaperSize.ToString();
```

Die Seitenausrichtung:

```
if (printDocument1.DefaultPageSettings.Landscape)
    comboBox3.SelectedIndex = 0;
else
    comboBox3.SelectedIndex = 1;
```

Die Druckauflösung:

```
comboBox4.Items.Clear();
foreach (PrinterResolution res in printDocument1.PrinterSettings.PrinterResolutions)
        comboBox4.Items.Add(res);
comboBox4.Text = printDocument1.DefaultPageSettings.PrinterResolution.ToString();
}
```

Beim Programmstart füllen wir zunächst *comboBox1* mit den Namen der verfügbaren Drucker und aktualisieren die Anzeige:

```
private void Form1_Load(object sender, EventArgs e)
{
    foreach(String s in PrinterSettings.InstalledPrinters)
        comboBox1.Items.Add(s);
    aktualisieren();
}
```

Die Anzeige des Standard-Druckerdialogs:

```
private void Button2_Click(object sender, EventArgs e)
{
    printDialog1.ShowDialog();
    aktualisieren();
}
```

Das Einrichten der Seite (Fehler bei der Umrechnung beachten!):

```
private void Button3_Click(object sender, EventArgs e)
{
    pageSetupDialog1.PageSettings.Margins.Left =
            (int) (pageSetupDialog1.PageSettings.Margins.Left * 2.54);
    pageSetupDialog1.PageSettings.Margins.Top =
            (int) (pageSetupDialog1.PageSettings.Margins.Top * 2.54);
```

```
      pageSetupDialog1.PageSettings.Margins.Right =
              (int) (pageSetupDialog1.PageSettings.Margins.Right * 2.54);
      pageSetupDialog1.PageSettings.Margins.Bottom =
              (int) (pageSetupDialog1.PageSettings.Margins.Bottom * 2.54);
      pageSetupDialog1.ShowDialog();
      aktualisieren();
  }
```

Start des Druckvorgangs bzw. der Druckvorschau:

```
private void printDocument1_BeginPrint(object sender,
                                    System.Drawing.Printing.PrintEventArgs e)
{
    page = 1;
    printDocument1.DocumentName = "Mein erstes Testdokument";
}
```

Das eigentliche Drucken der Seiten passiert wie immer im *PrintPage*-Event unseres *PrintDocument*-Objekts:

```
private void printDocument1_PrintPage(object sender,
                                  System.Drawing.Printing.PrintPageEventArgs e)
{
```

Eine Zufallszahl für optische Spielereien:

```
    Random rnd = new Random();
```

Einen *Pen* definieren:

```
    Pen p = new Pen(System.Drawing.Color.Black, 1);
```

Eine Variable für den einfacheren Zugriff auf das *Graphics*-Objekt:

```
    Graphics g = e.Graphics;
```

Die aktuell zu druckende Seite:

```
    int printpage = 0;
```

Umschalten in Millimeter:

```
    g.PageUnit = GraphicsUnit.Millimeter;
```

Berücksichtigung des Druckbereichs:

```
    switch (e.PageSettings.PrinterSettings.PrintRange)
    {
        case PrintRange.SomePages:
            printpage = page + e.PageSettings.PrinterSettings.FromPage - 1;
            break;
```

```
                        case PrintRange.AllPages:
                            printpage = page;
                            break;
                }
```

Drucken der jeweiligen Seite (1 bis 10):

```
            switch (printpage)
            {
                case 1:
```

Ein paar Rechtecke (10 x 10 cm):

```
                        g.FillRectangle(new SolidBrush(Color.Blue), 30, 30, 100, 100);
                        g.FillRectangle(new SolidBrush(Color.Green), 40, 40, 100, 100);
                        g.FillRectangle(new SolidBrush(Color.Yellow), 50, 50, 100, 100);
                        g.FillRectangle(new SolidBrush(Color.Cyan), 60, 60, 100, 100);
                        g.FillRectangle(new SolidBrush(Color.Red), 70, 70, 100, 100);
                        break;
                case 2:
```

Einige Linien auf Seite 2:

```
                        g.DrawLine(new Pen(Color.Black, 10), 50, 100, 150, 200);
                        g.DrawLine(new Pen(Color.Black, 10), 50, 200, 150, 100);
                        break;
                case 3:
```

Ausgabe der Grafik in Originalgröße:

```
                        g.DrawString("Grafik 100%", new Font("Arial", 10, FontStyle.Bold,
                                        GraphicsUnit.Millimeter), Brushes.Black, 70, 50);
                        g.DrawImage(pictureBox1.Image, 50, 100);
                        break;
                case 4:
```

Skalieren der Grafik auf 10 cm Breite:

```
                        g.DrawString("Grafik 10cm breit", new Font("Arial", 10, FontStyle.Bold,
                                GraphicsUnit.Millimeter), Brushes.Black, 70, 50);
                        g.DrawImage(pictureBox1.Image, 50, 100, 100,
                                pictureBox1.Image.Height * 100 % pictureBox1.Image.Width);
                        g.DrawRectangle(new Pen(Color.Black, 0.1f), 50, 100, 100,
                                pictureBox1.Image.Height * 100 % pictureBox1.Image.Width);
                        break;
                case 5:
```

Anzeige der Seitenränder:

```
            g.DrawString("Seitenränder", new Font("Arial", 10, FontStyle.Bold,
                            GraphicsUnit.Millimeter), Brushes.Black, 70, 50);
            g.PageUnit = GraphicsUnit.Display;
            g.DrawRectangle(new Pen(Color.Black), e.MarginBounds);
            g.PageUnit = GraphicsUnit.Millimeter;
            break;
        case 6:
```

Ausgabe von Text (linksbündig):

```
            RectangleF rect = new RectangleF();
            rect = RectangleF.op_Implicit(e.MarginBounds);
            g.PageUnit = GraphicsUnit.Display;
            g.DrawString(TextBox1.Text, new Font("Arial", 10, FontStyle.Bold,
                            GraphicsUnit.Millimeter), Brushes.Black, rect);
            g.PageUnit = GraphicsUnit.Millimeter;
            break;
        case 7:
```

Ausgabe von Text (zentriert):

```
            RectangleF rect1 = new RectangleF();
            StringFormat format = new StringFormat();
            format.Alignment = StringAlignment.Center;
            rect1 = RectangleF.op_Implicit(e.MarginBounds);
            g.PageUnit = GraphicsUnit.Display;
            g.DrawString(TextBox1.Text, new Font("Arial", 10, FontStyle.Bold,
                           GraphicsUnit.Millimeter), Brushes.Black, rect1, format);
            g.PageUnit = GraphicsUnit.Millimeter;
            break;
        case 8:
```

Ausgabe von zufälligen Linien über den gesamten Blattbereich:

```
            g.DrawString("Zufallslinien ohne Clipping", new Font("Arial", 10,
                        FontStyle.Bold, GraphicsUnit.Millimeter), Brushes.White, 70, 50);
            g.PageUnit = GraphicsUnit.Display;
            for (int i = 0; i <= 500; i++)
                        g.DrawLine(p, 0, 0, rnd.Next(e.PageBounds.Width),
                                        rnd.Next(e.PageBounds.Height));
            break;
        case 9:
```

> **HINWEIS:** Vergleichen Sie den Ausdruck mit der Druckvorschau, werden Sie feststellen, dass
> die Druckvorschau die physikalischen Seitenränder nicht berücksichtigt.

Berücksichtigung der Seitenränder bei der Druckausgabe:

```
g.DrawString("Zufallslinien mit Clipping", new Font("Arial", 10,
            FontStyle.Bold, GraphicsUnit.Millimeter), Brushes.White, 70, 50);
g.PageUnit = GraphicsUnit.Display;
g.SetClip(e.MarginBounds);
for (int i = 0; i <=500; i++)
    g.DrawLine(p, 0, 0, rnd.Next(e.PageBounds.Width),
                    rnd.Next(e.PageBounds.Height));
break;
case 10:
```

Berücksichtigung der Seitenränder sowie Verschieben des Offsets bei der Druckausgabe:

```
g.PageUnit = GraphicsUnit.Display;
g.SetClip(e.MarginBounds);
g.TranslateTransform(e.MarginBounds.Left, e.MarginBounds.Top);
for (int i = 0; i <= 500; i++)
        g.DrawLine(p, 0, 0, rnd.Next(e.PageBounds.Width),
                        rnd.Next(e.PageBounds.Height));
break;
}
```

Seitennummer einblenden:

```
g.DrawString("Seite : " + printpage, new Font("Arial", 10, FontStyle.Bold,
                        GraphicsUnit.Millimeter), Brushes.Red, 10, 10);
```

Vorbereiten der nächsten Seite:

```
page++;
```

Berücksichtigung des Druckbereichs:

```
switch (e.PageSettings.PrinterSettings.PrintRange)
{
    case PrintRange.SomePages:
        e.HasMorePages = (printpage < e.PageSettings.PrinterSettings.ToPage);
        break;
    case PrintRange.AllPages:
        e.HasMorePages = (page < 12);
        break;
}
```

```
    }
```

Aktuellen Drucker wechseln:

```
    private void comboBox1_SelectedIndexChanged(object sender, EventArgs e)
    {
        printDocument1.PrinterSettings.PrinterName = comboBox1.Text;
        aktualisieren();
    }
```

Seitenausrichtung ändern:

```
    private void comboBox3_SelectedIndexChanged(object sender, EventArgs e)
    {
        printDocument1.DefaultPageSettings.Landscape = (comboBox3.SelectedIndex == 0);
        aktualisieren();
    }
```

Papierformat ändern:

```
    private void comboBox2_SelectedIndexChanged(object sender, EventArgs e)
    {
        printDocument1.DefaultPageSettings.PaperSize =
                        printDocument1.PrinterSettings.PaperSizes[comboBox2.SelectedIndex];
    }
```

Druckauflösung ändern:

```
    private void comboBox4_SelectedIndexChanged(object sender, EventArgs e)
    {
        printDocument1.DefaultPageSettings.PrinterResolution =
            printDocument1.PrinterSettings.PrinterResolutions[comboBox4.SelectedIndex];
    }
```

Druckvorschau anzeigen (Vollbild):

```
    private void Button1_Click(object sender, EventArgs e)
    {
        printPreviewDialog1.WindowState = FormWindowState.Maximized;
        printPreviewDialog1.ShowDialog();
    }
```

Die eigene Druckvorschau anzeigen:

```
    private void Button4_Click(object sender, EventArgs e)
    {
        Form2 f2 = new Form2();
```

```
        f2.printPreviewControl1.Document = printDocument1;
        f2.ShowDialog();
    }
```

Den Druckvorgang starten:

```
private void Button5_Click(object sender, EventArgs e)
{
    printDocument1.Print();
}
```
```
}
```

## Quelltext (Form2)

Im Formular *Form2* geht es im Wesentlichen nur um die Konfiguration der *PrintPreview-Control*-Komponente.

Die Navigation zwischen den Seiten:

```
public partial class Form2 : Form
{
    ...
    private void Button4_Click(object sender, EventArgs e)
    {
        printPreviewControl1.StartPage--;
    }

    private void Button5_Click(object sender, EventArgs e)
    {
        printPreviewControl1.StartPage++;
    }
```

Seite auf 200 Prozent skalieren:

```
    private void Button3_Click(object sender, EventArgs e)
    {
        printPreviewControl1.AutoZoom = false;
        printPreviewControl1.Zoom = 200;
    }
```

Vier Seiten gleichzeitig anzeigen (eingepasst in die Komponente):

```
    private void Button2_Click(object sender, EventArgs e)
    {
        printPreviewControl1.Columns = 2;
        printPreviewControl1.Rows = 2;
```

```
        printPreviewControl1.AutoZoom = true;
    }
}
```

## Test

Nach dem Programmstart sollten alle Druckerparameter korrekt in den *ComboBox*en angezeigt werden.

---

**HINWEIS:** Testen Sie, was passiert, wenn Sie Änderungen in den *ComboBox*en bzw. mit Hilfe der Druckerdialoge vornehmen.

---

Nun haben Sie die Möglichkeit, sich die 10 verschiedenen Druckseiten in einer der beiden Druckvorschauen zu betrachten oder zu Papier zu bringen:

Als Beispiel hier unsere "selbst gebastelte" Druckvorschau in Aktion:

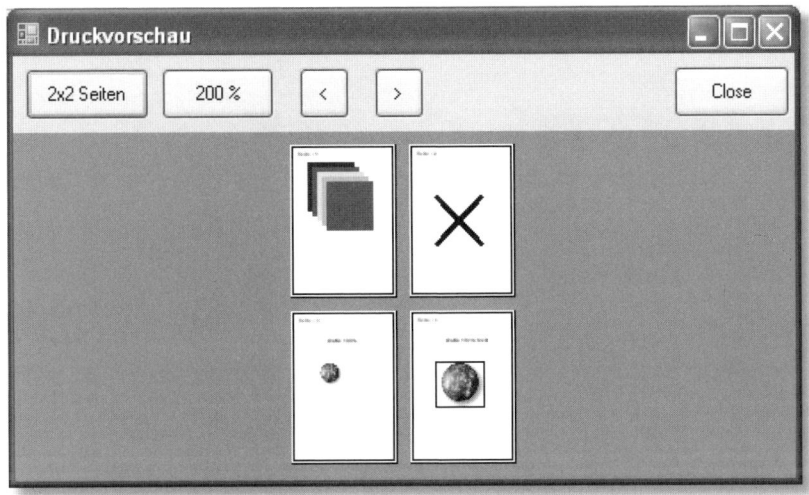

# R4.24  Mit Microsoft Word per OLE drucken

Eines der "dankbarsten Opfer" für OLE-Automation ist nach wie vor Word für Windows. Unser Rezept zeigt Ihnen, wie Sie aus einem C#-Programm heraus ein neues Word-Dokument erstellen, Kopf- und Fußzeilen einfügen und Daten übertragen (das Beispiel lässt sich problemlos so anpassen, dass die Daten statt aus den Eingabefeldern gleich aus einer Datenbank kommen).

### Oberfläche

Den Grundaufbau können Sie der folgenden Abbildung entnehmen:

In der *ComboBox* finden sich drei Einträge: "1. Mahnung" ... "3. Mahnung", die Sie im Eigenschaftenfenster über die *Items*-Auflistung hinzufügen.

Damit Sie problemlos die Word-Objekte und -Konstanten verwenden können, müssen Sie einen Verweis auf die "Microsoft Word 11.0 Library" einrichten (*Projekt|Verweis hinzufügen...*).

## Quelltext

```
using Microsoft.Office.Interop.Word;

public partial class Form1 : Form
{
```

Es geht los:

```
        private void button1_Click(object sender, EventArgs e)
        {
```

Grundlage für die Verbindung zu Word ist eine allgemeine Variable vom Typ *Application-Class*:

```
            ApplicationClass wordapp = new Word.ApplicationClass();
```

Der Ablauf ist mit wenigen Worten erklärt: Nach Initialisierung der Variablen mit *Create-Object* können Sie alle Methoden des *Application*-Objekts verwenden. Bevor Sie lange in der Online-Hilfe von Word herumstochern, ist es sinnvoller, ein Word-Makro aufzuzeichnen und dieses entsprechend zu modifizieren. Zum einen haben Sie gleich die korrekte Syntax, zum anderen sparen Sie sich jede Menge Arbeit.

Da Sie beim Aufruf der Methoden immer alle Parameter angeben müssen, verwenden Sie eine Dummy-Variable:

```
object n = System.Reflection.Missing.Value;
```

Bei Problemen kneifen wir an dieser Stelle:

```
if (wordapp == null)
{
    MessageBox.Show("Konnte keine Verbindung zu Word herstellen!");
    return;
}
```

Word sichtbar machen (standardmäßig wird Word nicht angezeigt):

```
wordapp.Visible = true;
```

Ein neues Dokument erzeugen:

```
wordapp.Documents.Add(ref n, ref n, ref n, ref n);
if (wordapp.ActiveWindow.View.SplitSpecial != 0)
    wordapp.ActiveWindow.Panes[2].Close();
if (((int) wordapp.ActiveWindow.ActivePane.View.Type == 1)|
            ((int) wordapp.ActiveWindow.ActivePane.View.Type == 2)|
                    ((int)wordapp.ActiveWindow.ActivePane.View.Type == 5))
            wordapp.ActiveWindow.ActivePane.View.Type =
                    WdViewType.wdPrintView;
```

Kopfzeile erzeugen:

```
wordapp.ActiveWindow.ActivePane.View.SeekView =
        WdSeekView.wdSeekCurrentPageHeader;
wordapp.Selection.Font.Name = "Times New Roman";
wordapp.Selection.Font.Size = 12;
wordapp.Selection.Font.Bold = 1;
wordapp.Selection.ParagraphFormat.Alignment =
        WdParagraphAlignment.wdAlignParagraphCenter;
wordapp.Selection.TypeText(
        "Kohlenhandel Brikett-GmbH & Co.-KG. - Holzweg 16 - 54633 Steinhausen");
```

Fußzeile erzeugen:

```
wordapp.ActiveWindow.ActivePane.View.SeekView =
        WdSeekView.wdSeekCurrentPageFooter;
wordapp.Selection.TypeText(
        "Bankverbindung: Stadtsparkasse Steinhausen BLZ 123456789   KtoNr. " +
        "782972393243");
```

In den Textteil wechseln und die Adresse eintragen:

```
wordapp.ActiveWindow.ActivePane.View.SeekView = WdSeekView.wdSeekMainDocument;
wordapp.Selection.TypeText(textBox2.Text + " " + textBox1.Text);
wordapp.Selection.TypeParagraph();
wordapp.Selection.TypeText(textBox3.Text);
wordapp.Selection.TypeParagraph();
wordapp.Selection.Font.Name = "Times New Roman";
wordapp.Selection.Font.Size = 12;
wordapp.Selection.Font.Bold = 1;
wordapp.Selection.TypeText(textBox4.Text + " " + textBox5.Text);
wordapp.Selection.TypeParagraph();
wordapp.Selection.TypeParagraph();

wordapp.Selection.Font.Name = "Arial";
wordapp.Selection.Font.Size = 14;
wordapp.Selection.Font.Bold = 1;
wordapp.Selection.TypeText(comboBox1.Text);
wordapp.Selection.TypeParagraph();

wordapp.Selection.Font.Name = "Times New Roman";
wordapp.Selection.Font.Size = 12;
wordapp.Selection.Font.Bold = 1;

if (radiobutton2.Checked)
    wordapp.Selection.TypeText("Sehr geehrter Herr " + textBox1.Text);
else
    wordapp.Selection.TypeText("Sehr geehrte Frau " + textBox1.Text);
    }
}
```

## Test

Starten Sie das Programm, füllen Sie die Maske aus und übertragen Sie die Daten in ein Word-Dokument!

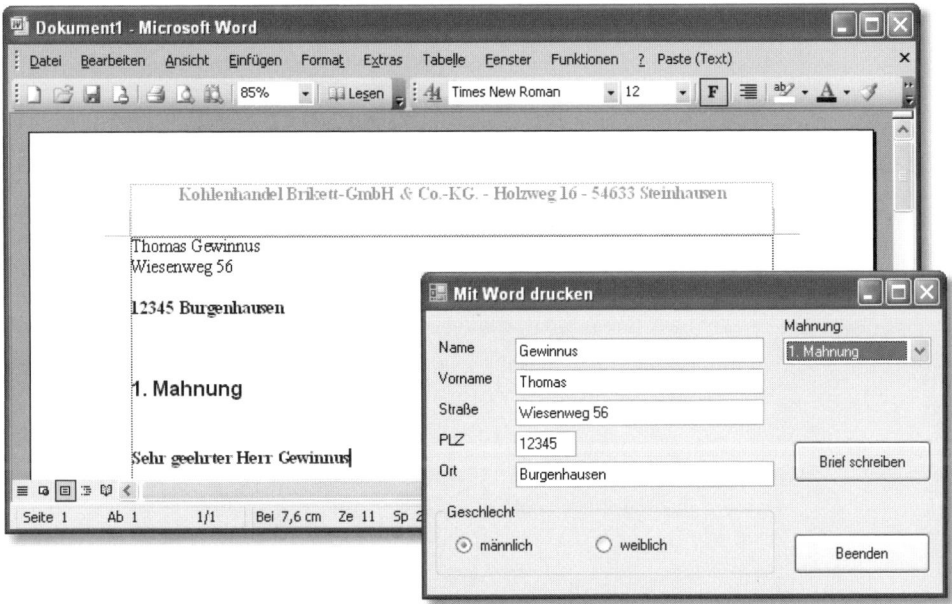

# R4.25    Ein Microsoft Word-Formular füllen und drucken

Das Textverarbeitungsprogramm *Word* können Sie zum idealen Reportgenerator umfunktionieren! Der Vorteil liegt auf der Hand: Der Report kann einfach durch jedermann editiert werden, denn die Daten laden wir erst zur Laufzeit in das vorhandene Formular.

Das vorliegende Rezept geht in zwei Etappen vor:

- Erstellen des Reports als Word-Dokument

- Zugriff auf das Word-Dokument von C# aus

### Word-Dokument erstellen

In dieser ersten Etappe starten Sie *Microsoft Word* und gestalten den Report nach Ihren Wünschen. Fügen Sie als Platzhalter *Text-Formularfelder* (Symbolleiste *Formular*) ein. Auf diese Weise kann der Report entweder "von Hand" oder per Programm ausgefüllt werden. Falls die *Formular*-Symbolleiste nicht bereits angezeigt wird, klicken Sie auf das Menü *Ansicht|Symbolleisten|Formular*.

Über die Schaltfläche "Formularfeld-Optionen" (oder über rechte Maustaste *Eigenschaften*) können Sie die Optionen für jedes Textformularfeld einstellen. Außer eventuell den Vorgabetext brauchen Sie im Allgemeinen nichts weiter zu ändern, denn jedes Textformularfeld erhält von Word bereits automatisch eine eigene Textmarke (*Text1*, *Text2* ...) zugewiesen:

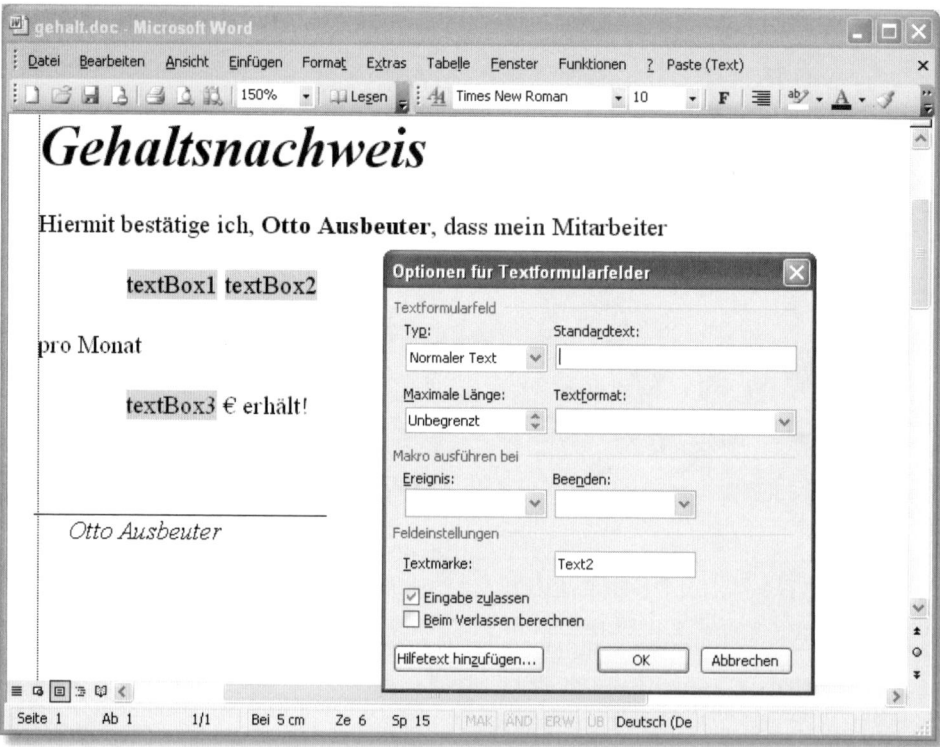

**HINWEIS:** Speichern Sie das Dokument unter dem Namen *gehalt.doc* in das *\bin\Debug*-Unterverzeichnis Ihres Projekts ab.

## Oberfläche

Nun starten Sie Visual Studio und erstellen eine neue Windows-Anwendung. Den Aufbau der Oberfläche zeigt die Abbildung:

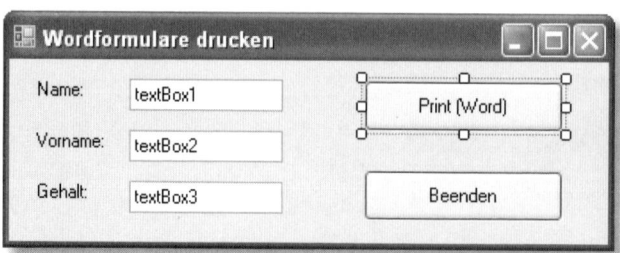

Unser "Report" ist nicht gar zu anspruchsvoll, aber für einen kleinen Vorgeschmack auf die sich eröffnenden Möglichkeiten dürfte es ausreichen.

**HINWEIS:** Damit Sie problemlos die Word-Objekte und -Konstanten verwenden können, müssen Sie einen Verweis auf die "Microsoft Word 11.0 Library" einrichten (*Projekt|Verweis hinzufügen...*).

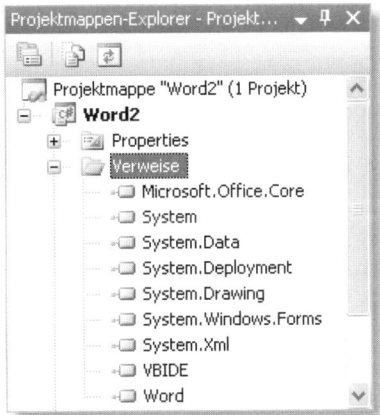

## Quelltext

Der Zugriff auf das Word-Dokument wird, wie nicht anders zu erwarten, über OLE realisiert:

```csharp
using Microsoft.Office.Interop.Word;

public partial class Form1 : Form
{
    private void button1_Click(object sender, EventArgs e)
    {
        ApplicationClass wordapp = new ApplicationClass();
        object n = System.Reflection.Missing.Value;
        object o0 = System.Windows.Forms.Application.StartupPath + "\\gehalt.doc";
        object o1 = "Text1";
        object o2 = "Text2";
        object o3 = "Text3";
        if (wordapp == null)
        {
            MessageBox.Show("Konnte keine Verbindung zu Word herstellen!");
            return;
        }
```

Nach dem Erzeugen einer Objektinstanz laden wir den gewünschten Report:

```
wordapp.Visible = true;
wordapp.Documents.Open(ref o0, ref n, ref n, ref n, ref n, ref n, ref n, ref n,
                       ref n, ref n, ref n, ref n, ref n, ref n, ref n);
```

---

**HINWEIS:**  Leider erfordert C# diese Form des Methodenaufrufs!

---

Nachfolgend können wir die Formularfelder füllen:

```
wordapp.ActiveDocument.FormFields.get_Item(ref o1).Result = textBox1.Text;
wordapp.ActiveDocument.FormFields.get_Item(ref o2).Result = textBox2.Text;
wordapp.ActiveDocument.FormFields.get_Item(ref o3).Result = textBox3.Text;
    }
}
```

## Test

Starten Sie das Programm, füllen Sie die Editfelder aus und drücken Sie auf die Schaltfläche.

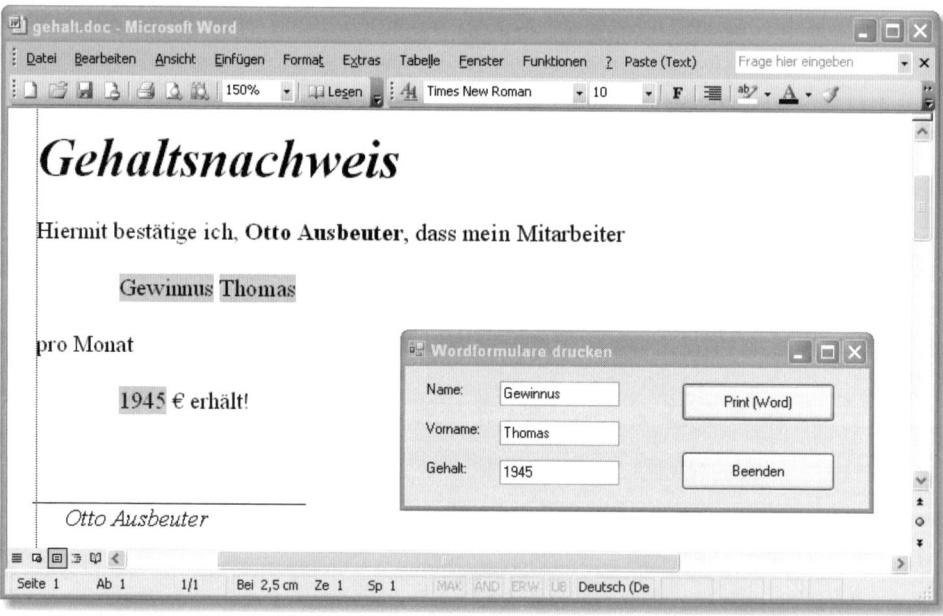

### Bemerkungen

Durch Aufruf der *PrintOut*-Methode könnte man den Druck auch direkt aus dem Programm heraus starten. Welche Optionen dabei zur Verfügung stehen, zeigt ein Auszug aus der Word-Hilfe (wie unschwer zu erkennen ist, handelt es sich um alle Optionen der Dialogbox "Drucken"):

**SYNTAX:**
```
PrintOut (Background, Append, Range, OutputFileName, From, To, Item, Copies, Pages,
          PageType, PrintToFile, Collate, FileName, ActivePrinterMacGX,
          ManualDuplexPrint, PrintZoomColumn, PrintZoomRow, PrintZoomPaperWidth,
          PrintZoomPaperHeight)
```

Günstiger ist es allerdings, wenn der Endbenutzer den Druck selbst in die Hand nimmt (so kann z.B. auch der Drucker gewechselt werden).

# R4.26   Die Drucker-Konfiguration anzeigen

In einigen Anwendungsfällen ist es wünschenswert, direkt die Eigenschaften des Standarddruckers zu verändern. Mit dem von Windows her bekannten Dialog ist auch das kein Problem:

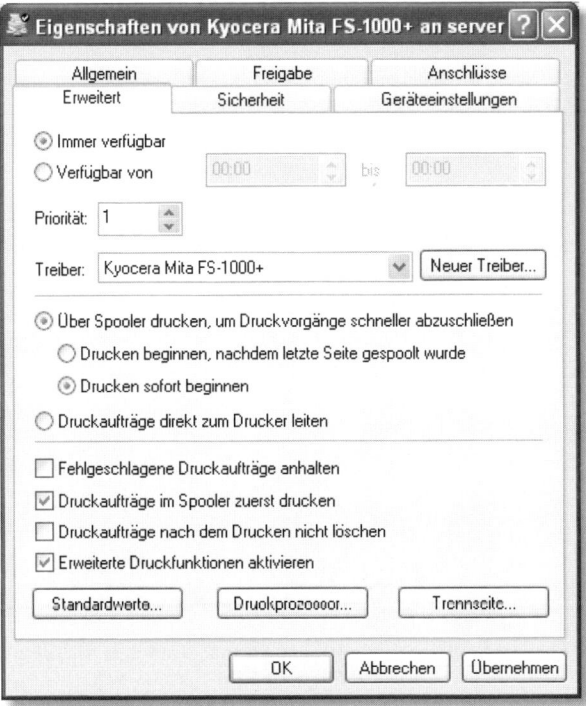

Anzeigen können Sie diesen Dialog über die Shell-API-Funktion *SHInvokePrinterCommand*. Ein Beispiel zeigt, wie es geht.

### Oberfläche

Nur ein Windows Form und ein *Button*.

### Quelltext

```
using System.Drawing.Printing;
using System.Runtime.InteropServices;

public partial class Form1 : Form
{
```

Eine API-Konstante deklarieren:

```
    public const uint PRINTACTION_PROPERTIES = 1;
```

Import der API-Funktion:

```
    [DllImport("shell32.dll", CharSet = CharSet.Unicode)]
    public static extern bool SHInvokePrinterCommand(IntPtr hwnd, UInt32 uAction,
                                      String lpBuf1, String lpBuf2, Int32 fModal);
```

Die Verwendung:

```
    private void button1_Click(object sender, EventArgs e)
    {
```

Standarddrucker abrufen und Dialog anzeigen:

```
        PrintDocument pd = new PrintDocument();
        SHInvokePrinterCommand(this.Handle, PRINTACTION_PROPERTIES,
                             pd.PrinterSettings.PrinterName, "", 1);
    }
}
```

### Test

Nach dem Start klicken Sie einfach auf den Button, um den gewünschten Dialog (siehe Einleitung) aufzurufen.

# R4.27 Diverse Druckereigenschaften bestimmen

Wem die von den .NET-Klassen gelieferten Informationen immer noch nicht ausreichen, der kann sich auch mittels *Windows Management Instrumentation* (kurz WMI) informieren.

## Oberfläche

Einem Windows Form fügen Sie eine *ListBox* hinzu. Zusätzlich binden Sie noch einen Verweis auf die *System.Management*-Assembly ein.

## Quelltext

```
using System.Management;

public partial class Form1 : Form
{
```

Mit dem Laden des Formulars erzeugen wir eine *ManagementObjectSearcher*-Instanz:

```
    private void Form1_Load(object sender, EventArgs e)
    {
        try
        {
            ManagementObjectSearcher mos = new ManagementObjectSearcher(
                    "SELECT * FROM Win32_Printer"); // WHERE  DEFAULT = 'True'
```

Alle Drucker werden als Collection zurückgegeben:

```
            foreach (ManagementObject mo in mos.Get())
            {
```

Name ausgeben:

```
                listBox1.Items.Add("DeviceID: " + mo["DeviceID"].ToString());
```

Alle definierten Eigenschaften ausgeben:

```
                foreach (PropertyData pd in mo.Properties)
                    if (pd.Value != null)
                        listBox1.Items.Add("                " + pd.Name + ": " +
                                        Convert.ToString(pd.Value));
            }
        }
        catch (Exception ex)
        {}
    }
}
```

## Test

Je nach Druckeranzahl können einige Sekunden vergehen, bis die Anzeige erfolgt:

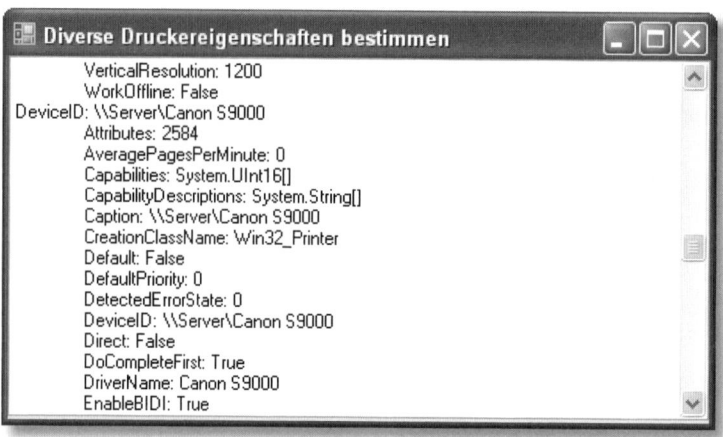

---

**HINWEIS:** Möchten Sie nur den aktuellen Standarddrucker abfragen, verwenden Sie folgende
Abfrage "SELECT * FROM Win32_Printer **WHERE DEFAULT = 'True'**"

---

## Bemerkung

Eine der interessantesten Eigenschaften dürfte *PrinterStatus* sein, die Bedeutung der zurückgegebenen Werte können Sie dem folgenden Codefragment entnehmen:

```
...
        foreach (ManagementObject mo in mos.Get())
        {
            listBox1.Items.Add("DeviceID: " + mo["DeviceID"].ToString());
...

            switch (mo["PrinterStatus"].ToString())
            {
                case "1": listBox1.Items.Add("          Status: Other"); break;
                case "2": listBox1.Items.Add("          Status: Unknown"); break;
                case "3": listBox1.Items.Add("          Status: Idle"); break;
                case "4": listBox1.Items.Add("          Status: Printing"); break;
                case "5": listBox1.Items.Add("          Status: Warmup"); break;
                case "6": listBox1.Items.Add("          Status: Stopped"); break;
                case "7": listBox1.Items.Add("          Status: Offline"); break;
            }
        }
...
```

# R4.28   Dokumente mit dem Internet Explorer drucken

Haben Sie vor, HTML- bzw. XML-Dokumente zu drucken, müssen Sie das Rad nicht unbedingt neu erfinden. Binden Sie einfach den Internet Explorer in Ihre Anwendung ein und überlassen Sie diesem die Arbeit.

### Oberfläche

Ein Windows Form, ein *WebBrowser*-Control und ein *Button*.

### Quelltext

```
public partial class Form1 : Form
{
```

Mit dem Klick auf den Button weisem wir dem *WebBrowser*-Control ein XML-Dokument zu:

```
    private void button1_Click(object sender, EventArgs e)
    {
        webBrowser1.DocumentText =
            "<html><body><span style='font-family: Arial'><strong>Drucktest mittels" +
            " WebBrowser-Control.<br/></body></html>";
    }
```

---

**HINWEIS:** Wer gleich nach dem Zuweisen der *DocumentText*-Eigenschaft versucht, das neue Dokument zu drucken, wird keinen Erfolg haben. Erst nach dem Auslösen des *DocumentCompleted*-Ereignisses steht die Druckfunktion zur Verfügung.

---

```
    private void webBrowser1_DocumentCompleted(object sender,
                                        WebBrowserDocumentCompletedEventArgs e)
    {
        webBrowser1.Print();
    }
}
```

### Test

Nach dem Start klicken Sie auf den Button, um den Druckvorgang zu starten:

## R4.29  Einen Drucker anhalten

Haben Sie einen Druckjob abgeschickt, und soll dieser angehalten werden, kann der Nutzer entweder schnell im Druckfenster reagieren oder Sie nutzen die WMIs um das betreffende Gerät kurzzeitig still zu legen.

Mit Bordmitteln (.NET-Klassen) ist leider kein direkter Zugriff auf den Drucker möglich.

### Oberfläche

Ein Windows Formular mit zwei *Button*s.

### Quelltext

```
using System.Management;

public partial class Form1 : Form
{
```

Abrufen des Standarddruckers per WMI und Aufruf der *Pause*-Methode (dies geht nur per *Invoke*):

```
    private void button1_Click(object sender, EventArgs e)
```

```
    {
        ManagementObjectSearcher mos = new ManagementObjectSearcher(
                        "SELECT * FROM Win32_Printer WHERE DEFAULT = 'True'");
        foreach (ManagementObject mo in mos.Get())
            mo.InvokeMethod("Pause", null);
    }
```

Natürlich wollen wir auch ein Fortsetzen (Resume) ermöglichen:

```
    private void button2_Click(object sender, EventArgs e)
    {
        ManagementObjectSearcher mos = new ManagementObjectSearcher(
                        "SELECT * FROM Win32_Printer WHERE DEFAULT = 'True'");
        foreach (ManagementObject mo in mos.Get())
            mo.InvokeMethod("Resume", null);
    }
}
```

## Test

Öffnen Sie neben der Anwendung auch das Windows-Druckerfenster, um sich vom Erfolg überzeugen zu können:

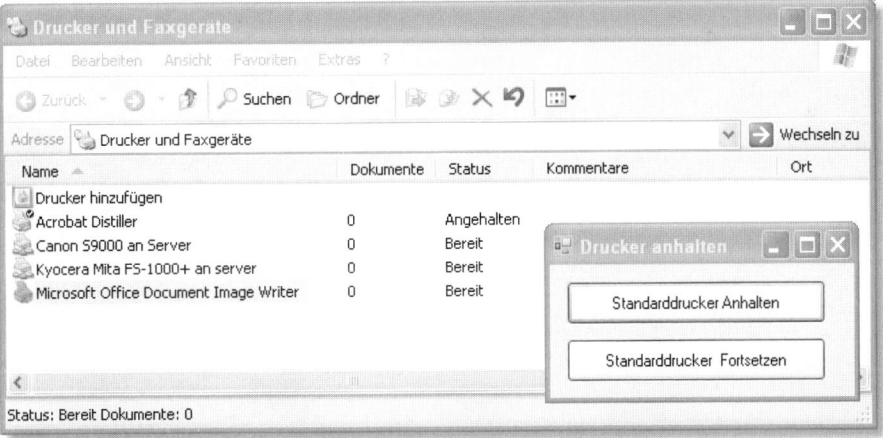

# Kapitel 5

# Dateien/Verzeichnisse

## R5.1  Mit den Dateidialogen auf eine Textdatei zugreifen

Für den Zugriff auf Dateien werden sehr häufig die Windows-Dateidialoge angezapft. Das vorliegende Rezept zeigt ihren Einsatz für Öffnen und Speichern einer einfachen Textdatei in Zusammenarbeit mit einer Menükomponente.

### Oberfläche

Ziehen Sie von der Toolbox eine *TextBox* (*MultiLine=True*), eine *MenuStrip*-, eine *OpenFileDialog*- und eine *SaveFileDialog*-Komponente auf das Startformular *Form1*.

Das Erstellen des Hauptmenüs ist nach Doppelklick auf die Menükomponente kinderleicht und braucht deshalb hier nicht extra erklärt zu werden:

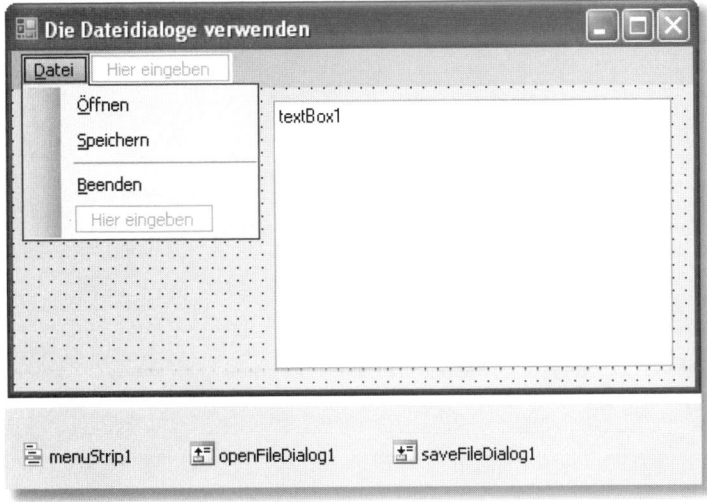

## Quellcode

```
using System.IO;

public partial class Form1 : Form
{

    ...
```

Der Dateipfad, um den sich letztendlich alles dreht, wird zweckmäßig auf Klassenebene deklariert:

```
    private string pfad;
```

Die zahlreichen Anfangseigenschaften der beiden Dateidialoge legen wir beim Laden von *Form1* fest. Die meisten Eigenschaften gelten sowohl für *OpenFileDialog* als auch für *Save-FileDialog*, weshalb wir sie nur einmal zu erklären brauchen:

```
    private void Form1_Load(object sender, EventArgs e)
    {
```

Zunächst der Öffnen-Dialog, wir beginnen mit dem Festlegen der Standard-Dateinamenserweiterung:

```
        openFileDialog1.DefaultExt = "txt";
```

Die Filterzeichenfolge:

```
        openFileDialog1.Filter = "Textdateien (*.txt)|*.txt|Alle Dateien (*.*)|*.*";
```

Warnung, wenn der Namen einer nicht vorhandenen Datei eingegeben wird:

```
        openFileDialog1.CheckFileExists = true;
```

Das Anfangsverzeichnis:

```
        openFileDialog1.InitialDirectory = Application.ExecutablePath;
```

Die Beschriftung der Titelleiste des Dialogs:

```
        openFileDialog1.Title = "Bitte öffnen Sie eine Textdatei!";
```

Nun zum Speichern-Dialog:

```
        saveFileDialog1.DefaultExt = "txt";
```

Der standardmäßig eingetragene Dateiname:

```
        saveFileDialog1.FileName = "Beispiel.txt";
```

Automatisches Anhängen der *DefaultExt*, falls diese weggelassen wird:

```
        saveFileDialog1.AddExtension = true;
```

Warnung, wenn bereits eine gleichnamige Datei vorhanden ist:

```
        saveFileDialog1.OverwritePrompt = true;
```

Überprüfen, ob Dateiname erlaubte Zeichen enthält:

```
saveFileDialog1.ValidateNames = true;
```

Weitere Einstellungen:

```
saveFileDialog1.Filter = "Textdateien (*.txt)|*.txt|Alle Dateien (*.*)|*.*";
saveFileDialog1.InitialDirectory = Application.ExecutablePath;
saveFileDialog1.Title = "Bitte speichern Sie die Textdatei!";
}
```

Den Rahmencode für die *Click*-Eventhandler der einzelnen Menüeinträge erzeugen wir am einfachsten durch Doppelklick auf den entsprechenden Eintrag:

Der Menüpunkt *Datei|Öffnen*:

```
private void öffnenToolStripMenuItem_Click(object sender, EventArgs e)
{
    if (openFileDialog1.ShowDialog() == DialogResult.OK)
    {
        pfad = openFileDialog1.FileName;
        textBox1.Text = String.Empty;
        try
        {
            textBox1.Text = File.ReadAllText(pfad);
        }
        catch
        { }
```

Dateipfad in der Titelleiste des Formulars anzeigen:

```
        this.Text = pfad;
    }
}
```

Der Menüpunkt *Datei|Speichern*:

```
private void speichernToolStripMenuItem_Click(object sender, EventArgs e)
{
    if (saveFileDialog1.ShowDialog() == DialogResult.OK)
    {
        pfad = saveFileDialog1.FileName;
        File.WriteAllText(pfad, textBox1.Text);
        this.Text = pfad;
    }
}
```

Der Menüpunkt *Datei|Beenden*:

```
private void beendenToolStripMenuItem_Click(object sender, EventArgs e)
{
    this.Close();
}
}
```

## Test

Durch eigene Experimente lässt sich am besten die Wirksamkeit der zahlreichen Eigenschaften der Dateidialoge erkunden:

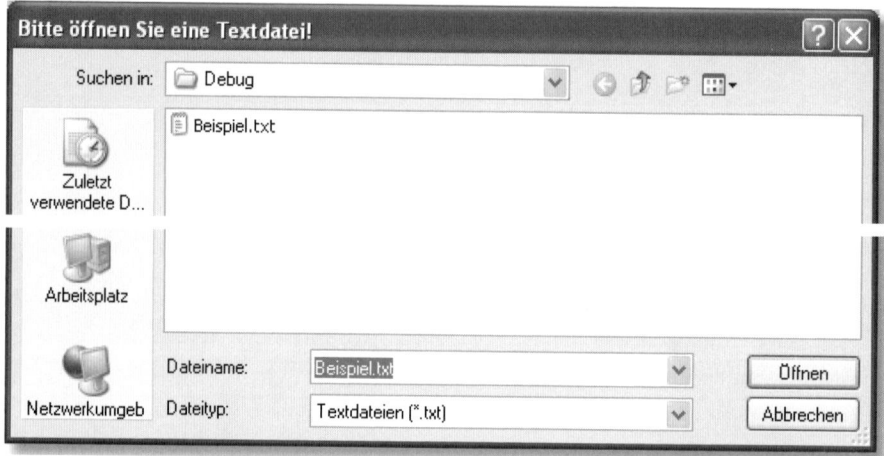

Beim Öffnen und Speichern wird der Dateipfad in der Titelleiste des Formulars angezeigt:

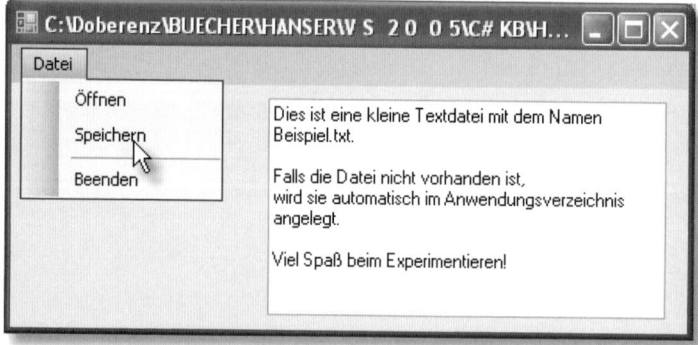

Warnung bei Eingabe eines nicht vorhandenen Dateinamens im Öffnungsdialog:

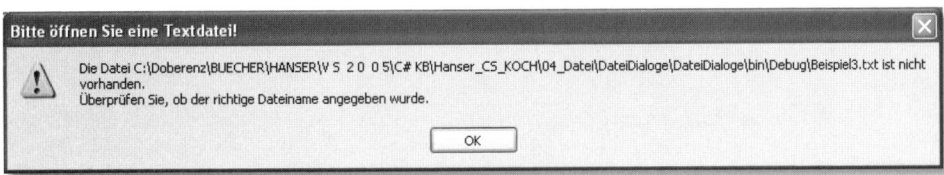

# R5.2  Alle Unterverzeichnisse auflisten

Das vorliegende Rezept demonstriert, wie man mit der *GetDirectories*-Methode zu einem gegebenen Verzeichnis alle Unterverzeichnisse ermitteln und in einem *DirectoryInfo*-Array ablegen kann.

### Oberfläche

Ein *Form*ular mit einer *ListBox* genügt uns.

### Quellcode

```
using System.IO;

public partial class Form1 : Form
{
```

Die Anzeigeprozedur wird am einfachsten gleich im Konstruktor von *Form1* aufgerufen:

```
    public Form1()
    {
        InitializeComponent();
        listAllSubDirectories("c:\\", listBox1);
    }
```

Der Anzeigeprozedur werden als Parameter das übergeordnete Verzeichnis (hier Root-Directory) und eine *ListBox* übergeben:

```
    public void listAllSubDirectories(string pfad, ListBox lb)
    {
```

*DirectoryInfo*-Objekt erzeugen:

```
        DirectoryInfo myDir = new DirectoryInfo(pfad);
```

Array zum Speichern der Unterverzeichnisse anlegen:

```
        DirectoryInfo[] myDirs;
```

Unterverzeichnisse ermitteln und im Array ablegen:

```
        myDirs = myDir.GetDirectories();
```

Unterverzeichnisse durchlaufen ...

```
for (int i = 0; i < myDirs.Length; i++)
```

... und Verzeichnisnamen zur *ListBox* hinzufügen:

```
        lb.Items.Add(myDirs[i].Name);
    }
}
```

### Test

Unmittelbar nach Programmstart werden alle Unterverzeichnisse von *C:\* aufgelistet:

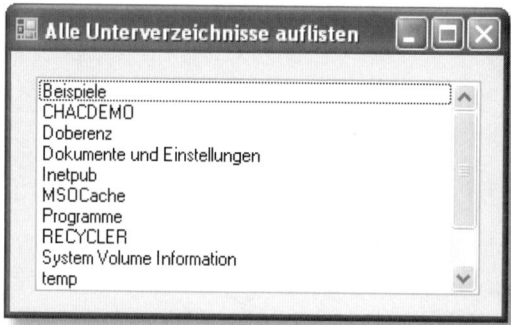

### Bemerkungen

▪ Eine alternative Lösung zeigt R5.4 "Die GetFileSystemInfos-Methode einsetzen".

▪ Ein weiteres ausführliches Beispiel finden Sie in R5.6 "Verzeichnis- und Datei-Informationen gewinnen".

## R5.3 Alle Dateien auflisten

Das vorliegende Rezept demonstriert, wie man mit der *GetFiles*-Methode zu einem gegebenen Verzeichnis alle Unterverzeichnisse ermitteln und in einem *FileInfo*-Array ablegen kann.

### Oberfläche

Ein *Form*ular und eine *ListBox* genügen.

### Quellcode

```
using System.IO;
```

```
public partial class Form1 : Form
{
```

Die Anzeigeprozedur wird gleich zu Beginn (im Konstruktor von *Form1*) aufgerufen:

```
    public Form1()
    {
        InitializeComponent();
        listAllFiles("c:\\", listBox1);
    }
```

Als Parameter werden der Anzeigeprozedur das übergeordnete Verzeichnis (hier Root-Directory) und eine *ListBox* übergeben:

```
    public void listAllFiles(string pfad, ListBox lb)
    {
```

Ein *DirectoryInfo*-Objekt anlegen:

```
            DirectoryInfo myDir = new DirectoryInfo(pfad);
```

Array zum Speichern der Dateien anlegen:

```
            FileInfo[] myFiles;
```

Alle im Verzeichnis enthaltenen Dateien ermitteln und das Array füllen:

```
            myFiles = myDir.GetFiles();
```

Das Array durchlaufen und Dateinamen zur *ListBox* hinzufügen:

```
            for (int i = 0; i < myFiles.Length; i++)
               lb.Items.Add(myFiles[i].Name);
    }
}
```

## Test

Alle im Verzeichnis *c:\* enthaltenen Dateien werden sofort nach Programmstart aufgelistet:

# R5.4 Die GetFileSystemInfos-Methode einsetzen

Als Alternative zu den Vorgängerrezepten R5.2 und R5.3 zeigen wir eine weitere Möglichkeit, alle in einem Verzeichnis enthaltenen Unterverzeichnisse und Dateien aufzulisten.

## Oberfläche

Ein Formular mit einer *ListBox* soll uns genügen.

## Quellcode

```
using System.IO;

public partial class Form1 : Form
{
    public Form1()
    {
        InitializeComponent();
```

Auch in diesem Testprogramm ist die Root-Directory Gegenstand der Untersuchungen:

```
        listFileSystemInfos("c:\\", listBox1);
    }
```

Der Anzeigemethode werden ein Verzeichnispfad und eine *ListBox*-Referenz übergeben:

```
    public void listFileSystemInfos(string pfad, ListBox lb)
    {
```

Auch hier beginnt alles mit einem *DirectoryInfo*-Objekt:

```
        DirectoryInfo myDir = new DirectoryInfo(pfad);
```

Jetzt werden alle dazugehörigen Einträge ermittelt:

```
        FileSystemInfo[] fsi = myDir.GetFileSystemInfos();
```

Zunächst den vollständigen Verzeichnispfad anzeigen:

```
        lb.Items.Add(myDir.FullName);
```

... dann alle Unterverzeichnisse und Dateien:

```
        foreach (FileSystemInfo info in fsi)
            lb.Items.Add(info.Name);
    }
}
```

## Test

Nach Programmstart werden alle in *c:\* enthaltenen Unterverzeichnisse und Dateien angezeigt:

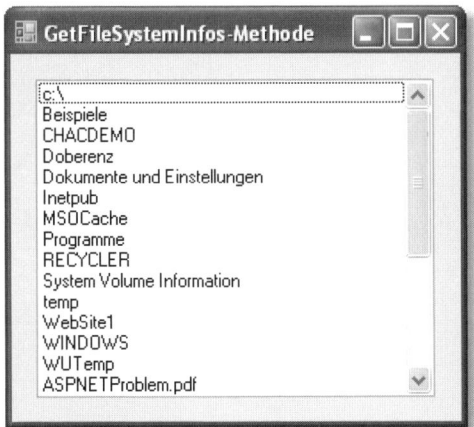

## R5.5 Die Path-Klasse kennen lernen

Eine Alternative zur *File*-Klasse ist die *Path*-Klasse. In diesem Rezept wollen wir einige ihrer zahlreichen (statischen) Methoden demonstrieren.

### Oberfläche

Auch hier genügt uns (neben dem Startformular *Form1*) eine *ListBox*.

### Quellcode

```
using System.IO;

public partial class Form1 : Form
{
    public Form1()
    {
        InitializeComponent();
```

Beim Aufruf der Testmethode sind der vollständige Namen einer vorhandenen Datei und eine *ListBox*-Referenz zu übergeben:

```
        getInfos("c:\\temp\\Test.txt", listBox1);

    }
```

Die Testmethode:

```
    public void getInfos(string datName, ListBox lb)
    {
        lb.Items.Add("Verzeichnis : " + Path.GetDirectoryName(datName));
        lb.Items.Add("Dateiname : " + Path.GetFileName(datName));
```

```
        lb.Items.Add("Dateiname ohne Extension : " +
                          Path.GetFileNameWithoutExtension(datName));
    lb.Items.Add("Dateiextension : " + Path.GetExtension(datName));
    lb.Items.Add("Rootverzeichnis : " + Path.GetPathRoot(datName));
    lb.Items.Add("Temporäres Verzeichnis : " + Path.GetTempPath());
    lb.Items.Add("Neues Tempfile : " + Path.GetTempFileName());
    }
}
```

## Test

Voraussetzung für einen erfolgreichen Test ist das Vorhandensein einer Datei *c:\temp\Test.txt*.

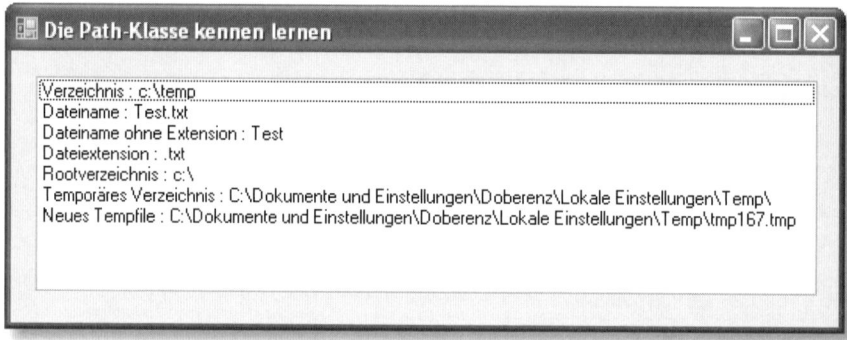

**HINWEIS:** Vorsicht ist geboten, denn die meisten Member der *Path*-Klasse wirken nicht mit
dem Dateisystem zusammen und überprüfen deshalb nicht, ob die durch eine Pfad-
zeichenfolge angegebene Datei auch tatsächlich vorhanden ist!

# R5.6  Verzeichnis- und Datei-Informationen gewinnen

Dieses Rezept zeigt Ihnen nicht nur den Einsatz der *DirectoryInfo*- und *FileInfo*-Klasse, sondern
auch weiteres nützliches Handwerkszeug wie z.B. die sinnvolle Verknüpfung zweier *ListBox*-
Komponenten.

## Oberfläche

Auf *Form1* platzieren Sie hauptsächlich eine *TextBox*-, zwei *ListBox*- und zwei große
*Label*-Komponenten im 3D-Outfit (siehe Laufzeitabbildung).

## Quelltext

```
using System.IO;

public partial class Form1 : Form
{
    ...
```

Globale Deklarationen auf *Form1*-Ebene:

```
    private string myRoot = "C:/";              // übergeordnetes Verzeichnis
    private string myDirName, myFileName;       // aktuelles Unterverzeichnis bzw. Datei
    private const char CrLf = (char) 10;        // Zeilenumbruch
```

Beim Laden werden zunächst alle Unterverzeichnisse von *C:/* angezeigt:

```
    private void Form1_Load(object sender, EventArgs e)
    {
        textBox1.Text = myRoot;
        showDirectories();
    }
```

Die folgende Methode zeigt alle zu *myRoot* untergeordneten Verzeichnisse an:

```
    private void showDirectories()
    {
        DirectoryInfo[] myDirectories;          // Array zum Speichern der Unterverzeichnisse
```

Erzeugen eines neuen *DirectoryInfo*-Objekts, welches auf das Rootverzeichnis zeigt:

```
        DirectoryInfo myDirectory = new DirectoryInfo(myRoot);
```

Alle Unterverzeichnisse ermitteln und abspeichern (vorher Anzeige löschen):

```
        myDirectories = myDirectory.GetDirectories();
        listBox1.Items.Clear();
```

Alle Verzeichnisse durchlaufen ...

```
        for (int i = 0; i < myDirectories.Length; i++)
```

... und Verzeichnisnamen anzeigen:

```
            listBox1.Items.Add(myDirectories[i].Name);
```

Der erste Eintrag in der Verzeichnis-*ListBox* wird selektiert, dadurch wird das *SelectedIndex-Changed*-Event ausgelöst:

```
        listBox1.SelectedIndex = 0;
    }
```

Synchronisieren aller Dateien in der rechten *ListBox* mit dem selektierten Verzeichnis und Anzeige der Verzeichnis-Informationen:

```
private void listBox1_SelectedIndexChanged(object sender, EventArgs e)
{
    DirectoryInfo myDirectory;      // aktuelles Verzeichnis
    string dirInfo = String.Empty;
    FileInfo[] myFiles;                      // Array für alle Dateiinformationen
    listBox2.Items.Clear();                  // aktuellen Inhalt löschen
```

Neues *DirectoryInfo*-Objekt aufgrund des selektierten *ListBox*-Eintrags erzeugen:

```
    myDirName = listBox1.SelectedItem.ToString() + "/";
    myDirectory = new DirectoryInfo(myRoot + myDirName);
```

Verzeichnis-Infos zusammensetzen:

```
    dirInfo += "Pfad: " + myDirectory.FullName + CrLf;
    dirInfo += "Erstellungsdatum: " + myDirectory.CreationTime + CrLf;
    dirInfo += "Attribute: " + myDirectory.Attributes.ToString() + CrLf;
    label1.Text = dirInfo;
```

Alle im Verzeichnis enthaltenen Dateien dem *FileInfo*-Array zuweisen:

```
    myFiles = myDirectory.GetFiles();
```

File-Array durchlaufen und die Dateien zur *ListBox* hinzufügen:

```
    if (myFiles.Length > 0)
    {
        for (int i = 0; i < myFiles.Length; i++)  listBox2.Items.Add(myFiles[i].Name);
```

Der erste Eintrag in der Datei-*ListBox* wird selektiert, dadurch wird deren *SelectedIndexChanged*-Event ausgelöst:

```
        listBox2.SelectedIndex = 0;
    }
}
```

Zweck des folgenden Eventhandlers ist es, den Inhalt des Labels "Datei-Informationen" zu aktualisieren:

```
private void listBox2_SelectedIndexChanged(object sender, EventArgs e)
{
    FileInfo myFile;
    string fileInf = String.Empty;
```

Die Dateinamen zuweisen:

```
    myFileName = listBox2.SelectedItem.ToString();
```

Neues *File*-Objekt erzeugen:

```
myFile = new FileInfo(myRoot + myDirName + myFileName);
```

Datei-Infos zusammensetzen und anzeigen:

```
fileInf += "Verzeichnis: " + myFile.DirectoryName + CrLf;
fileInf += "Erstellungsdatum: " + myFile.CreationTime + CrLf;
fileInf += "Größe: " + myFile.Length + " Byte" + CrLf;
fileInf += "Letzter Zugriff: " + myFile.LastAccessTime + CrLf;
fileInf += "Attribute: " + myFile.Attributes.ToString() + CrLf;
label2.Text = fileInf;
}
```

Wenn Sie das übergeordnete Verzeichnis in *textBox1* eingetragen haben, kann die <Enter>-Taste ausgewertet werden um die Eingabe abzuschließen:

```
private void textBox1_KeyUp(object sender, KeyEventArgs e)
{
    if (e.KeyCode == Keys.Enter)
    {
        myRoot = textBox1.Text;
```

Mit einem kleinen Trick den letzten Slash ergänzen, falls notwendig:

```
        if (!myRoot.EndsWith("/")) myRoot += "/";
        showDirectories();
    }
}
}
```

## Test

Bei Programmstart erscheinen zunächst in der linken *ListBox* alle Unterverzeichnisse zur Root *C:/.* Klicken Sie nun auf ein Unterverzeichnis, um sich in der rechten *ListBox* die darin enthaltenen Dateien anzeigen zu lassen.

---

**HINWEIS:** Wenn Sie sich in der Verzeichnishierarchie von oben nach unten weiterbewegen wollen, müssen Sie das Hauptverzeichnis in der *TextBox* per Hand ergänzen und die Eingabe mit der <Enter>-Taste abschließen.

---

# R5.7   Änderungen im Dateisystem überwachen

Dieses Rezept zeigt, wie Sie unter Benutzung der Klasse *FileSystemWatcher* das Dateisystem beobachten können.

Wichtige Eigenschaften sind:

- *NotifyFilter*
  Typ der zu überwachenden Änderung (in *NotifyFilters*-Enumeration enthalten, z.B. *Attributes*, *CreationTime*, *DirectoryName*, *FileName*, *LastAccess*, *Size*, ...)

- *Filter*
  Filterzeichenfolge für die zu überwachenden Dateien

- *EnableRaisingEvents*
  Aktivieren der Komponente (*True/False*)

Wichtige Ereignisse sind:

- *Changed*
  Datei oder Verzeichnis wurde geändert

- *Created*
  Datei oder Verzeichnis wurde erzeugt

- *Deleted*
  Datei oder Verzeichnis wurde gelöscht

- *Renamed*
  Datei oder Verzeichnis wurde umbenannt

## Oberfläche

Ein *Formular* mit einer *ListBox* und einem *Button* soll genügen.

## Quellcode

```
using System.IO;

public partial class Form1 : Form
{

    ...
```

Das zu beobachtende Verzeichnis:

```
    private string watchPath = "c:/Beispiele";
```

Bei Programmstart wird ein Verzeichnis *C:\Beispiele* angelegt (falls es bereits vorhanden ist, passiert nichts!) :

```
    private void Form1_Load(object sender, EventArgs e)
    {
        Directory.CreateDirectory(watchPath);
    }
```

Die Überwachung wird gestartet:

```
    private void button1_Click(object sender, System.EventArgs e)
    {
        FileSystemWatcher watcher = new FileSystemWatcher(watchPath);
```

Festlegen der zu überwachenden Dateitypen:

```
        watcher.NotifyFilter = (NotifyFilters.LastAccess | NotifyFilters.FileName);
        watcher.Filter = "*.txt";                  // nur *.txt-Dateien werden überwacht
```

Die zu beobachtenden Ereignisse werden festgelegt und entsprechende Eventhandler angemeldet::

```
        watcher.Changed += new FileSystemEventHandler(OnChanged);    // Datei wurde geändert
        watcher.Created += new FileSystemEventHandler(OnChanged);    // ... neu hinzugefügt
        watcher.Deleted += new FileSystemEventHandler(OnChanged);    // ... gelöscht
        watcher.Renamed += new RenamedEventHandler(OnRenamed);       // ... umbenannt
```

Das *SynchronizingObject* des *FileSystemWatcher*s muss auf das Formular verweisen, da sonst die Eventhandler in einem Thread des Threadpools ausgeführt werden und nicht im UI-Thread der Anwendung:

```
        watcher.SynchronizingObject = this;
```
Start der Überwachung:
```
        watcher.EnableRaisingEvents = true;
    }
```

Die Implementierung der oben angemeldeten Ereignisbehandlungen:
```
    private void OnChanged(object Source, FileSystemEventArgs e)
    {
        listBox1.Items.Add("Datei: " + e.FullPath + " " + e.ChangeType.ToString());
    }


    private void OnRenamed(object Source, RenamedEventArgs e)
    {
        listBox1.Items.Add("Datei: " + e.OldFullPath + " umbenannt in " + e.FullPath);
    }
}
```

## Test

Mit Klick auf den Button starten Sie die Überwachung. Wechseln Sie mit dem Windows-Explorer in das zu beobachtende Verzeichnis *C:\Beispiele* und fügen Sie  einige Textdateien (*\*.txt*) hinzu, die Sie z.B. mit dem Editor aus dem Windows-Zubehör erstellen. Benennen Sie Dateien um oder löschen Sie welche, alle vorgenommenen Manipulationen werden in der *ListBox* angezeigt.

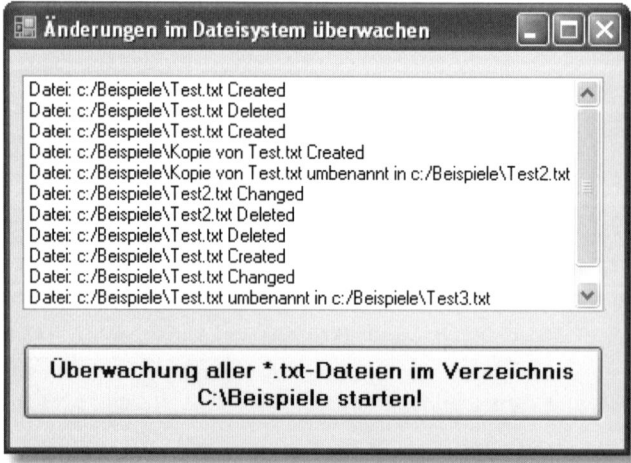

# R5.8   Dateien rekursiv suchen

Häufig kommt es vor, dass Sie bestimmte Dateien suchen aber die Suche nur auf bestimmte Verzeichnisse und deren Unterverzeichnisse beschränken möchten. Das vorliegende Rezept zeigt eine effektive Lösung unter Verwendung der *DirectoryInfo*- und *FileInfo*-Klassen.

### Oberfläche

Auf das Startformular *Form1* setzen Sie eine *ListBox* (Ausgabe der Suchergebnisse), eine *Text-Box* (Eingabe der Suchmaske) und einen *Button* (Start). Außerdem benötigen Sie einen *Folder-Browser*-Dialog zur Auswahl des Verzeichnisbaums.

### Quellcode

```
using System.IO;

public partial class Form1 : Form
{
    ...
```

Der Funktion *getFiles* werden als Parameter ein Verzeichnis und eine Suchmaske übergeben. Es erfolgt eine Ausgabe aller Dateien, die sich in diesem Verzeichnis befinden und die dem Suchkriterium entsprechen. Anschließend werden alle Unterverzeichnisse durchlaufen, wobei für jedes Unterverzeichnis ein rekursiver Funktionsaufruf erfolgt:

```
private void getFiles(string path, string mask)
{
    Application.DoEvents();                  // verhindert Blockade der Anwendung
    try
    {
        DirectoryInfo dir = new DirectoryInfo(path);
        foreach (FileInfo file in dir.GetFiles(mask))
            listBox1.Items.Add(file.FullName);
        foreach (DirectoryInfo di in dir.GetDirectories())
            getFiles(di.FullName, mask);        // rekursiver Aufruf!
    }
    catch (System.Exception ex)
    {
        MessageBox.Show(ex.Message);
    }
}
```

Hinter der "Start"-Schaltfläche liegt der Code zur Auswahl des Wurzelverzeichnisses  mit anschließender rekursiver Suche:

```
private void button1_Click(object sender, EventArgs e)
{
    if (folderBrowserDialog1.ShowDialog() == DialogResult.OK)
    {
        listBox1.Items.Clear();
        getFiles(folderBrowserDialog1.SelectedPath, textBox1.Text);
        MessageBox.Show("Fertig!");
    }
}
}
```

## Test

Tragen Sie zunächst die Suchmaske ein, das ist der Name der Datei mit oder ohne Platzhalter-zeichen ("*" steht für beliebig viele Zeichen und "?" für ein beliebiges einzelnes Zeichen).

Nach dem Klick auf "OK" öffnet sich der Verzeichnisdialog, mit welchem Sie das Wurzelver-zeichnis des zu durchsuchenden Verzeichnisbaums auswählen:

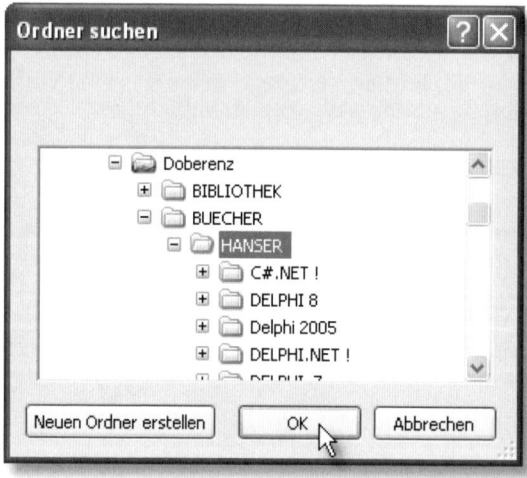

Nach dem "OK" vergeht eine mehr oder weniger lange Zeit, bis die *ListBox* mit allen Ergebnis-sen der Suche gefüllt ist:

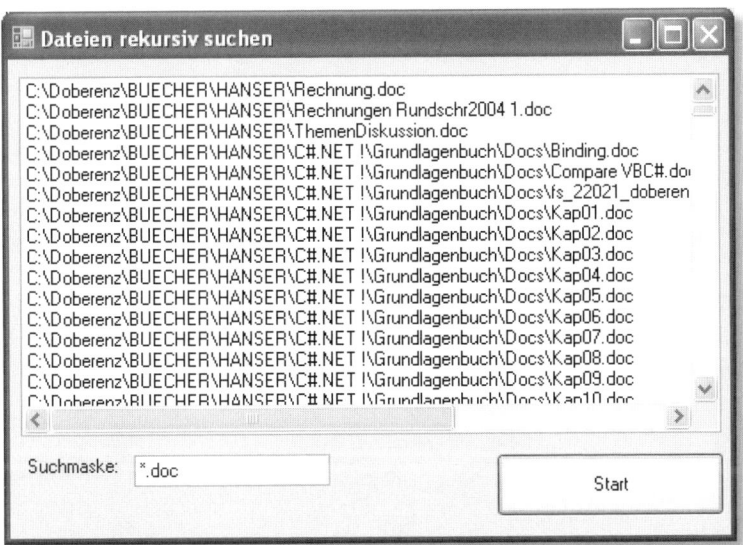

# R5.9   Eine sequenzielle Datei lesen und schreiben

Dieses Rezept ist die Fortsetzung von R2.22 "Einfache Datenbindung praktizieren". Dort hatten wir mit strukturierten Datentypen (den Vorläufern der Objekte) gearbeitet und diese temporär in einem eindimensionalen Array abgespeichert was denNachteil hatte, dass unsere mühselig ein-gegebene Personaldatei nach Beenden des Programms futsch war.

Damit die Datensätze das Beenden des Programms überleben, werden wir sie jetzt in einer Datei abspeichern, womit wir quasi eine kleine Datenbank realisieren.

### Oberfläche

Die Eingabemaske entspricht R2.22 (siehe Laufzeitabbildung).

### Quellcode

```
using System.IO;

public partial class Form1 : Form
{
    ...
    private struct Person              // Struktur für eine Person
    {
        public string vorName, nachName;
        public DateTime geburt;
```

```
        public bool student;

    }


    private int pmax = 10;            // maximale Anzahl Personen
    private Person[] pListe;          // Personalaray
    private int pos = 0;              // Positionszähler
```

Beim Laden des Formulars wird das Personalarray angelegt und mit 10 Dummy-Personen gefüllt:

```
    private void Form1_Load(object sender, EventArgs e)
    {
        pListe = new Person[pmax];
        for (int i = 0; i < pListe.Length; i++)
        {
            pListe[i].vorName = "";
            pListe[i].nachName = "";
            pListe[i].geburt = Convert.ToDateTime("1.1.1900");
            pListe[i].student = false;
        }
```

Die Personaldatei wird gelesen (bzw. neu angelegt) und angezeigt:

```
        readFile();
        anzeigen();
    }
```

---

**HINWEIS:** Die Methoden *anzeigen* (Personalarray => Eingabemaske) bzw. *speichern* (Eingabemaske => Personalarray) sowie das Vor- und Rückwärtsblättern der Datensätze entsprechen R2.22 und werden deshalb hier nicht nochmals aufgeführt
(vollständiger Code siehe Buch-CD).

---

```
        ...
```

Aus Gründen der Einfachheit wird die Datei *Personen.dat* direkt im Projektverzeichnis abgelegt, damit ersparen wir uns den Dateidialog, und Ärger mit absoluten Pfadangaben gibt es
nicht.
Fügen Sie deshalb auf Klassenebene die folgende Variable hinzu:

```
    private string pfad = "Personen.dat";
```

Die folgende Methode liest die Datei sequenziell und füllt deren Inhalt in das Array (falls die
Datei nicht vorhanden ist, wird sie neu angelegt):

```
    private void readFile()
    {
```

```
FileStream rStream = new FileStream(pfad, FileMode.OpenOrCreate, FileAccess.Read);
BinaryReader binReader = new BinaryReader(rStream);
if (rStream.Length > 0)                     // nicht bei neu erzeugter Datei
{
    for (int i=0; i< pmax; i++)
    {
```

Von den zahlreichen Methoden des *BinaryReader* benutzen wir nur *ReadString* und *Read-Boolean*:

```
        pListe[i].vorName = binReader.ReadString();
        pListe[i].nachName = binReader.ReadString();
        pListe[i].geburt = Convert.ToDateTime(binReader.ReadString());
        pListe[i].student = binReader.ReadBoolean();
    }
}
binReader.Close();
rStream.Close();
}
```

Nun auf umgekehrtem Weg den Arrayinhalt nacheinander (sequenziell) in die Datei schreiben:

```
private void writeFile()
{
    FileStream wStream = new FileStream(pfad, FileMode.OpenOrCreate, FileAccess.Write);
    BinaryWriter binWriter = new BinaryWriter(wStream);
    for (int i=0; i< pmax; i++)
    {
```

Von den zahlreichen Überladungen der *Write*-Methode brauchen wir nur die für die Daten-typen *string* und *bool*:

```
        binWriter.Write(pListe[i].vorName);
        binWriter.Write(pListe[i].nachName);
        binWriter.Write(pListe[i].geburt.ToShortDateString());
        binWriter.Write(pListe[i].student);
    }
    binWriter.Flush();          // Puffer => Disk
    binWriter.Close();
    wStream.Close();
}
```

Beim Schließen des Formulars wird das *FormClosing*-Event ausgelöst. Wir benutzen es, um den Arrayinhalt automatisch zu sichern:

```
private void Form1_FormClosing(object sender, FormClosingEventArgs e)
```

```
    {
        speichern();          // aktuellen Datensatz im Array sichern
        writeFile();          // Arrayinhalt in Datei abspeichern
    }
}
```

## Test

Sie brauchen sich um das Öffnen und Speichern Ihrer Datei nicht zu kümmern. Falls noch keine Datei vorhanden ist, wird eine neue bei Programmstart angelegt. Bei Beenden des Programms wird automatisch gesichert.

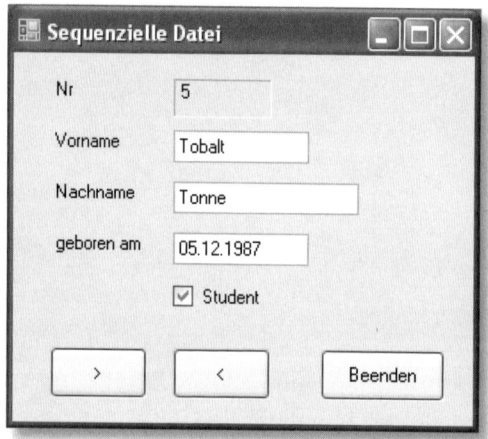

**HINWEIS:** Denken Sie daran, dass ein neuer Eintrag erst nach dem Weiterblättern in das Personalarray übernommen wird.

## Bemerkungen

- Sie finden die Datei *Personal.dat* im *\bin\Debug*-Unterverzeichnis des Projektordners.

- Den in diesem Programm verwendeten strukturierten Datentypen (*struct Person*) kann man ohne Übertreibung als Vorläufer der "richtigen" Objekte bezeichnen. Der fortschrittliche Programmierer wird allerdings lieber mit einer Klasse statt mit einer Struktur arbeiten, siehe R5.10 "Serialisierte Objekte in einer Datei abspeichern".

# R5.10   Serialisierte Objekte in einer Datei abspeichern

Dieses Rezept zeigt, wie man komplette Objekte serialisieren und als Datei abspeichern kann. Ausgangsbasis ist das Vorgänger-Rezept R5.9 "Eine sequenzielle Datei lesen und schreiben".

Während wir uns dort mittels *BinaryReader/BinaryWriter* noch umständlich um jeden einzelnen Datentyp kümmern mussten, ist dies bei Verwendung serialisierter Objekte nicht mehr erforderlich. Um das zu beweisen, realisieren wir das gleiche Programm, diesmal allerdings unter Verwendung serialisierter Objekte!

### Oberfläche

Die Bedienoberfläche entspricht 100%ig dem Vorgänger-Rezept R5.9!

### Quellcode CPerson

Über das Menü *Projekt|Klasse hinzufügen...* ergänzen Sie das Projekt um eine Klasse *CPerson*.

---

**HINWEIS:** Das der Klasse vorangestellte *[Serializable]*-Attribut ist notwendige Voraussetzung für die spätere Serialisierung!

---

```
[Serializable]
public class CPerson
{
    private string _vorName, _nachName;
    private DateTime _geburt;
    private bool _student;
```

Ein eigener Konstruktor initialisiert die privaten Felder:

```
public CPerson(string vor, string nach, DateTime geb, bool st)
{
    _vorName = vor; _nachName = nach;
    _geburt = geb; _student = st;
}
```

Die Eigenschaften sind hier einfach (ohne Zugriffskontrolle) implementiert:

```
public string vorName
{ get { return _vorName; } set{ _vorName = value; } }


 public string nachName
{ get { return _nachName; }      set { _nachName = value; } }
```

```
        public DateTime geburt
    { get { return _geburt; } set { _geburt = value; } }


        public bool student
    { get { return _student; } set {_student = value; } }
}
```

## Quellcode Form1

```
using System.IO;
using System.Runtime.Serialization.Formatters.Binary;
public partial class Form1 : Form
{

    ...
```

Die globalen Variablen/Konstanten:

```
    private CPerson[] pListe;          // Array zur Aufnahme von Objekten der Klasse CPerson
    private const int pmax = 10;       // maximale Größe des Arrays
    private int pos = 1;               // Positionszähler
```

Beim Start wird das Array erzeugt und zunächst mit Dummy-Objekten aufgefüllt. Anschlie-ßend wird die Datei gelesen oder (falls nicht vorhanden) neu generiert:

```
    protected override void OnLoad(EventArgs e)
    {
        pListe = new CPerson[pmax];
```

Alle Datensätze im Array initialisieren:

```
        for (int i=0; i< pmax; i++)
            pListe[i] = new CPerson("","",Convert.ToDateTime("1.1.1950"), false);
```

Datei lesen bzw. neu erzeugen:

```
        readFile();
        anzeigen();
        base.OnLoad(e);
    }
```

Ein- und Ausgabe weisen keine Besonderheiten auf:

```
    private void speichern()                      // EINGABE (Eingabemaske => Array)
    {
        pListe[pos-1].vorName = textBox1.Text;
        pListe[pos-1].nachName = textBox2.Text;
        pListe[pos-1].geburt = Convert.ToDateTime(textBox3.Text);
```

```
            pListe[pos-1].student = checkBox1.Checked;
    }


    private void anzeigen()                            // AUSGABE (Array => Eingabemaske)
    {
        label1.Text = pos.ToString();
        textBox1.Text = pListe[pos-1].vorName;
        textBox2.Text = pListe[pos-1].nachName;
        textBox3.Text = pListe[pos-1].geburt.ToShortDateString(); // Typkonvertierung beachten!
        checkBox1.Checked = pListe[pos-1].student;
    }
```

Die beiden Navigationsmethoden:

```
    private void button1_Click(object sender, System.EventArgs e)      // vorwärts
    {
        if (pos < pmax)              // Anschlagkontrolle
        {
            speichern();
            pos++;
            anzeigen();
        }
    }


    private void button2_Click(object sender, System.EventArgs e)      // rückwärts
    {
        if (pos > 1)                 // Anschlagkontrolle
        {
            speichern();
            pos--;
            anzeigen();
        }
    }
```

Nun kommen wir zum Wesentlichen, den Dateioperationen, die diesmal deutlich einfacher ausfallen als beim Vorgänger-Rezept:

```
    private string pfad = "Personen.dat";              // Datei wird im Projektverzeichnis abgelegt
```

Die Lesemethode:

```
    private void readFile()
    {
        FileStream rStream = new FileStream(pfad, FileMode.OpenOrCreate, FileAccess.Read);
```

```
        BinaryFormatter binReader = new BinaryFormatter();
    if (rStream.Length > 0)                    // nicht bei neu erzeugter Datei
        for (int i=0; i< pmax; i++)            // alle Datensätze durchlaufen
```

Jedes Objekt wird aus der Datei gelesen, deserialisiert und im Array abgespeichert:

```
            pListe[i] = (CPerson) binReader.Deserialize(rStream);
        rStream.Close();
    }
```

Die Schreibmethode macht es umgekehrt:

```
    private void writeFile()
    {

        FileStream wStream = new FileStream(pfad, FileMode.OpenOrCreate, FileAccess.Write);
        BinaryFormatter binWriter = new BinaryFormatter();
        for (int i=0; i< pmax; i++)            // alle Datensätze des Arrays durchlaufen
```

Objekt serialisieren und in die Datei schreiben:

```
        binWriter.Serialize(wStream, pListe[i]);
        wStream.Close();
    }
```

Beim Schließen des Formulars wird automatisch der komplette Arrayinhalt in der Datei abgespeichert:

```
    private void Form1_Closing(object sender, System.ComponentModel.CancelEventArgs e)
    {

        speichern();       // Änderungen am aktuellen Datensatz im Array sichern
        writeFile();       // kompletten Arrayinhalt in Datei abspeichern
    }
}
```

## Test

Es sind rein äußerlich keinerlei Änderungen gegenüber dem Vorgänger-Rezept feststellbar!

## Bemerkungen

Obwohl der Code absolut das Gleiche leistet wie sein Vorgänger, wandeln wir diesmal auf den Höhen der OOP, denn

- der *struct*-Datentyp wurde durch eine "richtige" Klasse abgelöst und

- durch die Objektserialisierung hat sich der dateispezifische Code vereinfacht.

# R5.11   Den Inhalt einer ListView als Datei abspeichern

Am Beispiel einer einfachen Adressverwaltung wollen wir demonstrieren, wie Einträge in eine *ListView* übernommen werden und wie deren gesamter Inhalt dauerhaft abgespeichert werden kann.

### Oberfläche

Auf das Startformular *Form1* setzen wir eine *ListView*, drei *TextBox*en und vier *Button*s. Außerdem benötigen wir noch einen *OpenFileDialog* und einen *SaveFileDialog*.

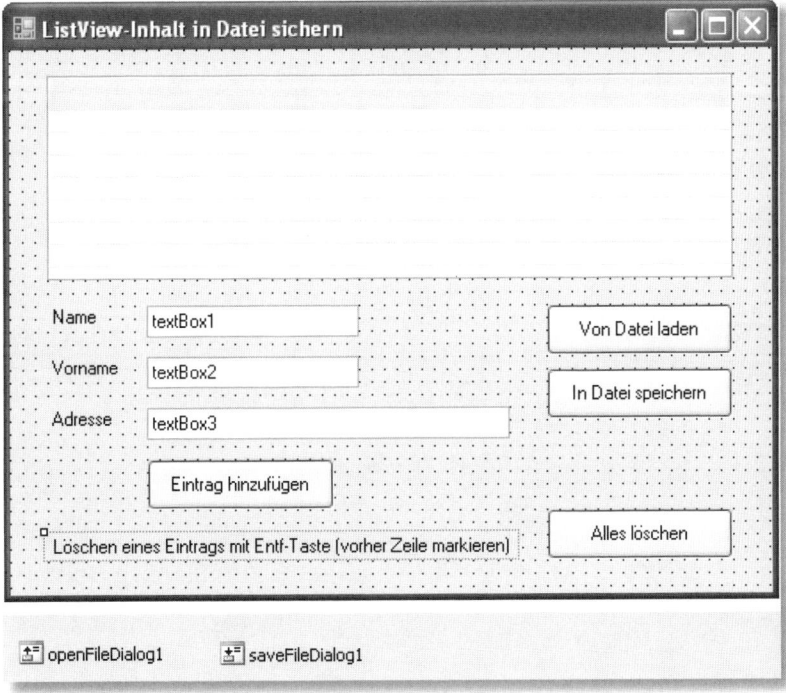

Im Eigenschaftenfenster der *ListView* setzen wir *FullRowSelect* auf *True* und *View* auf *Details*. Außerdem ändern wir die *KeyPreview* -Eigenschaft von *Form1* in *True*.

### Quellcode

```
using System.IO;

public partial class Form1 : Form
{
    public Form1()
    {
```

```
        InitializeComponent();
    initUI();
  }
```

Das Initialisieren der Benutzerschnittstelle umfasst im Wesentlichen das Hinzufügen von drei Spalten für max. 15 bzw. 30 Zeichen zur *ListView*:

```
public void initUI()
{
    int ftSize = Convert.ToInt32(listView1.Font.SizeInPoints);
    listView1.Columns.Add("Name", 15 * ftSize, HorizontalAlignment.Center);
    listView1.Columns.Add("Vorname", 15 * ftSize, HorizontalAlignment.Center);
    listView1.Columns.Add("Adresse", 30 * ftSize, HorizontalAlignment.Left);
    ...
}
```

Speichern:

```
private void button2_Click(object sender, EventArgs e)
{
    try
    {
        saveFileDialog1.Title = "Datei speichern";
        saveFileDialog1.InitialDirectory = Application.StartupPath;
        saveFileDialog1.FileName = "Test.dat";
        saveFileDialog1.Filter = "Dateien (*.dat)|*.dat|Alle Dateien (*.*)|*.*";
        if (saveFileDialog1.ShowDialog() == DialogResult.OK)
        {
            FileStream fs = new FileStream(saveFileDialog1.FileName, FileMode.Create,
                                    FileAccess.Write);
            StreamWriter strmWriter = new StreamWriter(fs);
```

Alle Zeilen (*Items*) der *ListView* durchlaufen:

```
            for (int i = 0; i < listView1.Items.Count; i++)
            {
```

Alle Spalten (*SubItems*) der *ListView* durchlaufen:

```
                for (int j = 0; j < listView1.Items[i].SubItems.Count; j++)
                {
```

Die einzelnen *SubItem*s durch Tabs trennen und in die Datei schreiben:

```
                    string tab = String.Empty;
                    if (j > 0) tab = "\t";
                    strmWriter.Write(tab + listView1.Items[i].SubItems[j].Text);
```

```
                    }
                strmWriter.WriteLine();
            }
            strmWriter.Flush();
            strmWriter.Close();
        }
    }
    catch (Exception ex)
    { MessageBox.Show(ex.Message); }
}
```

Laden:

```
private void button3_Click(object sender, EventArgs e)
{
    try
    {
        openFileDialog1.Title = "Datei öffnen";
        openFileDialog1.InitialDirectory = Application.StartupPath;
        openFileDialog1.FileName = "Test.dat";
        openFileDialog1.Filter = "Dateien (*.dat)|*.dat|Alle Dateien (*.*)|*.*";
        if (openFileDialog1.ShowDialog() == DialogResult.OK)
        {
            FileStream fs = new FileStream(openFileDialog1.FileName, FileMode.Open,
                                                        FileAccess.Read);
            StreamReader strmReader = new StreamReader(fs);
```

Die Datei wird zeilenweise eingelesen. Jede Zeile besteht aus drei Einträgen, die durch Tab-Zeichen getrennt sind:

```
            string line = strmReader.ReadLine();      // erste Zeile lesen
            int start = 0;
            while (line != null)
            {
                int ende = line.IndexOf("\t", start);      // Ende des ersten Eintrags
                string s1 = line.Substring(start, ende);   // ersten Eintrag lesen
                start = ende + 1;                          // Anfang des zweiten Eintrags
                ende = line.IndexOf("\t", start);          // Ende des zweiten Eintrags
                string s2 = line.Substring(start, ende - start);   // zweiten Eintrag lesen
                start = ende + 1;                          // Anfang des letzten Eintrags
                string s3 = line.Substring(start);         // letzten Eintrag lesen
```

Eine neue Zeile zur *ListView* hinzufügen:

```
                ListViewItem lvi = new ListViewItem(new string[] { s1, s2, s3 });
                listView1.Items.Add(lvi);
                start = 0;                // Zurücksetzen
                line = strmReader.ReadLine();              // nächste Zeile lesen
            }
            strmReader.Close();
        }
    }
    catch(Exception ex)
    {MessageBox.Show(ex.Message);}
}
```

Einen Eintrag hinzufügen, der vorher in die *TextBox*en eingegeben wurde:

```
private void button1_Click(object sender, EventArgs e)
{
    string[] itms = new string[] {textBox1.Text, textBox2.Text,  textBox3.Text};
    ListViewItem lvi = new ListViewItem(itms);
    listView1.Items.Add(lvi);
    ...
}
```

Die selektierte(n) Zeile(n) mittels Entf-Taste löschen (*Form1.KeyPreview = True*; *listView1.-FullRowSelect = True*):

```
private void Form1_KeyDown(object sender, KeyEventArgs e)
{
    if (e.KeyCode == Keys.Delete)               // Entf-Taste gedrückt
    {
        for (int i = 0; i < listView1.SelectedItems.Count; i++)
        {
            ListViewItem lvi = listView1.SelectedItems[i];
            listView1.Items.Remove(lvi);
        }
    }
}
```

Gesamten Inhalt der *ListView* löschen:

```
private void button4_Click(object sender, EventArgs e)
{
    listView1.Clear();
```

Weil die *Clear*-Methode auch die Spalten zerstört, ist die komplette *ListView*-Spaltenstruktur erneut aufzubauen:

```
        initUI();
    }
}
```

## Test

Nach Programmstart nehmen Sie zunächst in den *TextBox*en einige Einträge vor, die Sie jeweils über die Schaltfläche "Eintrag hinzufügen" in die *ListView* befördern.

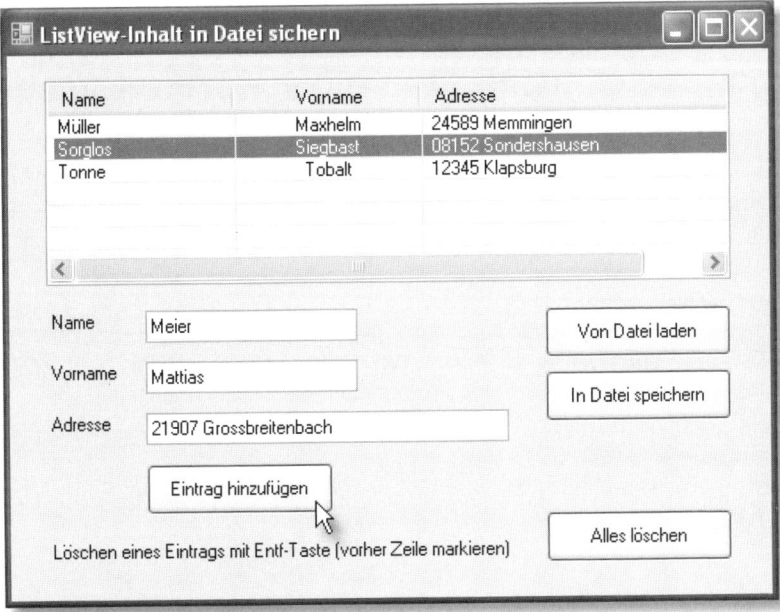

## Ergänzung

Wenn Sie die Eigenschaft *CheckBoxes* der *ListView* auf *True* setzen, kann jede Zeile mit einem Häkchen markiert werden.

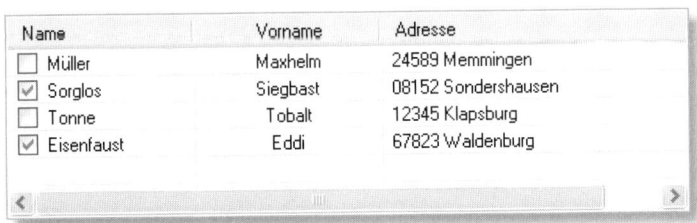

Ein Löschen der markierten Zeilen wäre dann z.B. möglich mit:

```
for (int i = 0; i < listView1.Items.Count; i++)
{
    ListViewItem lvi = listView1.Items[i];
    if (lvi.Checked) listView1.Items.Remove(lvi);
}
```

**HINWEIS:** Leider unterstützt die *ListView* auch unter .NET 2.0 keine echte Datenbindung, so-dass die Realisierung der Datenpersistenz mittels DataSet/Datenbank auf einfache Weise nicht möglich ist.

# R5.12   Den Verzeichnisinhalt in einer ListView anzeigen

Dieses Rezept demonstriert, wie gut man die *ListView* für die tabellarische Anzeige von Informationen einsetzen kann. Konkret geht es um die Anzeige von Informationen über alle Unterverzeichnisse und Dateien, die sich in einem bestimmten Verzeichnis (hier das Anwendungsverzeichnis) befinden.

## Oberfläche

Auf dem Startformular *Form1* finden eine *ListView* (*View = Details*), eine *TextBox* (*ReadOnly = True, MultiLine = True*) und eine *ListBox* ihren Platz (siehe Laufzeitansicht).

## Quellcode

```
using System.IO;

public partial class Form1 : Form
{
    public Form1()
    {
        InitializeComponent();
```

Der Aufruf der Anzeigeroutine erfolgt im Konstruktor von *Form1*:

```
        showListView();
    }
```

Die Hauptroutine *showListView* formatiert die *ListView*, durchsucht das aktuelle Verzeichnis nach Unterverzeichnissen und Dateien und zeigt diese an:

```
    private void showListView()
    {
```

Zunächst wollen wir zur *ListView* zwei Bilddateien hinzufügen. Die Icons *File.gif* und *Folder.-gif* befinden sich im */Bilder*-Verzeichnis, welches von Ihnen im Anwendungsverzeichnis angelegt wurde:

```
ImageList imageList1 = new ImageList();
try
{
    imageList1.Images.Add(Bitmap.FromFile(".\\Bilder\\File.gif"));
    imageList1.Images.Add(Bitmap.FromFile(".\\Bilder\\Folder.gif"));
}
catch (FileNotFoundException)
{ }
listView1.SmallImageList = imageList1;
```

Nun wollen wir vier Spalten hinzufügen, doch zunächst ermitteln wir die Fontgröße:

```
int ftSize = Convert.ToInt32(listView1.Font.SizeInPoints);
```

Da wir jetzt die Fontgröße kennen, können wir die Breite der einzelnen Spalten einigermaßen genau festlegen:

```
listView1.Columns.Add("Name", 30 * ftSize, HorizontalAlignment.Left);
listView1.Columns.Add("Größe", 8 * ftSize, HorizontalAlignment.Right);
listView1.Columns.Add("Typ", 10 * ftSize, HorizontalAlignment.Left);
listView1.Columns.Add("Geändert am", 15 * ftSize, HorizontalAlignment.Left);
```

Aktuelles Verzeichnis ermitteln und in der *TextBox* anzeigen:

```
string currDir = Directory.GetCurrentDirectory();
label1.Text = currDir;
```

Referenz auf einen Eintrag (Zeile) der *ListView*:

```
ListViewItem lvi;
```

Alle enthaltenen Unterverzeichnisse ermitteln:

```
string[] dirs = Directory.GetDirectories(currDir);
int len = dirs.Length;
for (int i = 0; i < len; i++)
{
    lvi - new ListViewItem(Path.GetFileName(dirs[i]), 1);
    lvi.SubItems.Add("");
    lvi.SubItems.Add("Verzeichnis");
    lvi.SubItems.Add(Directory.GetLastAccessTime(dirs[i]).ToString());
    listView1.Items.Add(lvi);
}
```

Alle enthaltenen Dateien ermitteln:

```
string[] files = Directory.GetFiles(currDir);
len = files.Length;
for (int i = 0; i < len; i++)
{
    lvi = new ListViewItem(Path.GetFileName(files[i]), 0);
    FileInfo fi = new FileInfo(files[i]);
    lvi.SubItems.Add(Convert.ToString(fi.Length));
    lvi.SubItems.Add("Datei");
    lvi.SubItems.Add(File.GetLastWriteTime(files[i]).ToString());
    listView1.Items.Add(lvi);
}
}
```

Wenn wir mit der Maus eine oder mehrere Zeile(n) der *ListView* markieren, werden die Namen der selektierten Verzeichnisse und Dateien in der *ListBox* angezeigt:

```
private void listView1_SelectedIndexChanged(object sender, EventArgs e)
{
    listBox1.Items.Clear();
    ListView.SelectedListViewItemCollection selectedItems = listView1.SelectedItems;
    for (int i = 0; i < selectedItems.Count; i++)
    {
        listBox1.Items.Add(selectedItems[i].Text);
    }
}
}
```

## Test

Unmittelbar nach Programmstart wird der Inhalt des aktuellen Verzeichnisses angezeigt. Sie können einen oder (bei gedrückt gehaltener STRG-Taste) auch mehrere Einträge selektieren, die dann sofort in der *ListBox* unten rechts erscheinen.

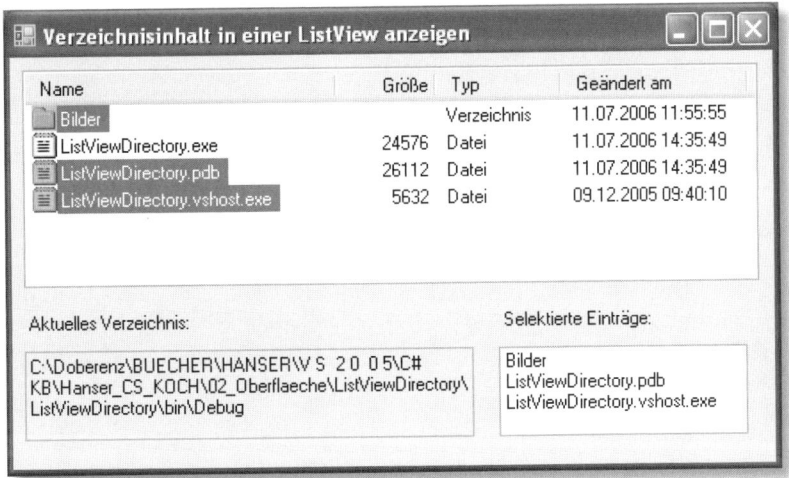

# R5.13   Einen Verzeichnisbaum in eine TreeView einlesen

Sie möchten eine ähnliche Funktionalität wie im Windows-Explorer bereitstellen? Nichts ist dazu besser geeignet als das *TreeView*-Control! Das rekursive Durchsuchen des Dateisystems ist allerdings ziemlich zeitaufwändig, sodass es recht lange dauern kann, bis der Verzeichnisbaum vollständig ist.

Das vorliegende Rezept nutzt das Ereignis *BeforeExpand* der *TreeView*, um die benötigten Verzeichnisinformationen zur Laufzeit erst dann zu ermitteln, wenn sie tatsächlich benötigt werden, was allerhand Zeit sparen kann.

### Oberfläche

Auf dem Startformular *Form1* platzieren Sie links eine *TreeView* und rechts eine *ListBox*.

### Quellcode

```
using System.IO;

public partial class Form1 : Form
{
    protected override void OnLoad(EventArgs e)
    {
        TreeNode rootNode = new TreeNode("C:\\");    // Wurzelknoten erzeugen
        treeView1.Nodes.Add(rootNode);
        addChildNodes(rootNode);                     // untergeordnete Ebene füllen und
        treeView1.Nodes[0].Expand();                 // ... expandieren
```

```
        base.OnLoad(e);
    }
```

Die Hauptarbeit erledigt die Methode *addChildNodes*, welcher als Parameter ein Knoten (*dir-Node*) übergeben wird. Im Ergebnis werden alle Knoten der untergeordneten Verzeichnisebene hinzugefügt:

```
private void addChildNodes(TreeNode dirNode)
{
    DirectoryInfo dir = new DirectoryInfo(dirNode.FullPath);
    try
    {
```

Alle Unterverzeichnisse durchlaufen:

```
        foreach (DirectoryInfo dirItem in dir.GetDirectories())
        {
```

Einen Child-Knoten für jedes Unterverzeichnis hinzufügen:

```
            TreeNode newNode = new TreeNode(dirItem.Name);
            dirNode.Nodes.Add(newNode);
```

Jeder Child-Knoten erhält selbst wiederum einen einzelnen Child-Knoten, der mit einem Platzhalterzeichen (*) gekennzeichnet ist:

```
            newNode.Nodes.Add("*");
        }
    }
    catch (UnauthorizedAccessException err)
    { MessageBox.Show(err.ToString()); }
}
```

Ein Knoten wurde expandiert (aber die untergeordnete Ebene noch nicht gezeichnet):

```
private void treeView1_BeforeExpand(object sender, TreeViewCancelEventArgs e)
{
```

Falls es sich beim ersten Child-Knoten um einen Platzhalterknoten handelt, wird dieser gelöscht und die Verzeichnisebene neu erstellt:

```
    if (e.Node.Nodes[0].Text == "*")
    {
        treeView1.BeginUpdate();    // erneutes Zeichnen deaktivieren
        e.Node.Nodes.Clear();       // Platzhalterknoten löschen
        addChildNodes(e.Node);      // alle untergeordneten Knoten hinzufügen
        treeView1.EndUpdate();      // erneutes Zeichnen aktivieren
    }
}
```

Die Knoten-Auswahl wurde durch den Anwender geändert:

```
private void treeView1_AfterSelect(object sender, TreeViewEventArgs e)
{
```

Alle im entsprechenden Verzeichnis enthaltene Dateien werden in der *ListBox* angezeigt:

```
DirectoryInfo dir = new DirectoryInfo(e.Node.FullPath);
listBox1.Items.Clear();
listBox1.Items.AddRange(dir.GetFiles());
}
}
```

### Test

Bewegen Sie sich durch die *ListView*! Klicken Sie links auf ein bestimmtes Verzeichnis, werden rechts die darin enthaltenen Dateien angezeigt.

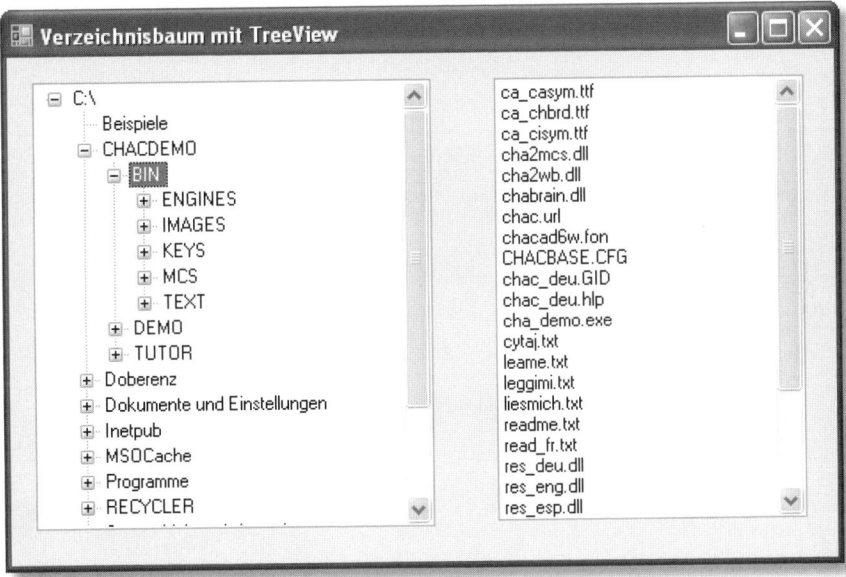

## R5.14 Eine Datei verschlüsseln

Dieses Rezept demonstriert das Erzeugen eines *CryptoStreams* zum symmetrischen Verschlüsseln bzw. Entschlüsseln einer Datei nach dem *Data Encryption Standard* (DES)[1].

---

[1] Gemeint ist also nicht die einfache Verschlüsselung von Verzeichnissen und Dateien, wie sie z.B. mittels *Encrypt-/Decrypt*-Methoden der *File*-Klasse möglich ist.

## Oberfläche

Auf dem Startformular *Form1* platzieren Sie zwei *Button*s und zwei *TextBox*en (siehe Laufzeit-ansicht).

## Quellcode

```
using System.IO;
using System.Security.Cryptography;


public partial class Form1 : Form
{

    ...
```

Auf globaler Ebene wird zunächst die Instanz einer DES Implementierung erzeugt. Da wir dem Konstruktor keine Argumente übergeben, wird ein Zufallsschlüssel generiert und die Standardeigenschaften entsprechen den üblichen Verschlüsselungs-Szenarien:

```
    private DESCryptoServiceProvider des = new DESCryptoServiceProvider();
```

Der Name der Datei, die angelegt und verschlüsselt werden soll:

```
    private string fileName = "EncryptedFile.txt";
```

Eine Hilfsroutine, welche einen String in ein Byte-Array transformiert:

```
    public static Byte[] ConvertStringToByteArray(String s)
    {
        return (new UnicodeEncoding()).GetBytes(s);
    }
```

Die Schaltfläche "Verschlüsseln":

```
    private void button1_Click(object sender, EventArgs e)
    {
```

Den zu verschlüsselnden Text in den Byte-Array-Puffer kopieren:

```
        Byte[] byteArr = ConvertStringToByteArray(textBox1.Text);
```

Ein DES Encryptor Objekt wird auf einer DES Instanz erzeugt:

```
        ICryptoTransform desEncrypt = des.CreateEncryptor();
```

Der *FileStream*, welcher die verschlüsselte Datei schreiben soll, wird erzeugt:

```
        FileStream fs = new FileStream(fileName, FileMode.Create, FileAccess.Write);
```

Der *CryptoStream*, der den *FileStream* verschlüsseln soll, wird erzeugt, wobei der Konstruktor eine *FileStream*-Instanz und den DES Encryptor erhält. Der Stream wird in den Write-Modus versetzt:

```
        CryptoStream cryptoStrm = new CryptoStream(fs, desEncrypt, CryptoStreamMode.Write);
```

Schließlich schreiben wir das mit unserem Text gefüllte Byte-Array in den Stream und schließen diesen. Als Resultat entsteht die verschlüsselte Datei *EncryptedFile.txt*.

```
cryptoStrm.Write(byteArr, 0, byteArr.Length);
cryptoStrm.Close();
}
```

Die Schaltfläche "Entschlüsseln":

```
private void button2_Click(object sender, EventArgs e)
{
```

Den Decryptor der vorhandenen DES-Instanz erzeugen:

```
ICryptoTransform desDecrypt = des.CreateDecryptor();
```

Den Filestream erzeugen, um die verschlüsselte Datei einzulesen:

```
FileStream fs = new FileStream(fileName, FileMode.Open, FileAccess.Read);
```

Den Kryptostream erzeugen, um die verschlüsselten Bytes zu entschlüsseln:

```
CryptoStream cryptoStrm = new CryptoStream(fs, desDecrypt, CryptoStreamMode.Read);
```

Inhalt auslesen und entschlüsseln:

```
StreamReader strmRead = new StreamReader(cryptoStrm, new UnicodeEncoding());
```

Inhalt anzeigen:

```
textBox2.Text = strmRead.ReadToEnd();
cryptoStrm.Close();
}
```

Praktisch ziemlich nutzlos, aber trotzdem interessant, ist ein Blick auf den Inhalt der verschlüsselten Datei:

```
private void button3_Click(object sender, EventArgs e)
{
    textBox3.Text = File.ReadAllText(fileName);
}
}
```

## Test

Geben Sie einen beliebigen Text in das obere Textfeld ein und klicken Sie die "Verschlüsseln"-Schaltfläche. Den Inhalt der verschlüsselten Datei *EncryptedFile.txt* können Sie sich nach Klick auf die mittlere Schaltfläche betrachten. Über die "Entschlüsseln"-Schaltfläche erhalten Sie wieder den ursprünglichen Test.

> **HINWEIS:** Es ist praktisch unmöglich, ohne Kenntnis des Schlüssels aus dem verschlüsselten
> Text wieder das Original zu rekonstruieren.

Da nach einem erneuten Programmstart auch ein neuer Schlüssel angelegt wird, führt der sofortige Klick auf die "Entschlüsseln"-Schaltfläche zu einer Fehlermeldung.

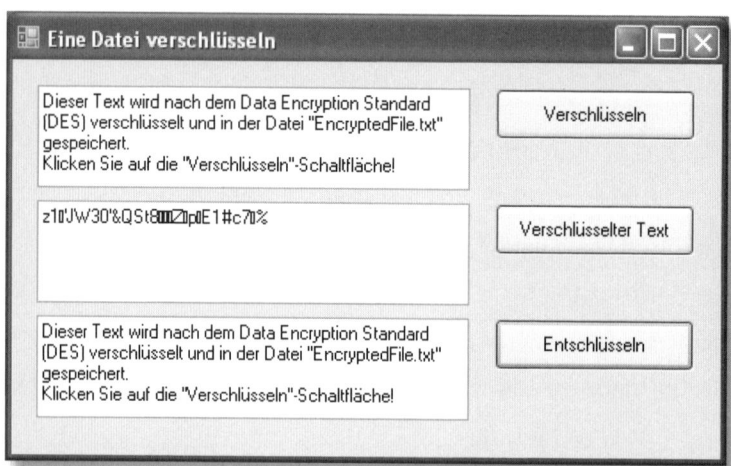

### Bemerkung

Falls die verschlüsselte Datei weitergegeben wird, benötigt der Empfänger natürlich exakt den Schlüssel, mit dem die Datei verschlüsselt wurde. Dieser entspricht der *Key*-Eigenschaft (ein Byte-Array) des *DESCryptoServiceProvider*-Objekts:

```
File.WriteAllBytes("Key.dat", des.Key);     // Absender schreibt Schlüsseldatei
des.Key = File.ReadAllBytes("Key.dat");     // Empfänger liest Schlüsseldatei
```

# R5.15   Eine Datei komprimieren

In diesem Rezept wollen wir zeigen, wie unter Benutzung der *GZipStream*-Klasse der Inhalt einer Datei gepackt und entpackt werden kann.

> **HINWEIS:** Die *GZipStream*-Klasse eignet sich nur zum Komprimieren von Dateien kleiner
> vier GB.

### Oberfläche

Auf das Startformular *Form1* setzen wir *Button*s mit den Beschriftungen "Quelldatei lesen", "Komprimieren" und "Dekomprimieren". Damit dürften auch die drei grundlegenden Operationen klar sein, die wir mit unserem Testprogramm durchführen wollen.

## Quellcode

```
using System.IO;
using System.IO.Compression;

public partial class Form1 : Form
{
```

Die Namen der drei Dateien, die sich alle im Anwendungsverzeichnis befinden:

```
    private string QuellDatei = "Test1.txt";
    private string KompDatei = "Test.zip";
    private string ZielDatei = "Test2.txt";
    private byte[] fileBytes = null;
```

Die Quelldatei in den Puffer einlesen:

```
        private void button1_Click(object sender, EventArgs e)
        {
            FileStream strm1 = new FileStream(QuellDatei, FileMode.Open);
            fileBytes = new byte[strm1.Length];
            strm1.Read(fileBytes, 0, fileBytes.Length);
            strm1.Close();
        }
```

Die komprimierte Datei erstellen:

```
        private void button2_Click(object sender, EventArgs e)
        {
            FileStream strm2 = new FileStream(KompDatei, FileMode.Create);
            GZipStream compStrm = new GZipStream(strm2, CompressionMode.Compress);
            compStrm.Write(fileBytes, 0, fileBytes.Length);
            compStrm.Flush();              // internen Puffer leeren
            compStrm.Close();
            strm2.Close();
        }
```

Die Datei dekomprimieren:

```
        private void button3_Click(object sender, EventArgs e)
        {
            FileStream strm3 = new FileStream(KompDatei, FileMode.Open);
            GZipStream decompStrm = new GZipStream(strm3, CompressionMode.Decompress);
            StreamReader reader = new StreamReader((Stream)decompStrm);
            File.WriteAllText(ZielDatei, reader.ReadToEnd());
            reader.Close();
```

```
        strm3.Close();
    }
}
```

### Test

Speichern Sie zunächst eine beliebige Textdatei unter dem Namen *Test1.txt* im *\bin\Debug*-Unterverzeichnis des Projektordners ab. Nach dem Programmstart betätigen Sie nacheinander (von oben nach unten) die drei Schaltflächen.

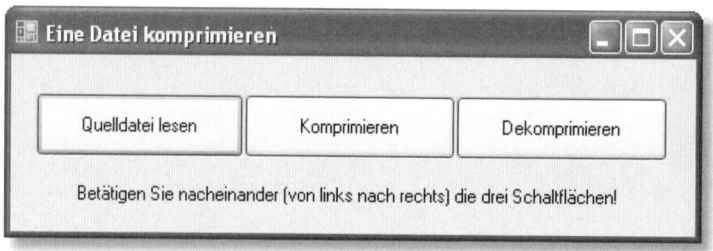

Im Ergebnis finden sich im Anwendungsverzeichnis neben der Quell-Datei *Test1.txt* die beiden neu erzeugten Dateien *Test.zip* und *Test2.txt*. Vergleichen Sie die Inhalte von *Test1.txt* und *Test2.txt*, so müssen diese identisch sein.

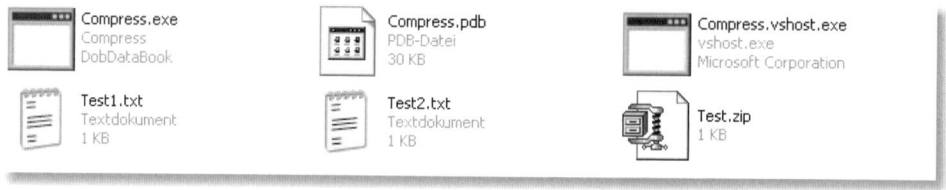

**HINWEIS:** Falls es sich, wie in unserem Beispiel, um sehr kleine Dateien handelt (siehe obige Abbildung) ist ein Kompressionseffekt allerdings kaum nachweisbar.

## R5.16   Die vorhandenen Laufwerke feststellen

Die (nicht vererbbare) *Environment*-Klasse stellt Informationen zur aktuellen Umgebung und Plattform zur Verfügung. Das vorliegende Rezept zeigt, wie Sie mit der *GetLogicalDrives*-Methode die Namen aller logischen Laufwerke Ihres PCs ermitteln können.

### Oberfläche

Ein *Form*ular, eine *ListBox* und ein *Button* genügen.

## Quellcode

```
public partial class Form1 : Form
{

    ...
    private void button1_Click(object sender, EventArgs e)
    {
        foreach (string s in Environment.GetLogicalDrives())
            listBox1.Items.Add(s);
    }
}
```

## Test

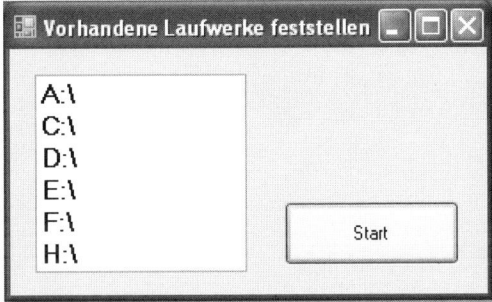

## Bemerkungen

▦  Über weitere wichtige Mitglieder der *Environment*-Klasse wie *CurrentDirectory*, *NewLine*, *MachineName*, *UserName*, *Version* ..., informieren Sie sich am besten in der Online-Hilfe.

▦  Ein weiteres Beispiel (*WorkingSet*-Eigenschaft) finden Sie unter R11.16 "Bytes in MByte umrechnen".

# Kapitel 6

# XML

## R6.1 DataSets in Xml-Strings konvertieren

Dieses Rezept demonstriert Ihnen, wie Sie ein beliebiges *DataSet*-Objekt in einen Xml-String umwandeln, gleichzeitig wird auch die Rücktransformation aufgezeigt.

Ganz nebenbei erfahren Sie, wie Sie ein *DataSet* (inklusive Relationen zwischen den Tabellen) zur Laufzeit erstellen und füllen kann.

### Oberfläche

Eine *TextBox* (*MultiLine = True*), zwei *Button*s und das gute alte *DataGrid* bilden die Testoberfläche.

---

**HINWEIS:** Im Gegensatz zum neuen *DataGridView* kann das *DataGrid* auch mehrere Tabellen und ihre Beziehungen gleichzeitig darstellen.

---

### Quelltext

Grundlage beider Konvertierungen sind Überladungen der *WriteXml*- bzw. *ReadXml*-Methode des *DataSet*s, welche diesmal nicht auf die Festplatte, sondern direkt auf den Arbeitsspeicher zugreifen.

```
using System.Xml;
using System.IO;


public partial Form1 : Form
{
```

Die folgende Methode konvertiert das übergebene *DataSet* in einen Xml-String, wobei der Weg über einen *MemoryStream* und ein *Byte*-Array geht:

```
    public string ConvertDataSetToXML(DataSet ds)
    {
```

```
        MemoryStream stream = null;
        XmlTextWriter writer = null;
        try
        {
            stream = new MemoryStream();
```

*XmlTextWriter* mit dem *MemoryStream* initialisieren:

```
            writer = new  XmlTextWriter(stream, Encoding.Unicode);
```

*DataSet* in den *MemoryStream* schreiben und dabei auch die Strukturinformationen mit übergeben:

```
            ds.WriteXml(writer, XmlWriteMode.WriteSchema);
```

Byte-Array als Puffer erstellen (*MemoryStream* kann grundsätzlich nur in ein Byte-Array einlesen):

```
            byte[] arr = stream.ToArray();
```

Xml-String aus Byte-Array gewinnen und zurückgeben:

```
            UnicodeEncoding utf = new UnicodeEncoding();
            return utf.GetString(arr).Trim();
        }
        catch
        {
            return String.Empty;
        }
        finally
        {
            if (writer != null) writer.Close();
        }
    }
```

Die zweite Methode arbeitet in umgekehrter Richtung, sie konvertiert einen übergebenen Xml-String in ein *DataSet*, was dank *StringReader*-Objekt auf direktem Weg geht:

```
public DataSet ConvertXMLToDataSet(string xml)
{
    StringReader reader = null;
    try
    {
        DataSet ds = new DataSet();
        reader = new StringReader(xml);
```

Xml-String in *DataSet* einlesen:

```
        ds.ReadXml(reader);
        return ds;
    }
    catch
    {
        return null;
    }
    finally
    {
        if (reader != null) reader.Close();
    }
}
```

Die folgende Methode *getTestDS* erzeugt ein untypisiertes *DataSet* mit zwei *DataTable*s und einer *DataRelation* entsprechend obiger Abbildung und fügt jeder Tabelle zwei Datensätze hinzu:

```
private static DataSet getTestDS()
{
```

Tabelle "Personen":

```
    DataTable dt1 = new DataTable("Personen");
```

Primärschlüssel:

```
    DataColumn col1 = dt1.Columns.Add("Nr", typeof(System.Int32));
    col1.AllowDBNull = false;
    col1.Unique = true;
    col1.AutoIncrement = true;
    col1.AutoIncrementStep = 1;
```

Die restlichen Spalten hinzufügen:

```
    dt1.Columns.Add("Vorname", typeof(System.String));
    dt1.Columns.Add("Nachname", typeof(System.String));
    dt1.Columns.Add("Geburtstag", typeof(System.DateTime));
```

Zwei Datensätze hinzufügen:

```
    DataRow rw11 = dt1.NewRow();
    rw11["Vorname"] = "Klaus";
    rw11["Nachname"] = "Müller";
    rw11["Geburtstag"] = Convert.ToDateTime("3.4.1975");

    DataRow rw12 = dt1.NewRow();
```

```
        rw12["Vorname"] = "Tobalt";
        rw12["Nachname"] = "Tonne";
        rw12["Geburtstag"] = Convert.ToDateTime("5.8.1984");
        dt1.Rows.Add(rw11);
        dt1.Rows.Add(rw12);
```

Tabelle "Bestellungen":

```
        DataTable dt2 = new DataTable("Bestellungen");
        DataColumn col2 = dt2.Columns.Add("Nr", typeof(System.Int32));
        col2.AllowDBNull = false;
        col2.Unique = true;
        col2.AutoIncrement = true;
        col2.AutoIncrementStep = 1;
        dt2.Columns.Add("Datum", typeof(System.DateTime));
        dt2.Columns.Add("Betrag", typeof(System.Decimal));
        dt2.Columns.Add("PersNr", typeof(System.Int32));              // Fremdschlüssel
        dt2.Columns.Add("Bemerkung", typeof(System.String));
```

Zwei Datensätze hinzufügen:

```
        DataRow rw21 = dt2.NewRow();
        rw21["Datum"] = Convert.ToDateTime("20.2.2006");
        rw21["Betrag"] = Convert.ToDecimal("256,50");
        rw21["PersNr"] = 0;
        rw21["Bemerkung"] = "per Nachname";
        dt2.Rows.Add(rw21);


        DataRow rw22 = dt2.NewRow();
        rw22["Datum"] = Convert.ToDateTime("8.3.2006");
        rw22["Betrag"] = Convert.ToDecimal("12,95");
        rw22["PersNr"] = 0;
        rw22["Bemerkung"] = "per Scheck";
        dt2.Rows.Add(rw22);
```

*DataSet* zusammenbauen (mit 1 : n Relation zwischen *Kunden* und *Bestellungen*):

```
        DataSet ds = new DataSet();
        ds.Tables.Add(dt1);
        ds.Tables.Add(dt2);
        ds.Relations.Add("Person_Bestellungen", ds.Tables["Personen"].Columns["Nr"],
                              ds.Tables["Bestellungen"].Columns["PersNr"]);
        return ds;
    }
```

*DataSet* in Xml-String:

```
private void button1_Click(object sender, EventArgs e)
{
    DataSet ds = getTestDS();
    textBox1.Text = ConvertDataSetToXML(ds);
    button2.Enabled = true;
}
```

Xml-String in *DataSet*:

```
private void button2_Click(object sender, EventArgs e)
{
    DataSet ds = ConvertXMLToDataSet(textBox1.Text);
    dataGrid1.DataSource = null;
    dataGrid1.DataSource = ds;
}
}
```

## Test

Zunächst lassen wir uns die XML-Darstellung des *DataSet*s in der *TextBox* anzeigen. Anschließend betätigen wir zwecks Rückkonvertierung die rechte Schaltfläche:

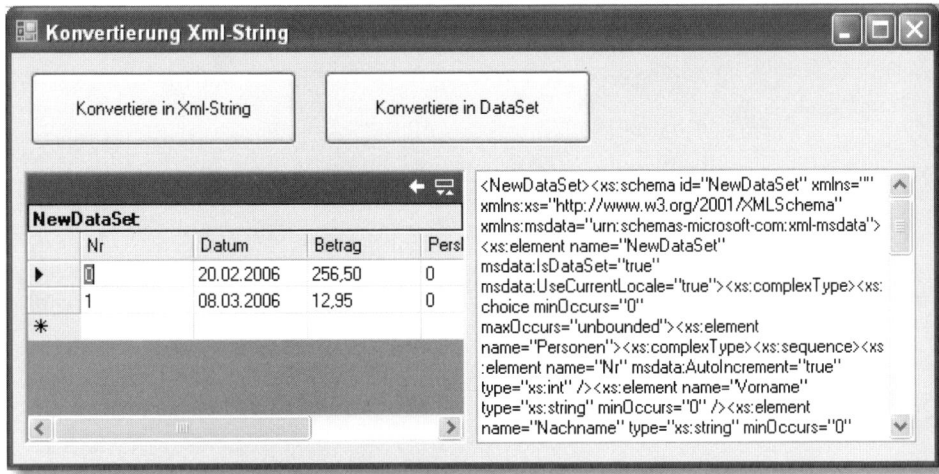

# R6.2   DataSets in XML-Dateien speichern

Wie einfach es ist, ein DataSet im *XML*-Format in einer Datei zu speichern, zeigt das folgende Rezept.

### Oberfläche

Fügen Sie einem Windows Form ein *DataGridView* sowie drei *Buttons* hinzu  (siehe Laufzeitansicht).

### Quellcode

```
public class Form1 : Form
{
```

Das *DataSet*:

```
    private DataSet ds = new DataSet();
```

Mit dem Laden des Formulars erstellen wir das *DataSet*:

```
    public Form1()
    {
        InitializeComponent();
        DataTable dt = new DataTable("Bestellungen");
        ds.Tables.Add(dt);
```

Tabellenstruktur festlegen:

```
        DataColumn col0 = dt.Columns.Add("Nr", System.Type.GetType("System.Int32"));
        col0.AutoIncrement = true;
        col0.AutoIncrementStep = 1;
        DataColumn col1 = dt.Columns.Add("EingangsDatum",
                                    System.Type.GetType("System.DateTime"));
        col1.AllowDBNull = false;
        col1.DefaultValue = DateTime.Now;
        DataColumn col2 = dt.Columns.Add("KuNr", System.Type.GetType("System.Int32"));
        col2.AllowDBNull = false;
        DataColumn col3 = dt.Columns.Add("GesamtNetto",
                                    System.Type.GetType("System.Decimal"));
        col3.DefaultValue = 0;
        DataColumn col4 = dt.Columns.Add("Bemerkung", System.Type.GetType("System.String"));
        col4.DefaultValue = "";
        col4.MaxLength = 50;
```

Datenbindung für das *DataGridView* herstellen:

```
    dataGridView1.DataSource = ds;      // an DataTable anbinden
    dataGridView1.DataMember = ds.Tables[0].TableName;
}
```

Die XML-Datei laden:

```
private void button1_Click(object sender, System.EventArgs e)
{
    ds.ReadXml("Test.xml");
}
```

In XML-Datei abspeichern:

```
private void button2_Click(object sender, System.EventArgs e)
{
    ds.WriteXml("Test.xml");
}
```

Die Anzeige löschen:

```
private void button3_Click(object sender, System.EventArgs e)
{
    ds.Clear();
}
}
```

## Test

Nach dem Programmstart sollten Sie zunächst einige Datensätze in das *DataGridView* eintragen.

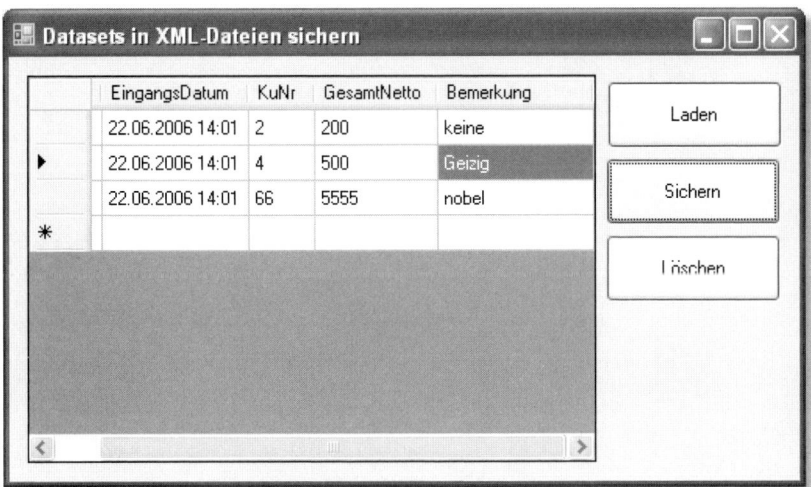

Sie können dann Datensätze editieren, mittels *Entf*-Taste löschen oder Änderungen mit *Esc* oder *Strg+Z* rückgängig machen.

Auf fehlerhafte Benutzereingaben werden Sie mehr oder weniger höflich hingewiesen, z.B.:

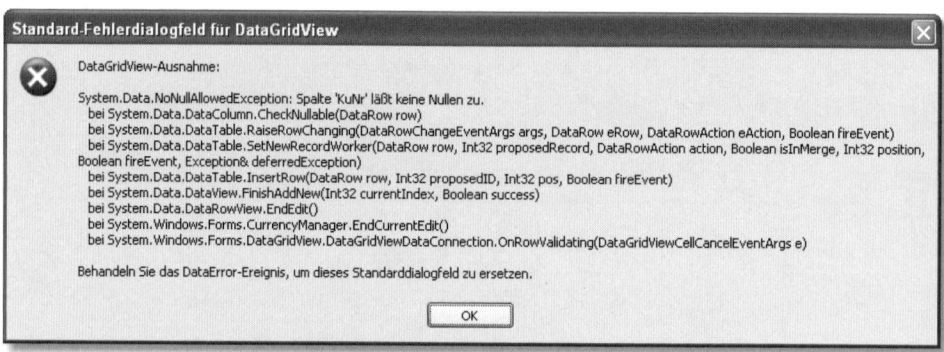

## Bemerkung

Die neue Datei *Test.xml* finden Sie im *\bin\Debug*-Unterverzeichnis des Projekts. Durch Doppelklick können Sie den Inhalt im Internet Explorer sichtbar machen:

```xml
<?xml version="1.0" standalone="yes" ?>
- <NewDataSet>
  - <Bestellungen>
      <Nr>0</Nr>
      <EingangsDatum>2006-06-
        22T14:01:55.703125+02:00</EingangsDatum>
      <KuNr>2</KuNr>
      <GesamtNetto>200</GesamtNetto>
      <Bemerkung>keine</Bemerkung>
  </Bestellungen>
  - <Bestellungen>
      <Nr>2</Nr>
      <EingangsDatum>2006-06-
        22T14:01:55.703125+02:00</EingangsDatum>
      <KuNr>4</KuNr>
```

**HINWEIS:** Seit der Einführung von .NET 2.0 besteht ebenfalls die Möglichkeit, einzelne *DataTable*-Objekte mittels *WriteXml*-Methode zu serialisieren.

# R6.3   **Durch XML-Dokumente navigieren**

Welche Möglichkeiten, d.h. Methoden und Eigenschaften, das *XPathNavigator*-Objekt zur Navigation zwischen den einzelnen Knoten anbietet, zeigt die folgende Skizze (Ausgangspunkt ist der hervorgehobene Knoten):

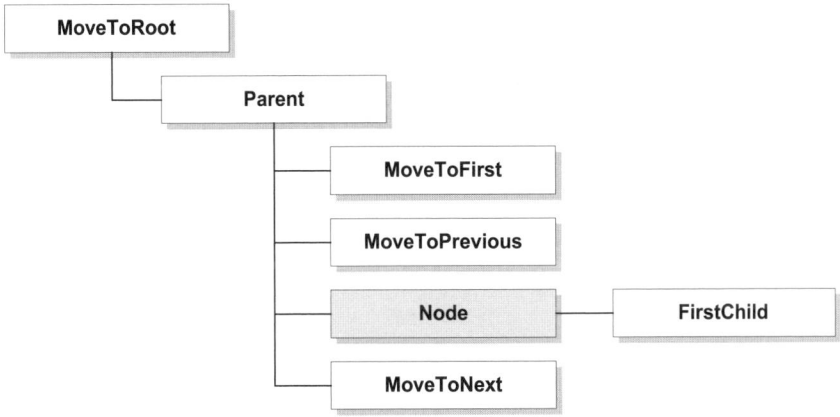

Wie Sie sehen, können Sie von jedem beliebigen Knoten aus auf den gesamten Baum zugreifen. Entweder Sie bewegen sich mit *MoveToPrevious* bzw. *MoveToNext* innerhalb einer Ebene oder Sie wechseln mit *Parent* in die übergeordnete Ebene, um dort ebenfalls mit *MoveToPrevoius* bzw. *MoveToNext* auf die einzelnen Knoten zuzugreifen. Möchten Sie die untergeordneten Elemente eines Knotens verarbeiten, können Sie zunächst mit *FirstChild* auf das erste untergeordnete Element zugreifen, um dann wiederum mit *MoveToPrevious* bzw. *MoveToNext* mit den weiteren Elementen der dann aktiven Ebene fortzufahren.

---

**HINWEIS:** Die Root des XML-Baums erreichen Sie in jedem Fall mit *MoveToRoot.* Das per Definition immer eine Root vorhanden sein muss, gibt diese Methode auch kein *True* oder *False* zurück.

---

Unser Rezept hat die recht einfache Aufgabe, die Datei *Test7.xml* von der Festplatte zu laden. Nachfolgend soll, ausgehend vom Root-Element, die Navigation zwischen den einzelnen Baumknoten demonstriert werden. Dazu stellen entsprechende Tasten die jeweiligen Methoden zur Verfügung. Ist der Knoten gewechselt, wird die Bezeichnung angezeigt.

Zusätzlich finden Sie im Programm auch eine Unterstützung für die Methode *SelectSingleNode*, mit der sich ein einzelnen Knoten suchen lässt.

### **Oberfläche**

Entwerfen Sie eine Oberfläche nach folgendem Vorbild (Laufzeitansicht):

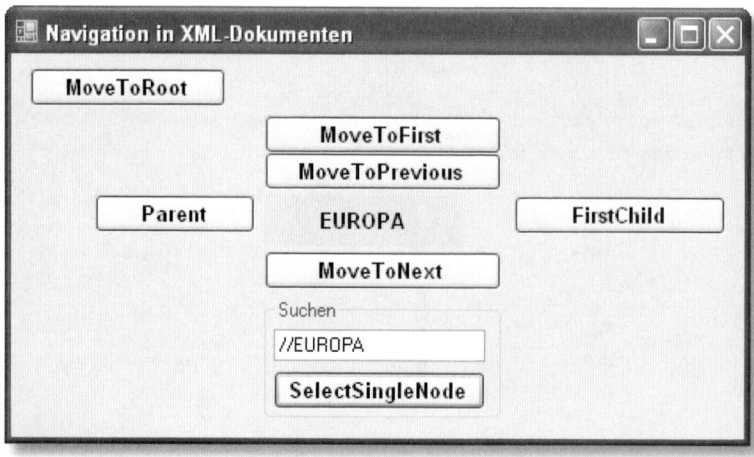

## Quelltext

```
using System.Xml;
using System.Xml.XPath;

public partial class Form1 : Form
{
    private XmlDocument xmlDoc = new XmlDocument();
    private XPathNavigator nav;
```

Mit dem Öffnen des Fensters öffnen wir auch die Datei und erzeugen unseren *XPathNavigator*:

```
    private void Form1_Load(object sender, EventArgs e)
    {
        try
        {
            xmlDoc.Load("test7.xml");
            nav = xmlDoc.CreateNavigator();
            label1.Text = nav.Name;
        }
        catch
        {
            MessageBox.Show("Datei nicht gefunden!");
        }
    }
```

Wir wechseln zum Vorgänger

```
    private void Button2_Click(object sender, EventArgs e)
    {
```

```
        if (nav.MoveToPrevious())
                label1.Text = nav.Name;
    else
                MessageBox.Show("Kein Vorgänger vorhanden!");
    }
```

Wir wechseln zum Nachfolger:

```
    private void Button3_Click(object sender, EventArgs e)
    {
        if (nav.MoveToNext())
                label1.Text = nav.Name;
    else
                MessageBox.Show("Kein Nachfolger vorhanden!");
    }
```

Wir wechseln zu den Untereinträgen:

```
    private void Button4_Click(object sender, EventArgs e)
    {
        if (nav.MoveToFirstChild())
                label1.Text = nav.Name;
    else
                MessageBox.Show("Keine Untereinträge vorhanden!");
    }
```

Wir wechseln zum Parent:

```
    private void Button1_Click(object sender, EventArgs e)
    {
        if (nav.MoveToParent())
                label1.Text = nav.Name;
    else
                MessageBox.Show("Kein Parent vorhanden!");
    }
```

Wir wechseln zum ersten Knoten der gleichen Ebene:

```
    private void button6_Click(object sender, EventArgs e)
    {
        if (nav.MoveToFirst())
                label1.Text = nav.Name;
    }
```

Wir wechseln zur Root:

```
    private void button7_Click(object sender, EventArgs e)
```

```
    {
        nav.MoveToRoot();
        label1.Text = nav.Name;
    }
```

Wir suchen in den Baumzweigen:

```
    private void button5_Click_1(object sender, EventArgs e)
    {
        try
        {
            XPathNavigator nav2 = nav.SelectSingleNode(textBox1.Text);
            if (nav2 != null)
            {
                nav = nav2;
                label1.Text = nav.Name;
            }
            else
                MessageBox.Show("Nicht gefunden!");
        }
```

Hier sollten wir auf eine Fehlerbehandlung nicht verzichten, falls ein fehlerhafter XPath-Ausdruck eingegeben wird:

```
        catch (Exception)
        {
                MessageBox.Show("Fehlerhafter Ausdruck!");
        }
    }
}
```

## Test

Starten Sie das Programm und versuchen Sie, durch den XML-Baum zu navigieren. Der Inhalt der XML-Datei soll Ihnen dabei als Hilfestellung dienen (siehe folgende Abbildung).

**HINWEIS:** Beachten Sie, dass sich auch über "WELT" noch ein Objekt befindet!

```
- <WELT>
    <AFRIKA />
    <ANTARKTIS />
    <ASIEN />
    <AUSTRALIEN />
  - <EUROPA>
      <Fläche>10500000</Fläche>
      <Einwohner>718500000</Einwohner>
    - <Frankreich>
        <Fläche>343965</Fläche>
        <Einwohner>57800000</Einwohner>
      </Frankreich>
    - <Deutschland>
        <Fläche>356854</Fläche>
        <Einwohner>80767600</Einwohner>
      </Deutschland>
      <Italien />
      <Österreich />
      <Schweden />
      <Norwegen />
      <Polen />
    </EUROPA>
    <NORDAMERIKA />
    <SÜDAMERIKA />
  </WELT>
```

### Bemerkung

Haben Sie bisher mit dem DOM (*Document Object Model*) gearbeitet, wird Ihnen sicher nicht verborgen geblieben sein, dass der Quellcode wesentlich lesbarer geworden ist. Auch sinnlose Abfragen auf vorhandene Knoten sind nicht mehr nötig.

# R6.4  In XML-Dokumenten mit dem XPathNavigator suchen

Nachdem wir uns im vorhergehenden Rezept bereits mit dem *XPathNavigator* beschäftigt haben, wollen uns diesmal auf das Suchen beschränken.

Einen *XPathNavigator* erzeugen Sie mit der Methode *CreateNavigator* aus einem *XPathDocument* oder einem *XmlDocument*-Objekt.

---

**HINWEIS:** Verwenden Sie ein *XPathDocument* zum Erzeugen, ist die Datenbasis schreibgeschützt.

---

Neben den bereits bekannte Navigationsmethoden (*MoveToNext*, *MoveToPrevious*, *MoveToParent* ...) dürfte vor allem die *Select*-Methode von Interesse sein. Dieser übergeben Sie einen XPath-Ausdruck, der Rückgabewert ist ein *XPathNodeIterator*, mit dem Sie die ausgewählten Knoten durchlaufen können.

## Oberfläche

Ein Windows Form, zwei *Button*s, eine *ListBox* und eine *TextBox* entsprechend folgender Abbildung (Laufzeitansicht):

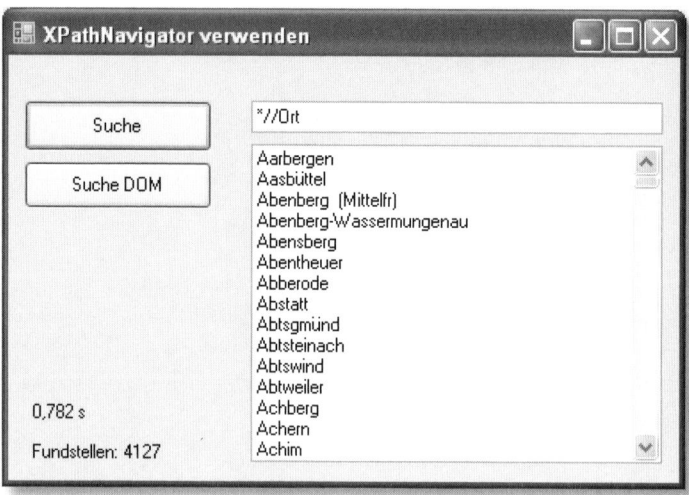

## Quelltext

```
using System.Xml;
using System.Xml.XPath;


public partial class Form1 : Form
{
```

Dokument laden:

```
    private XPathDocument xdoc = new XPathDocument("telefon.xml");
    private XPathNavigator xnav;


    private void Form1_Load(object sender, EventArgs e)
    {
```

Der *XPathNavigator* wird über ein *XPathDocument* erzeugt:

```
        xnav = xdoc.CreateNavigator();
        listBox1.Items.Clear();
        try
        {
```

Daten selektieren:

```
            XPathNodeIterator xit = xnav.Select(textBox1.Text);
```

```
            label1.Text = "Fundstellen: " + xit.Count.ToString();
```

Auslesen der einzelnen Elemente und Anzeige in der *ListBox*:

```
        while (xit.MoveNext())
        {
                listBox1.Items.Add(xit.Current.Value.ToString());
        }
    }
}
```

Falls ein fehlerhafter XPath-Ausdruck eingegeben wurde:

```
    catch (Exception ex)
    {
            MessageBox.Show(ex.Message);
    }
  }
}
```

## Test

Die Struktur der zu ladenden XML-Datei:

```
<?xml version="1.0" encoding="UTF-8" ?>
- <dataroot xmlns:od="urn:schemas-microsoft-com:officedata"
  generated="2006-03-08T10:59:06">
- <Telefon>
    <Ort>Aarbergen</Ort>
    <Vorwahl>06120</Vorwahl>
  </Telefon>
- <Telefon>
    <Ort>Aasbüttel</Ort>
    <Vorwahl>04892</Vorwahl>
  </Telefon>
- <Telefon>
    <Ort>Abenberg (Mittelfr)</Ort>
    <Vorwahl>09178</Vorwahl>
  </Telefon>
- <Telefon>
    <Ort>Abenberg-Wassermungenau</Ort>
    <Vorwahl>09873</Vorwahl>
  </Telefon>
  <Telefon>
    <Ort>Abensberg</Ort>
    <Vorwahl>09443</Vorwahl>
```

**HINWEIS:** Möchten Sie die Telefonnummern auslesen, können Sie folgenden XPath-Ausdruck verwenden: "*//Vorwahl".

## R6.5   Hierarchische XML-Daten in einer TreeView darstellen

Mit diesem Rezept möchten wir Ihnen zeigen, wie Sie XML-Daten strukturiert in einer *Tree-View*-Komponente anzeigen können. Zwei Varianten stellen wir Ihnen vor:

- Verwendung eines *XmlReaders*
- Verwendung eines *XmlDocument*-Objekts

### Oberfläche

Fügen Sie in ein Windows Form zwei *Button*s sowie eine genügend aufgezoomte *TreeView*-Komponente ein.

### Quelltext

```
using System.Xml;


public partial class Form1 : Form
{
```

Mit Klick auf die Schaltfläche wird zunächst eine Instanz des *XMLDocument*-Objekts erzeugt und die Datei *daten.xml* geladen:

```
    private void button1_Click(object sender, EventArgs e)
    {
        XmlDocument xmlDoc = new XmlDocument();
        try
        {
            xmlDoc.Load("daten.xml");
        }
        catch
        {
            MessageBox.Show("Datei nicht gefunden!");
            return;
        }
```

Gleichzeitig löschen wir die bisherigen Inhalte der *TreeView*-Komponente:

```
        treeView1.Nodes.Clear();
```

Die Prozedur *ShowNode* rufen wir mit den Argumenten Vorgängerknoten im Baum (*null*, d.h. keiner) und Wurzelknoten der XML-Daten (*xmlDOC*) auf:

```
        ShowNode(null, xmlDoc);
        treeView1.Nodes[0].ExpandAll();
    }
```

Die Prozedur zur Anzeige in der *TreeView*:

```
private void ShowNode(TreeNode parent, XmlNode node)
{
    string Caption = "";
    TreeNode tn;
```

Wird kein gültiges DOM-Objekt übergeben, beenden wir die Routine:

```
    if (node == null) return;
```

Die Beschriftung des Baumknotens festlegen:

```
    if (node.NodeType == XmlNodeType.Document)
        Caption = "XML-Datei";
    if (node.NodeType == XmlNodeType.Element)
        Caption = node.Name;
    if ((node.NodeType == XmlNodeType.CDATA)||(node.NodeType == XmlNodeType.Text))
        Caption = node.Value;
    if (Caption == "")
        return;
```

Je nach Knotentyp müssen wir andere Eigenschaften zur Bestimmung der Beschriftung auslesen.

Erzeugen eines neuen Baumknotens mit der gewählten Beschriftung:

```
    if (parent == null)
        tn = treeView1.Nodes.Add(Caption);
    else
        tn = parent.Nodes.Add(Caption);
```

Sollten Unterelemente vorhanden sein, rufen wir für jedes dieser Elemente die aktuelle Prozedur rekursiv auf:

```
    if (node.ChildNodes != null)
    for (int i = 0; i < node.ChildNodes.Count; i++)
        ShowNode(tn, node.ChildNodes.Item(i));
}
```

Wer lieber mit dem *XmlReader* arbeiten möchte, der muss sich zwar von der rekursiven Programmierung verabschieden, der grundsätzliche Ablauf beim Füllen der *TreeView* bleibt jedoch gleich:

Starten der Routine:

```
private void button2_Click(object sender, EventArgs e)
{
    treeView1.Nodes.Clear();
```

```
            ShowNode2(null);
            treeView1.Nodes[0].ExpandAll();
        }
```

Die eigentliche Routine zum Einlesen:

```
        private void ShowNode2(TreeNode parent)
        {
            TreeNode tn = parent;
            XmlReaderSettings myset = new XmlReaderSettings();
            myset.IgnoreWhitespace = true;
```

Da unsere XML-Datei eine DTD besitzt, müssen wir deren Verabeitung vorher zustimmen:

```
            myset.ProhibitDtd = false;
```

Den *XmlReader* initalisieren:

```
            XmlReader xr = XmlReader.Create("daten.xml", myset);
```

Alle XML-Elemente durchlaufen:

```
            while (xr.Read())
            {
```

Handelt es sich um ein *EndElement* müssen wir im Baum eine Ebene nach »oben« wechseln:

```
                if (xr.NodeType == XmlNodeType.EndElement) tn = tn.Parent;
                else
                {
```

Elemente haben einen *Name*:

```
                    if (xr.NodeType == XmlNodeType.Element)
                    {
                        if (tn == null)
                            tn = treeView1.Nodes.Add(xr.Name);
                        else
                            tn = tn.Nodes.Add(xr.Name);
                    }
```

Texte besitzen einen *Value*:

```
                    if (xr.NodeType == XmlNodeType.Text)
                        tn.Text = tn.Text + ": " + xr.Value;
                }
            }
        }
    }
```

### Test

Starten Sie das Programm und klicken Sie auf die Schaltfläche, um die Daten aus der Datei zu lesen.

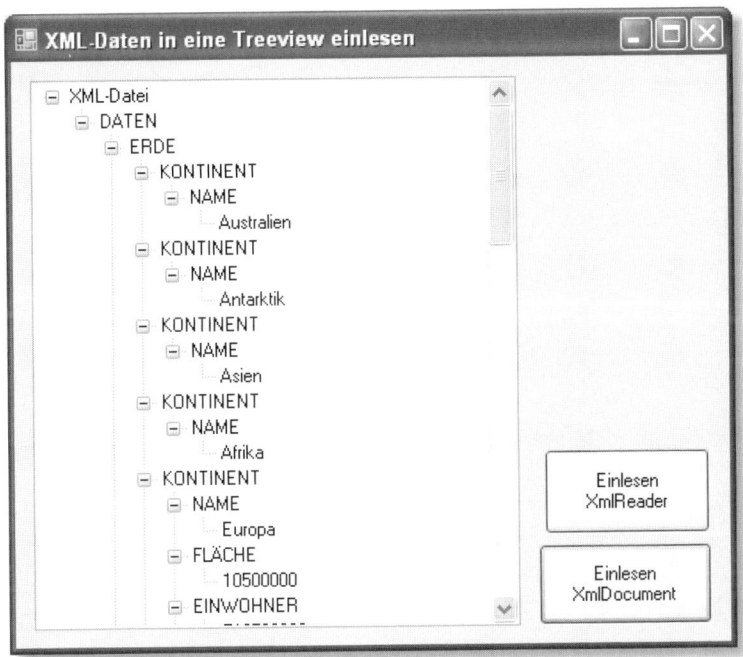

## R6.6   XML-Daten mit dem XmlReader lesen

Für den Lesezugriff auf XML-Dokumente bietet sich die Verwendung eines *XmlReader*s an. Dieser unterliegt jedoch gewissen Einschränkungen die es zu beachten gilt, bevor man sich für die Verwendung entscheidet:

- nur Lesezugriff,
- nur Vorwärtsbewegung möglich,
- kein Caching.

Wer damit leben kann, der wird mit einer schnellen und wenig speicherbelastenden Alternative belohnt.

Im Beispielprogramm werden wir eine XML-Datei mit Telefondaten in eine *ListBox* einlesen. In einem Fall sollen nur die Elemente der dritten Ebene (der Name des Ortes und die Vorwahl) angezeigt werden, im anderen Fall nur die Ortsnamen.

## Oberfläche

Ein Windows Form, zwei *Button*s und zwei *ListBox*en (Laufzeitansicht).

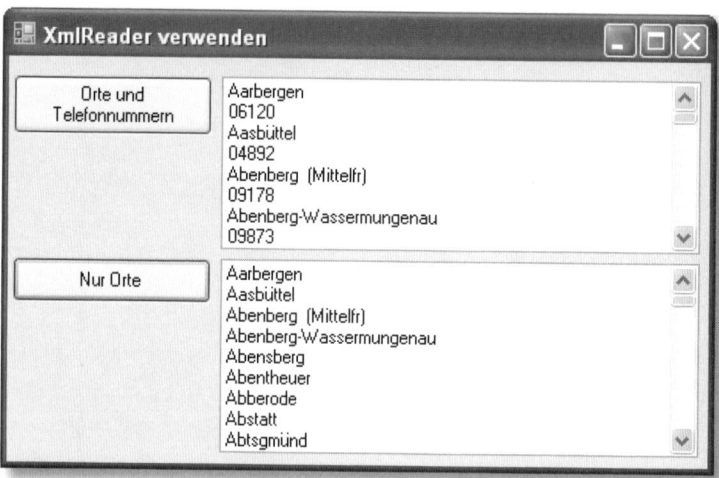

## Quelltext

```
using System.Xml;
using System.Xml.XPath;


public partial class Form1 : Form
{
```

Zunächst die Variante, bei der Ort und Telefonnummer ausgelesen werden:

```
    private void button1_Click(object sender, EventArgs e)
    {
        listBox1.Items.Clear();
```

Einstellungen für den *XmlReader* definieren:

```
        XmlReaderSettings myset = new XmlReaderSettings();
```

Leerzeichen ignorieren (fast immer angebracht):

```
        myset.IgnoreWhitespace = true;
```

*XmlReader* erzeugen (die Daten werden **nicht** in den Speicher geladen):

```
        XmlReader xr = XmlReader.Create("Telefon.xml",myset);
```

Daten durchlaufen (nur Ebene 3 anzeigen):

```
        while (xr.Read())
```

```
            if (xr.Depth == 3) listBox1.Items.Add(xr.Value);
    }
```

In diesem Fall wollen wir nur die Ortsnamen einlesen, deshalb gehen wir beim Durchlaufen der Elemente etwas anders vor:

```
private void button2_Click(object sender, EventArgs e)
{
    listBox2.Items.Clear();
    XmlReaderSettings myset = new XmlReaderSettings();
    myset.ConformanceLevel = ConformanceLevel.Fragment;
    myset.IgnoreWhitespace = true;
    XmlReader xr = XmlReader.Create("Telefon.xml", myset);
```

Gehe zum nächsten Element "Ort":

```
    while (xr.ReadToFollowing("Ort"))
    {
```

Weiterlesen bis zum Text-Inhalt:

```
        xr.Read();
```

Wert Anzeigen:

```
        listBox2.Items.Add(xr.Value);
    }
  }
}
```

## Bemerkung

Was und wie wird eigentlich beim *Read* gelesen? Die Antwort ist schnell gefunden, wenn Sie das obige Beispiel etwas abändern:

```
while (xr.Read())
{
    Debug.Print(xr.NodeType + " " + xr.Name + " " + xr.Value);
}
```

Verzichten Sie auf das Filtern und lassen Sie sich zusätzlich *NodeType* und *Name* anzeigen, erhalten Sie folgende Ausgaben (zur besseren Übersicht haben wir diese etwas eingerückt):

```
XmlDeclaration xml version="1.0" encoding="UTF-8"
Element dataroot
    Element Telefon
        Element Ort
            Text   Aarbergen
```

```
        EndElement Ort
        Element Vorwahl
            Text  06120
        EndElement Vorwahl
    EndElement Telefon
    Element Telefon
        Element Ort
            Text  Aasbüttel
        EndElement Ort
        Element Vorwahl
            Text  04892
        EndElement Vorwahl
    EndElement Telefon
...
```

Wie Sie sehen, wird hier die XML-Struktur auf recht einfache und übersichtliche Weise abge-
bildet. Die Eigenschaft *Depth* ist nur als Hilfe vorhanden, damit Sie vor lauter Elementen nicht
den Überblick verlieren.

---

**HINWEIS:** Mit .NET 2.0 wurden auch diverse Methoden (z.B. *ReadContentAsFloat, Read-
ContentAsDataTime*) zum direkten Einlesen von Datentypen integriert. Damit
bleibt Ihnen das nervtötende nachträgliche Konvertieren erspart.

---

# R6.7  XML-Daten mit dem XmlWriter erzeugen

Für das Erzeugen neuer XML-Dateien bietet sich die Verwendung eines *XmlWriters* an. Hierbei
handelt es sich um eine recht schnelle und übersichtliche Alternative, die dem Programmierer
allerdings eine gewisse Disziplin abverlangt, sind Sie doch selbst dafür verantwortlich, dass es
sich um ein wohlgeformtes XML-Dokument handelt. D.h., Sie arbeiten auf der Ebene von
XML-Elementen, die Sie in der richtigen Reihenfolge und Notation in das neue Dokument einfügen müssen.

Unser Beispielprogramm soll den Inhalt einer *ListBox* im XML-Format exportieren. Statt die
Daten in einzelnen Elementen zu verpacken, verwenden wir Attribute, um eine kompaktere
XML-Datei zu erhalten.

### Oberfläche

Lediglich ein Windows Form, eine *ListBox* und ein *Button* (Laufzeitansicht).

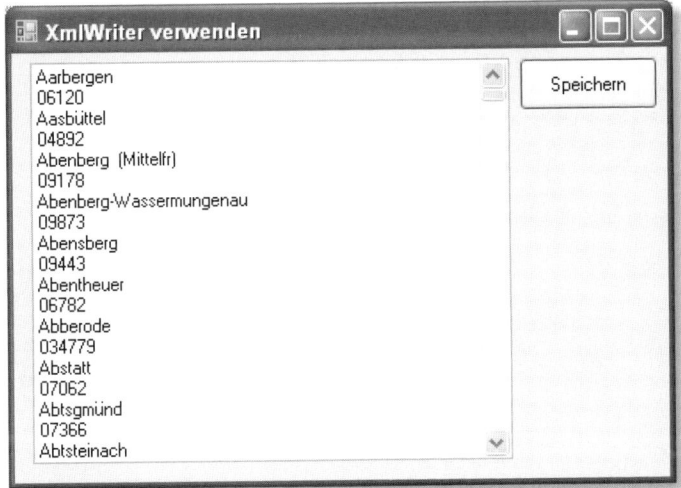

---

**HINWEIS:** Die *ListBox* füllen wir erst zur Laufzeit mittels *XMLReader*.

---

## Test

```
using System.Xml;
using System.Xml.XPath;
public partial class Form1 : Form
{
    private void button2_Click(object sender, EventArgs e)
    {
```

Objekt erzeugen:

```
        XmlWriter xw = XmlWriter.Create("Export.xml");
```

Prolog erzeugen:

```
        xw.WriteStartDocument();
```

Root-Element schreiben:

```
        xw.WriteStartElement("Telefonnummern");
```

Einzel-Elemente auflisten:

```
        for (int i = 0; i < listBox1.Items.Count; i+=2)
        {
            xw.WriteStartElement("Ort");
```

Werte als Attribute speichern:

```
            xw.WriteAttributeString("Name", listBox1.Items[i].ToString());
```

```
            xw.WriteAttributeString("Nummer", listBox1.Items[i+1].ToString());
```

... und nie die schließenden Elemente vergessen!

```
        xw.WriteEndElement();        // für Ort
    }
    xw.WriteEndElement();            // für Telefonnummern
    xw.WriteEndDocument();
    xw.Close();
}
```

Füllen der *ListBox*:

```
private void Form1_Load(object sender, EventArgs e)
{
    XmlReaderSettings myset = new XmlReaderSettings();
    myset.ConformanceLevel = ConformanceLevel.Fragment;
    myset.IgnoreWhitespace = true;
    XmlReader xr = XmlReader.Create("Telefon.xml", myset);
    while (xr.Read()) if (xr.Depth == 3) listBox1.Items.Add(xr.Value);
}
}
```

---

**HINWEIS:** Vergessen Sie nicht die *Close*-Methode, andernfalls kann es zu Problemen mit der exportierten Datei kommen (Lesefehler).

---

## Test

Nach dem Programmstart klicken Sie bitte auf den Button um die Daten zu sichern. Die neu erzeugte XML-Datei finden Sie im Anwendungsverzeichnis:

```xml
<?xml version="1.0" encoding="utf-8" ?>
- <Telefonnummern>
    <Ort Name="Aarbergen" Nummer="06120" />
    <Ort Name="Aasbüttel" Nummer="04892" />
    <Ort Name="Abenberg (Mittelfr)" Nummer="09178" />
    <Ort Name="Abenberg-Wassermungenau" Nummer="09873" />
    <Ort Name="Abensberg" Nummer="09443" />
    <Ort Name="Abentheuer" Nummer="06782" />
    <Ort Name="Abberode" Nummer="034779" />
    <Ort Name="Abstatt" Nummer="07062" />
    <Ort Name="Abtsgmünd" Nummer="07366" />
    <Ort Name="Abtsteinach" Nummer="06207" />
    <Ort Name="Abtswind" Nummer="09383" />
    <Ort Name="Abtweiler" Nummer="06753" />
    <Ort Name="Achberg" Nummer="08380" />
    <Ort Name="Achern" Nummer="07841" />
```

# R6.8   Verzeichnisstruktur als XML-Dokument sichern

Geht es darum, Verzeichnisstrukturen in einer Datei abzubilden, bietet sich zwangsläufig das ebenfalls hierarchische XML-Format an. Ein kleines Beispielprogramm listet alle enthaltenen Dateien und Unterverzeichnisse in einem XML-Dokument auf und speichert dieses ab.

## Oberfläche

Ein Windows Form und ein *Button*.

## Quelltext

```
using System.IO;
using System.Xml;


public partial class Form1 : Form
{
```

Zunächst die zentrale Methode *Directoy2XML*, die ein komplettes *XmlDocument*-Objekt zurück gibt (Übergabewert ist das zu durchsuchende Verzeichnis):

```
    private XmlDocument Directory2XML(string path)
    {
```

Ein neues Objekt erstellen:

```
        XmlDocument xd = new XmlDocument();
```

Deklaration und Kommentar einfügen:

```
        xd.PrependChild(xd.CreateXmlDeclaration("1.0", "", "yes"));
        xd.AppendChild(xd.CreateComment("Pfad: " + path));
```

Das Root-Element erzeugen:

```
        xd.AppendChild(xd.CreateElement("PATH"));
        XmlElement root = xd.DocumentElement;
        root.SetAttribute("Pfad", path);
```

Die Methode *ScanDir* aufrufen, diese arbeitet sich rekursiv durch alle Unterverzeichnisse:

```
        ScanDir(path, ref root, ref xd);
```

Das komplette *XmlDocument*-Objekt zurückgeben:

```
        return xd;
    }
```

Unser "Schnüffler":

```
    private void ScanDir(string path, ref XmlElement parent, ref XmlDocument doc)
    {
```

```
        XmlElement xe;
        DirectoryInfo dir = new DirectoryInfo(path);
```

Für alle Verzeichniseinträge:

```
        foreach (FileSystemInfo entry in dir.GetFileSystemInfos())
        {
```

*Directory*- oder *File*-Element erzeugen:

```
            if ((entry.Attributes & FileAttributes.Directory) != 0)
                xe = doc.CreateElement("directory");
            else
                xe = doc.CreateElement("file");
```

Attribute einfügen:

```
            xe.SetAttribute("name", entry.Name);
            xe.SetAttribute("attr", entry.Attributes.ToString());
```

Element in den Baum einfügen:

```
            parent.AppendChild(xe);
```

Handelt es sich um ein Verzeichnis, rufen wir die Methode rekursiv auf:

```
            if (xe.Name == "directory")
                ScanDir(path + "\\" + entry.Name, ref xe, ref doc);
        }
    }
```

Die Verwendung:

```
    private void button1_Click(object sender, EventArgs e)
    {
```

XML-Dokument erzeugen:

```
        XmlDocument xd = Directory2XML(Application.StartupPath);
```

XML-Dokument abspeichern:

```
        xd.Save(Application.StartupPath + "\\directory.xml");
```

Anzeige im Browser:

```
        System.Diagnostics.Process.Start(Application.StartupPath + "\\directory.xml");
    }
}
```

### Test

Starten Sie das Programm und klicken Sie auf den Button. Je nach Verzeichnisgröße kann es ein paar Sekunden dauern, bis der Browser erscheint:

```xml
<?xml version="1.0" standalone="yes" ?>
<!-- Pfad: C:\Buecher\VS2005\CSharp 2005 Kochbuch\CD\Rezepte\XML\Dir2Xxml\bin\Debug  -->
- <PATH Pfad="C:\Buecher\VS2005\CSharp 2005
    Kochbuch\CD\Rezepte\XML\Dir2Xxml\bin\Debug">
- <directory name="Test" attr="Directory, Compressed, NotContentIndexed">
  - <directory name="Test_unter_Test" attr="Directory, Compressed, NotContentIndexed">
      <file name="BOOKOPEN.BMP" attr="Archive, Compressed, NotContentIndexed" />
      <file name="BOOKSHUT.BMP" attr="Archive, Compressed, NotContentIndexed" />
      <file name="BRUSH.BMP" attr="Archive, Compressed, NotContentIndexed" />
      <file name="BULBOFF.BMP" attr="Archive, Compressed, NotContentIndexed" />
    </directory>
    <file name="ABORT.BMP" attr="Archive, Compressed, NotContentIndexed" />
    <file name="ALARM.BMP" attr="Archive, Compressed, NotContentIndexed" />
    <file name="ALARMRNG.BMP" attr="Archive, Compressed, NotContentIndexed" />
    <file name="ANIMATN.BMP" attr="Archive, Compressed, NotContentIndexed" />
    <file name="ARROW1D.BMP" attr="Archive, Compressed, NotContentIndexed" />
    <file name="ARROW1DL.BMP" attr="Archive, Compressed, NotContentIndexed" />
  </directory>
  <file name="Dir2Xml.exe" attr="Archive, Compressed, NotContentIndexed" />
  <file name="Dir2Xml.pdb" attr="Archive, Compressed, NotContentIndexed" />
  <file name="Dir2Xml.vshost.exe" attr="Archive, Compressed, NotContentIndexed" />
  <file name="Dir2Xxml.exe" attr="Archive, Compressed, NotContentIndexed" />
  <file name="Dir2Xxml.pdb" attr="Archive, Compressed, NotContentIndexed" />
  <file name="directory.xml" attr="Archive, Compressed, NotContentIndexed" />
</PATH>
```

Hier können Sie auch sehr schön die Verzeichnisstruktur bewundern.

## R6.9   Binäre Daten in einem XML-Dokument speichern

Dass Texte in XML-Dateien gespeichert und problemlos wieder gelesen werden können, dürfte Ihnen bekannt sein. Was aber, wenn Sie auch binäre Daten wie Grafiken, Sound etc. in den Dokumenten sichern und natürlich auch wieder lesen wollen?

Das folgende Rezept soll darauf eine Antwort geben.

### Oberfläche

Nur ein Windows Form und zwei Schaltflächen.

### Quelltext

```csharp
using System.Xml;
using System.IO;

public partial class Form1 : Form
{
```

Zunächst erzeugen wir eine neue XML-Datei und speichern darin die Grafik "alarm.bmp":

```
private void button1_Click(object sender, EventArgs e)
{
```

Wir verwenden einen *XmlWriter*:

```
XmlWriter xw = XmlWriter.Create(Application.StartupPath + "\\binär.xml");
```

Den üblichen Dokumentenkopf erzeugen:

```
xw.WriteStartDocument();
```

Die Root:

```
xw.WriteStartElement("Daten");
```

Wir erzeugen ein Element für unsere Grafik:

```
xw.WriteStartElement("BMP");
```

Auf die folgende Methode kommen wir anschließend zu sprechen:

```
LoadFile(ref xw, "alarm.bmp");
```

Alle Elemente schließen und speichern:

```
xw.WriteEndElement();
xw.WriteEndElement();
xw.WriteEndDocument();
xw.Close();
```

Anzeige der Datei im Browser:

```
System.Diagnostics.Process.Start(Application.StartupPath + "\\binär.xml");
}
```

Die eigentliche Routine für das Laden der Binärdaten in das XML-Dokument:

```
private void LoadFile(ref XmlWriter xw, string filename)
{
```

Datei öffnen

```
FileStream fs = new FileStream(filename, FileMode.Open, FileAccess.Read);
byte[] puffer = new byte[(int)fs.Length];
```

und in den Puffer lesen:

```
fs.Read(puffer, 0, (int)fs.Length);
fs.Close();
```

Daten in das XML-Dokument schreiben:

```
xw.WriteAttributeString("filename", filename);
xw.WriteBase64(puffer, 0, puffer.Length);
```

```
    }
```

Wer schreibt, muss auch lesen, und so stellen wir Ihnen jetzt das Pendant zur vorhergehenden
Routine vor:

```
private void button2_Click(object sender, EventArgs e)
{
```

Öffnen der XML-Datei:

```
XmlReader xr = XmlReader.Create(Application.StartupPath + "\\binär.xml");
```

Das gewünschte Element suchen

```
xr.ReadToFollowing("BMP");
```

und auslesen:

```
SaveFile(ref xr, Application.StartupPath + "\\out.bmp");
xr.Close();
```

Anzeige der ausgelesenen Grafik:

```
System.Diagnostics.Process.Start(Application.StartupPath + "\\out.bmp");
}
```

Das Auslesen im Detail:

```
private void SaveFile(ref XmlReader xr, string filename)
{
```

Einen Puffer bereitstellen:

```
byte[] puffer = new byte[1024];
int i = 0;
// Alternativ auch      string fn = xr.GetAttribute("filename");
```

Neue Datei erzeugen:

```
FileStream fs = new FileStream(filename, FileMode.OpenOrCreate,
                                    FileAccess.Write, FileShare.Write);
```

Mittels *BinaryWriter* die Daten in die Datei schaufeln:

```
BinaryWriter bw = new BinaryWriter(fs);
while ((i = xr.ReadElementContentAsBase64(puffer, 0, puffer.Length)) > 0)
        bw.Write(puffer, 0, i);
fs.Close();
    }
}
```

### Test

Die erzeugten XML-Daten im Browserfenster:

```
<?xml version="1.0" encoding="utf-8" ?>
- <Daten>
    <BMP
      filename="alarm.bmp">Qk14AQAAAAAAHYAAAAoAAAAIAAAABAAAAABAAQAAAAAAAAAASCwAA
  </Daten>
```

## R6.10   Objektstrukturen im XML-Format sichern

Geht es darum, vorhandene Objektstrukturen (Listen etc.) zu sichern (Persistenz) bietet sich das XML-Format geradezu an. C# unterstützt Sie bei dieser Aufgabe mit dem *XmlSerializer*.

Einige Einschränkungen sind allerdings zu beachten:

- Die Objekte bzw. die zugrunde liegende Klasse muss einen Standard-Konstruktor aufweisen (ohne Parameter).

- Nur öffentliche Eigenschaften und Felder lassen sich exportieren.

- Die Eigenschaften müssen einen Schreib-/Lesezugriff ermöglichen.

- Soll eine Collection von Objekten exportiert werden, muss die Klasse von *System.Collections.CollectionBase* abgeleitet werden. Alternativ können Sie auch ein streng typisiertes Array verwenden.

### Oberfläche

Lediglich ein Windows Form und zwei Schaltflächen.

### Quelltext (Variante MUP[1])

Zunächst machen wir es uns einfach und programmieren einfach drauflos.

Definieren des Objekts (Eigenschaften *Bezeichnung*, *Anzahl*, *Preis*):

```
using System;

    public class Artikel
    {
        private string _Bezeichnung;

        public string Bezeichnung
```

---

[1] **M**ethode des **U**nbekümmerten **P**robierens

```
        {
            get { return _Bezeichnung; }
            set { _Bezeichnung = value; }
        }

        private int _Anzahl;

        public int Anzahl
        {
            get { return _Anzahl; }
            set { _Anzahl = value; }
        }

        public Single Preis;
    }
}
```

Die Verwendung der Klasse :

```
...
using System.IO;
using System.Xml;
using System.Xml.Serialization;

public partial class Form1 : Form
{
    private void button1_Click(object sender, EventArgs e)
    {
```

Ein Array erzeugen:

```
        Artikel[] Artikelliste = new Artikel[4];
        for (int i = 0; i < 4; i++) Artikelliste[i] = new Artikel();
```

Einige Artikel einfügen:

```
        Artikelliste[0].Anzahl = 10;
        Artikelliste[0].Bezeichnung = "Mülleimer";
        Artikelliste[0].Preis = 123.45f;

        Artikelliste[1].Anzahl = 245;
        Artikelliste[1].Bezeichnung = "Osterhasen";
        Artikelliste[1].Preis = 0.99f;
```

```
        Artikelliste[2].Anzahl = 44;
        Artikelliste[2].Bezeichnung = "Schuhe";
        Artikelliste[2].Preis = 68.33f;


        Artikelliste[3].Anzahl = 2;
        Artikelliste[3].Bezeichnung = "Hosen";
        Artikelliste[3].Preis = 13.45f;
```

Serialisieren und speichern im XML-Format:

```
        XmlSerializer seria = new XmlSerializer(typeof(Artikel[]));
        FileStream fs = new FileStream(Application.StartupPath +
                                "\\MeineArtikel.xml", FileMode.Create);
        seria.Serialize(fs, Artikelliste);
        fs.Close();
```

Anzeige im Internet Explorer:

```
        System.Diagnostics.Process.Start(Application.StartupPath + "\\MeineArtikel.xml");
    }
}
```

## Test (Variante 1)

Die erzeugte Datei *MeineArtikel.xml* können Sie sich im Internet Explorer ansehen:

```
  <?xml version="1.0" ?>
- <ArrayOfArtikel xmlns:xsi="http://www.w3.org/2001/XMLSchema-
    instance" xmlns:xsd="http://www.w3.org/2001/XMLSchema">
  - <Artikel>
      <Preis>123.45</Preis>
      <Bezeichnung>Mülleimer</Bezeichnung>
      <Anzahl>10</Anzahl>
    </Artikel>
  - <Artikel>
      <Preis>0.99</Preis>
      <Bezeichnung>Osterhasen</Bezeichnung>
      <Anzahl>245</Anzahl>
    </Artikel>
  - <Artikel>
      <Preis>68.33</Preis>
      <Bezeichnung>Schuhe</Bezeichnung>
      <Anzahl>44</Anzahl>
    </Artikel>
  - <Artikel>
      <Preis>13.45</Preis>
      <Bezeichnung>Hosen</Bezeichnung>
      <Anzahl>2</Anzahl>
    </Artikel>
  </ArrayOfArtikel>
```

## Bemerkung

Das sieht schon ganz gut aus, allerdings haben wir bisher noch keinen Einfluss auf die Gestaltung der XML-Daten genommen. So werden die Eigenschaften pauschal als Elemente gespeichert, die Root wird automatisch benannt und auch die Elementnamen entsprechen zunächst den jeweiligen Eigenschaftsnamen.

Wem die obige Ausgabe nicht genügt, dem bietet sich die Möglichkeit, mit Hilfe von Attributen in der Objektdefinition das spätere XML-Format zu beeinflussen.

| Attribut | Beschreibung |
|---|---|
| *XmlRoot* | ... wird der Klasse zugeordnet, es bestimmt den Namen des Root-Elements. |
| *XmlElement* | ... weist der Eigenschaft/dem Member einen alternativen Elementnamen zu. |
| *XmlAttribute* | ... bestimmt, dass Eigenschaften als XML-Attribute statt als Elemente gespeichert werden. |
| *XmlEnum* | ... bestimmt einen alternativen Bezeichner für Aufzählungen. |
| *XmlIgnore* | ... die markierte Eigenschaft wird nicht in die XML-Daten aufgenommen. |

**HINWEIS:** Die Attribute werden vom Namenspace *System.Xml.Serialization* bereitgestellt, Sie müssen diesen also auch bei der Klassendefinition einbinden.

## Quelltext (Variante 2)

Eine paar Änderungen  an unserer Klassendefinition zeigen die Auswirkung obiger Attribute:

```
using System;
using System.Xml.Serialization;

public class Artikel
{
    private string _Bezeichnung;
```

Eine neue Bezeichnung festlegen und als Attribut speichern:

```
    [XmlAttribute("Name")]
    public string Bezeichnung
    {
        get { return _Bezeichnung; }
        set { _Bezeichnung - value; }
    }


    private int _Anzahl;
```

Eine neue Bezeichnung festlegen und als Attribut speichern:

```
    [XmlAttribute("Menge")]
```

```
public int Anzahl
{
    get { return _Anzahl; }
    set { _Anzahl = value; }
}
```

Nicht in die XML-Daten mit aufnehmen:

```
[XmlIgnore]
public Single Preis;
}
```

Eine übergeordnete Klasse definieren, so haben wir auch Einfluss auf den Namen der Root:

```
[XmlRoot("Warenbestand")]
public class ArtikelListe
{
    [XmlElement("Artikel")]
    public Artikel[] art;
}
```

Die Verwendung der Klasse *Artikelliste*:

...

```
        ArtikelListe MeineArtikel = new ArtikelListe();
```

Hier handelt es sich um ein untergeordnetes Objekt:

```
        MeineArtikel.art = new ArtikelNeu[4];
        for (int i = 0; i < 4; i++) MeineArtikel.art[i] = new ArtikelNeu();

        MeineArtikel.art[0].Anzahl = 10;
        MeineArtikel.art[0].Bezeichnung = "Mülleimer";
        MeineArtikel.art[0].Preis = 123.45f;
```

...

```
        XmlSerializer seria = new XmlSerializer(typeof(ArtikelListe));
        FileStream fs = new FileStream(Application.StartupPath +
                        "\\MeineArtikelNeu.xml", FileMode.Create);
        seria.Serialize(fs, MeineArtikel);
        fs.Close();
```

Anzeige:

```
        System.Diagnostics.Process.Start(Application.StartupPath + "\\MeineArtikelNeu.xml");
```

## Test

Speichern Sie ein Objekt vom Typ *ArtikelListe* ab, erhalten Sie die folgende XML-Ausgabe:

```
<?xml version="1.0" ?>
- <Warenbestand xmlns:xsi="http://www.w3.org/2001/XMLSchema-instance"
    xmlns:xsd="http://www.w3.org/2001/XMLSchema">
    <Artikel Name="Mülleimer" Menge="10" />
    <Artikel Name="Osterhasen" Menge="245" />
    <Artikel Name="Schuhe" Menge="44" />
    <Artikel Name="Hosen" Menge="2" />
  </Warenbestand>
```

## Bemerkung

Nun ist das Speichern ja nur die eine Seite der Medaille, wie bekommen wir die Daten wieder in den Speicher, bzw. wie wird die Artikelliste neu erzeugt? Folgendes Beispiel zeigt das Zurücklesen der Daten aus den bereits erzeugten XML-Dateien.

**BEISPIEL:**   Deserialisieren der XML-Daten

```
...
    ArtikelListe MeineArtikel = new ArtikelListe();
    XmlSerializer seria = new XmlSerializer(typeof(ArtikelListe));
    FileStream fs = new FileStream(Application.StartupPath +
                            "\\MeineArtikelNeu.xml", FileMode.Open);
    MeineArtikel = (ArtikelListe) seria.Deserialize(fs);
    fs.Close();                                  // -->> Breakpoint hier setzen
...
```

Ein Blick in das Überwachungsfenster des Debuggers sollte uns von der Funktionstüchtigkeit überzeugen:

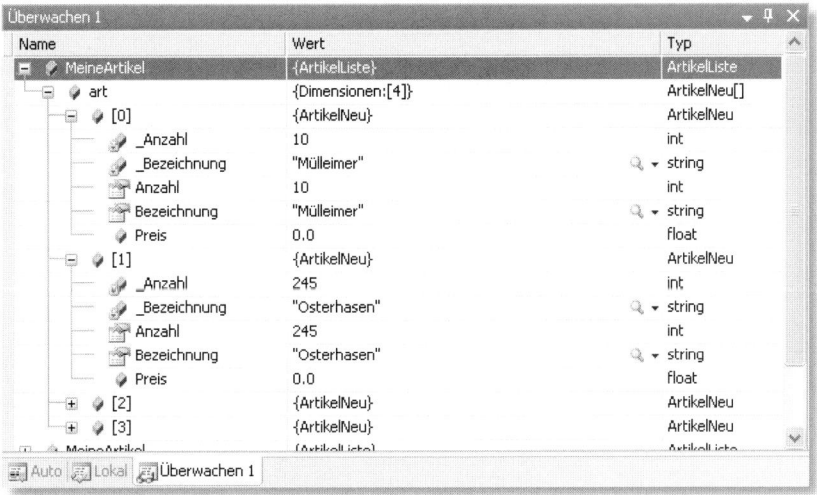

# R6.11   XML-Dokumente mit XSLT transformieren

Mit Hilfe eines XSLT-Prozessors (*Extensible Style Language Transformation*) und eines entsprechenden XSL-Dokuments können Sie ein XML-Dokument in ein anderes Format transformieren. Dies kann neben einer gefilterten/geänderten XML-Datei auch eine HTML- oder PFD-Datei sein.

Unser Beispielprogramm konvertiert die Datei *Telefon.xml* in das HTML-Format.

### Oberfläche

Lediglich ein Windows Form und ein *Button*.

### Quelltext

```
using System.Xml;
using System.Xml.Xsl;


public partial class Form1 : Form
{
    private void button1_Click(object sender, EventArgs e)
    {
        XslCompiledTransform xslt = new XslCompiledTransform();
        xslt.Load("Telefon.xsl");
        xslt.Transform("Telefon.xml", "Telefon.html");
    }
}
```

**HINWEIS:** Das obige Listing ist recht überschaubar, da die Hauptarbeit von der Transformationsdatei übernommen wird..

### Quelltext (Transformationsdatei Telefon.xsl)

```
<?xml version="1.0"?>
<xsl:stylesheet version="1.0"
    xmlns:xsl="http://www.w3.org/1999/XSL/Transform">
 <xsl:template match="/">
```

Die wichtigsten HTML-Tags erzeugen:

```
<HTML>
    <TITLE>Telefonvorwahlen</TITLE>
    <H1>Telefonvorwahlverzeichnis</H1>
```

Tabellenkopf erzeugen:

```
    <Table border="1" padding="0" cellspacing="1">
    <THEAD>
      <TH>Ort</TH>
      <TH>Vorwahl</TH>
    </THEAD>
```

Daten selektieren und in einer Schleife ausgeben:

```
    <xsl:for-each select="dataroot/Telefon">
      <tr>
        <td><xsl:value-of select="Ort"/> </td>
        <td><xsl:value-of select="Vorwahl"/></td>
      </tr>
    </xsl:for-each>
    </Table>
    </HTML>
  </xsl:template>
</xsl:stylesheet>
```

## Test

Die erzeugte HTML-Datei im Web-Browser:

---

**HINWEIS:** In der Transformationsdatei können Sie Ihre HTML-Programmierkenntnisse hemmungslos beim Formatieren der Daten einsetzen.

# R6.12   XML-Daten mit XmlDataDocument bearbeiten

Mit dem DOM (*Document Object Model*) bzw. den entsprechenden XML-Objekten lassen sich zwar hierarchische XML-Dateien gut verarbeiten, der Zusammenhang zur relationalen Welt der Datenbanken fehlt jedoch. Gerade das .NET Framework, bzw. das enthaltene ADO.NET, macht von XML reichlich Gebrauch. Was liegt also näher, beide Welten miteinander zu verschmelzen?

Dies Aufgabe übernimmt das *XmlDataDocument*-Objekt, das sowohl relationale als auch XML-Daten laden, verarbeiten und speichern kann. Abgeleitet von der Klasse *XmlDocument*, verfügt es über alle nötigen Eigenschaften um mit dem DOM zu arbeiten. Gleichzeitig findet sich jedoch auch eine neue Eigenschaft *DataSet*. Genau diese stellt für uns die Verbindung zu den relationalen Daten her.

Unser Beispielprogramm wird zunächst für eine bereits vorhandene XML-Datei ein Schema erzeugen und dieses zusammen mit der XML-Datei in ein *XmlDataDocument*-Objekt laden. Über ein *DataGrid*-Control können Sie nun die Daten wie gewohnt bearbeiten und zum Schluss speichern.

## Oberfläche

Ein Windows Form, ein *DataGrid* sowie drei *Button*s (siehe Laufzeitansicht).

---

**HINWEIS:** Wir verwenden in diesem Fall das gute alte *DataGrid*, da dieses zur Laufzeit eine Auswahl der enthaltenen *DataTables* anbietet.

---

## Quelltext

```
using System.Xml;

public partial class Form1 : Form
{
```

Unser *XmlDataDocument* für die weitere Arbeit:

```
    XmlDataDocument xmlddoc = new XmlDataDocument();
```

Schema erzeugen:

```
    private void button1_Click(object sender, EventArgs e)
    {
        DataSet ds = new DataSet();
        ds.ReadXml("Telefon.xml");
        ds.WriteXmlSchema("Telefon.xsd");
    }
```

Schema und XML-Datei laden und an das *DataGrid* binden:

```
    private void button2_Click(object sender, EventArgs e)
```

```
    {
        xmlddoc.DataSet.ReadXmlSchema("Telefon.xsd");
        xmlddoc.Load("Telefon.xml");
        dataGrid1.DataSource = xmlddoc.DataSet;
    }
```

Daten sichern:

```
private void button3_Click(object sender, EventArgs e)
{
    xmlddoc.Save("Telefon.xml");
}
}
```

## Warum erzeugen wir ein passendes Schema?

Die Antwort ist schnell gegeben wenn Sie versuchen, über das *XMLDataDocument*-Objekt ein XML-File zu laden, ohne entsprechende Schema-Informationen bereitzustellen. Der Versuch wird zwar erfolgreich sein, im *DataSet* werden Sie jedoch keine Tabelle vorfinden.

Das Schema für unsere XML-Datei:

... bzw. als Quelltext:

```
<?xml version="1.0" standalone="yes"?>
<xs:schema id="NewDataSet" xmlns="" xmlns:xs="http://www.w3.org/2001/XMLSchema"
xmlns:msdata="urn:schemas-microsoft-com:xml-msdata">
  <xs:element name="dataroot">
    <xs:complexType>
      <xs:sequence>
        <xs:element name="Telefon" minOccurs="0" maxOccurs="unbounded">
          <xs:complexType>
            <xs:sequence>
              <xs:element name="Ort" type="xs:string" minOccurs="0" />
              <xs:element name="Vorwahl" type="xs:string" minOccurs="0" />
            </xs:sequence>
          </xs:complexType>
```

```
            </xs:element>
         </xs:sequence>
         <xs:attribute name="generated" type="xs:string" />
       </xs:complexType>
     </xs:element>
     <xs:element name="NewDataSet" msdata:IsDataSet="true" msdata:UseCurrentLocale="true">
       <xs:complexType>
         <xs:choice minOccurs="0" maxOccurs="unbounded">
           <xs:element ref="dataroot" />
         </xs:choice>
       </xs:complexType>
     </xs:element>
</xs:schema>
```

## Test

Nach dem Start klicken Sie zunächst auf den Button "Schema erzeugen", bevor Sie die Daten laden.

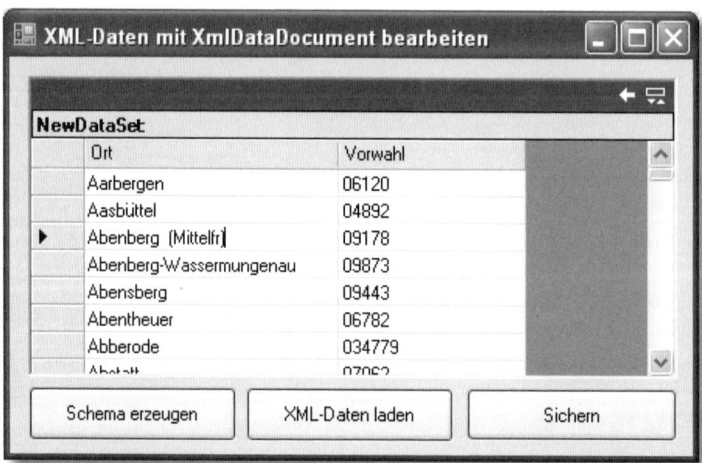

Öffnen Sie ruhig eine Tabelle im *DataGrid* und verändern Sie die Daten. Im Anschluss speichern Sie die Änderungen ab und laden die Daten erneut. Ihre Änderungen sollten jetzt in der Tabelle angezeigt werden.

Natürlich können Sie auch alle *DataSet*/*DataTable*-Methoden zum Manipulieren der Daten einsetzen, statt sich mit den entsprechenden XML-Daten herumzuplagen.

# R6.13   **XML-Daten in SQL Server-Tabellen speichern**

Seit der Version 2005 unterstützt der Microsoft SQL Server auch direkt einen XML-Datentyp bei der Definition von Tabellen.

Ein kleines Beispiel zeigt, wie Sie eine derartige Tabelle erzeugen, und wie Sie auf einfache Weise Daten hinzufügen können.

### Oberfläche

Wir verwenden das *SQL Server Management Studio 2005* um die Tabelle zu erzeugen und den ersten INSERT-Befehl zu realisieren.

---

**HINWEIS:** Für dieses Beispiel benötigen Sie entweder die Vollversion von SQL Server 2005 oder die SQL Server 2005 Express-Edition mit installiertem *SQL Server Management Studio*!

---

Starten Sie das *SQL Server Management Studio* und verbinden Sie sich mit einer vorhandenen Datenbank. Klicken Sie auf die Schaltfläche "Neue Abfrage", um das folgende SQL Statement einzugeben:

```
CREATE TABLE  XMLDokumente(
    id int IDENTITY(1,1) NOT NULL,
    Beschreibung nchar(50) COLLATE Latin1_General_CI_AS NOT NULL,
    Daten xml NULL
) ON [PRIMARY]
```

Nach Klick auf den Button "Ausführen" wird nur eine kurze Bestätigung im Ausgabefenster angezeigt:

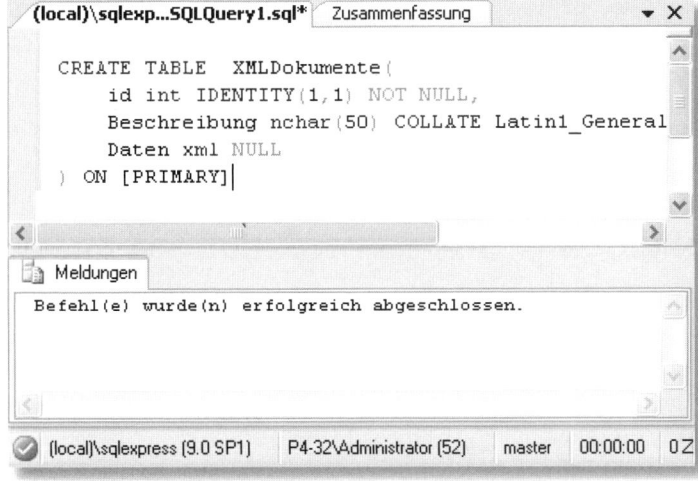

Wie kommen nun Daten in diese Tabelle bzw. Spalte?

**BEISPIEL:**   Einfügen von einfachen XML-Daten in die neu erzeugte Tabelle

```
INSERT INTO
    XmlDokumente (Beschreibung, Daten)
VALUES
    ('Erster Eintrag', '<Daten><Person>Müller</Person><Person>Mayer</Person></Daten>');
```

Im obigen Beispiel verwenden wir ein wohlgeformtes XML-Dokument für die Übergabe, Sie können jedoch auch die Root des Dokuments weglassen (XML-Fragment). Allerdings gibt es Ärger, wenn Sie sich nicht an die XML-Regeln halten und zum Beispiel Elemente vergessen oder sich Elemente überschneiden. Hier prüft der interne XML-Parser was zulässig ist und was nicht.

Ein nachfolgendes

```
SELECT * FROM XMLDokumente
```

... ergibt folgende Ausgabe:

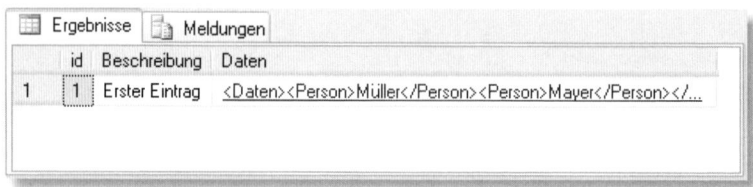

bzw. nach Klick auf obigen Hyperlink:

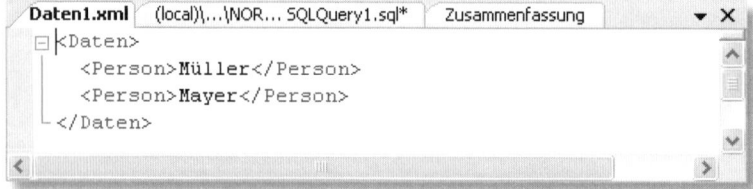

# R6.14  XML-Dokumente in Webanwendungen anzeigen

Gerade im Bereich der Webprogrammierung ist es häufig nötig, XML-Daten in einer ansprechenden Form aufzubereiten und anzuzeigen. Unterstützung erhalten Sie in diesem Zusammenhang vom XML-Control, das als Platzhalter für ein neu zu erstellendes HTML-Dokument dient. Dieses wird zur Laufzeit aus einem XML-File (den eigentlichen Daten) und einem XSL-File (Transformationsanweisungen in XSLT) generiert.

### Erstellen des Web-Projekts

Erzeugen Sie über den Menüpunkt *Datei/Neu/Website* ein neues Webprojekt. Belassen Sie es zunächst beim Speicherort *Dateisystem*.

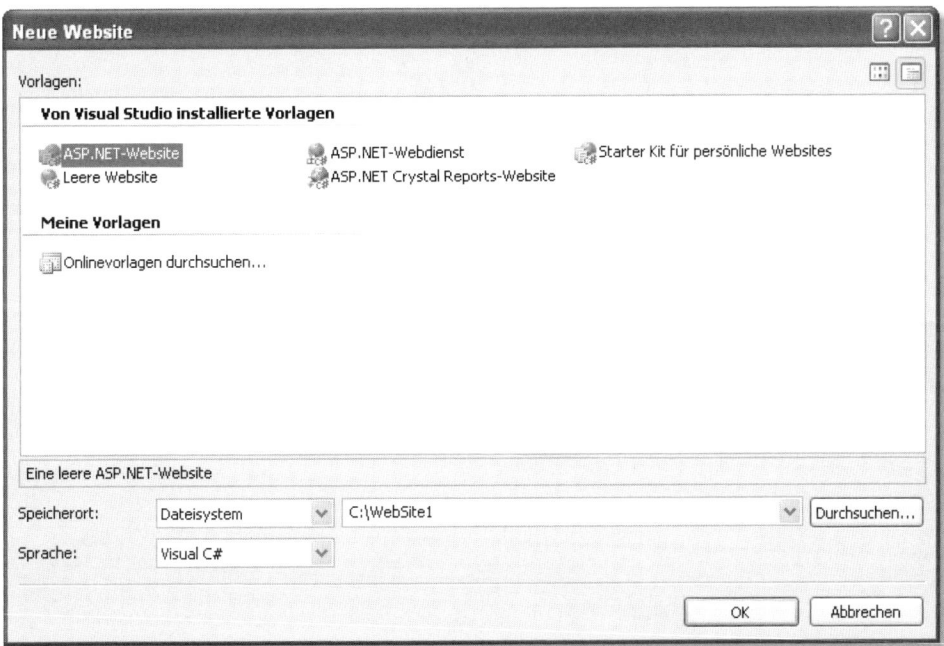

Öffnen Sie nachfolgend die Datei *Default.aspx* in der Entwurfsansicht und erstellen Sie eine Oberfläche entsprechend folgender Abbildung:

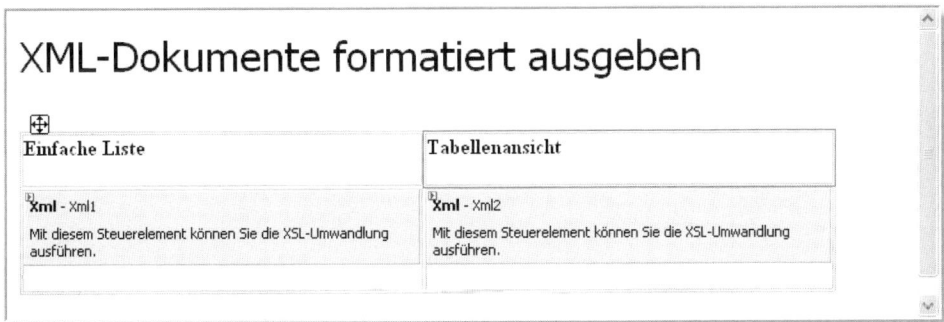

Setzen Sie die beiden *XML*-Controls in eine HTML-Table, so lassen sich die Ausgaben der Controls zur Laufzeit sinnvoll platzieren. Die Eigenschaften *DocumentSource* und *TransformSource* legen Sie erst fest, wenn Sie die entsprechenden Dateien erzeugt haben.

## XML-Daten erzeugen

Zunächst benötigen Sie natürlich auch ein XML-Ausgangsdokument, dass die Daten liefert. Dieses erzeugen Sie über den Menüpunkt *Website/Neues Element hinzufügen/XML-Datei.*

```
<?xml version="1.0" encoding="ISO-8859-1"?>
<Adressbuch>
  <Adresse>
    <Name>Erich Mielke</Name>
    <Telefon>01900-123546</Telefon>
  </Adresse>
  <Adresse>
    <Name>Anton Berger</Name>
    <Telefon>01900-312313</Telefon>
  </Adresse>
  <Adresse>
    <Name>Paul Schmidt</Name>
    <Telefon>0800-64734343</Telefon>
  </Adresse>
  <Adresse>
    <Name>Gerhard Rosengarten</Name>
    <Telefon>03232-23432434</Telefon>
  </Adresse>
</Adressbuch>
```

**HINWEIS:** Für unser Rezept verwenden wir zwei verschiedene Transformationsdateien, die Sie ebenfalls über den Menüpunkt *Website/Neues Element hinzufügen* erzeugen können.

## Transformationsdatei (EinfacheListe.xsl)

```
<?xml version="1.0" encoding="ISO-8859-1"?><xsl:stylesheet version="1.0"
xmlns:xsl="http://www.w3.org/1999/XSL/Transform"><xsl:template match="/">
  <html>
  <body>
```

Eine Tabelle definieren:

```
    <table border="0">
```

Für jeden Datensatz eine Zeile:

```
    <xsl:for-each select="Adressbuch/Adresse">
    <tr>
```

Zwei Spalten erzeugen:

```
      <td><xsl:value-of select="Name"/></td>
      <td><xsl:value-of select="Telefon"/></td>
    </tr>
```

Und nächste Zeile:

```
    </xsl:for-each>
    </table>
  </body>
  </html>
</xsl:template></xsl:stylesheet>
```

## Transformationsdatei (Tabellenansicht.xsl):

Ähnlicher Ablauf wie bei der vorhergehenden Transformationsdatei, wir fügen in diesem Fall jedoch einige HTML-Formatierungen hinzu:

```
<?xml version="1.0" encoding="ISO-8859-1"?><xsl:stylesheet version="1.0"
xmlns:xsl="http://www.w3.org/1999/XSL/Transform"><xsl:template match="/">
  <html>
  <body>
   <h1>Telefonbuch</h1>
   <table border="1">
   <tr bgcolor="#EEEEEE">
     <th align="left">Name</th>
     <th align="left">Telefonnummer</th>
   </tr>
   <xsl:for-each select="Adressbuch/Adresse">
   <tr>
     <td><xsl:value-of select="Name"/></td>
     <td><xsl:value-of select="Telefon"/></td>
   </tr>
   </xsl:for-each>
   </table>
  </body>
  </html>
</xsl:template></xsl:stylesheet>
```

Speichern Sie die obigen Dokumente im Webverzeichnis. Setzen Sie die *DocumentSource*-Eigenschaft beider XML-Controls auf den Wert "~/daten.xml". *TransformSource* weisen Sie jeweils die Namen der Transformationsdateien zu.

**Test**

Zur Laufzeit dürfte sich Ihnen der folgende Anblick bieten:

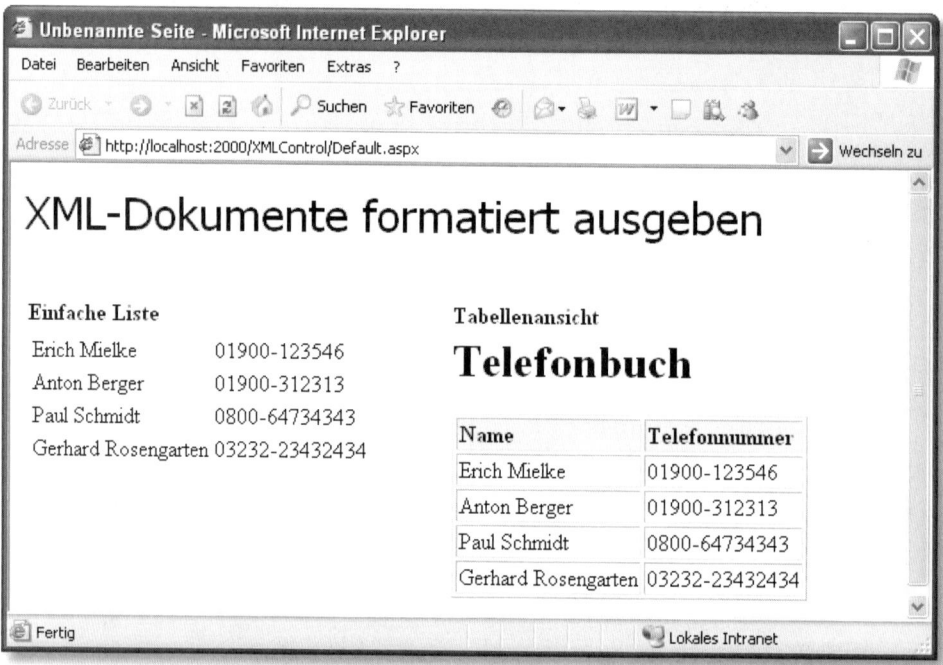

Wie Sie sehen, kann durch einfachen Austausch der Transformationsdateien ein gänzlich unterschiedliches Ergebnis erreicht werden (natürlich könnten Sie auch andere Filterbedingungen setzen und zum Beispiel nur die Namen ausgeben etc.).

# ADO.NET

## R7.1 Auf eine Access-Datenbank zugreifen

In diesem Einsteiger-Rezept wollen wir den Zugriff auf die bekannte Beispieldatenbank *Nordwind.mdb* demonstrieren und dabei die wichtigsten ADO.NET-Objekte kennen lernen.

Ziel ist die Anzeige der Firma aller Kunden aus London in einer *ListBox*.

### Oberfläche

Öffnen Sie ein neues Projekt vom Typ *Windows-Anwendung* und platzieren Sie auf das Startformular zwei *Button*s und eine *ListBox*.

### Quellcode

Zu Beginn wird der Namensraum für die Klassenbibliothek des OLE DB-Providers eingestellt:

```
using System.Data.OleDb;

public partial class Form1 : Form
{
    ...
```

Auf Klassenebene wird zunächst ein *DataSet*-Objekt referenziert:

```
    private DataSet ds;
```

Der Event-Handler für die Schaltfläche "Mit Datenbank verbinden" (die Datenbank befindet sich hier im Anwendungsverzeichnis):

```
    private void button1_Click(object sender, System.EventArgs e)
    {
```

Die Verbindungszeichenfolge:

```
        string conStr = "Provider=Microsoft.Jet.OLEDB.4.0; Data Source=Nordwind.mdb";
```

Das *Connection*-Objekt erzeugen:

```
OleDbConnection conn = new OleDbConnection(conStr);
```

Ein leeres *DataSet*-Objekt erzeugen:

```
ds = new DataSet();
```

Die SQL-Abfrage definieren:

```
string selStr = "SELECT * FROM Kunden WHERE Ort = 'London'";
```

Ein *DataAdapter*-Objekt erzeugen:

```
OleDbDataAdapter da = new OleDbDataAdapter(selStr, conn);
```

Nun wird versucht, die Datenbankverbindung zu öffnen und das *DataSet* durch den *Data-Adapter* zu füllen (den Namen der Tabelle im *DataSet*, hier "Londoner Kunden", bestimmen Sie!):

```
try
{
    conn.Open();
    da.Fill(ds, "LondonerKunden");
    conn.Close();
    MessageBox.Show("Verbindung mit Nordwind.mdb erfolgreich!");
}
catch(Exception ex)
{
    MessageBox.Show(ex.Message);
}
}
```

Im zweiten Event-Handler ("Daten anzeigen") geht es nur noch darum, die *ListBox* aus dem (von der Datenquelle abgekoppelten) *DataSet* zu füllen.

```
private void button2_Click(object sender, EventArgs e)
{
```

Das *DataTable*-Objekt aus der *Tables*-Collection des *DataSet* selektieren:

```
DataTable dt = ds.Tables["LondonerKunden"];
listBox1.Items.Clear();
```

Alle Datensätze durchlaufen und zur *ListBox* hinzufügen:

```
foreach (DataRow custRow in dt.Rows)
    listBox1.Items.Add(custRow["Firma"]);
}
}
```

### Test

Nach dem Kompilieren klicken Sie auf die Schaltfläche "Mit Datenbank verbinden". Erscheint die Erfolgsmeldung, so wird nicht nur die Verbindung hergestellt, sondern auch das *DataSet* angelegt und gefüllt. Ist das erledigt, wird die Verbindung sofort wieder getrennt!

Wenn Sie nun auf "Daten anzeigen" klicken, arbeiten Sie nur noch mit dem abgekoppelten *DataSet*, denn die Verbindung zur Datenquelle existiert schon längst nicht mehr. Im Ergebnis werden die Firmennamen aller in London ansässigen Kunden aufgelistet:

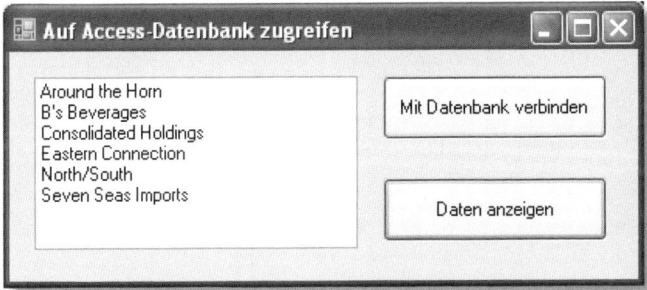

### Bemerkungen

- Einer der häufigsten Fehler beim Abtippen des Codes ist, dass Sie bei der Verbindungszeichenfolge das Leerzeichen innerhalb " ... Data Source ..." vergessen.

- Damit es keine Schwierigkeiten beim Auffinden der Datenbank gibt, haben wir diese in das Anwendungsverzeichnis ( \\*bin\\Debug*-Unterverzeichnis des Projekts) kopiert.

- Sicherlich werden Sie fragen, warum wir die zwei Schaltflächen "Mit Datenbank verbinden" und "Daten anzeigen" nicht zu einer einzigen zusammengefasst haben, denn das würde die Anwendung doch etwas vereinfachen. Wir aber wollten im Sinne eines Lerneffekts die beiden wesentlichen Etappen des Datenzugriffs in ADO.NET ganz bewusst gegenüber stellen:
  1. Die Verbindungsaufnahme mit der Datenquelle erfolgt nur noch zum Zweck der Datenübertragung in das *DataSet*.
  2. Die Arbeit mit den Daten (hier lediglich die Anzeige) wird in dem von der Datenquelle abgekoppelten *DataSet* durchgeführt.

## R7.2   Auf den SQL Server zugreifen

Voraussetzung für dieses Rezept ist der Microsoft SQL Server 2005 bzw. die im im .NET Framework SDK enthaltene abgerüstete *SQL Server Express Edition* (SQLEXPRESS).

SQLEXPRESS erhält den Namen \\*Servername\\SQLEXPRESS* und kann über den *SQL Server Configuration Manager* (erreichbar über *Windows-Startmenü\\Programme\\Microsoft SQL Server 2005\\Configuration Tools*) gestartet/gestoppt werden:

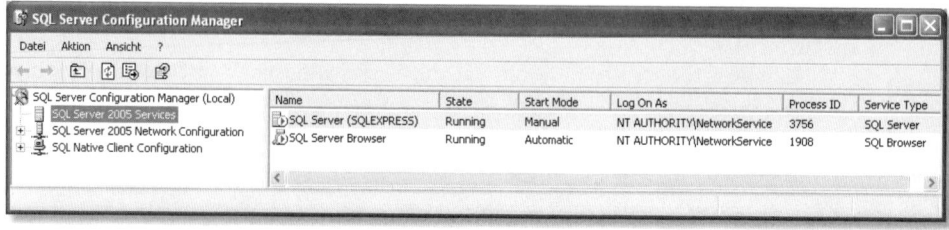

Die für uns wichtigste Beispieldatenbank ist *Northwind* (englische Originalversion der Access-Datenbank *Nordwind.mdb*).

---

**HINWEIS:** Falls die Datenbank nicht im SQL Server vorhanden ist, sollte dies für uns kein Problem sein, denn wir verwenden eine separate Datenbankdatei *Northwind.mdf*, die sich auf der Buch-CD befindet!

---

Ziel ist die Anzeige der Firmen ("CompanyName") aller Kunden ("Customers") aus London in einer *ListBox*.

## Oberfläche

Die Oberfläche (*ListBox* und zwei *Button*s) entspricht 100%-ig dem Vorgängerrezept R7.1.

## Quellcode

Zunächst müssen Sie die Datei *Northwind.mdf* in das Anwendungsverzeichnis (\*bin\Debug*-Unterverzeichnis des Projektordners) kopieren.

Im Folgenden werden Sie feststellen, dass bis auf den Austausch der Klassen des OleDb-Providers durch die Klassen des SQLClient-Providers und die Verwendung der deutschen Tabellen- und Spaltenbezeichner keine nennenswerten Unterschiede zum Vorgängerrezept R7.1 "Auf eine Access-Datenbank zugreifen" zu verzeichnen sind. Wir sparen uns deshalb weitere Erläuterungen und Kommentare.

```
using System.Data.SqlClient;

public partial class Form1 : Form
{
    ...
    private DataSet ds;
```

Mit SQL-Server verbinden (*Nordwind.mdf* befindet sich im Anwendungsverzeichnis!):

```
    private void button1_Click(object sender, EventArgs e)
    {
        string conStr = "Data Source=.\\SQLEXPRESS;AttachDbFilename=|DataDirectory|" +
                        "\\Northwind.mdf;Integrated Security=True;User Instance=True";
```

```
        SqlConnection conn = new SqlConnection(conStr);
        ds = new DataSet();
        string selStr = "SELECT * FROM Customers WHERE City = 'London'";
        SqlDataAdapter da = new SqlDataAdapter(selStr, conn);
        try
        {
            conn.Open();
            da.Fill(ds, "LondonerKunden");
            conn.Close();
            MessageBox.Show("Verbindung mit SQL Server erfolgreich!");
        }
        catch(Exception ex)
        {
          MessageBox.Show(ex.Message);
        }
    }
```

Daten anzeigen:

```
    private void button2_Click(object sender, EventArgs e)
    {
        DataTable dt = ds.Tables["LondonerKunden"];
        listBox1.Items.Clear();
        foreach (DataRow rw in dt.Rows)
            listBox1.Items.Add(rw["CompanyName"]);
    }
}
```

## Test

Bevor Sie mit dem Test beginnen, sollte der SQL Server startklar sein (siehe oben), falls dies nicht schon automatisch beim Starten von Windows erfolgte.

Nach Klick auf die Schaltfläche "Mit Datenbank verbinden" kann es durchaus ein Weilchen dauern, bis die Erfolgsbestätigung erscheint. Wenn die Timeout-Zeit (standardmäßig 30 Sekunden) verstrichen ist, ohne dass eine Verbindung zustande gekommen ist, erscheint eine Fehlermeldung.

Da die standardmäßigen Inhalte von *Nordwind* und der *Northwind*-Datenbank übereinstimmen, dürften die angezeigten Daten in der Regel identisch zu R7.1 sein.

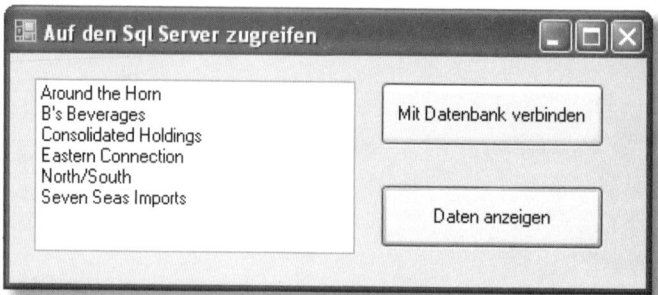

## Bemerkungen

- Die Verwendung einer separaten Datenbankdatei (*.mdf*) hat u.a. den Vorteil, dass Sie diese Datei später einfach zusammen mit der Anwendung weitergeben können, ohne dass die Datenbank auf dem SQL Server des Endnutzers installiert werden müsste.

- Falls sich die Datenbank bereits im SQL Server befindet, können Sie natürlich auf eine separate Datenbankdatei verzichten. Änderungen sind dann lediglich im Connectionstring vorzunehmen, z.B.:

```
"Data Source=.\\SQLEXPRESS; Initial Catalog=Northwind;Integrated Security=True;"
```

- Als Alternative zum *SqlClient*-Datenprovider könnten Sie auch über einen *OleDb*-Datenprovider auf den SQL Server zugreifen, wobei allerdings gewisse Performance-Einbußen einzuplanen sind.

- Informationen zur Installation des SQL Servers erhalten Sie, wenn Sie über das Windows-Startmenü den Eintrag *Microsoft .NET Framework SDK v2.0/Schnellstart-Lernprogramme* wählen. Es erscheint eine Seite, von welcher aus die Installation von SQL Server 2005 bzw. SQLEXPRESS nebst Beispieldatenbanken und Lernprogrammen ausführlich erklärt wird.

## R7.3  ConnectionString in Konfigurationsdatei ablegen

Wenn Sie die Verbindungszeichenfolge nicht starr in den Quelltext eintragen, sondern in der Konfigurationsdatei (*App.config* bzw. *<Anwendungsname>.exe.config*) hinterlegen, kann der spätere Programmnutzer die *config*-Datei mit einem Text- oder XML-Editor bearbeiten, um die Verbindungszeichenfolge seinen Bedürfnissen anzupassen (das Programm braucht also nicht erneut kompiliert zu werden). Auch weitere Einstellungen, wie z.B. SQL-Abfragen, können auf diese Weise flexibel gehalten werden.

Das vorliegende Rezept demonstriert dies anhand der Access-Datenbank *Nordwind* und der SQL Server-Datenbank *Northwind*. Auf beide wird mit einer gemeinsamen Oberfläche zugegriffen.

## Oberfläche

Öffnen Sie ein neues Projekt (Name hier *AppConfig*). Auf dem Startformular finden ein *Data-GridView* und zwei *Button*s ihren Platz.

## Standardmäßige Anwendungseinstellungen eintragen

Wir gehen für den Normalfall davon aus, dass sich die Access-Datenbank *Nordwind.mdb* im Anwendungsverzeichnis befindet und dass im SQL Server die *Northwind*-Datenbank installiert ist. Außerdem sollen standardmäßig die "Kunden"- bzw. die "Customers"-Tabelle angezeigt werden.

Wählen Sie das Menü *Projekt/<Projektname>-Eigenschaften...* und öffnen Sie die Registerseite "Einstellungen".

Tragen Sie in die Liste die folgenden vier Einstellungen ein:

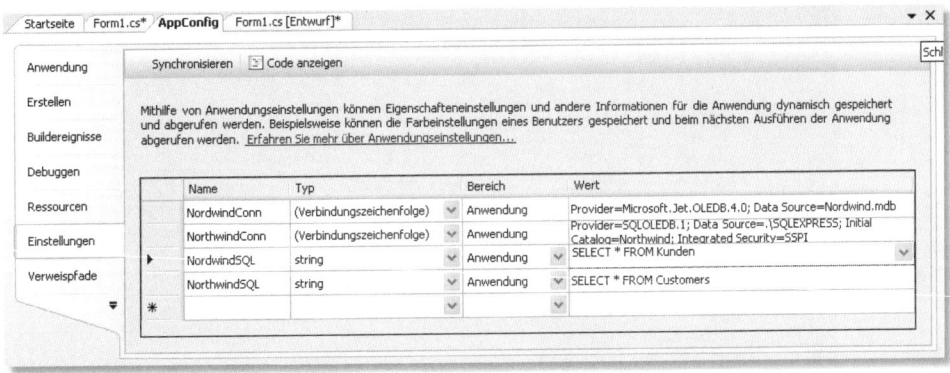

---

**HINWEIS:** Für alle vier Einträge wird als Bereich *Anwendung* eingestellt.

---

Der Blick in die Datei *app.config* zeigt uns, dass beide Verbindungszeichenfolgen als *<Anwendungsname>.Properties.Settings.Default.**NordwindConn*** bzw. *<Anwendungsname>.Properties.Settings.Default.**NorthwindConn*** in der *connectionStrings*-Sektion gelandet sind. Die beiden SQL-Strings finden Sie hingegen in der *applicationSettings*-Sektion.

```
app.config*  Startseite  Form1.cs*  AppConfig  Form1.cs [Entwurf]*                          ▼ ×
    <?xml version="1.0" encoding="utf-8" ?>                                                  ▲
  <configuration>                                                                            Schl
      <configSections>
          <sectionGroup name="applicationSettings" type="System.Configuration.ApplicationSettingsGroup, Syst
              <section name="AppConfig.Properties.Settings" type="System.Configuration.ClientSettingsSection
          </sectionGroup>
      </configSections>
      <connectionStrings>
          <add name="AppConfig.Properties.Settings.NordwindConn"
              connectionString="Provider=Microsoft.Jet.OLEDB.4.0; Data Source=Nordwind.mdb" />
          <add name="AppConfig.Properties.Settings.NorthwindConn"
              connectionString="Provider=SQLOLEDB.1; Data Source=.\SQLEXPRESS; Initial Catalog=Northwind; I
      </connectionStrings>
      <applicationSettings>
          <AppConfig.Properties.Settings>
              <setting name="NordwindSQL" serializeAs="String">
                  <value>SELECT * FROM Kunden</value>
              </setting>
              <setting name="NorthwindSQL" serializeAs="String">
                  <value>SELECT * FROM Customers</value>
              </setting>
          </AppConfig.Properties.Settings>
      </applicationSettings>
  </configuration>
                                                                                            ▼
  ◄                                                                                   ►
```

## Quellcode

```
using System.Data.OleDb;

public partial class Form1 : Form
{
```

Zwei globale Variablen (für Verbindungszeichenfolge und SQL-Abfrage) sollen die in den Anwendungseinstellungen gespeicherten Werte entgegennehmen:

```
    private string connStr = null;
    private string sqlStr = null;
```

Hinter der Schaltfläche "Mit Access-DB verbinden" liegt der Code zum Auslesen der entsprechenden Anwendungseinstellungen:

```
    private void button1_Click(object sender, EventArgs e)
    {
        connStr = Properties.Settings.Default.NordwindConn;
        sqlStr = Properties.Settings.Default.NordwindSQL;
        connect();
    }
```

Ähnliches passiert hinter der Schaltfläche "Mit SQL Server verbinden":

```
    private void button2_Click(object sender, EventArgs e)
    {
        connStr = Properties.Settings.Default.NorthwindConn;
        sqlStr = Properties.Settings.Default.NorthwindSQL;
```

```
        connect();
    }
```

Die Verbindung mit der Datenbank und die Anzeige im Datengitter bleiben völlig unabhängig
von der konkreten Datenbank und der SQL-Abfrage:

```
private void connect()
{
    OleDbConnection conn = new OleDbConnection(connStr);
    OleDbDataAdapter da = new OleDbDataAdapter(sqlStr, conn);
    DataTable dt = new DataTable();
    try
    {
        conn.Open();
        da.Fill(dt);
        dataGridView1.DataSource = dt;
    }
    catch (Exception ex)
    {
        dataGridView1.DataSource = null;
        MessageBox.Show(ex.Message, "Fehler");
    }
    finally
    {
        conn.Close();
    }
}
```

### Test

Nach dem Programmstart können Sie sich nach Belieben mit einer der beiden Datenbanken verbinden.

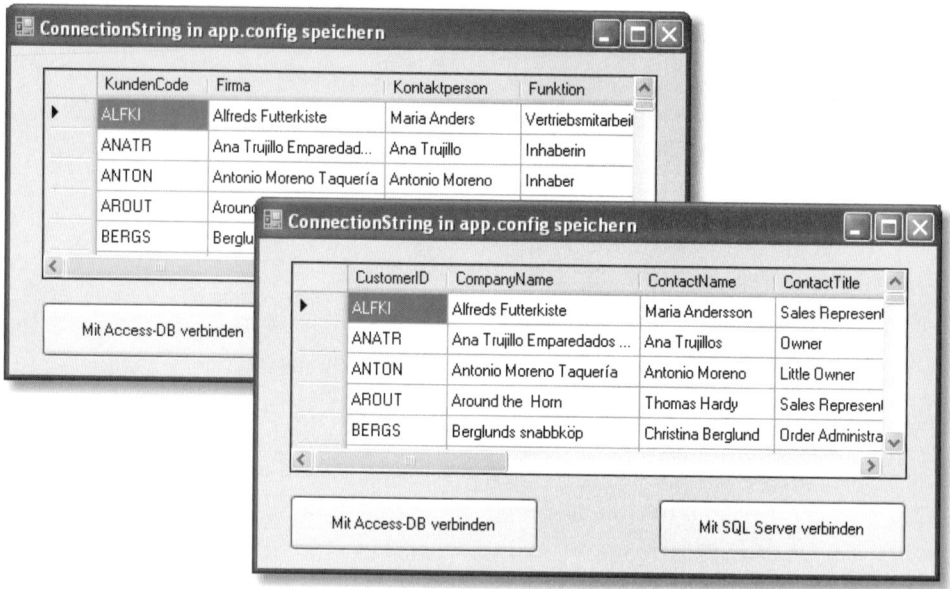

## Bemerkungen

▪ Um die Vorzüge der Verwendung der *.config*-Datei richtig zu würdigen, können Sie beispielsweise die Datenbank *Nordwind.mdb* aus dem Anwendungsverzeichnis in einen anderen Ordner verschieben. Anschließend öffnen Sie mit dem im Windows-Zubehör
enthaltenen Notepad die im *\bin\Debug*-Unterverzeichnis enthaltene *\*.exe.config*-Datei und
korrigieren den Pfad für *Nordwind.mdb*.

▪ Außerdem können Sie bei dieser Gelegenheit z.B. die SQL-Abfrage ändern in "SELECT *
FROM Personal". Ohne dass Sie das Programm erneut kompilieren müssten sind die Änderungen sofort wirksam!

# R7.4  Den DataReader kennen lernen

Wenn Daten lediglich angezeigt, nicht aber bearbeitet werden müssen, lässt sich dies mit einem
*DataReader* wesentlich einfacher und schneller realisieren als mit einem *DataSet* .

In diesem Rezept sollen alle Angaben zu den Londoner Kunden mittels *OleDbDataReader* in
einer *ListBox* angezeigt werden (Datenbank *Nordwind.mdb* befindet sich im Anwendungsverzeichnis).

## Oberfläche

Das Startformular, eine *ListBox* und ein *Button* genügen.

## Quellcode

```
using System.Data.OleDb;

public partial class Form1 : Form
{
    ...
    private void button1_Click(object sender, EventArgs e)
    {
        const string CONNSTR = "Provider=Microsoft.Jet.OLEDB.4.0; Data Source=Nordwind.mdb;";
        const string SQL = "SELECT * FROM Kunden WHERE Ort = 'London'";
        OleDbConnection conn = new OleDbConnection(CONNSTR);
        OleDbCommand cmd = new OleDbCommand(SQL, conn);
        OleDbDataReader dr;                // DataReader-Objekt wird deklariert
        conn.Open();                       // Verbindung zur Datenbank wird geöffnet
        dr = cmd.ExecuteReader();          // DataReader-Objekt wird aus Command-Objekt erzeugt
```

Die folgende *while*-Schleife ist typisch für den *DataReader*, sie läuft so lange, bis *false* zurückgegeben wird:

```
        while (dr.Read())
        {
            string str = String.Empty;              // für Zusammenbau einer Zeile
            str += dr["KundenCode"] + " - ";
            str += dr["Firma"] + " - ";
            str += dr["Kontaktperson"] + " - ";
            str += dr["Strasse"] + " - ";
            str += dr["PLZ"] + " - ";
            str += dr["Ort"];
            listBox1.Items.Add(str);       // komplette Zeile zur ListBox hinzufügen
        }
        dr.Close();
        conn.Close();
    }
}
```

**Test**

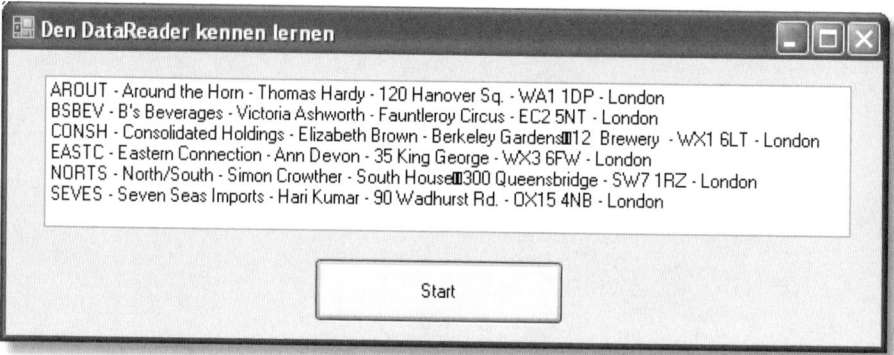

## R7.5   Minimaler DB-Client für Lese- und Schreibzugriff

Alle Vorgängerrezepte ermöglichten lediglich einen Lesezugriff auf die Datenbank. Jetzt soll gezeigt werden, wie dank *CommandBuilder* und *DataGridView* mit minimalem Aufwand auch ein Schreibzugriff (Datenbank-Update) möglich ist. Dabei sollen sowohl der Zugriff auf eine Access-Datenbank als auch auf den SQL Server betrachtet werden.

### Oberfläche

Erstellen Sie ein neues Windows Form-Projekt, dessen Startformular lediglich mit einem *DataGridView* und einem "Update"-*Button* bestückt ist.

### Quellcode (Access-DB)

```
using System.Data.OleDb;

public partial class Form1 : Form
{
    OleDbDataAdapter da = null;
    DataSet ds = null;
```

Bereits im Konstruktorcode werden die Daten gelesen und angezeigt:

```
    public Form1()
    {
        InitializeComponent();

        OleDbConnection conn = new OleDbConnection(
                    "Provider=Microsoft.Jet.OLEDB.4.0; Data Source=Nordwind.mdb;");
        OleDbCommand cmd = new OleDbCommand("SELECT * FROM Kunden ORDER BY KundenCode", conn);
```

```
        da = new OleDbDataAdapter(cmd);
        OleDbCommandBuilder cb = new OleDbCommandBuilder(da);
        ds = new DataSet();
        da.Fill(ds, "Kunden");
        dataGridView1.DataSource = ds;
        dataGridView1.DataMember = "Kunden";
    }
```

Daten aktualisieren:

```
    private void button1_Click(object sender, EventArgs e)
    {
        da.Update(ds, "Kunden");
    }
}
```

**HINWEIS:** Kopieren Sie die Datenbank *Nordwind.mdb* in das Anwendungsverzeichnis (*\bin\Debug\* -Unterverzeichnis des Projektordners).

## Quellcode (Sql-Server)

Bis auf den Ersatz des *OleDb-* durch den *SqlClient-* Provider und den geänderten Connectionstring ist die Programmierung identisch.

```
using System.Data.SqlClient;

public partial class Form1 : Form
{
    SqlDataAdapter da = null;
    DataSet ds = null;

    public Form1()
    {
        InitializeComponent();

        SqlConnection conn = new SqlConnection("Data Source=.\\SQLEXPRESS; " +
                        "Initial Catalog=Northwind; Integrated Security=sspi;");
        SqlCommand cmd = new SqlCommand("SELECT * FROM Customers", conn);
        da = new SqlDataAdapter(cmd);
        SqlCommandBuilder cb = new SqlCommandBuilder(da);
        ds = new DataSet();
        da.Fill(ds, "Customers");
        dataGridView1.DataSource = ds;
```

```
        dataGridView1.DataMember = "Customers";
    }


    private void button1_Click(object sender, EventArgs e)
    {
        da.Update(ds, "Customers");
    }
}
```

---

**HINWEIS:** Damit diese Programmversion läuft, müssen *Northwind*-Datenbank installiert und
SQL Server gestartet sein.

---

## Test

Nach dem Start können Sie direkt im Datengitter Datensätze hinzufügen, löschen (mit Entf-
Taste) oder ändern und diese mittels "Update"-Button in die Datenbank befördern.

---

**HINWEIS:** Von der Übernahme der Änderungen in die Datenbank können Sie sich erst nach
einem erneuten Programmstart überzeugen!

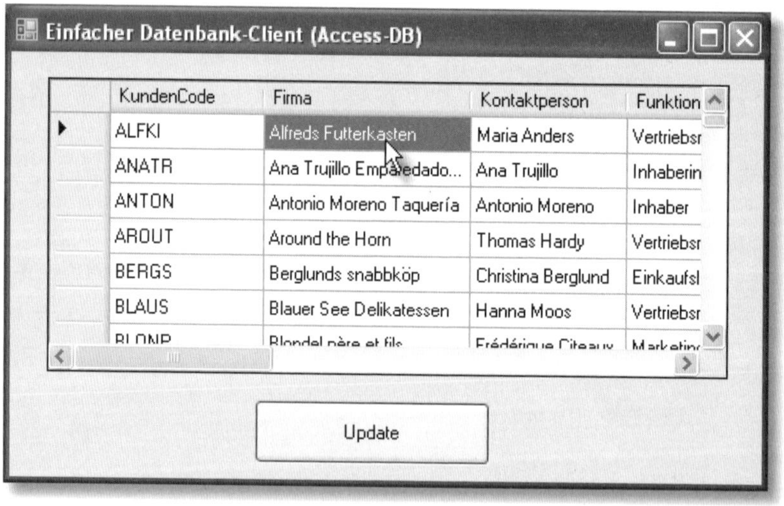

---

---

**HINWEIS:** Um die Originalinhalte der *Nordwind*- bzw. *Northwind*-Datenbank nicht zu zerstören, sollten Sie  nur solche Datensätze manipulieren, die Sie vorher selbst hinzugefügt haben.

# R7.6   Schemainformationen verwenden

Das vorliegende Rezept demonstriert den Einsatz des unter ADO.NET 2.0 verbesserten Schema-APIs anhand folgenden Problems:

Beim Strukturentwurf für Datenbanken wird für Textfelder meist die maximale Länge vorgegeben. Lädt man aber ein *DataSet* mit der *Fill*-Methode eines *DataAdapter*s, so gehen in der Regel diese Informationen verloren, d.h., dem XML-Schema des *DataSet*s sind zwar die einzelnen Datentypen zu entnehmen, nicht aber die konkrete Länge der String-Felder. Verbindet man nun das *DataSet* mit einer Eingabemaske, so "weiß" diese nichts von der max. zulässigen Länge und man kann beliebig viele Zeichen eingeben. Erst beim Versuch, das *DataSet* in die Datenbank zurückzuschreiben, erfolgt eine Fehlermeldung, die auf die Längenüberschreitung hinweist.

Viel nutzerfreundlicher wäre es, wenn die *MaxLength*-Eigenschaft der *TextBox*en automatisch mit der Datenbank abgeglichen würde, sodass bei der Eingabe die maximal zulässige Zeichenanzahl nicht überschritten werden kann.

## Oberfläche

Auf dem Startformular *Form1* entwerfen Sie eine einfache Eingabemaske für ein paar beliebige Textfelder aus *Nordwind.mdb*. Die *Label*s auf der rechten Seite sollen (lediglich zu Informationszwecken) die in zulässige Maximallänge anzeigen.

Von der "Data"-Seite der Toolbox ziehen Sie eine *BindingSource* und einen *BindingNavigator* in das Komponentenfach. Im Eigenschaftenfenster verbinden Sie die *DataSource*-Property von *bindingNavigator1* mit *bindingSource1*.

## Quellcode

```
using System.Data;
using System.Data.OleDb;
...
public partial class Form1 : Form
{
    ...
    private OleDbConnection conn =
        new OleDbConnection("Provider=Microsoft.Jet.OLEDB.4.0; Data Source=Nordwind.mdb;");
```

Im Konstruktorcode erfolgt der Aufruf der beiden Hauptroutinen *showKundenTable* und *set-MaxLength*:

```
    public Form1()
    {
        ...
        try
        {
            conn.Open();
            showKundenTable();
            setMaxLength();
        }
        catch (Exception ex)
        { MessageBox.Show(ex.Message.ToString()); }
        finally
        { conn.Close(); }
    }
```

Die Methode *showKundenTable* dient lediglich zum Anzeigen der Kundentabelle:

```
    private void showKundenTable()
    {
        OleDbDataAdapter da = new OleDbDataAdapter(
                "SELECT PersonalNr, Nachname, Vorname, Funktion FROM Personal", conn);
        DataTable dt = new DataTable();
        da.Fill(dt);
```

Die *Text*-Eigenschaft der Steuerelemente anbinden:

```
        label1.DataBindings.Add("Text", bindingSource1, "PersonalNr");
        textBox1.DataBindings.Add("Text", bindingSource1, "Nachname");
        textBox2.DataBindings.Add("Text", bindingSource1, "Vorname");
        textBox3.DataBindings.Add("Text", bindingSource1, "Funktion");
```

Die *BindingSource* mit der *DataTable* synchronisieren:

```
bindingSource1.DataSource = dt;
    }
```

Wesentlich interessanter für uns ist die Methode *setMaxLength*, welche direkt auf die Schemainformationen der Datenbank zugreift (Herauslesen der     max. Textlängen aus der Personaltabelle):

```
private void setMaxLength()
{
    string[] filter = new string[] { null, null, "Kunden", null };
    DataTable dt = conn.GetSchema("Columns", filter);
```

Alle Zeilen der Schematabelle werden durchlaufen, in jeder Zeile sind die Infos zu einer bestimmten Spalte enthalten:

```
for (int i = 0; i < dt.Rows.Count; i++)
{
    string fName = dt.Rows[i]["COLUMN_NAME"].ToString();       // Name der Spalte
    if ((fName == "Nachname")||(fName == "Vorname")||(fName == "Funktion"))
    {
```

Die maximal zulässige Anzahl von Zeichen ermitteln:

```
int fLen = Convert.ToInt32(dt.Rows[i]["CHARACTER_MAXIMUM_LENGTH"]);
```

Jede *TextBox* wird auf ihre maximale Länge getrimmt:

```
switch (fName)
{
    case "Nachname": textBox1.MaxLength = fLen;
                     label7.Text = fLen.ToString(); break;
    case "Vorname": textBox2.MaxLength = fLen;
                    label8.Text = fLen.ToString(); break;
    case "Funktion": textBox3.MaxLength = fLen;
                     label19.Text = fLen.ToString(); break;
    }
    }
    }
}
}
```

## Test

Sofort nach Programmstart werden Sie über die maximal zulässige Zeichenanzahl je Anzeigefeld informiert und können durch die Tabelle blättern. Wenn Sie versuchen, mehr Zeichen einzugeben als es die maximale Länge erlaubt, bleibt die Einfügemarke stehen.

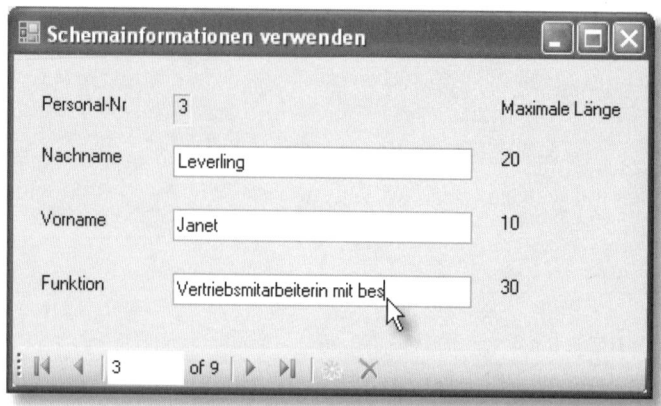

### Bemerkungen

- Die gezeigte Lösung hat den Vorteil, dass sich nachträglich vorgenommene Änderungen der Datenbankstruktur (Textfeldlänge) sofort auf die Benutzerschnittstelle auswirken, ohne dass der Quellcode geändert werden müsste.

- Ein Abspeichern der vorgenommenen Änderungen in der Datenbank ist in diesem Demo-Programm nicht vorgesehen, siehe dazu z.B. R7.17 "Die Datenbank mit CommandBuilder aktualisieren".

# R7.7  Query Notifications benutzen

Dieses Rezept zeigt, wie unter Benutzung der Klasse *SqlDependency* Ihr Client sofort benachrichtigt wird, wenn in der "Customers"-Tabelle der *Northwind*-Beispieldatenbank (SQL Server 2005) Daten geändert wurden.

### Prinzip

Zunächst muss unser Client beim SQL Server sein Interesse an der Beobachtung einer bestimmten Datenmenge anmelden. Treten Veränderungen in dieser Datenmenge auf (Ändern, Hinzufügen und Löschen von Datensätzen), löst das *SqlDependency*-Objekt das *OnChange*-Ereignis aus, sodass der Client "weiß", dass er die Daten erneut abrufen sollte um wieder auf dem neuesten Stand zu sein.

---

**HINWEIS:** Query Notifications machen das zyklische Abfragen (Polling) der Datenbank überflüssig und führen damit zu einer geringeren Netzwerkbelastung, da es nur im Fall von Datenänderungen zu Benachrichtigungen kommt.

---

## Oberfläche

Auf dem Startformular *Form1* platzieren Sie ein *DataGridView*, eine *ListBox*, einen *Button* und ein *Label* (siehe Laufzeitansicht).

## Quellcode

```
using System.Data.SqlClient;
using System.Security.Permissions;

...

public partial class Form1 : Form
{
```

Bei Instanziierung der *SqlDependency*-Klasse ist ein *SqlCommand*-Objekt zu übergeben, dessen SELECT-Befehl die zu überwachende Datenmenge repräsentiert. Dem Tabellennamen ist ein "dbo." voranzustellen.

```
    private const string SQLSTR = "SELECT CustomerID, CompanyName, ContactName, ContactTitle " +
                                  "FROM dbo.Customers ORDER BY CompanyName";
    private SqlConnectionStringBuilder csb = null;
    private SqlConnection conn = null;
    private SqlCommand cmd = null;
    private DataSet ds = null;

    private int count = 0;
    private const string msg = "{0} Änderungen sind aufgetreten.";
```

Um die Klasse *SqlDependency* nutzen zu können, muss unsere Anwendung über eine *SqlClientPermission* verfügen:

```
    private bool canRequestNotifications()
    {
        try
        {
            SqlClientPermission perm = new SqlClientPermission(PermissionState.Unrestricted);
            perm.Demand();
            return true;
        }
        catch {return false; }
    }
```

Im Konstruktorcode sind einige Startaktivitäten zu erledigen:

```
    public Form1()
    {
        InitializeComponent();
```

Clientberechtigung prüfen:

```
button1.Enabled = canRequestNotifications();
```

ConnectionString zusammenbauen:

```
csb = new SqlConnectionStringBuilder();
csb.DataSource = ".\\SQLEXPRESS";
csb.IntegratedSecurity = true;
csb.InitialCatalog = "Northwind";
}
```

Die folgende Methode sorgt für die Anmeldung der Notifications beim Server, sowie für Laden und Anzeigen der Daten:

```
private void getData()
{
    ds.Clear();
```

Sicherstellen, dass das *Command*-Objekt nicht bereits mit einer Notification verknüpft ist:

```
cmd.Notification = null;
```

Ein *SqlDependency*-Objekt erzeugen und mit *Command*-Objekt verbinden:

```
SqlDependency dep = new SqlDependency(cmd);
```

Eventhandler anmelden:

```
dep.OnChange += new OnChangeEventHandler(dep_OnChange);
```

Daten laden und anzeigen:

```
SqlDataAdapter da = new SqlDataAdapter(cmd);
da.Fill(ds, "Customers");
dataGridView1.DataSource = ds;
dataGridView1.DataMember = "Customers";
}
```

Die Schaltfläche "Mit SQL Server 2005 verbinden":

```
private void button1_Click(object sender, EventArgs e)
{
    count = 0;
    toolStripStatusLabel1.Text = String.Format(msg, count);
```

Eine existierende Dependency-Connection anhalten und neu starten:

```
SqlDependency.Stop(csb.ConnectionString);
SqlDependency.Start(csb.ConnectionString);
if (conn == null)
    conn = new SqlConnection(csb.ConnectionString);
```

```
        if (cmd == null)
            cmd = new SqlCommand(SQLSTR, conn);
        if (ds == null)
            ds = new DataSet();
        getData();
    }
```

Der Knackpunkt unserer Anwendung ist der *OnChange*-Eventhandler:

```
    private void dep_OnChange(object sender, SqlNotificationEventArgs e)
    {
```

Da das *OnChange*-Event nicht im Thread der Benutzerschnittstelle (UI-Thread), sondern in einem anderen Thread (Benachrichtigungsthread aus dem Threadpool) auftritt, ist ein Aktualisieren der Benutzerschnittstelle zunächst nicht möglich.

Der folgende Code führt die notwendigen Aktionen aus, um vom Threadpool-Thread zum UI Thread umzuschalten und die Ereignisbehandlung erneut zu registrieren:

```
        ISynchronizeInvoke isi = (ISynchronizeInvoke) this;
```

Wenn *InvokeRequired true* liefert, wird der Code im Benachrichtigungsthread ausgeführt:

```
        if (isi.InvokeRequired)
        {
```

Delegate für Thread-Schalter erzeugen:

```
            OnChangeEventHandler tmpDeleg = new OnChangeEventHandler(dep_OnChange);
            object[] args = { sender, e };
```

Daten-Marshalling vom Arbeitsthread zum UI-Thread:

```
            isi.BeginInvoke(tmpDeleg, args);
            return;
        }
```

Unser Notification-Handler wird nicht mehr benötigt:

```
        SqlDependency dep = (SqlDependency)sender;
        dep.OnChange -= dep_OnChange;
```

Der Code wird nun im UI-Thread ausgeführt:

```
        ++count;
        toolStripStatusLabel1 = String.Format(msg, count);
```

Zusatzinfos anzeigen:

```
        listBox1.Items.Clear();
        listBox1.Items.Add("Type: " + e.Type.ToString());
        listBox1.Items.Add("Source: " + e.Source.ToString());
```

```
        listBox1.Items.Add("Info: " + e.Info.ToString());
```

Geänderte Daten laden und anzeigen:

```
        getData();
    }
```

Die Schlussaktivitäten:

```
    private void Form1_FormClosed(object sender, FormClosedEventArgs e)
    {
        SqlDependency.Stop(csb.ConnectionString);
        if (conn != null)  conn.Close();
    }
}
```

## Test

Starten Sie die Anwendung und stellen Sie die Verbindung zum SQL Server 2005 her. Haben Sie die *Northwind*-Beispieldatenbank vorschriftsmäßig installiert, ist der SQL Server gestartet und stimmt der Connectionstring, so dürfte es keine Probleme bei der Anzeige der "Customers"-Tabelle geben.

Um Veränderungen der Daten beobachten zu können, müssen Sie über eine zweite Client-Anwendung verfügen (siehe Bemerkungen). Manipulieren Sie damit Datensätze der "Customers"-Tabelle (ändern, hinzufügen, löschen).

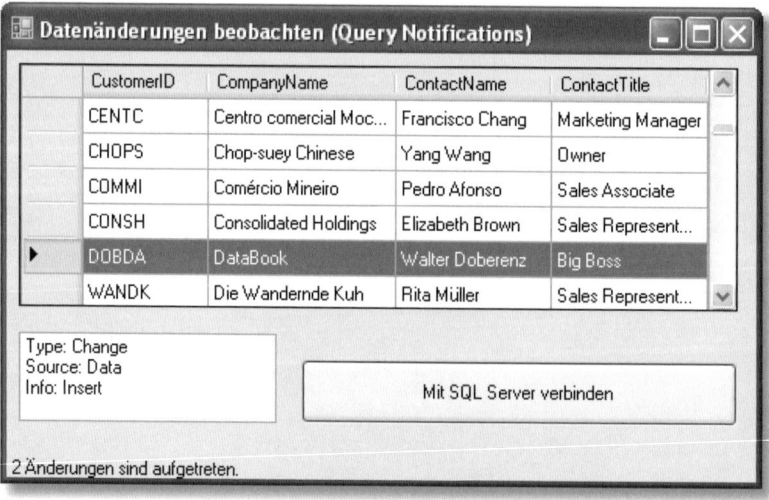

Sie werden feststellen, dass die an der Datenbank vorgenommenen Änderungen sofort angezeigt werden. Außerdem erhalten Sie weitere Informationen, die in der *ListBox* und im *Label* erscheinen.

### Bemerkungen

▪ Die Möglichkeit, Benachrichtigungen über Datenänderungen (Query Notifications) sofort an den Client zu übertragen, ist neu unter ADO.NET 2.0.

▪ Ein einfaches Programm zur Datenmanipulation der "Customers"-Tabelle der *Northwind*-Datenbank wird in R7.5 "Minimaler DB-Client für Lese- und Schreibzugriff" beschrieben.

## R7.8  Mit einer Datenquelle arbeiten

Neu in Visual Studio 2005 ist das Konzept der "Datenquellen". Im Zusammenhang damit ist auch der neue *TableAdapter* zu bestaunen. Um Sinn und Zweck dieser assistentengestützten Technologie zu erkunden, wollen wir auf Basis einer Datenquelle ein Formular entwickeln, welches Informationen aus der "Customers"-Tabelle der *Northwind*-Datenbank  des SQL Servers anzeigt.

### Assistent zum Konfigurieren von Datenquellen

▪ Nachdem Sie ein neues Projekt vom Typ "Windows-Anwendung" erzeugt haben, bringen Sie über das Menü *Daten/Datenquellen anzeigen* das Datenquellen-Fenster zur Anzeige.

▪ Oben links im Datenquellen-Fenster klicken Sie die Schaltfläche "Neue Datenquelle hinzufügen". Es startet der *Assistent zum Konfigurieren von Datenquellen*.

▪ Klicken Sie auf das "Datenbank"-Symbol und dann auf "Weiter".

▪ Im folgenden Dialogfenster wählen Sie die Schaltfläche "Neue Verbindung ..." und es erscheint das Dialogfenster *Datenquelle wechseln*.

▪ Hier klicken Sie auf den Eintrag *Microsoft SQL Server-Datenbankdatei*. Genauso gut hätten Sie aber auch *Microsoft SQL Server*  wählen können. Wir aber gehen diesmal davon aus, dass die Datenbank nicht auf dem SQL Server installiert ist, sondern als separate Datei *Northwind.mdf* zur Verfügung steht (Datei befindet sich auf Buch-CD).

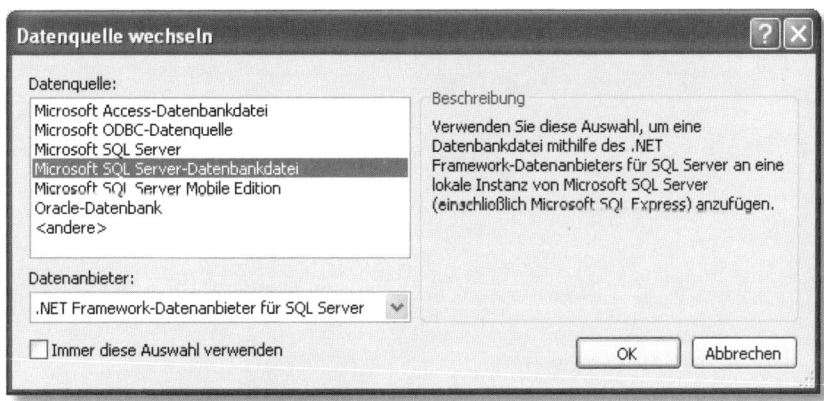

- Nach erfolgreichem Verbindungstest steht die Datenverbindung als *Northwind.mdf* zur Auswahl bereit.

- Anschließend werden Sie befragt, ob Sie diese Datei in das Projekt kopieren wollen. Bestätigen Sie mit "Ja", denn Sie sparen sich damit eine Menge Ärger beim Pflegen der Anwendung bzw. bei deren späterer Weitergabe.

- Im nun folgenden Dialog können Sie guten Gewissens das Häkchen setzen, damit die Verbindungszeichenfolge als *NorthwindConnectionString* in der Anwendungskonfigurationsdatei gespeichert wird:

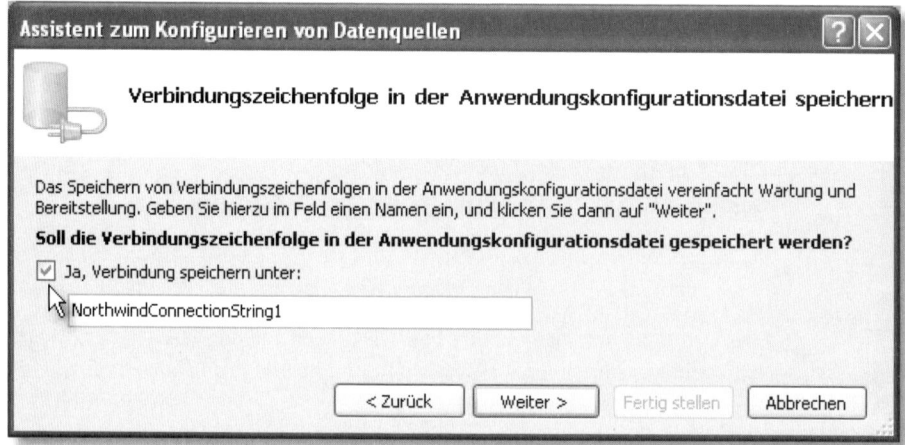

- Schließlich offeriert Ihnen der Assistent, nachdem er die Datenbankinformationen abgerufen hat, das Dialogfenster *Datenbankobjekte auswählen*. Hier können Sie die Tabellen, Ansichten, Gespeicherten Prozeduren oder Funktionen auswählen, die Sie für Ihre konkrete Anwendung brauchen.

- Die neue Datenquelle *NorthwindDataSet* steht Ihnen jetzt im *Datenquellen*-Fenster zur freien Verfügung:

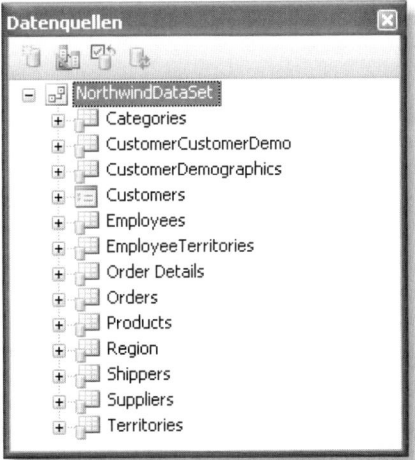

## Benutzen der Datenquelle

Stellen Sie die kleine Klappbox der "Customers"-Tabelle auf die *Details*-Ansicht:

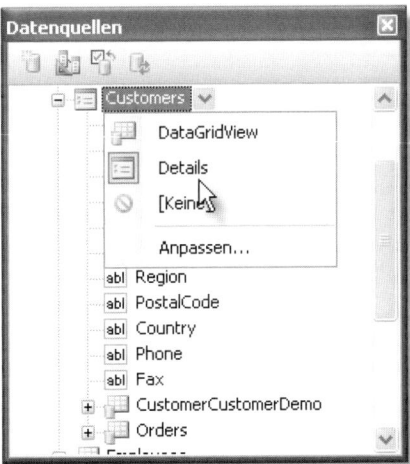

Nachdem Sie nun per Drag & Drop die "Customers"-Tabelle vom Datenquellen-Fenster auf *Form1* gezogen haben geschehen wundersame Dinge: Wie von Geisterhand erscheint eine komplette Eingabemaske auf dem Formular. Im vollen Komponentenfach tummeln sich folgende Objekte:

- *northwindDataSet*
  eine Instanz des typisierten DataSets

- *customersTableAdapter*
  ein typisierter *DataAdapter* für die "Customers"-Tabelle

- *customersBindingSource*
  die Datenanbindung des Formulars

- *customersBindingNavigator*
  navigiert *customersBindingSource*

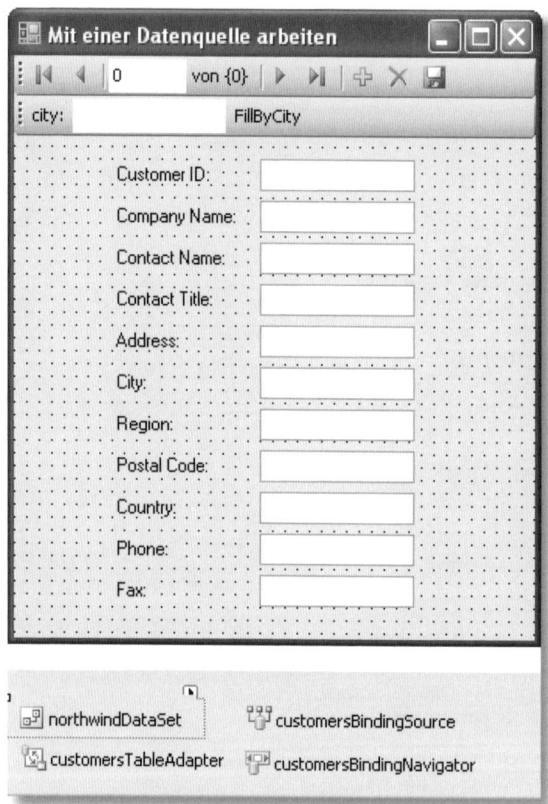

## Abfragemethoden hinzufügen

Das Kontextmenü des *customersTableAdapter* bietet einen Eintrag *Abfrage hinzufügen...* Im nachfolgenden Dialog vergeben Sie z.B. den Abfragenamen *FillByCity* und als Abfragetext den folgenden parametrierten SQL-Befehl:

```sql
SELECT
    CustomerID, CompanyName, ContactName, ContactTitle, Address, City
FROM
    Customers
WHERE
  City = @city
```

Nach dem OK wird abermals gezaubert: Unterhalb der Navigatorleiste erscheint ein automatisch generierter *ToolStrip* mit einer *TextBox* und einem *Button* "FillByCity". Nach Eingabe der gewünschten Stadt und Klick auf den Button sehen Sie, dass in der Maske nur noch die Kunden angezeigt werden, die aus London kommen:

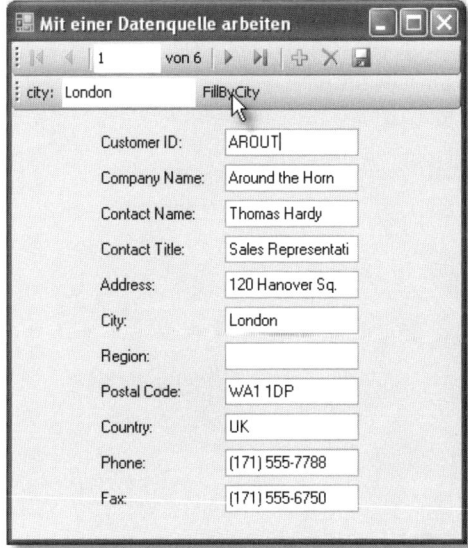

### Bemerkungen

■ Die "Zaubereien" der Assistentenarmee sollen Sie nicht darüber hinwegtäuschen, dass im Hintergrund eine Unmenge Code produziert wurde, wie der Blick in das vollgestopfte Komponentenfach vermuten lässt.

■ Der Einsteiger sollte sich nicht immer blindlings den Datenquellen-, DataForm- und Abfrage-Assistenten anvertrauen, zumal man vergleichbare Ergebnisse auch mit geringerem Aufwand bei transparenterem Code erzielen kann.

## R7.9   Eine Aktionsabfrage ausführen

Sie wollen an die *Nordwind.mdb*-Datenbank z.B. folgendes SQL-Statement absetzen:

```
UPDATE Kunden SET Firma = 'Pariser Firma' WHERE Ort = 'Paris'
```

Unser Rezept zeigt, wie Sie dazu die *ExecuteNonQuery*-Methode des *Command*-Objekts verwenden können.

### Oberfläche

Sie brauchen ein *DataGridView*, zwei *TextBox*en, zwei *Buttons* und einige *Labels* (siehe Laufzeitansicht).

Beide *TextBox*en sollen dazu dienen, dass Sie die Einträge für den Firmennamen und den Ort eines Kunden zur Laufzeit verändern können.

### Quellcode

Für das Ausführen des Beispiels wären eigentlich ein *Connection*- und ein *Command*-Objekt völlig ausreichend. Da wir uns aber auch von der Wirkung des UPDATE-Befehls überzeugen wollen, müssen wir einigen zusätzlichen Aufwand für die Anzeige betreiben: Das *DataGridView* benötigt ein *DataSet* als Datenquelle, welches wiederum von einem *DataAdapter* gefüllt wird.

```
using System.Data.OleDb;


public partial class Form1 : Form
{
    OleDbConnection conn =
            new OleDbConnection("Provider=Microsoft.Jet.OLEDB.4.0; Data Source=Nordwind.mdb;");
    DataSet ds = new DataSet();
    OleDbCommand cmd = new OleDbCommand();
```

Aktionsabfrage starten:

```
    private void button1_Click(object sender, System.EventArgs e)
```

```
    {
        OleDbDataAdapter da = new OleDbDataAdapter(
                    "SELECT Firma, Kontaktperson, Ort FROM Kunden ORDER BY Firma", conn);
        ds.Clear();
        cmd.Connection = conn;
```

Das Zusammenbasteln des UPDATE-Strings verlangt etwas Fingerspitzengefühl, darf man doch auch die Apostrophe ('), die die Feldbezeichner einschließen, nicht vergessen:

```
        cmd.CommandText = "UPDATE Kunden SET Firma = '" +
                    textBox1.Text + "' WHERE Ort = '" + textBox2.Text + "'";
```

Sicherheitshalber haben wir diesmal den kritischen Programmteil in eine Fehlerbehandlungs-routine eingebaut:

```
        try
        {
            conn.Open();
```

Die folgende Anweisung führt den UPDATE-Befehl aus und zeigt gleichzeitig die Anzahl der in der Datenbank geänderten Datensätze an:

```
            label1.Text = cmd.ExecuteNonQuery().ToString();
        }
        catch (Exception ex)
        {
            MessageBox.Show(ex.Message);
        }
        da.Fill(ds, "Kunden");
        conn.Close();
```

Das *DataGridView* an das *DataSet* anklemmen:

```
        dataGridView1.DataSource = ds;
        dataGridView1.DataMember = "Kunden";
    }
}
```

## Test

Stimmt die Verbindungszeichenfolge des *Connection*-Objekts, dürfte es keine Probleme beim Ausprobieren unterschiedlicher Updates geben.

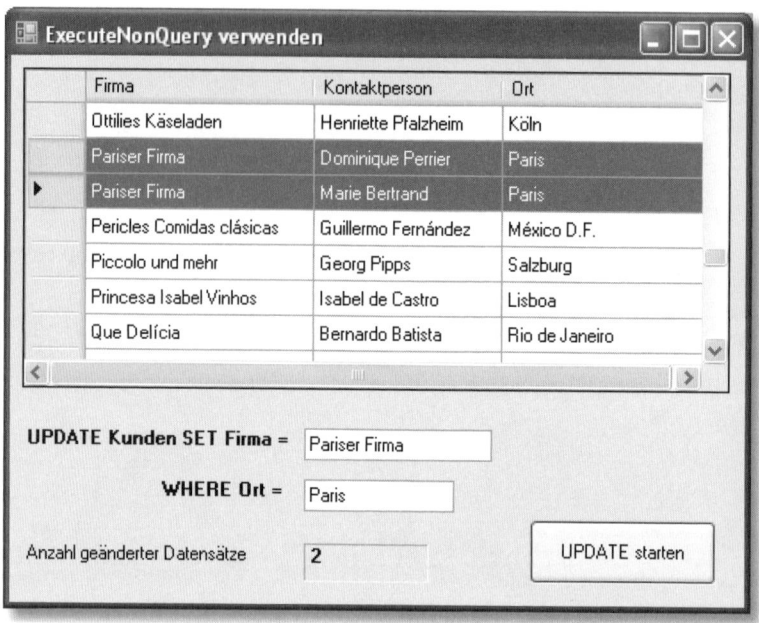

## Bemerkungen

■ Bei SQL-Aktionsabfragen werden keine Datensätze gelesen bzw. zurückgeliefert, sondern es geht lediglich um direkte Änderungen in der Datenquelle per SQL-Befehl (UPDATE, INSERT, DELETE). Ein *DataSet* ist dabei nicht beteiligt!

■ Durch Ändern der Verbindungszeichenfolge und Anpassung der Spaltenbezeichner ist dieses Beispiel auch auf die "Customers"-Tabelle der *Northwind*-Datenbank des SQL Servers übertragbar.

# R7.10   Daten direkt hinzufügen oder löschen

Dieses Rezept ergänzt R7.9 "Eine Aktionsabfrage ausführen", es geht diesmal um das direkt in der Datenbank ausgeführte Hinzufügen und Löschen von Datensätzen mittels *ExecuteNonQuery*. Ein *DataSet* ist dabei nicht beteiligt.

## Oberfläche

Neben einem *DataGridView* werden noch einige *TextBox*en und *Button*s gebraucht. Ein breites *Label* soll den SQL-String zu Kontrollzwecken anzeigen (siehe Laufzeitabbildung).

## Quellcode

```
using System.Data.OleDb;

public partial class Form1 : Form

    ...

    private OleDbConnection conn;
```

Beim Laden des Programms wird das *Connection*-Objekt instanziiert:

```
private void Form1_Load(object sender, System.EventArgs e)
{
    conn = new OleDbConnection(
                "Provider=Microsoft.Jet.OLEDB.4.0;Data Source=Nordwind.mdb;");
}
```

Die folgende Methode *execNQuery* erledigt auf Basis der übergebenen SQL-Anweisung die Hauptarbeit:

```
private void execNQuery(string cmdText)
{
    OleDbCommand cmd = new OleDbCommand(cmdText, conn);
    label1.Text = cmdText;
```

Die Kapselung des kritischen Programmteils in einen *try-catch*-Fehlerblock hilft bei der späteren Fehlersuche:

```
    try
    {
        conn.Open();
```

Der SQL-Befehl wird gegen die Datenbank gefahren:

```
        cmd.ExecuteNonQuery();
    }
    catch(Exception ex)
    {
        MessageBox.Show(ex.Message);
    }
    conn.Close();
}
```

Ausführen von INSERT:

```
private void button1_Click(object sender, System.EventArgs e)
{
    string sql =
        "INSERT INTO Kunden(KundenCode, " + "Firma, Kontaktperson, Ort) VALUES ('" +
```

```
                textBox1.Text + " ', '" + textBox2.Text + "', '" + textBox3.Text + " ', '" +
                textBox4.Text + "')";
            execNQuery(sql);
        }
```

Wie Sie sehen, entartet das "Zusammenbasteln" des SQL-Strings aus den Inhalten der Text-boxen zu einer Sisyphus-Arbeit, besonders penibles Augenmerk ist auf die Hochkommas (') zu richten, in welche bekanntlich jeder "String im String" einzuschließen ist.

Nicht ganz so schlimm wird es beim Zusammenstückeln der DELETE-Anweisung:

```
private void button2_Click(object sender, System.EventArgs e)
{
    string sql = "DELETE FROM Kunden WHERE KundenCode = '" + textBox1.Text + "'";
    execNQuery(sql);
}
```

Das abschließende Betrachten des Ergebnisses im *DataGridView* dient lediglich Kontroll-zwecken:

```
private void button3_Click(object sender, System.EventArgs e)
{
    string sql = "SELECT KundenCode, Firma, " +
                        "Kontaktperson, Ort FROM Kunden ORDER BY KundenCode";
    OleDbDataAdapter da = new OleDbDataAdapter(sql, conn);
    DataSet ds = new DataSet();
    da.Fill(ds, "Kunden");
    dataGridView11.DataSource = ds;
    dataGridView1.DataMember = "Kunden";
}
}
```

## Test

Beginnen Sie mit dem Einfügen des Datensatzes. Die Kontrollausgabe des SQL-Strings leistet nicht nur bei der Fehlersuche gute Dienste, sondern trägt auch ganz wesentlich zum Verständnis bei.

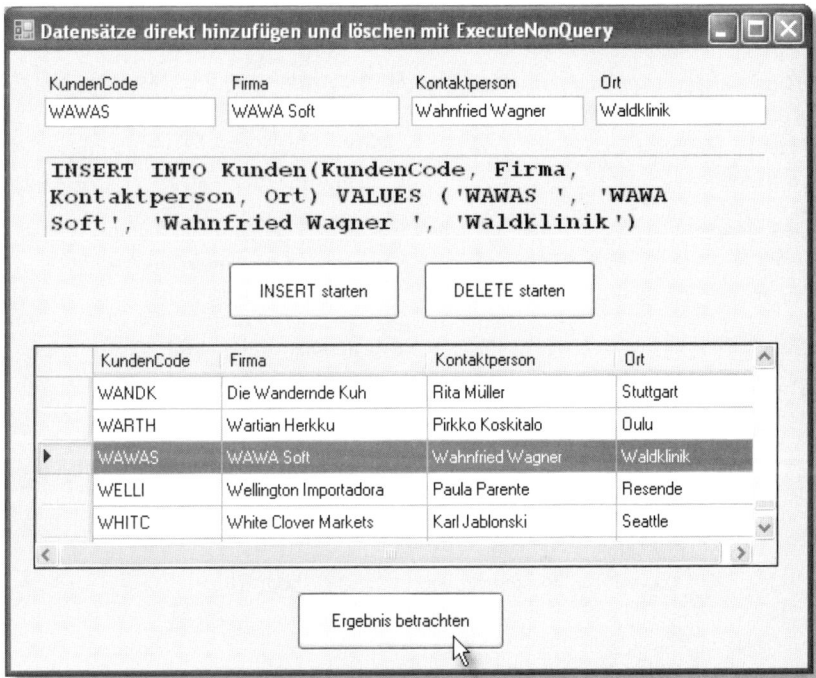

Zum Löschen mit DELETE eignen sich in unserem Fall nur neu hinzugefügte Datensätze. Es genügt, wenn nur der *KundenCode* in das erste Textfeld eingetragen wird.

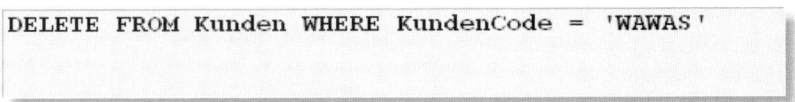

Jeder Versuch, einen "hauseigenen" *Nordwind*-Kunden zu liquidieren, wird mit einer Fehlermeldung quittiert, da in der Regel noch Datensätze in anderen Tabellen vorhanden sind, die auf diesen Kunden verweisen.

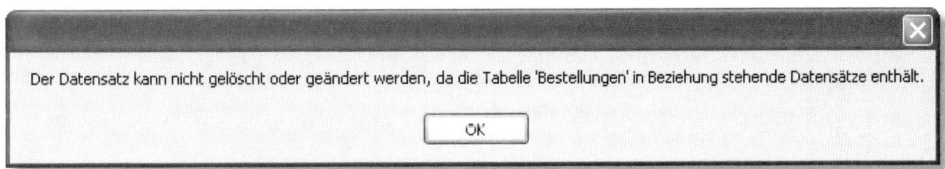

Auch wenn Sie versuchen, zweimal hintereinander auf INSERT zu klicken, werden Sie durch eine entsprechende Fehlermeldung zurück gepfiffen, da die Eindeutigkeit des Primärschlüssels (*KundenCode*) verletzt wird.

# R7.11  Gespeicherte Prozeduren aufrufen

Gespeicherte Prozeduren *(Stored Procedures)* werden auf dem Server verwaltet und sind eine besonders effektive Methode, um häufig benötigte Abfragen schnell auszuführen. Über den Menübefehl *Ansicht/Server-Explorer* können Sie sich einen Überblick über die im SQL Server vorhandenen Beispieldatenbanken und die zugehörigen *Gespeicherten Prozeduren* verschaffen.

Unser Beispiel greift auf die in der *Northwind*-Datenbank enthaltene Gespeicherte Prozedur *Sales by Year* zu. Wie Sie dem Server-Explorer entnehmen können, müssen der Prozedur die Parameter *@Beginning_Date* und *@Ending_Date* übergeben werden.

Falls der SQL Server und die *Northwind*-Datenbank nicht im Server-Explorer zu sehen sind, richten Sie zunächst über das Kontextmenü *Verbindung hinzufügen...* des Knotens *Datenverbindungen* eine neue Verbindung ein.

---

**HINWEIS:** Da wir in unserem Beispiel die Verbindung komplett per Code programmieren werden, ist das Einrichten einer Verbindung im Server-Explorer eigentlich überflüssig. Es dient in unserem Fall lediglich dem Erkunden der verfügbaren Stored Procedures und der zu übergebenden Parameter.

---

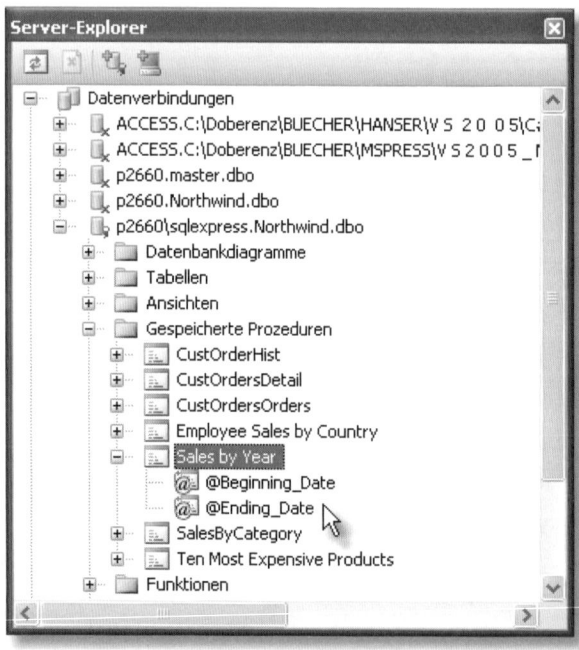

### Oberfläche

Ein *DataGridView*, zwei *TextBox*en und ein *Button* bilden unsere Testoberfläche (siehe Laufzeitabbildung). Die *TextBox*en dienen zur Eingabe der unteren und oberen Datumsgrenze, die *Button*s dem Start der Abfrage und dem Formatieren der Währungsspalte des *DataGridView*.

### Quellcode

```
using System.Data.SqlClient;
public partial class Form1 : Form
{ ...
    private void button1_Click(object sender, System.EventArgs e)
    {
        string connStr =
            "Data Source=.\\SQLEXPRESS; Initial Catalog=Northwind; Integrated Security=True";
        SqlConnection conn = new SqlConnection(connStr);
        SqlCommand cmd = new SqlCommand("Sales by Year", conn);
        cmd.CommandType = CommandType.StoredProcedure;
```

Es folgt nun die Definition der beiden Parameter und das Hinzufügen zur *Parameters*-Auflistung des *Command*-Objekts:

```
        SqlParameter prm1 = new SqlParameter("@Beginning_Date", SqlDbType.DateTime);
        prm1.Direction = ParameterDirection.Input;
        prm1.Value = Convert.ToDateTime(textBox1.Text);
        cmd.Parameters.Add(prm1);
        SqlParameter prm2 = new SqlParameter("@Ending_Date", SqlDbType.DateTime);
        prm2.Direction = ParameterDirection.Input;
        prm2.Value = Convert.ToDateTime(textBox2.Text);
        cmd.Parameters.Add(prm2);
```

Das nun fertige *Command*-Objekt wird dem Konstruktor des *DataAdapter*s übergeben. Nach dem Öffnen der *Connection* wird die Stored Procedure ausgeführt. Die zurückgegebenen Datensätze werden in einer im *DataSet* neu angelegten Tabelle mit dem von uns frei bestimmten Namen "SalesByDate" gespeichert:

```
        SqlDataAdapter da = new SqlDataAdapter(cmd);
        DataSet ds = new DataSet();
        conn.Open();
        da.Fill(ds, "SalesByDate");
        conn.Close();
```

Nach dem Schließen des *Connection*-Objekts erfolgt die Anzeige des Tabelleninhalts im *DataGridView*:

```
        dataGridView1.DataSource = ds;
```

```
        dataGridView1.DataMember = "SalesByDate";
    }
```

Zumindest die *Subtotal*-Spalte sollte eine ordentliche Euro-Formatierung erhalten, was allerdings einigen Aufwand erfordert:

```
private void button2_Click(object sender, EventArgs e)
{
    dataGridView1.Columns.Remove("Subtotal");
    DataGridViewTextBoxColumn tbc = new DataGridViewTextBoxColumn();
    tbc.DataPropertyName = "Subtotal";
    tbc.HeaderText = "Subtotal";
    tbc.Width = 80;
    tbc.DefaultCellStyle.Format = "c";
    tbc.DefaultCellStyle.Alignment = DataGridViewContentAlignment.MiddleRight;
    tbc.DisplayIndex = 2;
    dataGridView1.Columns.Add(tbc);
    }
}
```

## Test

Ist die Verbindungszeichenfolge zum SQL Server korrekt, so dürfte sich Ihnen nach kurzer
Wartezeit der folgende Anblick bieten.

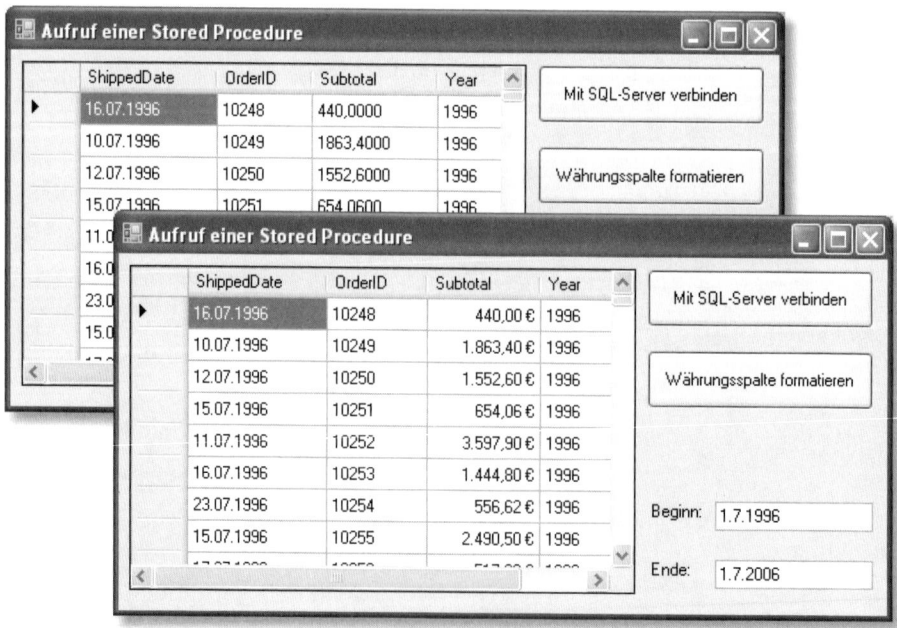

# R7.12   Eine Access-Auswahlabfrage aufrufen

Die unter Microsoft Access gespeicherten Auswahlabfragen kann man quasi als Pendant zu den Stored Procedures des Microsoft SQL Servers betrachten. Öffnen Sie das Datenbankfenster von *Nordwind.mdb* und Sie sehen das zahlreiche Angebot an vorbereiteten Abfragen, die Sie natürlich auch selbst um weitere ergänzen können:

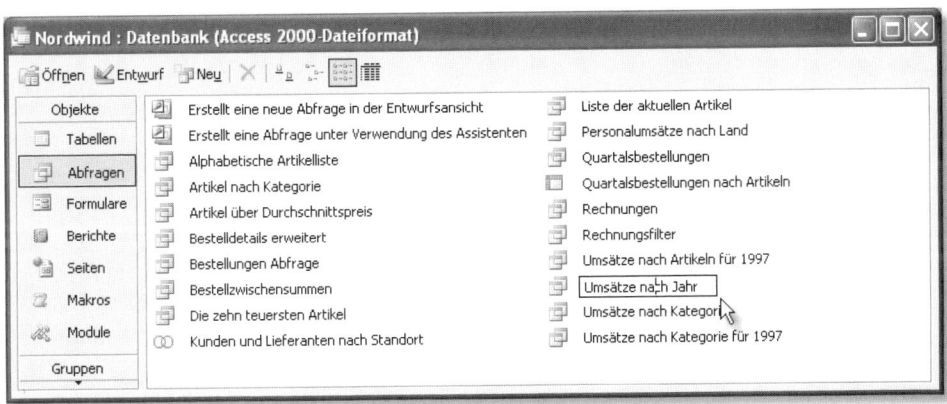

Hinter jeder Auswahlabfrage verbirgt sich in der Regel eine parametrisierte SQL-SELECT-Anweisung, die Sie sich im Access-Datenbankprogramm durch Öffnen der Entwurfsansicht über den Kontextmenübefehl *SQL-Ansicht* anschauen können. Dabei finden Sie auch die zu übergebenden Parameter und deren Datentypen leicht heraus.

### Oberfläche

Ein *DataGridView*, zwei *TextBox*en und ein *Button* sollen für unseren Test genügen (siehe Laufzeitansicht).

### Quellcode

```
using System.Data.OleDb;

public partial class Form1 : Form
{
...
    private void button1_Click(object sender, System.EventArgs e)
    {
        string connStr = "Provider=Microsoft.Jet.OLEDB.4.0; Data Source=Nordwind.mdb;";
        OleDbConnection conn = new OleDbConnection(connStr);

        OleDbCommand cmd = new OleDbCommand("[Umsätze nach Jahr]", conn);
```

```
cmd.CommandType = CommandType.StoredProcedure;
```

Die Definition der beiden Parameter und das Hinzufügen zur *Parameters*-Auflistung des *Command*-Objekts:

```
OleDbParameter parm1 = new OleDbParameter("@Anfangsdatum", OleDbType.DBDate);
parm1.Direction = ParameterDirection.Input;
parm1.Value = Convert.ToDateTime(textBox1.Text);
cmd.Parameters.Add(parm1);


OleDbParameter parm2 = new OleDbParameter("@EndDatum", OleDbType.DBDate);
parm2.Direction = ParameterDirection.Input;
parm2.Value = Convert.ToDateTime(textBox2.Text);
cmd.Parameters.Add(parm2);
```

Das *Command*-Objekt wird dem Konstruktor des *DataAdapters* übergeben. Nach dem Öffnen der *Connection* wird die Abfrage ausgeführt. Die zurück gegebenen Datensätze werden in einer im *DataSet* neu angelegten Tabelle mit einem von uns frei bestimmten Namen *Jahresumsätze* gespeichert:

```
OleDbDataAdapter da = new OleDbDataAdapter(cmd);
DataSet ds = new DataSet();
try
{
    conn.Open();
    da.Fill(ds, "Jahresumsätze");
    conn.Close();
}
catch(Exception ex)
{
    MessageBox.Show(ex.ToString());
}
```

Die Anzeige:

```
dataGridView1.DataSource = ds;
dataGridView1.DataMember = "Jahresumsätze";
```

Wenigstens die Währungsspalte sollte eine ordentliche Formatierung erhalten (bei den übrigen Spalten belassen wir es bei den Standardeinstellungen):

```
dataGridView1.Columns.Remove("Zwischensumme");
DataGridViewTextBoxColumn tbc = new DataGridViewTextBoxColumn();
tbc.DataPropertyName = "Zwischensumme";
tbc.HeaderText = "Zwischensumme";
tbc.Width = 80;
```

```
        tbc.DefaultCellStyle.Format = "c";
        tbc.DefaultCellStyle.Alignment = DataGridViewContentAlignment.MiddleRight;
        tbc.DefaultCellStyle.Font = new Font(dataGridView1.Font, FontStyle.Bold);
        tbc.DisplayIndex = 2;
        dataGridView1.Columns.Add(tbc);
    }
}
```

### Test

Nach Eingabe sinnvoller Datumswerte dürfte sich Ihnen der folgende Anblick bieten:

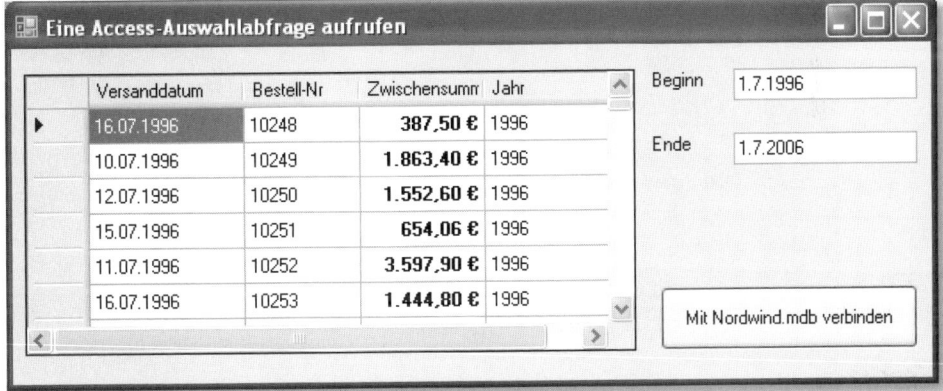

### Bemerkungen

- Vergessen Sie nicht, den Namen der Auswahlabfrage "*[Umsätze nach Jahr]*" in eckige Klammern einzuschließen!

- Ein entsprechendes Rezept für den Microsoft SQL Server finden Sie unter R7.11 "Gespeicherte Prozeduren aufrufen".

# R7.13  Parametrierte Abfragen unter MS Access ausführen

Parametrierte Abfragen sind normale SQL-Anweisungen, die Sie selbst definieren und mit Parametern ausstatten. Wir wollen dies anhand der Tabelle *Bestellungen* unserer *Nordwind.mdb*-Datenbank demonstrieren, indem wir uns die in einem bestimmten Zeitabschnitt registrierten Bestellungen anzeigen lassen.

### Oberfläche

Für unser Testformular verwenden wir ein *DataGridView*, zwei *TextBox*en und einen *Button*.

## Quellcode

```
using System.Data.OleDb;

public partial class Form1 : Form
{
    ...
    private void button1_Click(object sender, System.EventArgs e)
    {
        string connStr = "Provider=Microsoft.Jet.OLEDB.4.0; Data Source=Nordwind.mdb;";
        OleDbConnection conn = new OleDbConnection(connStr);
        OleDbDataAdapter da = new OleDbDataAdapter("SELECT * FROM Bestellungen " +
                            "WHERE Bestelldatum BETWEEN @Anfangsdatum AND @Enddatum", conn);
        da.SelectCommand.Parameters.Add("@Anfangsdatum", OleDbType.DBDate).Value =
                                            Convert.ToDateTime(textBox1.Text);
        da.SelectCommand.Parameters.Add("@Enddatum", OleDbType.DBDate).Value =
                                            Convert.ToDateTime(textBox2.Text);
        DataSet ds = new DataSet();
        try
        {
            conn.Open();
            da.Fill(ds, "AbfrageBestellungen");
            conn.Close();
        }
        catch(Exception ex)
        {
            MessageBox.Show(ex.ToString());
        }
        dataGridView1.DataSource = ds;
        dataGridView1.DataMember = "AbfrageBestellungen";
    }
}
```

## Test

Nach Eingabe sinnvoller Datumswerte dürfte sich Ihnen ein Anblick entsprechend folgender Abbildung bieten:

# R7.14   Parametrierte Abfragen für SQL Server ausführen

Dieses Rezept ist das Pendant zu R7.13 "Parametrierte Abfragen unter MS Access ausführen", wobei jetzt auf die *Northwind*-Datenbank des SQL Servers zugegriffen wird.

### Oberfläche

Auch für dieses Testformular brauchen wir nur ein *DataGridView*, zwei *TextBox*en und einen *Button*.

### Quellcode

```
using System.Data.SqlClient;

public partial class Form1 : Form
{
    ...
    private void button1_Click(object sender, System.EventArgs e)
    {
```

Für unser Beispiel wurde die *Northwind*-Datenbank nicht auf dem SQL Server installiert, sondern sie befindet sich in einer separaten Datei *Northwind.mdf*, die wir in das Anwendungsverzeichnis kopiert haben.

```
        string connStr =
            "Data Source=.\\SQLEXPRESS;AttachDbFilename=|DataDirectory|\\Northwind.mdf;" +
                                "Integrated Security=True;User Instance=True";
```

Falls sich die Datenbank bereits auf dem SQL Server befindet, können Sie stattdessen die folgende Verbindungszeichenfolge verwenden:

```
// string connStr =
//     "Data Source=.\\SQLEXPRESS; Initial Catalog=Northwind; Integrated Security=True";
```

Die Verbindung herstellen:

```
SqlConnection conn = new SqlConnection(connStr);
SqlDataAdapter da = new SqlDataAdapter("SELECT * FROM Orders WHERE " +
                          "OrderDate BETWEEN @Beginning_Date AND @Ending_Date", conn);
da.SelectCommand.Parameters.Add("@Beginning_Date", SqlDbType.DateTime).Value =
                                                Convert.ToDateTime(textBox1.Text);
da.SelectCommand.Parameters.Add("@Ending_Date", SqlDbType.DateTime).Value =
                                                Convert.ToDateTime(textBox2.Text);
DataSet ds = new DataSet();
try
{
    conn.Open();
    da.Fill(ds, "AbfrageBestellungen");
    conn.Close();
}
catch (Exception ex)
{
    MessageBox.Show(ex.ToString());
}
dataGridView1.DataSource = ds;
dataGridView1.DataMember = "AbfrageBestellungen";
}
}
```

## Test

Das Ergebnis ist vergleichbar mit dem von R7.13.

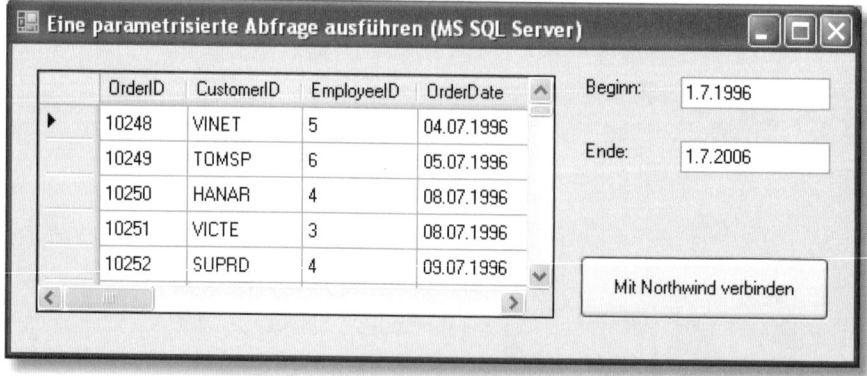

# R7.15   **Datumswerte in SQL-Anweisungen einbauen**

Anstatt Parameter zu verwenden, kann man Datumswerte auch direkt in die SQL-Anweisung einbauen, was weniger Aufwand erfordert. Allerdings ist dabei auf die richtige Ländereinstellung (en-US) und die richtige Formatierung des Datums zu achten, welches bei Access in Rauten (#) und beim SQL Server in Hochkommata (') einzuschließen ist.

### Oberfläche

Diesmal greifen wir mit einer gemeinsamen Oberfläche sowohl auf die Access-Datenbank *Nordwind* als auch auf die SQL Server-Datenbank *Northwind* zu. Gebraucht werden neben dem Startformular ein *DataGridView* für die Ergebnisanzeige, zwei *TextBox*en für die Eingabe von Anfangs- und Enddatum, ein *Label* zur Kontrollanzeige des SQL-Strings und zwei *Button*s für die Verbindungsaufnahme mit der jeweiligen Datenbank.

### Quellcode

```
using System.Data.OleDb;
using System.Data.SqlClient;
using System.Globalization;

public partial class Form1 : Form
{
    ...
```

Die folgende Funktion überführt einen übergebenen *DateTime*-Wert in einen der angloamerikanischen Kultur entsprechenden Datumsstring mit einer für das Datenbanksystem Access geeigneten Formatierung;

```
    public string getSQLDate1(DateTime d)
    {
        return "#" + d.ToString("d", new CultureInfo("en-US")) + "#";
    }
```

Verbindungsaufnahme mit *Nordwind* und Anzeige aller Bestellungen, die im vorgegebenen Datumsrahmen liegen:

```
    private void button1_Click(object sender, EventArgs e)
    {
        DateTime d1 = Convert.ToDateTime(textBox1.Text);
        DateTime d2 = Convert.ToDateTime(textBox2.Text);

        string sqlStr = "SELECT * FROM Bestellungen WHERE Bestelldatum BETWEEN " +
                        getSQLDate1(d1) + " AND " + getSQLDate1(d2);
        label1.Text = sqlStr;
```

```
        string connStr = "Provider=Microsoft.Jet.OLEDB.4.0; Data Source=Nordwind.mdb;";
        OleDbConnection conn = new OleDbConnection(connStr);
        OleDbDataAdapter da = new OleDbDataAdapter(sqlStr, conn);
        DataTable dt = new DataTable();
        conn.Open();
        da.Fill(dt);
        conn.Close();
        dataGridView1.DataSource = dt;
    }
```

Völlig analog erfolgt der Zugriff auf die *Northwind*-Datenbank des SQL Servers, wobei besonders auf die geringfügig abweichende Datumsformatierung zu achten ist:

```
    public string getSQLDate2(DateTime d)
    {
        return "'" + d.ToString("d", new CultureInfo("en-US")) + "'";
    }


    private void button2_Click(object sender, EventArgs e)
    {
        DateTime d1 = Convert.ToDateTime(textBox1.Text);
        DateTime d2 = Convert.ToDateTime(textBox2.Text);
        string sqlStr = "SELECT * FROM Orders WHERE OrderDate BETWEEN " +
                                        getSQLDate2(d1) + " AND " + getSQLDate2(d2);
        label1.Text = sqlStr;
        string connStr =
            "Data Source=.\\SQLEXPRESS; Initial Catalog=Northwind; Integrated Security=True";
        SqlConnection conn = new SqlConnection(connStr);
        SqlDataAdapter da = new SqlDataAdapter(sqlStr, conn);
        DataTable dt = new DataTable();
        conn.Open();
        da.Fill(dt);
        conn.Close();
        dataGridView1.DataSource = dt;
    }
}
```

## Test

Falls sich *Nordwind.mdb* im Anwendungsverzeichnis befindet und *Northwind* im SQL Server
installiert wurde, dürfte es keine Probleme beim wechselseitigen Anzeigen der Inhalte geben.

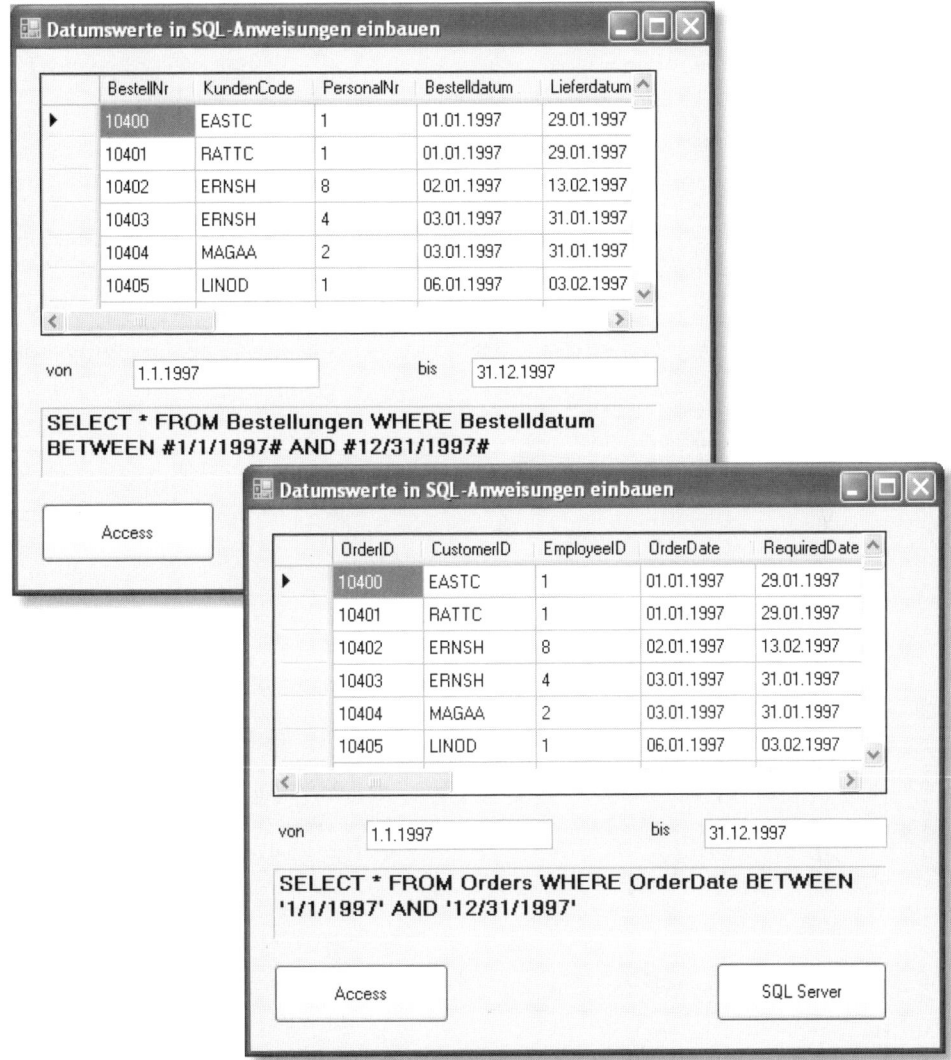

# R7.16   Die Datenbank manuell aktualisieren

Aktualisieren (UPDATE), Hinzufügen (INSERT) und Löschen (DELETE) von Datensätzen zählen zu den kritischen Datenbankoperationen, die weitaus mehr Aufmerksamkeit erfordern, als eine einfache SELECT-Abfrage.

In diesem Rezept wollen wir die manuelle Programmierung dieser Operationen demonstrieren. "Manuell" bedeutet hier, dass wir uns selbst um das Erstellen der parametrisierten *Update-Command*-, *InsertCommand*- und *DeleteCommand*-Objekte kümmern müssen und dies nicht einem *CommandBuilder* überlassen können.

Ganz im Einklang mit der ADO.NET-Philosophie müssen wir in drei Etappen vorgehen:

- Das *DataSet* mit der Datenbank verbinden, um bestimmte Datensätze von dort abzuholen (hierzu wird das *SelectCommand*-Objekt des *DataAdapter*s eingesetzt).

- Bei abgekoppelter Datenbank die Änderungen direkt im *DataSet* vornehmen (hierzu ist eine SQL-Anweisung leider untauglich, da das *DataSet* kein SQL kennt).

- Das *DataSet* irgendwann mal wieder mit der Datenbank verbinden, um deren Inhalte zu aktualisieren (hierzu werden  *UpdateCommand*-, *InsertCommand*- und *DeleteCommand*-Objekt des *DataAdapter*s gebraucht).

Grundlage unseres Beispielprogramms ist die  "Artikel"-Tabelle aus *Nordwind.mdb*.

## Oberfläche

Neben zwei *Button*s zum Anzeigen und Aktualisieren brauchen wir noch eine *DataGridView*-Komponente (siehe Laufzeitabbildung).

## Quellcode

```
using System.Data.OleDb;

public partial class Form1 : Form
{
```

Die wichtigsten Objekte sollten global verfügbar sein:

```
    private OleDbConnection conn = new OleDbConnection(
                        "Provider=Microsoft.Jet.OLEDB.4.0;Data Source=Nordwind.mdb;");
    private OleDbDataAdapter da = null;
    private DataSet ds = null;
    ...
```

Die Methode *getArtikel* liefert ein gefülltes *DataSet* zurück:

```
    public DataSet getArtikel()
    {
```

*SelectCommand*-Objekt für *DataAdapter* erstellen (geschieht automatisch beim Instanzieren):

```
        string selStr =
        "SELECT ArtikelNr, Artikelname, Einzelpreis, Mindestbestand FROM Artikel " +
                                                "ORDER BY Artikelname";
        da = new OleDbDataAdapter(selStr, conn);
```

Die folgende Anweisung sorgt dafür, dass neu hinzugefügte Datensätze sofort einen Primärschlüssel erhalten:

```
        da.MissingSchemaAction = MissingSchemaAction.AddWithKey;
```

```
        conn.Open();
        DataSet ds = new DataSet();
        da.Fill(ds, "Artikel");
        conn.Close();
        return ds;
    }
```

Der Methode *setArtikel* wird ein gefülltes *DataSet* per Referenz übergeben. Auf Basis von parametrisierten SQL-Befehlen werden für den *DataAdapter* die *UpdateCommand-*, *InsertCommand-* und *DeleteCommand*-Objekte erstellt, die für das Zurückschreiben der im *DataSet* vorgenommenen Änderungen in die Datenbank verantwortlich zeichnen.

```
    public void setArtikel(ref DataSet ds)
    {
```

*UpdateCommand*-Objekt:

```
        string updStr = "UPDATE Artikel SET Artikelname = @p1, Einzelpreis = @p2, " +
                        "Mindestbestand = @p3 WHERE ArtikelNr = @p4";
        OleDbCommand updCmd = new OleDbCommand(updStr, conn);
```

Jede Parameterdefinition mittels *Add*-Methode benötigt Parametername, Datentyp, Spaltenbreite, Spaltenname (Reihenfolge beachten!):

```
        updCmd.Parameters.Add("@p1", OleDbType.VarChar, 40, "Artikelname");
        updCmd.Parameters.Add("@p2", OleDbType.Currency, 8, "Einzelpreis");
        updCmd.Parameters.Add("@p3", OleDbType.SmallInt, 4, "Mindestbestand");
        OleDbParameter p4 = updCmd.Parameters.Add("@p4", OleDbType.BigInt);
```

Für die Schlüsselspalte ist der ursprüngliche Schlüsselwert maßgebend:

```
        p4.SourceColumn = "ArtikelNr";
        p4.SourceVersion = DataRowVersion.Original;
        da.UpdateCommand = updCmd;
```

*InsertCommand*-Objekt:

Dem INSERT-Befehl werden drei Parameter übergeben:

```
        string insSQL =
        "INSERT INTO Artikel (Artikelname, Einzelpreis, Mindestbestand) VALUES (@p1, @p2, @p3)";
        OleDbCommand insCmd = new OleDbCommand(insSQL, conn);
        insCmd.Parameters.Add("@p1", OleDbType.VarChar, 40, "Artikelname");
        insCmd.Parameters.Add("@p2", OleDbType.Currency, 8, "Einzelpreis");
        insCmd.Parameters.Add("@p3", OleDbType.SmallInt, 4, "Mindestbestand");
        da.InsertCommand = insCmd;
```

*DeleteCommand*-Objekt:

Die zugrunde liegende DELETE-Anweisung benötigt nur einen einzigen Parameter (den Primärschlüssel). Beim Erzeugen des Parameters ist auch noch die *SourceVersion*-Eigenschaft zuzuweisen. Der Wert *Original* bedeutet, dass der Datensatz mit seinem Original-Schlüsselwert (also der *ArtikelNr*, die er bei seinem Eintreffen in der *DataTable* hatte) in der Datenbank gesucht und gelöscht wird:

```
string delStr = "DELETE FROM Artikel WHERE ArtikelNr = @p5";
OleDbCommand delCmd = new OleDbCommand(delStr, conn);
OleDbParameter p5 = delCmd.Parameters.Add("@p5", OleDbType.BigInt, 4, "ArtikelNr");
```

Datensatz muss unverändert in der Datenquelle vorhanden sein:

```
    p5.SourceVersion = DataRowVersion.Original;
    da.DeleteCommand = delCmd;
    conn.Open();
    da.Update(ds, "Artikel");
    conn.Close();
}
```

Anzeigen:

```
private void button1_Click(object sender, EventArgs e)
{
    dataGridView1.DataSource = null;
    ds = getArtikel();
    dataGridView1.DataSource = ds;          // DataGridView mit DataSet verbinden
    dataGridView1.DataMember = "Artikel";
    formatDataGridView(dataGridView1);
}
```

Aktualisieren:

```
private void button2_Click(object sender, EventArgs e)
{
```

Nur die Änderungen zurück in die Datenbank schreiben:

```
    DataSet ds1 = ds.GetChanges();
    if (ds1 != null)
    {
        try
        {
            setArtikel(ref ds1);
```

Die per Referenz zurück gegebenen Datensätze werden mit dem Original-*DataSet* zusammengeführt:

```
                ds.Merge(ds1);
                ds.AcceptChanges();
                MessageBox.Show("Datenbank wurde aktualisiert!", "Erfolg");
            }
            catch (Exception ex)
            {
                ds.RejectChanges();
                MessageBox.Show(ex.Message, "Fehler");
            }
        }
    }
}
```

## Test

Klicken Sie auf die "Anzeigen"-Schaltfläche, um das *DataSet* anzuzeigen. Nehmen Sie dann einige Änderungen direkt im *DataGridView* vor, fügen Sie Datensätze hinzu (dazu an das Ende des *DataGridView* scrollen) oder löschen Sie Datensätze (mit *Entf*-Taste, vorher komplette Zeile markieren). Klicken Sie auf "Aktualisieren" um die Änderungen in die Datenbank zu übertragen.

**HINWEIS:** Lassen Sie erneut die Artikel anzeigen um sich davon zu überzeugen, dass alle Änderungen tatsächlich in der Datenbank gelandet sind.

### Bemerkungen

- Der Code zur Formatierung der *Einzelpreis*-Spalte des *DataGridView* wurde hier nicht mit abgedruckt (siehe Buch-CD).

- Es ist auch möglich, mehrere Datensätze hintereinander zu ändern, hinzuzufügen bzw. zu löschen bevor der Abgleich mit der Datenbank erfolgt.

- In der Regel werden Sie nur die von Ihnen selbst hinzugefügten Datensätze löschen können, da die Original-Datensätze in Relationen zu anderen Tabellen eingebunden sind.

- Für jede zu einem *DataSet* neu hinzugefügte Zeile gilt die Eigenschaft *RowState = Added*. Beim Aufruf der *Update*-Methode des *DataAdapter* werden all diese Zeilen gesucht und entsprechend dem im *InsertCommand*-Objekt gekapselten INSERT-Befehl zur Datenbank hinzugefügt. Analoges gilt für die Eigenschaften *RowState = Modified* und UPDATE bzw. *RowState = Deleted* und DELETE.

## R7.17   Die Datenbank mit CommandBuilder aktualisieren

Durch den Einsatz eines *CommandBuilder*-Objekts lässt sich viel Programmierarbeit einsparen, es entfällt der Quellcode zum Erstellen der *UpdateCommand*-, *InsertCommand*- und *Delete-Command*-Objekte für den *DataAdapter*.

Der *CommandBuilder* generiert im Hintergrund aus dem vorhandenen *SelectCommand*-Objekt automatisch die restlichen Objekte. Wir brauchen uns also – im Unterschied zu R7.16 "Die Datenbank manuell aktualisieren"– um den aufwändigen Zusammenbau der UPDATE-, IN-SERT- und DELETE-SQL-Anweisungen und die lästigen Parameterdefinitionen nicht mehr zu kümmern.

### Oberfläche

Die Oberfläche besteht – ebenso wie die von R7.16  – aus einem *DataGridView* und zwei *Buttons*.

### Quellcode

Auch der Code entspricht R7.16 mit Ausnahme der *setArtikel*-Methode, die eine dramatische Kürzung erfährt:

```
...
public void setArtikel(ref DataSet ds)
{
    OleDbCommandBuilder cb = new OleDbCommandBuilder(da);
    conn.Open();
    da.Update(ds, "Artikel");
```

```
        conn.Close();
    }
    ...
```

## Test

Der Test führt erwartungsgemäß zu gleichen Ergebnissen wie beim Vorgängerrezept.

## Bemerkungen

- Zwar kann man sich durch Einsatz eines *CommandBuilder*-Objekts viel Programmierarbeit ersparen, andererseits steht der Anfänger bei der Fehlersuche hilflos da, weil er das grundlegende Handwerkszeug nicht beherrscht.

- Für SELECT-Abfragen über mehrere Tabellen kann der *CommandBuilder* keine *Command*-Objekte erstellen.

# R7.18 Mit Stapel-Abfragen arbeiten

Bekanntlich werden mit einer Stapel- bzw. Batch-Abfrage mehrere SQL-Befehle hintereinander ausgeführt, sodass Sie sich mehrere Datensatzgruppen quasi "in einem Schwung" von der Datenbank abholen können. In diesem Rezept wollen wir uns auf diese Weise Datensätze der Tabellen "Customers" und "Orders" der *Northwind*-Datenbank des SQL Servers anzeigen lassen.

## Oberfläche

Ein *DataGridView* und zwei *Button*s genügen für einen Test (siehe Laufzeitabbildung).

## Quellcode

```
using System.Data.OleDb;
public partial class Form1 : Form
{
    private DataSet ds;
```

Alle entscheidenden Dinge geschehen bereits beim Laden des Formulars:

```
    private void Form1_Load(object sender, System.EventArgs e)
    {
```

Zur Abwechslung werden wir diesmal den OleDb-Provider anstelle des SqlClient-Providers für den Zugriff auf den SQL Server benutzen:

```
        OleDbConnection conn = new OleDbConnection();
```

```
conn.ConnectionString =
    "Provider=SQLOLEDB.1; Data Source=.\\SQLEXPRESS; Database=Northwind;" +
                                        "Integrated Security=SSPI";
```

Die Batch-Abfrage kapselt zwei SELECT-Anweisungen in einem einzigen String:

```
string sqlBatch = "SELECT CustomerID, CompanyName, ContactName, ContactTitle " +
                  "FROM Customers WHERE CustomerID = 'ALFKI'; " +
                  "SELECT OrderID, OrderDate, RequiredDate, ShippedDate, Freight " +
                  "FROM Orders WHERE CustomerID = 'ALFKI'";
OleDbCommand cmd = new OleDbCommand(sqlBatch, conn);
cmd.UpdatedRowSource = UpdateRowSource.None;
OleDbDataAdapter da = new OleDbDataAdapter(cmd);
```

Wenn Sie die folgenden beiden Anweisungen weglassen, generiert der *DataAdapter* zwei Tabellen mit den Namen *Table* und *Table1*, was wenig aussagekräftig wäre:

```
da.TableMappings.Add("Table", "Customers");
da.TableMappings.Add("Table1", "Orders");
```

Der Rest ist Routine:

```
ds = new DataSet();
try
{
    da.Fill(ds);
}
catch(Exception ex)
{ MessageBox.Show(ex.Message); }
dataGridView1.DataSource = ds;
}
```

Das Ergebnis der ersten Abfrage anzeigen:

```
private void button1_Click(object sender, System.EventArgs e)
{
    dataGridView1.DataMember = "Customers";
}
```

Das Ergebnis der zweiten Abfrage anzeigen:

```
private void button2_Click(object sender, System.EventArgs e)
{
    dataGridView1.DataMember = "Orders";
}
}
```

### Test

Starten Sie erst den SQL Server und dann das Programm. Zunächst sehen Sie nur das leere Datengitter. Anschließend können Sie sich die Ergebnisse beider Abfragen anzeigen lassen:

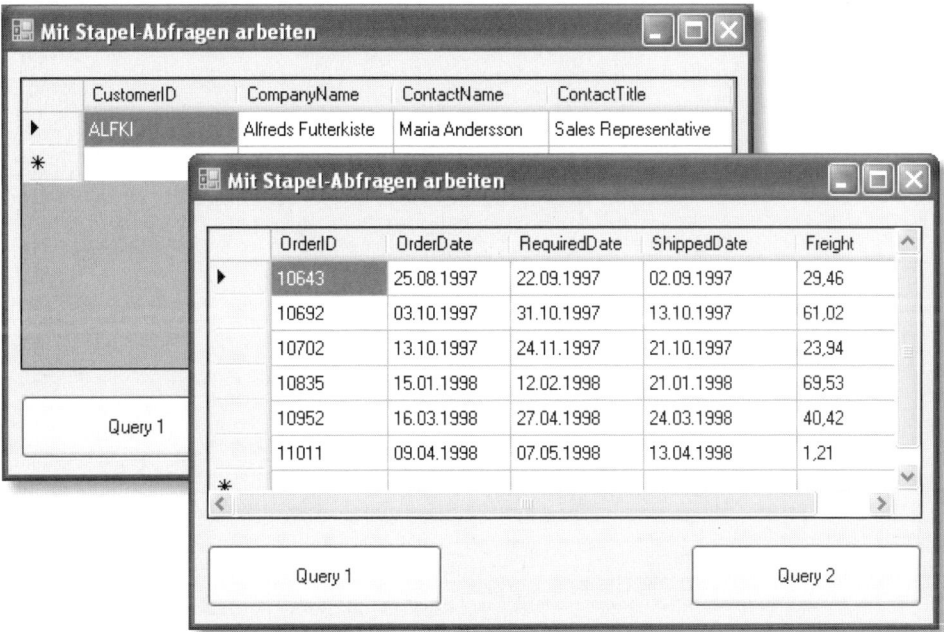

### Bemerkungen

- Wenn Sie die *UpdatedRowSource*-Eigenschaft des *Command*-Objekts auf ihrem Standardwert (*Both*) belassen, hat dies eine kleine Zeiteinbuße zur Folge, da das *Command*-Objekt eine Überprüfung auf eventuelle Rückgabewerte vornimmt wie sie z.B. dann möglich sind, wenn in der Stapel-Abfrage auf einen UPDATE-Befehl ein SELECT-Befehl folgt.

- Leider unterstützt Microsoft Access keine Batch-Abfragen, sodass ein äquivalenter Code für den Zugriff auf *Nordwind.mdb* nicht funktionieren würde.

## R7.19   RowUpdating-/RowUpdated-Ereignisse verwenden

Das *DataAdapter*-Objekt verfügt unter anderem über die Ereignisse *RowUpdating* und *RowUpdated*. Dieses Rezept soll den Einsatz beider Ereignisse demonstrieren. Wir verwenden dazu den ersten Datensatz der "Artikel"-Tabelle von *Nordwind.mdb* und greifen dabei auf das Integer-Feld *Lagerbestand* zu, welches wir erhöhen bzw. verringern wollen.

## Oberfläche

Auf das Formular setzen Sie ein großes *Label* und zwei *Button*s. Eventuell sollten Sie dem *Label* eine größere Schrift gönnen.

## Quellcode

```
using System.Data.OleDb;

public partial class Form1 : Form
{

    ...
    private string CrLf = Environment.NewLine;
    private string s = "";
    private DataTable dt = null;
    private OleDbDataAdapter da = null;
```

Beim Start wird der erste Datensatz aus der "Artikel"-Tabelle geladen:

```
    private void Form1_Load(object sender, System.EventArgs e)
    {
        OleDbConnection conn = new OleDbConnection(
                "Provider=Microsoft.Jet.OLEDB.4.0; Data Source=Nordwind.mdb;");
        da = new OleDbDataAdapter(
                "SELECT TOP 1 ArtikelNr, Artikelname, Lagerbestand FROM Artikel", conn);
```

Die beiden Ereignisbehandlungen hinzufügen (die Implementierung der beiden Eventhandler erfolgt weiter unten):

```
        da.RowUpdating += new OleDbRowUpdatingEventHandler(this.onRowUpdating);
        da.RowUpdated += new OleDbRowUpdatedEventHandler(this.onRowUpdated);
        dt = new DataTable("Artikel");
        da.Fill(dt);
```

Sie haben jetzt die Wahl, mit einem *OleDbCommandBuilder* automatisch das *UpdateCommand*-Objekt zu erstellen ...

```
        OleDbCommandBuilder cb = new OleDbCommandBuilder(da);
```

... oder aber eine "handgestrickte" Version zu verwenden, wobei Sie gleichzeitig etwas für die eigene Weiterbildung in Sachen *Parameter*-Objekte tun:

```
        OleDbCommand cmd = new OleDbCommand(
                        "UPDATE Artikel SET Lagerbestand = ? WHERE ArtikelNr = ?", conn);
        cmd.Parameters.Add("@p1", OleDbType.Integer, 4, "Lagerbestand");
        cmd.Parameters.Add("@p2", OleDbType.Integer, 4, "ArtikelNr");
        da.UpdateCommand = cmd;
    }
```

Der Eventhandler für *RowUpdating*:

```
private void onRowUpdating(object sender, OleDbRowUpdatingEventArgs e)
{
    s += "Ereignis: " + e.StatementType.ToString() + CrLf;
    s += "Artikel-Nr: " + e.Row["ArtikelNr"].ToString() + CrLf;
    s += "Lagerbestand davor: " +
                    e.Row["Lagerbestand", DataRowVersion.Original].ToString() + CrLf;
    s += "Lagerbestand danach: " + e.Row["Lagerbestand"].ToString() + CrLf + CrLf;
}
```

Der Eventhandler für *RowUpdated*:

```
private void onRowUpdated(object sender, OleDbRowUpdatedEventArgs e)
{
    s += "Ereignis: " + e.StatementType.ToString() + CrLf;
    s += "Artikel-Nr: " + e.Row["ArtikelNr"].ToString() + CrLf;
    if (e.Status == UpdateStatus.ErrorsOccurred)
    {
        s += "Fehler!" + CrLf;
    }
    else
    {
        s += "Update erfolgreich!" + CrLf + CrLf;
    }
        label1.Text = s; s = "";
}
```

Die Routine zum Verändern des Lagerbestands:

```
private void changeStock(int z)
{
    try
    {
```

Die erste (und einzige!) Zeile der *DataTable*:

```
        DataRow dr = dt.Rows[0];
        int i = Convert.ToInt32(dr["Lagerbestand"]);
        dt.Rows[0]["Lagerbestand"] - i + z;
        da.Update(dt);
    }
    catch(Exception ex)
    {
        MessageBox.Show(ex.Message);
```

```
        }
    }
}
```

Lagerbestand erhöhen:

```
    private void Button1_Click(object sender, System.EventArgs e)
    {
        changeStock(1);
    }
```

Lagerbestand verringern:

```
    private void Button2_Click(object sender, System.EventArgs e)
    {
        changeStock(-1);
    }
}
```

## Test

Wenn Sie den Lagerbestand erhöhen oder reduzieren werden die Änderungen angezeigt und sofort in die Datenbank geschrieben.

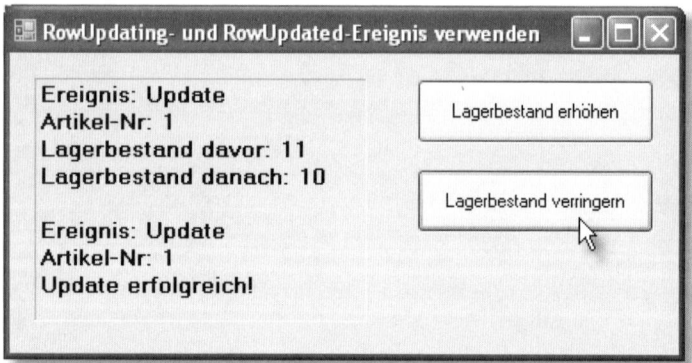

## Bemerkungen

▪ Man erkennt, dass das *RowUpdating*-Event immer **vor** dem *RowUpdated*-Event ausgelöst wird.

▪ Das Beispiel dient eher der Erkenntnisgewinnung als dem praktischen Gebrauch, denn man wird nicht nach jeder kleinen Änderung sofort die *Update*-Methode des *DataAdapter*s aufrufen.

# R7.20   MARS kennen lernen

Die MARS (*Multiple Active Resultsets*)-Technologie wurde unter ADO.NET 2.0 neu eingeführt und hat insbesondere im Zusammenhang mit dem SQL Server 2005 Bedeutung.

Unser Rezept zeigt zwei Lösungen, wie eine einzelne Bestellung aus der "Orders"-Tabelle der *Northwind*-Datenbank gelesen und benutzt wird, um den *UnitsOnOrder*-Bestand des Artikels ("Products"-Tabelle) entsprechend der verkauften Anzahl (*Quantity*) zu erhöhen.

▨ Die typische Lösung (ohne MARS) erfordert zwei aufeinanderfolgende Verbindungen zur Datenbank, eine zum Lesen der Anzahl des verkauften Artikels und eine zum Aktualisieren der bestellten Einheiten. Außerdem müssen die gelesenen Daten zwischengespeichert werden.

▨ Die Lösung mit MARS braucht nur eine einzige Verbindung und kommt ohne Datencache aus.

---

**HINWEIS:** Um den Originalinhalt der *Northwind*-Datenbank des SQL Servers nicht zu zerstören, benutzen wir für unsere Experimente die Datenbankdatei *Northwind.mdf* (siehe Buch-CD), die vorher in das Anwendungsverzeichnis zu kopieren ist.

---

## Oberfläche

Auf *Form1* setzen Sie zwei *Button*s zum Starten der Varianten "Ohne MARS" und "Mit MARS" und ein *DataGridView* zur Kontrollanzeige.

## Quellcode (ohne MARS)

```
using System.Data.SqlClient;

public partial class Form1 : Form
{
```

Es beginnt mit einigen globalen Konstanten, die für beide Varianten (ohne und mit MARS) Gültigkeit haben. Die Datenbankdatei *Northwind.mdf* befindet sich im Anwendungsverzeichnis:

```
private const string CONNSTR =
    "Data Source=.\\SQLEXPRESS;AttachDbFilename=|DataDirectory|" +
                  "\\Northwind.mdf;Integrated Security=True;User Instance=True";
```

Die *OrderID* einer gültigen Bestellung (standardmäßig zwischen 10248 ... 1069):

```
private const string OID = "10250";
```

Dieser SQL-Befehl selektiert alle Bestelldetails für die festgelegte *OrderID*:

```
private const string SQL1 = "SELECT * FROM [Order Details] WHERE OrderID = " + OID;
```

Dieser SQL-Befehl aktualisiert die "Product"-Tabelle, wobei als Parameter die Anzahl (*Quantity*) und die *ProductID* übergeben werden:

```
private const string SQL2 = "UPDATE Products SET UnitsOnOrder=UnitsOnOrder + @anz " +
                            "WHERE (ProductID=@pid)";
```

Der erste *DataReader* liest *ProductID* und *Quantity* aus der "Order Details"-Tabelle in den Datencache. Als Zwischenspeicher wird jeweils eine *ArrayList* verwendet:

```
private void button1_Click(object sender, EventArgs e)
{
    ArrayList aIDs = new ArrayList();
    ArrayList aQts = new ArrayList();

    SqlConnection conn1 = new SqlConnection(CONNSTR);
    conn1.Open();
    SqlCommand cmd1 =  new SqlCommand(SQL1, conn1);

    using (SqlDataReader reader = cmd1.ExecuteReader())
    {
        while (reader.Read())
        {
            aIDs.Add(reader["ProductID"]);
            aQts.Add(reader["Quantity"]);
        }
    }
    conn1.Close();
```

Der zweite *DataReader* aktualisiert die "Products"-Tabelle mit den Werten des Datencache:

```
    SqlConnection conn2 = new SqlConnection(CONNSTR);
    conn2.Open();
    SqlCommand cmd2 = new SqlCommand(SQL2, conn2);
    cmd2.Parameters.Add("@anz", SqlDbType.SmallInt);
    cmd2.Parameters.Add("@pid", SqlDbType.Int);
    for (int i = 0; i < aIDs.Count; i++)
    {
        cmd2.Parameters["@anz"].Value = aQts[i];
        cmd2.Parameters["@pid"].Value = aIDs[i];
        cmd2.ExecuteNonQuery();
    }
    conn2.Close();
    showResults();
}
```

### Quellcode (mit MARS)

```
private void button2_Click(object sender, EventArgs e)
{
```

Durch das Änhängen eines Eintrags wird der Connectionstring "MARS-fähig" gemacht:

```
SqlConnection conn = new SqlConnection(CONNSTR + ";MultipleActiveResultSets=True");
conn.Open();
SqlCommand cmd1 = new SqlCommand(SQL1, conn);
SqlCommand cmd2 = new SqlCommand(SQL2, conn);

cmd2.Parameters.Add("@anz", SqlDbType.SmallInt);
cmd2.Parameters.Add("@pid", SqlDbType.Int);
```

Ein einziger *DataReader* genügt, um die "Order Details"-Tabelle auszulesen und gleichzeitig die "Products"-Tabelle zu aktualisieren, ein Datencache wird nicht benötigt:

```
using (SqlDataReader reader = cmd1.ExecuteReader())
{
    while (reader.Read())
    {
        cmd2.Parameters["@anz"].Value = reader["Quantity"];
        cmd2.Parameters["@pid"].Value = reader["ProductID"];
        cmd2.ExecuteNonQuery();
    }
}
conn.Close();
showResults();
}
```

### Quellcode (für Kontrollanzeige)

Der folgende Code hat mit MARS eigentlich nichts zu tun, denn wir wollen uns lediglich vergewissern, ob die "Products"-Tabelle tatsächlich aktualisiert worden ist. Die folgende Methode zeigt die Spalten *Quantity* (Tabelle "Order Details") und die Spalten *ProductName* und *UnitsOnOrder* (Tabelle "Products") im *DataGridView* an:

```
private void showResults()
{
    const string SQL = "SELECT ProductName, Quantity, UnitsOnOrder FROM Products, " +
                       "[Order Details] " +
                       "WHERE ([Order Details].OrderID = " + OID + ") " +
                       "AND (Products.ProductID = [Order Details].ProductID)";
    SqlDataAdapter da = new SqlDataAdapter(SQL, new SqlConnection(CONNSTR));
```

```
        DataTable dt = new DataTable();
        da.Fill(dt);
        dataGridView1.DataSource = dt;
    }
}
```

Die Anzeige löschen:

```
    private void button3_Click(object sender, EventArgs e)
    {
        dataGridView1.DataSource = null;
    }
}
```

## Test

Natürlich sollte der SQL Server gestartet sein. Auf welche der beiden Schaltflächen Sie nach dem Programmstart klicken ist egal – das Ergebnis ist dasselbe. Sie werden feststellen, dass sich bei jedem Klick die Werte der *UnitsOnOrder*-Spalte um den Betrag des Wertes der *Quantity*-Spalte erhöhen.

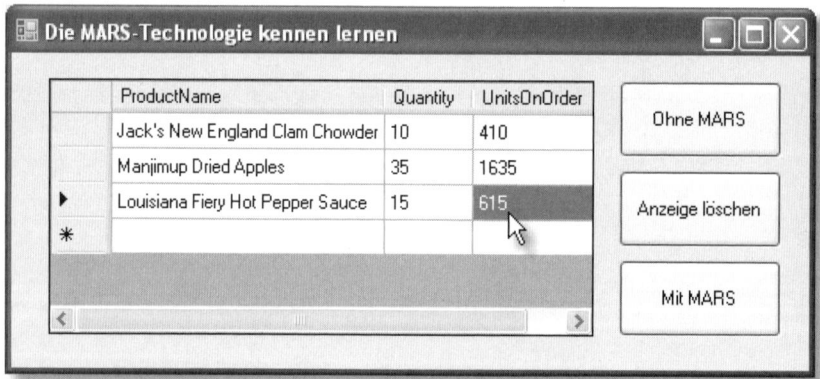

## Bemerkungen

- Das Beispiel hat gezeigt, dass ohne MARS die Ergebnisse der ersten Abfrage in einem Zwischenspeicher abgelegt werden müssen, um sie dann in der zweiten Abfrage verwenden zu können. Das kann bei einer hoch frequentierten Website einen erheblichen Mehraufwand an Arbeitsspeicher bedeuten.

- Das Problem ließe sich auch mit zwei gleichzeitig geöffneten Verbindungen lösen, aber auch das bedeutet eine Verschwendung von Ressourcen.

- MARS bietet die beste Lösung des Problems, denn Sie benötigen nur eine geöffnete Verbindung und brauchen auch keinen Arbeitsspeicher für das Puffern von Abfrageergebnissen zu vergeuden. Außerdem ist der MARS-Code deutlich kürzer und übersichtlicher, was der Wartbarkeit des Programms zugute kommt.

▥ Wer nicht mit der Datenbankdatei *Northwind.mdf* (befindet sich auf der Buch-CD) arbeiten möchte, kann auch (falls installiert) auf die im SQL Server enthaltene *Northwind*-Datenbank mit einem der üblichen Connectionstrings zugreifen.

# R7.21 Auf Zeilen und Spalten der DataTable zugreifen

Zu den wichtigsten Eigenschaften der *DataTable*-Klasse zählen die *Columns*- und *Rows*-Auflistungen, weil sie den Zugriff auf sämtliche Spalten und Zeilen der Tabelle ermöglichen. Das vorliegende Rezept soll das Prinzip verdeutlichen, indem es uns den Inhalt der "Artikel"-Tabelle der *Nordwind*-Datenbank anzeigt.

### Oberfläche

Sie brauchen lediglich eine *ListBox* und einen *Button* (siehe Laufzeitansicht).

### Quellcode

```
using System.Data.OleDb;

public partial class Form1 : Form
{
    ...
```

Alles beginnt mit der Festlegung der Verbindungszeichenfolge (*ConnectionString*) zur Access-Datenbank, die wir aus Bequemlichkeitsgründen gleich mit in das Anwendungsverzeichnis kopiert haben, um nicht den kompletten Datenbankpfad eintragen zu müssen:

```
private void button1_Click(object sender, EventArgs e)
{
    OleDbConnection conn =
        new OleDbConnection("Provider=Microsoft.Jet.OLEDB.4.0; Data Source=Nordwind.mdb");
    string cmdStr =
        "SELECT ArtikelNr,Artikelname,Liefereinheit,Einzelpreis,Mindestbestand FROM Artikel";
    OleDbCommand cmd = new OleDbCommand(cmdStr, conn);
```

Nun geht es um das Füllen des *DataSets* mit Hilfe des *DataAdapter*s:

```
    OleDbDataAdapter da = new OleDbDataAdapter(cmd);
    DataSet ds = new DataSet();
    conn.Open();
    da.Fill(ds, "ArtikelListe");
    conn.Close();
```

Die Datenbankverbindung ist ab jetzt wieder getrennt und der Benutzer arbeitet mit dem abgekoppelten *DataSet* quasi wie mit einer Minidatenbank:

```
DataTable dt = ds.Tables["ArtikelListe"];
```

Nachdem je eine Zeilen- und Spaltenvariable definiert ist, sorgen zwei ineinander verschachtelte *foreach*-Schleifen für den Durchlauf der *Rows*- und *Columns*-Auflistungen der *Data-
Table*:

```
foreach (DataRow cRow in dt.Rows)
{
    foreach (DataColumn cCol in dt.Columns)
        listBox1.Items.Add(cCol.ColumnName + " = " + cRow[cCol.Ordinal].ToString());
    listBox1.Items.Add("-----------------------------------------------------");
}
}
}
```

---

**HINWEIS:** Vielleicht wundert es Sie, dass im obigen Code sowohl das *DataTable*- als auch
das *DataRow*-Objekt lediglich deklariert, nicht aber mit dem *new*-Konstruktor
instanziiert wurden. Der Grund: Beide Objekte sind bereits im *DataSet* vorhanden
und brauchen deshalb nicht nochmals erzeugt zu werden! Benötigt werden lediglich Zeiger auf die Objektvariablen.

---

### Test

Nach dem Klick auf den Button erscheint der Inhalt der "Artikel"-Tabelle in der *ListBox*.

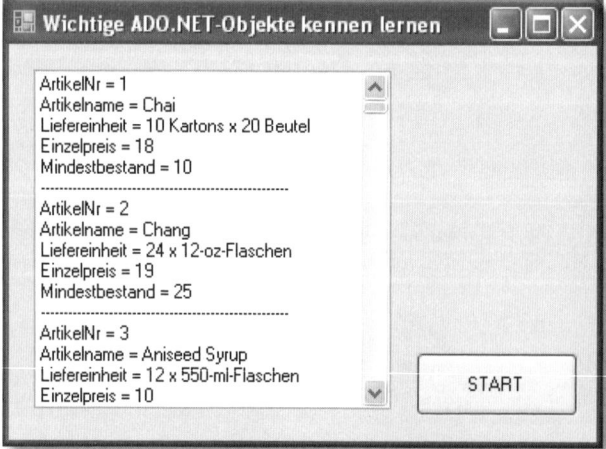

### Bemerkungen

- Am Quellcode können Sie den typischen Ablauf einer ADO.NET-Datenbankapplikation studieren: Verbindung öffnen, Daten übertragen, Verbindung schließen.

- Beim Durchlaufen der Datensätze werden Sie die vom *Recordset*-Objekt des alten ADO her bekannten Methoden wie *MoveFirst*, *MoveNext* etc. vergeblich suchen. Dafür besteht unter ADO.NET keinerlei Notwendigkeit mehr, da alle Datensätze im *DataSet* quasi wie in einem Array gespeichert sind und ein sofortiger (indizierter) Zugriff möglich ist, ohne dass man sich erst mühsam "hinbewegen" muss.

---

**HINWEIS:** Der äquivalente Code für die *Northwind*-Datenbank des SQL Servers befindet sich auf der Buch-CD!

---

# R7.22   Eine ListBox an eine DataView binden

Steuerelemente wie *ListBox* oder *ComboBox* können über ihre *DataSource*-Eigenschaft direkt an eine *DataTable* (und andere Objekte) gebunden werden. Hier agiert unbemerkt (im Hintergrund) ein *DataView*-Objekt als Vermittler. Dieses Objekt legt die Informationen der *DataTable* offen und ermöglicht z.B. auch das Filtern, Sortieren oder Suchen.

Das vorliegende Rezept zeigt die explizite Verwendung eines *DataView*-Objekts für die Anzeige von Informationen einer *DataTable* in einer *ListBox*, es demonstriert außerdem, wie man einzelne Einträge auswählen und Detailinformationen anzeigen kann.

### Oberfläche

Auf dem Startformular *Form1* platzieren Sie eine *ListBox* sowie mehrere *Label*s für die Anzeige von Detailinfos (siehe Laufzeitabbildung).

### Quellcode

```
using System.Data.OleDb;

public partial class Form1 : Form
{
    ...
    private DataView dv = null;
```

Im Konstruktor wird die *ListBox* gesäubert und mit den Namen der Artikel aus *Nordwind.mdb* gefüllt, deren Einzelpreis unter 25Euro liegt:

```
    public Form1()
    {
        InitializeComponent();
```

```
        listBox1.Items.Clear();
        fillListBox();
    }
```

Die folgende Routine füllt die *ListBox*:

```
    private void fillListBox()
    {
        OleDbConnection conn = new OleDbConnection("Provider=Microsoft.Jet.OLEDB.4.0; " +
                                        "Data Source=Nordwind.mdb;");
        OleDbCommand cmd = new OleDbCommand(
                                "SELECT * FROM Artikel ORDER BY Artikelname", conn);
        OleDbDataAdapter da = new OleDbDataAdapter(cmd);
        DataTable dt = new DataTable();
        da.Fill(dt);

        dv = new DataView(dt);              // DataView erzeugen
        dv.RowFilter = "Einzelpreis < 25";  // Filterkriterium festlegen

        listBox1.DataSource = dv;                      // ListBox anbinden
        listBox1.ValueMember = "ArtikelNr";            // Schlüsselspalte
        listBox1.DisplayMember = "Artikelname";        // Anzeigespalte
    }
```

Der geeignete Platz, um eine bestimmte Zeile der *ListBox* auszuwählen und in den *Label*s anzuzeigen, findet sich im *SelectedIndexChanged*-Ereignis:

```
    private void listBox1_SelectedIndexChanged(object sender, EventArgs e)
    {
        label1.Text = dv[listBox1.SelectedIndex].Row[0].ToString();
        label2.Text = dv[listBox1.SelectedIndex].Row["Artikelname"].ToString();
        label3.Text = dv[listBox1.SelectedIndex].Row["Liefereinheit"].ToString();
        decimal ep = Convert.ToDecimal(dv[listBox1.SelectedIndex].Row["Einzelpreis"]);
        label4.Text = ep.ToString("C");
    }
}
```

## Test

Nach Programmstart werden alle Artikelnamen mit einem Einzelpreis unter 25 Euro alphabetisch aufgelistet. Durch Mausklick auf einen bestimmten Eintrag erfolgt in den vier Labels die detaillierte Anzeige.

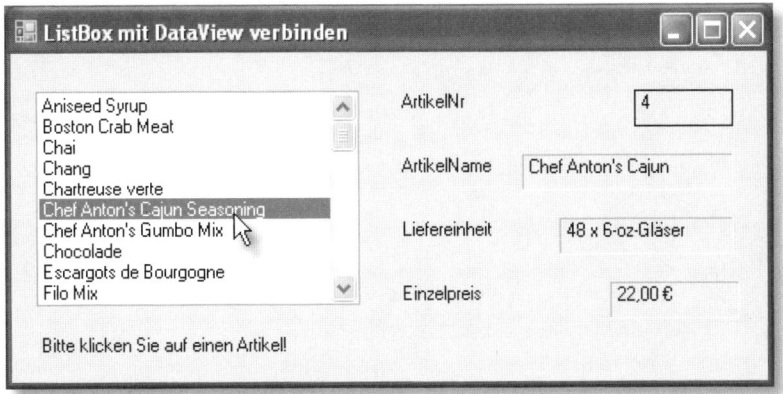

# R7.23   Das DataGridView mit ComboBoxen ausrüsten

Noch besser als eine ausgefeilte Eingabevalidierung ist es, wenn man die Eingabe falscher Werte gar nicht erst zulässt, sondern den Nutzer aus einer Liste auswählen lässt. Das *DataGrid-View* ermöglicht – im Unterschied zu seinem Vorgänger *DataGrid* – auch *ComboBox*-Spalten und bietet deshalb ideale Voraussetzungen für eine Listenauswahl. Im vorliegenden Rezept soll die *MWSt* in eine *DataGridView* eingegeben werden, wobei der Nutzer zwischen den Werten 0%, 7% und 16% wählen kann.

Grundlage ist diesmal eine einfache "selbstgestrickte" Access-Datenbank *Test.mdb*, welche sich im Anwendungsverzeichnis befindet und aus einer einzigen Tabelle "Produkte" mit den Spalten *Nr*, *ProduktName*, *Netto*, *MWSt* und *Bemerkungen* besteht.

### Oberfläche

Auf das Startformular setzen Sie ein *DataGridView* und zwei *Button*s.

### Quellcode

```
using System.Data.OleDb;

public partial class Form1 : Form
{
    ...
    private OleDbDataAdapter da = null;
    private DataSet ds = null;
```

Die folgende Methode erzeugt in "Handarbeit" eine Hilfs-*DataTable* für die "MWSt"-Spalte, welche aus den Spalten *Nr* und *Betrag* besteht, und füllt sie mit drei Datensätzen:

| Nr | Betrag |
|----|--------|
| 0 | "keine" |
| 7 | "7%" |
| 16 | "16" |

```
private DataTable createMWStTbl()
{
    DataTable dt = new DataTable("MWSt");
    dt.Columns.Add("Nr", Type.GetType("System.Byte"));
    dt.Columns.Add("Betrag", Type.GetType("System.String"));

    string[] ma = new string[3] { "keine", "7%", "16%" };
    for (int i = 1; i <= 3; i++)           // 3 Zeilen hinzufügen
    {
        dt.Rows.Add(dt.NewRow());          //  neue leere Zeile
        dt.Rows[i - 1][1] = ma[i - 1];     // "Betrag" eintragen
    }
    dt.Rows[0][0] = 0;     // "Nr" eintragen (0, 7, 16)
    dt.Rows[1][0] = 7;
    dt.Rows[2][0] = 16;
    return dt;
}
```

Datengitter formatieren:

```
private void formatDataGridView()
{
```

Die Währungsformatierung der *Netto*-Spalte bietet keine Besonderheiten:

```
dataGridView1.Columns.Remove("Netto");
DataGridViewTextBoxColumn tbc0 = new DataGridViewTextBoxColumn();
tbc0.DataPropertyName = "Netto";
tbc0.HeaderText = "Netto";
tbc0.Width = 80;
tbc0.DefaultCellStyle.Format = "c";
tbc0.DefaultCellStyle.Alignment = DataGridViewContentAlignment.MiddleRight;
tbc0.DefaultCellStyle.Font = new Font(dataGridView1.Font, FontStyle.Bold);
tbc0.DisplayIndex = 2;
dataGridView1.Columns.Add(tbc0);
```

Richtig interessant wird es erst jetzt: Zum Formatieren der *MWSt* wird eine *ComboBox*-Spalte verwendet, die über eine Master-Detail-Beziehung eine Verknüpfung mit unserer selbst erstellten *MWSt*-Tabelle realisiert:

```
dataGridView1.Columns.Remove("MWSt");
DataGridViewComboBoxColumn cbc0 = new DataGridViewComboBoxColumn();
cbc0.DataSource = createMWStTbl();  // Detailtabelle (MWSt) !!!
cbc0.DataPropertyName = "MWSt";     // Fremdschlüssel
cbc0.ValueMember = "Nr";            // Primärschlüssel
cbc0.DisplayMember = "Betrag";      // Detailanzeige
cbc0.HeaderText = "MWSt";
cbc0.DisplayIndex = 3;
cbc0.Width = 60;
dataGridView1.Columns.Add(cbc0);
}
```

Der Rest ist Routine:

Die Daten aus der Datenbank laden:

```
private void connect()
{
    OleDbConnection conn = new OleDbConnection(
                        "Provider=Microsoft.Jet.OLEDB.4.0; Data Source=Test.mdb;");
    OleDbCommand cmd = new OleDbCommand("SELECT * FROM Produkte", conn);
    da = new OleDbDataAdapter(cmd);
    OleDbCommandBuilder cb = new OleDbCommandBuilder(da);    // für Update-Commands !
    ds = new DataSet();
    da.Fill(ds, "Produkte");
    dataGridView1.Columns.Clear();
    dataGridView1.DataSource = ds;
    dataGridView1.DataMember = "Produkte";
}
```

Die Schaltfläche "Anzeigen":

```
private void button1_Click(object sender, EventArgs e)
{
    connect();
    formatDataGridView();
}
```

Die Schaltfläche "Speichern":

```
private void button2_Click(object sender, EventArgs e)
{
```

```
        da.Update(ds, "Produkte");
    }
}
```

## Test

Nach Programmstart klicken Sie die "Anzeigen"-Schaltfläche, anschließend können Sie im Datengitter Datensätze editieren, hinzufügen oder löschen. Eine fehlerhafte Eingabe der MWSt ist ausgeschlossen. Die vorgenommenen Änderungen werden mittels "Speichern"-Schaltfläche in die Datenbank geschrieben.

# R7.24  Auf eine einzelne Zeile im DataGridView zugreifen

Es kommt häufig vor, dass man die im *DataGridView* angezeigten Datensätze nicht nur betrachten möchte, sondern dass auch gezielt auf bestimmte Werte zugegriffen bzw. nach diesen gesucht werden soll. Das vorliegende Rezept demonstriert dazu verschiedene Varianten. Grundlage ist die Tabelle "Produkte" der Datenbank *Test.mdb* (siehe R7.23).

## Oberfläche

Neben dem *DataGridView* werden noch diverse andere Controls (*Label*, *Button*, *CheckBox*, *RadioButton*, *GroupBox*) für die Testoberfläche benötigt (siehe Laufzeitansicht).

## Quellcode

```
using System.Data.OleDb;

public partial class Form1 : Form
{    ...
```

Auf die Wiedergabe des Codes für das Laden der Daten aus der Datenbank und das Formatieren der Spalten des Datengitters verzichten wir hier (siehe Buch-CD).

Die folgende Methode demonstriert den Zugriff unter Verwendung von *DataView*- und den daraus abgeleiteten *DataRowView*-Objekten, wobei die *CurrentRow.Index*-Eigenschaft des *DataGridView* auf die aktuelle Zeile im Datengitter verweist.

Inhalt aller Zellen der aktuellen Zeile anzeigen:

```
private void displayCurrentRow()
{
    DataView dv = new DataView(ds.Tables["Produkte"]);
    DataRowView drv = dv[dataGridView1.CurrentRow.Index];
    label1.Text = drv["Nr"].ToString();
    label2.Text = drv["ProduktName"].ToString();
    decimal nett = Convert.ToDecimal(drv["Netto"]);
    label3.Text = nett.ToString("c");
    int mwst = Convert.ToInt32(drv["MWSt"]);
    label4.Text = mwst.ToString() + "%";
    label5.Text = drv["Bemerkung"].ToString();
}
```

Der Aufruf:

```
private void button1_Click(object sender, EventArgs e)
{
    displayCurrentRow();
}
```

Um den Inhalt der aktuellen Zeile nicht erst nach Klick auf *button1*, sondern sofort nach dem Ändern der Auswahl anzuzeigen, muss das *SelectionChanged*-Ereignis des *DataGridView* ausgewertet werden:

```
private void dataGridView1_SelectionChanged(object sender, EventArgs e)
{
    if (checkBox1.Checked)  displayCurrentRow();
}
```

Eine weitere Aufgabenstellung ist die Suche nach bestimmten Zeilen. Um z.B., wie hier gezeigt, nach allen Produkten mit einer bestimmten MWSt zu suchen, muss die *Rows*-Auflistung des *DataGridView* zeilenweise durchlaufen werden:

```
private void button2_Click(object sender, EventArgs e)
{
    int mwst = 0;
    if (radioButton2.Checked) mwst = 7;
    if (radioButton3.Checked) mwst = 16;

    foreach (DataGridViewRow rw in dataGridView1.Rows)
    {
        rw.Selected = false;
        if (Convert.ToByte(rw.Cells["MWSt"].Value) == mwst) rw.Selected = true;
    }
}
}
```

## Test

Markieren Sie eine bestimmte Zeile im Datengitter (durch Klick auf die linke breite Randspalte) und betätigen Sie die Schaltfläche "Inhalt der aktuellen Zeile anzeigen", so erscheinen in den Labels die einzelnen Zelleninhalte. Ist die *CheckBox* aktiviert, so ist dieses Ergebnis sofort, also ohne Betätigung der Schaltfläche, zu sehen.

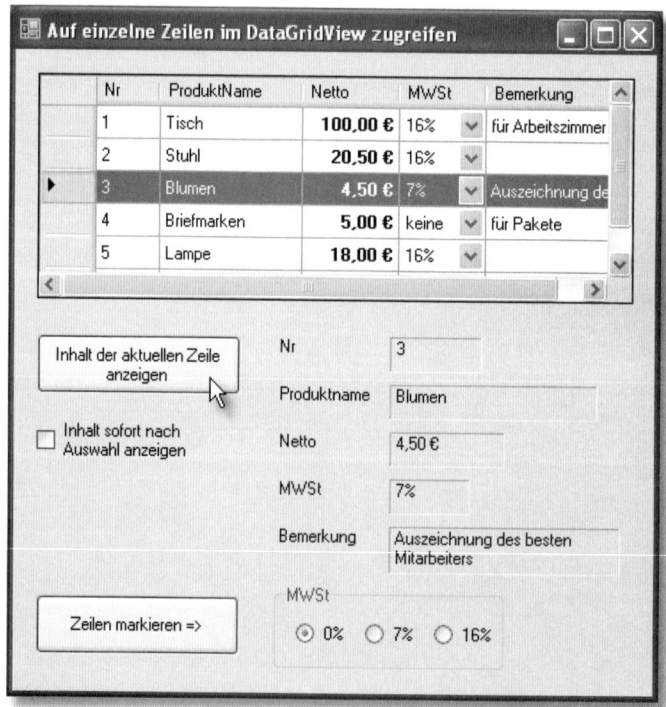

Wählen Sie eine bestimmte Mehrwertsteuer aus, so werden nach Klick auf die Schaltfläche "Zeilen markieren" im Datengitter alle Produkte markiert, die dem eingestellten Mehrwertsteuersatz entsprechen.

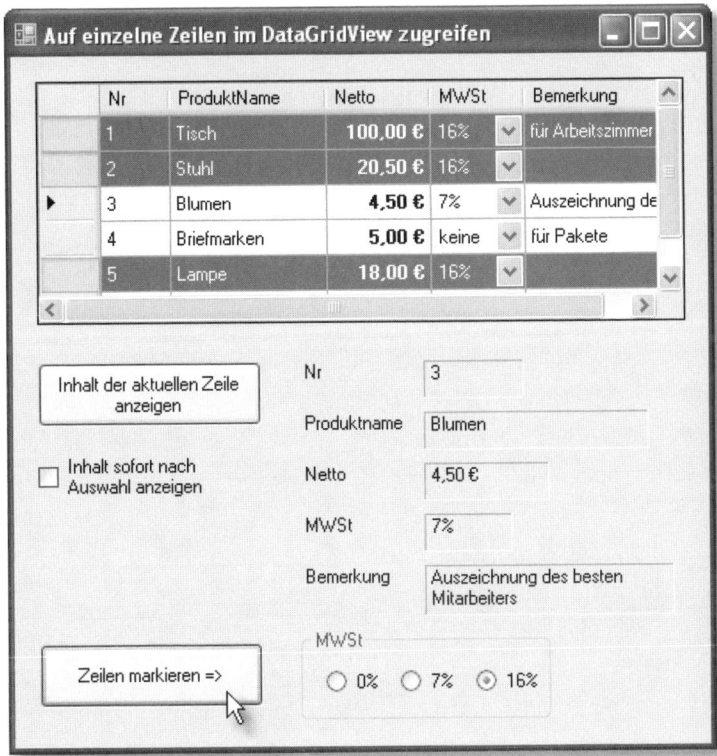

# R7.25   DataTable erzeugen und in Binärdatei speichern

Der Inhalt eines *DataSet*s bzw. einer *DataTable* muss nicht immer aus einer Datenbank stammen, denn oft genügt auch eine normale Binärdatei.

Mangels Datenbank kann man sich dann allerdings seine *DataTable* nicht mehr so einfach per *Fill*-Methode vom *DataAdapter* erzeugen lassen, sondern muss sie schrittweise selbst per Code zusammenbauen.

Vorbild dieses Rezepts ist eine Tabelle "Belege" mit folgender Struktur, die für den Lernenden den Vorteil bietet, dass mehrere unterschiedliche Datentypen enthalten sind.

| Feld | Datentyp |
|---|---|
| Nr | Integer |
| EingangsDatum | DatumZeit |

| Feld | Datentyp |
| --- | --- |
| KuNr | Integer |
| GesamtNetto | Währung |
| Bemerkung | String |

## Oberfläche

Außer dem Startformular (*Form1*) werden ein *DataGridView* und drei *Buttons* benötigt (siehe Laufzeitansicht am Schluss).

## Quellcode

```
using System.IO;

public partial class Form1 : Form
{
    private DataTable dt = null;
```

Da die Tabellenstruktur nicht aus einer Datenbank übernommen werden kann, müssen wir uns um das Erzeugen der *DataTable* selbst kümmern:

```
    private DataTable getDataTable()
    {
        DataTable dt = new DataTable("Belege");
        DataColumn col0 = dt.Columns.Add("Nr", typeof(System.Int32));
        col0.AutoIncrement = true;
        col0.AutoIncrementStep = 1;

        DataColumn col1 = dt.Columns.Add("EingangsDatum", typeof(System.DateTime));
        col1.AllowDBNull = false;
        col1.DefaultValue = DateTime.Now;

        DataColumn col2 = dt.Columns.Add("KuNr", typeof(System.Int32));
        col2.AllowDBNull = false;

        DataColumn col3 = dt.Columns.Add("GesamtNetto", typeof(System.Decimal));
        col3.DefaultValue = 0;

        DataColumn col4 = dt.Columns.Add("Bemerkung", typeof(System.String));
        col4.DefaultValue = "";
        col4.MaxLength = 50;
        return dt;
    }
```

Der Aufruf obiger Methode und das Verbinden mit dem *DataGridView* erfolgen im Konstruktorcode:

```
public Form1()
{
    InitializeComponent();

    dt = getDataTable();
    dataGridView1.DataSource = dt;      // Datengitter an DataTable anbinden
    formatDataGridView(dataGridView1);  // ... und formatieren
}
```

Es erleichtert das Verständnis, wenn wir nicht mit dem Lesen, sondern mit dem Abspeichern der *DataTable* beginnen:

```
private void button2_Click(object sender, System.EventArgs e)
{
    FileStream wStream = new FileStream("Belege.dat", FileMode.OpenOrCreate,
                                        FileAccess.Write);
    BinaryWriter bWriter = new BinaryWriter(wStream);
```

Wichtig für das spätere Auslesen der Datei ist, dass wir als ersten Wert die Zeilenanzahl der *DataTable* abspeichern:

```
    bWriter.Write(dt.Rows.Count);    // am Dateianfang steht die Anzahl der Datensätze!
```

Jede Zeile der *DataTable* wird nun einzeln abgespeichert, die Typkonvertierung ist wegen des *Object*-Datentyps der *DataRow*-Elemente erforderlich:

```
    foreach (DataRow rw in dt.Rows)
    {
        bWriter.Write((int)(rw["Nr"]));
        bWriter.Write(rw["EingangsDatum"].ToString());
        bWriter.Write((int)(rw["KuNr"]));
        bWriter.Write((decimal)(rw["GesamtNetto"]));
        bWriter.Write(rw["Bemerkung"].ToString());
    }
    bWriter.Flush();                    // Puffer => Datei
    bWriter.Close();
    wStream.Close();
}
```

Von der Datei laden:

```
private void button1_Click(object sender, System.EventArgs e)
{
```

```
FileStream rStream = new FileStream("Belege.dat", FileMode.OpenOrCreate,
                    FileAccess.Read);
BinaryReader bReader = new BinaryReader(rStream);
```

Zuerst muss die Anzahl der in der Datei abgespeicherten Datensätze eingelesen werden:

```
int max  = bReader.ReadInt32();
if (rStream.Length > 0)          // kein Lesen bei leerer bzw. neu angelegter Datei
{
```

Nun den Dateiinhalt zeilenweise einlesen und in die *DataRow* schreiben:

```
for (int i=1; i<= max; i++)
  {
```

Eine neue *DataRow* mit exakt derselben Struktur wie die der *DataTable* erzeugen:

```
DataRow rw = dt.NewRow();
```

Die Spalten der Zeile mit Werten füllen:

```
rw["Nr"] = bReader.ReadInt32();
rw["EingangsDatum"] = Convert.ToDateTime(bReader.ReadString());
rw["KuNr"] = bReader.ReadInt32();
rw["GesamtNetto"] = bReader.ReadDecimal();
rw["Bemerkung"] =  bReader.ReadString();
```

Schließlich die komplett beschriebene *DataRow* zur *DataTable* hinzufügen:

```
dt.Rows.Add(rw);
  }
}
bReader.Close();
rStream.Close();
}
```

Die Anzeige löschen wir, indem wir die komplette *DataTable* löschen:

```
private void button3_Click(object sender, System.EventArgs e)
{
    dt.Clear();
}
```

Das Formatieren des *DataGridView* beschränken wir auf die Spalten *EingangsDatum* und *GesamtNetto*:

```
private void formatDataGridView(DataGridView dgv)
{
    dgv.Columns.Remove("EingangsDatum");    // Datum
    DataGridViewTextBoxColumn tbc1 = new DataGridViewTextBoxColumn();
```

```
            tbc1.DataPropertyName = "EingangsDatum";
            tbc1.HeaderText = "EingangsDatum";
            tbc1.Width = 90;
            tbc1.DefaultCellStyle.Format = "d";
            tbc1.DefaultCellStyle.Alignment = DataGridViewContentAlignment.MiddleCenter;
            tbc1.DisplayIndex = 1;
            dgv.Columns.Add(tbc1);
            // Währung:
            dgv.Columns.Remove("GesamtNetto");
            DataGridViewTextBoxColumn tbc2 = new DataGridViewTextBoxColumn();
            tbc2.DataPropertyName = "GesamtNetto";
            tbc2.HeaderText = "GesamtNetto";
            tbc2.Width = 80;
            tbc2.DefaultCellStyle.Format = "c";
            tbc2.DefaultCellStyle.Alignment = DataGridViewContentAlignment.MiddleRight;
            tbc2.DefaultCellStyle.Font = new Font(dataGridView1.Font, FontStyle.Bold);
            tbc2.DisplayIndex = 3;
            dgv.Columns.Add(tbc2);
        }
    }
```

## Test

Tragen Sie gleich zu Beginn einige Datensätze ein. Der Wert in der *Nr*-Spalte wird (dank *Auto-Increment=true*) automatisch ergänzt. Sie können Datensätze editieren oder mit der *Entf*-Taste löschen. Durch die *Esc*-Taste oder *Strg+Z* lassen sich Änderungen rückgängig machen.

Speichern Sie ab , löschen Sie die Anzeige und laden Sie dann erneut!

---

**HINWEIS:** Die erzeugte Datei *Belege.dat* finden Sie im *\bin\Debug*-Unterverzeichnis des Projekts.

### Bemerkungen

- Wie man nicht nur eine einfache *DataTable*, sondern ein komplettes *DataSet* mit zwei über eine Relation verknüpften Tabellen "per Hand" erzeugt, ist Teil des Rezepts R6.1 "DataSets in Xml-Strings konvertieren".

- Wie R7.26 "Eine DataTable in einer Xml-Datei abspeichern" zeigt, kann man eine *DataTable* auch mit deutlich weniger Code auf der Festplate ablegen.

# R7.26   Eine DataTable in einer XML-Datei abspeichern

Genauso wie ein *DataSet* verfügt auch eine *DataTable* über die Methoden *ReadXml* und *WriteXml*, mit denen es direkt von einer XML-Datei gelesen bzw. in diese geschrieben werden kann. Im vorhergehenden Rezept R7.25 "DataTable erzeugen und in Binärdatei speichern" musste relativ aufwändig mit *FileStream*, *BinaryReader*, *BinaryWriter* etc. gearbeitet werden um die Datenpersistenz zu gewährleisten. Wenn Sie aber die *DataTable* statt in einer Binärdatei in einer XML-Datei abspeichern wollen, können Sie sich einige Codezeilen ersparen.

### Oberfläche

Diese entspricht 100%-ig dem Vorgängerbeispiel.

### Quellcode

Der Code hinter den Schaltflächen "von Datei laden" und "in Datei abspeichern" vereinfacht sich drastisch (der übrige Code bleibt unverändert):

```
private void button1_Click(object sender, EventArgs e)     // von Datei laden
{
    dt.ReadXml("Belege.xml");
}


private void button2_Click(object sender, EventArgs e)     // in Datei abspeichern
{
    dt.WriteXml("Belege.xml", XmlWriteMode.WriteSchema);     // Inhalt plus Schemainformationen
}
```

### Test

Im Vergleich zum Vorgängerrezept R7.25 ist kein unterschiedliches Verhalten festzustellen, allerdings befindet sich jetzt im Anwendungsverzeichnis keine Binär- sondern eine XML-Datei (*Belege.xml*).

# R7.27   **Die RemotingFormat-Property des DataSets nutzen**

Neben der neuen *RemotingFormat*-Eigenschaft des *DataSet*s kommen in diesem Rezept auch weitere neue ADO.NET 2.0-Features zum Einsatz, wie die verbesserten Anwendungseinstellungen und der *ConnectionStringBuilder*. Voraussetzung ist eine SQL-Server-Installation und das Vorhandensein der *Northwind*-Datenbank.

## Oberfläche

Öffnen Sie eine neue Windows-Anwendung mit dem Namen *SerialisierungsDemo* und gestalten Sie eine Oberfläche mit zwei in einer *GroupBox* eingelagerten *RadioButton*s zur Auswahl der *RemotingFormat*-Eigenschaft und einem normalen *Button* zum Starten der Anwendung.

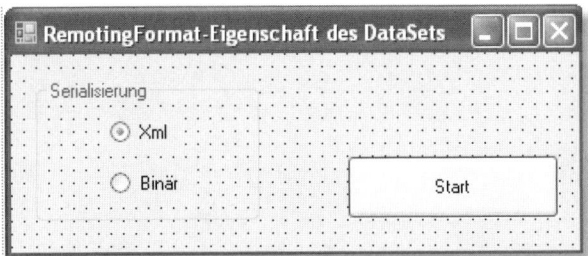

Um auch später Namen und Standort des SQL Servers (hier *.\SQLEXPRESS*) bequem ändern zu können, wird dieser nicht in den Quellcode, sondern in die Anwendungseinstellungen geschrieben. Öffnen Sie dazu über das Menü *Projekt|SerialisierungsDemo-Eigenschaften...* das Dialogfenster "Einstellungen". Tragen Sie Namen, Typ, Bereich und Wert in die Tabelle ein (*Name = Servername, Typ = string, Bereich = Anwendung, Wert = .\SQLEXPRESS*).

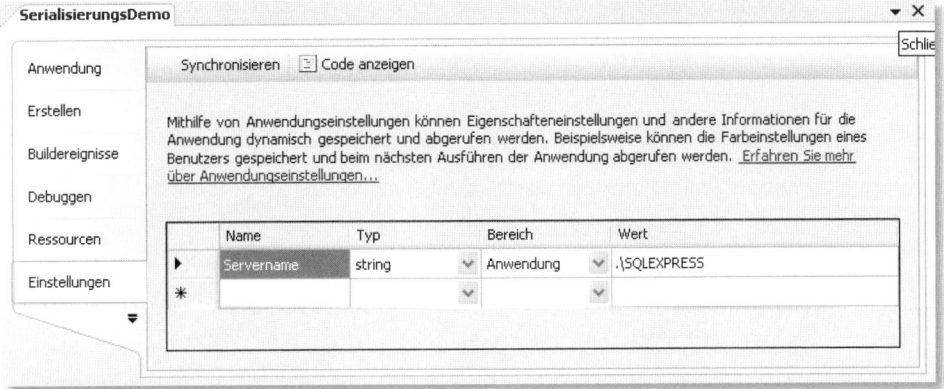

## Quellcode

```
using System.Data.SqlClient;

using System.Runtime.Serialization.Formatters.Binary;
using System.IO;

public partial class Form1 : Form
{
    ...
```

Die Verbindungszeichenfolge zum SQL Server wird über einen *ConnectionStringBuilder* gewonnen. Der Name des SQL Servers kann den Anwendungseinstellungen (siehe oben) entnommen werden:

```
    private string getConnectionString()
    {
        SqlConnectionStringBuilder csb = new SqlConnectionStringBuilder();

        csb.DataSource = Properties.Settings.Default.Servername;
        csb.IntegratedSecurity = true;
        csb.InitialCatalog = "Northwind";
        return csb.ConnectionString;
    }
```

Die "Start"-Schaltfläche:

```
    private void button1_Click(object sender, EventArgs e)
    {
```

Der Standort der erzeugten Dateien soll – gemeinsam mit den übrigen Projektdateien – zwei Verzeichnisebenen oberhalb des Anwendungsverzeichnisses liegen:

```
        string pfadXml = "..\\..\\Xml.txt";
        string pfadBinary = "..\\..\\Binary.txt";
```

Die folgenden Anweisungen laden alle Kunden aus der "Customers"-Tabelle in ein *DataSet*:

```
        DataSet ds = new DataSet();
        SqlDataAdapter da = new SqlDataAdapter("SELECT * FROM Customers",
                                    getConnectionString());
        da.Fill(ds);
```

Zum Serialisieren des *DataSet*s werden ein *BinaryFormatter* und ein *FileStream*-Objekt benötigt:

```
        BinaryFormatter bf = new BinaryFormatter();
```

```
        FileStream fs = null;
```

Die Entscheidung zwischen Xml- und Binär-Serialisierung wird durch Festlegen der *Remo-tingFormat*-Eigenschaft des *DataSet*s getroffen. Mit der *Delete*-Methode der (statischen) *File*-Klasse wird eine eventuell vorhandene gleichnamige Datei gelöscht (falls die Datei nicht vorhanden ist wird kein Fehler ausgelöst!):

```
        if (radioButton1.Checked)
        {
            File.Delete(pfadXml);
            fs = new FileStream(pfadXml, FileMode.CreateNew);
            ds.RemotingFormat = SerializationFormat.Xml;
        }
        else
        {
            File.Delete(pfadBinary);
            fs = new FileStream(pfadBinary, FileMode.CreateNew);
            ds.RemotingFormat = SerializationFormat.Binary;
        }
```

Jetzt wird serialisiert und die Ausgabe in die entsprechende Datei vorgenommen:

```
        bf.Serialize(fs, ds);
```

Die letzte Anweisung darf nicht vergessen werden, ansonsten führt ein erneutes Betätigen der "Start"-Schaltfläche zu einem Fehler:

```
        fs.Close();
    }
}
```

## Test

Nach Betätigen der "Start"-Schaltfläche finden sich im Projektverzeichnis (nicht im Anwendungsverzeichnis!) die Dateien *Xml.txt* bzw. *Binary.txt*.

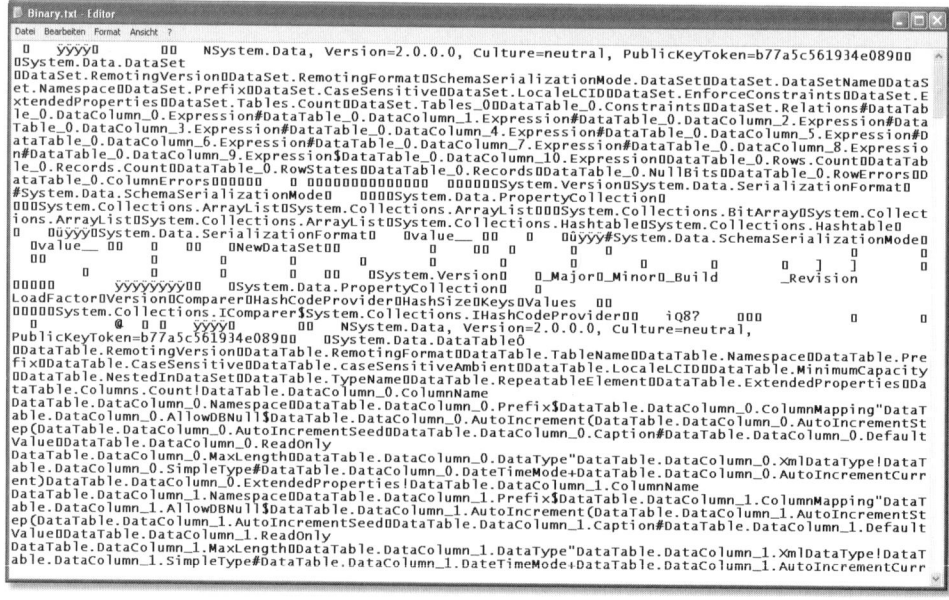

Öffnen Sie beide Dateien mit einem Texteditor und vergleichen Sie die Inhalte.

**HINWEIS:** Die Sicherheitsdefizite des XML-Formats sind offensichtlich, während die Binär-datei weitaus weniger "mitteilungsbedürftig" ist.

# R7.28  **Master-Detail-Beziehungen im DataGrid anzeigen**

In diesem Rezept zeigen wir, wie man ohne viel Mehraufwand eine Darstellung von zwei verknüpften Tabellen (*Kunden* und *Bestellungen* aus der *Nordwind*-Datenbank) erreichen kann.

Allerdings ist das *DataGridView* für diese Aufgabe kaum geeignet, denn es kann nicht mehrere Tabellen gleichzeitig verwalten. Dies ist aber noch lange kein Grund zur Resignation, denn es gibt ja noch den Vorgänger, das gute alte *DataGrid*!

### Oberfläche

Ein *DataGrid* und ein *Button* genügen für einen kleinen Test. Da Visual Studio 2005 das *DataGrid* aus der Toolbox vertrieben hat, müssen wir das Kontextmenü *Elemente auswählen...* benutzen und uns anschließend unter ".NET Framework-Komponenten" auf die Suche begeben.

### Quellcode

```
using System.Data.OleDb;

public partial class Form1 : Form
{
    ...
```

Einrichten der Verbindung zur Datenbank:

```
    private void button1_Click(object sender, System.EventArgs e)
    {
        string connStr = "Provider=Microsoft.Jet.OLEDB.4.0; Data Source=Nordwind.mdb;" ;
        OleDbConnection conn = new OleDbConnection(connStr);
```

Die Tabelle "Kunden" wird in das *DataSet* geladen:

```
        string selStr = "SELECT KundenCode, Firma, Kontaktperson, Telefon FROM Kunden";
        OleDbDataAdapter da = new OleDbDataAdapter(selStr, conn);
        DataSet ds = new DataSet();
        conn.Open();
        da.Fill(ds, "Kunden");
```

Die Tabelle *Bestellungen* wird geladen:

```
        selStr = "SELECT Bestellungen.BestellNr, Bestellungen.KundenCode," +
                 " Bestellungen.Bestelldatum, Bestellungen.Versanddatum" +
                 " FROM Kunden, Bestellungen" +
                 " WHERE (Kunden.KundenCode = Bestellungen.KundenCode)";
        da = new OleDbDataAdapter(selStr, conn);
        da.Fill(ds, "Bestellungen");
        conn.Close();
```

Die *DataRelation* wird zum *DataSet* hinzugefügt:

```
ds.Relations.Add("KundenBestellungen", ds.Tables["Kunden"].Columns["KundenCode"],
                                 ds.Tables["Bestellungen"].Columns["KundenCode"]);
```

Anbinden an das *DataGrid*:

```
    dataGrid1.SetDataBinding(ds, "Kunden");
  }
}
```

## Test

Das *DataGrid* zeigt zunächst eine scheinbar normale Darstellung der Kunden. Nach dem Klick
auf das Kreuzchen in der ersten Tabellenspalte können Sie die Darstellung expandieren.

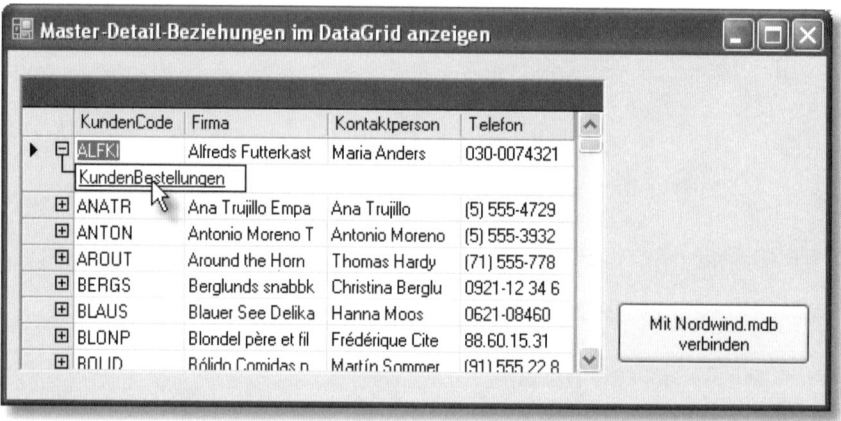

Nachdem Sie auf den Hotspot *KundenBestellungen* geklickt haben, erscheinen im *DataGrid* die
gewünschten Detaildatensätze:

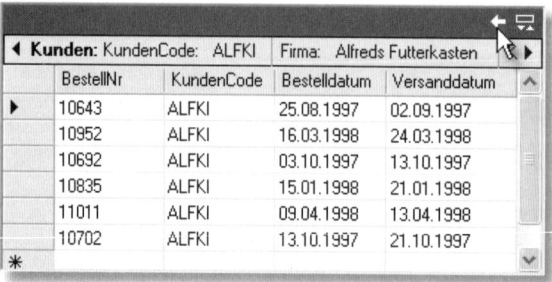

**HINWEIS:** Um zur Master-Tabelle zurückzukehren, klicken Sie auf den kleinen weißen Pfeil
rechts oben in der Titelleiste der Detailansicht.

# R7.29   In einem DataView sortieren und filtern

Ein *DataView*-Objekt visualisiert die Daten eines *DataTable*-Objekts und ermöglicht gleichzeitig ein bequemes Sortieren und Filtern. Das vorliegende Rezept demonstriert dies anhand der "Artikel"-Tabelle aus *Nordwind.mdb*.

## Oberfläche

Wir brauchen ein *DataGridView*, einen *Button* und zwei *TextBox*en. Letztere dienen der Eingabe der *Sort*- und der *RowFilter*-Eigenschaft des *DataView*-Objekts. Die Syntax dieser Eigenschaften ist SQL-orientiert. Um beim Experimentieren nicht jedes Mal komplett die *Sort*- und *RowFilter*-Eigenschaften neu eintippen zu müssen, sollten Sie gleich zur Entwurfszeit beiden *TextBox*en gültige Anfangswerte zuweisen, z.B.

- ▪ *Sort*:          *Artikelname*

- ▪ *RowFilter*:    *Artikelname LIKE 'G%' AND Einzelpreis > 20*

## Quellcode

```
using System.Data.OleDb;

public partial class Form1 : Form
{

   ...
```

Das *DataView*-Objekt wird global referenziert:

```
   private DataTable dt = null;

   private DataView dv = null;
```

Beim Laden des Formulars erfolgt das Instanziieren und Initialisieren der Objekte:

```
   private void Form1_Load(object sender, System.EventArgs e)
   {
      OleDbConnection conn = new OleDbConnection(
            "Provider=Microsoft.Jet.OLEDB.4.0; Data Source=Nordwind.mdb;");
      OleDbCommand cmd = new OleDbCommand(
            "SELECT ArtikelNr, Artikelname,Liefereinheit,Einzelpreis FROM Artikel", conn);
      OleDbDataAdapter = new OleDbDataAdapter(cmd);
      DataTable dt = new DataTable();
      da.Fill(dt);                        // DataTable füllen
      dv = dt.DefaultView;                // Erzeugen des DataView in Standardansicht
      dataGridView1.DataSource = dv;      // Datengitter an DataView anbinden
   }
```

Zum Filtern und Sortieren werden die Inhalte aus den *TextBox*en zugewiesen:

```csharp
private void button1_Click(object sender, System.EventArgs e)          // Start
{
    dv.Sort = textBox1.Text;
    dv.RowFilter = textBox2.Text;
}
}
```

### Test

Nach Programmstart zeigt das Datengitter zunächst alle Artikel in Standardansicht an. Nach dem Anklicken der "Start"-Schaltfläche werden dann aberz.B. nur noch alle mit "G" beginnenden Artikel mit einem Einzelpreis von z.B. oberhalb *20 Euro* in alphabetischer Reihenfolge angezeigt.

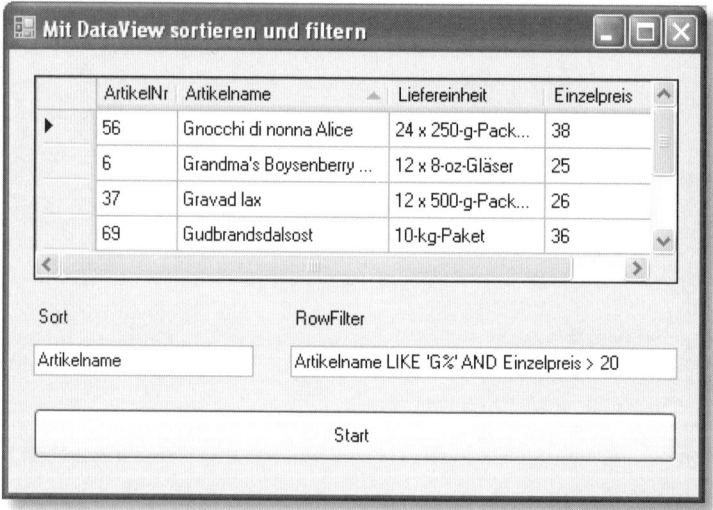

Weiteren Experimenten steht nun nichts mehr im Wege (bescheidene SQL-Kenntnisse vorausgesetzt). Ein leeres *RowFilter* zeigt z.B. wieder alle Artikel an, für *Sort = Artikelname DESC* werden alle Artikel in umgekehrter alphabetischer Reihenfolge ausgegeben.

### Bemerkungen

▪ Die SQL-Syntax der *RowFilter*-Eigenschaft entspricht der *Expression*-Eigenschaft des *Data-Column*-Objekts.

▪ Als Alternative zum "%"-Platzhalterzeichen können Sie auch das Zeichen "*" verwenden.

# R7.30   Im DataView nach Datensätzen suchen

Zwar verfügt die *DataView* auch über die Methoden *Find* bzw. *FindRows*, wer aber mit weniger Aufwand und mehr Komfort nach Datensätzen suchen will, der sollte sich besser an die in R7.29 "In einem DataView sortieren und filtern" vorgestellte *RowFilter*-Eigenschaft erinnern. Unter Benutzung der SQL-Syntax (LIKE) und des Platzhalterzeichens "%" kann man erreichen, dass nicht der komplette Suchbegriff eingegeben werden muss, sondern dass die ersten Buchstaben ausreichen, um ähnliche Datensätze herauszufiltern.

## Oberfläche

Für das Startformular benötigen Sie lediglich ein *DataGridView*, eine *ComboBox* und eine *Text-Box* (siehe Laufzeitansicht).

## Quellcode

```
using System.Data.OleDb;

public partial class Form1 : Form
{
    ...
    private DataView dv = null;

    private void Form1_Load(object sender, EventArgs e)
    {
        OleDbConnection conn = new OleDbConnection(
                        "Provider=Microsoft.Jet.OLEDB.4.0; Data Source=Nordwind.mdb;");
        OleDbCommand cmd = new OleDbCommand("SELECT * FROM Kunden", conn);
        OleDbDataAdapter da = new OleDbDataAdapter(cmd);
        DataTable dt = new DataTable("Kundenliste");
        conn.Open();
        da.Fill(dt);
        conn.Close();
        dv = new DataView(dt);           // oder dv = dt.DefaultView;
```

Die Übertragung der Spaltenbezeichner in die *ComboBox*:

```
        foreach (DataColumn c in dt.Columns)
                comboBox1.Items.Add(c.ColumnName);
```

Standardanzeige einstellen:

```
        comboBox1.SelectedIndex = 2;        // Spalte "FKontaktperson"
        textBox1.Text = "Ja";               // irgendein Default-Suchbegriff
```

```
        dataGridView1.DataSource = dv;
    }
```

Die Suche startet nach Betätigen der Enter-Taste:

```
private void textBox1_KeyUp(object sender, KeyEventArgs e)
{
    if (e.KeyCode == Keys.Enter)
    {
        dv.Sort = comboBox1.Text;
        dv.RowFilter = dv.Sort + " LIKE '" + textBox1.Text + "%'";
    }
}
}
```

## Test

Stellen Sie in der *ComboBox* zuerst die Spalte ein, in der Sie suchen möchten. Geben Sie dann in die *TextBox* ein oder mehrere Zeichen für die Anfangsbuchstaben des zu suchenden Begriffs ein und beenden Sie die Eingabe mit der Enter-Taste.

| | KundenCode | Firma | Kontaktperson | Funktion |
|---|---|---|---|---|
| ▶ | LETSS | Let's Stop N Shop | Jaime Yorres | Inhaber |
| | RICAR | Ricardo Adocicados | Janete Limeira | Vertriebsagentassistentin |
| | DUMON | Du monde entier | Janine Labrune | Inhaberin |
| ＊ | | | | |

Spalte: Kontaktperson
Suchbegriff (mit ENTER abschließen): Ja

**HINWEIS:** Wenn Sie einen leeren Suchbegriff eingeben, wird wieder die komplette Tabelle angezeigt.

# R7.31 Zwischen DataTable und DataReader umwandeln

Zu den neuen ADO.NET 2.0 Features gehört auch die Möglichkeit, auf direktem Weg den Inhalt einer *DataTable* bzw. eines *DataSet*s in einen *DataReader* zu laden und umgekehrt. Unser Testprogramm demonstriert dies am Beispiel der "Customers"-Tabelle der *Northwind*-Datenbank des SQL Servers.

## Oberfläche

Auf dem Startformular *Form1* platzieren wir eine *ListBox*, ein *DataGridView* und zwei *Button*s (siehe Laufzeitabbildung).

## Quellcode

```
public partial class Form1 : Form
{
```

Zunächst definieren wir die Verbindungszeichenfolge zum SQL-Server und die SQL-Abfrage:

```
const string CONNSTR =
    "Data Source=.\\SQLEXPRESS; Initial Catalog=Northwind; Integrated Security=sspi;";


const string SQL = "SELECT * FROM Customers ORDER BY CompanyName";
```

Eine Hilfsmethode, die den Inhalt eines übergebenen *DataReader*-Objekts in der *ListBox* anzeigt:

```
private void showReader(IDataReader dr)
{
    string str;
    string spc = "    ";
    listBox1.Items.Clear();
    while (dr.Read())
    {
        str = dr["CustomerID"] + spc;
        str += dr["CompanyName"] + spc;
        str += dr["ContactName"] + spc;
        str += dr["ContactTitle"] + spc;
        str += dr["Address"] + spc;
        str += dr["City"] + spc;
        listBox1.Items.Add(str);
    }

    dr.Close();
}
```

Die Umwandlung *DataTable* => *DataReader*:

```csharp
private void button1_Click(object sender, EventArgs e)
{
    SqlConnection conn = new SqlConnection(CONNSTR);
    try
    {
        conn.Open();
        SqlCommand cmd = new SqlCommand(SQL, conn);
        SqlDataAdapter da = new SqlDataAdapter(cmd);
        DataTable dt = new DataTable();
        da.Fill(dt);
```

Die Klasse *DataTableReader* implementiert die *IDataReader*-Schnittstelle:

```csharp
        DataTableReader dtr = new DataTableReader(dt);
        showReader(dtr);
    }
```

Wir leisten uns diesmal eine ausführliche Fehlerbehandlung:

```csharp
    catch (SqlException ex)
    {
        MessageBox.Show(ex.Message);
    }
    catch (InvalidOperationException ex)
    {
        MessageBox.Show(ex.Message);
    }
    catch (Exception ex)
    {
        MessageBox.Show(ex.Message);
    }
    finally
    {
        conn.Close();
    }
}
```

Die Umwandlung *DataReader* => *DataTable*:

```csharp
private void button2_Click(object sender, EventArgs e)
{
    SqlConnection conn = new SqlConnection(CONNSTR);
    try
```

```
            {
                conn.Open();
                SqlCommand cmd = new SqlCommand(SQL, conn);
                SqlDataReader dr = cmd.ExecuteReader(CommandBehavior.CloseConnection);
                DataTable dt = new DataTable();
```

Die *Load*-Methode ermöglicht die Übernahme eines *DataReader*:

```
                dt.Load(dr, LoadOption.OverwriteChanges);
                dataGridView1.DataSource = dt;
            }
```

Die nachfolgende Fehlerbehandlung entspricht der obigen und wird deshalb nicht nochmals abgedruckt.

```
                ...
            }
        }
```

### Test

Überzeugen Sie sich davon, dass die Umwandlungen in beiden Richtungen funktionieren.

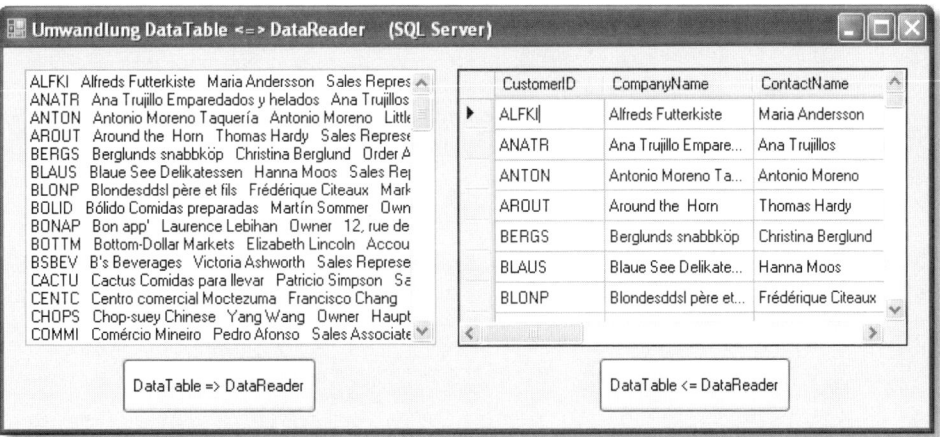

## R7.32   Steuerelemente manuell an ein DataSet binden

Wer ressourcensparend programmieren will, verzichtet bewusst auf ein typisiertes DataSet und bindet stattdessen die Controls zur Laufzeit manuell an ein normales *DataSet* bzw. eine *DataTable*. Im vorliegenden Rezept geht es um die Datenbindung einfacher Steuerelemente (*Label*, *TextBox*). Dabei erfahren Sie auch, wie man formatierte Ausgaben (Datum, Währung) erzwingen kann.

Datenbasis ist die "Personal"-Tabelle der *Northwind*-Datenbank, zu welcher wir noch zusätzlich die Spalte *Monatsgehalt* hinzugefügt haben, um mehrere Datentypen für die formatierte Datenbindung demonstrieren zu können.

## Benutzerschnittstelle

Gestalten Sie ein Eingabeformular entsprechend der folgenden Abbildung.

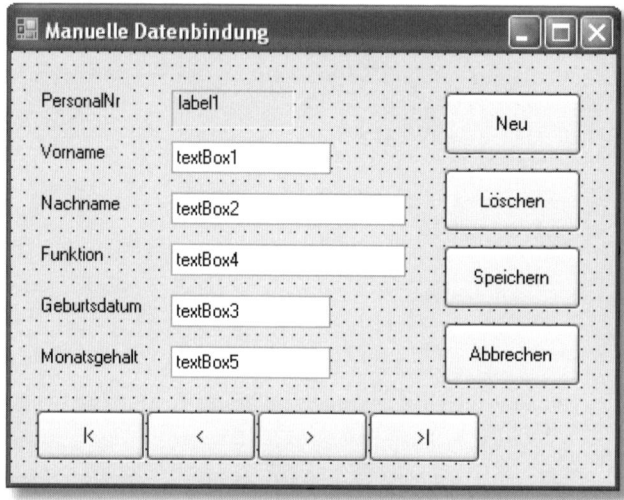

Ganz bewusst wird auf einen *BindingNavigator* verzichtet. Stattdessen haben wir die Navigatorleiste durch einzelne *Button*s nachgebildet.

## Quellcode

```
using System.Data.OleDb;

public partial class Form1 : Form
{
    ...
```

Auf Formularebene deklarieren wir die global erforderlichen Variablen bzw. Objektreferenzen:

```
    private OleDbDataAdapter da = null;
    private DataTable dt = null;
```

Die *BindingSource* verbindet die Anzeige-Controls mit der *DataTable*:

```
    private BindingSource bs = new BindingSource();
```

Beim Laden des Formulars werden die erforderlichen Objekte instanziiert und eine *DataTable* mit den *Personal*-Datensätzen aus *Nordwind.mdb* gefüllt. Anschließend richten wir die erforderlichen Datenbindungen der Steuerelemente ein:

```
private void Form1_Load(object sender, EventArgs e)
{
    string connStr = "Provider=Microsoft.Jet.OLEDB.4.0; Data Source=Nordwind.mdb;";
    OleDbConnection conn = new OleDbConnection(connStr);

    string selStr = "SELECT * FROM Personal";
    da = new OleDbDataAdapter(selStr, conn);
```

Wir wollen es uns einfach machen und benutzen einen *OleDbCommandBuilder*, der auf Basis des SELECT-Strings automatisch die für den *DataAdapter* benötigten *Command*-Objekte erzeugt:

```
    OleDbCommandBuilder cb = new OleDbCommandBuilder(da);
```

Ausführen der SQL-Abfrage (Anlegen und Füllen der Tabelle "Personal"):

```
    dt = new DataTable("Personal");
    conn.Open();
    da.Fill(dt);
    conn.Close();
```

Zuweisen der *BindingSource*:

```
    bs.DataSource = dt;
```

Das Anbinden der Eingabemaske an die *DataTable* ist bei unformatierter Bindung pro Control mit einer Zeile Code erledigt:

```
    label1.DataBindings.Add("Text", bs, "PersonalNr");
    textBox1.DataBindings.Add("Text", bs, "Vorname");
    textBox2.DataBindings.Add("Text", bs, "Nachname");
    textBox4.DataBindings.Add("Text", bs, "Funktion");
```

Mit den beiden *TextBox*en für *Geburtsdatum* und *Monatsgehalt* könnten wir zwar ebenso verfahren, hätten dann aber wenig Freude mit der Anzeige (lästige Sekunden, kein Euro-Symbol …). Da aber hier eine bestimmte Datums- bzw. Währungsformatierung erwünscht ist, sind separate *Binding*-Objekte unumgänglich. Deren *Format*-Event feuert immer dann, wenn das Steuerelement neue Daten anzeigen muss, das *Parse*-Event dann, wenn der Steuerelement die Daten in die Datenquelle zurück schreiben muss. Beginnen wir mit dem Anbinden der *TextBox* zur Anzeige des Geburtsdatums:

```
    Binding b1 = new Binding("Text", bs, "Geburtsdatum");
```

Aufruf der Formatierungsroutinen (s.u.):

```
    b1.Format += new ConvertEventHandler(this.DateToDateString);
```

```
        b1.Parse += new ConvertEventHandler(this.DateStringToDate);
        textBox3.DataBindings.Add(b1);
```

Analog die Währungsformatierung beim Monatsgehalt:

```
        Binding b2 = new Binding("Text", bs, "Monatsgehalt");
        b2.Format += new ConvertEventHandler(this.DecToCurrString);
        b2.Parse += new ConvertEventHandler(this.CurrStringToDec);
        textBox5.DataBindings.Add(b2);
    }
```

Offen ist noch die Implementierung der vier Eventhandler, die das "Wie" der Formatierungen bestimmen. Beginnen wir mit dem Geburtsdatum:

```
    private void DateToDateString(object sender, ConvertEventArgs e)     // DataTable => Anzeige
    {
        try
        {
            e.Value = Convert.ToDateTime(e.Value).ToString("d.M.yyyy");
        }
        catch{}
    }


    private void DateStringToDate(object sender, ConvertEventArgs e)     // Anzeige => DataTable
    {
        e.Value = Convert.ToDateTime(e.Value);
    }
```

Die Formatierung des Gehalts als Währung:

```
    private void DecToCurrString(object sender, ConvertEventArgs e)       // DataTable => Anzeige
    {
        try
        {
            e.Value = ((decimal) e.Value).ToString("c");
        }
        catch { }
    }


    private void CurrStringToDec(object sender, ConvertEventArgs e)    // Anzeige => Datenquelle
    {
        e.Value = Convert.ToDecimal(e.Value);
    }
```

Die Methoden zum Durchblättern der Datensätze:

```csharp
private void button1_Click(object sender, EventArgs e)        // |<
{
    bs.MoveFirst();
}


private void button2_Click(object sender, EventArgs e)        // <
{
    bs.Previous();
}


private void button3_Click(object sender, EventArgs e)        // >
{
    bs.MoveNext();
}


private void button4_Click(object sender, EventArgs e)        // >|
{
    bs.MoveLast();
}
```

Beim Hinzufügen eines neue Datensatzes verlassen wir uns auf das vom *OleDbCommand-Builder* im Hintergrund erzeugte *InsertCommand*-Objekt für den *OleDbDataAdapter*:

```csharp
private void button5_Click(object sender, EventArgs e)        // Neu
{
    bs.AddNew();
}
```

Analoges gilt für das Löschen eines Datensatzes:

```csharp
private void button6_Click(object sender, System.EventArgs e)        // Löschen
{
    bs.RemoveCurrent();
}
```

Das Abspeichern:

```csharp
private void button7_Click(object sender, System.EventArgs e)        // Update
{
    bs.EndEdit();
    da.Update(dt);
}
```

Das Abbrechen:

```
private void button8_Click(object sender, EventArgs e)
{
    bs.CancelEdit();
}
}
```

## Test

Erproben Sie alle Möglichkeiten, die Ihnen die Eingabemaske bietet! Vergessen Sie nach vorgenommenen Änderungen nicht, die "Speichern"-Schaltfläche zu betätigen, anderenfalls werden die Änderungen zwar in die *DataTable*, nicht aber in die Datenbank übertragen!

Da die *PersonalNr* als Primärschlüssel von der Datenbank-Engine vergeben wird, erscheint sie hier nicht sofort nach dem Hinzufügen eines neuen Datensatzes, sondern erst beim nochmaligen Öffnen der Anwendung.

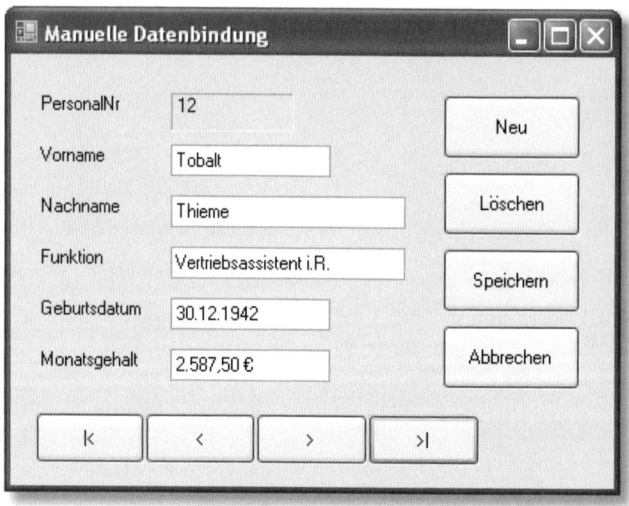

---

**HINWEIS:** Sie können in der Regel nur solche Datensätze löschen, die Sie selbst hinzugefügt haben, da die meisten anderen Datensätze in Beziehungen zu anderen Tabellen in *Nordwind* eingebunden sind.

---

## Bemerkungen

- Da bei einer Datenbindung die Daten normalerweise in beiden Richtungen fließen – von der Datenquelle zum Steuerelement zwecks Anzeige und umgekehrt vom Steuerelement in die Datenquelle zwecks Eingabe – müssen zur Formatierung der Anzeige sowohl Eventhandler für das *Format*- als auch für das *Parse*-Ereignis des entsprechenden *Binding*-Objekts hinzu-gefügt werden.

- In den *Format*- bzw. *Parse*-Eventhandlern kann nicht nur formatiert bzw. entformatiert werden, es lassen sich hier natürlich auch beliebige Umrechnungen durchführen.

- Sie sollten die Implementierungen der Eventhandler für das *Format*- und *Parse*-Event der *Binding*-Objekte in *try-catch*-Blöcke einfassen, um Fehlermeldungen durch falsche Daten-eingabe oder *Null*-Werte der Datenbank vorzubeugen.

- Durch Einsatz eines *BindingNavigator*s kann man den Quellcode um die Hälfte kürzen, da (mit Ausnahme des Speicherns und Abbrechens) von diesem Steuerelement alle Navigati-onsaufgaben übernommen werden.

# R7.33  Datensätze im Detail-Formular editieren

Dieses Rezept demonstriert anhand der *Kunden*-Tabelle von *Nordwind*, wie man eine *Data-Table* zwar mit einem *DataGridView* anzeigt, zum Bearbeiten, Hinzufügen und Löschen von Datensätzen aber ein zweites Formular benutzt. Der Datenfluss zwischen den Formularen wird mit einem *DataRowView*-Objekt realisiert.

### Oberfläche

Das Hauptformular *Form1* ist mit einem *DataGridView* und vier *Button*s ausgestattet:

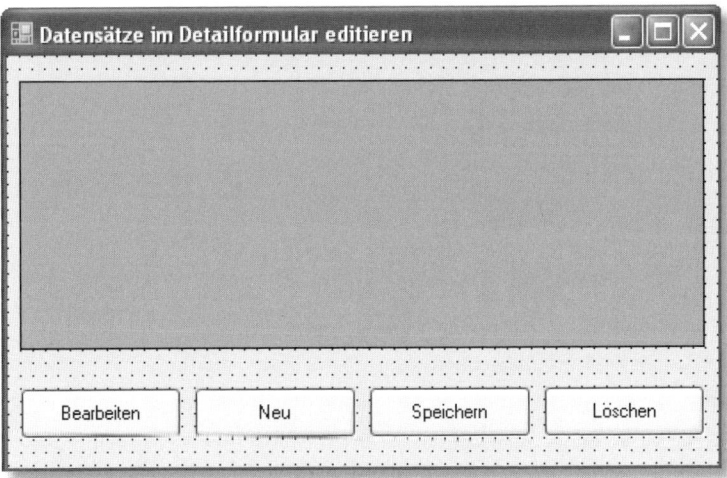

Setzen Sie die *ReadOnly*-Eigenschaft des *DataGridView* auf *True* um den Anwender zu zwin-gen, nicht direkt an den Inhalten des Datengitters herumzudoktern.

Das Detailformular *Form2* stellt eine Eingabemaske zum Editieren des ausgewählten Daten-satzes bereit:

## Quellcode Form1

```
using System.Data.OleDb;

public partial class Form1 : Form
{
    ....
    private OleDbConnection conn = null;
    private OleDbDataAdapter da = null;
    private DataTable dt = null;
    private DataView dv = null;
    private DataRowView drv = null;
```

Beim Laden des Formulars wird das *DataGridView* mit Kundendatensätzen gefüllt:

```
    private void Form1_Load(object sender, EventArgs e)
    {
        conn = new OleDbConnection(
                    "Provider=Microsoft.Jet.OLEDB.4.0; Data Source = Nordwind.mdb;");
        da = new OleDbDataAdapter(
                    "SELECT KundenCode, Firma, Kontaktperson, Funktion, Ort " +
                    "FROM Kunden ORDER BY KundenCode", conn);
```

Ein *CommandBuilder* generiert im Hintergrund das *Update-*, *Insert-* und *DeleteCommand-*Objekt für den *DataAdapter* (*SelectCommand* wird beim Instanziieren des *DataAdapter*s automatisch mit erzeugt):

```
        OleDbCommandBuilder cb = new OleDbCommandBuilder(da);
```

Einlesen und Anzeigen der Daten:

```
dt = new DataTable("Kunden");
conn.Open();
da.Fill(dt);
conn.Close();
BindingSource bs = new BindingSource();
dv = new DataView(dt);
bs.DataSource = dv;
dataGridView1.DataSource = bs;
}
```

Über die "Bearbeiten"-Schaltfläche wird das *DataRowView*-Objekt der aktuellen Zeile des *DataGridView* an das Detailformular *Form2* zum Editieren weitergereicht:

```
private void button1_Click(object sender, EventArgs e)
{
    drv = dv[dataGridView1.CurrentRow.Index];
    Form2 f2 = new Form2();
    f2.editKunde(drv);
    f2.Dispose();
}
```

Ähnlich funktioniert der Code hinter der "Neu"-Schaltfläche:

```
private void button2_Click(object sender, EventArgs e)
{
    drv = dv.AddNew();
    Form2 f2 = new Form2();
    f2.editKunde(drv);
    f2.Dispose();
}
```

Die "Speichern"-Schaltfläche, über welche die geänderten Datensätze der *DataTable* in die *Nordwind*-Datenbank zurück geschrieben werden:

```
private void button4_Click(object sender, EventArgs e)
{
    DataTable dt1 = dt.GetChanges();            // geänderte Datensätze ermitteln
    if (!(dt1==null))
    {
        try
        {
            conn.Open();
            int m = da.Update(dt1);             // Datenbank-Update ausführen
```

```
            string s = "Anzahl der Änderungen: " + m.ToString();
            MessageBox.Show(s, "Speichern war erfolgreich!", MessageBoxButtons.OK,
                                                    MessageBoxIcon.Information);
            dt.AcceptChanges();
        }
        catch (Exception ex)
        {
            MessageBox.Show(ex.Message, "Speichern fehlgeschlagen!", MessageBoxButtons.OK,
                                                    MessageBoxIcon.Information);
            dt.RejectChanges();
        }
        conn.Close();
    }
}
```

Das Löschen des aktuellen Datensatzes wird im Hauptformular erledigt, deshalb braucht die
"Löschen"-Schaltfläche das Detailformular nicht aufzurufen.

```
private void button3_Click(object sender, EventArgs e)
{
    if (dv.Count > 0)
    {
        string msg = "Wollen Sie den Kunden " +
                    dataGridView1.CurrentRow.Index]["KundenCode"].ToString() +
                    " wirklich löschen?";
        string cpt = "Kunde löschen";
```

Eine zwischengeschaltete *MessageBox* erschwert das versehentliche Löschen eines Kunden.

```
        if (MessageBox.Show(msg, cpt, MessageBoxButtons.YesNo, MessageBoxIcon.Question) ==
                                                    DialogResult.Yes)
            dv[dataGridView1.CurrentRow.Index].Delete();
    }
    else
        MessageBox.Show("Kein Kunde zum Löschen!", "", MessageBoxButtons.OK,
                                                    MessageBoxIcon.Error);
    }
}
```

## Quellcode Form2

Dem Detailformular wird als Parameter ein *DataRowView*-Objekt übergeben:

```
public partial class Form2 : Form
{
```

...

Die Editiermethode erhält als Parameter die aktuelle Zeile:

```
public void editKunde(DataRowView drv)
{
```

Die folgende Abfrage entscheidet, ob es sich um einen gerade neu hinzugefügten Datensatz oder aber um einen bereits vorhandenen handelt:

```
if (drv.Row.RowState == DataRowState.Detached)   // neuer Datensatz hinzugefügt
{
```

Irgendwelche Standardwerte in die Maske schreiben:

```
        textBox1.Text = "CRAZS";
        textBox2.Text = "CrazySoft";
        textBox3.Text = "Maxhelm";
        textBox4.Text = "Inhaber";
        textBox5.Text = "Altenburg";
}
else                            // wenn vorhandener Datensatz geändert wird
```

Die Anzeige der im übergebenen *DataRowView*-Objekt enthaltenen Werte:

```
{
        textBox1.Text = drv["KundenCode"].ToString();
        textBox2.Text = drv["Firma"].ToString();
        textBox3.Text = drv["Kontaktperson"].ToString();
        textBox4.Text = drv["Funktion"].ToString();
        textBox5.Text = drv["Ort"].ToString();
}
```

Das Formular soll modal aufgerufen werden:

```
if (this.ShowDialog() == DialogResult.OK)                // "OK"
{
    drv.BeginEdit();
    drv["KundenCode"] = textBox1.Text;
    drv["Firma"] = textBox2.Text;
    drv["Kontaktperson"] = textBox3.Text;
    drv["Funktion"] - textBox4.Text;
    drv["Ort"] = textBox5.Text;
    drv.EndEdit();
}
else                                                     // "Abbrechen"
    drv.CancelEdit();
}
```

Die "OK"-Schaltfläche:

```
private void button1_Click(object sender, EventArgs e)
{
    DialogResult = DialogResult.OK;
}
```

Die "Abbrechen"-Schaltfläche:

```
private void button2_Click(object sender, System.EventArgs e)
{
    DialogResult = DialogResult.Cancel;
}
}
```

## Test

Nach Starten der Anwendung öffnet sich das Hauptformular. Selektieren Sie im Datengitter einen bestimmten Kunden und klicken Sie die "Bearbeiten"-Schaltfläche:

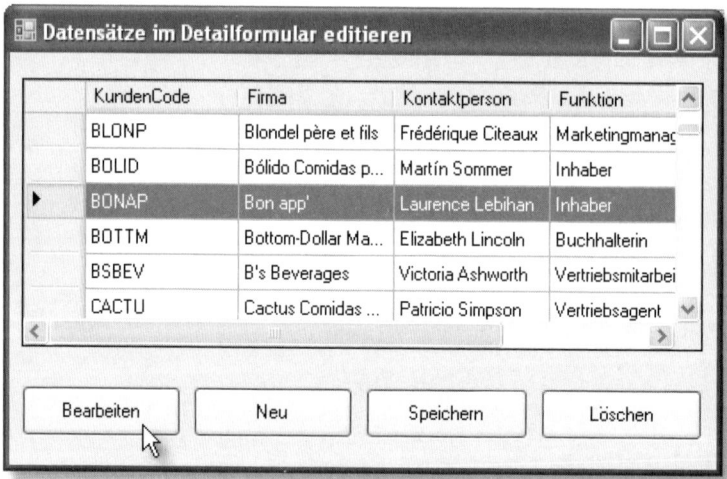

Im Detailformular haben Sie die Möglichkeit, den ausgewählten Datensatz bequem zu editieren:

**HINWEIS:** Um am Hauptformular *Form1* weiterarbeiten zu können, muss das modale *Form2* erst über eine seiner beiden Schaltflächen geschlossen werden.

Der Moment der Wahrheit schlägt normalerweise erst bei der Übernahme der Änderungen in die Datenbank, d.h. beim Klick auf die "Speichern"-Schaltfläche:

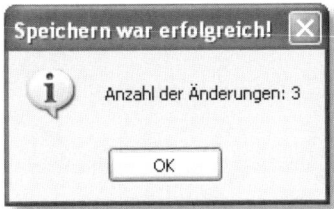

Falls Sie einen Datensatz hinzufügen wollen, dessen *KundenCode* bereits einmal in der Tabelle vorkommt, so wird er zwar zunächst in das Datengitter übernommen, das Speichern schlägt aber fehl:

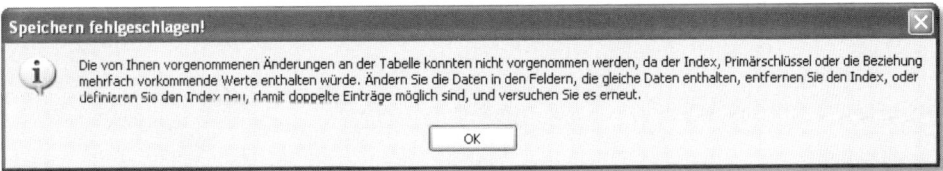

Das Löschen von Kunden mit offenen Bestellungen wird ebenfalls verhindert wenn man versucht, diese Änderung zu speichern:

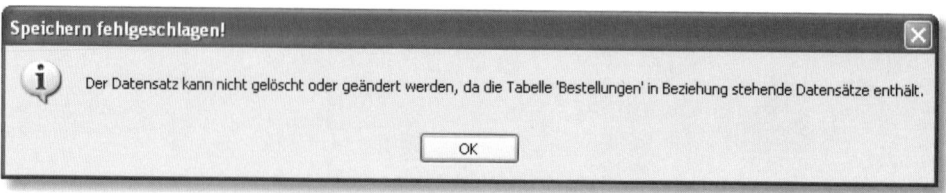

## R7.34   Tabellen mittels ComboBox verknüpfen

Eine *ComboBox* eignet sich gut zum Implementieren von Master-Detail-Beziehungen, sodass in vielen Fällen auf das Hinzufügen von *DataRelation*-Objekten verzichtet werden kann.

Ziel dieses Rezepts ist das Verknüpfen der Tabellen "Bestellungen" (Mastertabelle) mit der Tabelle "Personal" (Detailtabelle) der Datenbank *Nordwind.mdb* in solider "Handarbeit", weil wir ganz bewusst auf die Dienste des Datenquellen-Fensters sowie auf Drag & Drop-Datenbindung verzichten wollen.

### Oberfläche

Die Abbildung zeigt einen Gestaltungsvorschlag, wobei die Bedienelemente für die Tabellen "Bestellungen" und "Personal" in zwei *GroupBox*-Containern angeordnet sind. Zwei *Binding-Source*-Komponenten, die Sie von der Toolbox abziehen, stellen die Verbindung zu beiden Tabellen her. Die Mastertabelle *Bestellungen* ist mit einem *BindingNavigator* ausgestattet, zu dem zwei Schaltflächen (zum Abspeichern und zum Abbrechen) hinzugefügt wurden.

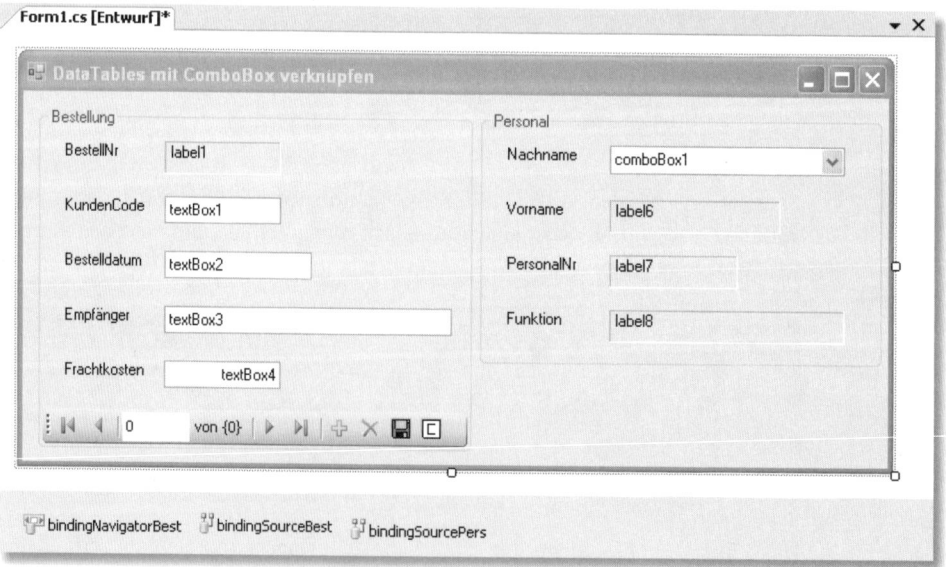

Setzen Sie die *BindingSource*-Eigenschaft des *BindingNavigator*-Controls auf *bindingSource-Best*.

## Quellcode

```
using System.Data.OleDb;

public partial class Form1 : Form
{
    ...
    private string connStr = "Provider=Microsoft.Jet.OLEDB.4.0; Data Source=Nordwind.mdb;";
    private string selStrBest = "SELECT BestellNr, KundenCode, PersonalNr, Bestelldatum, " +
                                "Empfaenger, Frachtkosten " +
                                "FROM Bestellungen ORDER BY Bestelldatum";
    private string selStrPers = "SELECT PersonalNr, Nachname, Vorname, Funktion " +
                                "FROM Personal ORDER BY Nachname";
    private OleDbConnection conn = null;
    private OleDbDataAdapter daBest = null, daPers = null;
    private DataSet ds = null;

    private void Form1_Load(object sender, EventArgs e)
    {
        conn = new OleDbConnection(connStr);
        daBest = new OleDbDataAdapter(selStrBest, conn);
```

Ein *CommandBuilder* nimmt uns das mühselige Programmieren von *UpdateCommand*, *Insert-Command* und *DeleteCommand* für die Mastertabelle ab:

```
        OleDbCommandBuilder cb = new OleDbCommandBuilder(daBest);
```

Für die Detailtabelle genügt die *SelectCommand*-Eigenschaft, da hier nur angezeigt wird und andere Befehle nicht auszuführen sind (mit dem Konstruktor wird *SelectCommand* automatisch erstellt):

```
        daPers = new OleDbDataAdapter(selStrPers, conn);
        ds = new DataSet();
        conn.Open();
```

Ausführen der SELECT-Abfragen (Anlegen und Füllen der Tabellen):

```
        daBest.Fill(ds, "Bestellungen");
        daPers.Fill(ds, "Personal");
        conn.Close();
```

Anbinden der Hauptmaske an die Mastertabelle:

```
        bindingSourceBest.DataSource = ds.Tables["Bestellungen"];
```

```
        label1.DataBindings.Add("Text", bindingSourceBest, "BestellNr");
        textBox1.DataBindings.Add("Text", bindingSourceBest, "KundenCode");
        textBox2.DataBindings.Add("Text", bindingSourceBest, "Bestelldatum");
        textBox3.DataBindings.Add("Text", bindingSourceBest, "Empfaenger");
        textBox4.DataBindings.Add("Text", bindingSourceBest, "Frachtkosten");
```

Anbinden der Detaildaten an die *ComboBox*:

```
        bindingSourcePers.DataSource = ds.Tables["Personal"];
        comboBox1.DataSource = bindingSourcePers;
        comboBox1.DisplayMember = "Nachname";
        comboBox1.ValueMember = "PersonalNr";
```

Verbinden der *ComboBox* mit der Mastertabelle:

```
        comboBox1.DataBindings.Add("SelectedValue", bindingSourceBest, "PersonalNr");
```

Weitere Detaildaten anzeigen:

```
        label6.DataBindings.Add("Text", bindingSourceBest, "Vorname");
        label7.DataBindings.Add("Text", bindingSourceBest, "PersonalNr");
        label8.DataBindings.Add("Text", bindingSourceBest, "Funktion");
    }
```

Der entscheidende Moment schlägt dann, wenn das Update gegen die Datenbank zu fahren ist:

```
    private void toolStripButton1_Click(object sender, EventArgs e)
    {
        bindingSourceBest.EndEdit();
        try
        {
```

Geänderte Masterdaten werden vom *DataSet* in die Datenbank übertragen:

```
            daBest.Update(ds, "Bestellungen");
        }
        catch (Exception ex)
        { MessageBox.Show(ex.Message); }
    }
```

Abbrechen der aktuellen Operation:

```
    private void toolStripButton2_Click(object sender, EventArgs e)
    {
        bindingSourceBest.CancelEdit();
    }
}
```

### Test

Obwohl auf eine ausgiebige Fehlerbehandlung verzichtet wurde, arbeitet die Anwendung relativ stabil. Sie können Datensätze editieren, neu hinzufügen oder löschen.

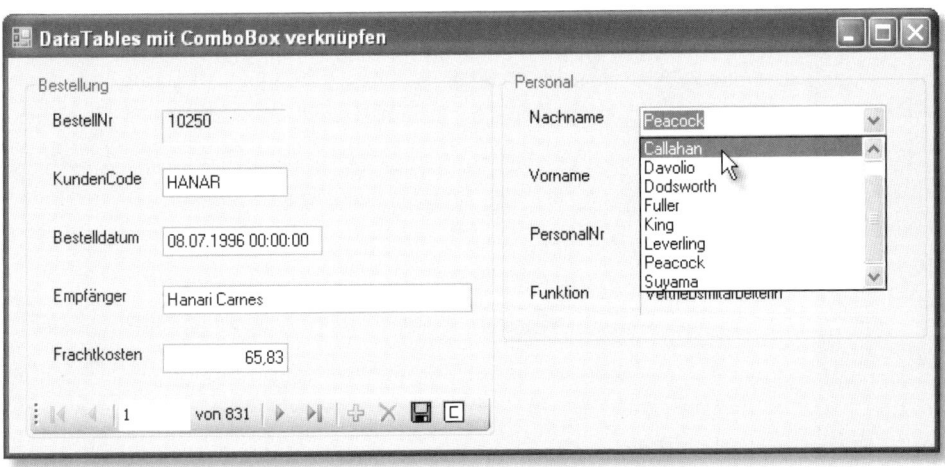

Die übrigen Felder der Detailtabelle werden nach jeder neuen Auswahl sofort aktualisiert:

### Bemerkungen

- Der Quellcode zum Formatieren von Datum und Währung bei Bestelldatum bzw. Frachtkosten wurde hier nicht mit abgedruckt (siehe Buch-CD).

- Weitere Informationen zum Formatieren von Datums- und Währungsanzeigen siehe R7.32 "Steuerelemente manuell an ein DataSet binden".

## R7.35   Spalten und Zeilen im DataGridView formatieren

Verbinden Sie ein *DataGridView* durch Zuweisen seiner *DataSource*- bzw. *DataMember*-Eigenschaft mit einer Datenquelle, so werden standardmäßig alle Spalten der Datenquelle angezeigt. Wollen Sie bestimmte Spalten unterdrücken, deren Reihenfolge, Überschrift, Breite etc. verändern oder deren formatierte Anzeige erzwingen, so lässt sich das kaum auf die Schnelle erledigen.

Sie müssen zunächst die alte Spalte entfernen und dann eine neue Spalte, die Sie mit den gewünschten Format-Eigenschaften ausstatten, an das Datenfeld anbinden. Schließlich muss die fertige Spalte zum *DataGridView* hinzugefügt werden.

Ausgangspunkt für diese Demo ist R7.12 "Eine Access-Auswahlabfrage aufrufen", welches die in *Nordwind.mdb* enthaltene Abfrage *Umsätze nach Jahr* benutzt.

## Oberfläche

Gestalten Sie eine Benutzerschnittstelle mit einem *DataGridView*, zwei *TextBox*en und zwei *Button*s (siehe Laufzeitansichten).

## Quellcode

Der hinter *Button1* liegende Code hat lediglich die Aufgabe das *DataGridView* mit Datensätzen zu füllen und wird deshalb nicht noch einmal aufgelistet (siehe R7.12 bzw. Buch-CD).

Der folgenden Methode wird ein *DataGridView* übergeben, welches eine Spalte *Zwischensumme* besitzt. Diese Spalte wird komplett neu erzeugt.

```
private void formatColumn(DataGridView dgv)
{
    if (dgv.Columns["Zwischensumme"] != null)
    {
```

Die standardmäßig vorhandene Spalte entfernen:

```
        dgv.Columns.Remove("Zwischensumme");
```

Eine neue Spalte erzeugen und an die gewünschte Eigenschaft binden:

```
        DataGridViewTextBoxColumn tbc = new DataGridViewTextBoxColumn();
        tbc.DataPropertyName = "Zwischensumme";
```

Die Spaltenüberschrift und -breite

```
        tbc.HeaderText = "Zwischensumme";
        tbc.Width = 80;
```

Das Währungsformat (entsprechend den Systemeinstellungen):

```
        tbc.DefaultCellStyle.Format = "c";
```

Rechtsbündige Textausrichtung:

```
        tbc.DefaultCellStyle.Alignment = DataGridViewContentAlignment.MiddleRight;
```

Fettschrift:

```
        tbc.DefaultCellStyle.Font = new Font(dataGridView1.Font, FontStyle.Bold);
```

Die Spalte soll an dritter Position erscheinen:

```
        tbc.DisplayIndex = 2;
```

Die fertige Spalte wird zum *DataGridView* hinzugefügt:

```
        dgv.Columns.Add(tbc);
    }
}
```

Der Aufruf:

```
private void button2_Click(object sender, EventArgs e)
{
    formatColumn(dataGridView1);
```

Weniger kompliziert als bei Spalten ist das Formatieren von Zeilen, da hierfür zahlreiche Eigenschaften direkt zur Verfügung stehen, z.B. für alternierende Zeilenfarbe:

```
    dataGridView1.RowsDefaultCellStyle.BackColor = Color.Bisque;
    dataGridView1.AlternatingRowsDefaultCellStyle.BackColor = Color.Beige;
}
```

## Test

Nach dem Verbinden mit *Nordwind.mdb* erscheint zunächst die unformatierte Darstellung der Daten:

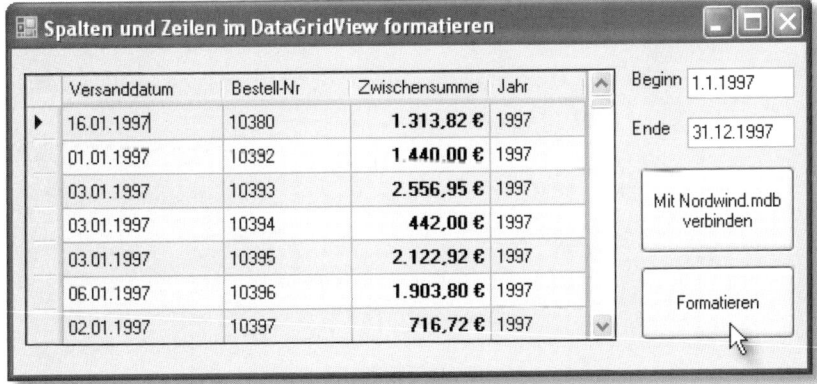

Der dann folgende Anblick entschädigt für den Programmieraufwand:

### Bemerkungen

- Wir haben in diesem Beispiel aus Gründen der Übersichtlichkeit nur eine einzige Spalte (Typ *DataGridViewTextBoxColumn*) formatiert. Falls erforderlich, werden die anderen Spalten nach dem gleichen Muster formatiert, wobei auf die unterschiedlichen Spaltentypen und deren Eigenschaften zu achten ist (z.B. *DataGridViewCheckBoxColumn*, *DataGridView-ComboBoxColumn*, ...).

- Mehr zur Formatierung des *DataGridView* siehe z.B. R7.23 "Das DataGridView mit ComboBoxen ausrüsten".

## R7.36  DataReader in ListView anzeigen

Das vorliegende Rezept benutzt einen *DataReader*, um eine *ListView*-Komponente mit den Datensätzen der "Kunden"-Tabelle der *Nordwind*-Datenbank zu füllen. Nebenbei erfahren Sie auch etwas über den Einsatz eines *Parameter*-Objekts, mit dessen Hilfe weitere Informationen in einem *Label* angezeigt werden.

### Oberfläche

Das mit einer *ListView*-Komponente bestückte Startformular *Form1*, ein attraktiv herausgeputztes *Label* und ein *Button* (siehe Laufzeitabbildung).

### Quellcode

```
using System.Data.OleDb;

public partial class Form1 : Form
{
    ...
```

Die Verbindungszeichenfolge zur Datenbank, die sich auch hier direkt im Anwendungsverzeichnis befindet:

```
    private const string CONNSTR = "Provider=Microsoft.Jet.OLEDB.4.0; Data Source=Nordwind.mdb";
```

Nach einem Klick auf die Schaltfläche soll die Verbindung hergestellt werden:

```
    private void button1_Click(object sender, EventArgs e)
    {
        const string SQLSTR = "SELECT KundenCode, Firma, Funktion FROM Kunden";
        OleDbConnection conn = new OleDbConnection(CONNSTR);
```

Nun kann ein *Command*-Objekt erzeugt werden:

```
        OleDbCommand cmd = new OleDbCommand(SQLSTR, conn);
```

Last but not least wird der Verweis auf einen *DataReader* benötigt (das Instanziieren erfolgt später, nach Öffnen der Verbindung!):

```
OleDbDataReader dr = null;
```

Die folgenden Anweisungen dienen lediglich zur Vorbereitung der *ListView*-Anzeige und sind für das Verständnis des *DataReader*s von untergeordneter Bedeutung:

```
ListViewItem lvItem;
listView1.View = View.Details;
listView1.AllowColumnReorder = true;
listView1.FullRowSelect = true;
listView1.Items.Clear();
listView1.Columns.Add("KundenCode", 100, HorizontalAlignment.Left);
listView1.Columns.Add("Firma", 80, HorizontalAlignment.Left);
listView1.Columns.Add("Funktion", 80, HorizontalAlignment.Left);
```

Nach dem Öffnen der Verbindung wird das *DataReader*-Objekt durch Übergabe an die *ExecuteReader*-Methode des *Command*-Objekts instanziert und der "Schnelldurchlauf" durch die Datensätze und deren Anzeige im *ListView* kann beginnen:

```
try
{
    cmd.Connection.Open();
    dr = cmd.ExecuteReader(CommandBehavior.CloseConnection);   // DataReader erzeugen
```

Der Parameter *CommandBehavior.CloseConnection* bewirkt, dass beim Ausführen des Befehls das zugeordnete *Connection*-Objekt geschlossen wird, wenn das zugeordnete *DataReader*-Objekt geschlossen wird. Nacheinander werden nun die *ListViewItem*-Objekte gefüllt und zur *Items*-Auflistung der *ListView*-Komponente hinzugefügt:

```
    while (dr.Read())
    {
        lvItem = new ListViewItem(dr["KundenCode"].ToString());
        lvItem.SubItems.Add(dr["Firma"].ToString());
        lvItem.SubItems.Add(dr["Funktion"].ToString());
```

*Items* zum *ListView* hinzufügen:

```
        listView1.Items.Add(lvItem);
    }
}
catch (Exception ex )
{ MessageBox.Show(ex.Message);}
cmd.Connection.Close();
}
```

Bis jetzt haben wir bereits ein voll funktionsfähiges Programm, dem wir aber noch ein zusätz-liches Feature sponsern wollen: Beim Anklicken eines bestimmten Eintrags soll die komplette Kunden-Adresse im *Label* angezeigt werden. Diese Aufgabe erfüllt die folgende Methode *loadAddressInfo*, der lediglich ein *KundenCode* übergeben wird. Weiterhin ermittelt diese Methode auf Basis einer parametrisierten SQL-Abfrage völlig selbstständig die benötigten Informationen:

```
private void loadAddressInfo(string kuCode)
{
    const string SQLSTR =
            "SELECT Kontaktperson, Strasse, PLZ, Ort FROM Kunden WHERE KundenCode = ?";
    OleDbConnection conn = new OleDbConnection(CONNSTR);
    OleDbCommand cmd = new OleDbCommand(SQLSTR, conn);
    OleDbParameter prm = new OleDbParameter("@p", OleDbType.Char);
    OleDbDataReader dr = null;
    prm.Direction= ParameterDirection.Input;
    prm.Value = kuCode;
    cmd.Parameters.Add(prm);
    try
    {
        conn.Open();
        dr = cmd.ExecuteReader(CommandBehavior.CloseConnection);
        if (dr.Read())
        {
            string CR = Environment.NewLine;            // Zeilenumbruch
            label1.Text = dr["Kontaktperson"].ToString() + CR + dr["Strasse"].ToString() +
                        CR + dr["PLZ"].ToString() + " " + dr["Ort"].ToString();
            dr.Close();
        }
    }
    catch (Exception ex)
    {
        MessageBox.Show(ex.Message);
    }
}
```

Nun zum Aufruf der *loadAdressInfo*-Methode, wobei auch deutlich werden dürfte, wie man auf ein bestimmtes Element einer *ListView* zugreift. In unserem Fall steckt der gesuchte *KundenCode* als *Text*-Eigenschaft im ersten Element der *SubItems*-Auflistung des *ListView-Item*-Objekts:

```
private void listView1_Click(object sender, System.EventArgs e)
{
```

```
        ListViewItem lv = listView1.SelectedItems[0];
        loadAddressInfo(lv.SubItems[0].Text);
    }
}
```

### Test

Nach Herstellen der Verbindung zu *Nordwind.mdb* werden alle Kunden aufgelistet. Kicken Sie auf einer bestimmte Zeile der *ListView*, so erscheinen die Adressdaten.

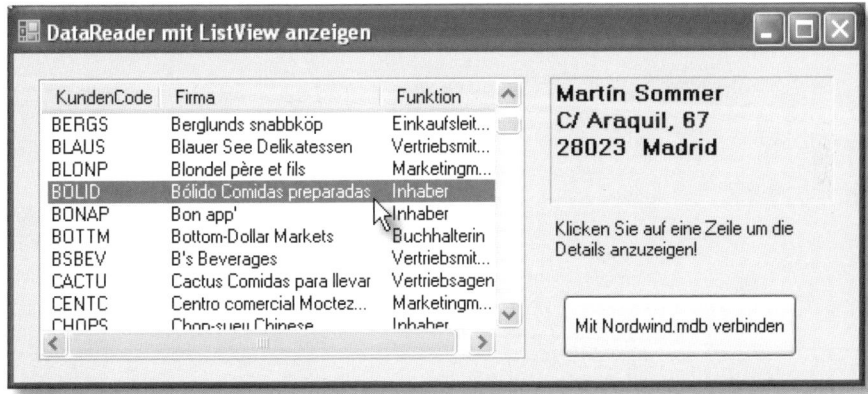

### Bemerkungen

▪ Die *Read*-Methode eilt zum nächsten Datensatz weiter, bis *false* zurück gegeben wird. Ein Vorteil dieser Syntax ist, dass das Weiterbewegen quasi automatisch erfolgt und ein Überprüfen der Abbruchbedingung nicht mehr notwendig ist.

▪ Leider unterstützt die *ListView* nicht, wie viele andere Windows Forms Steuerelemente, eine Datenbindung an ein *DataSet*, denn normalerweise wollen wir Datensätze nicht nur anzeigen, sondern auch ändern, neu hinzufügen bzw. löschen. Eine *DataReader*-Lösung im Zusammenhang mit der *ExecuteNonQuery*-Methode des *Command*-Objekts zeigt R7.20 "MARS kennen lernen".

## R7.37   Bilder aus der Datenbank anzeigen

In der "Personal"-Tabelle der *Nordwind*-Datenbank gibt es auch eine Spalte *Foto* (*Text*-Datentyp), in der die Dateinamen der entsprechenden Bitmaps abgelegt sind (*EmpID1.bmp*, *EmpID2.bmp* ...). Das vorliegende Rezept soll demonstrieren, wie Sie diese Bilder in einer *PictureBox* anzeigen können.

## Oberfläche

Wie der folgenden Entwurfszeit-Abbildung zu entnehmen ist, brauchen wir neben einigen *Text-Box*en, *Label*s und *Button*s auch eine *PictureBox* mit *SizeMode = AutoSize,* sowie eine *Binding-Source* und einen *BindingNavigator,* dessen *BindingSource*-Eigenschaft wir mit *bindingSource1* verkoppeln. Da weder Datensätze hinzugefügt noch gelöscht werden sollen, ändern wir die *Visible*-Eigenschaft von *bindingNavigatorAddNewItem* und *bindingNavigatorDeleteItem* auf *False.*

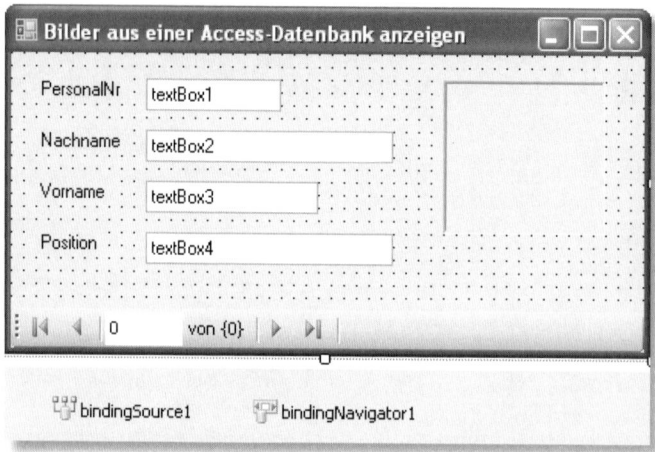

## Vorbereitungen

Wir kopieren die Datenbank *Nordwind.mdb* und die Bilddateien *EmpID1.jpg ... EmpID9.jpg* (auf Buch-CD enthalten) in das *\bin\Debug*-Unterverzeichnis des Projekts.

---

**HINWEIS:** Falls die *Foto*-Spalte auf *\*.bmp*-Dateien verweist, ändern Sie die Dateiextensions auf *\*.jpg*!

---

## Quellcode

```
using System.Data.OleDb;
using System.IO;

public partial class Form1 : Form
{
    ...
```

Beim Laden des Formulars werden die Datenbankabfrage durchgeführt, die *DataTable* gefüllt und die *TextBox*-Steuerelemente an die entsprechenden Spalten angebunden:

```
private void Form1_Load(object sender, EventArgs e)
{
    string connStr = "Provider=Microsoft.Jet.OLEDB.4.0; Data Source=Nordwind.mdb";
    OleDbConnection conn = new OleDbConnection(connStr);
    OleDbCommand cmdSel = new OleDbCommand(
            "SELECT PersonalNr, Nachname, Vorname, Funktion, Foto FROM Personal", conn);
    OleDbDataAdapter da = new OleDbDataAdapter(cmdSel);
    DataTable dt = new DataTable("Personal");
    conn.Open();
    da.Fill(dt);
    conn.Close();
    bindingSource1.DataSource = dt;
    textBox1.DataBindings.Add("Text", bindingSource1, "PersonalNr");
    textBox2.DataBindings.Add("Text", bindingSource1, "Nachname");
    textBox3.DataBindings.Add("Text", bindingSource1, "Vorname");
    textBox4.DataBindings.Add("Text", bindingSource1, "Funktion");
    showFoto();
```

Anmelden eines Eventhandlers für das Weiterblättern:

```
    bindingSource1.PositionChanged += new EventHandler(this.cm_PositionChanged);
}
```

Die Implementierung des Eventhandlers:

```
private void cm_PositionChanged(object sender, System.EventArgs e)
{
    showFoto();
}
```

Die folgende Methode bindet die *PictureBox* in "Handarbeit" an den Inhalt der entsprechenden Bilddatei:

```
private void showFoto()
{
    if (!(pictureBox1.Image == null)) pictureBox1.Image.Dispose();
    DataRowView drv = (DataRowView)bindingSource1.Current;    // Sicht auf aktuelle Zeile
    string pfad = drv["Foto"].ToString();                     // Pfad zur Bilddatei!
    FileStream fs = new FileStream(pfad, FileMode.Open);
    Bitmap bmp = new Bitmap(fs);
    pictureBox1.Image = bmp;                                  // Anzeige des Bildes
    fs.Close();                                               // wichtig!
}
}
```

### Test

Der Anblick von *Laura Callahan* und ihrer reizenden Kolleginnen und Kollegen dürfte Sie reichlich für die Mühen der Programmierung entschädigen:

# R7.38   Ein ungebundenes DataSet erzeugen

Das *DataSet* ist das Kernobjekt von ADO.NET, ihm ist es völlig egal, woher seine Daten kommen. Im Zusammenhang mit dem Zugriff auf Datenbanken wird es in der Regel sehr bequem mittels *Fill*-Methode eines *DataAdapter*s strukturiert und gefüllt. Im vorliegenden Rezept wollen wir es aber völlig ungebunden, d.h. ohne Bezug auf irgendeine Datenbank, benutzen. Wir müssen uns also "in Handarbeit" um das Erzeugen der Struktur und das Hinzufügen von Datensätzen kümmern.

### Datenstruktur

Vorbild ist die im Folgenden abgebildete Struktur:

| Personen | |
|---|---|
| Nr | *Int32* |
| Vorname | *String* |
| Nachname | *String* |
| Geburtstag | *DateTime* |

| Bestellungen | |
|---|---|
| Nr | *Int32* |
| Datum | *DateTime* |
| Betrag | *Decimal* |
| PersNr | *Int32* |
| Bemerkung | *String* |

Die beiden Tabellen "Personen" und "Bestellungen" sind über eine 1 : n -Relation miteinander verknüpft (eine Person hat keine, eine oder mehrere Bestellungen). Der Fremdschlüssel *PersNr* aus der Tabelle "Bestellungen" zeigt auf den Primärschlüssel *Nr* der Tabelle "Personen".

## Oberfläche

Da sich das *DataGridView* nur für die Darstellung einer einzigen Tabelle eignen würde, haben wir das altbekannte *DataGrid* aus der Mottenkiste gekramt (falls es nicht auf der "Daten"-Seite der Toolbox zu finden ist muss es über das Kontextmenü *Elemente auswählen ...* hinzugefügt werden). Zusätzlich wird ein *Button* benötigt.

## Quellcode

```
public partial class Form1 : Form
{   ...
```

Die folgende Methode liefert ein *DataSet* mit der gewünschten relationalen Struktur und fügt zu jeder der beiden Tabellen jeweils zwei Datensätze hinzu:

```
    private static DataSet getTestDS()
    {
```

Tabelle "Personen":

```
        DataTable dt1 = new DataTable("Personen");
```

Primärschlüssel:

```
        DataColumn col1 = dt1.Columns.Add("Nr", typeof(System.Int32));
        col1.AllowDBNull = false;
        col1.Unique = true;
        col1.AutoIncrement = true;
        col1.AutoIncrementStep = 1;
```

Die restlichen Spalten hinzufügen:

```
        dt1.Columns.Add("Vorname", typeof(System.String));
        dt1.Columns.Add("Nachname", typeof(System.String));
        dt1.Columns.Add("Geburtstag", typeof(System.DateTime));
```

Zwei Datensätze hinzufügen:

```
        DataRow rw11 = dt1.NewRow();
        rw11["Vorname"] = "Maxhelm"; rw11["Nachname"] = "Müller";
        rw11["Geburtstag"] = Convert.ToDateTime("3.4.1975");
        DataRow rw12 = dt1.NewRow();
        rw12["Vorname"] = "Tobalt"; rw12["Nachname"] = "Thieme";
        rw12["Geburtstag"] = Convert.ToDateTime("3.11.1983");
        dt1.Rows.Add(rw11);
```

```
                dt1.Rows.Add(rw12);
```

Tabelle "Bestellungen":

```
        DataTable dt2 = new DataTable("Bestellungen");
        DataColumn col2 = dt2.Columns.Add("Nr", typeof(System.Int32));
        col2.AllowDBNull = false;
        col2.Unique = true;
        col2.AutoIncrement = true;
        col2.AutoIncrementStep = 1;
        dt2.Columns.Add("Datum", typeof(System.DateTime));
        dt2.Columns.Add("Betrag", typeof(System.Decimal));
        dt2.Columns.Add("PersNr", typeof(System.Int32));        // Fremdschlüssel
        dt2.Columns.Add("Bemerkung", typeof(System.String));
```

Zwei Datensätze hinzufügen:

```
        DataRow rw21 = dt2.NewRow();
        rw21["Datum"] = Convert.ToDateTime("20.2.2006");
        rw21["Betrag"] = Convert.ToDecimal("256,50");
        rw21["PersNr"] = 0; rw21["Bemerkung"] = "per Nachname";
        dt2.Rows.Add(rw21);
        DataRow rw22 = dt2.NewRow();
        rw22["Datum"] = Convert.ToDateTime("8.3.2006");
        rw22["Betrag"] = Convert.ToDecimal("12,95");
        rw22["PersNr"] = 0;  rw22["Bemerkung"] = ("per Scheck");
        dt2.Rows.Add(rw22);
```

*DataSet* zusammenbauen (mit 1 : n Relation zwischen "Personen" und "Bestellungen"):

```
        DataSet ds = new DataSet();
        ds.Tables.Add(dt1);
        ds.Tables.Add(dt2);
        ds.Relations.Add("Person_Bestellungen", ds.Tables["Personen"].Columns["Nr"],
                            ds.Tables["Bestellungen"].Columns["PersNr"]);
        return ds;
    }
    private void button1_Click(object sender, EventArgs e)
    {
        DataSet ds = getTestDS();
        dataGrid1.DataSource = ds;
        dataGrid1.DataMember = "Personen";
    }
}
```

**Test**

Nach Klick auf die "Start"-Schaltfläche wird zunächst der Inhalt der "Personen"-Tabelle angezeigt. Nach Klick auf das "+"-Symbol auf der breiten linken Randspalte erscheint ein Link auf
die Relation *Person_Bestellungen*.

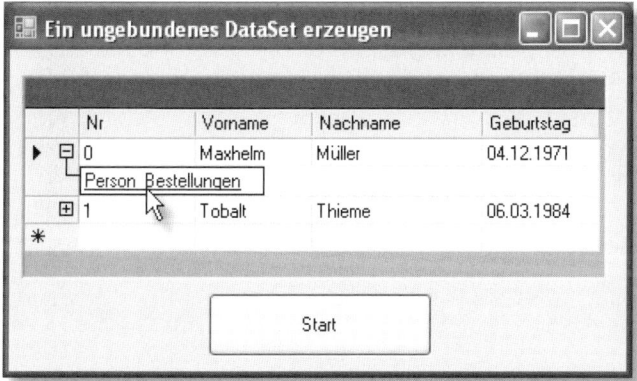

Der Klick auf diesen Link zeigt die der Person zugeordneten Bestellungen:

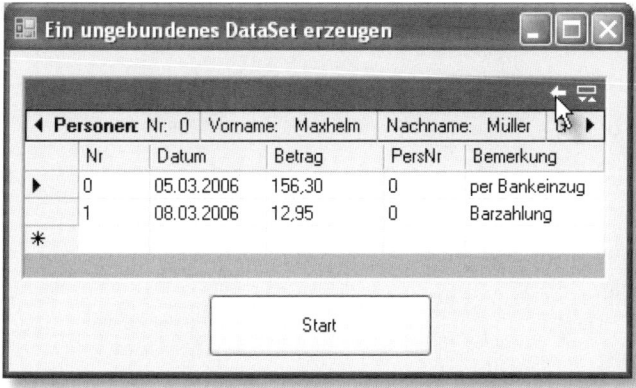

**HINWEIS:** Die Rückkehr zur *Personen*-Tabelle ist durch Klick auf den kleinen weißen Pfeil in
der oberen rechten Ecke des *DataGrid*s möglich.

# R7.39   Ein typisiertes DataSet im Designer erzeugen

Visual Studio .NET verfügt über einen eigenen Designer, mit welchem Sie typisierte DataSets
erstellen können.  Ein typisiertes DataSet ermöglicht es Ihnen, mit übersichtlichem objektorientierten Code zu arbeiten, der bereits zur Entwurfszeit volle Intellisense-Unterstützung bietet und

damit u.a. auch Fehler vermeidet, wie sie bei Verwendung "normaler" *DataSet*s auftreten können. Eng mit typisierten DataSets verknüpft ist das "Konzept der Datenquellen".

---

**HINWEIS:** Auch zum Berichtsentwurf mit den *Microsoft Reporting Services* werden typisierte
DataSets eingesetzt (siehe Kapitel 8).

---

Vorbild für unser typisiertes DataSet ist dieselbe Datenstruktur, wie sie bereits in R7.38 verwendet wurde (zwei verknüpfte Tabellen "Personen" und "Bestellungen").

## DataSet-Designer

Über das Menü *Projekt|Neues Element hinzufügen...* fügen Sie ein "leeres" typisiertes DataSet
hinzu.

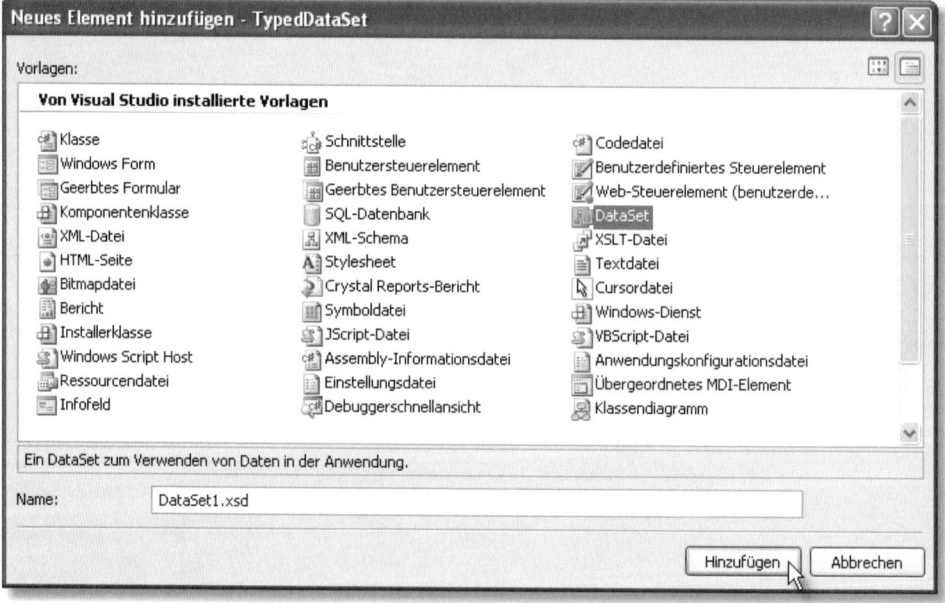

---

**HINWEIS:** Ein über das Projektmenü hinzugefügtes *DataSet* ist immer typisiert und automatisch eine Datenquelle!

---

Mit Hilfe des Menüs *Daten|Datenquellen anzeigen* bringen Sie das "Datenquellen"- Fenster zur
Ansicht und entdecken das neu erzeugte typisierte *DataSet1*. Wählen Sie das Kontextmenü
*DataSet mit Designer bearbeiten*.

Klicken Sie mit der rechten Maustaste auf die leere Oberfläche des Designers und erzeugen Sie über das Kontextmenü *Hinzufügen|DataTable* die Tabellen "Personen" und "Bestellungen".

Über das Kontextmenü *Eigenschaften* weisen Sie jeder Spalte den Datentyp zu (vorher die volle Spalte markieren!). Außerdem erhalten beide *Nr*-Spalten einen Primärschlüssel.

Nachdem auch die Tabelle "Bestellungen" fertig ist, wählen Sie im Kontextmenü *Hinzufügen| Relation...* und verbinden im Dialogfenster "Beziehung" beide Tabellen entsprechend der Abbildung:

Das Ergebnis im DataSet-Designer:

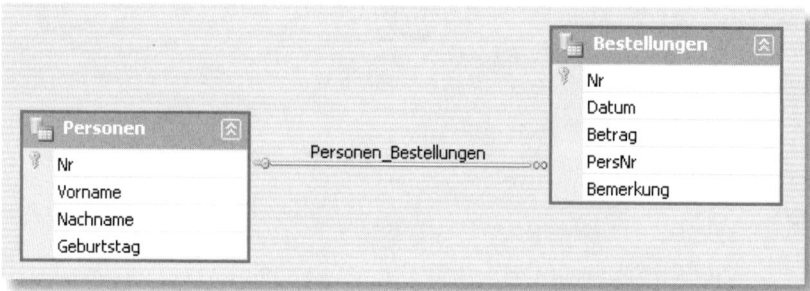

## Test

Das Datenquellen-Fenster bietet nun den folgenden Anblick:

---

**HINWEIS:**  Achten Sie darauf, dass die Tabelle "Bestellungen" ein zweites Mal erscheint und
zwar als 1:n-Relation am Ende der Tabelle "Personen"!

---

Ein überzeugender Test ist zum gegenwärtigen Zeitpunkt kaum sinnvoll, da uns zwar eine Klasse *DataSet1* als Datenquelle zur Verfügung steht, ein daraus mit *new* erzeugtes Objekt aber noch
mühselig mit Daten gefüllt werden müsste. Eine effektive Lösung zeigt das nachfolgende Rezept
R7.40.

# R7.40   Ein DataSet in ein typisiertes DataSet füllen

In Verbindung mit dem *Assistenten zum Konfigurieren von Datenquellen* bzw. einem *DataTableAdapter* ist es kein Problem, ein typisiertes DataSet mit Daten zu füllen, siehe R7.8 "Mit einer Datenquelle arbeiten". Als Ergebnis einer Datenbankabfrage oder eines Webmethodenaufrufs liegt aber häufig ein "normales" *DataSet* vor, für die weitere Informationsverarbeitung möchte man aber gern ein typisiertes DataSet nehmen, welches z.B. als Datenquelle für ein Windows-Frontend oder einen ReportService agieren soll.

Während der umgekehrte Weg (typisiert => untypisiert) ziemlich einfach ist:

```
DataSet ds = (DataSet) ds1;
```

... funktioniert der folgende Code leider nicht:

```
DataSet1 ds1 = (DataSet1) ds;
```

Der "Dünnbrettbohrer" könnte allerdings wie folgt sein Ziel erreichen:

```
ds.WriteXml("Temp.dat", XmlWriteMode.WriteSchema);
DataSet1 ds1 = new DataSet1();
ds1.ReadXml("Temp.dat");
```

Neben der relativen Langsamkeit hat dieses Verfahren den gravierenden Nachteil, dass als Zwischenspeicher eine temporäre Datei auf der Festplatte herhalten muss. Dies könnte z.B. beim Ausführen des Codes auf einem Internetserver mangels Schreibrechten zur Funktionsunfähigkeit führen.

Vorliegendes Rezept zeigt eine Lösung, wie man die Informationen aus einem gefüllten untypisierten *DataSet ds* in ein leeres typisiertes *DataSet1 ds1* schaffen kann, ohne dabei mühselig durch alle Zeilen und Spalten der *DataTable*s iterieren zu müssen.

## Oberfläche

Auf dem Startformular *Form1* findet (neben einem *Button*) das gute alte *DataGrid* seinen Platz. Gegenüber seinem strahlenden Nachfolger, dem *DataGridView*, hat dieses zum Schattendasein verdammte Control den Vorteil, dass man bequem mehrere Tabellen und deren Verknüpfungen betrachten kann.

## Quellcode

```
using System.IO;

public partial class Form1 : Form
{
    ...
```

Die folgende Methode konvertiert ein übergebenes untypisiertes *DataSet* in ein DataSet vom Typ *DataSet1*. Beide DataSets müssen eine identische Struktur haben. Im Zentrum stehen dabei die bekannten Methoden *WriteXml* und *ReadXml*, allerdings arbeiten diese nicht mit einer Datei sondern mit einem *MemoryStream*.

```
public DataSet1 ConvertUntypedToTypedDS(DataSet ds)
{
    MemoryStream stream = null;
    try
    {
        stream = new MemoryStream();
```

DataSet inkl. Strukturinfo in den *MemoryStream* schreiben:

```
        ds.WriteXml(stream, XmlWriteMode.WriteSchema);
```

Position im *MemoryStream* auf Anfang zurück setzen:

```
        stream.Seek(0, SeekOrigin.Begin);
```

Typisiertes *DataSet* instanziieren und Inhalt des *MemoryStream*s einlesen:

```
        DataSet1 ds1 = new DataSet1();
        ds1.ReadXml(stream, XmlReadMode.InferSchema);
        return ds1;
    }
    catch
    {return null; }
    finally
    { if (stream != null) stream.Close(); }
```

Um die Methode *ConvertUntypedToTypedDS* zu testen, brauchen wir sowohl ein gefülltes untypisiertes als auch ein leeres typisiertes *DataSet1* gleicher Struktur. Beide DataSets sollten allerdings nicht nur den Trivialfall einer einzigen Tabelle abdecken, sondern zumindest aus zwei über eine Relation verknüpften Tabellen bestehen.

Zum Erzeugen des "normalen" *DataSet*s benutzen wir die Methode *getTestDS* aus R7.38 "Ein ungebundenes DataSet erzeugen". Diese Methode liefert ein *DataSet* mit den Tabellen *Personen* und *Bestellungen*, die über eine 1:n-Relation miteinander verknüpft sind. Der Fremdschlüssel *PersNr* aus der Tabelle *Bestellungen* zeigt auf den Primärschlüssel *Nr* der Tabelle *Personen*.

Das entsprechende typisierte *DataSet1* steht als Ergebnis von R7.39 "Ein typisiertes DataSet im Designer erzeugen" zur Verfügung.

Der Aufruf über die "Start"-Schaltfläche:

```
private void button1_Click(object sender, EventArgs e)
{
```

Gefülltes untypisierte *DataSet* holen:

```
DataSet ds = getTestDS();
```

Nun kann unser typisiertes DataSet befüllt werden:

```
DataSet1 ds1 = ConvertUntypedToTypedDS(ds);
```

Datengitter mit typisiertem DataSet verbinden:

```
        dataGrid1.DataSource = ds1;
      }
    }
}
```

## Test

Das Ergebnis beweist, dass der Inhalt des untypisierten DataSets inkl. Relationen komplett in seinem typisierten Pendant angekommen ist.

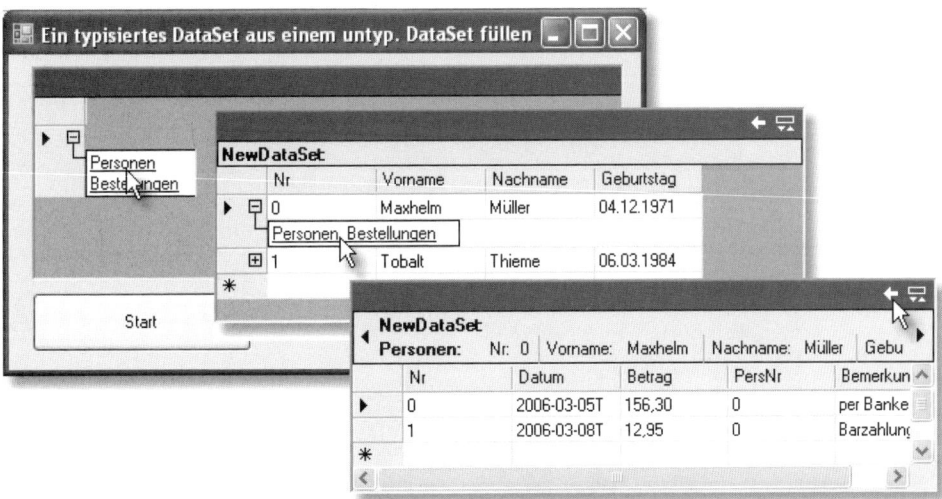

# Kapitel 8

# Reporting Services

## R8.1 Einen einfachen Bericht entwerfen

In diesem Rezept wollen wir mit minimalem Aufwand einen Bericht auf Basis der relativ neuen XML-basierten *Microsoft Reporting Services* erstellen. Dabei ist in drei Schritten vorzugehen:

- Erzeugen einer Datenquelle

- Entwurf des Reports (*.rdlc*-Datei)

- Verbinden des Reports mit einem *ReportViewer*

Ziel unseres Beispiels ist die Ausgabe der "Kunden"-Tabelle aus der Datenbank *Nordwind.mdb*.

### Datenquelle erzeugen

- Nachdem Sie ein neues Projekt vom Typ *Windows-Anwendung*.geöffnet haben ziehen Sie per Drag & Drop die Datenbank *Nordwind.mdb* vom Windows-Explorer in den Projektmappen-Explorer (die Datenbank erscheint dort als kleine gelbe Tonne).

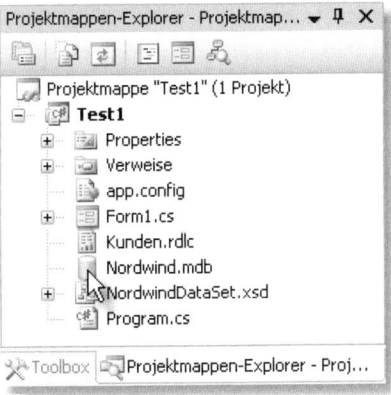

- Der *Assistent zum Konfigurieren von Datenquellen* erscheint und fordert Sie zur Auswahl der Datenbankobjekte auf. Markieren Sie die Tabelle "Kunden", belassen Sie es bei *Data-Set-Name = NordwindDataSet* und klicken Sie auf die "Fertigstellen"-Schaltfläche.

## Report entwerfen

Über das Menü *Projekt/Neues Element hinzufügen...* wählen Sie die Vorlage *Bericht*, wobei Sie den Standardnamen *Report1.rdlc* für die Reportdatei in *Kunden.rdlc* ändern sollten.

Es erscheint der Report Designer, auf dessen Oberfläche Sie ein Element vom Typ *Tabelle* von der Toolbox absetzen. Falls die Toolbox nicht zu sehen ist, wählen Sie das Menü *Ansicht/Toolbox*.

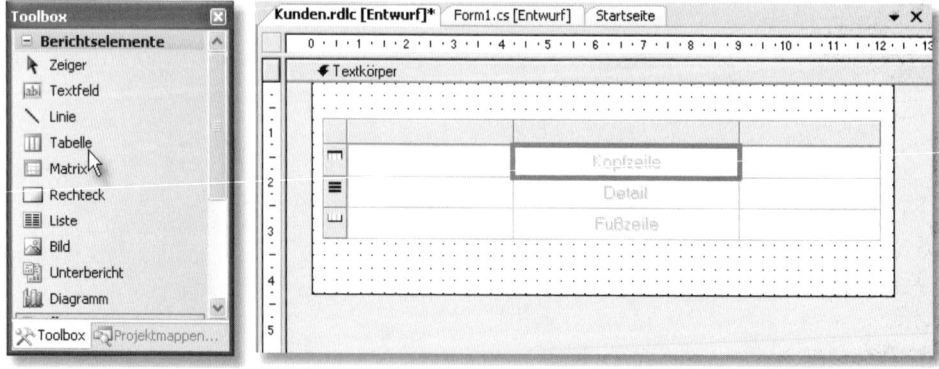

Über das Menü *Daten/Datenquellen anzeigen* bringen wir das "Datenquellen"-Fenster zur Ansicht, in welchem unser typisiertes *NorwindDataSet* zu sehen sein müsste. Per Drag & Drop ziehen wir nun die gewünschten *Kunden*-Felder auf die "Detail"-Zeile (die mittlere Zeile) der Report-Tabelle, wobei die Kopfzeile automatisch ergänzt wird.

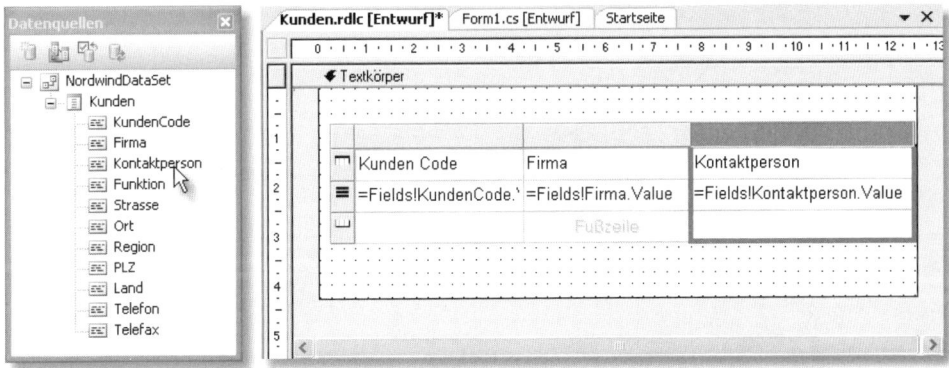

Da eine Tabelle standardmäßig mit drei Spalten erzeugt wird, müssen wir über das Kontextmenü weitere Spalten hinzufügen:

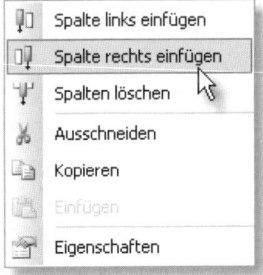

Formatieren Sie die Zellen der Report-Tabelle, z.B. die Schriftart, nach eigenem Ermessen über das Eigenschaftenfenster (F4) bzw. einen Eigenschaftendialog (Kontextmenü *Eigenschaften*). Die Spaltenbreite stellen Sie mit der Maus ein.

## Report mit ReportViewer verbinden

Auf dem Startformular *Form1* platzieren wir eine *ReportViewer*-Komponente aus der *Daten*-Sektion der Toolbox und setzen Sie die *Dock*-Eigenschaft auf *Fill*.

Im Aufgaben-Menü der *ReportViewer*-Komponente wählen wir jetzt die Reportdatei *Kunden.rdlc* aus. In der Folge werden die Instanzen *NordwindDataSet*, *KundenBindingSource* und *KundenTableAdapter* erzeugt und im Komponentenfach sichtbar.

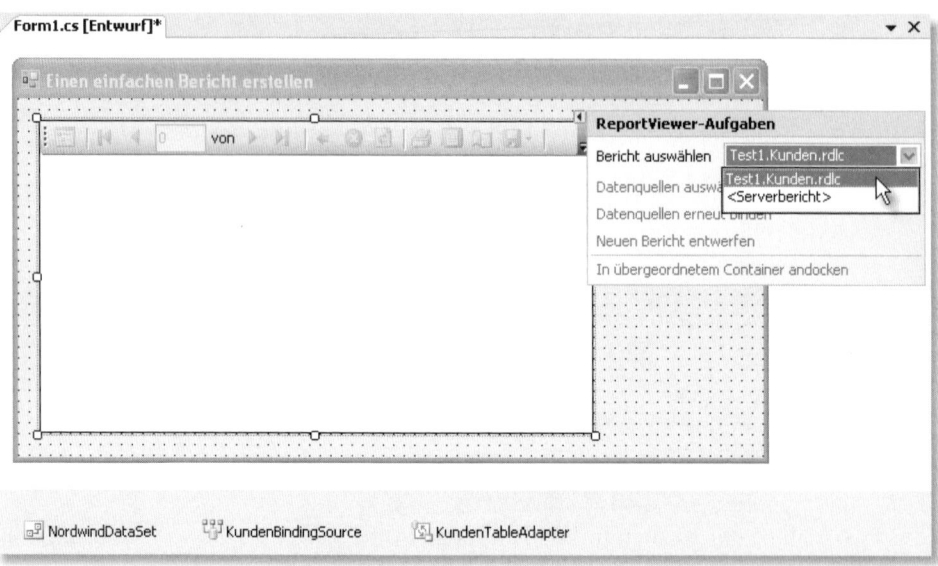

Der *ReportViewer* ist nun bereit für die Anzeige der *Kunden*-Tabelle. Starten Sie das Programm (F5). Während der mehr oder weniger langen Wartezeit erscheint eine animierte Meldung:

Bericht wird generiert

Das Ergebnis:

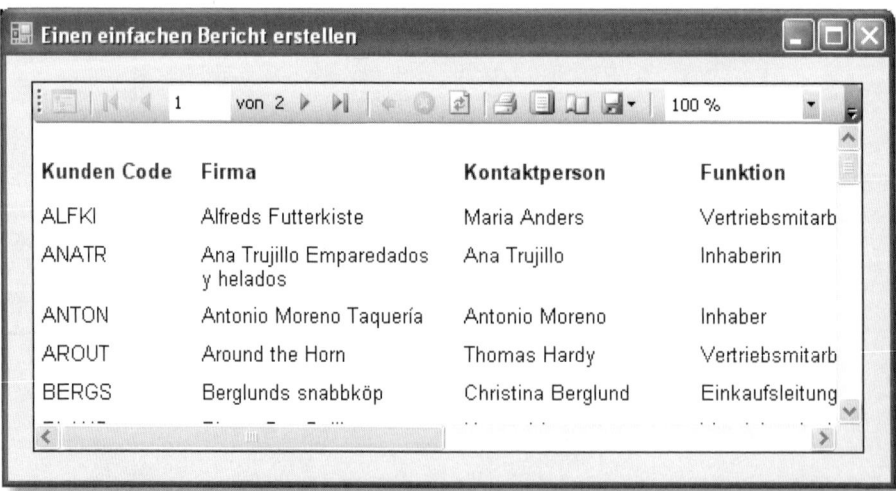

Über die Navigatorleiste haben Sie jetzt die Möglichkeit durch den Report zu blättern, den Report auszudrucken, die Seite einzurichten (z.B. Querformat), das Seitenlayout anzuzeigen, den Report im Excel oder PDF-Format zu exportieren, die Größe der Anzeige zu ändern oder nach Text zu suchen.

# R8.2   Einen Bericht ohne Assistentenhilfe erstellen

Im Vorgängerrezept R8.1 "Einen einfachen Bericht entwerfen" hatten wir die Datenbindung des *ReportViewer*s einem Assistenten überlassen und auch das typisierte DataSet *NordwindDataSet* wurde mit Assistentenhilfe generiert. Im vorliegenden Rezept wird das gleiche Problem in "Handarbeit" gelöst. Sie werden  feststellen, dass der zusätzliche Aufwand gar nicht so groß ist und die Zusammenhänge dafür umso klarer hervortreten.

### NordwindDataSet im Xsd-Designer erzeugen

Starten Sie eine neue Windows-Anwendung. Diesmal verzichten wir auf die Dienste des *Assistenten zum Konfigurieren von Datenquellen* und beschreiten einen anderen Weg, bei dem wir die Daten aus einer Xml-Datei laden werden. Über das Menü *Projekt/Neues Element hinzufügen...* fügen wir ein (typisiertes) *DataSet* hinzu und geben ihm den Namen *NordwindDataSet.xsd*.

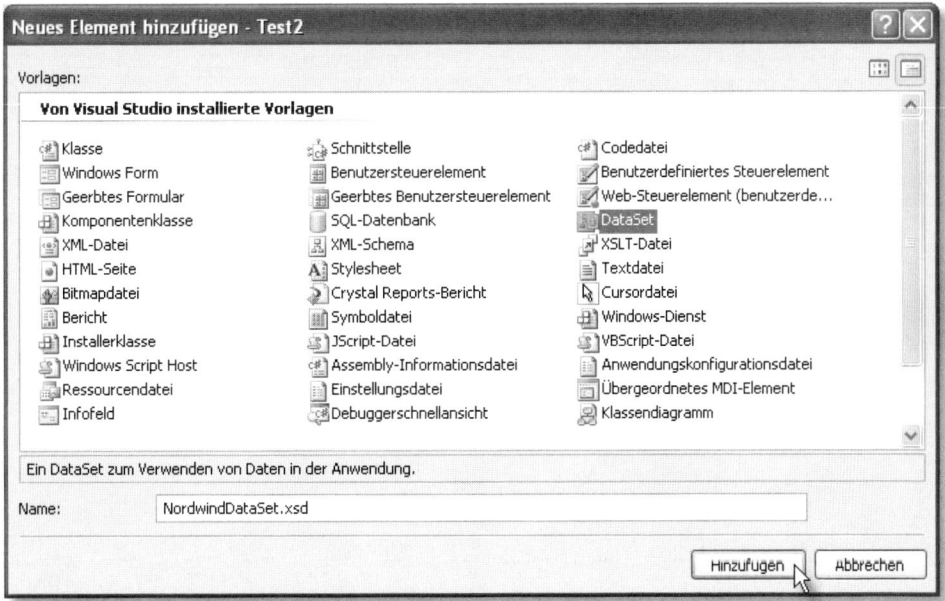

Es öffnet sich der Xsd-Designer. Klicken Sie auf die leere Fläche und fügen Sie per Kontext-menü eine neue *DataTable* hinzu:

Es dürfte für Sie kein Problem sein, die Tabelle umzubenennen und über das *Hinzufügen*-Kontextmenü mit Spalten (*KundenCode*, *Firma*, *Kontaktperson*, *Funktion*, *Strasse*, *Ort* ...) und einem Primärschlüssel entsprechend der folgenden Abbildung auszustatten. Da der Datentyp aller Spalten standardmäßig *System.String* ist, brauchen wir in unserem Fall die Datentypen nicht zu ändern.

Ein Klick auf das Menü *Daten/Datenquellen anzeigen* beweist, dass unser typisiertes DataSet jetzt als Datenquelle zur Verfügung steht:

### Bericht entwerfen

Über das Menü Projekt/*Neues Element hinzufügen...* fügen Sie einen Bericht mit dem Namen *Kunden.rdlc* hinzu. Der Drag & Drop-Entwurf unterscheidet sich nicht vom Vorgängerrezept R8.1. Um aber keine Langeweile aufkommen zu lassen, wollen wir diesmal statt einer *Tabelle* eine *Liste* nehmen. Die *Liste* füllen wir mit *Textfeld*ern entsprechend der Spaltenbreite aus und ziehen die entsprechenden Felder der "Kunden"-Tabelle hinein. Für die Spaltenüberschriften nehmen wir ebenfalls *Textfeld*er, die wir diesmal aber per Hand mit der Spaltenüberschrift ausfüllen müssen. Zur optischen Trennung zwischen Liste und Listenkopf dient ein *Linie*-Element.

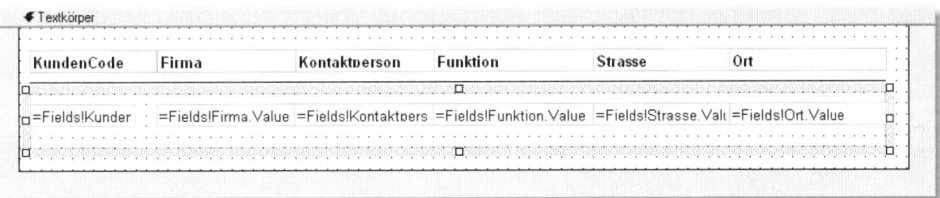

### ReportViewer anbinden

Setzen Sie einen *ReportViewer* auf das Startformular *Form1*. Um ihn mit dem Report und mit der Datenquelle zu verbinden, benutzen wir diesmal allerdings nicht das Aufgaben-Menü des *ReportViewer*s, sondern erledigen das per Code:

```
using Microsoft.Reporting.WinForms;
```

```
public partial class Form1 : Form
{
    private void Form1_Load(object sender, EventArgs e)
    {
```

Eine Instanz des typisierten DataSets erzeugen:

```
        NordwindDataSet nwDS = new NordwindDataSet();
```

Anstatt aus der Datenbank *Nordwind.mdb* wollen wir das DataSet diesmal ressourcenschonend aus der Datei *Kunden.xml* laden, die sich im Anwendungsverzeichnis befindet (siehe Buch-CD):

```
        nwDS.ReadXml("Kunden.xml");
```

Eine *BindingSource*-Komponente für die *Kunden*-Tabelle erzeugen:

```
        BindingSource kundenBindingSource = new BindingSource();
        kundenBindingSource.DataSource = nwDS;
        kundenBindingSource.DataMember = "Kunden";
```

Eine Report-Datenquelle erzeugen, der im Konstruktor übergebene Namen entspricht der Bezeichnung im Dialog "Berichtsdatenquellen" (Menü *Bericht/Datenquellen...*) des Report-Designers:

```
ReportDataSource rds1 = new ReportDataSource("NordwindDataSet_Kunden");
```

Der Report-Datenquelle die *BindingSource* zuweisen und zum Report hinzufügen:

```
rds1.Value = kundenBindingSource;
reportViewer1.LocalReport.DataSources.Add(rds1);
```

Den *ReportViewer* mit seiner Report-Ressource verbinden:

```
reportViewer1.LocalReport.ReportEmbeddedResource = "Test2.Kunden.rdlc";
this.reportViewer1.RefreshReport();
    }
}
```

## Test

Das Ergebnis ist die folgende Berichtsvorschau, wie sie im Wesentlichen dem Vorgängerrezept R8.1 entspricht:

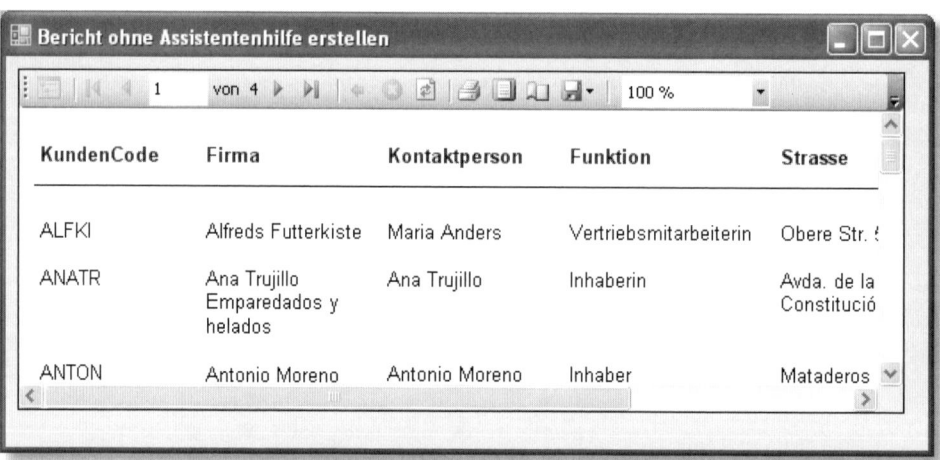

# R8.3 Im Bericht sortieren

Dieses Rezept zeigt zwei Varianten, die zu einer sortierten Anzeige im Bericht führen. Neben der einfachen Lösung, bei der die Sortierfolge bereits zur Entwurfszeit einmalig fest eingestellt wird, zeigen wir, dass man unter Verwendung eines Parameters die Sortierfolge auch erst zur Laufzeit festlegen kann.

### Vorbereitungen

Für den Reportentwurf muss eine Datenquelle *NordwindDataSet* mit der Tabelle "Bestellungen" zur Verfügung stehen. Das Befüllen dieser Tabelle mit Daten erfolgt nicht aus *Nordwind.mdb*, sondern aus einer Datei *Bestellungen.xml*, die sich im Anwendungsverzeichnis befindet (siehe R8.2).

### Oberfläche

Auf dem Startformular *Form1* finden ein *ReportViewer* und eine *ComboBox* ihren Platz. Füllen Sie die *Items*-Auflistung der *ComboBox* mit einigen *KundenCode*., die später die Werte für den Parameter bereitstellen sollen. Fügen Sie einen Bericht *Bestellungen.rdlc* hinzu, den Sie mit einer *Tabelle* ausstatten.

### Feste Sortierfolge

Das Einstellen einer festen Sortierfolge ist überhaupt kein Problem. Die Report-Steuerelemente *Tabelle*, ebenso wie *Liste*, verfügen über ein Kontextmenü *Eigenschaften*, mit welchem der mehrseitige Dialog "Tabelleneigenschaften"  bzw. "Listeneigenschaften" aufgerufen wird. Auf der Seite "Sortierung" haben Sie die Möglichkeit, die Spalte(n) und die Richtungen festzulegen, nach denen sortiert werden soll.

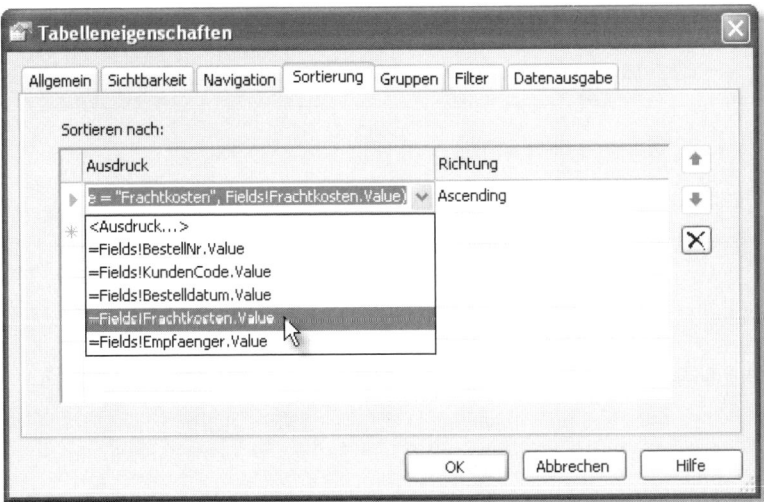

## Sortierfolge zur Laufzeit ändern

Wollen Sie erst zur Laufzeit die Sortierfolge bestimmen, so kommen Sie nicht um die Definition eines Parameters herum. Öffnen Sie dazu den monströsen "Berichtsparameter"-Dialog (Menü *Bericht/Berichtsparameter...*).

**HINWEIS:** Das *Bericht*-Menü steht nur bei geöffnetem Report-Designer zur Verfügung. Falls es dennoch fehlt, klicken Sie einfach auf die Oberfläche des Report-Designers.

Tragen Sie rechts oben die Eigenschaften Name = *prmSortField* und Datentyp = *String* ein und klicken Sie anschließend links unten die "Hinzufügen"-Schaltfläche.

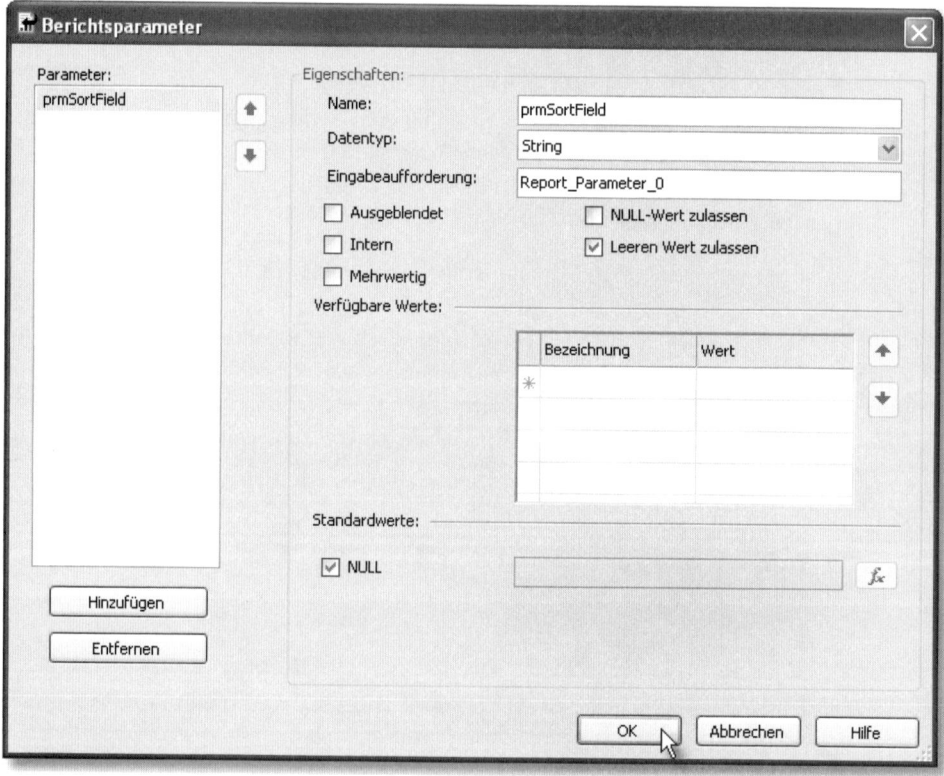

Öffnen Sie nun den Dialog "Tabelleneigenschaften" über das *Eigenschaften*-Kontextmenü der Tabelle und wählen Sie die Seite "Sortierung". In die Spalte "Ausdruck" tragen Sie diesmal jedoch keinen der per Klappbox angebotenen Werte ein (siehe oben), sondern öffnen den Ausdruckseditor. Tippen Sie den folgenden Ausdruck ein, der unter Benutzung der *Switch*-Funktion eine vom Wert des Parameters *prmSortField* gesteuerteAuswahl zwischen drei Sortiermöglichkeiten vornimmt:

```
=Switch(Parameters!prmSortField.Value = "BestellNr", Fields!BestellNr.Value,
        Parameters!prmSortField.Value = "KundenCode", Fields!KundenCode.Value,
        Parameters!prmSortField.Value = "Frachtkosten", Fields!Frachtkosten.Value)
```

## Quellcode

```
using Microsoft.Reporting.WinForms;

public partial class Form1 : Form
{
    ...
```

Beim Laden des Formulars werden die üblichen Routineaktivitäten durchgeführt:

```
    private void Form1_Load(object sender, EventArgs e)
    {
        NordwindDataSet nwDS = new NordwindDataSet();
        nwDS.ReadXml("Bestellungen.xml");
        ReportDataSource rds1 = new ReportDataSource("NordwindDataSet_Bestellungen");
        rds1.Value = nwDS.Bestellungen;
        reportViewer1.LocalReport.DataSources.Add(rds1);
        reportViewer1.LocalReport.ReportEmbeddedResource =
                                        "WindowsApplication1.Bestellungen.rdlc";
        comboBox1.SelectedIndex = 0;
    }
```

Zum Kern des Rezepts kommen wir erst jetzt, denn der Parameter wird in der *ComboBox* ausgewählt und zugewiesen, anschließend wird die Report-Anzeige aktualisiert:

```
    private void comboBox1_SelectedValueChanged(object sender, EventArgs e)
    {
        ReportParameter[] prms = { new ReportParameter("prmSortField", comboBox1.Text) };
        reportViewer1.LocalReport.SetParameters(prms);
        this.reportViewer1.RefreshReport();
    }
}
```

**Test**

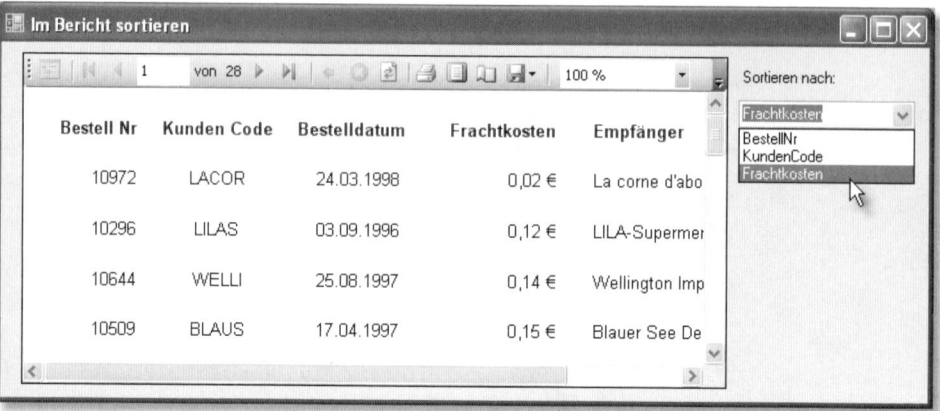

# R8.4 Im Bericht filtern

Ein Bericht soll die von einem bestimmten *Kunden* aufgegebenen *Bestellungen* anzeigen, wobei vorher der *KundenCode* vom Anwender abzufragen ist. Außerdem soll es möglich sein nur die Bestellungen aufzurufen, deren *Frachtkosten* einen bestimmten Betrag überschreiten.

Ähnlich wie beim Sortieren (siehe R8.3) haben wir hier zwei Möglichkeiten: unveränderliches Filter oder flexibles Filter unter Verwendunung eines Parameters. Letztere Variante soll Gegenstand dieses Rezepts sein.

## Oberfläche

Auf dem Startformular *Form1* finden ein *ReportViewer*, eine *ComboBox* und eine *TextBox* ihren Platz. Füllen Sie die *Items*-Auflistung der *ComboBox* mit einigen *KundenCode*s.

Fügen Sie einen Bericht *Bestellungen.rdlc* hinzu, den Sie mit einem *Textfeld* und einer *Tabelle* ausstatten.

## Datenquelle

Für den Reportentwurf muss eine Datenquelle *NordwindDataSet* mit der Tabelle "Bestellungen" zur Verfügung stehen. Das Befüllen dieser Tabelle mit Daten erfolgt aus einer Datei *Bestellungen.xml*, die sich im Anwendungsverzeichnis befindet (siehe R8.2).

## Parameterdefinition

Zur Definition von Parametern dient der monströse "Berichtsparameter"-Dialog, den Sie über das Menü *Bericht/Berichtsparameter...* öffnen.

> **HINWEIS:** Das *Bericht*-Menü steht nur bei geöffnetem Report-Designer zur Verfügung. Falls es dennoch fehlt, klicken Sie einfach auf die Oberfläche des Report-Designers.

Wir benötigen zwei Parameter.

- Klicken Sie links unten die "Hinzufügen"-Schaltfläche und tragen Sie rechts oben die Eigenschaften *Name* => *prmKuCode* und *Datentyp* => *String* ein.

- Gleiches wiederholen Sie für den Parameter *prmMinFK* (ebenfalls *String*-Datentyp).

## Parameter prmKuCode in Berichtsentwurf einbauen

Der Paramter *prmKuCode* wird an zwei Stellen im Bericht benötigt: zum Anpassen der Überschrift und zum Filtern des Tabelleninhalts.

Um den Parameter in die Überschrift des Berichts (oberes *Textfeld*) einzubauen, tragen Sie den folgenden Ausdruck ein:

```
="Bestellungen von " & Parameters!prmKuCode.Value
```

| ="Bestellungen von " & Parameters!prmKuCode.Value | | | |
|---|---|---|---|
| **Bestell Nr** | **Bestelldatum** | **Frachtkosten** | **Empfänger** |
| =Fields! BestellNr.Val | =Fields! Bestelldatum.Va | =Fields! Frachtkosten. | = Space(5) + Fields! Empfaenger.Value |
| | | Fußzeile | |

Markieren Sie dann die *Tabelle* und wählen Sie das Kontextmenü *Eigenschaften*. Auf der "Filter"-Seite des Dialogs "Tabelleneigenschaften" ist der folgende Ausdruck einzustellen:

Ausdruck:        *=Fields!KundenCode.Value*
Operator: =
Wert:        *=Parameters!prmKuCode.Value*

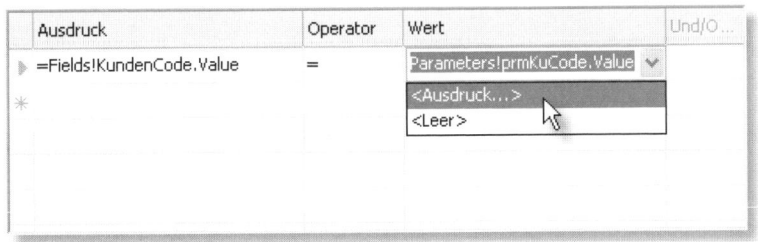

| Ausdruck | Operator | Wert | Und/O... |
|---|---|---|---|
| ▷ =Fields!KundenCode.Value | = | Parameters!prmKuCode.Value ▼ | |
| * | | <Ausdruck...> | |
| | | <Leer> | |

## Parameter prmMinFK in Berichtsentwurf einbauen

Fügen Sie zur "Filter"-Seite des Dialogs "Tabelleneigenschaften" den folgenden Ausdruck hinzu:

```
Ausdruck:  =Val(Fields!Frachtkosten.Value)
Operator:  >=
Wert:      =Val(Parameters!prmMinFK.Value)
```

## Parameter an Bericht übergeben

```
using Microsoft.Reporting.WinForms;

public partial class Form1 : Form
{
    ...
```

Beim Laden des Formulars wird die Datenquelle auf übliche Weise instanziiert und gefüllt (siehe Buch-CD).:

```
    private void Form1_Load(object sender, EventArgs e)
    { ... }
```

Die folgende Methode übernimmt die Übergabe der beiden Parameter an den Report:

```
    private void setParameters()
    {
        ReportParameter[] prms = { new ReportParameter("prmKuCode", comboBox1.Text),
                                   new ReportParameter("prmMinFK", textBox1.Text) };
        reportViewer1.LocalReport.SetParameters(prms);
        this.reportViewer1.RefreshReport();
    }
```

Der Aufruf der Methode *setParameters* erfolgt nach Auswahl eines Kunden in der *ComboBox* oder nach Eingabe eines neuen unteren Grenzwerts für die Frachtkosten in die *TextBox*:

```
    private void comboBox1_SelectedValueChanged(object sender, EventArgs e)
    {
        setParameters();
    }

    private void textBox1_KeyUp(object sender, KeyEventArgs e)
    {
        if ((e.KeyCode == Keys.Enter) && ((sender as TextBox).Text != String.Empty))
                setParameters();
    }
}
```

### Test

Ob Sie einen anderen Kunden auswählen oder einen neuen Minimalbetrag eingeben ist egal: der Report wird sofort aktualisiert.

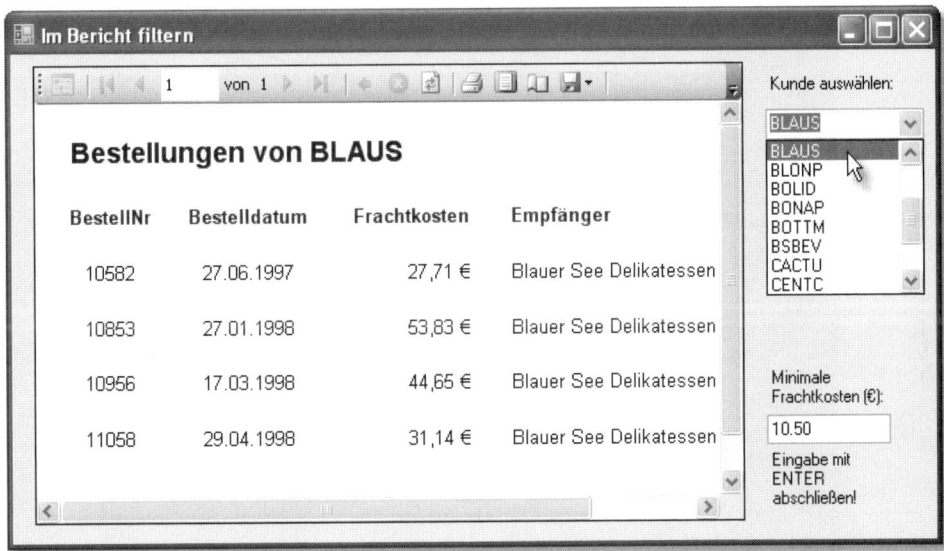

## R8.5 Im Bericht gruppieren

Ein Gruppieren der Datensätze steigert Übersichtlichkeit und Aussagekraft eines Berichts. Das vorliegende Rezept demonstriert dies anhand der Tabelle "Bestellungen" aus *Nordwind.mdb*.

### Oberfläche

Auf das Startformular *Form1* setzen Sie eine *ReportViewer*-Komponente. Fügen Sie einen Bericht *Bestellungen.rdlc* hinzu, den Sie mit einem *Textfeld* und einer *Tabelle* ausstatten.

### Datenquelle

Für den Reportentwurf muss eine Datenquelle *NordwindDataSet* mit der Tabelle "Bestellungen" zur Verfügung stehen. Das Befüllen dieser Tabelle mit Daten erfolgt aus einer Datei *Bestellungen.xml*, die sich im Anwendungsverzeichnis befindet (siehe R8.2).

### Gruppe hinzufügen

Markieren Sie die *Tabelle* im Report und klicken Sie mit der rechten Maustaste auf deren dünnen grauen Rand, sodass Sie das *Eigenschaften*-Kontextmenü aufrufen können. Im Dialog "Tabelleneigenschaften" öffnen Sie die Seite "Gruppen" und fügen eine neue Gruppierung hinzu.

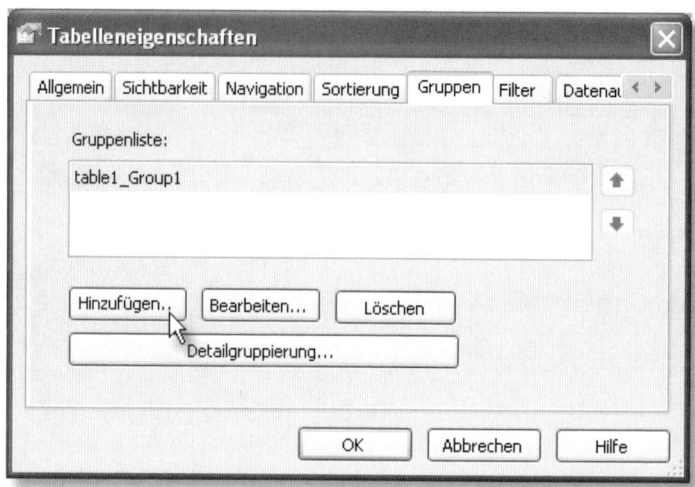

Anschließend klicken Sie die "Bearbeiten"-Schaltfläche um die Gruppierungs- und Sortierungs-
eigenschaften einzustellen. Über die Klappbox wählen Sie den gewünschte Ausdruck
(=*Fields!Verkäufer.Value*), nach welchem gruppiert werden soll.

Setzen Sie die Häkchen bei "Gruppenkopf einschließen" und "Gruppenfuß einschließen".

Natürlich könnte der Bericht z.B. auch nach dem Bestelldatum gruppiert werden.

Nachdem Sie den Dialog mit "OK" wieder geschlossen haben, tragen Sie die Ausdrücke für die Gruppen- und die Gesamtsumme der *Frachtkosten* in die *Tabelle* ein: *=Sum(Fields!Frachtkosten.Value)*.

---

**HINWEIS:** Um Einzelzellen zu vereinigen, markieren Sie diese (bei gedrückter *Strg*-Taste) und wählen dann im Kontextmenü den Eintrag *Zellen zusammenführen*.

---

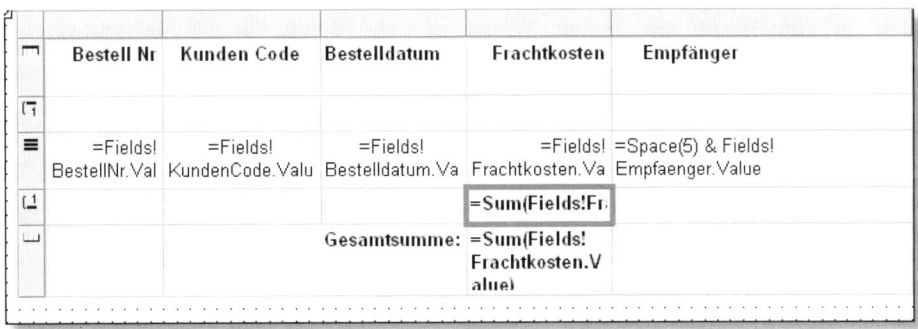

Damit sich innerhalb der Gruppe der Name des Kunden nicht ständig wiederholt, setzen Sie im Eigenschaftenfenster des entsprechenden *Textfeld*es die Eigenschaft *Duplikate ausblenden* auf den Namen der Gruppe:

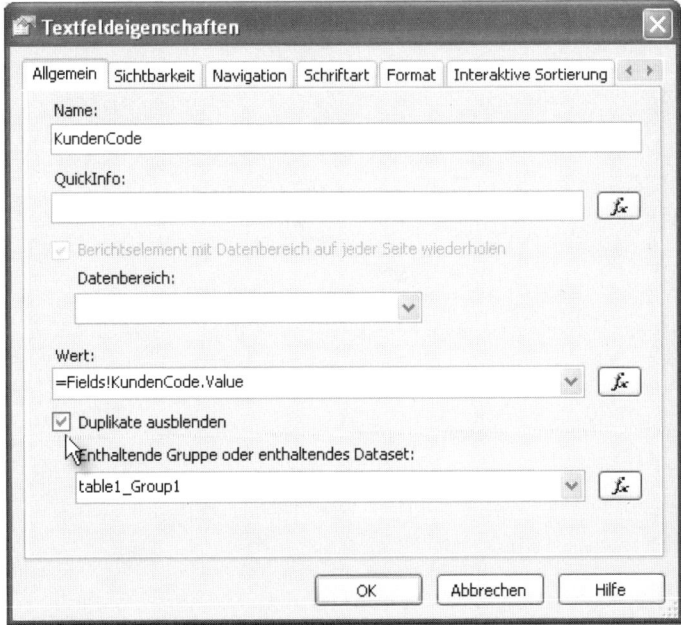

## Test

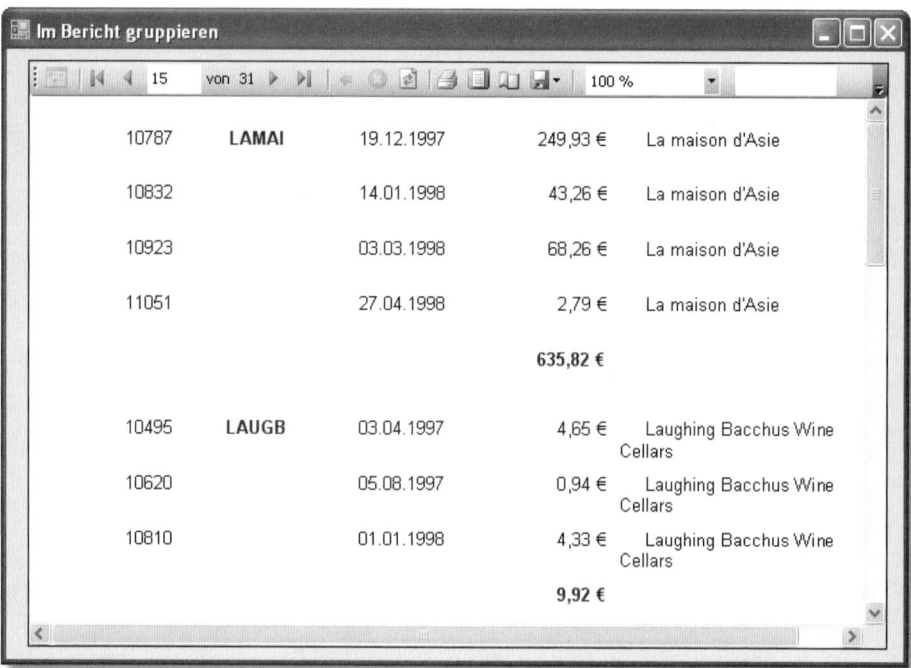

Unterhalb der letzten Gruppensumme erscheint die Gesamtsumme der Frachtkosten:

| 10374 | WOLZA | 05.12.1996 | 3,94 € | Wolski Zajazd |
|---|---|---|---|---|
| 10611 | | 25.07.1997 | 80,65 € | Wolski Zajazd |
| 10792 | | 23.12.1997 | 23,79 € | Wolski Zajazd |
| 10870 | | 04.02.1998 | 12,04 € | Wolski Zajazd |
| 10906 | | 25.02.1998 | 26,29 € | Wolski Zajazd |
| 10998 | | 03.04.1998 | 20,31 € | Wolski Zajazd |
| 11044 | | 23.04.1998 | 8,72 € | Wolski Zajazd |
| | | | **175,74 €** | |
| | | Gesamtsumme: | **64.942,69 €** | |

# R8.6   Weitere Tipps & Tricks

## Unterstreichungslinie in Tabelle

Ein *Linie*-Element ist innerhalb einer *Tabelle* nicht zulässig, setzen Sie stattdessen die *Border-Style*-Eigenschaft *Top* oder *Bottom* der *Textfeld*er einer Zeile auf *Solid*.

| 10308 | **ANATR** | 18.09.1996 | 1,61 € | Ana Trujillo Emparedados y helados |
| 10625 | | 08.08.1997 | 43,90 € | Ana Trujillo Emparedados y helados |
| 10759 | | 28.11.1997 | 11,99 € | Ana Trujillo Emparedados y helados |
| 10926 | | 04.03.1998 | 39,92 € | Ana Trujillo Emparedados y helados |
| | | | 97,42 € | |

## Währungsformatierung

Setzen Sie im Eigenschaftenfenster des *Textfeld*es die *Format*-Eigenschaft auf "*c*":

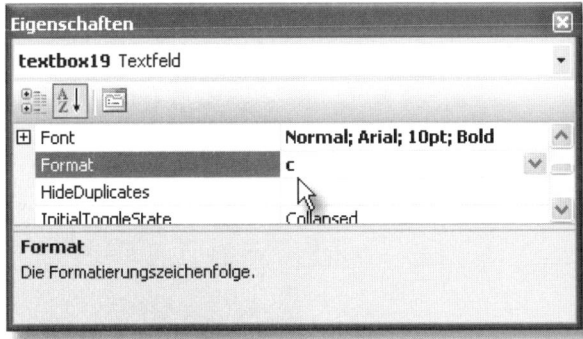

## Datumsformatierung

Setzen Sie im Eigenschaftenfenster des *Textfeld*es die *Format*-Eigenschaft auf "*d*".

## Wechselnde Zeilenfarbe

Markieren Sie die komplette Detailzeile durch Klick auf den linken breiten grauen Rand der *Tabelle* und öffnen Sie das Eigenschaftenfenster (F4). Tragen Sie für die Eigenschaft *Back-*

*groundColor* den folgenden Ausdruck ein, damit die Zeilenfarbe zwischen Weiß und Hellgelb wechselt:

```
=iif(RowNumber(Nothing) mod 2, "White", "#ffffc0")
```

| | | | | |
|---|---|---|---|---|
| 10643 | **ALFKI** | 25.08.1997 | 29,46 € | Alfred's Futterkiste |
| 10692 | | 03.10.1997 | 61,02 € | Alfred's Futterkiste |
| 10702 | | 13.10.1997 | 23,94 € | Alfred's Futterkiste |
| 10835 | | 15.01.1998 | 69,53 € | Alfred's Futterkiste |
| 10952 | | 16.03.1998 | 40,42 € | Alfred's Futterkiste |
| 11011 | | 09.04.1998 | 1,21 € | Bottom-Dollar Markets |
| | | | 225,58 € | |

## Anzeige von True und False in Booleschen Feldern vermeiden

```
=IIF(Fields!Abgang.Value, "x", "")
```

... erzeugt anstatt *True* ein Kreuzchen, ansonsten leer.

```
=IIF(Fields!Abgang.Value, "ja", "nein")
```

... erzeugt *ja/nein* anstatt *True/False*.

## Anzeige von Nullwerten unterdrücken

```
=IIF(Fields!Netto.Value = "0,00 Euro", "", Fields!Netto.Value)
```

... unterdrückt die Anzeige von 0 € - Werten.

## Abstand zwischen zwei Tabellenspalten vergrößern

Haben Sie z.B. ein *Textfeld* für die Spalte *Bemerkung* mit *TextAlign = Left* gibt es kaum Abstand zur Vorgängerspalte. Tragen Sie aber in dieses *Textfeld* den folgenden Ausdruck ein:

```
=Space(10) + Fields!Bemerkung.Value
```

... beginnt der Text jetzt 10 Leerzeichen weiter rechts, was der Übersichtlichkeit zugute kommt.

## Die lästigen Sekunden beseitigen

```
=Format(Fields!Datum.Value, "dd/MM/yy HH:mm")
```

... liefert z.B. *28.11.04 10:45.*

## Nachkommastellen festlegen

```
=Format(Fields!Liter.Value, "#0.00")
```

... zeigt 2 Nachkommastellen und mindestens eine Vornull an, z.B. *0,20.*

## Berechnen und formatieren

```
=Format(Fields!Brutto.Value / (1 + Fields!MWSt.Value / 100), "#,##0.00 Euro")
```

...berechnet Netto aus Brutto und MWSt (0, 7, 16) und liefert z.B. *12.345,67 Euro.*

## Unterdrücken von Kopf- und Fußzeilen auf der ersten Seite

Standardmäßig werden der Seitenkopf und der Seitenfuß auch auf der ersten und letzten Seite eines Berichts angezeigt. Sie können den Seitenkopf und -fuß auf der ersten und der letzten Seite unterdrücken, indem Sie die *PrintOnFirstPage*- oder die *PrintOnLastPage*-Eigenschaft für die Kopf- oder Fußzeile ändern.

## Seitenzahlen in den Report einfügen

Wählen Sie das Menü *Bericht|Seitenkopf* oder *Bericht|Seitenfuß* und setzen Sie ein *Textfeld* als Platzhalter für die Seitenzahl in den Seitenkopf oder -fuß und tragen Sie folgenden Ausdruck ein:

```
=Globals!PageNumber
```

oder

```
="Seite " & Globals!PageNumber & " von " & Globals!TotalPages
```

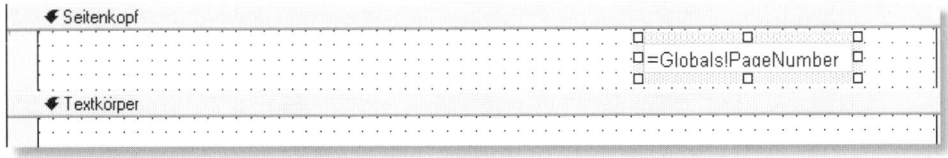

Hilfestellung beim Eintragen der richtigen Bezeichner kann Ihnen der Ausdruckseditor geben:

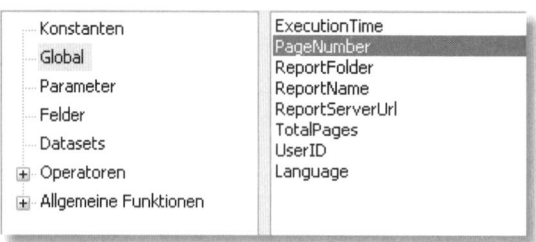

## Anzeigen variabler Daten in einem Seitenkopf oder -fuß

Ein Seitenkopf oder -fuß wird meistens zur Anzeige von Seitenzahlen oder anderen Infos zum Inhalt einer Seite verwendet. Wollen Sie variable Daten anzeigen, die sich mit jeder Seite ändern, müssen Sie dafür einen Ausdruck schreiben, in welchem Sie Verweise auf Berichtselemente dieser Seite (z. B. auf ein *Textfeld*) verwenden. Ein direkter Verweis auf Felder der Datenquelle (DataSet) ist nicht möglich!

Sie können von einem *Textfeld* in einem Seitenkopf oder -fuß nicht direkt auf ein Datenfeld verweisen, folgender Ausdruck wäre z.B. nicht möglich:

```
=Fields!KundenCode.Value
```

Erlaubt wäre aber z.B. der Ausdruck:

```
=First(ReportItems!Txt_KundenCode.Value)
```

... wenn im Detailbereich ein *Textfeld* mit dem Namen *Txt_KundenCode* existiert.

## Mehr Informationen zu den MS Reporting Services

Umfangreichere Beispiele und mehr Infos zur neuen MS Report-Technologie (z.B. das Auswerten von Report-Ereignissen und das Erstellen von Unterberichten und Rechnungsformularen) finden Sie in unserem Buch "Datenbankprogrammierung mit Visual C# 2005" (ISBN 3-86063-588-3).

# Kapitel 9

# ASP.NET/Webdienste

## R9.1 Eine einfache Webanwendung erstellen

Das Prinzip der objekt- und ereignisorientierten Programmierung gilt in Visual Studio uneingeschränkt auch für Web-Anwendungen, wie unser erstes Rezept – ein kleiner Währungsrechner – zeigen soll.

### Oberfläche

Ein neues ASP.NET-Projekt erstellen Sie über den Menübefehl *Datei|Neu|WebSite*.

Geben Sie einen neuen Verzeichnisnamen an, z.B. *EuroDollar*. Mit der Option *Speicherort* können Sie entscheiden, ob Ihr Projektmappen-Explorer

- als Unterverzeichnis im Dateisystem,

- per HTTP auf einem IIS

- oder per FTP-Zugriff

erzeugt wird. Wir belassen es in der Entwurfsphase beim *Dateisystem*, das Projekt kann später problemlos auf einen IIS exportiert werden.

---

**HINWEIS:** Haben Sie die Option *Dateisystem* gewählt, können Sie das Projekt nur aus Visual Studio heraus testen. Dazu wird ein eigener Webserver verwendet, ein entsprechendes Icon ist im Taskbar zu sehen.

---

Nach kurzer Wartezeit erscheint die Web-Entwicklungsumgebung von Visual Studio, welche sich kaum von der IDE für Windows-Anwendungen abhebt.

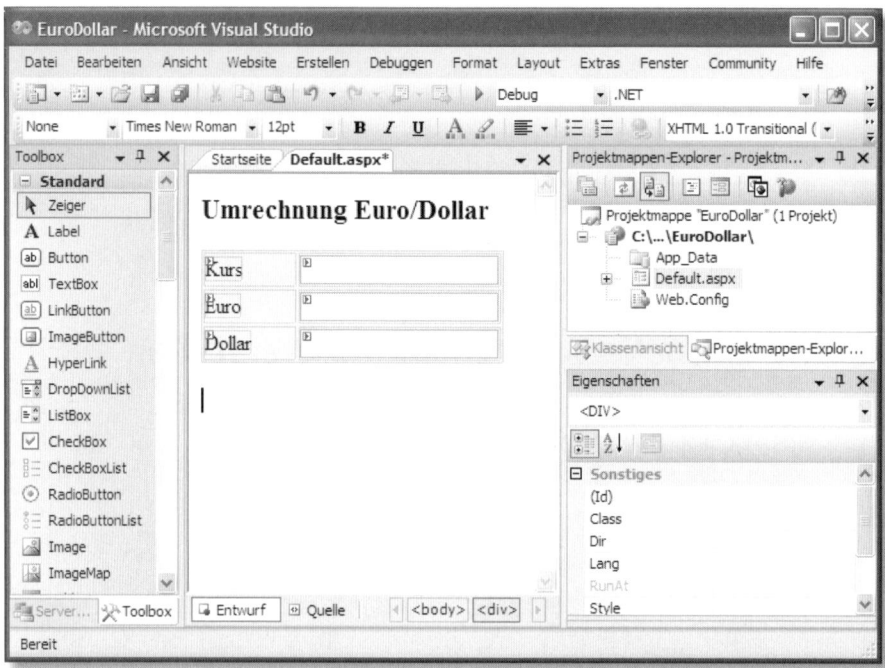

Erstellen Sie nun die oben abgebildete Web-Bedienoberfläche. Verwenden Sie nur die Steuerelemente aus der Kategorie "Standard" der Tool-Palette.

---

**HINWEIS:** Im Gegensatz zur Vorgängerversion wird als Standardformat das Flow-Layout statt des Grid-Layouts verwendet. Dies bedeutet, dass Sie Steuerelemente nicht mehr absolut positionieren können, sondern diese mit Hilfe von Tabellen und prozentualen Angaben an die Seitenbreite/Bildschirmauflösung des Endanwenders anpassen müssen.

---

Die HTML-Tabelle können Sie über den Menüpunkt *Layout Tabelle einfügen* erzeugen:

Beim Vergleich mit einer Windows Forms Oberfläche fällt z.B. das Fehlen der Formular-Titel-leiste und eines "Beenden"-Buttons auf. Da eine Web-Anwendung aber nicht in Windows-Formularen, sondern im Internet-Explorer angezeigt wird, gibt es für beides keine Notwendig-keit mehr. Quasi als Ersatz für die fehlende Titelleiste haben wir oben einen reinen HTML-Text positioniert.

---

**HINWEIS:** Leider sind die standardmäßig zugewiesenen *Text*-Eigenschaften der Steuerele-mente nicht im Designer-Fenster sichtbar, sodass die anfängliche Orientierung (welches Objekt hat welchen Namen?) etwas darunter leidet.

---

## Zuweisen der Objekteigenschaften

Beginnen wir ganz oben mit dem Titeltext. Als kosmetische Korrektur haben wir über der Tool-bar die Schriftgröße geändert (wie in einer Textverarbeitung).

Nachfolgend können Sie die Beschriftung (*Text*) und die Schriftattribute der drei *Label* verän-dern.

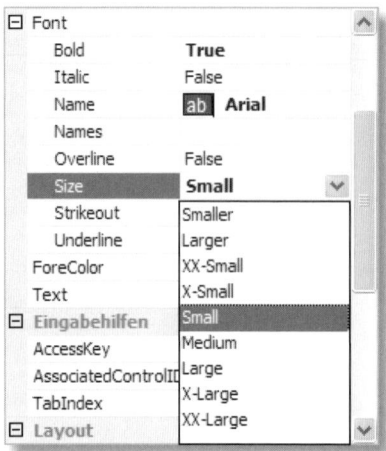

Es ist typisch für Web-Anwendungen, dass es keine festen Pixel-Größen für die Schriftgröße mehr gibt, sondern lediglich allgemeine Angaben wie *Small*, *Medium* und *Large* (siehe obige Abbildung).

Nach dem Zuweisen der Eigenschaften für die übrigen Steuerelemente, bei denen Sie ruhig etwas experimentieren können, sollte sich etwa die im Folgenden abgebildete Oberfläche ergeben:

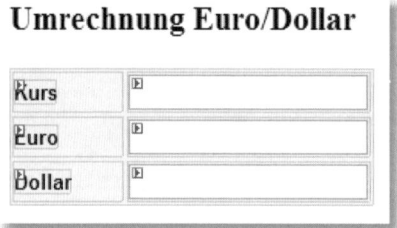

Und zum Schluss bitte nicht vergessen:

---

**HINWEIS:** Setzen Sie die *AutoPostBack*-Eigenschaft der drei *TextBox*en auf *True*!

---

### Quelltext

Gehen Sie über den Projektmappen-Explorer zur Code-Ansicht *Default.aspx.cs* (bitte nicht mit der HTML-Ansicht verwechseln!). Abgesehen von einigen wenigen Unterschieden ist die Programmierung identisch mit der von Windows-Anwendungen.

Der Rahmencode des Event-Handlers für das *Load*-Ereignis der Web Form ist bereits vorgefertigt. Unmittelbar zuvor deklarieren wir die benötigten Variablen. Beim Laden der Seite werden den Variablen Anfangswerte zugewiesen[1] und die Textboxen damit initialisiert:

```
using System;
using System.Data;
using System.Configuration;
using System.Web;
using System.Web.Security;
using System.Web.UI;
using System.Web.UI.WebControls;
using System.Web.UI.WebControls.WebParts;
using System.Web.UI.HtmlControls;


public partial class _Default : System.Web.UI.Page
{
    private Single euro, dollar, kurs;

    protected void Page_Load(object sender, EventArgs e)
    {
        if (!IsPostBack)
        {
            euro = 1;
            dollar = 1;
            kurs = 1;
            TextBox1.Text = euro.ToString();
            TextBox2.Text = dollar.ToString();
            TextBox3.Text = kurs.ToString();
        }
    }
}
```

**HINWEIS:** Die obige Abfrage der *IsPostBack*-Eigenschaft des Web Formulars bewirkt, dass nur beim ersten Aufruf der Seiteninhalt aktualisiert wird und nicht bei jedem Neuaufbau der Seite.

Nun müssen wir die Event-Handler für die drei Textboxen erstellen. Da die für Web Forms zuständigen Steuerelemente auf deutlich weniger Ereignisse als ihre Windows Forms-Pendants

---

[1] Auf das Initialisieren der globalen Variablen bereits beim Deklarieren müssen wir leider verzichten, da sich dies sonst bei jedem Neuaufbau der Seite wiederholen würde. Es erfolgt also nur die einfache Deklaration.

reagieren, gibt es u.a. auch kein *KeyUp*-Event[1]. Stattdessen werten wir das *TextChanged*-Ereignis aus.

Der Rahmencode wird auf die bekannte Weise erstellt: In der Ereignisliste des Eigenschaften-Fensters auf das *TextChanged*-Event doppelklicken.

Die Euro-Änderung:

```
protected void TextBox2_TextChanged(object sender, EventArgs e)
{
    euro = Convert.ToSingle(TextBox2.Text);
    kurs = Convert.ToSingle(TextBox1.Text);
    dollar = euro * kurs;
    TextBox3.Text = dollar.ToString("#,##0.00");
}
```

Die Dollar-Änderung:

```
protected void TextBox3_TextChanged(object sender, EventArgs e)
{
    dollar = Convert.ToSingle(TextBox3.Text);
    kurs  = Convert.ToSingle(TextBox1.Text);
    euro  = dollar / kurs;
    TextBox2.Text = euro.ToString("#,##0.00");
}
```

Die Kurs-Änderung:

```
protected void TextBox1_TextChanged(object sender, EventArgs e)
{
    kurs = Convert.ToSingle(TextBox1.Text);
    euro = Convert.ToSingle(TextBox2.Text);
    dollar = euro * kurs;
    TextBox3.Text = dollar.ToString("#,##0.00");
}
```

## Test

Nachdem Sie mit F5 gestartet haben, werden Sie zunächst mit der folgenden Dialogbox konfrontiert:

---

[1]  Das ist ja eigentlich auch logisch, denn der Netzwerk-Traffic wäre gewaltig.

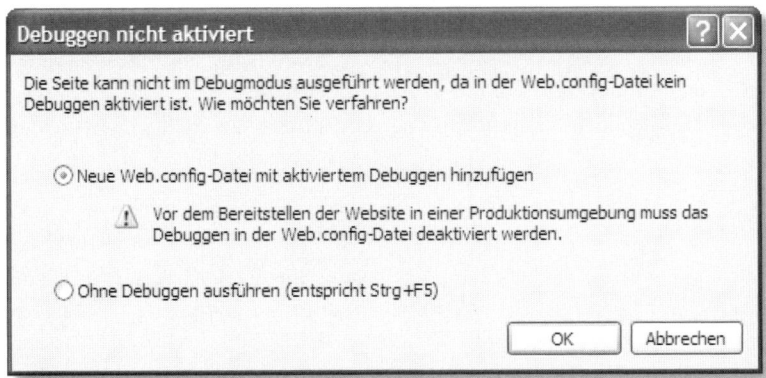

Bestätigen Sie einfach mit OK, um eine neue *Web.Config* zu erzeugen und im Debug-Modus fortzufahren.

Nach einiger Zeit erscheint der Internet Explorer und die Seite mit der Adresse

```
http://localhost:1350/EuroDollar/Default.aspx
```

wird anzeigt. Sie werden feststellen, dass die Textboxen nicht sofort aktualisiert werden, sondern erst nachdem die Textbox den Fokus verliert, d.h., wenn Sie mit der Maus in eine andere Textbox klicken bzw. die Tab-Taste betätigen (siehe unten).

# R9.2  Tabellen mit der Table-Komponente erstellen

In diesem Rezept kann der Einsteiger die wichtigsten Etappen des objekt- und ereignisorientierten ASP.NET-Projektentwurfs auf etwas höherem Niveau trainieren und sich gleichzeitig mit der *Table*-Komponente vertraut machen. Dieser können Sie sowohl zur Entwurfs- als auch zur Laufzeit Zeilen und Spalten hinzufügen, die Sie nachfolgend mit Inhalten füllen. Die möglichen Formatierungen orientieren sich eng am endgültigen Resultat dieses Server-Controls: eine einfache HTML-Tabelle (Zellabstände, Rahmen, horizontale/vertikale Ausrichtung, Schriftarten etc.).

## Oberfläche

Ein neues ASP.NET-Projekt erstellen Sie über den Menübefehl *Datei|Neu|Website...| ASP.NET-Webanwendung*. Geben Sie einen Verzeichnisnamen an und verwenden Sie zunächst als Speicherort das Dateisystem.

Fügen Sie zunächst eine Tabelle ein, um die Komponenten auf der Seite positionieren zu können:

Platzieren Sie entsprechend folgender Abbildung eine *TextBox*, eine *ListBox*, zwei *Labels*, drei *Buttons* und eine *Table*-Komponente in der Tabelle:

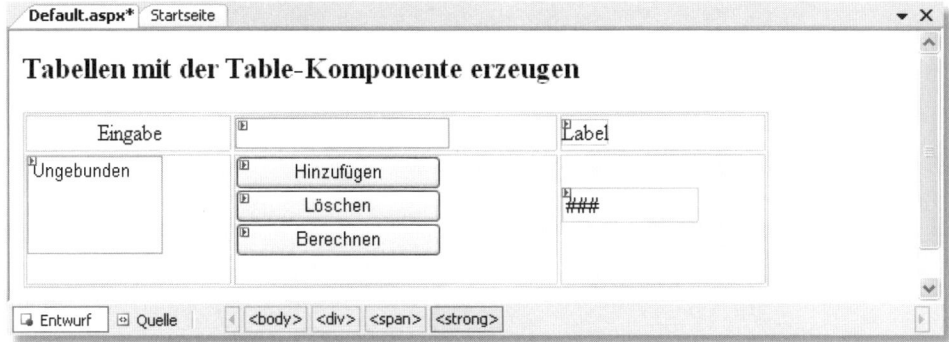

Im Designer bestimmen Sie lediglich die Breite der Tabelle, alle anderen Formatierungen, die Zeilen- und Spaltenzahl und natürlich auch den Inhalt, legen wir erst zur Laufzeit fest.

> **HINWEIS:** Verwenden Sie nur die Komponenten von der *Standard*-Seite!

## Zwischentest

Damit ist auch schon der Oberflächenentwurf abgeschlossen, wir können einen ersten Test wagen. Starten Sie einfach mit der F5-Taste und warten Sie ab.

Nach einigen Sekunden dürften Sie sich im Internet Explorer wiederfinden. Klicken Sie ruhig einmal auf die Schaltfläche "Berechnen". Auf den ersten Blick passiert zwar nichts, wer jedoch aufmerksam die Statusleiste im Auge behält wird feststellen, dass die Seite erneut vom Server abgerufen wird. Genau dieses Verhalten werden wir im weiteren Verlauf für die Ereignis-programmierung brauchen.

## Ereignisprogrammierung

Im nächsten Schritt wollen wir etwas Leben in unsere Anwendung bringen. Grundlage unseres Beispiels soll die Berechnung von Minimum, Maximum, Durchschnitt und Summe der Werte in der *ListBox* sein.

Sicher werden Sie jetzt einwenden, dass in der *ListBox* keinerlei Werte enthalten sind, doch genau darum wollen wir uns jetzt kümmern.

Klicken Sie, wie von den Windows Forms gewohnt, doppelt auf die Schaltfläche "Hinzufügen" und ergänzen Sie folgenden Ereigniscode:

```
protected void Button1_Click(object sender, EventArgs e)
{
    ListBox1.Items.Add(TextBox1.Text);
}
```

Starten Sie das Programm erneut und tragen Sie einige Werte in die *TextBox* ein. Nach dem Klick auf die Schaltfläche "Hinzufügen" sollten die Werte in die *ListBox* übernommen werden:

```
Tabellen mit der Table-Komponente erzeugen

         Eingabe      16,33                    Label

  64,3           ┌─────────────────────┐
  16             │      Hinzufügen      │
                 └─────────────────────┘
                 ┌─────────────────────┐
                 │       Löschen        │
                 └─────────────────────┘
                 ┌─────────────────────┐
                 │      Berechnen       │
                 └─────────────────────┘
```

Zum Korrigieren von Fehleingaben nutzen wir die Schaltfläche "Löschen":

```csharp
protected void Button2_Click(object sender, EventArgs e)
{

    ListBox1.Items.RemoveAt(ListBox1.SelectedIndex);

}
```

**HINWEIS:** Auf eine Fehlerbehandlung verzichten wir zunächst!

Anschließend beginnt unsere eigentliche Arbeit, wir programmieren die Funktionen für die diversen mathematischen Berechnungen.

Berechnung des Minimums:

```csharp
private string Minimum(ListItemCollection l)
{
  Single wert = Convert.ToSingle(l[0].Value);
  for (int i = 1; i < l.Count; i++)
    if (Convert.ToSingle(l[i].Value) < wert)
      wert = Convert.ToSingle(l[i].Value);
  return(wert.ToString());
}
```

Berechnung des Maximums:

```csharp
private string Maximum(ListItemCollection l)
{
  Single wert = Convert.ToSingle(l[0].Value);
  for (int i = 1; i < l.Count; i++)
    if (Convert.ToSingle(l[i].Value) > wert)
      wert = Convert.ToSingle(l[i].Value);
```

```
        return(wert.ToString());
     }
```

Berechnung des Durchschnitts:

```
    private string Durchschnitt(ListItemCollection l)
    {
      Single wert = 0;
      for (int i = 0; i < l.Count; i++)
        wert += Convert.ToSingle(l[i].Value);
      return((wert / l.Count).ToString());
    }
```

Berechnung der Summe:

```
    private string Summe(ListItemCollection l)
    {
      Single wert = 0;
      for (int i = 0; i < l.Count; i++)
        wert += Convert.ToSingle(l[i].Value);
      return(wert.ToString());
    }
```

Eine Methode für den späteren Aufruf der Funktionen bzw. die Anzeige der Werte:

```
  private void tabellenausgabe()
  {
    TableRow r;
    TableCell c;
    if (ListBox1.Items.Count > 1)
    {
```

Wir erzeugen die Kopfzeile der Tabelle:

```
    r = new TableRow();          // neue Zeile erzeugen
    c = new TableCell();         // neue Spalte bzw. Zelle erzeugen
    c.Text = "Funktion";         // Inhalt eintragen
    r.Cells.Add(c);              // Zelle in die Zeile einfügen
    c = new TableCell();
    c.Text = "Wert";
    r.Cells.Add(c);
    r.BackColor = Color.LightGray;
    Table1.Rows.Add(r);          // Zeile in die Tabelle einfügen
```

Wir berechnen die Werte und erzeugen die Tabellenzeilen:

```
r = new TableRow();
c = new TableCell();
c.Text = "Maximum";
r.Cells.Add(c);
c = new TableCell();
c.Text = Maximum(ListBox1.Items);
r.Cells.Add(c);
Table1.Rows.Add(r);
r = new TableRow();
c = new TableCell();
c.Text = "Minimum";
r.Cells.Add(c);
c = new TableCell();
c.Text = Minimum(ListBox1.Items);
r.Cells.Add(c);
Table1.Rows.Add(r);
r = new TableRow();
c = new TableCell();
c.Text = "Durchschnitt";
r.Cells.Add(c);
c = new TableCell();
c.Text = Durchschnitt(ListBox1.Items);
r.Cells.Add(c);
Table1.Rows.Add(r);
r = new TableRow();
c = new TableCell();
c.Text = "Summe";
r.Cells.Add(c);
c = new TableCell();
c.Text = Summe(ListBox1.Items);
r.Cells.Add(c);
Table1.Rows.Add(r);
    }
}
```

**HINWEIS:** Sie müssen den Namespace *System.Drawing* hinzufügen, wir benötigen ihn für die Farbkonstanten.

Die Ereignisprozedur der Schaltfläche (auf eine Fehlerbehandlung verzichten wir an dieser Stelle):

```
private void Button3_Click(object sender, System.EventArgs e)
{
    tabellenausgabe();
}
```

## Test

Einem kompletten Funktionstest steht nun nichts mehr im Wege:

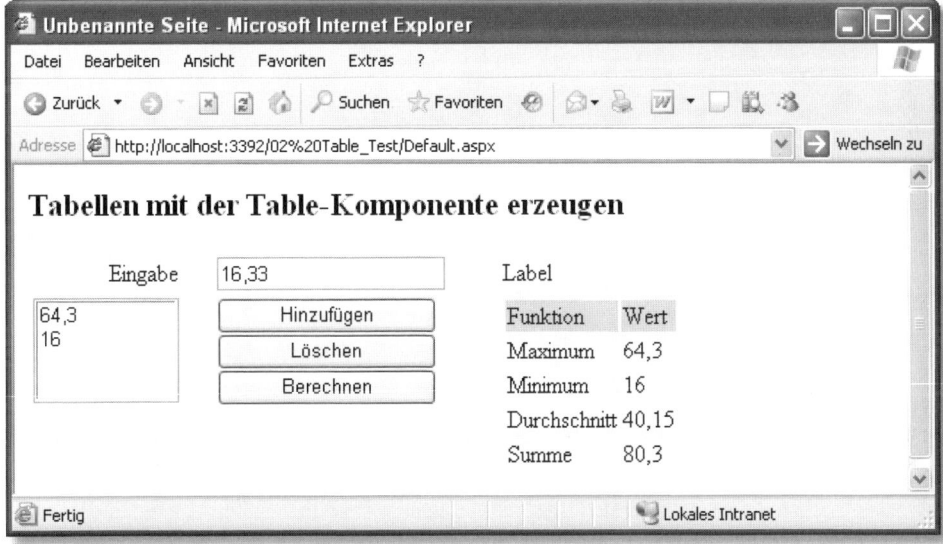

## Ergänzungen

Bisher sind wir bei unserem Beispiel von vorbildlichen Nutzern ausgegangen, die sofort wissen, dass nur Zahlenwerte einzugeben sind und die auch realistische Werte vorgeben. Doch was passiert, wenn nicht?

Geben Sie ruhig einmal statt einer Zahl ein paar Buchstaben ein. Das Resultat dürfte auch bei Ihnen eine ausführliche Fehlermeldung sein.

Wir beschränken uns an dieser Stelle zunächst auf eine einfache Fehlerbehandlung mit *try-catch*. Dazu führen wir einige zusätzliche Variablen ein, die es uns ermöglichen, die Listeneinträge auf Konvertierbarkeit zu prüfen:

```
private void tabellenausgabe()
{   TableRow r;
    TableCell c;
```

```
      Single wert;
      Boolean myerr = false;

      for (int i = 0; i < ListBox1.Items.Count; i++)
      {
        try
          {Convert.ToSingle(ListBox1.Items[i].Value);}
        catch
          {myerr = true;}
      }
      if (!myerr)
      {
...
      }
    else
      Label1.Text = "Fehler in den Eingabewerten !";
}
```

---

**HINWEIS:** Gibt der Nutzer falsche bzw. unzulässige Werte ein, so erscheint statt des Ergebnisses eine Fehlermeldung[1].

---

# R9.3   Daten zwischen Web Forms austauschen

Haben Sie bisher mit Windows Formularen gearbeitet und steigen jetzt auf Web Forms um, werden Sie schnell auf ein "Problem" stoßen: Wie können Daten von einem Web Form an das andere Web Form übergeben werden?

Das vorliegende Rezept, bei dem in einem Formular Daten eingegeben werden und in einem
zweiten diese Werte für Berechnungen genutzt werden, zeigt die Vorgehensweise.

---

**HINWEIS:** Wir erweitern einfach das Rezept R9.2 "Tabellen mit der Table-Komponente erstellen" und lagern die Anzeige der Berechnung in ein eigenes Formular aus.

---

### Oberfläche

Öffnen Sie das o.g. Rezept und fügen Sie ein weiteres Web Form ein.

*Default2.aspx* enthält neben einer kurzen Überschrift lediglich eine *Table*-Komponente, die wir
zur Laufzeit füllen werden.

---

[1] Der Einfachheit halber geben wir den Text gleich im *Label* aus.

## Quelltext (Default.aspx)

Ändern Sie die Ereignisbehandlung für den "Berechne"-Button wie folgt:

```
protected void Button3_Click(object sender, EventArgs e)
{
    Session["Werte"] = ListBox1.Items;
    Response.Redirect("Default2.aspx");
}
```

Was passiert hier? Über das *Session*-Objekt erzeugen wir quasi eine globale Variable, in der wir die komplette Liste der Eingabewerte aus dem Eingabeformular speichern. Das Detailformular kann diese Werte später auslesen und für die Berechnung verwenden.

Mit *Response.Redirect("Default2.aspx")* wird zum Schluss die zweite Seite aufgerufen.

---

**HINWEIS:** In den *Session*-Variablen können Sie neben einfachen Werten auch komplette Objekte (z.B. ein *DataSet*) speichern. Damit ist es Ihnen möglich, die eigentlich zustandslose Web-Programmierung zu umgehen. Beachten Sie jedoch, dass in diesem Fall auf dem Server natürlich ein erhöhter Ressourcenbedarf entsteht.

---

## Quelltext (Default2.aspx)

Wie auch bei den Windows Forms können Sie mit dem Laden der Seite eine Ereignisroutine ausführen. Wohlgemerkt passiert dies **bevor** die Seite vom Server an den Client übertragen wird. Am Client kommt immer eine fertige HTML-Seite an.

Die Umsetzung:

```
using System.Drawing;

public partial class Default2 : System.Web.UI.Page
{
```

Wir übernehmen die Berechnungsfunktionen aus *Default.aspx*:

```
    private string Minimum(ListItemCollection l)
    {
        Single wert = Convert.ToSingle(l[0].Value);
        for (int i = 1; i < l.Count; i++)
            if (Convert.ToSingle(l[i].Value) < wert)
                wert = Convert.ToSingle(l[i].Value);
        return (wert.ToString());
    }


    private string Maximum(ListItemCollection l)
    { ... }


    private string Durchschnitt(ListItemCollection l)
    { ... }


    private string Summe(ListItemCollection l)
    { ... }
```

Mit dem Laden des Formulars:

```
    protected void Page_Load(object sender, EventArgs e)
    {
        TableRow r;
        TableCell c;
```

Hier lesen wir unsere "globale Variable" wieder aus:

```
        ListItemCollection werte = (ListItemCollection) Session["Werte"];
```

---

**HINWEIS:** Sie müssen die Werte aus der Session immer typisieren!

---

Die Tabellendarstellung:

```
        if ((werte != null)&&(werte.Count > 1))
        {
            r = new TableRow();          // neue Zeile erzeugen
```

```
              c = new TableCell();        // neue Spalte bzw. Zelle erzeugen
              c.Text = "Funktion";        // Inhalt eintragen
              r.Cells.Add(c);             // Zelle in die Zeile einfügen
....
              r.Cells.Add(c);
              Table1.Rows.Add(r);
          }
       else Server.Transfer("Default.aspx");
    }
}
```

---

**HINWEIS:** Im Unterschied zum Rezept R9.2 haben wir noch eine kleine "Fehlerbehandlung" eingebaut, die wirksam wird, wenn keine Werte übergeben wurden. Mit der *Transfer*-Methode des *Server*-Objekts wird der Nutzer auf die ursprüngliche Eingabeseite umgeleitet.

---

### Test

Starten Sie die Webanwendung, geben Sie sinnvolle Werte ein und klicken Sie auf die Schaltfläche "Hinzufügen".

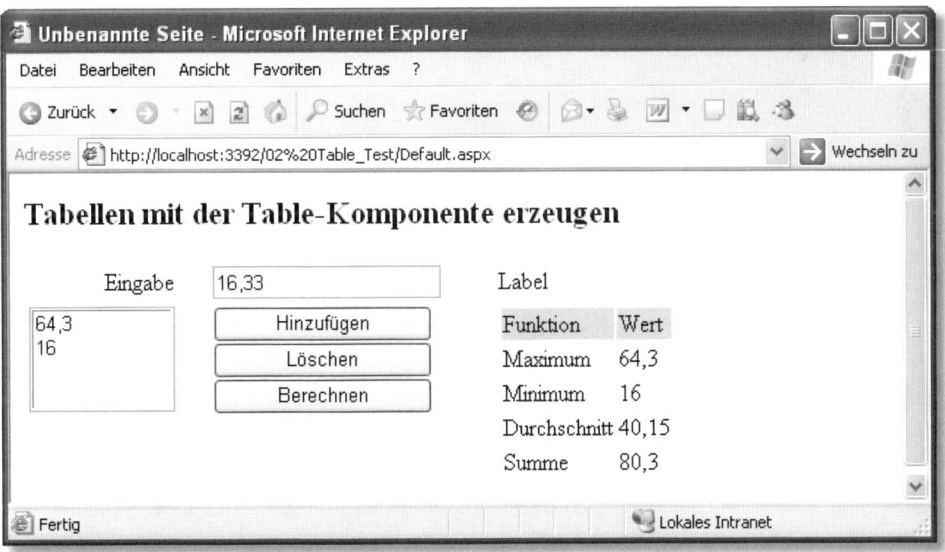

Nach dem Klick auf "Berechnen" sollte folgendes Formular zu sehen sein:

# R9.4　Informationen über den Browser ermitteln

Möchten Sie mehr über die Fähigkeiten des jeweiligen Clients erfahren bzw. wissen, welche Einschränkungen zu erwarten sind, können Sie mit der *Browser*-Eigenschaft die nötigen Informationen in Erfahrung bringen.

### Oberfläche

Nur ein Web Form, die Ausgaben generieren wir erst zur Laufzeit.

### Quelltext

Mit *Response* senden wir die gewünschten Informationen direkt zum Client:

```
public partial class _Default : System.Web.UI.Page
{
    protected void Page_Load(object sender, EventArgs e)
    {
        Response.Write("ActiveX-Controls : " + Request.Browser.ActiveXControls + "<br>");
        Response.Write("AOL-Browser : " + Request.Browser.AOL + "<br>");
        Response.Write("Hintergrundmusik : " + Request.Browser.BackgroundSounds + "<br>");
        Response.Write("Browsertyp : " + Request.Browser.Browser + "<br>");
        Response.Write(".NET-Version : " + Request.Browser.ClrVersion.ToString() + "<br>");
        Response.Write("ActiveX-Controls : " + Request.Browser.ActiveXControls + "<br>");
```

```
Response.Write("Cookie-Unterstützung : " + Request.Browser.Cookies + "<br>");
Response.Write("Frame-Unterstützung : " + Request.Browser.Frames + "<br>");
Response.Write("Java-Unterstützung : " + Request.Browser.JavaApplets + "<br>");
Response.Write("Java-Script : " + Request.Browser.JavaScript + "<br>");
Response.Write("VB-Script : " + Request.Browser.VBScript + "<br>");
Response.Write("Suchmaschine : " + Request.Browser.Crawler + "<br>");
Response.Write("Mobiles Gerät : " + Request.Browser.IsMobileDevice + "<br>");
Response.Write("System : " + Request.Browser.Platform + "<br>");
Response.Write("Farbdarstellung : " + Request.Browser.IsColor + "<br>");
Response.Write("Farbtiefe : " + Request.Browser.ScreenBitDepth + "<br>");
Response.Write("Bildschirmauflösung : " + Request.Browser.ScreenPixelsWidth + "x"+
            Request.Browser.ScreenPixelsHeight + "<br>");
Response.Write("Cascading Stylesheets : " + Request.Browser.SupportsCss + "<br>");
    }
}
```

## Test

```
ActiveX-Controls : True
AOL-Browser : False
Hintergrundmusik : True
Browsertyp : IE
.NET-Version : 2.0.50727
ActiveX-Controls : True
Cookie-Unterstützung : True
Frame-Unterstützung : True
Java-Unterstützung : True
Java-Script : True
VB-Script : True
Suchmaschine : False
Mobiles Gerät : False
System : WinXP
Farbdarstellung : True
Farbtiefe : 8
Bildschirmauflösung : 640x480
Cascading Stylesheets : True
```

**HINWEIS:** Die ermittelte Bildschirmauflösung und Farbtiefe sind nur als grober Anhaltspunkt zu betrachten, genauer geht es mit der im folgenden Rezept R9.5 gezeigten Version.

# R9.5   Die Bildschirmauflösung des Clients ermitteln

Leider ist die Aussagekraft der beiden Eigenschaften *Request.Browser.ScreenPixelsWidth* und *Request.Browser.ScreenPixelsHeight* nicht sehr hoch, handelt es sich doch eher um Schätzwerte. Besser und vor allem genauer geht es mit etwas Java-Script-Code.

### Oberfläche

Nur ein Web Form mit einem *Button*.

---

**HINWEIS:**  Den *Button* benötigen wir nur, damit die IDE für uns einen Form-Tag im HTML-Code erzeugt.

---

Erweitern Sie nachfolgend den Quellcode des Formulars (HTML) um die fett hervorgehobenen Anweisungen:

```
<%@ Page Language="C#" AutoEventWireup="true"  CodeFile="Default.aspx.cs" Inherits="_Default" %>

<!DOCTYPE html PUBLIC "-//W3C//DTD XHTML 1.0 Transitional//EN"
"http://www.w3.org/TR/xhtml1/DTD/xhtml1-transitional.dtd">

<html xmlns="http://www.w3.org/1999/xhtml" >
<head runat="server">
    <title>Unbenannte Seite</title>
</head>

<script language="JavaScript">
function GetInfos()
{
      if (window.location.href.indexOf('?') < 0)
      {
        document.form1.action = "default.aspx?W=" + screen.width +
                          "&H=" + screen.height + "&D=" + screen.colorDepth;
        document.form1.submit();
      }
}
</script>

<body onload="GetInfos()">
    <form id="form1" runat="server" action="Default.aspx">
    <div>
        <asp:Button ID="Button1" runat="server" Text="Button" /></div>
```

```
    </form>
  </body>
</html>
```

Mit dem Laden des Formulars (*onload*) rufen wir auf dem Client die obige Java-Script-Funktion auf. Handelt es sich um den ersten Aufruf, senden wir die Bildschirmauflösung per QueryString an den Server zurück.

## Quelltext

Die Auswertung auf dem Server:

```
public partial class _Default : System.Web.UI.Page
{
    protected void Page_Load(object sender, EventArgs e)
    {
        Response.Write("Breite: " + Request.QueryString["W"] + "<br>");
        Response.Write("Höhe: " + Request.QueryString["H"] + "<br>");
        Response.Write("Farbtiefe: " + Request.QueryString["D"]);
    }
}
```

## Test

Nach dem normalen Aufruf der Seite werden Sie sicher bemerken, dass die Seite erneut aufgerufen wird (das veranlasst der Skriptcode auf dem Client). Danach ändert sich die Adresszeile, und wir können den QueryString auswerten:

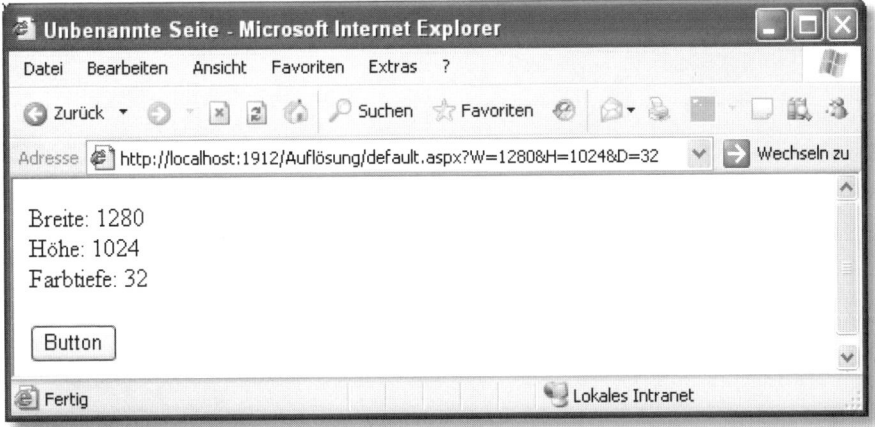

# R9.6   Das Browser-Fenster maximieren

Für die korrekte Darstellung eines Formulars ist es manchmal sinnvoll, das Browser-Fenster zu maximieren. Mit ASP.NET-Hilfsmitteln kommen Sie hier nicht weiter, da hilft nur Skript-Code auf dem Client.

## Oberfläche

Nur ein Web Form.

## Quelltext

Erweitern Sie den HTML-Quelltext des Formulars um die fett hervorgehobenen Anweisungen:

```
...
<html xmlns="http://www.w3.org/1999/xhtml" >
<head runat="server">
    <title>Unbenannte Seite</title>
</head>

<script language="JavaScript">
function SetWindow()
{
    window.moveTo(0,0);
    window.resizeTo(screen.width,screen.height);
}
</script>

<body onload="SetWindow()">
    <form id="form1" runat="server">
...
</body>
</html>
```

## Test

Nach dem Start wird das Browser-Fenster automatisch an die Bildschirmauflösung angepasst.

HINWEIS:  Voraussetzung ist, dass der Browser die Ausführung von JavaScript-Code erlaubt.

# R9.7 Cookies in ASP.NET-Anwendungen verwenden

Möchten Sie die Nutzer Ihrer Webseiten mit Cookies peinigen, können Sie mit der Eigenschaft *Cookies* problemlos neue "Kekse" produzieren und diese später auch auswerten.

Für alle, die bisher noch nicht mit Cookies gearbeitet haben: Hierbei handelt es sich um eine Möglichkeit, temporär Informationen auf dem Client zu speichern. Dies kann nur für die aktuelle Session oder auch für mehrere Monate der Fall sein. Beispielsweise können Sie Anmeldeinformationen auf dem Client hinterlegen, sodass nicht bei jedem Login die Nutzerdaten abgefragt werden müssen.

## Oberfläche

Nur ein Web Form mit einem *Button*.

## Quelltext

Mit dem Laden des Formulars testen wir zunächst, ob es sich um ein *PostBack* handelt:

```
public partial class _Default : System.Web.UI.Page
{
    protected void Page_Load(object sender, EventArgs e)
    {
        if (!Page.IsPostBack)
        {
```

Ist der Cookie schon vorhanden:

```
            if (Request.Cookies["FirstTime"] != null)
            {
```

Cookie auslesen:

```
                Response.Write("Letzter Aufruf am " + Request.Cookies["FirstTime"].Value);
            }
            else
            {
```

Falls kein Cookie vorhanden ist, erzeugen wir einen neuen:

```
                HttpCookie Cookie = new HttpCookie("FirstTime");
```

In der *Value*-Eigenschaft speichern wir den aktuellen Zeitstempel ab, der Cookie selbst ist für die nächsten sieben Tage gültig.

```
                Cookie.Value = DateTime.Now.ToString();
                Cookie.Expires = DateTime.Now.AddDays(7);
                Response.Cookies.Add(Cookie);
                Response.Write("Ein erstes Willkommen");
```

```
        }
      }
   }
```

Einen Cookie können Sie nicht direkt löschen, dazu setzen Sie das "Verfallsdatum" einfach in die Vergangenheit und übertragen den Cookie erneut zum Client:

```
protected void Button1_Click(object sender, EventArgs e)
{
    if (Request.Cookies["FirstTime"] != null)
    {
        Request.Cookies["FirstTime"].Expires = DateTime.Now.AddDays(-1);
        Response.Cookies.Add(Request.Cookies["FirstTime"]);
    }
}
```

### Test

Beim ersten Aufruf:

Formular erneut laden:

---

**HINWEIS:**  Voraussetzung für die Funktion des Beispiels ist die Möglichkeit, Cookies zu speichern. Verhindert der Browser dies, haben Sie schlechte Karten.

---

# R9.8   HTML-Ausgaben an den Client senden

In vielen Rezepten dieses Kapitels wird rege von der *Write*-Methode Gebrauch gemacht. Neben einfachen Textausgaben können Sie damit auch gezielt HTML-Tags etc. an den Client senden, so als ob Sie den HTML-Seitentext mit einem Editor bearbeiten würden.

Ein eigenes Rezept zeigt die Verwendung im Detail.

## Oberfläche

Nur die Standard-Webseite, alle Ausgaben erzeugen wir zur Laufzeit.

## Quelltext

Verschiedene Ausgaben an den Client senden:

```
public partial class _Default : System.Web.UI.Page
{
    protected void Page_Load(object sender, EventArgs e)
    {
```

Formatierungen realisieren:

```
        Response.Write("<H1>Überschrift 1</H1>");
        Response.Write("<H2>Überschrift 2</H2>");
        Response.Write("<H3>Überschrift 3</H3><br>");
        Response.Write("Normaler Text, Normaler Text, Normaler Text, Normaler Text<br><br>");
```

Einen Link in die Seite einfügen:

```
        Response.Write("<A HREF=\"http://www.heise.de\">Ein Link zu Heise.de</A><br>");
```

Eine Grafik einfügen:

```
        Response.Write("<img src=\"BlaueBerge.jpg\">");
```

Puffer leeren, d.h., alle ausstehenden Daten werden an den Client gesendet:

```
        Response.Flush();
        Response.Write("<br>");
```

Pufferung deaktivieren (jetzt wird jede *Write*-Anweisung einzeln übertragen und vom Client dargestellt):

```
        Response.BufferOutput = false;
```

---

**HINWEIS:** Das Verhalten bei deaktivierter Pufferung hängt vom verwendeten Browser ab. So kann es vorkommen, dass bei Tabellen erst das Ende-Tag erwartet wird, bevor die Tabelle gerendert wird.

---

```
        Response.Write("<b>");
```

Ein paar Zeilen Text als Beispiel generieren:

```
        for (int i = 0; i < 1000; i++)
        {
```

```
        Response.Write(System.DateTime.Now.ToString());
        for (int x = 0; x < 180; x++)
            Response.Write(".");
```

Zeilenende:

```
        Response.Write("<br>");
    }
  }
}
```

## Test

Die formatierte Textdarstellung:

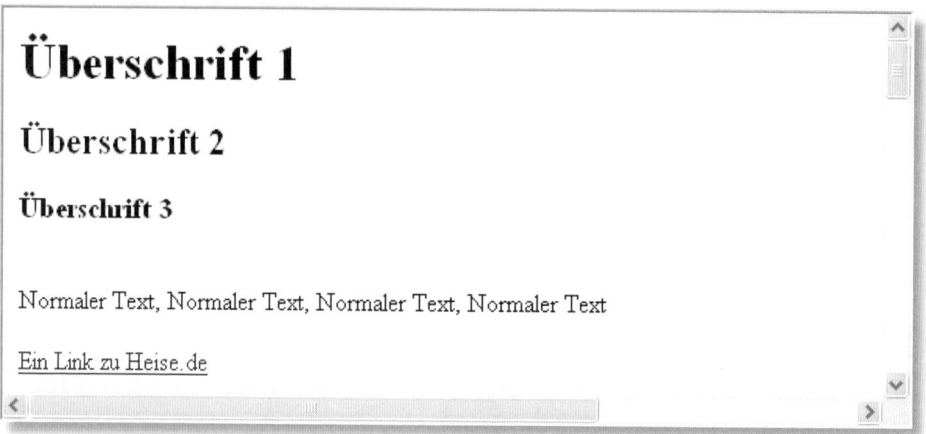

Die ungepufferte Textausgabe:

```
11.07.2006 08:28:08...............................................................................
11.07.2006 08:28:09...............................................................................
11.07.2006 08:28:10...............................................................................
11.07.2006 08:28:11...............................................................................
11.07.2006 08:28:12...............................................................................
11.07.2006 08:28:12...............................................................................
11.07.2006 08:28:13...............................................................................
11.07.2006 08:28:14...............................................................................
11.07.2006 08:28:15...............................................................................
11.07.2006 08:28:16...............................................................................
11.07.2006 08:28:17...............................................................................
11.07.2006 08:28:18...............................................................................
11.07.2006 08:28:19...............................................................................
```

**HINWEIS:** Achten Sie auf die Zeitangaben am Zeilenanfang. Bei gepufferten Ausgaben ändert sich die Uhrzeit wesentlich langsamer.

# R9.9   Bilder/Dateien an den Client senden

Im Gegensatz zur *Write*-Methode können Sie mit *WriteFile* eine komplette Datei an den Client senden. Dazu müssen Sie lediglich den Dateinamen übergeben. Vorher sollten Sie mit *Content-Type* noch den Datentyp festlegen.

### Oberfläche

Nur ein Web Form, zusätzlich fügen Sie dem Projekt eine beliebige Grafik hinzu.

### Quelltext

Eine Grafik an den Client senden (diese wird automatisch angezeigt).

```
public partial class _Default : System.Web.UI.Page
{
    protected void Page_Load(object sender, EventArgs e)
    {
        Response.ContentType = "image/jpeg";
        Response.WriteFile("BlaueBerge.jpg");
    }
}
```

### Test

Nach dem Start wird zwar *Default.aspx* in der Adresszeile angezeigt, im Browser selbst ist jedoch nur die Grafik dargestellt (ohne HTML-Quellcode).

## R9.10   Die IP-Adresse des Clients abfragen

Möchten Sie Clientzugriffe auf Ihre Website protokollieren, brauchen Sie dazu die IP-Adresse des Clients.

### Oberfläche

Nur ein Web Form.

### Quelltext

Client-Adresse und -Sprache abfragen:

```
public partial class _Default : System.Web.UI.Page
{
    protected void Page_Load(object sender, EventArgs e)
    {
        Response.Write("Adresse : " + Request.UserHostAddress + "<br>");
        for (int i = 0; i < Request.UserLanguages.Length; i++)
            Response.Write("Sprachen : " + Request.UserLanguages[i] + "<br>");
    }
}
```

### Test

## R9.11   Die Anzahl der Seitenaufrufe eines Users ermitteln

Mit Hilfe einer Session-Variablen können wir im *PageLoad*-Ereignis die Anzahl der Seitenaufrufe durch den aktuellen Nutzer ermitteln.

### Oberfläche

Platzieren Sie lediglich eine Schaltfläche auf dem Web Form.

## Quelltext

```
public partial class _Default : System.Web.UI.Page
{
```

Fügen Sie dem Formular folgende Ereignisprozedur hinzu:

```
private void Page_Load(object sender, System.EventArgs e)
```

Die Seite wird zum wiederholten Mal aufgerufen:

```
    if (Page.IsPostBack)
    {
        Session["Count"] = (int)Session["Count"] + 1;
        Response.Write("Hallo, ich werde zum " + Session["Count"] + ". Mal aufgerufen!");
    }
```

Die Seite wird zum ersten Mal aufgerufen:

```
    else
    {
        // Die Seite wird zum ersten Mal aufgerufen:
        Session["Count"] = 1;
        Response.Write("Hallo, ich werde zum ersten Mal aufgerufen!");
    }
    }
}
```

## Test

Klicken Sie mehrfach auf die Schaltfläche, um ein Postback und damit einen erneuten Seitenaufruf auszulösen:

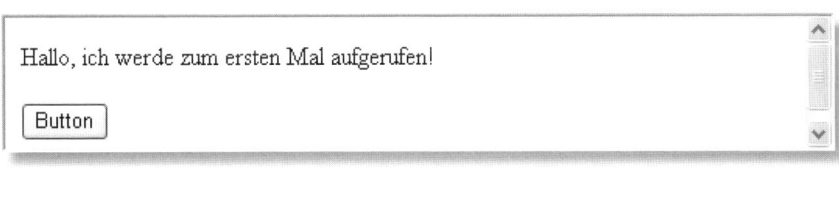

...

# R9.12   Auf den Fehlercode 404 reagieren

Von unzähligen Webseiten ist Ihnen sicher auch die "beliebte" Fehlermeldung mit dem Code 404 (Seite nicht gefunden) in Erinnerung. Die Ursache ist meist der "Zahn der Zeit", Seiten werden umbenannt, verschoben oder einfach mal gelöscht, was beim Aufruf dieser Seite dann zu genannter Fehlermeldung durch den IIS führt:

Abhilfe schaffen Sie entweder mit einer zentralen Fehlerbehandlung oder einer kleinen Erweiterung der Datei *Web.Config*.

## Variante 1: Alternative Fehlerseite einblenden

Mit Hilfe der *Web.config* können Sie für den Fall der Fälle eine alternative Seite definieren, die immer dann angezeigt wird, wenn

- ein Fehler auftritt (eine Grundvoraussetzung),

- keine *ErrorPage* definiert ist,

- *customErrorsmode = "On"* ist.

Sie können die Einstellung entweder in der *Web.config* selbst vornehmen

```
<customErrors defaultRedirect="~/Fehler.aspx" mode="On" />
```

oder Sie verwenden die ASP.NET-Konfiguration:

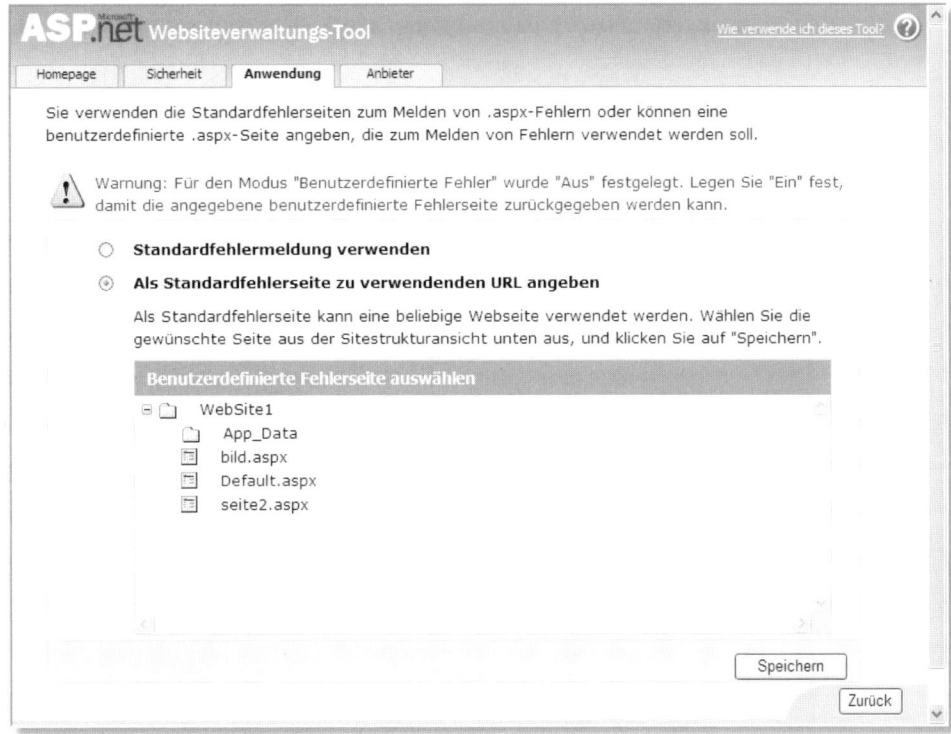

Tritt ein Fehler zur Laufzeit auf, wechselt ASP.NET automatisch zur festgelegten Seite. Als *QueryString* wird zusätzlich "die Quelle allen Übels" übergeben:

```
http://localhost:3367/WebSite1/Fehler.aspx?aspxerrorpath=/WebSite1/Default.aspx
```

```
<customErrors mode="On">
    <error statusCode="404" redirect="error.htm" />
</customErrors>
```

## Variante 2: Zentrale Fehlerbehandlung

Fügen Sie Ihrem Web-Projekt zunächst eine *Global.asax*-Datei hinzu, in der bereits die zentralen Ereignisroutinen vordefiniert sind. Erweitern Sie den Ereignishandler *Application_Error* um folgende Anweisungen:

```
<script runat="server">
...
    void Application_Error(object sender, EventArgs e)
    {
```

```
        Response.Write("Tja, da sind wir sprachlos, hier fehlt wohl eine Seite ...");
        Server.ClearError();
    }
    ...
</script>
```

> **HINWEIS:** Mit *Server.ClearError* wird der Fehler endgültig gelöscht, andernfalls wird zwar obige Routine abgearbeitet, der Fehler tritt jedoch nach wie vor auf.

Starten Sie jetzt die Anwendung und geben Sie eine fehlerhafte Adresse ein. Im Browser sollte in diesem Fall unsere Meldung erscheinen.

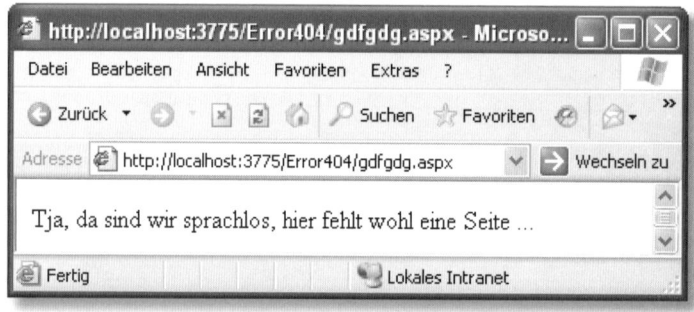

> **HINWEIS:** Der Vorteil dieser Variante, dürfte in der gezielten Fehlerbehandlung liegen, zusätzlich können Sie auch den Fehlercode abspeichern, um die Anwendung wieder "fehlerfrei" zu bekommen.

## R9.13   Die Validierung temporär deaktivieren

Leider hat die konsequente Validierung auch ihre Schattenseiten. Stellen Sie sich den Fall vor, bei dem die Eingabe in ein Formular vom Nutzer abgebrochen werden soll. In Windows-Anwendungen fällt Ihnen jetzt sicher spontan der obligate *Abbruch*- oder *Cancel*-Button ein. Doch in Webanwendungen stehen Sie vor einem Problem: Jeder Klick auf einen Button hat auch eine Verbindung zum Server zur Folge, und dies wiederum führt unvermeidlich zu einer Fehlerprüfung, die zu diesem Zeitpunkt überflüssig ist.

Aus diesem Grund verfügen alle Controls, die eine automatische Verbindung zum Server auslösen, über die Eigenschaft *CausesValidation* (Default=*True*), mit der die Fehlerprüfung gezielt ein- bzw. ausgeschaltet werden kann. Setzen Sie also für den *Abbruch*-Button den Wert auf *False*.

# R9.14   Den Eingabefokus bei Validierung setzen

In umfangreichen Formularen ist es sicher nicht sehr komfortabel, wenn zwar eine Fehlermeldung angezeigt wird, der Eingabe-Cursor sich jedoch noch in einer gänzlich anderen Textbox befindet.

Mit der Eigenschaft *SetFocusOnError* für das betreffende Validator-Control können Sie erreichen, dass nach einer fehlerhaften Eingabe der Fokus auf das geprüfte Steuerelement gesetzt wird.

# R9.15   Eine clientseitige Validierung realisieren

Im Gegensatz zur recht einfach realisierbaren serverseitigen Validierung, bei der Sie mit Ihrer gewohnten Programmiersprache arbeiten können, ist bei einer clientseitigen Validierung ein Mindestmaß an JavaScript-Kenntnissen erforderlich.

Ein einfaches Beispiel (wir testen, ob ein Wert kleiner als 10 ist) zeigt die Vorgehensweise.

### Oberfläche

Fügen Sie in ein Web Form zwei *TextBox*en, einen *Button* und ein *CustomValidator*-Control ein:

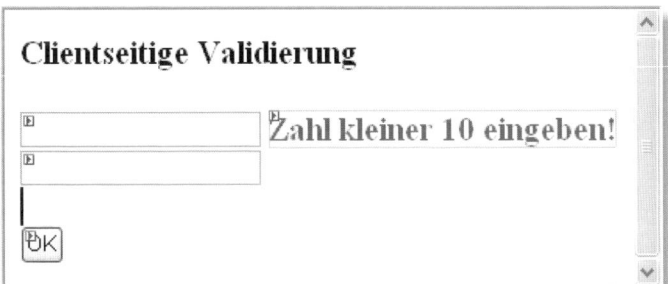

### Quelltext

---

**HINWEIS:** Ihre Client-Validierungsfunktion hat einige Grundanforderungen zu erfüllen. So hat die Funktion zwei Parameter (*source* und *args*) zur Verfügung zu stellen. Zusätzlich muss ein bool'scher Rückgabewert realisiert werden.

---

Die Konfiguration des *CustomValidator*-Controls im **HTML-Quellcode**:

```
...
<asp:CustomValidator ID="CustomValidator1" runat="server"
                ClientValidationFunction="AllesOk"
```

```
                          ErrorMessage="Zahl kleiner 10 eingeben!"
                          ControlToValidate="TextBox1"></asp:CustomValidator>
```

Die JavaScript-Funktion am Ende der ASPX-Seite:

```
...
</body>
<script language=javascript>
<!--
    function AllesOk(source, args)
    {
      args.IsValid = (parseInt(args.Value) < 10);
    }
// -->
</script>
</html>
```

---

**HINWEIS:** Ganz nebenbei könnten Sie natürlich per Client-Script auch Dialogboxen einblenden.

---

### Test

Geben Sie einen fehlerhaften Wert ein, um die Funktionalität zu überprüfen.

# R9.16   Die Zellen in einem GridView formatieren

Zwar bieten die Eigenschaften des *GridView*-Controls schon reichlich Möglichkeiten zur optischen Konfiguration, aber gerade dynamische Effekte und unterschiedliche Spaltenformate lassen noch genügend Wünsche offen. Hier hilft Ihnen die Verwendung des *RowDataBound*-
Ereignisses weiter, in dem Sie nach Herzenslust Änderungen an den Formatierungen der Zellen
vornehmen können.

### Oberfläche

Erzeugen Sie ein Web Form und fügen Sie ein datengebundenes *GridView* ein. Verzichten Sie
auf die angebotenen Formatierungsmöglichkeiten.

### Quelltext

Alle Formatierungen werden wir per *RowDataBound*-Ereignis in den Zellen vornehmen:

```
...
using System.Drawing;
```

```
public partial class Beispiel_GridView : System.Web.UI.Page
{
```

Für die Unterscheidung zwischen geraden und ungeraden Zeilen eine Zählvariable:

```
    int zeile = 0;
...
    protected void GridView1_RowDataBound(object sender, GridViewRowEventArgs e)
    {
```

Nur wenn es sich um eine Datenzeile handelt (Sie können auch Kopf- und Fußbereich bearbeiten):

```
        if (e.Row.RowType == DataControlRowType.DataRow)
        {
```

Für jede zweite Zeile legen wir eine andere Farbe fest:

```
            if ((zeile % 2) == 0)
                e.Row.BackColor = Color.Azure;
```

Ist in Spalte 7 (nullbasiert!) die Artikelanzahl unter 20 gesunken, wird die Zelle farblich markiert, der Text auf fett gesetzt und eine zusätzliche Schaltfläche eingeblendet, die ein Detailformular anzeigen kann:

```
            if (Convert.ToInt32(e.Row.Cells[6].Text) < 20)
            {
                e.Row.Cells[6].ForeColor = Color.Red;
                e.Row.Cells[6].Font.Bold = true;
                e.Row.Cells[6].BackColor = Color.Yellow;
```

Beschriftungstext in einem *Label* speichern:

```
                Label l = new Label();
                l.Text = e.Row.Cells[6].Text+ "   ";
```

Den *Button* erzeugen, konfigurieren und in die Zelle einfügen:

```
                Button b = new Button();
                b.Text = " + ";
                b.PostBackUrl = "~/bestellen.aspx?id=" + e.Row.Cells[0].Text;
                e.Row.Cells[6].Controls.Add(l);
                e.Row.Cells[6].Controls.Add(b);
            }
```

Zeilenzähler inkrementieren:

```
            zeile++;
        }
    }
```

## Test

Nach dem Start sollte das *GridView* wie folgt aussehen:

| ArtikelNr | Artikelname | LieferantenNr | KategorieNr | Liefereinheit | Einzelpreis | Lagerbestand | BestellteEinheit |
|---|---|---|---|---|---|---|---|
| 1 | Chai | 1 | 1 | 10 Kartons x 20 Beutel | 18,0000 | 18 [+] | 0 |
| 2 | Chang | 1 | 1 | 24 x 12-oz-Flaschen | 19,0000 | 17 [+] | 40 |
| 3 | Aniseed Syrup | 1 | 2 | 12 x 550-ml-Flaschen | 112,0000 | 13 [+] | 70 |
| 4 | Chef Anton's Cajun Seasoning | | | | 220,0000 | 53 | |

Formatierungen per RowDataBound

# R9.17    Ein GridView mit Bildlaufleisten realisieren

Sicher fehlt auch in Ihren Webanwendungen der nötige Platz, um alle Daten darzustellen. Abgesehen von Unwägbarkeiten, wie der Größe des Browserfensters etc., wird durch ein Grid mit beliebiger Länge meist das Layout der Seite endgültig verhunzt.

In der Windows-Welt steht uns für diesen Zweck ein Scrollbar zur Verfügung, das *GridView*-Control bietet diesen Komfort bisher aber nicht. Doch mit Hilfe des *Panel*-Controls haben Sie auch dieses Problem in wenigen Minuten gemeistert. Kopieren Sie einfach das *GridView* in ein *Panel* und legen Sie dessen Höhe und Breite fest. Jetzt nur noch die Eigenschaft *ScrollBars* auf *Vertical* gesetzt und schon haben Sie ein *GridView* mit Scrollbar:

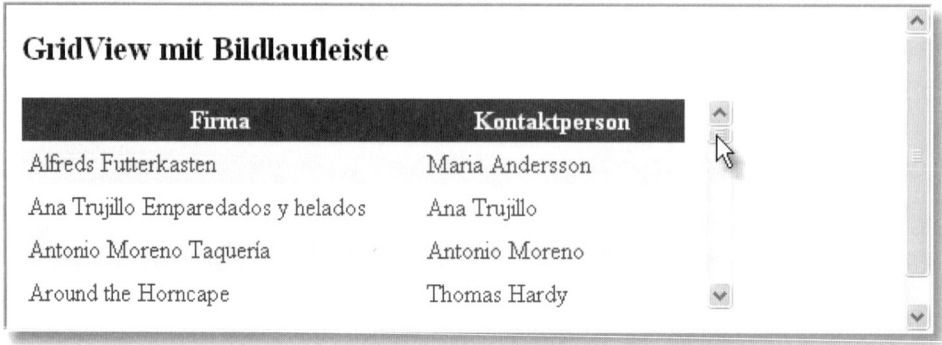

**HINWEIS:** Der Tabellenkopf wird leider mit verschoben, ein Nebeneffekt der sich nicht vermeiden lässt.

# R9.18   Einen Mouseover-Effekte im GridView realisieren

Gerade bei recht großen Tabellen ist es häufig wünschenswert, dem Anwender die Übersicht durch eine farbliche Hervorhebung der aktuellen Zeile zu erleichtern. Dies kann zum Beispiel durch die *MouseOver*- und *MouseIn*-Ereignisse der einzelnen Tabellenzeilen erfolgen. Allerdings werden Sie jetzt vergeblich nach derartigen Ereignissen in Visual Studio Ausschau halten, hierbei handelt es sich um reine Client-Ereignisse, die auch vom Browser und nicht vom Server verarbeitet werden müssen.

Unser Beispielprogramm zeigt, wie Sie die nötigen JavaScript-Anweisungen den einzelnen Tabellenzeilen hinzufügen.

## Oberfläche

Erzeugen Sie ein datengebundenes *GridView*-Control, indem Sie einfach eine beliebige Datenbank-Tabelle in die Entwurfsansicht des Web-Forms ziehen.

## Quelltext

Erweitern Sie das Programm um folgende Ereignisbehandlung:

```
public partial class Beispiel_GridView : System.Web.UI.Page
{
    protected void GridView1_RowDataBound(object sender, GridViewRowEventArgs e)
    {
        if (e.Row.RowType == DataControlRowType.DataRow)
        {
            e.Row.Attributes.Add("OnMouseOut", "this.style.backgroundColor='#F8F8F8'");
            e.Row.Attributes.Add("OnMouseOver", "this.style.backgroundColor='#7fff00'");
        }
    }
}
```

Das Ereignis *RowDataBound* wird beim Rendern des *GridView*-Controls für jede einzelne Zeile aufgerufen. Hier haben Sie die Möglichkeit, Formatierungen etc. für die einzelnen Tabellenzeilen vorzunehmen. In unserem Fall fügen wir Code für die Client-Ereignisse *OnMouseOver* und *OnMouseOut* hinzu.

---

**HINWEIS:** Wie Sie weitere Formatierungen im *GridView* realisieren können, zeigt Rezept R9.16.

---

## Test

Nach dem Start des Web Forms werden Sie sicher gleich den grünen Balken bemerken, der beim Bewegen der Maus über die Tabelle angezeigt wird:

# R9.19   Keine Daten im GridView vorhanden

Nicht jede Abfrage liefert auch die gewünschten Ergebnisse und nichts sieht trostloser aus als eine umfangreiche Tabelle oder Detailansicht ohne Daten. Besser ist es, wenn alternativ eine entsprechende Meldung angezeigt wird.

### Oberfläche

Über die Eigenschaften *EmptyDataText* bzw. *EmptyDataRowStyle* können Sie für mehr Klarheit und bessere Optik sorgen:

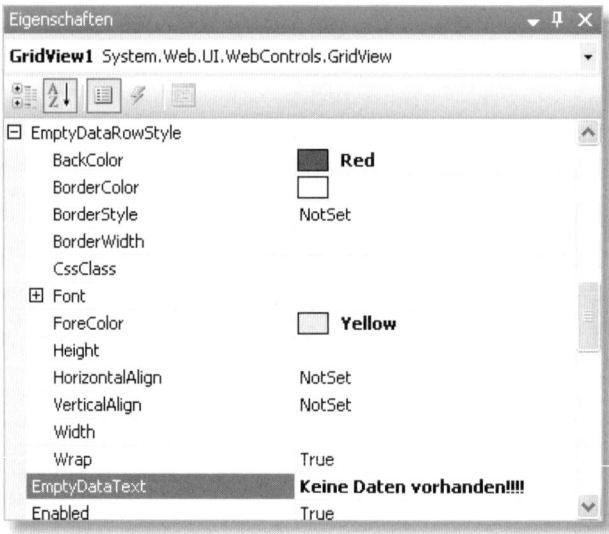

Zur Laufzeit wird jetzt statt des *GridView* die eingetragene Meldung angezeigt.

# R9.20   Daten einfach ins MS Excel-Format exportieren

Wie Sie Informationen aus einer Datenbank mittels *GridView* auf den Bildschirm bringen, brauchen wir Ihnen sicher nicht ausführlich zu erklären. Dass es aber mit wenigen Anweisungen möglich ist, die dargestellten Informationen auch gleich im MS Excel-Format zu speichern, dürfte für viele Anwendungsfälle recht interessant sein.

### Oberfläche

Erzeugen Sie zunächst ein datengebundenes *GridView*, indem Sie einfach eine beliebige Datenbank-Tabelle in die Entwurfsansicht des Web Forms ziehen.

Machen Sie auch Gebrauch von den komfortablen Möglichkeiten der Formatierung des *GridView*-Controls, alle wesentlichen Optionen werden später auch in der Excel-Tabelle zu sehen sein. Setzen Sie noch die *Visible*-Eigenschaft des *GridView* auf *False* und fügen Sie einem *Button* in das Web Form ein. Über diesen werden wir den Export auslösen.

### Quelltext

Die Routine für den Export:

```
public partial class Beispiel_GridView : System.Web.UI.Page
{
    protected void Button1_Click(object sender, EventArgs e)
    {
        Response.Clear();
```

Statt der standardmäßigen HTML-Ausgabe kommen jetzt die Exel-Daten:

```
        Response.AddHeader("content-disposition", "attachment;filename=Kunden.xls");
        Response.Charset = "";
        Response.ContentType = "application/vnd.ms-excel";
```

Einen *StringWriter* und einen *HtmlTextWriter* instanziieren:

```
        System.IO.StringWriter sw = new System.IO.StringWriter();
        System.Web.UI.HtmlTextWriter htmw = new System.Web.UI.HtmlTextWriter(sw);
```

Und schon können wir Exceldaten schreiben:

```
        sw.GetStringBuilder().Append("<H2>Artikelliste vom " +
                    System.DateTime.Now.ToString() + "</H2>");
        sw.GetStringBuilder().Append("<br><br>");
```

Hier wird mancher sicher stutzig werden, handelt es sich doch um HTML-Fragmente und nicht um XLS-Daten. Doch Excel ist so tolerant und kann auch damit etwas Sinnvolles anfangen, wie der spätere Test zeigen wird.

Jetzt blenden wir noch das *GridView* kurzzeitig ein (sonst erhalten wir keine HTML-Ausgabe beim Rendern),

```
GridView1.Visible = true;
```

rendern die *GridView*-Ausgaben in den *HtmlTextWriter* und blenden das *GridView* gleich wieder aus:

```
GridView1.RenderControl(htmw);
GridView1.Visible = false;
```

Wir übergeben die Daten an das *Response*-Objekt und schließen die Ausgabe ab:

```
Response.Write(sw.ToString());
Response.End();
}
```

So, das war schon der ganze Export. Doch sollten Sie jetzt schon einen ersten Test wagen, wird dieser fehlschlagen:

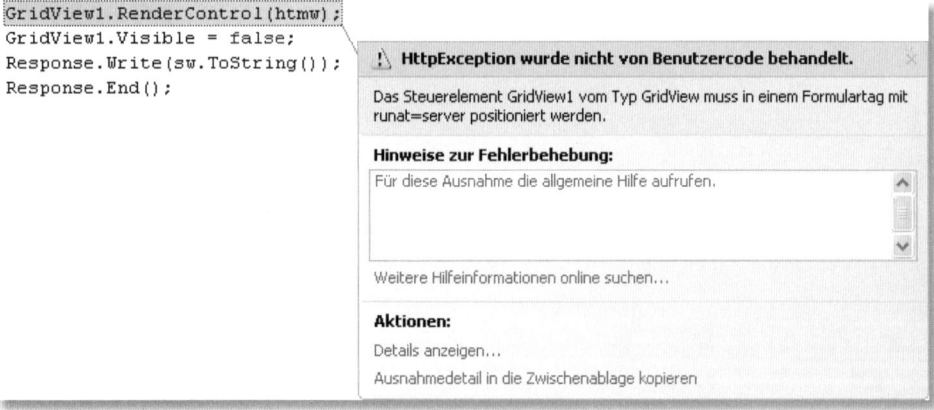

Mit einem Trick können wir die interne Fehlerprüfung des *GridView*-Controls aushebeln:

```
public override void VerifyRenderingInServerForm(Control control)
{ }
```

Wir überschreiben einfach die Prüfmethode und verzichten auf eine Prüfung.

## Test

Nach diesen Vorarbeiten können wir einen ersten Export starten. Zunächst erscheint eine kurze Sicherheitsmeldung des Internet Explorers (oder des jeweiligen Webbrowsers):

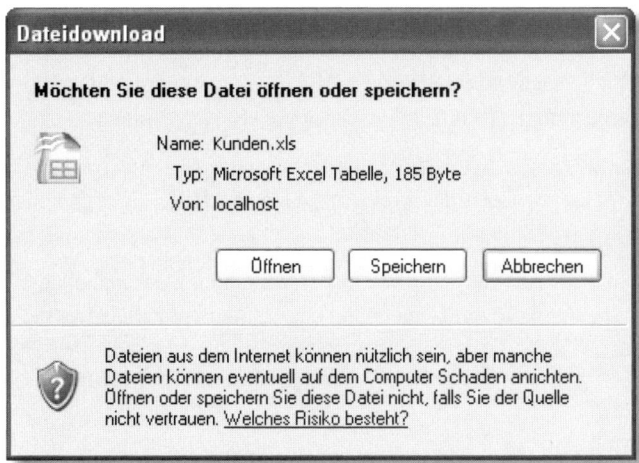

Nach dem Bestätigen dürfte sich Microsoft Excel öffnen (wir gehen mal davon aus, dass es auch installiert ist) und folgenden Anblick bieten:

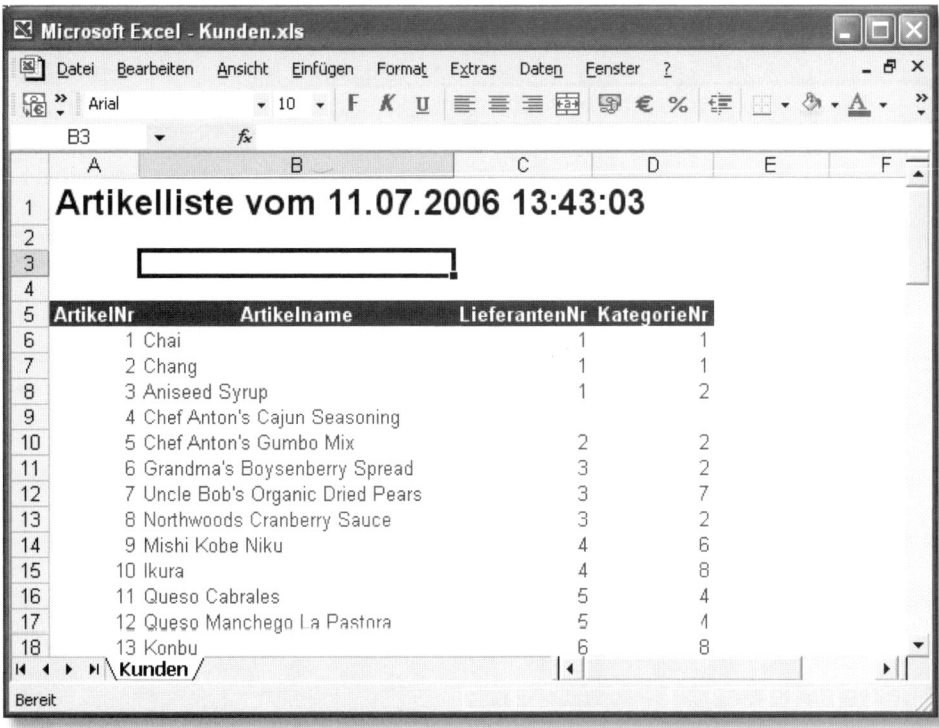

# R9.21  Berechnungen in GridView-Zeilen realisieren

Sicher hat der eine oder andere schon vor dem Problem gestanden, innerhalb einer Tabellen-Zeile zusätzliche Berechnungen (Summe, Umsatzsteuer etc.) auszuführen.

Die Lösung für diese Aufgabenstellung sollten Sie allerdings nicht im *GridView* bzw. dessen Ereignissen suchen. Besser Sie lösen das Problem gleich mit Hilfe einer geeigneten Datenbankabfrage (SQL-Aggregat-Funktionen).

Unser Beispielprogramm soll zwei Aufgaben lösen: Berechnung des aktuellen Warenwertes aus Artikelanzahl und Einzelpreis sowie Berechnung des Verkaufspreises basierend auf dem Eingabewert einer Textbox.

### Oberfläche

Erzeugen Sie zunächst ein datengebundenes *GridView*, indem Sie die Tabelle *Artikel* aus dem Server-Explorer in die Entwurfsansicht des Web Forms ziehen. Fügen Sie noch eine *TextBox* für die Eingabe des prozentualen Aufschlags hinzu. Editieren Sie nachfolgend die Eigenschaft *SelectQuery* von *SqlDataSource1*:

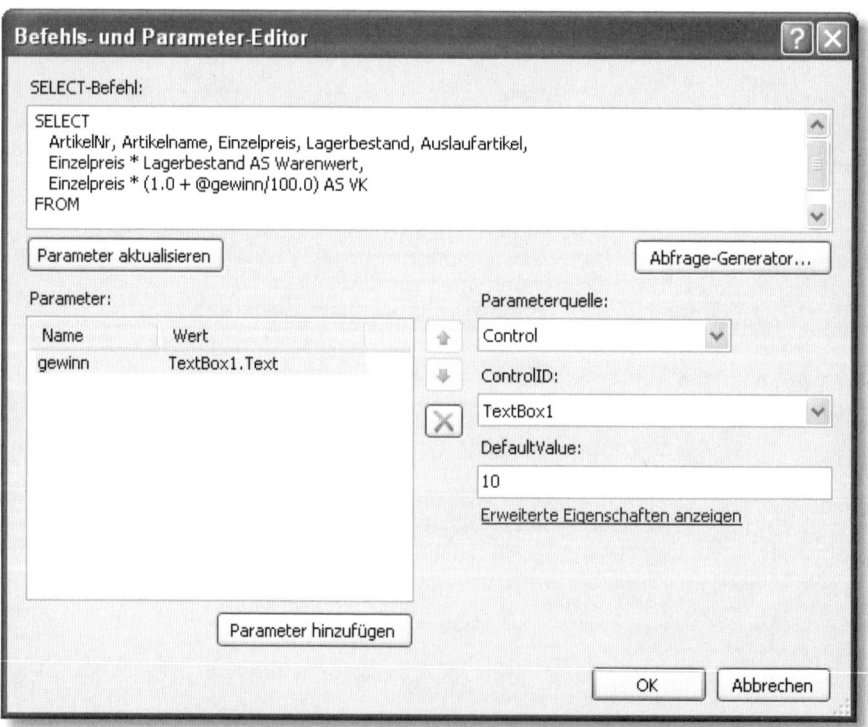

Wie Sie sehen, lässt sich auch der Wert des Controls recht einfach in die Abfrage einbauen.

---

> **HINWEIS:** Bevor Sie verzweifeln, sollten Sie obige "Formeln" genauer betrachten. Damit bei der Prozent-Umrechnung auch Gleitkommanwerte erzeugt werden, müssen Sie auch Gleitkomma-Konstanten bei der Berechnung einsetzen (100.0). Andernfalls ist das Ergebnis falsch.

---

### Quelltext

Keiner ☺!

### Test

Nach dem Start sollten die beiden Spalten im *GridView* korrekt berechnet werden:

### Bemerkungen

- Sollte es zu Problemen kommen, müssen Sie die Schema-Informationen zunächst aktualisieren (Kontextmenü der Datenquelle)

- Mehr zu Formatierungen im Währungsformat finden Sie im Rezept R9.27.

## R9.22 Spaltensummen im GridView berechnen

Für die schnelle Übersicht oder für kleinere Rechnungen ist es meist sinnvoll, in der untersten Zeile des *GridView* eine Spaltensumme anzuzeigen. SQL-Befehle zur Berechnung helfen Ihnen an dieser Stelle nicht weiter, kann doch die Ansicht des *GridView* durch Paging geändert werden. Damit muss sich jedoch die Spaltensumme auf die gerade angezeigten Zeilen beziehen.

## Oberfläche

Erzeugen Sie zunächst ein datengebundenes *GridView*, indem Sie einfach eine beliebige Datenbank-Tabelle (sinnvollerweise mit Zahlenwerten) in die Entwurfsansicht des Web Forms ziehen. Blenden Sie den Fußbereich der *GridView* über die Eigenschaft *ShowFooter* ein.

---

**HINWEIS:** Alternativ können Sie auch das Programm aus dem Rezept R9.21 erweitern.

---

## Quelltext

Mit dem Ereignis *RowDataBound* können wir jede einzeln angezeigte Zeile vor dem endgültigen Rendern der Seite auswerten:

```
public partial class Beispiel_GridView : System.Web.UI.Page
{
```

Eine Variable für die Summe:

```
    decimal summe = 0;


    protected void GridView1_RowDataBound(object sender, GridViewRowEventArgs e)
    {
```

Handelt es sich um eine Datenzeile, wird der Wert des Feldes (z.B. *Einzelpreis*) bestimmt und zur Summe hinzugefügt:

```
        if (e.Row.RowType == DataControlRowType.DataRow)
        {

            ...
            summe += Convert.ToDecimal(DataBinder.Eval(e.Row.DataItem, "Einzelpreis"));
        }
```

Wir sind im Fußbereich angelangt:

```
        if (e.Row.RowType == DataControlRowType.Footer)
        {
```

Beschriftung erzeugen:

```
            e.Row.Cells[4].Text = "Summe:";
            e.Row.Cells[5].HorizontalAlign = HorizontalAlign.Right;
            e.Row.Cells[5].Font.Bold = true;
            e.Row.Cells[5].BackColor = Color.WhiteSmoke;
```

Summe ausgeben:

```
            e.Row.Cells[5].Text = summe.ToString("c");
        }
    }
```

**Test**

Nach dem Start wird automatisch für die Spalte *Warenwert* eine Summe berechnet:

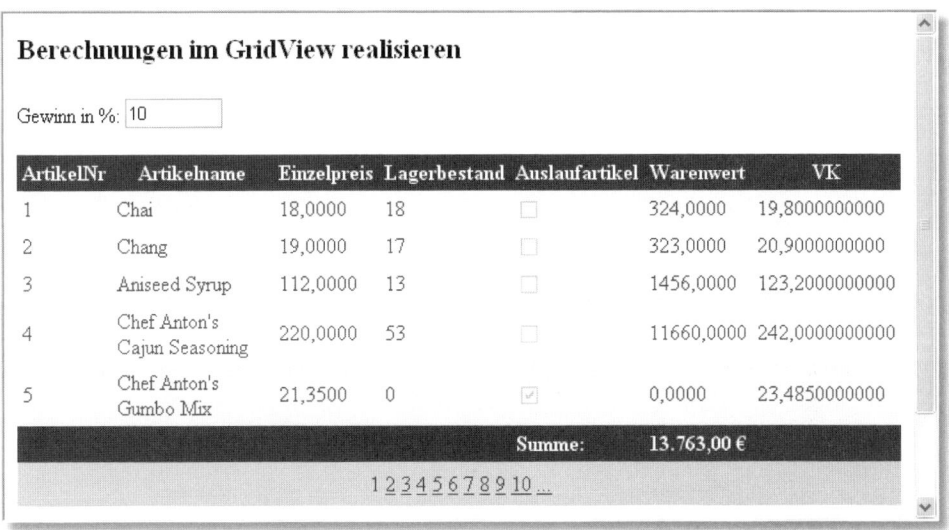

# R9.23   Währungswerte im GridView korrekt anzeigen

Sicher ist Ihnen bei den Rezepten R9.21 und R9.22 aufgefallen, dass die Darstellung von Währungswerten noch etwas zu wünschen übrig lässt. Die Änderung der *DataFormatString*-
Eigenschaft für die jeweilige Tabellenspalte führt allerdings nicht zum Ziel, es wird immer nur
ein normaler Gleitkommawert angezeigt:

Bevor Sie jetzt an sich selbst zweifeln, setzen Sie einfach die Eigenschaft *HtmlEncode* für die
betreffenden Spalten auf *False*:

| Auslaufartikel | Warenwert | VK |
|:--:|--:|--:|
| ☐ | 324,00 € | 19,80 € |
| ☐ | 323,00 € | 20,90 € |
| ☐ | 1.456,00 € | 123,20 € |

Kleine Ursache, große Wirkung, aber jetzt dürfte es wie gewünscht funktionieren.

# R9.24   Eine Validierung im GridView realisieren

Dass es möglich ist, Daten direkt im *GridView* zu editieren, ist Ihnen sicher bekannt, doch wie lassen sich die Eingaben sinnvoll validieren?

Kein Problem, auch hier helfen Ihnen die Validator-Controls weiter, auch wenn Sie dazu zunächst etwas Arbeit investieren müssen.

### Oberfläche

▨ Erzeugen Sie eine datengebundene *GridView*, indem Sie einfach eine beliebige Datenbank-Tabelle in die Entwurfsansicht des Web Formulars ziehen.

▨ Aktivieren Sie die Bearbeitungsfunktion über das Aufgabenmenü.

▨ Wandeln Sie nachfolgend alle Tabellen-Spalten, die Sie mit den Validator-Controls prüfen wollen, in Templates um:

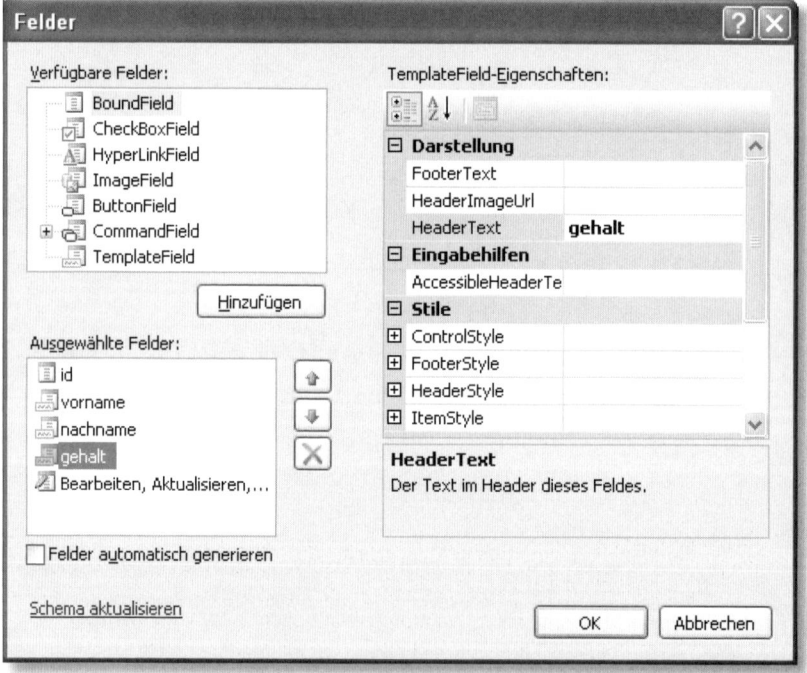

▨ Öffnen Sie im Template-Editor die jeweiligen EditItemTemplates und fügen Sie wie gewohnt die nötigen Validator-Controls ein. Verbinden Sie diese mit den bereits enthaltenen *TextBox*en.

▨ Legen Sie die *Text*-Eigenschaft der Validator-Controls mit "*" fest, den eigentlichen Meldungstext zeigen wir in einem *ValidationSummary*-Control unter dem *GridView* an.

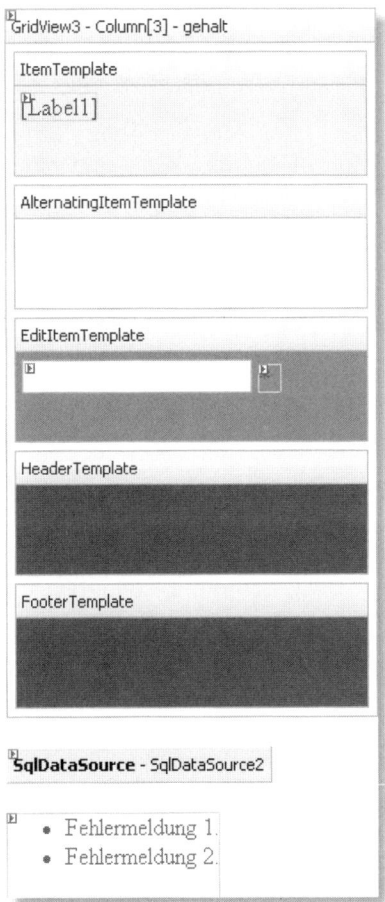

## Test

Ein Eingabetest bringt die gewünschten Meldungen auf den Bildschirm:

| id | vorname | nachname | gehalt | |
|----|---------|----------|----------|----------|
| 1 | Thomas | Gewinnus | 2500,0000 | Bearbeiten |
| 6 | Paul | | 50 | Aktualisieren |
| | | * | * | |
| 35 | Otto | Hagel | 212,0000 | Bearbeiten |
| 36 | Heinz | Berger | 212,0000 | Bearbeiten |

- Geben Sie einen Namen an!
- Seien Sie nicht so geizig beim Gehalt!

### Bemerkungen

▫ Ein Aktualisieren ist unter obigen Umständen nicht möglich, der Abbruch kann jedoch jederzeit erfolgen.

▫ Arbeiten Sie mit mehreren *GridView*s, sollten Sie die Validator-Controls verschiedenen *ValidationGroup*s zuordnen, andernfalls erhalten Sie Fehlermeldungen an Stellen, wo sie nicht hingehören.

## R9.25  Mit einem Popup-Fenster Detaildaten anzeigen

Da sicher viele unter den Lesern von der Windows- zur Web-Programmierung gewechselt sind, dürfte schnell der Wunsch nach Popup-Dialogboxen aufkommen. Beispielsweise könnten so Detaildaten oder Eingabemasken eingeblendet werden.

Von ASP.NET dürfen Sie in dieser Beziehung keine Hilfe erwarten, denn in unserem Fall ist clientseitige Programmierung mit JavaScript gefragt.

### Oberfläche Hauptformular

Entwerfen Sie ein Web Formular mit einem *GridView* und einer Datenquelle entsprechend folgender Abbildung. Angezeigt werden lediglich der Artikelname sowie eine Schaltfläche.

Die zweite Spalte mit der Schaltfläche erzeugen Sie zunächst als *Buttonfield* (Aufgabenmenü). Wandeln Sie nachfolgend die Spalte in ein Template um.

Im Template-Editor können Sie jetzt die Schaltfläche an Ihre Bedürfnisse anpassen, wichtig ist der Name des *Button*s, diesen brauchen wir später noch.

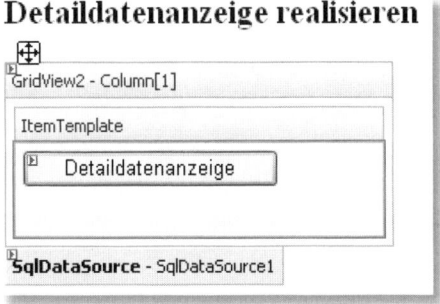

## Oberfläche Detailformular

Erzeugen Sie ein neues Web Formular und speichern Sie es unter dem Namen *Details.aspx* ab. Der Grundaufbau:

Dass es sich um ein *DetailView*-Control handelt, haben Sie sicher schon erkannt. Die Breite des Controls legen Sie mit 100% fest, die Spaltenbreiten lassen sich über *ControlStyle* (z.B. 60%) anpassen.

Zusätzlich müssen wir noch die Datenauswahl realisieren. Dazu verwenden wir einen SELECT-Parameter (*Kundencode*), den wir vom Hauptformular per *QueryString* an das Detailformular weiterreichen.

Die Zuordnung Parameter/QueryString:

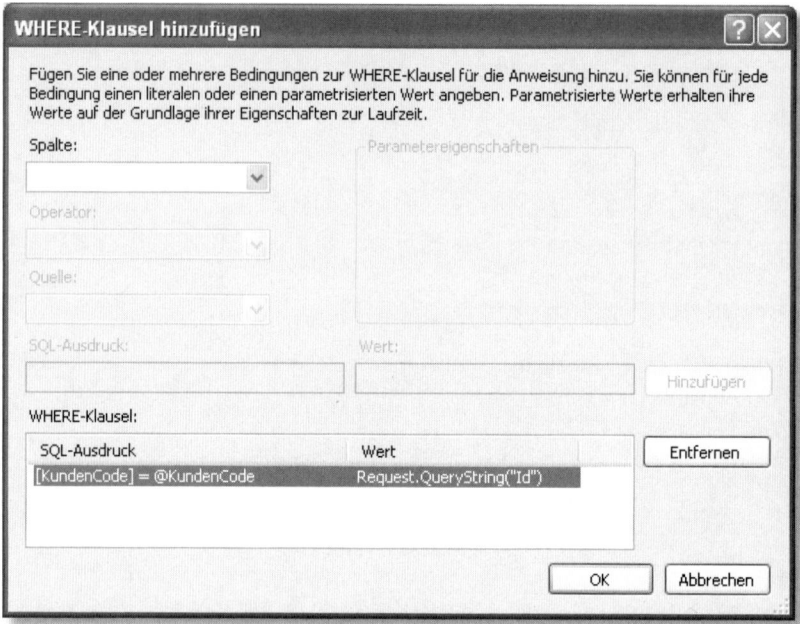

## Quellcode

Wie schon erwähnt, kommen wir an dieser Stelle mit ASP.NET-Programmierung nicht weit, um die notwendigen ClientSkripte können wir uns aber kümmern:

```
protected void GridView2_RowDataBound(object sender, GridViewRowEventArgs e)
{
    if (e.Row.RowType == DataControlRowType.DataRow)
    {
```

Vor der Rückgabe der HTML-Seite an den Client fügen wir für die *OnClientClick*-Eigenschaft noch etwas Skriptcode ein, der ein modales Browserfenster anzeigt:

```
        Button b = (Button) e.Row.Cells[1].FindControl("Button1");
        b.OnClientClick = "javascript:window.showModalDialog('details.aspx?id=" +
```

Hier generieren wir noch den QueryString:

```
                DataBinder.Eval(e.Row.DataItem, "KundenCode") +
```

Höhe und Breite des Dialogs festlegen:

```
                "','','dialogwidth:350 px;dialogheight:380 px')";
    }
}
```

### Test

Jetzt naht der Moment der Wahrheit, nach Klick auf eine der Schaltflächen sollte der gewünschte Datensatz angezeigt werden:

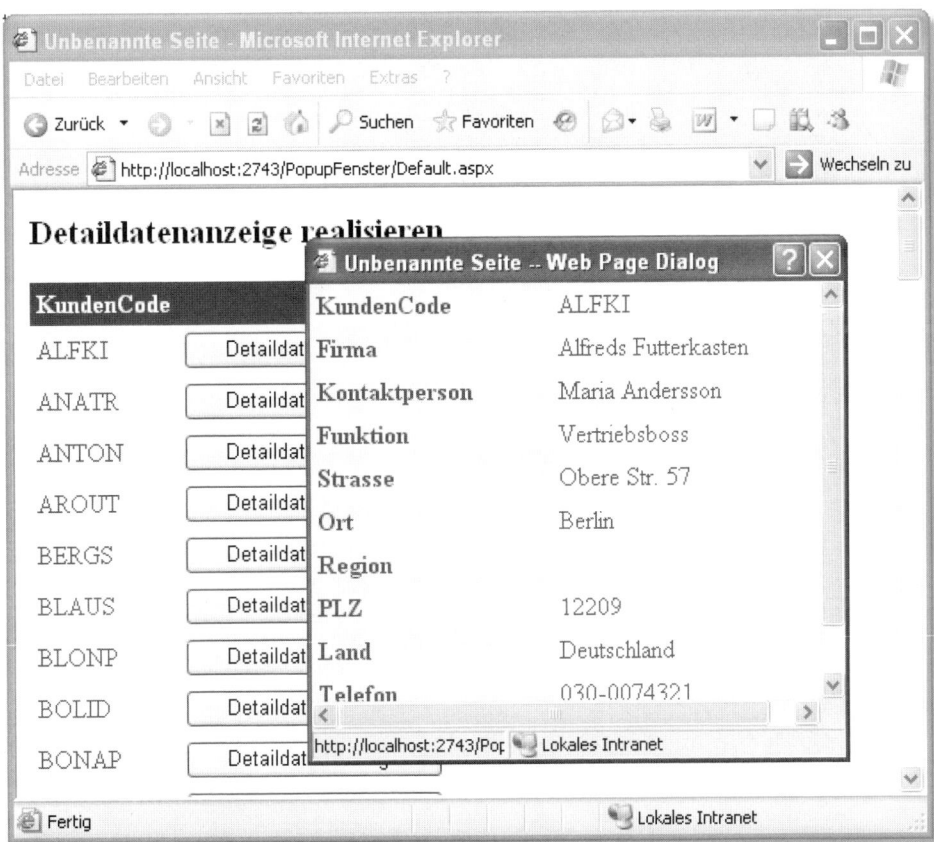

## R9.26  Eine Sicherheitsabfrage vor dem Löschen realisieren

So schön die Funktionalität des *GridView* beim Bearbeiten von Datensätzen auch ist, beim endgültigen Löschen von Datensätzen möchte man doch sicher gehen, dass es sich nicht um einen versehentlichen Klick gehandelt hat. Was liegt also näher, als eine entsprechende Dialogbox anzuzeigen? Doch ach, wir arbeiten ja mit Web-Anwendungen und da ist eine Dialogbox auf den ersten Blick nicht ganz so einfach zu realisieren.

Wer jedoch einige grundlegenden JavaScript-Kenntnisse besitzt, wird sich vermutlich an die *confirm*-Funktion erinnern, die eine einfache Dialogbox auf den Bildschirm zaubert.

## Oberfläche

- Erstellen Sie eine datengebundene *GridView*, indem Sie eine Tabelle aus dem Server-Explorer per Drag & Drop in das Web Form ziehen.

- Aktivieren Sie über das Aufgabenmenü der *GridView* die Löschfunktion und wandeln Sie nachfolgend die neu erstellte Spalte in ein Template um (Aufgabenmenü: *Spalten bearbeiten*).

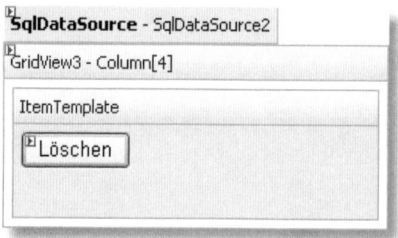

- Markieren Sie in der Template-Ansicht den *Button* und weisen Sie der Eigenschaft *OnClientClick* den folgenden Wert zu:

```
return confirm('Datensatz löschen?');
```

## Test

Nach dem Klick auf den Button erscheint nun eine entsprechende Dialogbox, wird auf *Abbrechen* geklickt, löst auch das entsprechende Ereignis auf dem Server nicht aus:

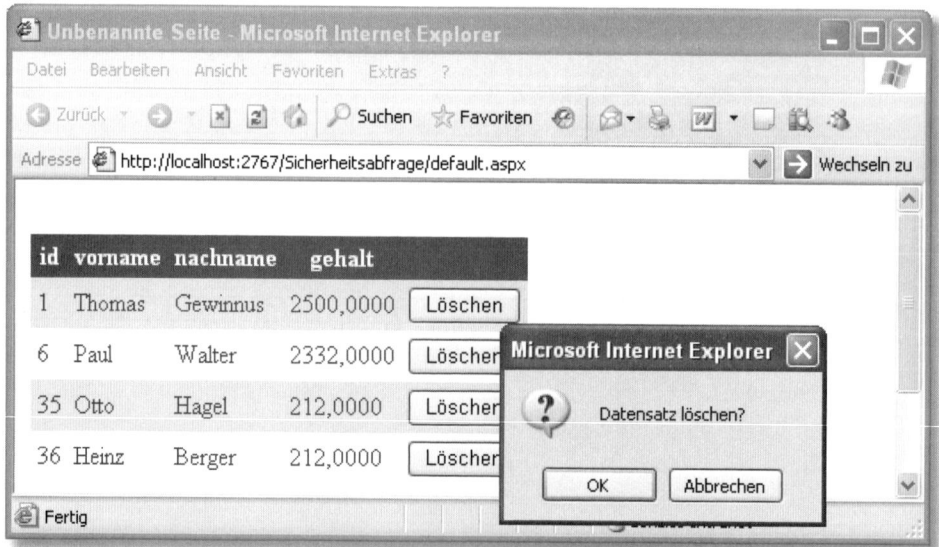

# R9.27   **E-Mail-Versand in ASP.NET realisieren**

In Ihren ASP.NET-Projekten können Sie mit wenigen Zeilen Quellcode zum Beispiel eine Bestellbestätigung, einen E-Mail-Adresstest oder Ähnliches realisieren.

## Übersicht

Über die Klasse *SmtpClient* aus dem Namespace *System.Net* erfolgt der eigentliche Versand. Entweder Sie übergeben alle Parameter einzeln oder Sie definieren vorher ein *MailMessage*-Objekt, das Sie an die Methode übergeben.

**SYNTAX:**   `void` **`Send`** `(string from, string recipients, string subject, string body)`

oder

**SYNTAX:**   `void` **`Send`** `(MailMessage message)`

## Mail-Server bestimmen

Wie auch bei jedem Brief sind bei einer E-Mail vor allem Empfänger und Absender interessant, aber wo ist das "Postamt", d.h. in unserem Fall der Mail-Server? Meist handelt es sich um einen weiteren PC im Netzwerk, von dem wir zumindest die Adresse und die Einwahldaten kennen sollten.

Die Konfiguration Ihres Mailzugangs nehmen Sie am besten in der *Web.config* mit Hilfe des ASP.NET-Konfigurationsprogramms (*Anwendung|SMTP-Einstellungen*) vor:

Die Einträge in der *Web.config*:

```
<system.net>
 <mailSettings>
  <smtp from="">
   <network host="server" password="geheim" userName="Thomas" />
  </smtp>
 </mailSettings>
</system.net>
</configuration>
```

Alternativ können Sie die Angaben auch mit den Eigenschaften des *SmtpClient*-Objekts setzen:

```
System.Net.Mail.SmtpClient mail = new System.Net.Mail.SmtpClient();
...
mail.Credentials = new NetworkCredential("Thomas", "thomas");
mail.Host = "server";
...
```

## Einfache Text-E-Mails versenden

Probieren wir es zunächst mit einem simplen Beispiel ohne *MailMessage*-Objekt.

Fügen Sie einen *Button* in das Web Form ein und verwenden Sie dessen *Click*-Ereignis zum Absenden der E-Mail.

```
using System.Net;
...
    protected void Button1_Click(object sender, EventArgs e)
    {
```

Umsteiger von ASP.NET 1.x aufgepasst: das *SmtpClient*-Objekt muss jetzt erst instanziiert werden!

```
        System.Net.Mail.SmtpClient mail = new System.Net.Mail.SmtpClient();
        mail.Host = "localhost";
        mail.Send("test@web.de", "th.gewinnus@web.de",
            "Neue Nachricht", TextBox1.Text);
    }
```

Wer es gern übersichtlicher und vor allem objektorientierter mag, der erzeugt zunächst ein *Mail-Message*-Objekt, dem die einzelnen Eigenschaften zugewiesen werden können.

```
    ...
        System.Net.Mail.SmtpClient mail = new System.Net.Mail.SmtpClient();
```

Die Adressen können Sie schon beim Erzeugen des *MailMessage*-Objekts angeben:

```
System.Net.Mail.MailMessage msg = new System.Net.Mail.MailMessage(
                                  "test@web.de>",
                                  "th.gewinnus@web.de");
msg.Subject = "E-Mail-Test in ASP.NET";
msg.Body = TextBox1.Text;
mail.Host = "localhost";
mail.Send(msg);
}
```

### Bemerkung

Neben dem reinen Textversand können Sie mit ASP.NET auch Dateien unterschiedlicher Art verschicken. Die Vorgehensweise ist die gleiche, lediglich der *Attachments*-Collection müssen Sie mit der Methode *Add* ein neu erzeugtes *MailAttachment*-Objekt übergeben. Im Konstruktor wird der jeweilige Dateiname angegeben.

**BEISPIEL:**   Versand der Datei *buch.doc*

```
using System.Net;
...

    private void Page_Load(object sender, System.EventArgs e)
    {
        System.Net.Mail.SmtpClient mail = new System.Net.Mail.SmtpClient();
        System.Net.Mail.MailMessage msg = new System.Net.Mail.MailMessage(
                                          "test@web.de>",
                                          "doberenz@doko-buch.de");
        msg.Subject = "E-Mail-Test in ASP.NET";
        msg.Body = "Kein Text";
        msg.Attachments.Add(new System.Net.Mail.Attachment("c:\\buch.doc"));
        mail.Host = "localhost";
        mail.Send(msg);
    }
```

# R9.28   Verzeichnisbäume mit der TreeView anzeigen

Neu in ASP.NET 2.0 ist das *TreeView*-Control, und was liegt näher, als es zum Beispiel für die Anzeige von Verzeichnissen bzw. Verzeichnistrukturen zu nutzen?

Um Ihnen zu zeigen, wie einfach sich Windows Forms-Anwendungen auch nach ASP.NET portieren lassen, wollen wir die Anwendung aus Rezept R5.13 als Web-Anwendung realisieren.

## Oberfläche

In ein Web Form fügen Sie eine *TreeView-* und eine *BulletedList*-Komponente ein. Mit letzterer werden wir die Anzeige der Einzeldateien sowie die Darstellung als Hyperlink realisieren (siehe Laufzeitansicht).

Die *TreeView* selbst muss noch konfiguriert werden: setzen Sie *ExpandDepth* auf 0, *ImageSet* auf *XPFileExplorer* und *ShowLines* auf *True*.

**HINWEIS:**   Fügen Sie Ihrem Projekt ein Unterverzeichnis *Downloads* hinzu und kopieren Sie einige Dateien und Verzeichnisse hinein.

**BEISPIEL:**   Eingefügte Verzeichnisse

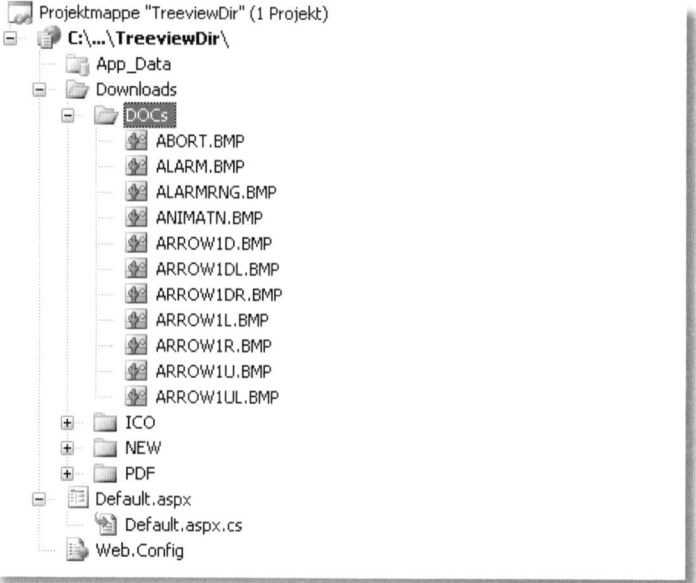

## Quelltext

Die Änderungen gegenüber der Windows Forms-Variante haben wir im Folgenden fett hervorgehoben, einige Änderungen sind nur deshalb notwendig, weil Webanwendungen im Allgemeinen nicht auf die Root des Systems zugreifen.

```
using System.IO;

public partial class _Default : System.Web.UI.Page
{
    protected void Page_Load(object sender, EventArgs e)
```

```
{
    if (!IsPostBack)
    {
```

In dieser Variablen speichern wir die virtuelle Root unseres Webs:

```
        string myRoot = Server.MapPath(".//Downloads") + "\\";
        TreeNode rootNode = new TreeNode("Downloads");   // Wurzelknoten erzeugen
```

Da wir eine vom realen Dateisystem unterschiedliche Verzeichnisstruktur darstellen, müssen wir in den *Value*-Werten den physikalischen Pfad speichern:

```
        rootNode.Value = myRoot;
        TreeView1.Nodes.Add(rootNode);
        addChildNodes(rootNode);                         // untergeordnete Ebene füllen und
    }
}
```

Fügt die Knoten der untergeordneten Verzeichnisebene hinzu:

```
private void addChildNodes(TreeNode dirNode)
{
    DirectoryInfo dir = new DirectoryInfo(dirNode.ValuePath);
    try
    {
        foreach (DirectoryInfo dirItem in dir.GetDirectories())
        {
            // Knoten für Unterverzeichnis hinzufügen:
            TreeNode newNode = new TreeNode(dirItem.Name);
            newNode.Value = dirItem.Name;
            dirNode.ChildNodes.Add(newNode);
            try
            {
                if (dirItem.GetDirectories().Length > 0)
                    newNode.ChildNodes.Add(new TreeNode("*"));
            }
            catch (Exception)
            { }
        }
    }
    catch (UnauthorizedAccessException err)
    {}
}
```

```
protected void TreeView1_TreeNodeExpanded(object sender, TreeNodeEventArgs e)
{
    if (e.Node.ChildNodes[0].Text == "*")
    // falls es sich um einen Platzhalterknoten handelt
    {
        e.Node.ChildNodes.Clear();        // Platzhalterknoten löschen
        addChildNodes(e.Node);            // alle untergeordneten Knoten hinzufügen
    }
}


protected void TreeView1_SelectedNodeChanged(object sender, EventArgs e)
{
    DirectoryInfo dir = new DirectoryInfo(TreeView1.SelectedNode.ValuePath);
    BulletedList1.Items.Clear();
```

Hier ist etwas mehr Aufwand für das Erzeugen des Hyperlinks (*Value*-Parameter) nötig, da wir eine virtuelle Root für unser Web verwenden:

```
    foreach (FileInfo fi in dir.GetFiles())
        BulletedList1.Items.Add(new ListItem(fi.Name, ".\\Downloads\\" +
                                TreeView1.SelectedNode.Text + "\\" + fi.Name));
    }
}
```

---

**HINWEIS:** Wer sich die marginalen Unterschiede zur Windows Forms-Variante betrachtet wird feststellen, dass sich auch etwas kompliziertere Projekte mit wenig Aufwand portieren lassen.

---

## Test

Nach dem Start können Sie bereits den Verzeichnisbaum erweitern und die Dateiliste anzeigen:

# R9.29   Daten zwischen ClientScript und Server austauschen

Nicht jeder Programmierer ist mit den Möglichkeiten der serverseitigen Programmierung vollauf zufrieden. Teilweise lassen sich viele Dinge schon auf dem Client mittels Scripting (z.B. Eingabeprüfung mit JScript) realisieren. Doch wie sollen auf einfache Weise Informationen zwischen Client-Programmierung und Server-Programmierung ausgetauscht werden?

Genau hier setzt das *HiddenField*-Steuerelement an, wie wir es an einem einfachen Beispiel demonstrieren wollen.

### Oberfläche

Fügen Sie in ein Web Form ein *HiddenField*-Control, einen *Button* und ein *Label* ein.

### Quelltext

Über den *Button* lösen wir ein Client-Ereignis aus, in welchem der Wert des *HiddenField*-Controls (*Value*) geändert wird. Dazu passen wir in der HTML-Quellcodeansicht zunächst die Eigenschaften des *Button*s an:

```
...
<asp:HiddenField ID="HiddenField1" runat="server"
                 OnValueChanged="HiddenField1_ValueChanged" Value="222" />
<asp:Button ID="Button1" runat="server" OnClientClick="myFunction();"
            Text="HiddenField ändern" UseSubmitBehavior="False" /></td>
...
```

Zusätzlich fügen wir noch die folgende Funktion ein:

```
...
<script type="text/javascript">
<!--
function myFunction()
{
  form1.HiddenField1.value = "abcdefghij";
}
-->
</script>
</body></html>
```

> **HINWEIS:** Es handelt sich um eine auf dem Client ausgeführte Funktion, deshalb JavaScript!

Auf dem Server können Sie den *Value*-Wert des Controls bequem über das Ereignis *Value-Changed* auswerten (oder zu jedem anderen Zeitpunkt):

```
protected void HiddenField1_ValueChanged(object sender, EventArgs e)
{
    Label1.Text = "Wert wurde durch Client geändert!!";
}
```

### Test

Vor dem Klick:

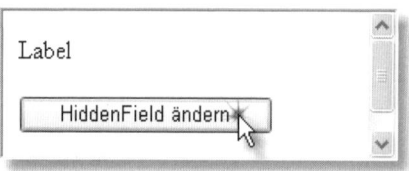

Nach dem Klick

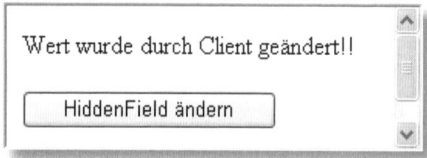

# R9.30  Dateien auf den Server uploaden

Nicht in jedem Fall muss man gleich mit Kanonen auf Spatzen schießen. Geht es um den Upload braucht nicht gleich ein FTP-Client eingesetzt zu werden, wenn Sie nur eine Datei hochladen wollen.

Genau für diesen Einsatzzweck ist das *FileUpload*-Steuerelement gedacht. Hauptfunktion ist zunächst die Auswahl einer Datei per Dateidialog und die Anzeige des betreffenden Dateinamens.

### Oberfläche

Fügen Sie ein *FileUpload*-Control, einen *Button* (dieser löst später den eigentlichen Upload aus) sowie ein *Label* in ein Web Form ein.

### Quelltext

Die Grundfunktion zur Dateiauswahl bringt das *FileUpload*-Control bereits mit, nur den eigentlichen Upload müssen Sie über einen weiteren *Button* auslösen:

```
protected void Button1_Click(object sender, EventArgs e)
{
```

```
if (FileUpload1.HasFile)
{
  FileUpload1.SaveAs(Server.MapPath("Dateien\\") + FileUpload1.FileName);
  Label1.Text = FileUpload1.PostedFile.FileName + " erfolgreich gespeichert!" ;
}
}
```

> **HINWEIS:** Der Zielpfad (in diesem Fall *Dateien*) muss für den ASP.NET-User Schreibrechte aufweisen, auch die maximale Dateigröße ist beschränkt.

### Test

Wählen Sie eine Datei aus und starten Sie den Upload mit dem "Start"-Button:

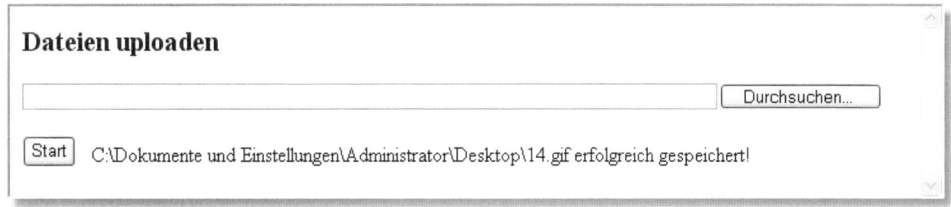

## R9.31   Ein ASP.NET-Menü dynamisch erzeugen

Dass Sie Menüs seit ASP.NET 2.0 recht komfortabel per Assistent erstellen können ist sicher bekannt. Doch nicht in jedem Fall stehen schon zur Entwurfszeit alle Einträge fest.

Im folgendem Rezept zeigen wir Ihnen, wie Sie Menüpunkte zur Laufzeit erstellen und mit Ereignis-Methoden verknüpfen können.

### Oberfläche

Fügen Sie einem Web Form einen *Button*, ein *Menu*-Control sowie ein *Label* hinzu.

### Quelltext

Neue Menüeinträge erzeugen Sie zur Laufzeit über die *Add*-Methode des *Items*- bzw. des *ChildItems*-Objekts:

```
...
public partial class _Default : System.Web.UI.Page
{
    protected void Button1_Click(object sender, EventArgs e)
    {
```

```
            Menu1.Items.Add(new MenuItem("Root-Item 1", "", "", "~//page1.aspx"));
            Menu1.Items.Add(new MenuItem("Root-Item 2", "", "", "~//page1.aspx"));
            Menu1.Items.Add(new MenuItem("Root-Item 3", "", "", "~//page1.aspx"));

            Menu1.Items[0].ChildItems.Add(new MenuItem("Ebene 1: Erster Eintrag", "", "",
                                          "~//page2.aspx"));
            Menu1.Items[0].ChildItems[0].ChildItems.Add(new MenuItem("Ebene 2: Erster Eintrag",
                                          "", "", "~//page2.aspx"));
            Menu1.Items[0].ChildItems[0].ChildItems.Add(new MenuItem("Ebene 2: Zweiter Eintrag",
                                          "", "", "~//page2.aspx"));
            Menu1.Items[0].ChildItems[0].ChildItems.Add(new MenuItem("Ebene 2: Dritter Eintrag",
                                          "", "", "~//page2.aspx"));
            Menu1.Items[0].ChildItems.Add(new MenuItem("Ebene 1: Zweiter Eintrag", "", "",
                                          "~//page2.aspx"));
            Menu1.Items[0].ChildItems.Add(new MenuItem("Ebene 1: Dritter Eintrag", "", "",
                                          "~//page2.aspx"));
    }
...
```

**HINWEIS:**  Von den angebotenen sechs Überladungen der *Add* -Methode haben wir uns für die
Möglichkeit entschieden, direkt einen Navigations-Url anzugeben.

Haben Sie keinen Navigations-Url angegeben, können Sie im *MenuItemClick*-Ereignis die
Nutzerauswahl über den Parameter *e.Item* auswerten:

```
protected void Menu3_MenuItemClick(object sender, MenuEventArgs e)
{
  Label1.Text = e.Item.Value;
}
```

Alternativ können Sie sich auch den kompletten Pfad bis zum aktuellen Menüeintrag ausgeben
lassen:

```
  Label1.Text = e.Item.ValuePath;
```

**HINWEIS:**  Natürlich können Sie auch einige Menüeinträge direkt per Assistent in Visual
Studio 2005 erstellen und diese später zur Laufzeit ergänzen. Nutzen Sie dazu entweder das Kontextmenü oder die Eigenschaft *Items*.

## Test

Nach dem Klick auf die Schaltfläche sollte das Menü erzeugt werden:

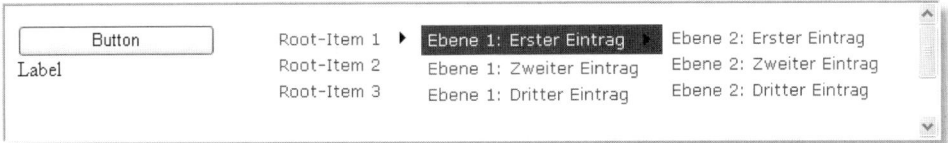

Bei vertikaler Ausrichtung (Orientation-Eigenschaft):

# R9.32   Die Browser-Kopfzeile zur Laufzeit ändern

Sicher ist Ihnen in vielen Rezepten des vorliegenden Kapitels schon die trostlose Titelzeile des Browsers aufgefallen:

Über die *Titel*-Eigenschaft des *Page*-Objekts haben Sie die Möglichkeit, die Kopfzeile Ihren Wünschen anzupassen.

**BEISPIEL:**   Anzeige der Systemzeit:

```
protected void Button1_Click(object sender, EventArgs e)
{
    Page.Title = "Es ist jetzt " + System.DateTime.Now.ToString();
}
```

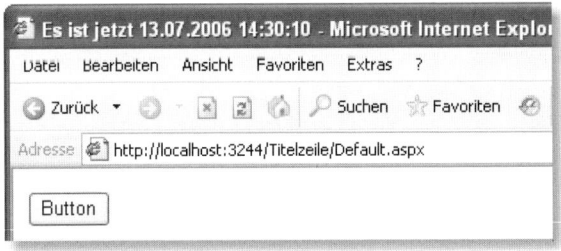

## R9.33   Einen Zeilenumbruch im Label-Control realisieren

Wem die Funktionalität des *Label*-Controls auf den ersten Blick nicht reicht, der kann sich im Fundus der HTML-Programmierung bedienen. Fast alle HTML-Formatierungen lassen sich so zur optischen Gestaltung des *Label*s einsetzen.

**BEISPIEL:**   Zeilenumbrüche

```
Label1.Text = "Erste Zeile" + "<br>" + "Zweite Zeile" + "<br>" + "Dritte Zeile";
```

Erste Zeile
Zweite Zeile
Dritte Zeile

**BEISPIEL:**   Schriftarten

```
Label1.Text = "Erste Zeile" + "<br><H1>" + "Zweite Zeile" + "</H1><br><H2>" +
              "Dritte Zeile</H2>";
```

Erste Zeile

## Zweite Zeile

## Dritte Zeile

**BEISPIEL:**   Zeichenformatierungen

```
Label1.Text = "Erste Zeile" + "<br><strong>" + "Zweite Zeile" + "</strong><br><u>" +
              "Dritte Zeile</u></H2>";
```

Erste Zeile
**Zweite Zeile**
Dritte Zeile

# R9.34   HTML-Zeichenfolgen im Browser anzeigen

Enthält Ihr String HTML-Formatierungen (z.B. diverse Tags), werden diese vom Browser interpretiert und angezeigt. Nicht immer ist dies erwünscht. Umgekehrt sollten Sie Sonderzeichen nicht im Klartext, sondern mit der entsprechenden HTML-Kodierung übertragen. Für beide Aufgabenstellungen bietet sich mit dem *HttpUtility*-Objekt ein geeignetes Hilfsmittel:

**SYNTAX:**   HttpUtility.**HtmlEncode** (String)

**SYNTAX:**   HttpUtility.**HtmlDecode** (String)

### Oberfläche

Nur ein Web Form.

### Quelltext

```
public partial class _Default : System.Web.UI.Page
{
    protected void Page_Load(object sender, EventArgs e)
    {
```

Ein String mit HTML-Formatierungen und Sonderzeichen:

```
        string s = "<b>Änderungen</b> sind mit Drag & Drop möglich!";
```

Standarddarstellung im Browser:

```
        Response.Write("Normal: " + s + "<br>");
```

HTML-Formatierungen werden kodiert, d.h., der Browser interpretiert diese nicht mehr als Steuerzeichen:

```
        Response.Write("Encode: " + HttpUtility.HtmlEncode(s) + "<br>");
```

HTML-Konvertierung wird wieder rückgängig gemacht:

```
        Response.Write("Decode: " + HttpUtility.HtmlDecode(HttpUtility.HtmlEncode(s)) + "<br>");
    }
}
```

### Test

Die Ausgabe im Browser:

Normal: **Änderungen** sind mit Drag & Drop möglich!
Encode: &lt;b&gt;Änderungen&lt;/b&gt; sind mit Drag & Drop möglich!
Decode: **Änderungen** sind mit Drag & Drop möglich!

Wenn Sie sich den Quellcode der HTML-Seite näher ansehen, werden Sie die entsprechenden HTML-Steuercodes (fett hervorgehoben) finden:

```
Normal: <b>Änderungen</b> sind mit Drag & Drop möglich!<br>
Encode: &lt;b&gt;&#196;nderungen&lt;/b&gt; sind mit Drag &amp; Drop m&#246;glich!<br>
Decode: <b>Änderungen</b> sind mit Drag & Drop möglich!<br>
```

## R9.35 Die Browser-Scrollposition wiederherstellen

Sicher ist Ihnen bei umfangreicheren Webseiten auch schon aufgefallen, dass zum Beispiel nach einem Klick auf Buttons nicht die ursprüngliche Scrollposition im Browser wiederhergestellt wird. Dieses Verhalten ist sicher nicht sehr benutzerfreundlich, zumal Sie die entsprechende Funktionalität mit wenig Aufwand bereitstellen können.

### Quelltext

Öffnen Sie die Datei *Web.Config* und fügen Sie die fett hervorgehobene Zeile ein:

```
<configuration xmlns="http://schemas.microsoft.com/.NetConfiguration/v2.0">
 <connectionStrings/>
 <system.web>
    <pages smartNavigation="true"></pages>
    <!--
...
```

Das war es schon!

### Test

Erstellen Sie ein lange Webseite und fügen Sie am unteren Rand einen *Button* ein. Mit dem oben zugewiesenen Attribut sollte nach einem *Button*-Klick die Scrollposition automatisch beibehalten werden.

## R9.36 Dateien eines Unterverzeichnisses auflisten

Möchten Sie Ihre Webseiten nicht dauernd anpassen, ist es zum Beispiel für eine Download-Seite recht hilfreich, wenn die Seite dynamisch generiert wird. Das heißt, Sie kopieren alle betreffenden Dateien in ein spezielles Verzeichnis und beim Aufruf der ASPX-Seite wird die Liste der Dateien ermittelt und in der Seite inklusive Hyperlink dargestellt.

## Oberfläche

Erzeugen Sie ein neues Web-Projekt und fügen Sie ein *BulletedList*-Control ein. Dieses bietet uns neben der grafischen Darstellung den Vorteil, dass über die Eigenschaft *Value* bereits Hyperlink-Ziele definiert werden können.

Setzen Sie *BulletStyle* auf *CustomImage*, können Sie eine frei wählbare Grafik vor dem Hyperlink anzeigen. Zusätzlich ist die Eigenschaft *DisplayMode* mit *Hyperlink* festzulegen.

Erzeugen Sie per Projektmappen-Explorer ein zusätzliches Unterverzeichnis (z.B. *Downloads*) für Ihr Projekt und kopieren Sie für den Test einige Dateien hinein:

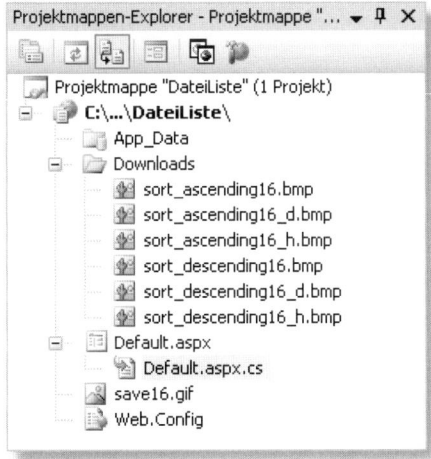

## Quelltext

```
using System.IO;

public partial class _Default : System.Web.UI.Page
{
```

Auslesen der Dateiliste und Erzeugen von Einträgen in der *BulletedList*:

```
protected void Page_Load(object sender, EventArgs e)
{
    DirectoryInfo dirInfo = new DirectoryInfo(Server.MapPath("downloads"));
    foreach (FileInfo fi in dirInfo.GetFiles("*.*"))
```

Parameter 1 ist der dargestellte Bezeichner, Parameter 2 wird später als Hyperlink interpretiert:

```
        BulletedList1.Items.Add(new ListItem(fi.Name, "./downloads/" + fi.Name));
    }
}
```

### Test

Nach dem Start sollte bereits die Liste der Dateien angezeigt werden, ein Klick sollte zum Download oder zur Ansicht der jeweiligen Datei führen:

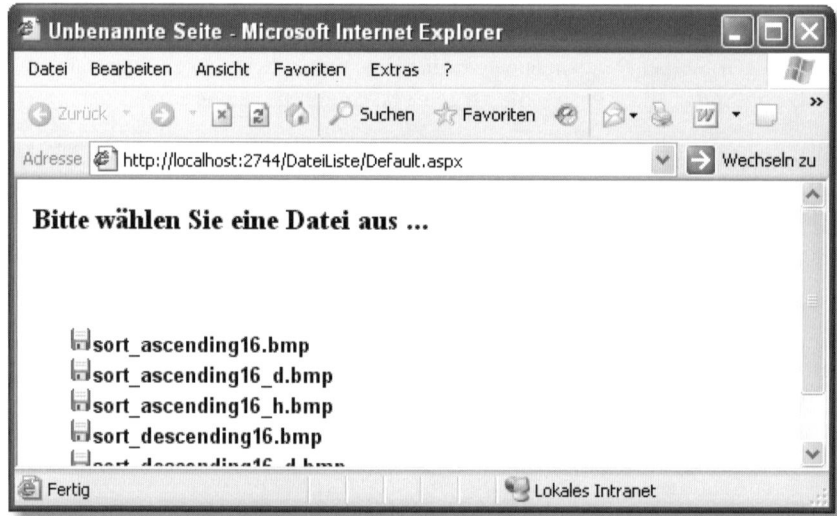

## R9.37   MouseOver-Effekte für Controls realisieren

Ein entsprechendes Ereignis für *MouseOver* oder *MouseOut* werden Sie vergeblich suchen. Der Grund ist schnell gefunden, ein nötiger Roundtrip zum Server wäre für die entsprechenden Ereignisse viel zu langsam. Mit Hilfe von Java-Script ist das jedoch kein Problem, wie das folgende kleine Beispiel zeigt.

### Oberfläche

Fügen Sie ein *Panel* und ein *Image*-Control in ein Web Form ein. Zusätzlich speichern Sie noch zwei unterschiedliche Grafiken im Projektverzeichnis (diese blenden wir zur Laufzeit in das *Image* ein).

### Quelltext

```
public partial class _Default : System.Web.UI.Page
{
```

Zuweisen der entsprechenden Attribute, achten Sie auf die Syntax, es handelt sich um Java-Script:

```
    protected void Page_Load(object sender, EventArgs e)
    {
```

Farbänderung:

```
        Panel1.Attributes.Add("onmouseout", "this.style.backgroundColor='#F8F8F8'");
        Panel1.Attributes.Add("onmouseover", "this.style.backgroundColor='#7fff00'");
```

Ändern der Grafik:

```
        Image1.Attributes.Add("onmouseout", "this.src='maus003.png'");
        Image1.Attributes.Add("onmouseover", "this.src='maus006.png'");
    }
}
```

### Test

Bewegen Sie die Maus über das *Panel*, wird die Hintergrundfarbe geändert:

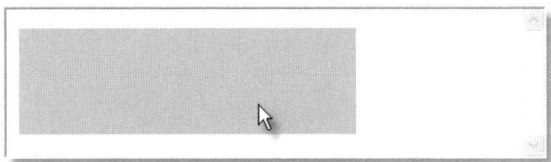

Bewegen Sie die Maus über das Image ändert sich die angezeigte Grafik:

# R9.38  Server Controls zur Laufzeit erzeugen

Nicht in jedem Fall steht schon zur Entwurfszeit der Anwendung das endgültige Aussehen fest. Wie auch bei den Windows Forms ist es häufig wünschenswert, erst zur Laufzeit Controls zur Anwendung hinzuzufügen und dynamisch mit Ereignisprozeduren zu verknüpfen.

Unser Beispielprogramm erstellt zur Laufzeit 10 *Buttons* und verknüpft diese mit einer gemeinsamen Ereignisprozedur.

### Oberfläche

Fügen Sie dem Web Form ein *PlaceHolder*-Control und eine *ListBox* hinzu:

Warum das *PlaceHolder*-Control? Wie es der Name schon andeutet, fungiert das Control als Platzhalter für andere Controls bzw. HTML-Ausgaben, in unserem Fall für die zu erstellenden *Buttons*. Sehr praktisch ist das Control, wenn Sie es beispielsweise in Tabellen einfügen. So brauchen Sie sich nicht um die spätere Positionierung der neu erstellten Controls kümmern.

### Quelltext

```
public partial class _Default : System.Web.UI.Page
{
```

Mit dem Laden des Formulars erstellen wir neue Instanzen der *Button*-Klasse:

```
    protected void Page_Load(object sender, EventArgs e)
    {
        for (int i = 1; i < 11; i++)
        {
            Button btn = new Button();
```

Beschriftung und Größe bestimmen:

```
            btn.Text = "Button Nr " + i.ToString();
            btn.Width = 100;
```

Einfügen an der Position des Platzhalters:

```
PlaceHolder1.Controls.Add(btn);
```

Ereignisprozedur zuweisen:

```
        btn.Click += new EventHandler(Button1_Click);
    }
}
```

Die Ereignisprozedur:

```
protected void Button1_Click(object sender, EventArgs e)
{
   ListBox1.Items.Add((sender as Button).Text + " wurde angeklickt!");
}
}
```

## Test

Klicken Sie auf die Schaltflächen:

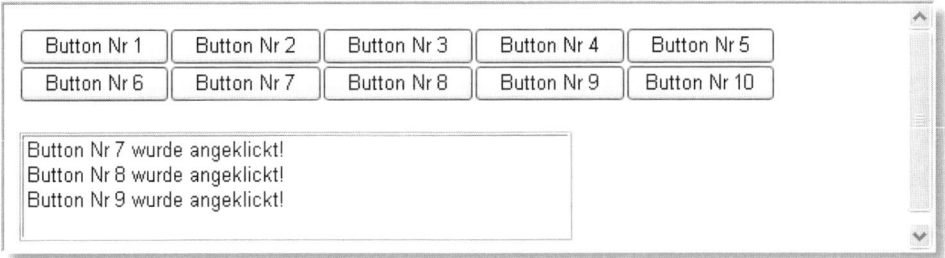

## Bemerkung

Eine weitere geeignete Alternative mit der Möglichkeit, Controls einfach zu positionieren, bietet sich mit dem *Table*-Control an.

**BEISPIEL:** Einfügen einer Schaltfläche in die erste Zeile, zweite Spalte

```
protected void Page_Load(object sender, EventArgs e)
{
   Button btn1 = new Button();
   btn1.Text = "Test";
   btn1.Width = 75;
   Table1.Rows[0].Cells[1].Controls.Add(btn1);
}
```

Das Ergebnis:

---

**HINWEIS:** Die betreffende Zelle bzw. die erforderlichen Zeilen und Spalten müssen Sie vorher natürlich erst erstellen!

---

# R9.39 Doppelklicks auf Schaltflächen verhindern

Leidgeprüfte Programmierer werden ein Liedchen davon singen können. Es gibt immer ungeduldige Anwender, und wenn es nicht schnell genug geht, muss eben mehrfach auf die Schaltfläche geklickt werden. Dass dies den eigenen Programmen bzw. deren Logik nicht unbedingt förderlich ist, dürfte auf der Hand liegen.

Wie Sie mit wenig Aufwand dieses Problem in den Griff bekommen, zweigt das folgende Rezept.

## Oberfläche

Lediglich ein Web Form mit einem **HTML**-Button und zum Vergleich ein Standard-Button. Wechseln Sie nach dem Einfügen des HTML-Buttons in die Quelltext-Ansicht (nicht Quellcode) und ergänzen Sie folgende Attribute für den Button:

```
<input id="Button3" type="button" value="Button (Ohne Doppelklick)"
  onclick="this.disabled=true;" onserverclick="Button2_Click" runat="server" /></div>
```

Im Einzelnen: Mit der Anweisung *"this.disabled=true;"* sperren wir schon beim Client den Button, zusätzlich weisen wir noch ein Server-Ereignis zu (die eigentliche Verarbeitung).

## Quelltext

Für die Demonstration verwenden wir eine etwas länger laufende (sinnlose) mathematische Berechnung:

```
public partial class _Default : System.Web.UI.Page
{
    protected void Page_Load(object sender, EventArgs e)
    {
```

```
        if (!this.IsPostBack) Session["Klicks"] = 0;
    }


    public void Ausgabe()
    {
        Session["Klicks"] = (int)Session["Klicks"] + 1;
        Response.Write("Vor Routine" + System.DateTime.Now.ToString() + "<br>");
        double r = 0;

        for (int i = 0; i < 100000000; i++)
            r = Math.Sqrt(Math.Sin(r + 0.5) + Math.Cos(r - 0.5));

        Response.Write("Nach Nach" + System.DateTime.Now.ToString() +"<br>");
        Response.Write("Klicks: " + Session["Klicks"] + "<br>");
    }
```

Der gesperrte Button:

```
    protected void Button2_Click(object sender, EventArgs e)
    {
        Ausgabe();
    }
```

Der Standard-Button:

```
    protected void Button1_Click(object sender, EventArgs e)
    {
        Ausgabe();
    }
}
```

## Test

Nach dem Start klicken Sie bitte auf beide Schaltflächen. Der HTML-Button wird für die Dauer der Verarbeitung auf dem Server gesperrt, der Standard-Button ermöglicht weitere Klicks:

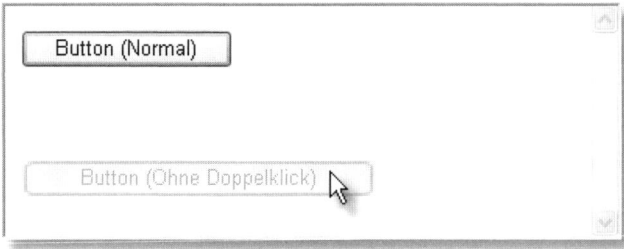

# R9.40   Das Browserfenster per Client-Skript schließen

Wer seiner ASP.NET-Anwendung auch das Look & Feel einer normalen Desktop-Anwendung verpassen will, der kann mit einem kleinen Client-Skript auch das aktuelle Browserfenster schließen.

## Oberfläche

Fügen Sie dem Web Form einen *Button* hinzu und legen Sie dessen *OnClientClick*-Eigenschaft mit

```
window.close();
```

fest.

## Test

Klicken Sie auf den *Button*, sollte der Browser eine Sicherheitsabfrage anzeigen:

Ein Test im Firefox-Browser bringt allerdings nicht das gewünschte Ergebnis. Hier können Sie mit folgender *OnClientClick*-Eigenschaft punkten:

```
javascript:window.open('','_parent','');window.close();
```

**HINWEIS:** In diesem Fall wird nicht einmal obige Sicherheitsabfrage angezeigt.

# R9.41    Ein einfaches ASP.NET User Control programmieren

.NET ist Komponenten-Programmierung pur, und so wollen wir es nicht versäumen, auch unter ASP.NET die Grundzüge der Komponenten-Programmierung an einem einfachen Beispiel darzustellen.

Ein ziemlich einfacher Rechner soll Ihnen den Einstieg in die Programmierung von User Controls demonstrieren.

### Oberfläche (User Control)

Erzeugen Sie zunächst ein neues Web-Projekt und fügen Sie ein leeres Web-Control hinzu (Menüpunkt *Website|Neues Element hinzufügen|Web-Benutzersteuerelement*).

Fügen Sie in das neu erstellte User Control zwei *TextBox*-Controls, eine *DropDownList* und ein *Label* ein:

Der *DropDownList* können Sie bereits jetzt über die Eigenschaft *Items* die Werte +, -, *, / zuweisen.

### Quellcode (User Control)

Die Berechnung (Methode *calc*) nehmen wir im User Control vor, der Aufruf dieser Routine bleibt jedoch dem übergeordneten Programm vorbehalten:

```
...
using System.Web.UI.HtmlControls;

public partial class MeinUserControl : System.Web.UI.UserControl
{
```

Die extern verfügbare Methode:

```
public Single Calc()
{
    Single a = Convert.ToSingle(TextBox1.Text);
    Single b = Convert.ToSingle(TextBox2.Text);
    Single c = 0;
    switch (DropDownList1.SelectedValue)
    {
        case "+":
            c = a + b;
            break;
        case "-":
            c = a - b;
            break;
        case "*":
            c = a * b;
            break;
        case "/":
            c = a / b;
            break;
    }
    Label1.Text = c.ToString();
    return c;
}
```

Beim Start initialisieren wir das Control:

```
protected void Page_Load(object sender, EventArgs e)
{
    Label1.Text = "";
}
```

## Oberfläche (Default.aspx)

Um ein User Control zu verwenden genügt es, wenn Sie dieses per Drag & Drop in das Web Form einfügen:

Wie Sie sehen, sind sofort alle enthaltenen Controls sichtbar, das Control ist bereits voll verwendbar!

Zum Aufruf der Methode *calc* nutzen wir den obigen *Button*:

```
protected void Button1_Click(object sender, EventArgs e)
{
    MeinUserControl1.Calc();
}
```

## Test

Starten Sie die Anwendung, fügen Sie sinnvolle Werte in die *TextBox*en ein und klicken Sie zum Abschluss auf den *Button*. Die Berechnung wird gestartet und das Ergebnis in *Label1* angezeigt.

## Bemerkung

Bisher gibt sich unser User Control noch recht "verschlossen", deshalb wollen wir zwei neue Eigenschaften hinzufügen, mit denen von "außen" auf die *TextBox*en zugegriffen werden kann. Erweitern Sie dazu die Klassendefinition des Controls um folgende Anweisungen:

```
...
public partial class MeinUserControl : System.Web.UI.UserControl
{
    Single _a = 0;
    Single _b = 0;
```

```
public Single ParameterB
{
    get { return _b; }
    set {
        _b = value;
        TextBox2.Text = _b.ToString();
        }
}

public Single ParameterA
{
    get { return _a; }
    set {
        _a = value;
        TextBox1.Text = _a.ToString();
        }
}
```

Nach dem Aktualisieren des User Controls sollten im Eigenschaften-Fenster auch die beiden neuen Eigenschaften auftauchen:

# R9.42   Grafikausgaben per User Control realisieren

Sicher hat der eine oder andere schon eine Möglichkeit vermisst, in Web Forms Grafiken zur Laufzeit zu erstellen.

Notlösungen, wie Sie in diversen Web-Foren angeboten werden (Bitmaps erzeugen, auf der Platte speichern und dann an den Client senden) sind weder befriedigend noch können Sie damit auf Dauer glücklich werden (wann sollen die Grafiken gelöscht werden, Zugriffsprobleme etc.).

Aus diesem Grund möchten wir Ihnen im Folgenden ein User Control vorstellen, das eine beliebigen Bitmap im GIF-Format (Sie können auch PNG verwenden) an den Client senden kann.

Das Control soll sich um das Handling und das Speichern der Grafik kümmern, die Bitmap selbst wird zur Laufzeit durch den Nutzer erzeugt. Temporäre Dateien auf der Festplatte werden wir nicht benötigen.

## Quellcode (User Control)

Erzeugen Sie zunächst ein neues Benutzersteuerelement mit dem Namen *Canvas.ascx*.

```
...
using System.ComponentModel;
using System.Drawing;
using System.Drawing.Drawing2D;
using System.Drawing.Imaging;

public partial class Canvas : System.Web.UI.UserControl
{
    private Bitmap myBMP;
```

Unsere Schnittstelle nach außen (Eigenschaft *Bitmap*):

```
    public Bitmap Bitmap
    {
        get
          { return (Bitmap) Session[String.Concat(this.UniqueID, "_Bitmap")]; }
        set
          { Session[String.Concat(this.UniqueID, "_Bitmap")] = value; }
    }
```

---

**HINWEIS:** Wem die obigen Aufrufe "böhmisch" vorkommen: wir speichern die übergebene Bitmap in einer *Session*-Variablen und rufen Sie auch von dort wieder ab.

---

Wer jetzt vielleicht vermutet hat, dass wir *Form_Load* für die Grafikausgabe nutzen, liegt falsch. Sie könnten hier zwar eine Grafikausgabe realisieren, von Ihrer umgebenden HTML-Seite würde jedoch nichts übrig bleiben. Die Gründe: Das Ereignis tritt zu zeitig auf (noch vor dem Rendern der HTML-Seite) und es wird ausschließlich eine Grafik (*Response.End*) zurückgegeben.

Deshalb überschreiben wir die *Render*-Methode des Controls:

```
    protected override void Render(HtmlTextWriter output)
    {
```

Wir ermitteln den URL der umgebenden Seite

```
        string myurl = Request.Url.ToString();
```

und basteln uns daraus einen Querystring:

```
myurl = String.Concat(myurl, "?", this.UniqueID, "=1");
```

Die einzige Ausgabe unseres Controls bliebt zunächst die folgende Zeile:

```
output.Write("<img id={0} src={1}>", this.UniqueID, myurl);
}
```

Das Control erzeugt lediglich einen *img*-Tag, was zunächst nicht sonderlich interessant ist, wesentlich wichtiger ist die Quelle der Grafik: Es handelt sich um die aufrufende Seite mit einem zusätzlichen Querystring, den wir im Weiteren auswerten wollen.

Dazu nutzen wir die *OnInit*-Methode des neuen Controls, die wir überschreiben müssen:

```
protected override void OnInit(EventArgs e)
{
```

Stimmt der Querystring mit der aktuellen Controlinstanz überein?

```
if (Request.Params[UniqueID] != null)
{
```

Wir prüfen zunächst, ob es schon eine Grafik gibt. Um unschöne Effekte zu vermeiden, liefern wir im Zweifelsfall eine Mini-Grafik (1x1 Pixel) zurück:

```
if (Session[String.Concat(this.UniqueID, "_Bitmap")] != null)
    myBMP = (Bitmap)Session[String.Concat(this.UniqueID, "_Bitmap")];
else
    myBMP = new Bitmap(1, 1);
Response.Clear();
```

Konvertieren in GIF und Zurückschreiben an den Client:

```
Response.ContentType = "image/Gif";
myBMP.Save(Response.OutputStream, ImageFormat.Gif);
Response.End();
    }
}
```

## Quelltext (Default.aspx)

Ziehen Sie einfach unser neues *Canvas*-Control aus dem Projektmappen-Explorer in die Arbeitsfläche. Mit dem Klick auf einen Button werden wir die Bitmap wie in einem normalen Windows-Programm erzeugen:

```
...
using System.ComponentModel;
using System.Drawing;
using System.Drawing.Drawing2D;
using System.Drawing.Imaging;

public partial class _Default : System.Web.UI.Page
{
    protected void Button1_Click(object sender, EventArgs e)
    {
```

Zunächst erzeugen wir eine *Bitmap* in der gewünschten Größe:

```
        Bitmap img = new Bitmap(400, 400);
```

Ein *Graphics*-Objekt für die *Bitmap*:

```
        Graphics g = Graphics.FromImage(img);
```

Den Hintergrund zunächst füllen (sonst schwarz):

```
        g.FillRectangle(new SolidBrush(Color.White), new Rectangle(0, 0, 400, 400));
```

Als Beispiel geben wir etwas Text aus:

```
        string s = "Gedrehter Text ...";
        Font f;
        g.TranslateTransform(img.Width / 2, img.Height / 2);
        for (int i = 1; i < 25; i++)
        {
            f = new Font("Arial", i);
            g.DrawString(s, f, Brushes.Black, i + 10, 0, StringFormat.GenericTypographic);
            g.RotateTransform(18);
        }
        Canvas1.Bitmap = img;
    }
}
```

## Test

Starten Sie das Programm und klicken Sie auf den *Button*:

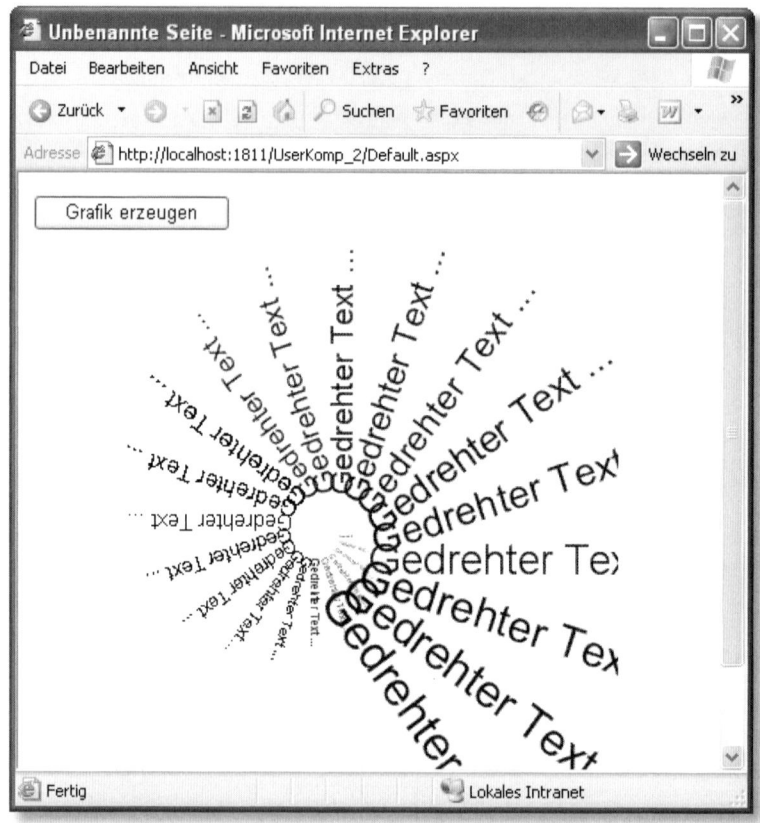

Mit etwas Phantasie fallen Ihnen sicher noch eine Menge von Anwendungsmöglichkeiten für das neue User Control ein.

## R9.43   Die Upload-Begrenzung ändern

Per Default-Einstellung sind Uploads (z.B. mittels *FileUpload*-Komponente) aus Sicherheitsgründen auf eine Größe von vier Megabyte beschränkt. Wollen Sie diese Beschränkung aufgeben, müssen Sie die *Web.Config* ändern.

**BEISPIEL:**   Upload-Beschränkung auf 16 MByte erhöhen

```
<configuration>
 <appSettings/>
 <connectionStrings/>
 <system.web>
   <httpRuntime maxRequestLength="16384"/>
 ...
```

# R9.44   Eine Webseite per JavaScript drucken

Möchten Sie auf Ihrer ASP.NET-Seite auch die Möglichkeit anbieten, diese zu drucken? Kein Problem, mit einer Zeile JavaScript-Code ist das Problem gelöst.

## Oberfläche

Fügen Sie dem Web Form einen *Button* hinzu und legen Sie dessen *OnClientClick*-Eigenschaft mit

```
javascript:window.print();
```

fest.

## Test

Nach dem Klick auf den *Button* blendet der Browser automatisch den Druckdialog ein, Sie brauchen nur noch den gewünschten Druck auszuwählen:

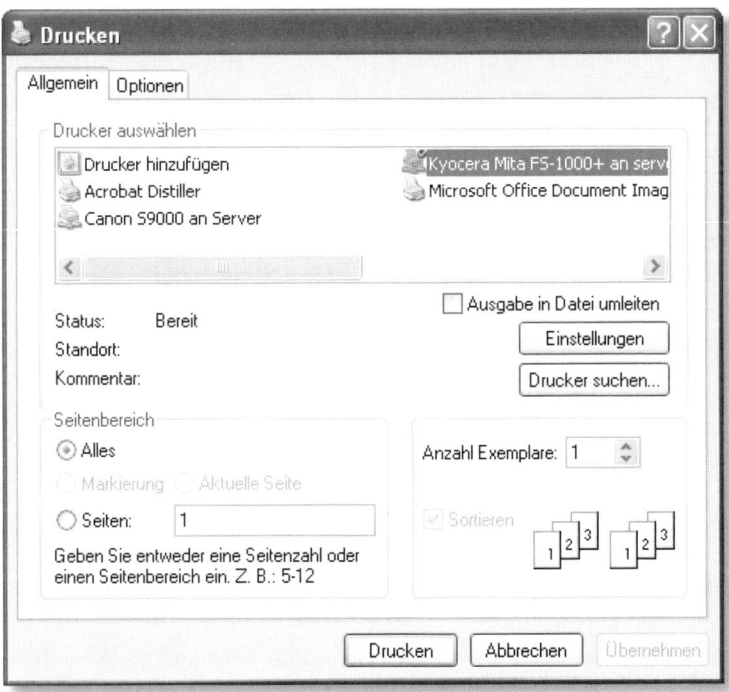

# R9.45    Ein Projekt auf den IIS exportieren

Nachdem Ihre Anwendung nun schon ganz gut funktioniert, wollen wir den letzten Schritt wagen, die Veröffentlichung auf einem richtigen Web-Server.

---

**HINWEIS:** Zur Erinnerung: Bisher haben wir nur mit dem Test-Server von Visual Studio gearbeitet, der schon von einem zweiten PC aus nicht mehr erreichbar ist.

---

Für den Export unserer Web-Anwendung bietet Visual Studio ein eigenes Tool, das Sie über den *Menüpunkt Website|WebSite kopieren* erreichen:

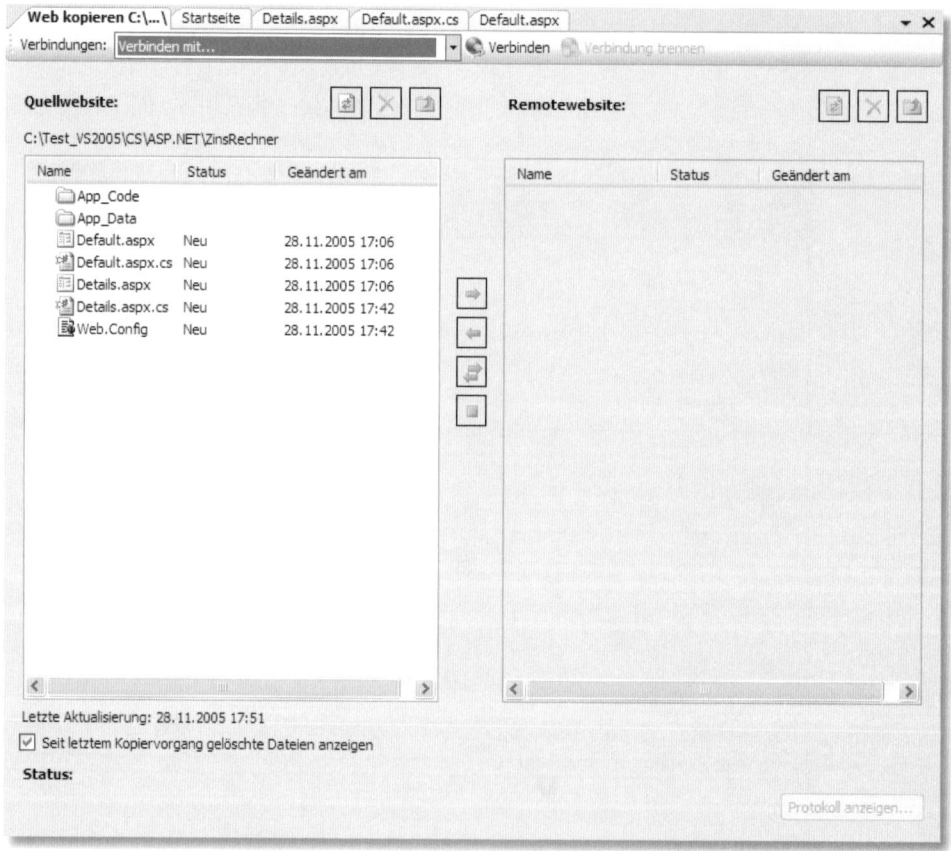

Wählen Sie im Toolbar den Button *Verbinden* und wählen Sie die Zugangsart zu Ihrem Webserver. Wir belassen es beim Export unseres Webs bei lokal laufendem IIS und erzeugen dort eine neue Webanwendung:

Nach dem Kopieren können Sie den Internet Explorer aufrufen und den Zugriff auf die Web-anwendung testen. Doch welch hübsche Meldung erscheint da auf dem Bildschirm?

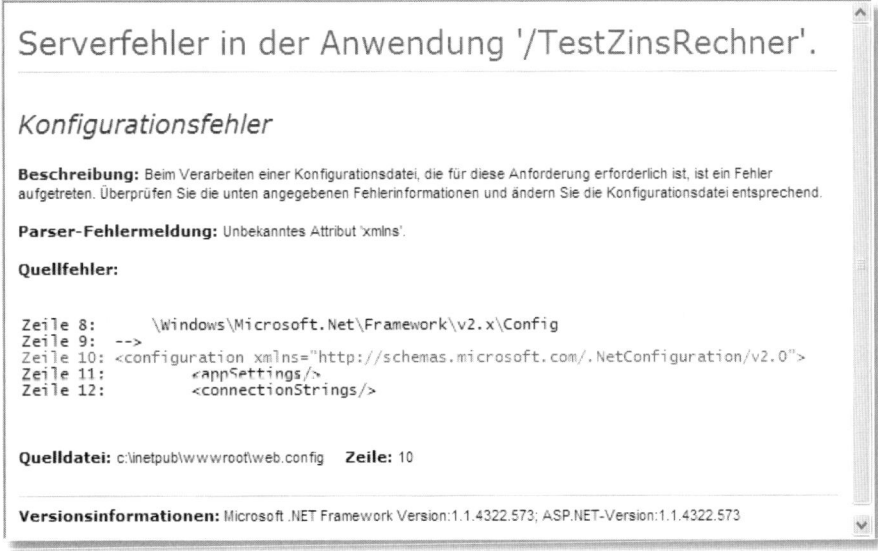

Bevor Sie jetzt bei den Autoren oder gar bei sich selbst den Fehler suchen, vergessen Sie es und rufen den IIS-Manager (über die Systemsteuerung) auf. Hier müssen wir eine kleine Änderung bei den Eigenschaften unserer neuen Webanwendung vornehmen:

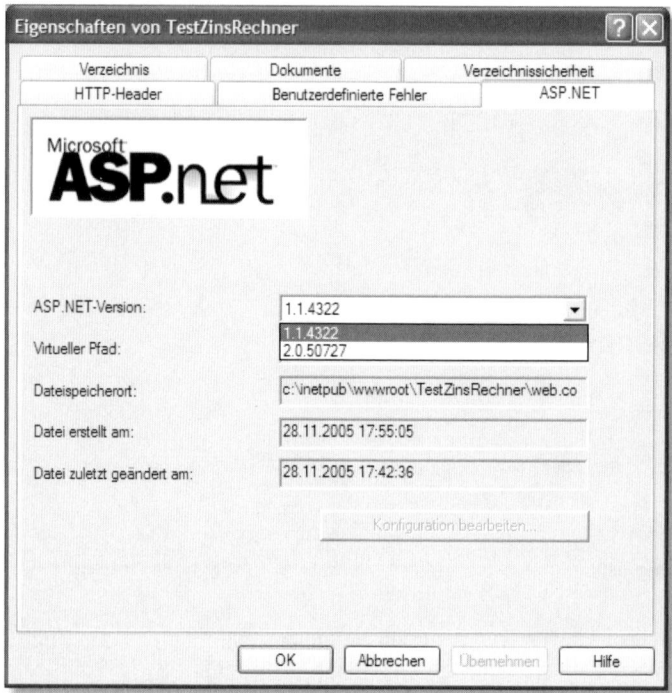

Ändern Sie die voreingestellt ASP.NET-Version von 1.1 auf 2.0 und schon klappt es auch mit dem Aufruf der Anwendung.

## R9.46   Ärger mit den Cookies vermeiden

Sollten Sie, was gar nicht so abwegig ist, mit folgender Fehlermeldung konfrontiert werden,

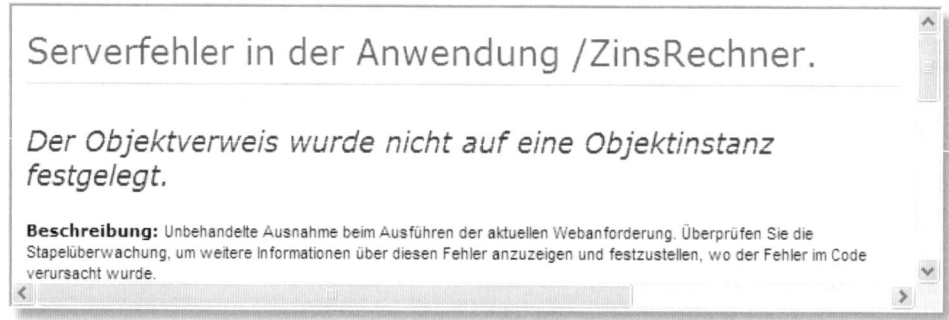

haben Sie entweder einen Tippfehler in Ihrem Beispiel oder Ihr Browser/Firewall blockt Cookies ab.

Die Ursache: Eine Session erfordert einen eindeutigen Bezeichner auf dem Client, der im Standardfall per Cookie realisiert wird. Ist das Erzeugen von Cookies auf dem Client nicht möglich (Ursache siehe oben), können im zweiten Formular nicht mehr die Daten aus dem *Session*-Objekt ausgelesen werden, für den Server fehlt einfach der Zusammenhang.

Für diesen Fall haben sich die MS-Programmierer einen Trick einfallen lassen. Statt lokaler Cookies wird ein virtuelles Verzeichnis (die Session-ID) in den URL eingefügt, dessen Name bei relativ miteinander verlinkten Seiten durch den Browser automatisch immer wieder eingefügt wird.

Bevor dieser Mechanismus greift, müssen wir jedoch in der *Web.config* eine Änderung vornehmen. Fügen Sie bitte folgenden Abschnitt ein:

```
<configuration>
  <appSettings/>
    <system.web>
    <compilation debug="true"/>
    <sessionState mode="InProc" cookieless="true" timeout="20"/>
```

Wichtig ist der Wert des Attributs *cookieless*. Speichern Sie die Datei *Web.config* ab, um die Änderungen für den Server zu übernehmen.

Bei einem erneuten Start Ihrer Anwendung sollte die Adresszeile für *Default.aspx* wie folgt aussehen:

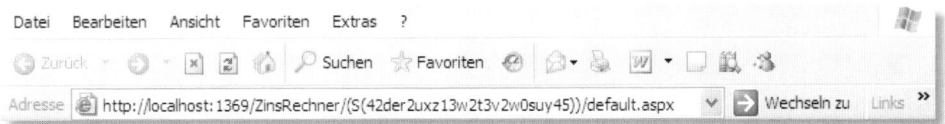

Beachten Sie die in Klammern gespeicherte Session-ID. Beim Aufruf von *Details.aspx* ist der Browser dafür verantwortlich, die Adresse entsprechend zu erweitern. Dies erfolgt automatisch, da wir nur eine relative Pfadangabe für *Details.aspx* angegeben hatten:

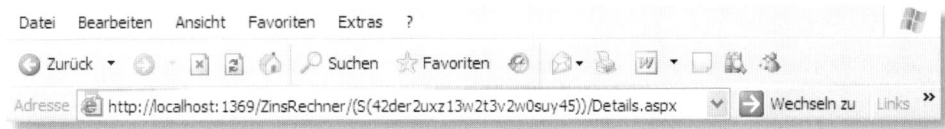

Damit wäre auch das kleine Problem mit den Cookies bzw. der Session-ID gelöst.

## R9.47   Einen XML-Webdienst programmieren

Zu den herausragenden Features der .NET-Technologie gehören in jedem Fall die Webdienste (Web Services).

Wir wollen in diesem Rezept die Windows Forms-Applikation aus R5.13 in eine verteilte Webanwendung umwandeln. Dazu entwerfen wir zunächst einen Webservice, der geeignete Methoden zum Analysieren der Festplatte bereitstellt (*GetDirectories*, *GetFiles*) sowie einige erste rudimentäre Bearbeitungsfunktionen vorhält (*DeleteFile*, *UploadFile*, *DownloadFile*).

---

**HINWEIS:** Zum Testen benötigen Sie den Webdienst-Client aus dem Rezept R9.48!

---

### Projekt vorbereiten

Nach dem Start von Visual Studio 2005 wählen Sie die Option *Datei/Neu/WebSite* und anschließend die Projektvorlage *ASP.NET Web Service*. Belassen Sie es auch bei diesem Beispiel bei der Default-Einstellung "*Location=Dateisystem*" und warten Sie, bis das Projekt eingerichtet ist.

Löschen Sie im Anschluss die bereits automatisch erstellte *Service.asmx* und *Service.cs* und erstellen Sie einen neuen Webdienst mit dem Namen *FileCommander.asmx*:

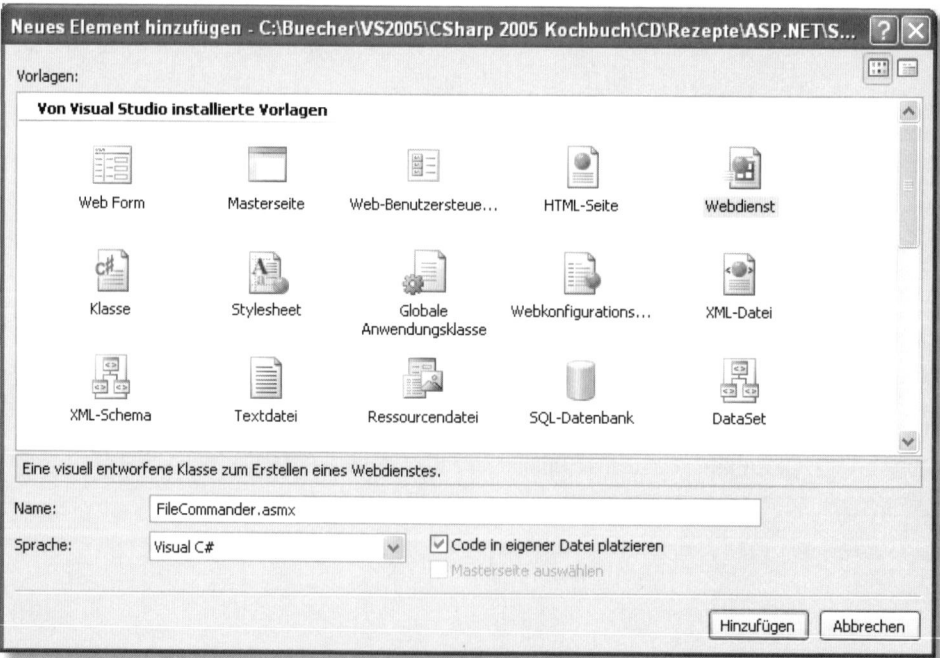

## Quellcode

Wir wechseln in *FileCommander.cs* und führen am vorhandenen Code-Skelett die folgenden
Änderungen durch:

```
...
using System.Web.Services;
using System.Web.Services.Protocols;
using System.IO;

[WebService(Namespace = "http://tempuri.org/")]
[WebServiceBinding(ConformsTo = WsiProfiles.BasicProfile1_1)]
public class FileCommander : System.Web.Services.WebService
{
    public FileCommander()
    {
        //Auskommentierung der folgenden Zeile bei Verwendung von Designkomponenten aufheben
        //InitializeComponent();
    }
```

Eine neue Web-Methode, mit der alle Verzeichnisnamen eines Pfades übertragen werden
(String-Array):

```
    [WebMethod]
    public string[] GetDirectories(string path)
    {
        DirectoryInfo[] dirs = (new DirectoryInfo(path)).GetDirectories();
        string[] ret = new string[dirs.Length];
        for (int i = 0; i < dirs.Length; i++)
            ret[i] = dirs[i].Name;
        return ret;
    }
```

> **HINWEIS:** Um eine Funktion als Webdienst zu spezifizieren, muss das Attribut *[WebMethod]*
> vorangestellt werden!

Auslesen aller Dateinamen:

```
    [WebMethod]
    public string[] GetFiles(string path)
    {
        FileInfo[] files = (new DirectoryInfo(path)).GetFiles();
        string[] ret = new string[files.Length];
```

```
        for (int i = 0; i < files.Length; i++)
            ret[i] = files[i].Name;
        return ret;
    }
```

Per Web-Methode eine Datei auf dem Server löschen:

```
[WebMethod]
public bool DeleteFile(string name)
{
    try
    {
        File.Delete(name);
        return true;
    }
    catch (Exception)
    {
        return false;
    }
}
```

---

**HINWEIS:** Die Fehlerbehandlung ist unbedingt erforderlich, der Webdienst wird im Normalfall mit den Rechten des Nutzers *ASP.NET* ausgeführt.

---

Eine neue Datei auf dem Server erstellen, wir übergeben den Dateinamen und ein Byte-Array
mit den Dateidaten:

```
[WebMethod]
public bool UploadFile(string saveas, byte[] data)
{
    try
    {
```

Dank *File*-Klasse ist das Erstellen der Datei ein Kinderspiel:

```
        File.WriteAllBytes(saveas, data);
        return true;
    }
    catch (Exception)
    {
        return false;
    }
}
```

> **HINWEIS:** Byte-Arrays sind in all jenen Fällen zu bevorzugen, bei denen kein geeigneter Datentyp (*DataSet*, *String* etc.) zur Verfügung steht bzw. die Klasse nicht serialisierbar ist (kein Standardkonstruktor).

Noch den Download implementieren:

```
[WebMethod]
public byte[] DownloadFile(string name)
{
    try
    {
```

Auch hier ist uns die *File*-Klasse behilflich:

```
        return File.ReadAllBytes(name);
    }
    catch (Exception)
    {
        return null;
    }
    }
}
```

> **HINWEIS:** Wie Sie sehen, sind die Änderungen im Quellcode gegenüber einer normalen Windows-Anwendung minimal, obige Methoden könnten auch in einer ganz normalen lokalen Klasse zur Anwendung kommen.

## Test

Um den Webdienst zu testen drücken Sie die F5-Taste. Als Antwort stellt Visual Studio eigene Testseiten zur Verfügung, die im Internet Explorer erscheinen.

Auf der ersten Testseite finden Sie eine Zusammenstellung aller vom Webdienst exportierten Methoden:

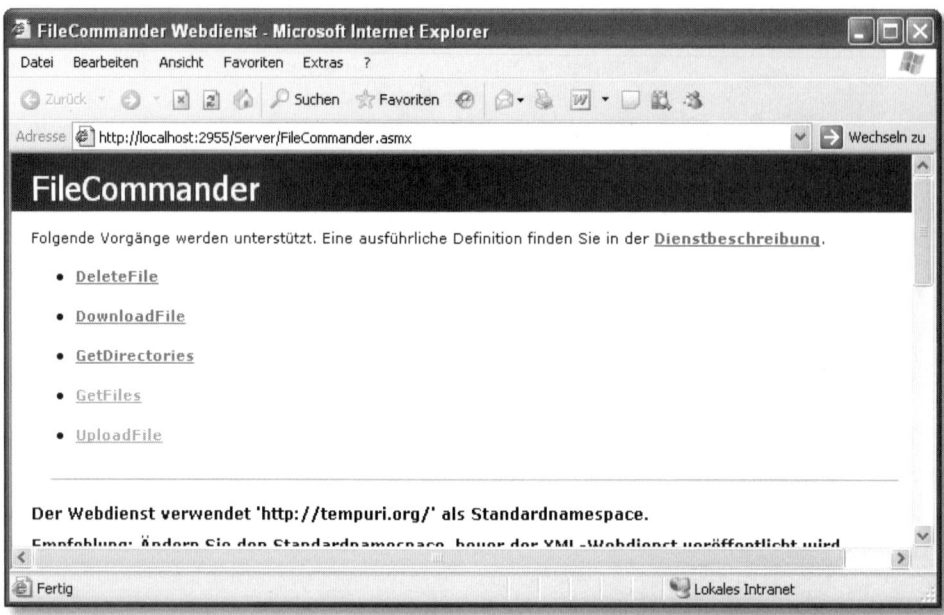

Klicken Sie auf *GetDirectories* und rufen Sie die Methode auf, so erscheint eine weitere Testseite:

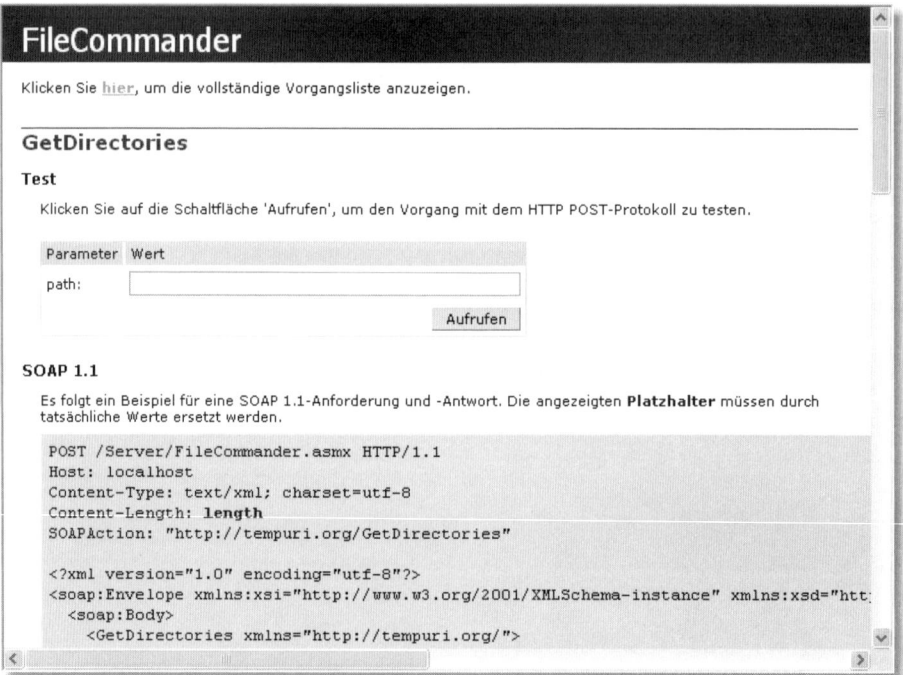

Geben Sie für den Parameter *path* einen sinnvollen Pfad an und klicken Sie dann auf die Schaltfläche *Aufrufen*. Das gelieferte Ergebnis mag Sie vielleicht enttäuschen, denn Sie sehen lediglich die XML-Darstellung der Daten im Internet Explorer:

```xml
<?xml version="1.0" encoding="utf-8" ?>
- <ArrayOfString xmlns:xsi="http://www.w3.org/2001/XMLSchema-instance"
    xmlns:xsd="http://www.w3.org/2001/XMLSchema" xmlns="http://tempuri.org/">
    <string>Access2002</string>
    <string>Access2003</string>
    <string>AccessRezepte</string>
    <string>CSharp</string>
    <string>Delphi.NET</string>
    <string>Delphi2005</string>
    <string>Delphi7</string>
    <string>Hanser2006</string>
    <string>Projekt_SQLServer_Kochbuch</string>
    <string>Rezeptsortierer</string>
    <string>VB.NET</string>
    <string>Volltextsuche</string>
    <string>Vorlagen</string>
    <string>VS2005</string>
    <string>__MSPress</string>
</ArrayOfString>
```

**HINWEIS:** Die vom Webdienst gelieferten Daten können von jedem XML-fähigen Client interpretiert und verarbeitet werden (siehe nachfolgendes Rezept)!

### Bemerkungen

- Webdienste sind Klassen, deren Methoden Sie über das Internet aufrufen können, so als wären diese Klassen auf Ihrem Rechner installiert.

- Ein Webdienst hat keine eigene Oberfläche.

- Dank SOAP sind Webdienste in der Lage, nicht nur einfache Datentypen zu übermitteln, sondern auch komplette Objekte und Arrays.

- Im Unterschied zu einer ASP.NET-Anwendung werden keine HTML-Seiten zurückgegeben, sondern in einem XML-Dokument verpackte Daten und Objekte. Damit kann jede XML-fähige Anwendung – unabhängig von Betriebssystem oder Programmiersprache – den Web-Service benutzen.

# R9.48   Einen Webdienst-Client erstellen

In diesem Rezept wollen wir auf den in R9.47 "Einen XML-Webdienst programmieren" erstellten Web-Service mit einem Windows-Client zugreifen, der neben der Darstellung der Server-Verzeichnis-/-Dateistruktur auch einige rudimentäre Bearbeitungsfunktionen bereitstellt (Upload, Download).

---

**HINWEIS:** Mehr zu den allgemeinen Grundlagen (*TreeView*, Dateifunktionen) finden Sie im
Rezept R5.13, das die gleiche Aufgabenstellung ohne Webservice realisiert[1].

---

## Oberfläche

Erstellen Sie zunächst ein neues Windows Forms-Projekt und fügen Sie in *Form1* neben einer
*TreeView* eine *ListBox* sowie drei *Button*s ein (siehe Laufzeitansicht). Zusätzlich nutzen wir
noch einen *OpenFileDialog* und einen *SaveFileDialog* zur Auswahl von Dateinamen.

Im folgenden Schritt müssen wir zunächst den Zugriff auf den Webservice realisieren. Dazu binden wir einen Webverweis ein (im Projektmappen-Explorer klicken Sie mit der rechten
Maustaste auf *Verweise* und wählen im Kontextmenü den Eintrag *Webverweis hinzufügen*).

Es erscheint das Dialogfeld *Webverweis hinzufügen*. Geben Sie ganz oben als Adresse die URL
Ihres WebService ein: *http://localhost:2955/Server/FileCommander.asmx*  und vergessen Sie
das abschließende Bestätigen mit der Eingabetaste nicht.

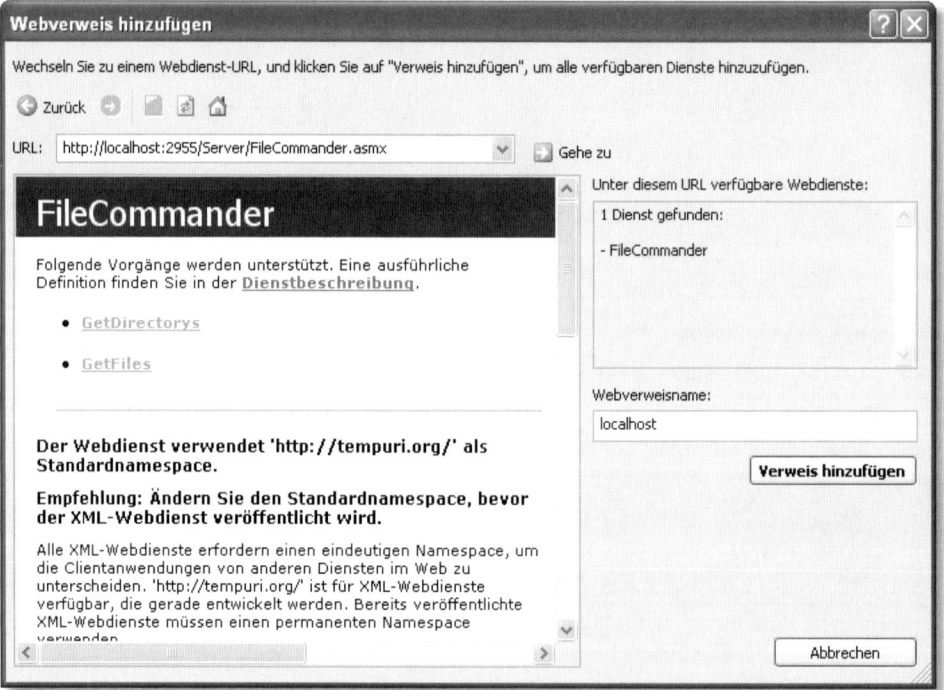

Wenn Sie im Vorgängerrezept alles richtig gemacht haben (die Instanz des Webservice muss
noch laufen), so erscheint nach einer kleinen Weile im linken Fenster des Dialogfeldes die gleiche Testseite, wie Sie sie bereits aus dem Vorgängerrezept kennen.

---

[1] ... und damit auch nur lokale Daten bearbeiten kann.

Klicken Sie auf die Schaltfläche *Verweis hinzufügen* am rechten Rand.

Im Projektmappen-Explorer sehen Sie den hinzugefügten Webverweis unter *localhost*:

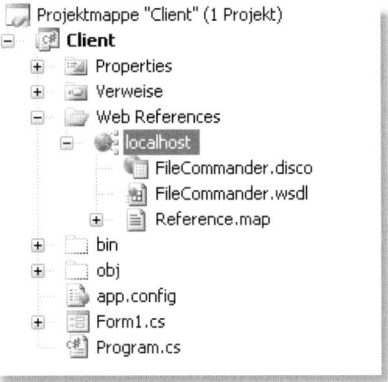

## Quelltext

```
using System.IO;

    public partial class Form1 : Form
    {
    ...
```

Eine Instanz unseres Webservice:

```
    localhost.FileCommander fc;

    protected override void OnLoad(EventArgs e)
    {
```

Instanz erstellen:

```
        fc = new Client.localhost.FileCommander();
```

---

**HINWEIS:** Ab hier kann die *FileCommander*-Klasse wie eine normale lokale Klasse genutzt
werden.

---

Die bereits bekannten Funktionen zum Füllen der *TreeView*, jetzt allerdings mit dem Aufruf
von Webmethoden:

```
        TreeNode rootNode = new TreeNode("C:\\");   // Wurzelknoten erzeugen
        treeView1.Nodes.Add(rootNode);
        addChildNodes(rootNode);                    // untergeordnete Ebene füllen und
```

```
        treeView1.Nodes[0].Expand();           // ... expandieren
        base.OnLoad(e);
    }
```

Fügt die Knoten der untergeordneten Verzeichnisebene hinzu:

```
    private void addChildNodes(TreeNode dirNode)
    {
        foreach (string s in fc.GetDirectories(dirNode.FullPath))
        {
            TreeNode newNode = new TreeNode(s);
            dirNode.Nodes.Add(newNode);
            newNode.Nodes.Add("*");   // Child-Knoten erhält Platzhalterzeichen
        }
    }
```

Ein Knoten wurde expandiert:

```
    private void treeView1_BeforeExpand(object sender, TreeViewCancelEventArgs e)
    {
        if (e.Node.Nodes[0].Text == "*")
        // falls es sich um einen Platzhalterknoten handelt
        {
            treeView1.BeginUpdate();      // erneutes Zeichnen deaktivieren
            e.Node.Nodes.Clear();         // Platzhalterknoten löschen
            addChildNodes(e.Node);        // alle untergeordneten Knoten hinzufügen
            treeView1.EndUpdate();        // erneutes Zeichnen aktivieren
        }
    }
```

Die Knoten-Auswahl wurde geändert:

```
    private void treeView1_AfterSelect(object sender, TreeViewEventArgs e)
    {
        listBox1.Items.Clear();
        listBox1.Items.AddRange(fc.GetFiles(e.Node.FullPath));
    }
```

Der Upload erfordert schon etwas mehr Arbeit:

```
    private void button2_Click(object sender, EventArgs e)
    {
```

Auswahl der Datei:

```
        if (openFileDialog1.ShowDialog() == DialogResult.OK)
        {
```

```
                    FileInfo fi = new FileInfo(openFileDialog1.FileName);
```
Datei in Byte-Array laden:
```
                    Byte[] data = File.ReadAllBytes(openFileDialog1.FileName);
```
Byte-Array an den Webservice übertragen:
```
                    if (fc.UploadFile(treeView1.SelectedNode.FullPath + "\\" + fi.Name, data))
                    {
```
Hat alles geklappt, aktualisieren wir die *ListBox*:
```
                        listBox1.Items.Clear();
                        listBox1.Items.AddRange(fc.GetFiles(treeView1.SelectedNode.FullPath));
                    }
                }
            }
```
Der Datei-Download:
```
        private void button3_Click(object sender, EventArgs e)
        {
            if (saveFileDialog1.ShowDialog() == DialogResult.OK)
            {
```
Auch hier arbeiten wir wieder mit einem Byte-Array als "Transport-Medium":
```
                Byte[] data = fc.DownloadFile(treeView1.SelectedNode.FullPath + "\\" +
                              (string)listBox1.SelectedItem);
```
Im Erfolgsfall werden die Daten gespeichert:
```
                if (data != null)
                    File.WriteAllBytes(saveFileDialog1.FileName,data);
            }
        }
    }
```

## Test

Beim Ausprobieren merken Sie – abgesehen von einer kleinen Verzögerung – nicht, dass Sie mit einem Webdienst arbeiten:

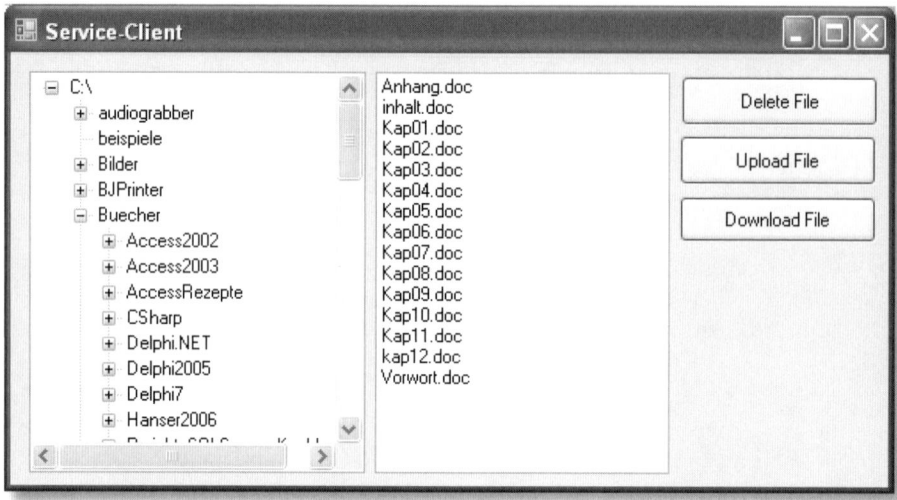

## Bemerkungen

- Zwischen einem Webdienst-Client und einer normalen Windows-Anwendung gibt es rein äußerlich keinerlei Unterschiede.

- Damit der Client die vom Webdienst bereitgestellten Methoden benutzen kann, muss ein Webverweis eingerichtet werden.

- Im Unterschied zu einer ASP.NET-Anwendung empfängt der Webdienst-Client kein reines HTML, stattdessen wird die Kommunikation mit dem Server über SOAP abgewickelt.

# R9.49   Datenbankzugriffe mit Webdiensten realisieren

Eine der zentralen Anwendungen für Webdienste ist sicherlich der Zugriff auf relationale Datenbanken. In .NET bedeutet dies nicht anderes, als den Austausch eines *DataSet*s zwischen Client und Webservice.

Ein etwas umfangreicheres Beispiel soll die Vorgehensweise bzw. das Handling näher erläutern. Dazu werden wir zunächst einen Webservice entwerfen, der uns das Lesen und Schreiben von Daten in eine Access-Datenbank ermöglicht.

## Webdienst entwerfen

Aus der Tabelle *Bestellungen* der Datenbank *Firma.mdb* sollen für einen bestimmten Kunden und einen bestimmten Zeitraum (bezogen auf das Eingangsdatum) alle Bestellungen ausgegeben werden. Dazu implementieren wir zwei Methoden, mit denen wir auf das *DataSet* lesend bzw. schreibend zugreifen können:

Zum Lesen der Datensätze:

**SYNTAX:**   `DataSet` **`getBestellungen`** `(int kNr, DateTime von, DateTime bis);`

Für das Zurückschreiben von Änderungen in die Datenbank:

**SYNTAX:**   `void` **`setBestellungen`**`(DataSet ds);`

## Oberfläche

Erstellen Sie zunächst einen neuen Webdienst über *Datei/Neu/WebSite* und anschließend die Projektvorlage *ASP.NET Web Service*. Belassen Sie es bei der Default-Einstellung "Location=Dateisystem" und warten Sie, bis das Projekt eingerichtet ist.

Die Datenbank *Firma.mdb* (siehe Buch-CD) fügen Sie per Drag & Drop in den Projektmappen-Explorer ein (Verzeichnis *App_Data*).

In der *Web.config* nehmen Sie die folgende Erweiterung vor:

```
<?xml version="1.0"?>
<configuration xmlns="http://schemas.microsoft.com/.NetConfiguration/v2.0">
 <connectionStrings>
   <add name="DatenConnectionString" connectionString="Provider=Microsoft.Jet.OLEDB.4.0;Data
Source=|DataDirectory|\Firma.mdb;Persist Security Info=True" providerName="System.Data.OleDb" />
 </connectionStrings>
 ...
```

---

**HINWEIS:**   Sollte die *Web.config* noch nicht vorhanden sein, starten Sie einfach einen ersten Testlauf (F5) und Sie werden gefragt, ob eine *Web.config* angelegt werden soll.

---

Bevor Sie richtig loslegen, sollten Sie dem Webdienst einen aussagekräftigen Namen geben. Relevant ist dabei zum einen die ASMX-Datei und zum anderen der Name der eigentlichen Klasse.

Klicken Sie im Projekt-Manager auf die Datei *Service.asmx* und ändern Sie den Dateinamen in *BestellService.asmx*. Die enthaltene Klasse *WebService* benennen Sie per Refactoring in *Bestellungen* um.

---

**HINWEIS:**   Ändern Sie auch das Attribut *Class* in der ersten Zeile und beachten Sie die Groß-/Kleinschreibung!

---

```
BestellService.asmx*

<%@ WebService Language="C#" Class="Bestellungen" %>

using System.Web;
using System.Web.Services;
using System.Web.Services.Protocols;

using System;
using System.Data;
using System.Data.OleDb;
using System.Web.Configuration;

[WebService(Namespace = "http://tempuri.org/")]
```

## Quellcode

Führen Sie am vorhandenen Code-Skelett die folgenden Änderungen durch.

```
<%@ WebService Language="C#" Class="Bestellungen" %>

using System.Web;
using System.Web.Services;
using System.Web.Services.Protocols;
using System;
using System.Data;
```

Wir importieren den *OleDb*-Datenprovider. Damit können wir sowohl auf Access-Datenbanken als auch – mit gewissen Performance-Abstrichen – auf den SQL Server zugreifen:

```
using System.Data.OleDb;

using System.Web.Configuration;

[WebService(Namespace = "http://tempuri.org/")]
[WebServiceBinding(ConformsTo = WsiProfiles.BasicProfile1_1)]
public class Bestellungen  : System.Web.Services.WebService {
```

Da Webdienste naturgemäß über keine eigene Oberfläche verfügen, kann der Benutzer die Datenbank nicht über einen Dialog auswählen. Wir werden deshalb den Datenbankpfad zur Laufzeit aus der *Web.config* auslesen und fügen deshalb eine globale Variable ein:

```
private string connStr =
  WebConfigurationManager.ConnectionStrings["DatenConnectionString"].ToString();
```

Wir beginnen mit dem Implementieren der Webmethode *getBestellungen*. Um diese als Methode eines Webdienstes zu definieren, muss das Attribut *[WebMethod]* vorangestellt werden:

```
[WebMethod]
public DataSet getBestellungen(int kNr, DateTime von, DateTime bis)
{
```

Die Verbindung zur Datenbank herstellen:

```
OleDbConnection conn = new OleDbConnection(connStr);
```

*Command*-Objekt erzeugen:

```
OleDbCommand cmd = new OleDbCommand("SELECT * FROM Bestellungen"+
                    " WHERE KuNr = ? AND EingangsDatum BETWEEN ? AND ?", conn);
```

Parameter definieren:

```
cmd.Parameters.Add("@kN", OleDbType.Integer);
cmd.Parameters.Add("@zeit1", OleDbType.Date);
cmd.Parameters.Add("@zeit2", OleDbType.Date);
```

Allen Parametern Werte zuweisen:

```
cmd.Parameters["@kN"].Value = kNr;
cmd.Parameters["@zeit1"].Value = von;
cmd.Parameters["@zeit2"].Value = bis;
```

*DataAdapter* erzeugen:

```
OleDbDataAdapter da = new OleDbDataAdapter(cmd);
da.MissingSchemaAction = MissingSchemaAction.AddWithKey;
```

*DataSet* füllen:

```
DataSet bestDS = new DataSet("BestellDS");
conn.Open();
da.Fill(bestDS, "Bestellungen");
conn.Close();
return bestDS;
}
```

Die Webmethode *setBestellungen* fällt etwas kürzer aus. Für eine Überraschung sorgt eventuell die *ref*-Übergabe des *DataSet*-Parameters an die Methode. Dadurch werden alle Änderungen am *DataSet* auch im *DataSet* der aufrufenden Funktion sichtbar:

```
[WebMethod]
public void setBestellungen(ref DataSet bestDS)        // Parameterübergabe per Referenz!
{
   OleDbConnection conn = new OleDbConnection(connStr);
   OleDbDataAdapter da = new OleDbDataAdapter("SELECT * FROM Bestellungen", conn);
```

Die folgende Zuweisung sorgt dafür, dass bei einem Update-Fehler nicht abgebrochen wird, der fehlerhafte Datensatz wird stattdessen im Client markiert:

```
        da.ContinueUpdateOnError = true;       // kein Abbruch bei fehlerhaftem Update
```

Das Erstellen eines *UpdateCommand*-Objekts für den *DataAdapter* übernimmt ein *CommandBuilder*:

```
    OleDbCommandBuilder cb = new OleDbCommandBuilder(da);
```

Das Zurückschreiben der Änderungen am *DataSet* in die Datenbank:

```
    conn.Open();
    da.Update(bestDS.Tables["Bestellungen"]);
    conn.Close();
  }
}
```

### Test

Nach dem Erstellen des Webdienstes (F5-Taste oder Menü *Debuggen/Debuggen starten*) zeigt Ihnen der Internet Explorer ein automatisch generiertes Testformular, welches Links sowohl zur Dienstbeschreibung des Webdienstes liefert, als auch zu den separaten Testseiten für jede Methode des Webdienstes.

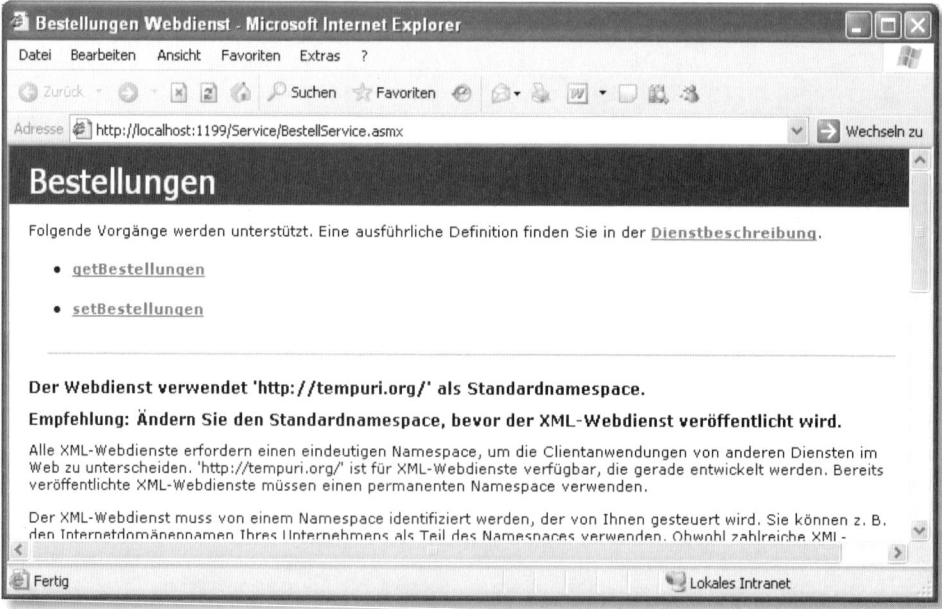

Die im WSDL-Format abgefasste Dienstbeschreibung informiert über die vom Webdienst angebotenen Methoden und deren Parameter. Sie wird vom Webdienst an den Client abgeschickt, wenn dieser danach fragt. Dazu braucht an die URL des Webdienstes lediglich die Zeichenfolge *?wsdl* angehängt zu werden:

```
<?xml version="1.0" encoding="utf-8" ?>
- <wsdl:definitions xmlns:soap="http://schemas.xmlsoap.org/wsdl/soap/"
    xmlns:tm="http://microsoft.com/wsdl/mime/textMatching/"
    xmlns:soapenc="http://schemas.xmlsoap.org/soap/encoding/"
    xmlns:mime="http://schemas.xmlsoap.org/wsdl/mime/"
    xmlns:tns="http://tempuri.org/" xmlns:s="http://www.w3.org/2001/XMLSchema"
    xmlns:soap12="http://schemas.xmlsoap.org/wsdl/soap12/"
    xmlns:http="http://schemas.xmlsoap.org/wsdl/http/"
    targetNamespace="http://tempuri.org/"
    xmlns:wsdl="http://schemas.xmlsoap.org/wsdl/">
  - <wsdl:types>
    - <s:schema elementFormDefault="qualified" targetNamespace="http://tempuri.org/">
      - <s:element name="getBestellungen">
        - <s:complexType>
          - <s:sequence>
              <s:element minOccurs="1" maxOccurs="1" name="kNr" type="s:int" />
              <s:element minOccurs="1" maxOccurs="1" name="von"
                type="s:dateTime" />
              <s:element minOccurs="1" maxOccurs="1" name="bis"
                type="s:dateTime" />
            </s:sequence>
          </s:complexType>
        </s:element>
      + <s:element name="getBestellungenResponse">
      - <s:element name="setBestellungen">
        - <s:complexType>
          - <s:sequence>
            - <s:element minOccurs="0" maxOccurs="1" name="bestDS">
```

Klicken Sie auf den Hyperlink für den Test der Methode *getBestellungen* so öffnet sich ein Eingabeformular, über welches Sie die erforderlichen Parameter eingeben und die Methode aufrufen können:

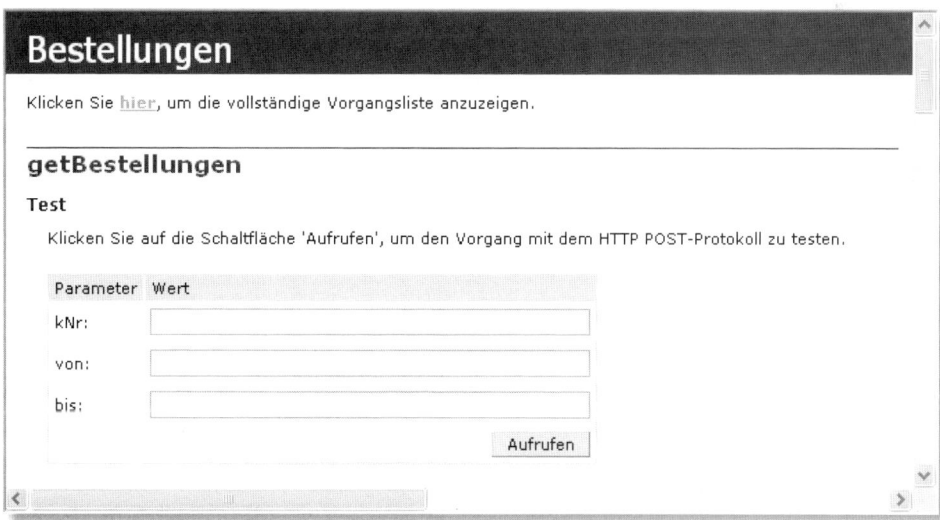

Als Antwort erhalten Sie keine fertige Tabelle, sondern strukturierte XML-Daten, die ebenfalls im Internet Explorer angezeigt werden:

```xml
<?xml version="1.0" encoding="utf-8" ?>
- <DataSet xmlns="http://tempuri.org">
 - <xs:schema id="BestellDS" xmlns="" xmlns:xs="http://www.w3.org/2001/XMLSchema"
     xmlns:msdata="urn:schemas-ms-com:xmlmsdata">
  - <xs:element name="BestellDS" msdata:IsDataSet="true" msdata:Locale="de-DE">
   - <xs:complexType>
    - <xs:choice maxOccurs="unbounded">
     - <xs:element name="Bestellungen">
      - <xs:complexType>
       - <xs:sequence>
           <xs:element name="Nr" msdata:AutoIncrement="true" type="xs:int" />
           <xs:element name="EingangsDatum" type="xs:dateTime" minOccurs="0" />
           <xs:element name="KuNr" type="xs:int" minOccurs="0" />
           <xs:element name="GesamtNetto" type="xs:decimal" minOccurs="0" />
           <xs:element name="bezahlt" type="xs:boolean" minOccurs="0" />
           <xs:element name="BezahlDatum" type="xs:dateTime" minOccurs="0" />
           <xs:element name="verschickt" type="xs:boolean" minOccurs="0" />
           <xs:element name="VersandDatum" type="xs:dateTime" minOccurs="0" />
         - <xs:element name="Bemerkung" minOccurs="0">
          - <xs:simpleType>
           - <xs:restriction base="xs:string">
               <xs:maxLength value="50" />
             </xs:restriction>
           </xs:simpleType>
          </xs:element>
        </xs:sequence>
       </xs:complexType>
      </xs:element>
     </xs:choice>
    </xs:complexType>
   - <xs:unique name="Constraint1" msdata:PrimaryKey="true">
       <xs:selector xpath=".//Bestellungen" />
       <xs:field xpath="Nr" />
     </xs:unique>
   </xs:element>
  </xs:schema>
 - <diffgr:diffgram xmlns:msdata="urn:schemas-microsoft-com:xml-msdata"
     xmlns:diffgr="urn:schemas-ms-com:xml-diffgram- v1">
```

```
- <BestellDS xmlns="">
  - <Bestellungen diffgr:id="Bestellungen1" msdata:rowOrder="0">
      <Nr>1</Nr>
      <EingangsDatum>2003-01-09T00:00:00.0000000+01:00</EingangsDatum>
      <KuNr>1</KuNr>
      <GesamtNetto>60</GesamtNetto>
      <bezahlt>true</bezahlt>
      <BezahlDatum>2003-01-15T00:00:00.0000000+01:00</BezahlDatum>
      <verschickt>true</verschickt>
      <VersandDatum>2003-01-15T00:00:00.0000000+01:00</VersandDatum>
    </Bestellungen>
  - <Bestellungen diffgr:id="Bestellungen2" msdata:rowOrder="1">
      <Nr>2</Nr>
      <EingangsDatum>2003-01-12T00:00:00.0000000+01:00</EingangsDatum>
      <KuNr>1</KuNr>
      <GesamtNetto>73.5</GesamtNetto>
      <bezahlt>false</bezahlt>
      <verschickt>false</verschickt>
    </Bestellungen>
  - <Bestellungen diffgr:id="Bestellungen3" msdata:rowOrder="2">
      <Nr>3</Nr>
      <EingangsDatum>2003-01-20T00:00:00.0000000+01:00</EingangsDatum>
      <KuNr>1</KuNr>
      <GesamtNetto>5100</GesamtNetto>
      <bezahlt>true</bezahlt>
      <BezahlDatum>2003-01-23T00:00:00.0000000+01:00</BezahlDatum>
      <verschickt>false</verschickt>
    </Bestellungen>
  </BestellDS>
 </diffgr:diffgram>
</DataSet>
```

Wenn Sie genauer hinschauen, so stellen Sie fest, dass die im XML-Listing abgelegten Informationen aus zwei Teilen bestehen:

- die Strukturinformationen, d.h. das vollständige Schema des *DataSet*s,

- die in einem so genannten *DiffGramm* abgelegten Daten.

Jeder XML-fähige Client sollte nun in der Lage sein, diese Informationen zu verarbeiten.

### Bemerkung

Die Testseite der Methode *setBestellungen* enthält nur die Syntaxbeschreibung, aber kein Testformular – warum? Das Testformular kann nur solche Parameter entgegennehmen, die man aus
einem String extrahieren kann. Da unserer Methode aber ein komplettes *DataSet* übergeben
werden muss (es enthält alle geänderten Datensätze), kann sie mit dem Testformular nicht getes-
tet werden, und wir müssen uns gedulden, bis die Clientanwendung fertig gestellt ist.

---

**HINWEIS:** Im Quellcode haben wir auf die Verwendung von *try-catch*-Blöcke zunächst verzichtet. Sie sollten diese Technik in Ihrem eigenen Code erst dann verwenden,
wenn Sie alle Laufzeitfehler ausgemerzt haben (ansonsten erhalten Sie keine oder
nur weniger aussagekräftige Fehlermeldungen).

---

# Web-Client (Windows Forms)

Nach dem Entwurf des Webdienstes wenden wir uns jetzt seiner Gegenstelle zu, dem Client. Zunächst entwerfen wir einen Windows Forms-Client, im Anschluss realisieren wir die gleiche
Aufgabenstellung mit einem Web Form-Client.

## Oberfläche

Öffnen Sie ein neues Projekt vom Typ *Windows Anwendung* und stellen Sie die abgebildete
Oberfläche zusammen. Neben der *TextBox* brauchen Sie noch zwei *DateTimePicker*, ein *Data-
GridView* und drei *Buttons*.

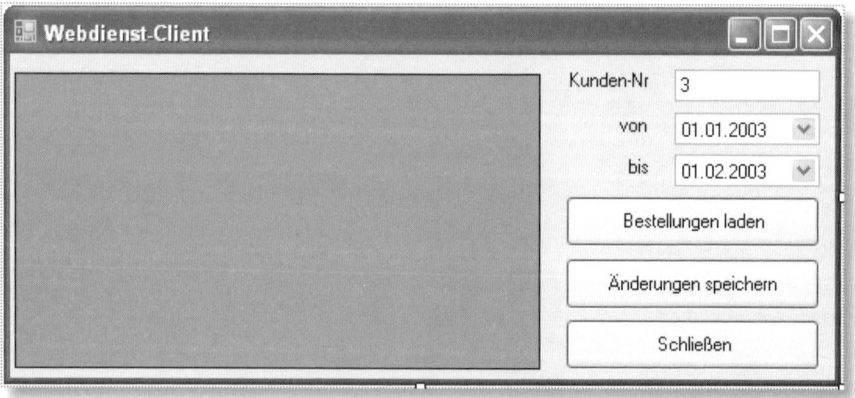

---

**HINWEIS:** Es erleichtert den späteren Test, wenn Sie im Eigenschaftenfenster der *Text*-Eigen-
schaft von *TextBox1* und der *Value*-Eigenschaft von *DateTimePicker1* bzw. *Date-
TimePicker2* bereits jetzt gültige Werte zuweisen.

---

Nächster Schritt ist das  Herstellen der Verbindung zum Webdienst:

Klicken Sie dazu im Projektmappen-Explorer mit der rechten Maustaste auf das Projekt und wählen Sie im Kontextmenü den Eintrag *Webverweis hinzufügen.* Im Dialogfeld *Webreferenz hinzufügen* geben Sie oben die URL des Webdienstes ein:

```
http://localhost:1199/Service/BestellService.asmx
```

Es erscheint die Testseite des Webdienstes. Klicken Sie abschließend auf die Schaltfläche *Verweis hinzufügen.*

Ein Blick in den Projektmappen-Explorer zeigt, dass der Webdienst unter dem Knoten *localhost* eingebunden wurde:

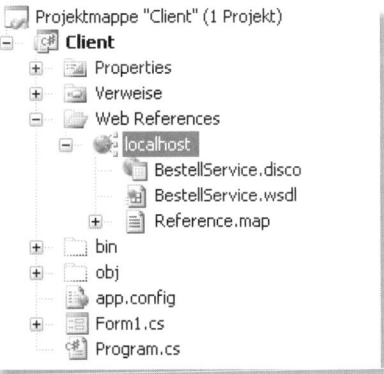

## Quelltext

Nachdem Ihnen Visual Studio bereits eine ganze Menge Programmierarbeit abgenommen hat, sind Sie jetzt wieder an der Reihe. Öffnen Sie das Codefenster für *Form1*:

```
...
public partial class Form1 : Form
{
```

Die Proxyklasse des Webdienstes wird auf Basis der in *localhost.Reference.cs* automatisch generierten Proxyklasse *Bestellungen* erzeugt:

```
private localhost.Bestellungen ws = new localhost.Bestellungen();
```

Zum Puffern der übergebenen Daten brauchen wir ein *DataSet*:

```
private DataSet ds1 = new DataSet();
```

Initialisieren:

```
public Form1()
{
```

```
    InitializeComponent();
}
```

Die gewünschten Bestellungen laden:

```
private void button1_Click(object sender, EventArgs e)
{
  try
  {
    int knr = Convert.ToInt32(textBox1.Text);
```

Beim Aufruf der ersten Webdienst-Methode werden die Daten vom Webdienst geladen:

```
    ds1 = ws.getBestellungen(knr, dateTimePicker1.Value, dateTimePicker2.Value);
    dataGridView1.DataSource = ds1.Tables["Bestellungen"];
  }
```

Eventuelle Fehler auswerten:

```
  catch (Exception ex)
  {
    MessageBox.Show(ex.Message.ToString());
  }
}
```

Änderungen speichern:

```
private void button2_Click(object sender, EventArgs e)
{
  DataSet ds2;        // lokales DataSet zum Puffern der Änderungen
  try
  {
```

Nur die Änderungen werden in den Puffer kopiert, was eine deutliche Reduktion der zu übertragenden Datenmenge bedeutet:

```
    ds2 = ds1.GetChanges();  // Änderungen ermitteln
    if (ds2 != null)         // nur wenn etwas geändert wurde ...
    {
```

Durch Aufruf der zweiten Webdienst-Methode werden die Änderungen in die Datenbank geschrieben:

```
      ws.setBestellungen(ref ds2);
```

Die in *ds2* per Referenz zurückgegebenen Daten überschreiben das Original nur dann, wenn sie den gleichen Primärschlüssel haben:

```
      ds1.Merge(ds2);                // DataSet aktualisieren
      MessageBox.Show("Daten erfolgreich gespeichert!");
```

```
        }
    }
    catch (Exception ex)
    {
        MessageBox.Show(ex.Message.ToString());
    }
}
```

Der folgende Code hat nichts mit der eigentlichen Programmierung des Webclients zu tun, sondern dient lediglich der Formatierung der Anzeige im *DataGridView*. Wir könnten ihn auch
weglassen, müssten dann aber z.B. auf das Euro-Symbol verzichten oder würden uns über die
überflüssige Sekundenanzeige bei der Ausgabe des Bestelldatums ärgern. Außerdem könnten
wir keine Spalten gezielt ausblenden.

Alle Aktivitäten zum Formatieren der Anzeige im *DataGridView* erledigen wir bereits beim
Laden des Formulars. Wir beschränken uns dabei auf drei Spalten (*EingangsDatum*, *Gesamt-
Netto* und *Bemerkungen*):

```
private void Form1_Load(object sender, EventArgs e)
{
    dataGridView1.AutoGenerateColumns = false;
    dataGridView1.AllowUserToAddRows = false;
    dataGridView1.Columns.Add(dataGridViewTextBoxColumn1);
    dataGridView1.Columns.Add(dataGridViewTextBoxColumn2);
    dataGridView1.Columns.Add(dataGridViewTextBoxColumn3);

    // dataGridViewTextBoxColumn1
    dataGridViewTextBoxColumn1.DataPropertyName = "Eingangsdatum";
    dataGridViewTextBoxColumn1.HeaderText = "Datum";
    dataGridViewTextBoxColumn1.Name = "Datum";
    dataGridViewTextBoxColumn1.DefaultCellStyle.Alignment =
                            DataGridViewContentAlignment.MiddleRight;
    dataGridViewTextBoxColumn1.Width = 80;

    // dataGridViewTextBoxColumn2
    dataGridViewTextBoxColumn2.DataPropertyName = "Gesamtnetto";
    dataGridViewTextBoxColumn2.HeaderText = "Nettobetrag";
    dataGridViewTextBoxColumn2.Name = "Nettobetrag";
    dataGridViewTextBoxColumn2.DefaultCellStyle.Format = "c";
    dataGridViewTextBoxColumn2.DefaultCellStyle.Alignment =
                            DataGridViewContentAlignment.MiddleRight;
    dataGridViewTextBoxColumn2.Width = 80;
```

```
        // dataGridViewTextBoxColumn3
        dataGridViewTextBoxColumn3.DataPropertyName = "Bemerkung";
        dataGridViewTextBoxColumn3.HeaderText = "Bemerkungen";
        dataGridViewTextBoxColumn3.Name = "Bemerkungen";
        dataGridViewTextBoxColumn3.Width = 170;
    }
```

### Test

Nach der Eingabe einer gültigen *KundenNr* und der Auswahl eines sinnvollen Anfangs- und Ende-Datums sehen Sie nach kurzer Wartezeit die vom Webdienst gelieferten Datensätze. Sie können nun hemmungslos an den Datensätzen herumdoktern und versuchen, die Änderungen in der Datenbank zu speichern.

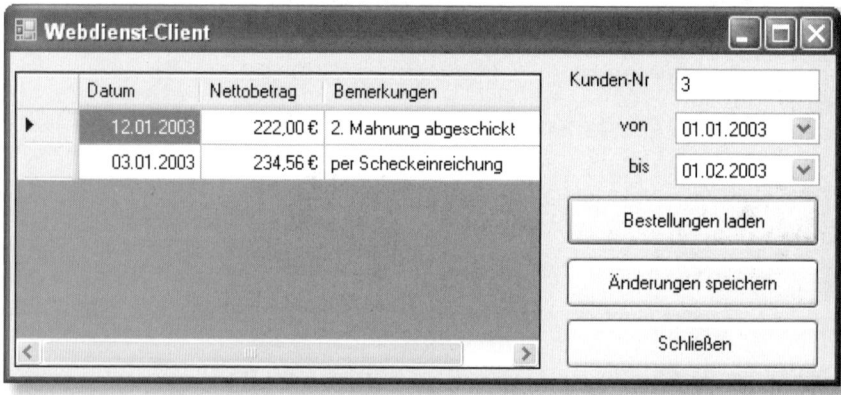

### Bemerkungen

- Falls Sie mehr als drei Spalten anzeigen wollen, müssen weitere *DataGridViewTextBox-Column*-Objekte erzeugt und zur *dataGridView1.Columns*-Collection hinzugefügt werden.

- Erweitern Sie den Webdienst um weitere Methoden, z.B. *getKunden*, um im Client die Namen aller Kunden in einer *ListBox* anzuzeigen und auswählen zu können!

- Reduzieren Sie die zu übertragende Datenmenge, indem Sie in das SELECT-Statement der SQL-Abfrage nur die gewünschten Spalten einfügen.

# Web-Client (Web Forms)

Dass sich ein Client für den Webservice problemlos als Windows Forms-Applikation realisieren lässt, haben Sie im vorhergehenden Abschnitt gesehen. Zum Vergleich werden wir die gleiche Aufgabenstellung mit einem Web-Client, d.h. einer Web Form-Applikation, umsetzen.

Der Vorteil für den Anwender: er muss nicht erste das .NET-Framework installieren, ein halbwegs moderner Browser genügt für die Anzeige der Webapplikation.

## Änderung am Webservice

Eine wesentlicher Unterschied zwischen Web- und Windows-Anwendungen erfordert allerdings eine kleine Änderung unseres Webdienstes. Da wir das *DataSet* nicht sinnvoll in der Webanwendung zwischenspeichern können (auf eine Session-Variable verzichten wir an dieser Stelle besser) werden wir lediglich **eine** Zeile des jeweiligen DataSets aktualisieren. Dazu fügen wir die neue Webservice-Methode *setBestellung* in den Webservice ein:

```
...
    [WebMethod]
    public void setBestellung(Int32 KuNr, string Bemerkung)
    {
        OleDbConnection conn = new OleDbConnection(connStr);
```

Mit Hilfe der Kundennummer kann jetzt der Bemerkungstext geändert werden:

```
        OleDbCommand cmd = new OleDbCommand("UPDATE Bestellungen SET Bemerkung" +
                                    " = ? WHERE KuNr = ?", conn);
        cmd.Parameters.AddWithValue("Bemerkung", Bemerkung);
        cmd.Parameters.AddWithValue("KuNr", KuNr);
        conn.Open();
        cmd.ExecuteNonQuery();
        conn.Close();
    }
```

**HINWEIS:** Starten Sie den Webservice nach den Änderungen bitte erneut (F5), da sonst noch die veraltetet Variante ausgeführt wird!

## Oberfläche

Erstellen Sie nun eine neue Web-Anwendung (*Datei|Neu|Website*) und legen Sie als Speicherort "Dateisystem" fest.

Auch hier fügen Sie zunächst einen Webverweis auf unseren Webdienst *BestellService* über den Projektmappen-Explorer hinzu.

Öffnen Sie nachfolgend *Default.aspx* und entwerfen Sie eine Oberfläche nach dem Vorbild der folgenden Abbildung.

**HINWEIS:** Alle Steuerelemente werden mit Hilfe von HTML-Tabellen positioniert, so passt sich das Layout automatisch der Fenstergröße des Browsers an:

Nach dem Einfügen der Controls wenden wir uns zunächst der *ObjectDataSource* zu. Öffnen Sie über das Aufgabenmenü zunächst den Konfigurationsassistenten und wählen Sie als Geschäftsobjekt unseren Webdienst aus.

Nachfolgend können Sie die SELECT-Methode bestimmen:

Als Update-Methode können Sie die neu erstellte Webdienst-Methode *setBestellung* auswählen. Im letzten Assistenten-Schritt legen Sie noch fest, aus welchen Steuerelementen die Parameter für die Select-Methode ausgelesen werden:

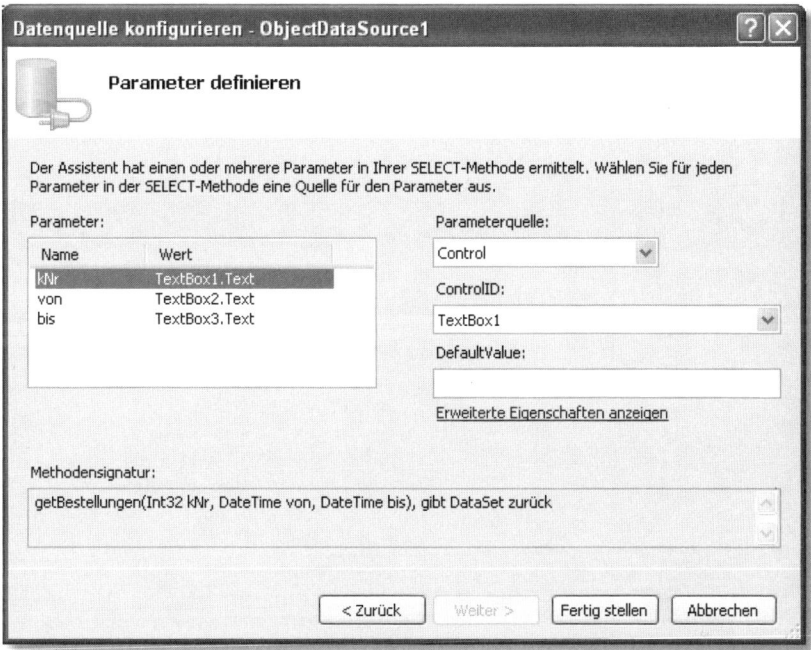

Nach dem Schließen des Assistenten müssen wir uns noch um die Update-Methode bzw. die Update-Parameter kümmern. Dazu editieren Sie bitte die Eigenschaft *UpdateParameters*:

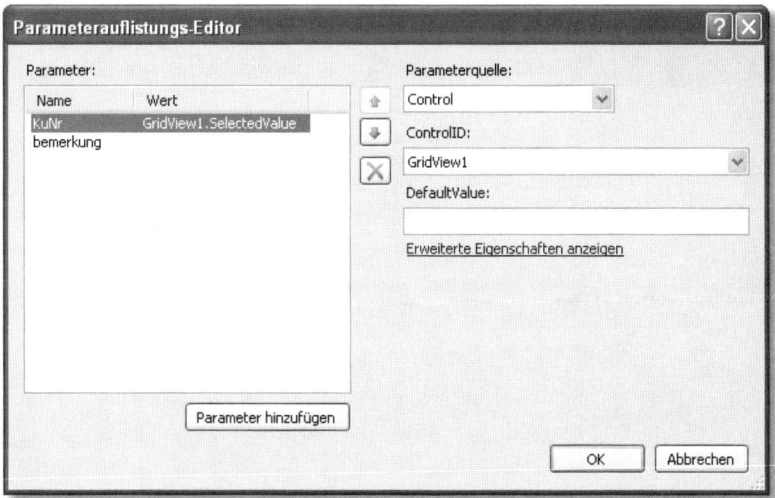

Der Wert für den Parameter *KuNr* bestimmt sich aus dem *SelectedValue* des *GridView*. Die Bemerkung selbst wird vom *GridView* automatisch als Parameter übergeben.

Zur korrekten Übergabe des *SelectedValue* ist es jedoch nötig, die Eigenschaft *DataKeyNames* (*GridView*) auf "KuNr" zu setzen.

Leider müssen wir uns bei Verwendung der *ObjectDataSource* selbst um das Erstellen der gewünschten *GridView*-Spalten kümmern. Rufen Sie dazu den Feld-Editor über das Aufgabenmenü auf und fügen Sie drei *BoundFields* (für die Felder *Datum*, *Nettobetrag* und *Bemerkung*) sowie ein *CommandField* (Bearbeiten, Abbruch ...) hinzu:

---

**HINWEIS:** Nur die Spalte *Bemerkung* wird mit *ReadOnly=False* deklariert, alle anderen Spalten sollen schreibgeschützt bleiben.

---

## Quelltext

Nach dem Entwurf der Oberfläche kommt auf Sie nun der "umfangreiche" Quellcode[1] zu:

```
...
public partial class _Default : System.Web.UI.Page
{
```

---

[1] Damit Sie die einzige Quellcodezeile auch finden, haben wir diese fett hervorgehoben.

Nach dem Ändern der Eingabewerte (Parameter) können Sie so einen Refresh für das *Grid-View* auslösen:

```
protected void Button1_Click(object sender, EventArgs e)
{
    ObjectDataSource1.Select();
}
...
}
```

### Test

Nach dem Start wird bereits die erste Auswahl (basierend auf den Defaultwerten in den Text-boxen) angezeigt:

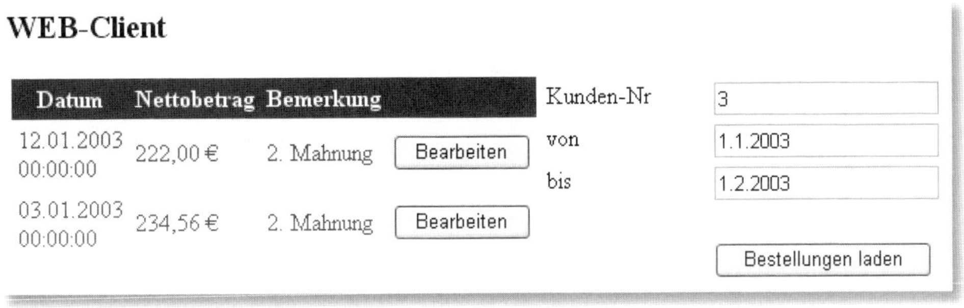

Auch das Editieren/Aktualisieren ist problemlos möglich:

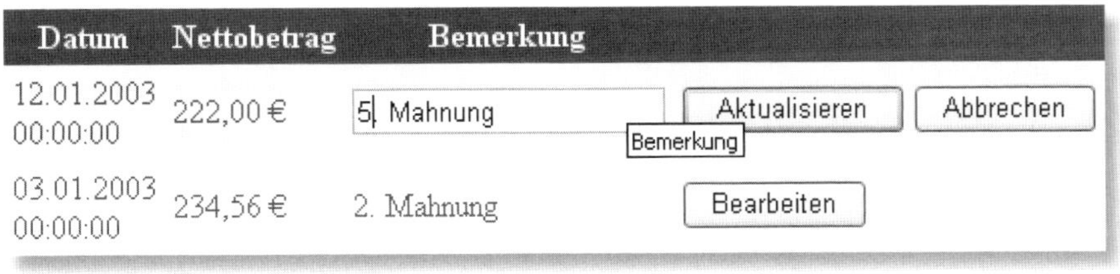

# R9.50    Einen Webverweis aktualisieren

Während der Entwicklungsphase von Webdienst-Clients macht sich oft ein mehrfaches Hin und Her zwischen Client- und Server-Projekt erforderlich. Damit der Client die Änderungen am Server auch "mitbekommt", müssen Sie den Webverweis aktualisieren. Klicken Sie dazu im Projektmappen-Explorer des Webdienstclients mit der rechten Maustaste auf den entsprechen-den Webverweis und wählen Sie im Kontextmenü den Eintrag *Webverweis aktualisieren*.

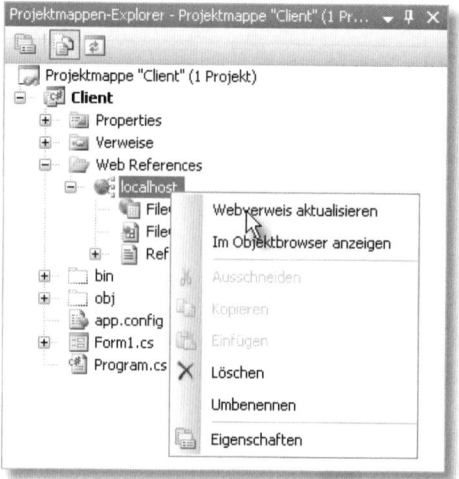

# R9.51  Authentifikation für Webdienste nutzen

Stehen Sie vor der Aufgabe, den Zugriff auf den Webservice auf einen bestimmten Personen-
kreis zu beschränken, können Sie wie bei einer normalen Webanwendung die Dienste des IIS in
Anspruch nehmen. Es genügt, wenn Sie den Zugriff auf das entsprechende Webverzeichnis mit
Hilfe des IIS beschränken:

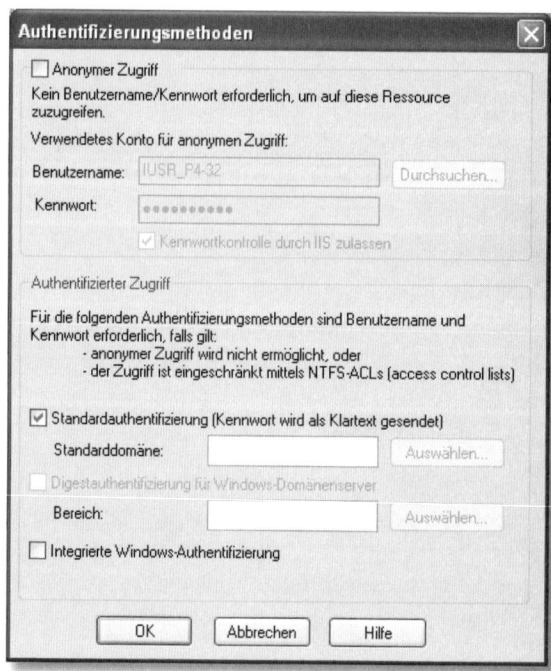

An Ihrer Anwendung müssen Sie keine Änderungen vornehmen. Rufen Sie jetzt einen so geschützten Webservice auf, erscheint für Ihre Client-Anwendung die folgende Meldung:

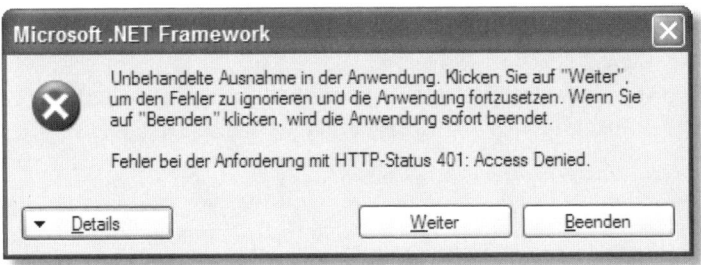

Ihrem Webservice fehlen jetzt die nötigen Anmeldeinformationen, diese können Sie wie folgt übergeben:

```
private void Form1_Load(object sender, EventArgs e)
{
    localhost.Service ws = new localhost.Service();
```

Die Credentials festlegen:

```
ws.Credentials = new System.Net.NetworkCredential("WebUser", "geheim");
Text = ws.HelloWorld();     // Methodenaufruf
}
```

# R9.52  Caching in Webdiensten realisieren

Sicher sind auch Sie schon mal der Versuchung erlegen, im eigentlich zustandslosen Webservice Daten zwischenzuspeichern. Sei es, dass Sie unnötige Datenbankzugriffe vermeiden wollen, oder Sie wollen umfangreiche Berechnungen bei gleichen Parametern nicht mehrfach ausführen.

Für beide Aufgabenstellungen bieten sich Caching-Lösungen an, die Sie ohne großen Aufwand auch in Ihre Projekte übernehmen können.

## WebMethodAttribute.CacheDuration

Die wohl simpelste Lösung bietet sich durch die Verwendung eines zusätzlichen Attributs für die Webmethode an.

**BEISPIEL:**  Der Rückgabewert der Methode *HelloWorld* soll für 60 Sekunden zwischengespeichert werden.

```
[WebMethod(CacheDuration=60)]
public string HelloWorld()
{
```

Damit wir vom Caching auch etwas mitbekommen, fügen wir zusätzlich die Uhrzeit an den Rückgabestring an:

```
        return "Hallo Welt, es ist " + DateTime.Now.ToString();
    }
```

Ein Test mit Hilfe der Webdienst-Testseite führt **nicht** zum gewünschten Ergebnis, es wird immer die aktuelle Uhrzeit ausgegeben. Ein Blick in die Hilfe bringt die Erklärung:

*Die HTTP-Methode der Testseite wurde in ASP.NET 2.0 von GET zu POST geändert. POSTs werden normalerweise jedoch nicht zwischengespeichert. Wenn Sie für die Testseite in einer ASP.NET 2.0-Webdienstanwendung die Verwendung von GET festlegen, funktioniert die Zwischenspeicherung ordnungsgemäß.*

### Test

Erzeugen wir also einen kleinen Test-Client, der keine andere Aufgabe hat, als im Sekunden-Intervall das obige Funktionsergebnis in einer *ListBox* auszugeben:

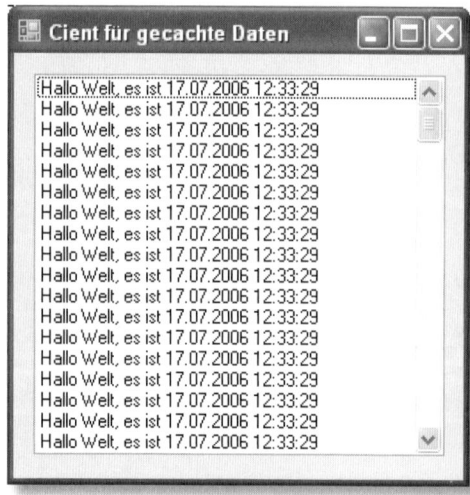

**HINWEIS:** Nach dem Aufruf warten Sie einige Sekunden und schauen sich dann die Werte in der *ListBox* an.

### Bemerkung

Natürlich hat diese Form des Cachings auch ihre Grenzen:

- Werden geänderte Parameter übergeben, muss auch die Methode erneut ausgeführt werden.

- Das Caching beschränkt sich auf diesen Methodenaufruf, Sie können Daten nicht zwischen verschiedenen Webmethoden austauschen.

■   Sie haben außer der zeitlichen Beschränkung keinen Einfluss auf das Caching.

Deshalb sollten Sie für komplexere Aufgaben besser die im Folgenden vorgestellte Lösung verwenden:

## Verwendung des Cache-API

Ähnlich wie bei den *Session-* bzw. *Application-*Variablen von Webanwendungen können Sie mit Hilfe des *Cache*-Objekts beliebige Daten in Ihrem Webservice zwischenspeichern. Dies kann ein *DataSet*, aber auch nur eine einfache *String*-Variable sein.

---

**HINWEIS:**  Beachten Sie, dass natürlich umfangreiche Datenmengen im Arbeitsspeicher des Servers gehalten werden. Dieser sollte also auch entsprechend ausgerüstet sein.

---

Zugriff auf das Objekt erhalten Sie per *HttpContext.Current.Cache,* mit *Insert* können Sie neue Einträge hinzufügen.

**BEISPIEL:**  Der erste Zugriff auf den Webservice soll als Uhrzeit abrufbar sein.

```
[WebMethod]
public string FirstAccess()
{
    string uhrzeit = HttpContext.Current.Cache["STARTZEIT"] as string;
```

Ist das Objekt noch nicht vorhanden:

```
    if (uhrzeit == null)
    {
```

Neuen Eintrag erzeugen:

```
        HttpContext.Current.Cache.Insert("STARTZEIT", DateTime.Now.ToString(), null,
                                DateTime.Now.AddSeconds(120), TimeSpan.Zero);
        uhrzeit = HttpContext.Current.Cache["STARTZEIT"] as string;
    }
    return "Hallo Welt, es ist " + uhrzeit;
}
```

Übergeben Sie an die Methode den Bezeichner, das zu speichernde Objekt, ein Abhängigkeitsobjekt, die Endzeit oder die Zeitdauer:

■   Mit Hilfe des Abhängigkeitsobjekts können Sie auf Änderungen an diesem Objekt (z.B. ein *DataSet*) reagieren, der Cache-Eintrag verfällt.

■   Geben Sie eine Zeitspanne an, müssen Sie die Endzeit mit *DateTime.MaxValue* festlegen.

# Kapitel 10

# System

## R10.1 Nutzer und Gruppen des aktuellen Systems ermitteln

Das folgende Rezept zeigt Ihnen, wie Sie mit Hilfe der WMIs alle Nutzer und Gruppen des aktuellen Computers ermitteln können.

### Oberfläche

Lediglich ein Windows Form und eine *TreeView*-Komponente (siehe Laufzeitansicht).

---

**HINWEIS:** Binden Sie über den Projektmappen-Explorer einen Verweis auf die Assembly *System.Management* ein.

---

### Quelltext

Einbinden der Namespaces:

```
...
using System.Management;
using System.Net;
...
    public partial class Form1 : Form
    {
```

Mit dem Laden des Formulars erzeugen wir zunächst die beiden Haupt-Knoten in der *TreeView*:

```
        private void Form1_Load(object sender, EventArgs e)
        {
            TreeNode nUser = treeView1.Nodes.Add("Nutzer");
            TreeNode nGroups = treeView1.Nodes.Add("Gruppen");
```

Eine Abfrage für die WMIs zusammenbasteln:

```
ManagementObjectSearcher Query = new ManagementObjectSearcher(
    "SELECT * FROM Win32_UserAccount WHERE Domain='" + Dns.GetHostName() + "'");
```

Ausgabe der Nutzer:

```
foreach (ManagementObject mo in Query.Get())
{
    nUser.Nodes.Add(mo["Name"].ToString() + "  (" +
            mo["FullName"].ToString() + ")");
}
```

Jetzt noch die Gruppen abfragen:

```
Query = new ManagementObjectSearcher("SELECT * FROM Win32_Group WHERE Domain='" +
                            Dns.GetHostName() + "'");
foreach (ManagementObject mo in Query.Get())
{
    nGroups.Nodes.Add(mo["Name"].ToString() + "  (" +
            mo["Description"].ToString() + ")");
}
    }
}
```

## Test

Nach dem Programmstart werden bereits alle Nutzer und Gruppen im Baum angezeigt:

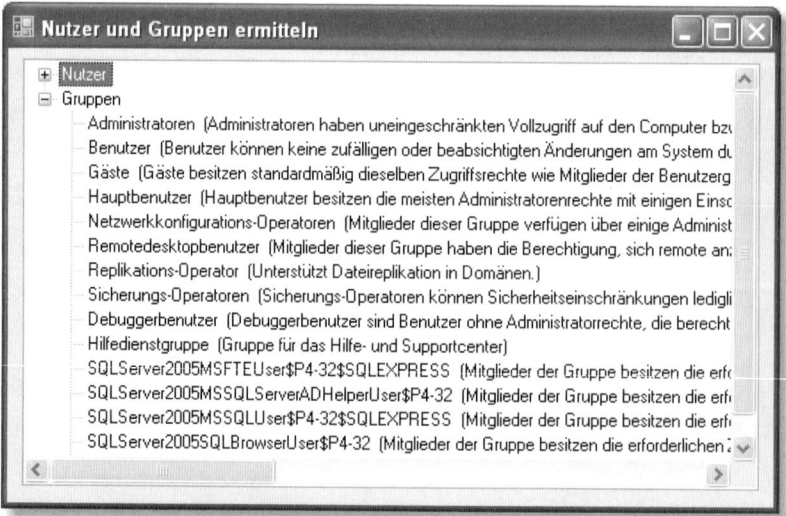

# R10.2  Testen, ob Nutzer in einer Gruppe enthalten ist

Möchten Sie kontrollieren, ob der Nutzer angemeldet ist und zu bestimmten Gruppen gehört, können Sie ein *WindowsIdentity*-Objekt einsetzen.

### Oberfläche

Ein Windows Form und eine *ListBox* (siehe Laufzeitansicht).

### Quelltext

```
using System.Security.Principal;

...

    public partial class Form1 : Form
    {
```

Mit dem Laden des Formulars rufen wir zunächst die aktuelle Windows Identität ab:

```
        private void Form1_Load(object sender, EventArgs e)
        {
            WindowsIdentity wi = WindowsIdentity.GetCurrent();
```

Auswerten der Anmeldung:

```
            listBox1.Items.Add("Username: " + wi.Name);
            listBox1.Items.Add("IsAuthenticated: " + wi.IsAuthenticated.ToString());
            listBox1.Items.Add("AuthenticationType: " + wi.AuthenticationType.ToString());
```

Test auf einige vorgegebene Gruppen:

```
            listBox1.Items.Add("IsAnonymous: " + wi.IsAnonymous.ToString());
            listBox1.Items.Add("IsGuest: " + wi.IsGuest.ToString());
            listBox1.Items.Add("IsSystem: " + wi.IsSystem.ToString());
```

Und so können Sie auf eine spezifische Gruppe testen:

```
            listBox1.Items.Add("IsAdmin: " +
            (new WindowsPrincipal(WindowsIdentity.GetCurrent()).IsInRole(
                                    WindowsBuiltInRole.Administrator )).ToString());
        }
    }
```

HINWEIS: Siehe dazu auch das folgende Rezept R10.3.

**Test**

Nach dem Start finden Sie die Informationen in der *ListBox*:

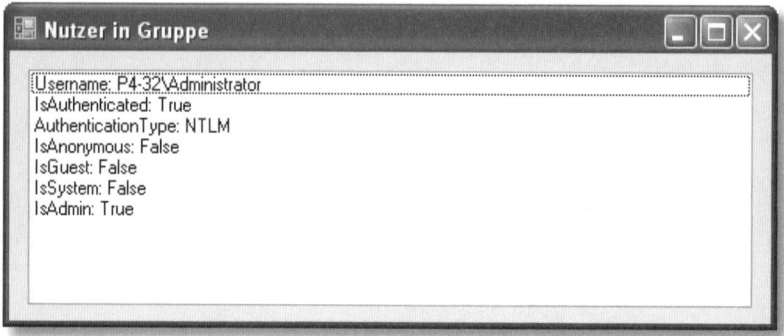

# R10.3   Testen, ob der Nutzer ein Administrator ist

Für den Zugriff auf einige Systemfunktionen bzw. Änderungen an den Systemeinstellungen sind häufig Administratorenrechte erforderlich. Wie Sie prüfen, ob die aktuelle Anwendung mit Admin-Rechten arbeitet, zeigt das vorliegende Rezept.

### Oberfläche

Nur ein Windows Form und ein *Label*.

### Quelltext

Binden Sie zunächst den folgenden Namespace ein:

```
using System.Security.Principal;

namespace Administrator
{
    public partial class Form1 : Form
    {
```

Die kleine Hilfsfunktion:

```
        public bool IsAdmin()
        {
            return (new WindowsPrincipal(WindowsIdentity.GetCurrent()).IsInRole(
                                WindowsBuiltInRole.Administrator));
        }
```

Die Verwendung:

```
private void Form1_Load(object sender, EventArgs e)
{
    if (IsAdmin())
        label1.Text = WindowsIdentity.GetCurrent().Name + "= Administrator";
    else
        label1.Text = WindowsIdentity.GetCurrent().Name + "kein Admin";
}
}
```

### Test

Nach dem Start wir Ihnen der aktuelle Nutzer und das Funktionsergebnis angezeigt:

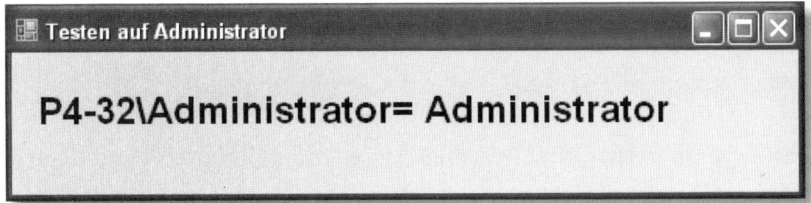

## R10.4   Die IP-Adressen des Computers bestimmen

Soll Ihr Programm über rudimentäre Netzwerkfähigkeiten (Remoting etc.) verfügen, ist meist auch die aktuelle IP-Adresse des Systems von Interesse. Ein kleines Beispiel zeigt, wie es geht.

### Oberfläche

Ein Windows Form und eine *ListBox*.

### Quelltext

```
using System.Net;

    public partial class Form1 : Form
    {
...
```

Mit dem Laden des Formulars füllen wir auch die *ListBox* mit allen gefundenen IP-Adressen:

```
private void Form1_Load(object sender, EventArgs e)
{
    listBox1.Items.Add("Host: " + Dns.GetHostName());
```

```
        foreach (IPAddress ip in Dns.GetHostEntry(Dns.GetHostName()).AddressList)
            listBox1.Items.Add(ip);
    }
}
```

### Test

Sie haben es sicher schon geahnt, ein Computer kann mehr als eine IP-Adresse haben und so ist es auch bei den Autoren:

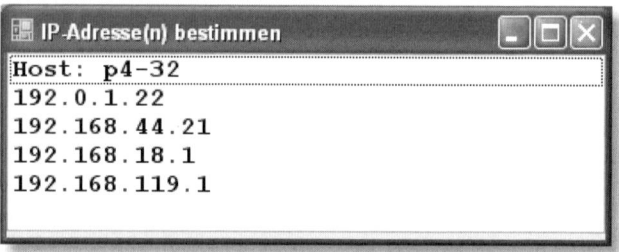

Neben dem "normalen" Netzwerkzugang findet sich noch eine DVB-Sat-Karte und eine weitere Netzwerkkarte im Computer.

---

**HINWEIS:**  Den aktuellen PC können Sie auch über die IP-Adresse 127.0.0.1 erreichen!

---

# R10.5   Die IP-Adresse über den Hostnamen bestimmen

Während der Nutzer meist mit Hostnamen (z.B. *Server* ) statt IP-Adressen arbeitet, sind viele Programmfunktionen nur mit den entsprechenden IP-Adressen realisierbar. In diesem Fall benötigen Sie eine Funktion, die den Hostnamen in eine IP-Adresse umwandelt.

### Oberfläche

Lediglich ein Windows Form und eine *Listbox*.

### Quelltext

Mit dem Laden des Formulars bestimmen wir die IP-Adresse(n) für den Hostname des aktuellen Computers.

```
using System.Net;

    public partial class Form1 : Form
    {
```

```
private void Form1_Load(object sender, EventArgs e)
{
    foreach (IPAddress ip in Dns.GetHostEntry(Dns.GetHostName()).AddressList)
        listBox1.Items.Add(ip.ToString());
}
```
}

---

**HINWEIS:** Sie können natürlich auch den Namen eines anderen Netzwerk-Clients angeben.

---

### Test

Die Programmausgabe:

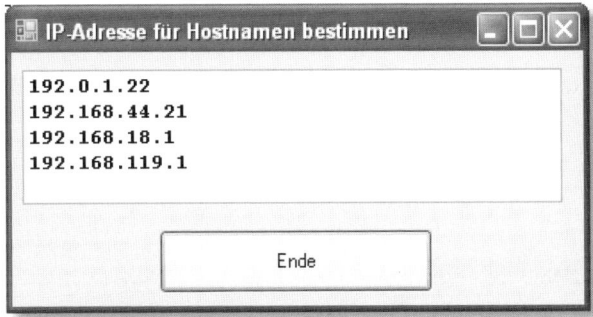

---

# R10.6  Diverse Systeminformationen ermitteln

Wer sich eingehend mit der Umgebung des Programms (Betriebssystem, Hardware etc.) beschäftigen will, findet die gesuchten Informationen im Wesentlichen über die folgenden Klassen:

- *SystemInformation*

- *System.Environment*

- *Application*

- *Windows Management Instrumentations* kurz WMI.

Wir wollen im Folgenden die wichtigsten Informationen auslesen, einen Anspruch auf Vollständigkeit erheben wir lieber nicht.

### Oberfläche

Ein Windows Form, eine *ListBox* und ein *MenuStrip* (siehe Laufzeitansicht).

Binden Sie zusätzlich die beiden folgenden Verweise in das Projekt ein:

- *System.Management*
- *Microsoft.VisualBasic*[1]

## Quelltext

---

**HINWEIS:** Um die Übersicht in diesem Rezept zu erhöhen und ein schnelles Nachschlagen zu erleichtern, wurden zusätzliche Zwischenüberschriften eingefügt.

---

Einbinden der benötigten Namespaces:

```
...
using System.Collections;
using System.Management;
using Microsoft.VisualBasic.Devices;
...
    public partial class Form1 : Form
    {
```

# Betriebssystem (Name, Version, Bootmode)

Über die *Environment*-Klasse stehen die gewünschten Informationen zur Verfügung:

```
private void dToolStripMenuItem_Click(object sender, EventArgs e)
{
    listBox1.Items.Add("OSVersion: " + Environment.OSVersion.ToString());
    listBox1.Items.Add("OSVersion.Platform: " + Environment.OSVersion.Platform);
    listBox1.Items.Add("OSVersion.ServicePack: " + Environment.OSVersion.ServicePack);
    listBox1.Items.Add("OSVersion.Version: " + Environment.OSVersion.VersionString);
```

Hier sind wir auf die VB-Libraries angewiesen, wenn wir nicht mühsam aus der Versionsnummer den Namen des Betriebssystems ermitteln wollen:

```
    listBox1.Items.Add("OSFullName: " + (new ComputerInfo()).OSFullName);
    listBox1.Items.Add("CurrentCulture: " + Application.CurrentCulture.ToString());
    listBox1.Items.Add("Bootmode: " + SystemInformation.BootMode.ToString());
}
```

---

[1] Ja, Sie haben richtig gelesen ...

**BEISPIEL:**   Ausgabe der obigen Anweisungen

```
OSVersion: Microsoft Windows NT 5.1.2600 Service Pack 2
OSVersion.Platform: Win32NT
OSVersion.ServicePack: Service Pack 2
OSVersion.Version: Microsoft Windows NT 5.1.2600 Service Pack 2
OSFullName: Microsoft Windows XP Professional
CurrentCulture: de-DE
Bootmode: Normal
```

Wie Sie sehen, bietet nur die *OSFullName*-Eigenschaft den allgemein bekannten Betriebssystemnamen.

Meist genügt jedoch die Abfrage von *Platform*, wenn Sie zwischen Windows Me und einer der NT-Versionen unterscheiden wollen.

**BEISPIEL:**   Auslesen der Registry in Abhängigkeit vom Betriebssystem

```
switch (Environment.OSVersion.Platform)
{
    case PlatformID.Win32Windows :
        RegistryKey rk = Registry.LocalMachine.OpenSubKey(
                            @"Software\Microsoft\Windows\CurrentVersion", false);

        ...
        break;
    case PlatformID.Win32NT:
        RegistryKey rk = Registry.LocalMachine.OpenSubKey(
                            @"Software\Microsoft\Windows NT\CurrentVersion", false);
        break;
}
```

## Schriftarten/-Informationen

```
private void dToolStripMenuItem1_Click(object sender, EventArgs e)
{
```

Allgemeine Informationen über die Darstellung der Schriftarten (*Systemsteuerung|Anzeige| Darstellung*):

```
listBox1.Items.Add("IsFontSmoothingEnabled: " +
                SystemInformation.IsFontSmoothingEnabled.ToString());
listBox1.Items.Add("FontSmoothingType: " +
                SystemInformation.FontSmoothingType.ToString() +
                " (1=Default, 2=ClearType)");
```

```
                    listBox1.Items.Add("FontSmoothingContrast: " +
                            SystemInformation.FontSmoothingContrast.ToString());
```

Die Liste der möglichen Schriftarten abrufen:

```
            foreach (FontFamily ff in FontFamily.Families)
            {
                listBox1.Items.Add(ff.Name);
            }
        }
```

**BEISPIEL:** Ausgabe der obigen Anweisungen

```
IsFontSmoothingEnabled: True
FontSmoothingType: 1   (1=Default, 2=ClearType)
FontSmoothingContrast: 1400
Arial
Arial Black
Arial Narrow
Bitstream Vera Sans
Bitstream Vera Sans Mono
Bitstream Vera Serif
Book Antiqua
Bookman Old Style
Century Gothic
Courier New
Franklin Gothic Medium
```

Die möglichen Werte für *FontSmoothingType*:

| Wert | Bedeutung |
|------|-----------|
| 1 | Standardschriftglättung. |
| 2 | ClearType-Schriftglättung. |

## Bildschirme

Dass mehr als ein Bildschirm möglich ist, hat sich sicher schon herumgesprochen. Das .NET-Framework bietet geeignete Möglichkeiten, die User-Konfiguration zu bestimmen, auch wenn es nicht ganz einfach ist, den Zusammenhang richtig zu interpretieren:

```
        private void dToolStripMenuItem2_Click(object sender, EventArgs e)
        {
            listBox1.Items.Add("MonitorCount: " + SystemInformation.MonitorCount.ToString());
            listBox1.Items.Add("MonitorsSameDisplayFormat: " +
                            SystemInformation.MonitorsSameDisplayFormat.ToString());
            listBox1.Items.Add("PrimaryMonitorMaximizedWindowSize: " +
```

```
                                    SystemInformation.PrimaryMonitorMaximizedWindowSize.ToString());
                  listBox1.Items.Add("PrimaryMonitorSize: " +
                                    SystemInformation.PrimaryMonitorSize.ToString());
                  listBox1.Items.Add("ScreenOrientation: " +
                                    SystemInformation.ScreenOrientation.ToString());
                  listBox1.Items.Add("VirtualScreen: " + SystemInformation.VirtualScreen.ToString());
                  listBox1.Items.Add("WorkingArea: " + SystemInformation.WorkingArea.ToString());
              }
```

**BEISPIEL:**   Ausgabe der obigen Anweisungen

```
MonitorCount: 2
MonitorsSameDisplayFormat: True
PrimaryMonitorMaximizedWindowSize: {Width=1288, Height=1032}
PrimaryMonitorSize: {Width=1280, Height=1024}
ScreenOrientation: Angle0
VirtualScreen: {X=0,Y=0,Width=2304,Height=1280}
WorkingArea: {X=0,Y=0,Width=1280,Height=1024}
```

Die oben ermittelten Informationen entsprechenden folgender System-Konfiguration:

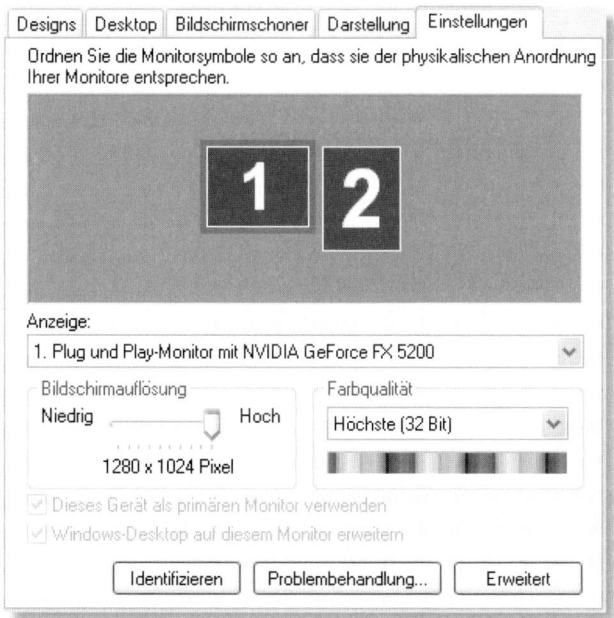

*Screen1*: 1280 x 1024 Pixel, *Screen2* 1024 x 1280 Pixel

---

---

## Netzwerk (User-Name, PC-Name ...)

Auch die wichtigsten Netzwerkinformationen lassen sich über die .NET-Klassen abrufen:

```
private void dToolStripMenuItem3_Click(object sender, EventArgs e)
{
    listBox1.Items.Add("ComputerName: " + SystemInformation.ComputerName.ToString());
    listBox1.Items.Add("MachineName: " + Environment.MachineName);
    listBox1.Items.Add("Network: " + SystemInformation.Network.ToString());
    listBox1.Items.Add("TerminalServerSession: " +
                        SystemInformation.TerminalServerSession.ToString());
    listBox1.Items.Add("UserName: " + SystemInformation.UserName);
    listBox1.Items.Add("UserDomainName: " + SystemInformation.UserDomainName);
    listBox1.Items.Add("UserInteractive: " +
                        SystemInformation.UserInteractive.ToString());
}
```

**BEISPIEL:**   Ausgabe der obigen Anweisungen

```
ComputerName: P4-32
MachineName: P4-32
Network: True
TerminalServerSession: False
UserName: Administrator
UserDomainName: P4-32
UserInteractive: True
```

---

---

## Environment Variablen auslesen

Nicht alle, aber viele Informationen über Betriebssystem etc. können Sie über die Environment-Variablen auslesen:

```
private void dToolStripMenuItem5_Click(object sender, EventArgs e)
{
    foreach (DictionaryEntry de in Environment.GetEnvironmentVariables())
        listBox1.Items.Add(de.Key + " = " + de.Value);
}
```

**BEISPIEL:**   Ausgabe

```
Path = C:\Programme\Gemeinsame Dateien\Borland Shared\BDE\;C:\Programme\Borland\B
TEMP = C:\DOKUME~1\ADMINI~1\LOKALE~1\Temp
SESSIONNAME = Console
PATHEXT = .COM;.EXE;.BAT;.CMD;.VBS;.VBE;.JS;.JSE;.WSF;.WSH
USERDOMAIN = P4-32
PROCESSOR_ARCHITECTURE = x86
SystemDrive = C:
APPDATA = C:\Dokumente und Einstellungen\Administrator\Anwendungsdaten
windir = C:\WINDOWS
WecVersionForRosebud.4F9C = 2
TMP = C:\DOKUME~1\ADMINI~1\LOKALE~1\Temp
USERPROFILE = C:\Dokumente und Einstellungen\Administrator
ProgramFiles = C:\Programme
FP_NO_HOST_CHECK = NO
HOMEPATH = \Dokumente und Einstellungen\Administrator
COMPUTERNAME = P4-32
USERNAME = Administrator
NUMBER_OF_PROCESSORS = 2
PROCESSOR_IDENTIFIER = x86 Family 15 Model 3 Stepping 3, GenuineIntel
SystemRoot = C:\WINDOWS
ComSpec = C:\WINDOWS\system32\cmd.exe
LOGONSERVER = \\P4-32
```

## Energiestatus

Nicht jeder Computer ist ständig "an der Leine", und so wird auch die Information über den Batteriestatus nicht ganz uninteressant sein:

```csharp
private void dToolStripMenuItem4_Click(object sender, EventArgs e)
{
    listBox1.Items.Add("PowerStatus.BatteryChargeStatus: " +
                    SystemInformation.PowerStatus.BatteryChargeStatus.ToString());
    listBox1.Items.Add("PowerStatus.BatteryFullLifetime: " +
                    SystemInformation.PowerStatus.BatteryFullLifetime.ToString());
    listBox1.Items.Add("PowerStatus.BatteryLifePercent: " +
                    SystemInformation.PowerStatus.BatteryLifePercent.ToString());
    listBox1.Items.Add("PowerStatus.BatteryLifeRemaining: " +
                    SystemInformation.PowerStatus.BatteryLifeRemaining.ToString());
    listBox1.Items.Add("PowerStatus.PowerLineStatus: " +
                    SystemInformation.PowerStatus.PowerLineStatus.ToString());
}
```

**BEISPIEL:**   PC mit Netzversorgung

```
PowerStatus.BatteryChargeStatus: NoSystemBattery
PowerStatus.BatteryFullLifetime: -1
PowerStatus.BatteryLifePercent: 1
PowerStatus.BatteryLifeRemaining: -1
PowerStatus.PowerLineStatus: Online
```

# Hardware-Informationen

Möchten Sie einen Blick unter die "Motorhaube" Ihres PCs werfen, ohne gleich den Schraubenzieher zu bemühen, geht auch dies:

```csharp
private void dToolStripMenuItem6_Click(object sender, EventArgs e)
{
```

Abfrage der Prozessoranzahl:

```csharp
listBox1.Items.Add("ProcessorCount: " + Environment.ProcessorCount.ToString());
```

Mit Hilfe der WMIs erfahren wir noch etwas mehr über die Prozessoren:

```csharp
SelectQuery Query = new SelectQuery("Win32_Processor");
ManagementObjectSearcher mos = new ManagementObjectSearcher(Query);
foreach (ManagementObject mo in mos.Get())
{
    listBox1.Items.Add("Manufacturer: " + mo["Manufacturer"].ToString());
    listBox1.Items.Add("Name: " + mo["Name"].ToString());
    listBox1.Items.Add("SocketDesignation: " + mo["SocketDesignation"].ToString());
    listBox1.Items.Add("ExtClock: " + mo["ExtClock"].ToString());
    listBox1.Items.Add("Description: " + mo["Description"].ToString());
    listBox1.Items.Add("AddressWidth: " + mo["AddressWidth"].ToString());
    listBox1.Items.Add("CurrentClockSpeed: " + mo["CurrentClockSpeed"].ToString() +
                "MHz");
}
mos.Dispose();
```

Als C#-Programmierer sind Sie auf VB-Libraries angewiesen:

```csharp
ComputerInfo ci = new ComputerInfo();
listBox1.Items.Add("AvailableVirtualMemory: " +
                ci.AvailableVirtualMemory.ToString());
listBox1.Items.Add("AvailablePhysicalMemory: " + ci.AvailablePhysicalMemory);
listBox1.Items.Add("TotalVirtualMemory: " + ci.TotalVirtualMemory);
listBox1.Items.Add("TotalPhysicalMemory: " + ci.TotalPhysicalMemory);
}
```

Die Ausgabe

```
ProcessorCount: 2
Manufacturer: GenuineIntel
Name:                Intel(R) Pentium(R) 4 CPU 3.20GHz
SocketDesignation: FC-478
ExtClock: 200
Description: x86 Family 15 Model 3 Stepping 3
AddressWidth: 32
CurrentClockSpeed: 3200MHz
Manufacturer: GenuineIntel
Name:                Intel(R) Pentium(R) 4 CPU 3.20GHz
SocketDesignation: FC-478
ExtClock: 200
Description: x86 Family 15 Model 3 Stepping 3
AddressWidth: 32
CurrentClockSpeed: 3200MHz
AvailableVirtualMemory: 1988059136
AvailablePhysicalMemory: 1489772544
TotalVirtualMemory: 2147352576
TotalPhysicalMemory: 2146938880
```

**HINWEIS:** Es kann etwas dauern, bitte nicht unruhig werden.

## Anwendung (Pfad, Name, Assembly)

Möchten Sie mehr über die aktuelle Anwendung erfahren, finden Sie die Informationen in verschiedenen Klassen:

```csharp
private void anwendungToolStripMenuItem_Click(object sender, EventArgs e)
{
    listBox1.Items.Add("CommandLine: " + Environment.CommandLine.ToString());
    listBox1.Items.Add("CurrentDirectory: " + Environment.CurrentDirectory);
    listBox1.Items.Add("UserInteractive: " + Environment.UserInteractive.ToString());
    listBox1.Items.Add("WorkingSet: " + Environment.WorkingSet);
    listBox1.Items.Add("ProductName: " + Application.ProductName);
    listBox1.Items.Add("ProductVersion: " + Application.ProductVersion);
    listBox1.Items.Add("CompanyName: " + Application.CompanyName);
    listBox1.Items.Add("ExecutablePath: " + Application.ExecutablePath);

    Microsoft.VisualBasic.ApplicationServices.AssemblyInfo info = new
                    Microsoft.VisualBasic.ApplicationServices.AssemblyInfo(
                    System.Reflection.Assembly.GetExecutingAssembly());
    listBox1.Items.Add("Copyright: " + info.Copyright);
    listBox1.Items.Add("Description: " + info.Description);
```

```
listBox1.Items.Add("LoadedAssemblies: ");
foreach (System.Reflection.Assembly asm in info.LoadedAssemblies)
    listBox1.Items.Add("      Assembly: " + asm.FullName);
listBox1.Items.Add("Title: " + info.Title);
listBox1.Items.Add("Trademark: " + info.Trademark);
}
```

**BEISPIEL:** Eine mögliche Ausgabe

```
CommandLine: "C:\Buecher\VS2005\CSharp 2005 Kochbuch\CD\Rezepte\System\Infos\bin\Debug\Infos.vshost.exe"
CurrentDirectory: C:\Buecher\VS2005\CSharp 2005 Kochbuch\CD\Rezepte\System\Infos\bin\Debug
UserInteractive: True
WorkingSet: 17154048
ProductName: Infos
ProductVersion: 1.0.0.0
CompanyName: Ingenieurbüro Gewinnus
ExecutablePath: C:\Buecher\VS2005\CSharp 2005 Kochbuch\CD\Rezepte\System\Infos\bin\Debug\Infos.EXE
Copyright: Copyright © Ingenieurbüro Gewinnus 2006
Description:
LoadedAssemblies:
    Assembly: mscorlib, Version=2.0.0.0, Culture=neutral, PublicKeyToken=b77a5c561934e089
    Assembly: Microsoft.VisualStudio.HostingProcess.Utilities, Version=8.0.0.0, Culture=neutral, PublicKeyTok
    Assembly: System.Windows.Forms, Version=2.0.0.0, Culture=neutral, PublicKeyToken=b77a5c561934e089
    Assembly: System, Version=2.0.0.0, Culture=neutral, PublicKeyToken=b77a5c561934e089
    Assembly: System.Drawing, Version=2.0.0.0, Culture=neutral, PublicKeyToken=b03f5f7f11d50a3a
    Assembly: Microsoft.VisualStudio.HostingProcess.Utilities.Sync, Version=8.0.0.0, Culture=neutral, PublicK
    Assembly: vshost, Version=8.0.0.0, Culture=neutral, PublicKeyToken=b03f5f7f11d50a3a
    Assembly: System.Data, Version=2.0.0.0, Culture=neutral, PublicKeyToken=b77a5c561934e089
    Assembly: System.Deployment, Version=2.0.0.0, Culture=neutral, PublicKeyToken=b03f5f7f11d50a3a
    Assembly: System.Xml, Version=2.0.0.0, Culture=neutral, PublicKeyToken=b77a5c561934e089
    Assembly: System.Management, Version=2.0.0.0, Culture=neutral, PublicKeyToken=b03f5f7f11d50a3a
    Assembly: Microsoft.VisualBasic, Version=8.0.0.0, Culture=neutral, PublicKeyToken=b03f5f7f11d50a3a
    Assembly: Infos, Version=1.0.0.0, Culture=neutral, PublicKeyToken=null
Title: Infos
Trademark:
```

**HINWEIS:** Weitere Detailinformationen über die aktuelle Assembly lassen sich mittels Reflection abrufen (Typen, Klassen etc.).

## Soundkarte(n)

Wer für Stimmung am Computer sorgen möchte, wird sicher auch etwas mehr über die Soundkarten erfahren wollen:

```
private void soundkartenToolStripMenuItem_Click(object sender, EventArgs e)
{
    SelectQuery Query = new SelectQuery("Win32_SoundDevice");
    ManagementObjectSearcher mos = new ManagementObjectSearcher(Query);
    foreach (ManagementObject mo in mos.Get())
    {
        listBox1.Items.Add("Name: " + mo["Name"].ToString());
        listBox1.Items.Add("Manufacturer: " + mo["Manufacturer"].ToString());
    }
}
```

BEISPIEL:   Ausgabe

```
Name: USB-Audiogerät
Manufacturer: (Standard-USB-Audio)
Name: Realtek AC'97 Audio
Manufacturer: Realtek
```

## CLR-Version

Last, but not least sollten wir auch einen Blick auf die CLR bzw. deren Versionsnummer werfen, dies schon in Anbetracht möglicher Service Packs, Bugs etc.:

```csharp
private void dToolStripMenuItem7_Click(object sender, EventArgs e)
{
    listBox1.Items.Add("CLR-Version: " + Environment.Version.ToString());
}
```

BEISPIEL:   Mögliche Ausgabe

```
CLR-Version: 2.0.50727.42
```

### Test

Starten Sie die Anwendung und wählen Sie über das Menü die gewünschte Information aus:

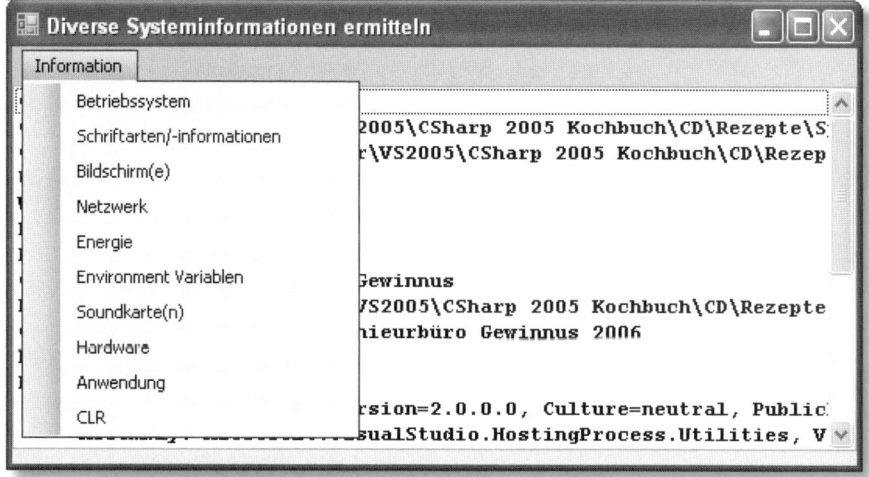

# R10.7  Alles über den Bildschirm erfahren

Vielfach benötigen Sie in Ihren Programmen Informationen über die aktuelle Bildschirmauflösung etc. Mit den *Screen*-Objekten bietet .NET einen einfachen Weg zu diesen Daten.

---

**HINWEIS:** Doch Achtung: Es können mehrere Bildschirme installiert sein, deshalb werden die *Screen*-Objekte auch in einer Collection verwaltet.

---

### Oberfläche

Benötigt werden lediglich eine Windows Form und eine *ListBox*.

### Quelltext

```
...
    public partial class Form1 : Form
    {

        ...

        private void Form1_Load(object sender, EventArgs e)
        {
```

Für alle vorhandenen Screens:

```
            foreach (Screen scr in Screen.AllScreens)
            {
                listBox1.Items.Add("Devicename: " + scr.DeviceName);
                listBox1.Items.Add("Primary: " + scr.Primary.ToString());
                listBox1.Items.Add("Bounds: " + scr.Bounds.ToString());
                listBox1.Items.Add("Type: " + scr.GetType().ToString());
                listBox1.Items.Add("WorkingArea: " + scr.WorkingArea.ToString());
                listBox1.Items.Add("BitsPerPixel: " + scr.BitsPerPixel.ToString());
                listBox1.Items.Add("------------------------------------------------");
            }
        }
    }
}
```

### Test

Nach dem Programmstart können Sie die Informationen über die verfügbaren Screens abrufen:

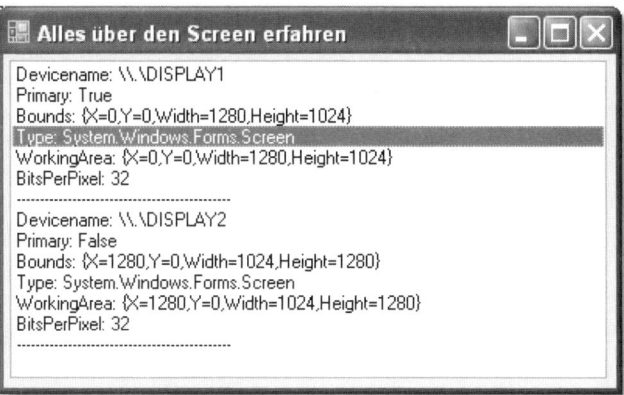

# R10.8   Die Registrierdatenbank verwenden

Auch wenn .NET mittlerweile andere Alternativen zur Registrierdatenbank zu bieten hat, dürfte diese noch lange im Gebrauch bleiben. Sei es, dass Sie bestehende Einträge auslesen müssen oder dass Sie einfach beim Umstellen vorhandener Programme nicht alles Know-how über Bord werfen wollen.

.NET bietet Ihnen mit den Klassen *Registry* und *RegistryKey* eine objektorientierte Schnittstelle, sodass Sie auf die Verwendung von API-Funktionen verzichten können.

**HINWEIS:** Vergessen Sie nicht, den Namespace *Microsoft.Win32* in Ihr Programm aufzunehmen, wenn Sie die beiden Klassen nutzen wollen.

### Registry-Unterstützung in C#

Für alle Hauptzweige des Registry-Baums bietet die *Registry*-Klasse eigene Eigenschaften, die ein *RegistryKey*-Objekt zurückgeben:

| Eigenschaft | Für den Zugriff auf ... |
|---|---|
| *ClassesRoot* | HKEY_CLASSES_ROOT |
| *CurrentConfig* | HKEY_CURRENT_CONFIG |
| *CurrentUser* | HKEY_CURRENT_USER |
| *DynData* | HKEY_DYN_DATA |
| *LocalMachine* | HKEY_LOCAL_MACHINE |
| *PerformanceData* | HKEY_PERFORMANCE_DATA |
| *Users* | HKEY_USERS |

**BEISPIEL:**   Zugriff auf den Baumzweig HKEY_CURRENT_USER realisieren

```
using Microsoft.Win32;
...
    RegistryKey reg = Registry.CurrentUser;
```

Mit diesem Objekt können Sie dann etwas mehr anfangen, wie die folgenden Tabellen zeigen:

| Eigenschaft | Beschreibung |
| --- | --- |
| *Name* | ... der Name des jeweiligen Schlüssels. |
| *SubKeyCount* | ... die Anzahl der direkt untergeordneten Schlüssel. |
| *ValueCount* | ... die Anzahl der Werte in diesem Schlüssel. |

| Methode | Beschreibung |
| --- | --- |
| *Close* | ... Schließen des Keys. |
| *CreateSubKey* | ... erzeugt einen neuen untergeordneten Schlüssel falls nötig, andernfalls wird der Schlüssel geöffnet. |
| *DeleteSubKey* | ... löscht einen untergeordneten Schlüssel. |
| *DeleteSubKeyTree* | ... löscht einen untergeordneten Schlüssel mit allen weiteren Schlüsseln. |
| *DeleteValue* | ... löscht einen Wert. |
| *GetSubKeyNames* | ... eine Stringliste aller Untereinträge (Schlüssel). |
| *GetValue* | ... gibt einenWert zurück. |
| *GetValueNames* | ... eine Stringliste aller enthaltenen Werte. |
| *OpenSubKey* | ... öffnet einen Untereintrag. |
| *SetValue* | ... setzt einen Wert. |

Nach all diesen Informationen möchten Sie nun auch Taten sehen, wenden wir uns also einem kleinen Beispielprogramm zu.

## Oberfläche

Lediglich ein Windows Form und drei *Button*s:

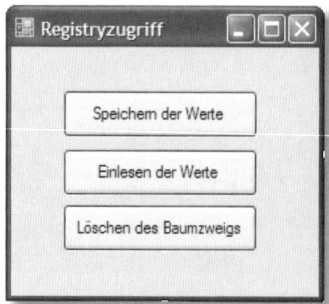

## Quelltext

```
using Microsoft.Win32;
```

```
public partial class Form1 : Form
{
```

Das Speichern der Werte:

```
    private void Button1_Click(object sender, System.EventArgs e)
    {
        RegistryKey reg, key;
```

Öffnen des Schlüssels *Software*:

```
        reg = Registry.CurrentUser.OpenSubKey("Software", true);
```

Erzeugen des neuen Untereintrags:

```
        key = reg.CreateSubKey("Doberenz_Gewinnus");
```

Speichern von Werten:

```
        key.SetValue("Lizenz", "0815");
        key.SetValue("Key", "4711");
        key.SetValue("Preis", 257);
        key.SetValue("Bezahlt", true);
    }
```

Das Ergebnis in der Registry:

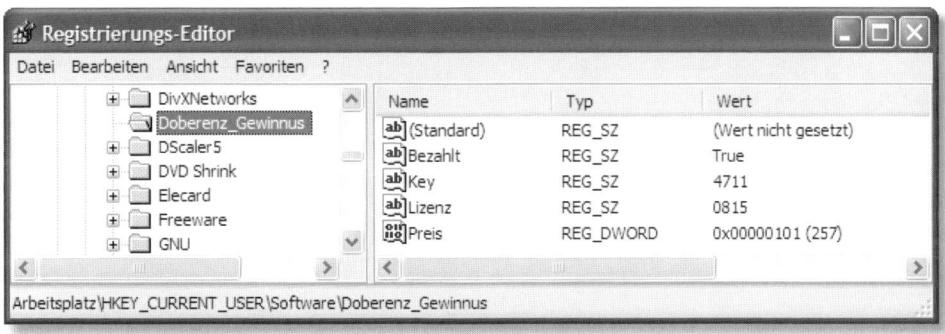

Einlesen der Werte:

```
    private void Button2_Click(object sender, System.EventArgs e)
    {
        RegistryKey reg;
        object wert;
```

Öffnen des Baumzweigs (Sie können auch gleich mehrere Keys angeben):

```
reg = Registry.CurrentUser.OpenSubKey("Software\\Doberenz_Gewinnus", false);
```

Auslesen zweier vorhandener Werte:

```
wert = reg.GetValue("Bezahlt");
MessageBox.Show(wert.ToString());
wert = reg.GetValue("Preis");
MessageBox.Show(wert.ToString());
```

Auslesen eines nicht vorhandenen Wertes (in diesem Fall wird der angegebene Defaultwert zurückgegeben)[1]:

```
wert = reg.GetValue("Verkauft", false);
MessageBox.Show(wert.ToString());
}
```

Das Löschen eines Werts:

```
private void Button3_Click(object sender, System.EventArgs e)
{
    RegistryKey reg;
    reg = Registry.CurrentUser.OpenSubKey("Software\\Doberenz_Gewinnus", true);
    reg.DeleteValue("Lizenz");
    reg.Close();
```

Das Löschen eines Baumzweigs:

```
Registry.CurrentUser.OpenSubKey("Software",
        true).DeleteSubKeyTree("Doberenz_Gewinnus");
}
}
```

## Test

Starten Sie das Programm und testen Sie zunächst die beiden ersten Funktionen. Überprüfen Sie anschließend, ob die Werte auch korrekt in die Registry eingetragen wurden.

# R10.9  Eine verknüpfte Anwendung öffnen

Möchten Sie die mit einem bestimmten Dokumenttyp verknüpfte Anwendung (zum Beispiel *\*.DOC* → MS Word) aufrufen, brauchen Sie sich nicht lange mit der Registry oder endlosen Objektstrukturen herumzuplagen. Es genügt der einfache Aufruf der jeweiligen Datei mit der *Start*-Methode der *Process*-Klasse.

---

[1] Diese Option ist beim Abfragen von Programmeinstellungen nützlich, am Anfang werden Defaultwerte eingelesen, später kann der Nutzer diese ändern.

BEISPIEL:   MS Word starten[1]

```
private void button1_Click(object sender, EventArgs e)
{
    System.Diagnostics.Process.Start(Application.StartupPath + "\\test.doc");
}
```

Mehr über die *Start*-Methode bzw. das zugehörige *Process*-Objekt finden Sie in den Rezepten R10.37 "Ein externes Programm starten" und R10.38 "Eine externe Anwendung starten und überwachen".

# R10.10   Eine Dateiverknüpfung erzeugen

Unterstützt Ihr Programm einen bestimmten Dateityp (.DB, .XLS etc.) ist es sinnvoll, wenn Sie dem Anwender ein entsprechendes Kontextmenü zur Verfügung stellen:

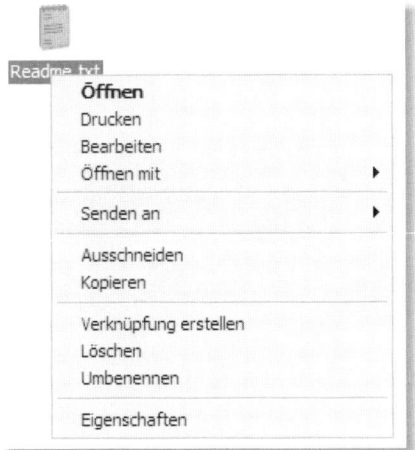

Unterstützen können Sie

- *Open* (Öffnen)

- *Print* (Drucken)

- *Print To*

indem Sie die Registry um entsprechende Einträge erweitern. Die Variante "Print To" haben Sie sicherlich noch in keinem Kontextmenü gefunden, handelt es sich doch um die Aktion die ausgeführt wird, wenn ein Dokument mittels Drag & Drop auf ein Druckersymbol gezogen wird.

---

[1] oder *OpenOffice Writer*, wenn eine entsprechende Verknüpfung besteht ...

Folgende Einträge müssen Sie in der Registry vornehmen (Beispiel Metafiles):

```
01: HKEY_CLASSES_ROOT\.wmf = metafile
02: HKEY_CLASSES_ROOT\metafile = Windows Metafile
03: HKEY_CLASSES_ROOT\metafile\DefaultIcon = c:\Test\Test.exe,0
04: HKEY_CLASSES_ROOT\metafile\shell\open\command = Test.exe %1
05: HKEY_CLASSES_ROOT\metafile\shell\print\command = Test.exe /p %1
06: HKEY_CLASSES_ROOT\metafile\shell\printto\command = Test.exe /p %1
```

Zeile 1 definiert den Zusammenhang zwischen Extension und Registry-Einträgen. Zeile 2 stellt eine kurze Beschreibung des Eintrags dar. Die Angabe *DefaultIcon* ist optional, es handelt sich um den Index des Icons, das dem Dokument zugeordnet wird. Der Eintrag *"...\shell\open\command"* beschreibt die Aufrufkonventionen für die Anzeige des Dokuments. Analog dazu werden mit "...\print\command" bzw. "...\printto\command" die Aufrufparameter für den Druck des Dokuments festgelegt.

---

**HINWEIS:** Bei allen Einträgen sind die Werte im Feld "Default" gespeichert, es gibt keine weiteren Feldeinträge.

---

**BEISPIEL:** Umsetzung des obigen Beispiels als C#-Programm

```csharp
using Microsoft.Win32;

        private void button1_Click(object sender, EventArgs e)
        {
            RegistryKey regist;
            RegistryKey key;
            regist = Registry.ClassesRoot.OpenSubKey("", true);
            key = regist.CreateSubKey(".wmf");
            key.SetValue("", "metafile");
            key = regist.CreateSubKey("metafile");
            key.SetValue("", "Windows Metafile");
            key = regist.CreateSubKey(@"metafile\DefaultIcon");
            key.SetValue("", Application.ExecutablePath + ",0");
            key = regist.CreateSubKey(@"metafile\shell\open\command");
            key.SetValue("", Application.ExecutablePath+" %1");
            key = regist.CreateSubKey(@"metafile\shell\print\command");
            key.SetValue("", Application.ExecutablePath+" /p %1");
            key = regist.CreateSubKey(@"metafile\shell\printto\command");
            key.SetValue("", Application.ExecutablePath+" /p %1");
        }
```

Das Resultat in der Registry:

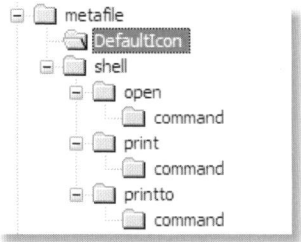

**HINWEIS:** Wenn Sie die Funktionen ausprobieren und die Ergebnisse mit dem Registrierungseditor kontrollieren wollen, müssen Sie die Anzeige nach jeder der oben genannten Funktionen aktualisieren (F5).

# R10.11   Den Computer herunterfahren oder neu starten

Geht es um die Installation von Anwendungen, Treibern etc. oder müssen Sie programmgesteuert die Bildschirmauflösung ändern, wird meist ein erneuter Systemstart fällig. Auch nach langen Berechnungen kann es sinnvoll sein, dass Ihre Anwendung den PC herunterfährt.

Zwei Lösungsmöglichkeiten bieten sich an:

◾ Die API-Funktion *ExitWindowsEx* oder

◾ die Windows-Applikation *Shutdown.exe.*

Wir stellen Ihnen im vorliegenden Rezept beide Varianten vor.

### Oberfläche

Diese besteht für beide Varianten aus eine *ComboBox* und einem *Button.* Der *ComboBox* fügen Sie drei Einträge (*Items*) hinzu:

◾ Abmelden

◾ Herunterfahren

◾ Neustarten

### Variante 1 (ExitWindowsEx)

Das Windows-API stellt uns die Funktion *ExitWindowsEx* bereit, im Prinzip genügt die Übergabe des ersten Parameters:

**SYNTAX:**   `bool ExitWindowsEx(int flg, int dwReserved);`

Die möglichen Werte für *flg*:

| Konstante | Beschreibung |
|---|---|
| *EWX_FORCE* | Dieser Wert wird mit den restlichen Konstanten kombiniert, um die entsprechende Aktion ohne "Nachfragen" (Dialoge) auszuführen. |
| *EWX_LOGOFF* | Ausloggen des Users. |
| *EWX_POWEROFF* | Ausschalten des Systems (nur wenn die Hardware dies unterstützt). |
| *EWX_REBOOT* | Herunterfahren des Systems und Neustart. |
| *EWX_SHUTDOWN* | Herunterfahren des Systems. |

Während Windows 95/98 ohne große Vorbereitungen die Funktion ausführen kann, müssen Sie unter NT/XP erst die nötigen Sicherheitsattribute (*SeShutdownPrivilege*) setzen, was unseren Code erwartungsgemäß etwas aufblähen wird.

## Quelltext (statische Hilfs-Klasse)

```
using System;
using System.Collections.Generic;
using System.Text;

using System.Runtime.InteropServices;
using System.Diagnostics;

namespace WinShutdown
{
    static class CTools
    {
        [StructLayout(LayoutKind.Sequential, Pack = 1)]
        internal struct TokenPrivileges
        {
            public int Count;
            public long Luid;
            public int Attr;
        }

        [DllImport("advapi32.dll", ExactSpelling = true, SetLastError = true)]
        static extern bool OpenProcessToken(IntPtr h, int acc, ref IntPtr phtok);

        [DllImport("advapi32.dll", ExactSpelling = true, SetLastError = true)]
```

```
        static extern bool AdjustTokenPrivileges(IntPtr htok, bool disall,
        ref TokenPrivileges newst, int len, IntPtr prev, IntPtr relen);

        [DllImport("advapi32.dll", SetLastError = true)]
        static extern bool LookupPrivilegeValue(string host, string name, ref long pluid);

        [DllImport("user32.dll", ExactSpelling = true, SetLastError = true)]
        static extern bool ExitWindowsEx(int flg, int dwReserved);

        const string SE_SHUTDOWN_NAME = "SeShutdownPrivilege";
        const int SE_PRIVILEGE_ENABLED = 0x00000002;
        const int TOKEN_ADJUST_PRIVILEGES = 0x00000020;
        const int TOKEN_QUERY = 0x00000008;

        public const int EWX_LOGOFF = 0x00000000;
        public const int EWX_SHUTDOWN = 0x00000001;
        public const int EWX_REBOOT = 0x00000002;
        public const int EWX_FORCE = 0x00000004;
        public const int EWX_POWEROFF = 0x00000008;
        public static void ExitWindows(int value)
        {
            IntPtr hproc = Process.GetCurrentProcess().Handle;
            IntPtr hlp = IntPtr.Zero;
            OpenProcessToken(hproc, TOKEN_ADJUST_PRIVILEGES | TOKEN_QUERY, ref hlp);
            TokenPrivileges tp;
            tp.Count = 1;
            tp.Luid = 0;
            tp.Attr = SE_PRIVILEGE_ENABLED;
            LookupPrivilegeValue(null, SE_SHUTDOWN_NAME, ref tp.Luid);
            AdjustTokenPrivileges(hlp, false, ref tp, 0, IntPtr.Zero, IntPtr.Zero);
            ExitWindowsEx(value, 0);
        }
    }
}
```

## Quelltext (Verwendung der Funktion)

Je nach Auswahl in der *ComboBox* (Abmelden, Herunterfahren, Neustarten) wird eine andere Konstante an unsere Hilfsfunktion übergeben:

```
        private void button2_Click(object sender, EventArgs e)
```

```
        {
            switch (comboBox1.SelectedIndex)
            {
                case 0:
                    CTools.ExitWindows(CTools.EWX_LOGOFF);
                    break;
                case 1:
                    CTools.ExitWindows(CTools.EWX_SHUTDOWN);
                    break;
                case 2:
                    CTools.ExitWindows(CTools.EWX_REBOOT);
                    break;
            }
        }
```

### Test

Nach dem Klick auf den Button sollte der Computer herunterfahren.

---

**HINWEIS:** Sichern Sie vor dem Testen Ihre offenen Anwendungen und Dokumente!

---

# Variante 2 (Shutdown.exe)

Nachdem die erste Variante recht umfangreich ausgefallen ist, wollen wir uns diesmal etwas kürzer fassen. Dreh- und Angelpunkt ist der Aufruf der Windows-Anwendung *Shutdown.exe*.

**SYNTAX:**    shutdown.exe [-l | -s | -r | -a] [-f] [-m \\Computer] [-t xx]
                    [-c "Kommentar"] [-d up:xx:yy]

Die folgende Tabelle zeigt die möglichen Parameter und deren Bedeutung:

| Parameter | Bedeutung |
| --- | --- |
| *-i* | Zeigt eine grafische Benutzeroberfläche an (muss die erste Option sein). |
| *-l* | Abmelden (kann nicht mit der Option *-m* verwendet werden). |
| *-s* | Fährt den Computer herunter. |
| *-r* | Fährt den Computer herunter und startet ihn neu. |
| *-a* | Bricht das Herunterfahren des Systems ab. |
| *-m \\Computer* | Remotecomputer zum Herunterfahren/Neustarten/Abbrechen. |
| *-t xx* | Zeitlimit für das Herunterfahren, in *xx* Sekunden |
| *-c "Kommentar"* | Kommentar für das Herunterfahren (maximal 127 Zeichen). |
| *-f* | Erzwingt das Schließen ausgeführter Anwendungen ohne Warnung. |

| Parameter | Bedeutung |
|---|---|
| *-d [u][p]:xx:yy* | Grund (Code) für das Herunterfahren:<br>*u* = Benutzercode<br>*p* = Code für geplantes Herunterfahren<br>*xx* = Hauptgrund (positive ganze Zahl kleiner als 256)<br>*yy* = Weiterer Grund (positive ganze Zahl kleiner als 65536) |

### Quelltext

Hier genügt der Aufruf von *Process.Start*, um *Shutdown.exe* mit den gewünschten Parametern zu starten:

```
private void button1_Click(object sender, EventArgs e)
{
    switch (comboBox1.SelectedIndex)
    {
        case 0:
            System.Diagnostics.Process.Start("shutdown", "-l");
            break;
        case 1:
            System.Diagnostics.Process.Start("shutdown", "-s -t 00");
            break;
        case 2:
            System.Diagnostics.Process.Start("shutdown", "-r -t 00");
            break;
    }
}
```

### Test

Nach dem Klick auf den Button sollte der Computer herunterfahren.

---

**HINWEIS:** Sichern Sie vor dem Testen Ihre offenen Anwendungen und Dokumente!

---

# R10.12   Den "Herunterfahren"-Dialog anzeigen

Möchten Sie nicht sofort den PC herunterfahren, sondern den entsprechenden Windows-Dialog anzeigen, können Sie dies mit einer undokumentierten API-Funktion bewerkstelligen.

### Oberfläche

Ein Windows Form und ein *Button*.

### Quelltext

```
using System.Runtime.InteropServices;
...
    public partial class Form1 : Form
    {
```

Einbinden der API-Funktion über einen Alias:

```
        [DllImport("shell32", EntryPoint = "#60")]
        static extern int ShowShutDownDialog(int param);
```

Dialog anzeigen:

```
        private void button1_Click(object sender, EventArgs e)
        {
            ShowShutDownDialog(0);
        }
    }
```

### Test

Nach dem Klick auf den Button erscheint das gewünschte Fenster:

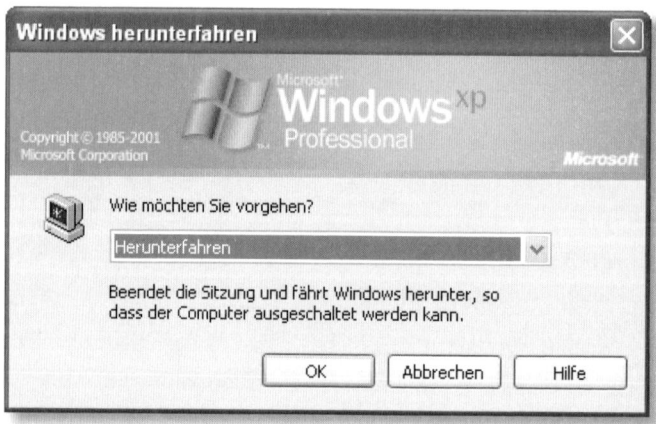

# R10.13   Das System-Shutdown-Ereignis auswerten

Statt vieler Wiederholungen verweisen wir an dieser Stelle auf die Rezepte R10.16 "Windows-Botschaften verarbeiten" und R10.15 "Systemereignisse auswerten".

# R10.14   **Windows in den Standby-Modus versetzen**

Möchten Sie mit Ihrer C#-Anwendung das System in den Standby- bzw. Ruhezustand versetzen, bietet Ihnen das .NET-Framework (ab 2.0) mit *Application.SetSuspendState* auch dafür eine geeignete Methode:

**SYNTAX:**   `bool` **`SetSuspendState`**`(PowerState state, bool force, bool disableWakeEvent)`

Übergeben können Sie einen der folgenden Werte:

- *PowerState.Hibernate* (Ruhezustand, Arbeitsspeicher wird gesichert)

- *PowerState.Suspend* (Standby, Daten werden im Arbeitsspeicher gehalten)

Mit *force* können Sie den gewünschten Ruhezustand erzwingen, anderenfalls müssen die anderen Applikationen ihr "Ok" geben.

## Oberfläche

Nur ein Windows Form und ein *Button*.

## Quelltext

```
public partial class Form1 : Form
{
    private void button1_Click(object sender, EventArgs e)
    {
        Application.SetSuspendState(PowerState.Suspend, true, false);
    }
}
```

## Test

Nach dem Klick auf den Button sollten Sie "schwarz" sehen:

---

**HINWEIS:** Für .NET 1.x-Anwendungen bleibt nur der Weg über PInvoke und die entsprechenden Win32-Anweisungen.

# R10.15  Systemereignisse auswerten

Neben den anwendungsorientierten Ereignissen sind für den Programmierer oft auch Systemereignisse von Interesse. Dazu zählen unter anderem:

- *DisplaySettingsChanged*

- *DisplaySettingsChanging*

- *InstalledFontsChanged*

- *LowMemory*

- *PaletteChanged*

- *PowerModeChanged*

- *SessionEnded*

- *SessionEnding*

- *SessionSwitch*

- *TimeChanged*

Alle diese Ereignisse können Sie komfortabel mit der *SystemEvents*-Klasse auswerten.

---

**HINWEIS:** Sollte die gewünschte Botschaft nicht von der *SystemEvents*-Klasse unterstützt
werden, bliebt Ihnen noch der Weg über die direkte Verarbeitung der Windows-
Botschaften, wie es im Rezept R10.16 beschrieben ist.

---

Unser Beispielprogramm wird sich darauf beschränken, auf den Standby-Modus zu reagieren.
Hierbei handelt es sich um ein Problem, das häufig von Programmieren vernachlässigt wird, reagieren doch Timer etc. nach einem Suspend häufig nicht wie gewünscht. Ein anderes Problem
sind geöffnete Dateien/Datenbanken, die bei einem Stromausfall recht schnell nicht mehr lesbar
sind.

### Oberfläche

Lediglich ein Windows Form und eine *ListBox*.

### Quelltext

```
using Microsoft.Win32;
...
public partial class Form1 : Form
{
        public Form1()
        {
```

```
                    InitializeComponent();
```

Wir weisen einen neuen Ereignishandler zu:

```
        SystemEvents.PowerModeChanged +=
                    new PowerModeChangedEventHandler(SystemEvents_PowerModeChanged);
```

Hiermit reagieren wir auf das Ausloggen bzw. das Herunterfahren des Systems:

```
        SystemEvents.SessionEnding +=
                    new SessionEndingEventHandler(SystemEvents_SessionEnding);
    }
```

Shutdown:

```
    private void SystemEvents_SessionEnding(object sender, SessionEndingEventArgs e)
    {
        listBox1.Items.Add("SessionEnding (" + System.DateTime.Now.ToString() + ") : " +
                                    e.Reason.ToString());
    }
```

Suspend/Power:

```
    private void SystemEvents_PowerModeChanged(object sender, PowerModeChangedEventArgs e)
    {
        listBox1.Items.Add("PowerModeChanged (" + System.DateTime.Now.ToString() + ") : " +
                                    e.Mode.ToString());
    }
}
```

## Test

Starten Sie das Programm und wechseln Sie (wenn möglich) in den Standby-Modus. Nach dem "Aufwachen" sollten zwei Ereignisse in der *ListBox* angezeigt werden:

# R10.16   **Windows Botschaften verarbeiten**

Reichen Ihnen die von C# bzw. .NET zur Verfügung gestellten Ereignisse nicht[1] (siehe dazu auch R10.15), müssen Sie sich selbst um die Verarbeitung von Windows-Messages kümmern.

Ansatzpunkt für einen Message-Handler, der alle Fensterbotschaften erhält, ist die Methode *WndProc*. Diese Methode existiert bereits und muss aus diesem Grund überschrieben werden.

```
protected override void WndProc(ref Message m)
{
    ...
    base.WndProc(ref m);
}
```

Die eigentliche Umsetzung ist relativ einfach, mit einer *switch-* oder *if*-Anweisung können Sie, in Abhängigkeit von den übergebenen Botschaften, weitere Methoden ausführen. Die ursprüngliche Prozedur sollten Sie jedoch in jedem Fall weiterhin aufrufen (*base.WndProc*), andernfalls könnte es schnell zu Problemen kommen.

---

**HINWEIS:** Sie können auch neue Messages erzeugen und diese an die Basis-Methode übergeben. So lassen sich Filter erzeugen oder Werte ändern.

---

Ein kleines Beispielprogramm demonstriert Ihnen die Möglichkeiten von *WndProc*, das Programm verhindert das Herunterfahren des Systems[2].

### Oberfläche

Lediglich ein Windows Form.

### Quelltext

```
public partial class Form1 : Form
{
```

Wir müssen die Botschaft definieren (siehe Win32-API-Hilfe):

```
const int WM_QUERYENDSESSION = 0x0011;
bool Shutdown = false;
```

Auswerten der Botschaft:

```
protected override void WndProc(ref Message m)
{
```

---

[1]  Es gibt genügend Beispiele (Clipboard, userdefinierte Botschaften ...)

[2]  Ja, das geht auch mit der *SystemEvents*-Klasse!

Es handelt sich um die betreffende Botschaft:

```
if (m.Msg == WM_QUERYENDSESSION)
{
    Shutdown = true;
    //....
}
base.WndProc(ref m);
}
```

Das Formular wird von Windows zum Schließen aufgefordert, bei einem Shutdown verhindern wir dieses:

```
private void Form1_FormClosing(object sender, FormClosingEventArgs e)
{
    e.Cancel = Shutdown;
}
}
```

---

**HINWEIS:** Bevor jetzt lautstarke Proteste etc. einsetzen: Sie können auch einfach den folgenden Code verwenden, um das Herunterfahren zu verhindern.

---

**BEISPIEL:**  Verhindern eines System-Shutdown ohne Botschaftsauswertung

```
private void Form1_FormClosing(object sender, FormClosingEventArgs e)
{
    e.Cancel = (e.CloseReason == CloseReason.WindowsShutDown);
}
```

### Test

Starten Sie die Anwendung ohne Visual Studio und versuchen Sie das System herunterzufahren.

# R10.17  Alle geöffneten Windows Fenster ermitteln

Das vorliegende Rezept ermöglicht Ihnen den Einblick in einige Windows-Interna. Gleichzeitig werden Sie mit den Möglichkeiten von Callback-Prozeduren vertraut gemacht.

Ziel unseres Programms ist die Darstellung aller Fenster, die sich auf dem Windows-Desktop befinden. Sie werden feststellen, dass es einige Fenster mehr sind, als Sie auf den ersten Blick vermutet haben.

Zwei Varianten bieten sich an:

- Verwenden der *Process*-Klasse und Ermittlung aller Hauptfenster

- Verwenden der API-Funktion *EnumWindows*

---

**HINWEIS:** Mit der zweiten Variante finden Sie alle Windows-Fenster.

---

### Oberfläche

Ein Windows Form und zwei *ListBox*en.

### Quelltext (Verwendung Process-Klasse)

```
using System.Diagnostics;
...
        private void Form1_Load(object sender, EventArgs e)
        {
```
Für alle laufenden Prozesse:
```
            foreach (Process p in Process.GetProcesses())
            {
```
Ist ein Hauptfenster vorhanden:
```
                if (p.MainWindowHandle != IntPtr.Zero)
```
Auswerten der Fenstereigenschaften:
```
                    listBox1.Items.Add(p.ProcessName + " : '" +
                            p.MainWindowTitle + "'   " +
                            p.MainWindowHandle.ToString());
            }
        }
```

---

**HINWEIS:** Mit dem Aufruf der Methode *CloseMainWindow* können Sie die entsprechende Anwendung zum Beenden auffordern.

---

### Quelltext (Verwendung EnumWindows)

Hier müssen wir uns schon etwas mehr mühen, haben jedoch den Vorteil, dass uns alle Fenster angezeigt werden. Die eigentliche Prozedur für die Anzeige der einzelnen Fenster ist eine Callback-Funktion, die von Windows für jedes offene Fenster einmal aufgerufen wird. Der Vorteil dieser Funktion: Sie können immer davon ausgehen, dass das Fenster zu diesem Zeitpunkt noch existiert.

Die Übergabewerte an die Funktion sind das Handle des Fensters sowie ein eindeutiger Integer-Wert, mit dem Sie zum Beispiel aus Ihrem Programm heraus Daten an die Routine übergeben können.

```
using System.Runtime.InteropServices;
using System.Diagnostics;
using System.Collections;
...
    public partial class Form1 : Form
    {
```

Deklaration eines Delegates, den wir für den Callback-Aufruf brauchen:

```
        public delegate bool EnumWindowsCallback(int hwnd, int lParam);
```

Einbinden der API-Funktion:

```
        [DllImport("user32")]
        public extern static int EnumWindows(EnumWindowsCallback lpEnumFunc, int lParam);
```

Eine zweite API-Funktion, mit deren Hilfe wir den Titeltext des Fensters ermitteln:

```
        [DllImport("user32")]
        public static extern int GetWindowText(int hwnd, StringBuilder lpString,
                                        uint bufferSize);
```

Ein Hilfsarray, das wir in der Callback-Routine mit den Fenster-Handles füllen:

```
        ArrayList windowHandles = new ArrayList();
```

Die eigentliche Callback-Routine:

```
        private bool MyCallback(int hWnd, int lParam)
        {
            windowHandles.Add(hWnd);
            return true;
        }
```

Mit dem Laden des Formulars starten wir zunächst die Callbackroutine über *EnumWindows*

```
        private void Form1_Load(object sender, EventArgs e)
        {
            EnumWindows(new EnumWindowsCallback(MyCallback), 0);
```

bevor wir die *ArrayList* auswerten:

```
            foreach (int i in windowHandles)
            {
                StringBuilder name = new StringBuilder(255);
                GetWindowText(i, name, 255);
```

```
            listBox2.Items.Add(i.ToString() + " : " + name);
        }
    }
}
```

### Test

Nach dem Start werden Ihnen die Informationen in den ListBoxen angezeigt:

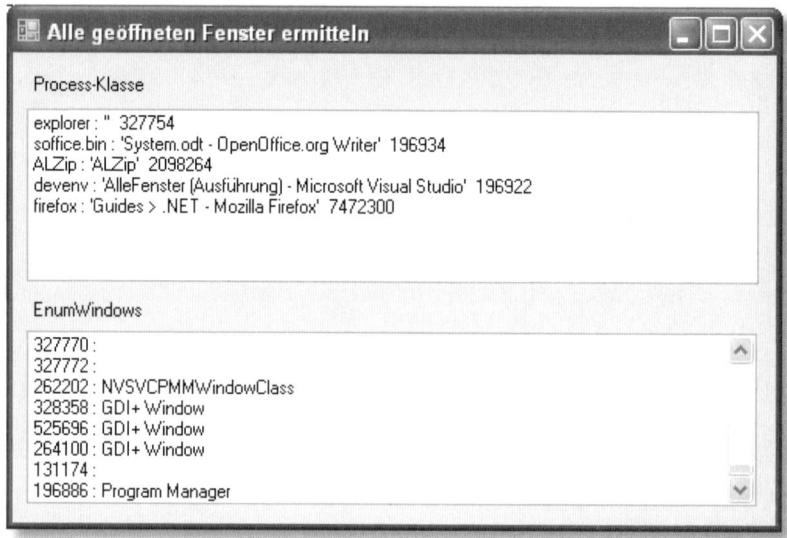

## R10.18   Die Taskbar Notification Area (TNA) verwenden

Sicher ist Ihnen auch schon aufgefallen, dass am rechten Ende der Taskbar neben der Uhrzeit manchmal auch Anwendungen bzw. deren Icons zu finden sind. Dieser Bereich wird als "Taskbar Notification Area", kurz TNA, bezeichnet:

Was anderen Applikationen möglich ist, sollte auch für ein C#-Programm keine unüberwindliche Hürde sein. Im Folgenden möchten wir Ihnen ein Programm vorstellen, das nach einer kurzen Copyright-Meldung vom Desktop "verschwunden" ist, lediglich der TNA ist um ein weiteres Icon bereichert worden.

Klicken Sie mit der linken Maustaste auf dieses Symbol, wird eine Dialogbox angezeigt, mit der rechten Maustaste erreichen Sie ein Popup-Menü, über das sich die Anwendung schließen lässt.

### Oberfläche

Unsere Anwendung besteht aus zwei Windows Formularen. Während *Form1* für die Anzeige der Copyright-Meldung und das Registrieren der Anwendung im TNA verantwortlich zeichnet, ist *Form2* die eigentliche Dialogbox, die zur Laufzeit angezeigt wird.

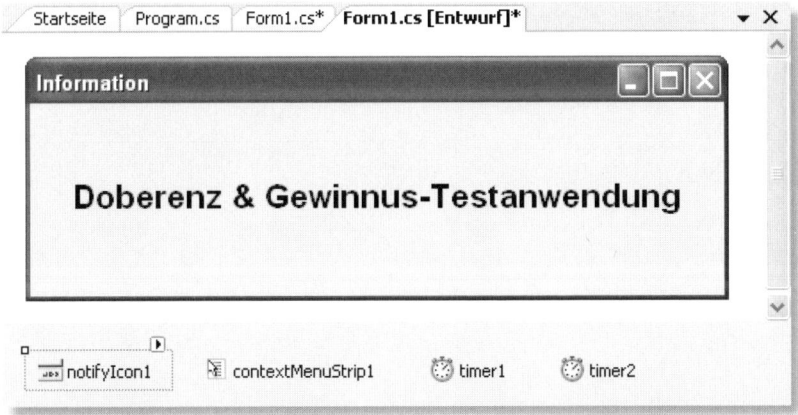

Fügen Sie bitte in *Form1* die oben gezeigten Komponenten ein und konfigurieren Sie *notify-Icon1* wie folgt:

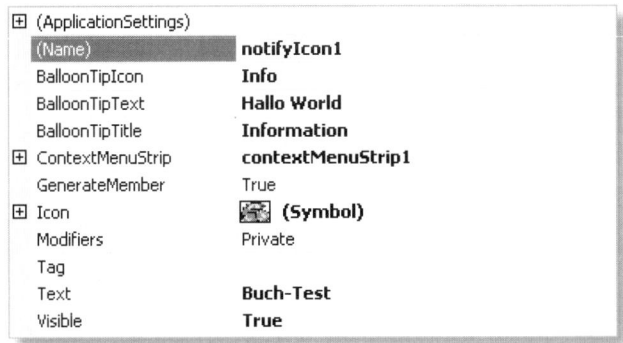

Neben der Anzeige des Icons selbst ist die Komponente für die Tooltips, die Ereignisbehandlung, das Kontextmenü etc. zuständig. Ein echtes Allroundtalent, wenn man die Programmierung mit den entsprechenden Win32-Programmen vergleicht.

Dem *ContextMenueStrip1* fügen Sie bitte zwei Einträge (*Information* und *Ende*) hinzu. *Timer1* ist dafür verantwortlich, *Form1* nach 3 Sekunden zu schließen, *Timer2* zeigt nach 10 Sekunden eine Statusmeldung im TNA (BallonTip) an.

## Quelltext (Form1)

```
public partial class Form1 : Form
{
```

Schließen der Anwendung über das Kontextmenü:

```
private void toolStripMenuItem1_Click(object sender, EventArgs e)
{
    Close();
}
```

Anzeige von *Form2* als Dialog:

```
private void toolStripMenuItem2_Click(object sender, EventArgs e)
{
    using (Form2 f2 = new Form2())
    {
        f2.ShowDialog();
    }
}
```

Ausblenden von *Form1* nach 3 Sekunden und starten von *Timer2*:

```
private void timer1_Tick(object sender, EventArgs e)
{
    timer1.Stop();
    timer2.Start();
    this.Hide();
}
```

Anzeige der Statusmeldung:

```
private void timer2_Tick(object sender, EventArgs e)
{
    timer2.Stop();
    notifyIcon1.ShowBalloonTip(1000);
}
```

Wir reagieren auf die linke Maustaste:

```
private void notifyIcon1_MouseDown(object sender, MouseEventArgs e)
{
    if (e.Button == MouseButtons.Left)
    {
        using (Form2 f2 = new Form2())
        {
            f2.ShowDialog();
```

```
                }
            }
        }
    }
```

### Test

Das Kontextmenü bei Anwahl über die rechte Maustaste:

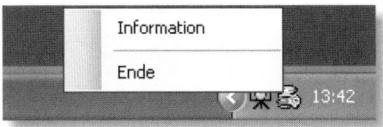

Nach 10 Sekunden erscheint automatisch eine kleine Meldung:

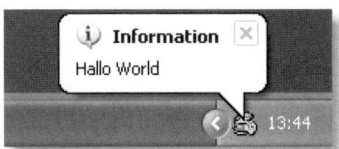

# R10.19   Neue Programmgruppen erzeugen

Möchten Sie sich an einem eigenen Installationsprogramm versuchen oder einen eigenen File-Explorer schreiben? Wenn ja, kommen Sie nicht um das Erzeugen von Programmgruppen, d.h. von Verzeichnissen, herum.

Eigentlich kein Problem, könnte man denken, mit der *CreateSubdirectory*-Methode ist ein Verzeichnis schnell erstellt. Der Knackpunkt: Wo soll das Verzeichnis erzeugt werden?

Hier hilft Ihnen die *Environment.SpecialFolder*-Enumeration weiter, wie es das folgende Beispielprogramm zeigt.

### Oberfläche

Nur ein Windows Form und ein *Button*.

### Quelltext

```
using System.IO;
...
    public partial class Form1 : Form
    {
```

```
        private void button1_Click(object sender, EventArgs e)
        {
```

Ermitteln des Verzeichnisnamens:

```
        string programme =
            Environment.GetFolderPath(System.Environment.SpecialFolder.Programs);
```

Ein Unterverzeichnis erzeugen:

```
        DirectoryInfo di = new DirectoryInfo(programme);
        di.CreateSubdirectory("Hallo Kochbuch-Leser");
        }
    }
```

---

**HINWEIS:** Mit der *SpecialFolder*-Enumeration können Sie auch weitere wichtige Verzeichnisnamen abrufen.

---

### Test

Starten Sie das Programm und probieren Sie einfach mal aus, welche Resultate die unterschiedlichen Konstanten auf den Standort Ihres neuen Folders haben.

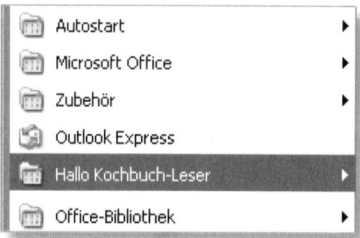

# R10.20 Verknüpfungen auf dem Desktop erzeugen

Leider stellt auch das .NET-Framework in der Version 2 noch keine sinnvolle Funktion bereit, mit der Sie eine Verknüpfung erzeugen könnten. Die einfachste Variante bietet sich nach wie vor mit der Einbindung des *Windows Scripting Hosts* und der dort bereitgestellten Methode *CreateShortCut*.

### Oberfläche

Ein Windows Form und ein *Button*.

## Quelltext

Bevor es losgehen kann, müssen wir noch die COM-Library "Windows Scripting Host Object Model" einbinden:

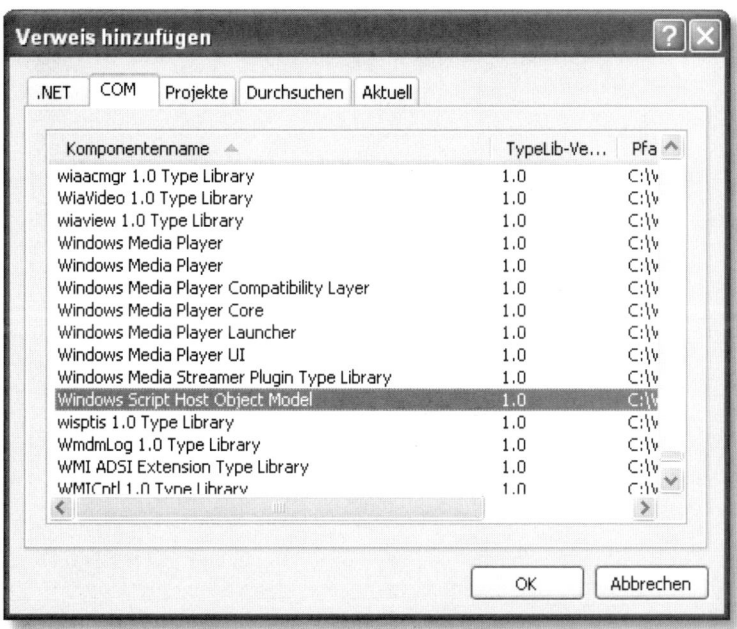

Der eigentliche Quellcode fällt jetzt recht kurz aus:

```
using IWshRuntimeLibrary;
...
    public partial class Form1 : Form
    {
```

Für die bessere Wiederverwendbarkeit kapseln wir die Funktionalität in einer Methode:

```
        private void CreateShortcut(string Wo, string Datei, string Beschreibung)
        {
```

Shell-Objekt erzeugen:

```
            WshShell Shell = new WshShellClass();
```

Einen Shortcut erzeugen (dieser ist noch nicht gespeichert):

```
            IWshShortcut SC;
            SC = (IWshRuntimeLibrary.IWshShortcut)Shell.CreateShortcut(Wo + ".lnk");
```

Wir parametrieren der Shortcut:

```
SC.TargetPath = Datei;              // welche Datei/Anwendung
SC.Description = Beschreibung;      // Hint-Text
SC.IconLocation = @"%SystemRoot%\system32\SHELL32.dll,5";  // Icon
```

Erst jetzt wird der Shortcut auch gespeichert:

```
SC.Save();
    }
```

Die Verwendung der Funktion (wir wollen einen Link auf dem Desktop erzeugen):

```
private void button1_Click(object sender, EventArgs e)
{
    string Desktop =
        Environment.GetFolderPath(Environment.SpecialFolder.DesktopDirectory);
    CreateShortcut(Desktop + "\\Test", Application.ExecutablePath, "Ein erster Test");
}
}
```

### Test

Nach dem Klick auf den Button sollten Sie einen zusätzlichen Link auf dem Desktop vorfinden:

# R10.21   Den Bildschirmschoner aktivieren/deaktivieren

Führt Ihr Programm z.B. endlose Berechnungen aus, denen Sie folgen müssen, kann das Auftauchen des Bildschirmschoners als störend empfunden werden. In diesem Fall können Sie auf recht einfache Art und Weise den "ungebetenen Gast" deaktivieren. Ein kleines Beispielprogramm zeigt, wie es geht.

### Oberfläche

Ein Windows Form und zwei *Button*s.

### Quelltext

Zunächst importieren wir die nötige API-Funktion:

```
using System.Runtime.InteropServices;
```

```
...
    public partial class Form1 : Form
    {
        private const int SPI_SETSCREENSAVEACTIVE = 17;
        private const int SPIF_SENDWININICHANGE = 2;


        [DllImport("user32", CharSet=CharSet.Auto)]
        private static extern bool SystemParametersInfo(int uAction, int uParam,
                                            int lpvParam, int fuWinIni);
```

Screensaver deaktivieren:

```
    private void button1_Click(object sender, EventArgs e)
    {
        SystemParametersInfo(SPI_SETSCREENSAVEACTIVE, 0, 0, 0);
    }
```

Screensaver aktivieren:

```
    private void button2_Click(object sender, EventArgs e)
    {
        SystemParametersInfo(SPI_SETSCREENSAVEACTIVE, 1, 0, 0);
    }
}
```

---

**HINWEIS:** Sollen die Screensaver-Einstellungen dauerhaft sein, d.h. auch nach einem Neustart übernommen werden, dann müssen Sie den letzten Parameter mit SPIF_SEND-WININICHANGE angeben.

---

# R10.22   Drag & Drop mit dem Explorer realisieren

Geht es um die Auswahl von Dateien/Verzeichnissen, bietet sich neben den sicher bekannten Dateidialogen auch die Möglichkeit an, Dateien per Drag & Drop aus dem Explorer in ein Anwendungsfenster zu ziehen.

Was vor der Einführung von .NET noch mit einigen Klimmzügen verbunden war, ist jetzt mit wenigen Zeilen Code und ohne API-Funktionen problemlos realisierbar.

## Oberfläche

Ein Windows Form und eine *ListBox*.

## Quelltext

```
public partial class Form1 : Form
{
    public Form1()
    {
```

Drag & Drop-Unterstützung aktivieren:

```
        this.AllowDrop = true;
        InitializeComponent();
    }
```

Wir reagieren auf den DragEnter-Vorgang (Maus wird in das Fenster geführt):

```
    private void Form1_DragEnter(object sender, DragEventArgs e)
    {
        if (e.Data.GetDataPresent(DataFormats.FileDrop))
            e.Effect = DragDropEffects.Copy;
        else
            e.Effect = DragDropEffects.None;
    }
```

Beim Loslassen müssen wir die Liste der Dateien abrufen (als Array):

```
    private void Form1_DragDrop(object sender, DragEventArgs e)
    {
        try
        {
            Array ar = (Array)e.Data.GetData(DataFormats.FileDrop);
```

Anzeige (hier könnten Sie beliebige Dateiverarbeitungen vornehmen):

```
            foreach (string s in ar)
                listBox1.Items.Add(s);
        }
        catch (Exception ex)
        {}
    }
```

## Test

Starten Sie das Programm und verschieben Sie einige Dateien per Drag & Drop in das Anwendungsfenster:

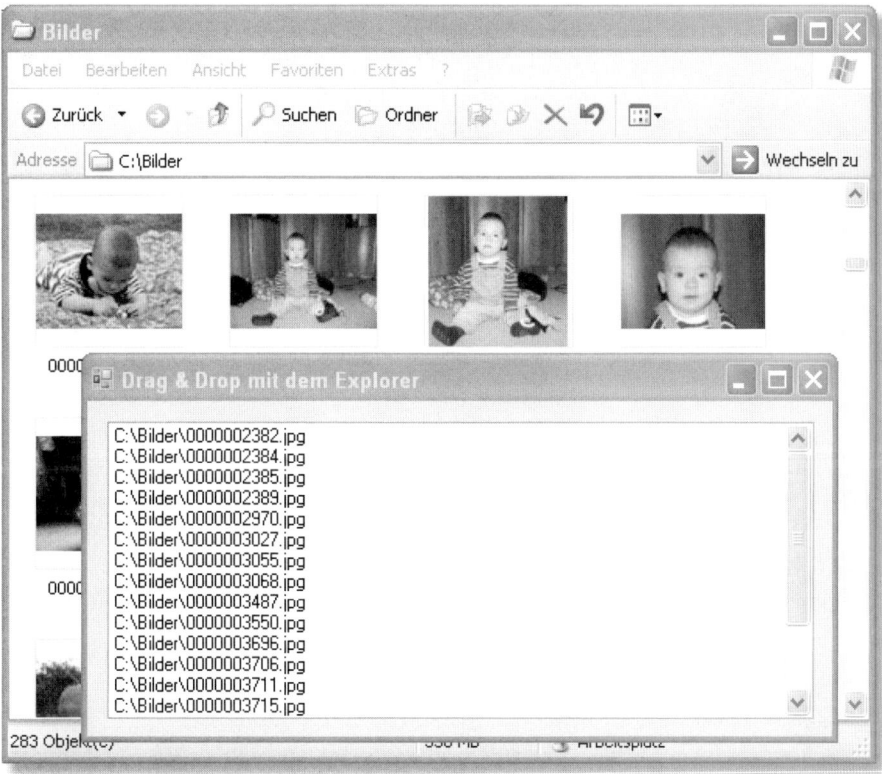

# R10.23  System-Icons verwenden

Möchten Sie System-Icons oder -Bitmaps verwenden, müssen Sie diese nicht unbedingt als Ressourcen in die Anwendung aufnehmen. Sie können sie auch mit Hilfe von *DrawIcon* direkt aus dem System abrufen. Das spart Speicherplatz.

### Oberfläche

Ein Windows Form und ein *Button*.

### Quelltext

```
public partial class Form1 : Form
{
    private void button1_Click(object sender, EventArgs e)
    {
        Graphics g = this.CreateGraphics();
```

Über *SystemIcons* stehen Ihnen die folgenden Varianten zur Verfügung:

```
            g.DrawIcon(SystemIcons.Application, 0, 10);
            g.DrawIcon(SystemIcons.Asterisk, 32, 10);
            g.DrawIcon(SystemIcons.Error, 64, 10);
            g.DrawIcon(SystemIcons.Exclamation, 96, 10);
            g.DrawIcon(SystemIcons.Hand, 128, 10);
            g.DrawIcon(SystemIcons.Information, 160, 10);
            g.DrawIcon(SystemIcons.Question,192 , 10);
            g.DrawIcon(SystemIcons.Warning, 224, 10);
            g.DrawIcon(SystemIcons.WinLogo, 256, 10);
        }
    }
```

### Test

Klicken Sie nach dem Start auf die Schaltfläche, um die Icons anzuzeigen:

# R10.24   Die Desktop-Icons ein-/ausblenden

Wen nerven sie nicht, die zahllosen Desktop-Icons, die einem das Arbeiten mit Visual Studio nicht gerade erleichtern? Aber Abhilfe ist in Sicht: Mit folgendem Programm blenden Sie die kleinen Quälgeister kurzzeitig aus und bei Gelegenheit auch wieder ein.

Der technische Hintergrund des Programms ist eigentlich recht simpel. Wie jedes Control ist auch der Desktop selbst "nur" ein Fenster, das Sie nach Belieben ein- und ausblenden können. Einziges Problem: Woher bekommen wir das Handle des Desktops?

Die API-Funktion *FindWindow* hilft uns weiter, übergeben Sie dieser Funktion einfach den Namen des gesuchten Fensters (in unserem Fall "Progman").

### Oberfläche

Auf dem Startformular platzieren Sie zwei *Button*s, die das Ein- und Ausschalten übernehmen.

### Quelltext

```
using System.Runtime.InteropServices;
...
    public partial class Form1 : Form
    {
```

Die notwendigen API-Funktionen:

```
        [DllImport("user32.dll")]
        public static extern int ShowWindow( int hWnd, int wFlags);


        [DllImport("user32.dll")]
        public static extern int FindWindow(string lpClassName, string lpWindowName);
```

Zwei API-Konstanten:

```
        private const int SW_HIDE = 0;
        private const int SW_SHOW = 1;
```

Ausblenden:

```
        private void button1_Click(object sender, EventArgs e)
        {
            ShowWindow(FindWindow("Progman", "Program Manager"), SW_HIDE);
        }
```

Einblenden:

```
        private void button2_Click(object sender, EventArgs e)
        {
            ShowWindow(FindWindow("Progman", "Program Manager"), SW_SHOW);
        }
    }
```

### Test

Nach Start des Programms und Klick auf den ersten Button werden Sie entgeistert vor einem absolut leeren Desktop sitzen. Vielleicht auch die richtige Überraschung für den Kollegen?

## R10.25   Die Taskbar ausblenden

Mitunter stört die Taskbar bei der Ausführung einiger Programme. Das vorliegende Rezept zeigt, wie man sie aus einem Programm heraus aus- und wieder einschalten kann.

## Oberfläche

Auf dem Startformular platzieren Sie zwei *Button*s, die das Ein- und Ausschalten übernehmen.

## Quellcode

```
using System.Runtime.InteropServices;
...
    public partial class Form1 : Form
    {
```

Auch hier geht nichts ohne die richtige API-Funktion:

```
        [DllImport("user32.dll")]
        public static extern int ShowWindow( int hWnd, int wFlags);


        [DllImport("user32.dll")]
        public static extern int FindWindow(string lpClassName, string lpWindowName);
```

Zwei API-Konstanten:

```
        private const int SW_HIDE = 0;
        private const int SW_SHOW = 1;
```

Ausblenden:

```
        private void button1_Click(object sender, EventArgs e)
        {
            ShowWindow(FindWindow("Shell_TrayWnd", ""), SW_HIDE);
        }
```

Einblenden:

```
        private void button2_Click(object sender, EventArgs e)
        {
            ShowWindow(FindWindow("Shell_TrayWnd", ""), SW_SHOW);
        }
    }
```

## Test

Klicken Sie auf die beiden Schaltflächen und überzeugen Sie sich von der Funktionstüchtigkeit des Beispiels.

# R10.26 Den Papierkorb leeren

Natürlich ist hier vom Windows-Papierkorb die Rede[1].

## Oberfläche

Ein Windows Form und ein *Button*.

## Quelltext

Die undankbare Aufgabe wird von der API-Funktion *SHEmptyRecycleBin* übernommen:

```
using System.Runtime.InteropServices;

...

    public partial class Form1 : Form
    {
```

Die Funktion zeigt per Default einen Bestätigungsdialog an, den Sie über die folgenden Konstanten unterdrücken können:

```
        enum RecycleFlags : uint
        {
            SHERB_NOCONFIRMATION = 0x00000001,
            SHERB_NOPROGRESSUI = 0x00000002,
            SHERB_NOSOUND = 0x00000004
        }
```

Die Einbindung der API-Funktion:

```
        [DllImport("shell32.dll", CharSet = CharSet.Unicode)]
        public static extern IntPtr SHEmptyRecycleBin(IntPtr hwnd, string path, uint flags);
```

Aufruf der Funktion:

```
        private void button1_Click(object sender, EventArgs e)
        {
            SHEmptyRecycleBin(this.Handle, null, 0);
        }
    }
```

## Test

Nach Klick auf den Button dürfte der folgende Dialog auch bei Ihnen auftauchen:

---

[1] Wie Sie Ihren Papierkorb zu Hause leeren, dürfte Ihnen hoffentlich bekannt sein.

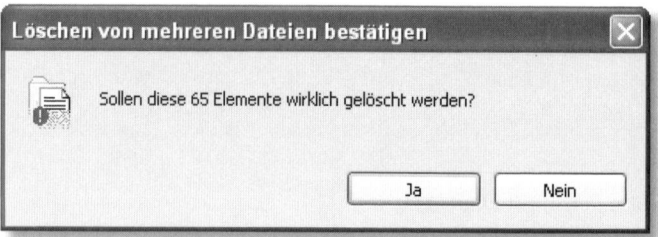

# R10.27   Den Windows Suchassistenten verwenden

Möchten Sie statt einer eigenen Lösung auf die schon vorhandenen Microsoft-Tools zum Suchen von Dateien zurückgreifen, können Sie dies problemlos realisieren.

## Oberfläche

Nur ein Windows Form mit einem *Button*.

## Quelltext

```
using System.Diagnostics;
...
    public partial class Form1 : Form
    {
        private void button1_Click(object sender, EventArgs e)
        {
```

Ein neues *ProcessStartInfo*-Objekt erzeugen, dabei geben Sie bereits den gewünschten Start-pfad an:

```
            ProcessStartInfo psi = new ProcessStartInfo("c:\\");
```

Zusätzlich müssen wir noch das Verb festlegen, in diesem Fall "find":

```
            psi.Verb = "find";
```

Der Rest ist Routine, wir starten einen neuen Process, in diesem Fall die Shell:

```
            Process.Start(psi);
        }
    }
```

## Test

Nach Klick auf den Button öffnet sich der Such-Assistent:

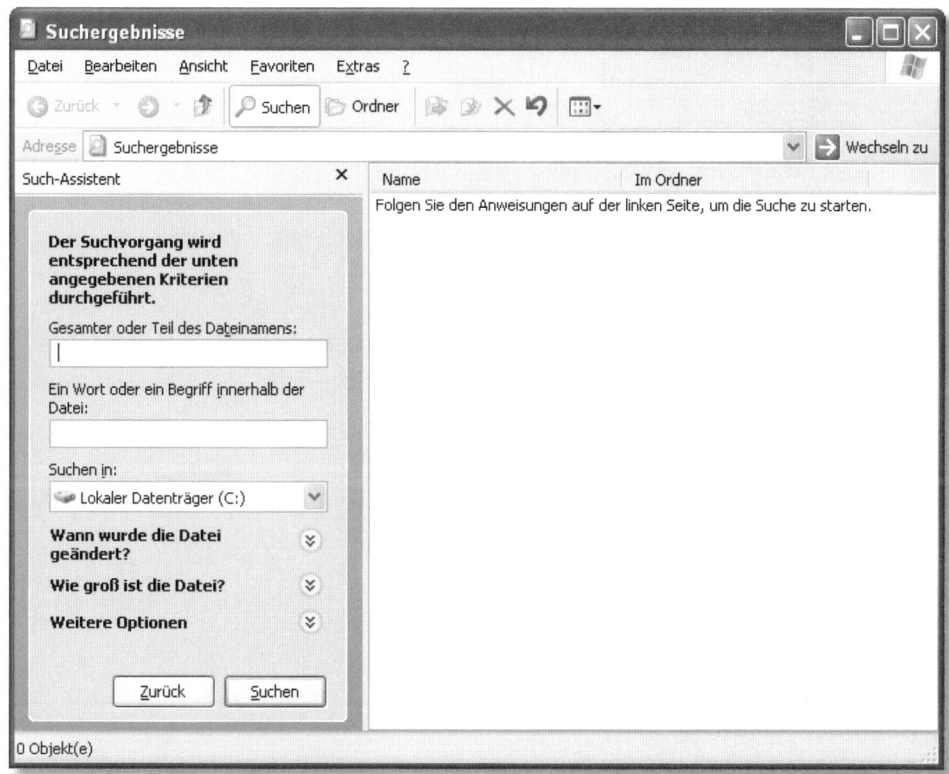

---

**HINWEIS:** Ein direktes Feedback, welche Dateien gesucht bzw. gefunden wurden, haben Sie in diesem Fall natürlich nicht. Da müssen Sie schon eine eigene Lösung realisieren, siehe dazu R5.8 "Dateien rekursiv suchen".

---

# R10.28  Systemtöne und WAV-Dateien wiedergeben

Im Multimedia-Zeitalter darf auch die Sound-Unterstützung Ihrer Programme nicht fehlen. Für kurze Musikeinlagen und Hinweistöne empfiehlt sich das WAVE-Format[1], dass mit der .NET-Version 2 endlich auch dirckt untcrstützt wird.

Drei Quellen für Sounddaten bieten sich an:

- ▪ eingebettete Sound-Ressourcen,

- ▪ externe Sounddateien

- ▪ und Systemtöne.

Unser Beispielprogramm demonstriert Ihnen die Verwendung der drei o.g. "Lärmquellen".

---

[1] Ein Microsoft-Standard-Dateiformat zum Speichern von Audiodaten. WAVE-Dateien haben die Extension .WAV.

## Oberfläche

Ein einfaches Windows Form mit einigen *Button*s:

## Quelltext

```
using System.Media;
...
    public partial class Form1 : Form
    {

        ...
```

Eine Instanz des SoundPlayers erzeugen:

```
        SoundPlayer sp1 = new SoundPlayer();
```

Einfaches Abspielen einer externen Datei:

```
        private void Form1_Load(object sender, EventArgs e)
        {
            SoundPlayer sp = new SoundPlayer("notify.wav");
            sp.Play();
        }
```

Abspielen einer eingebetteten Ressource:

```
        private void button1_Click(object sender, EventArgs e)
        {
            SoundPlayer sp = new SoundPlayer(Properties.Resources.tada);
            sp.Play();
        }
```

Synchrones Abspielen einer eingebetteten Sounddatei:

```
private void button2_Click(object sender, EventArgs e)
{
    SoundPlayer sp = new SoundPlayer(Properties.Resources.tada);
    sp.PlaySync();
    // oder
    (new SoundPlayer(Properties.Resources.tada)).PlaySync();
}
```

Endlos abspielen, die wohl beste Methode, um jemanden in den Wahnsinn zu treiben! Kombiniert mit dem asynchronen Abspielen der Dateien können Sie das Programm beenden und einen Rechner zurücklassen, der ununterbrochen Lärm verbreitet. Die Soundorgie kann erst durch eine Anweisung gestoppt werden:

```
private void button3_Click(object sender, EventArgs e)
{
    sp1.Stream = Properties.Resources.tada;
    sp1.PlayLooping();
}
```

Ende des Lärms:

```
private void button4_Click(object sender, EventArgs e)
{
    sp1.Stop();
}
```

Einen Systemsound wiedergeben:

```
private void button5_Click(object sender, EventArgs e)
{
    SystemSounds.Beep.Play();
}
}
```

## Test

Ein unmittelbares Klangerlebnis kann Ihnen dieses Buch leider nicht vermitteln, es sei denn, Sie wählen eine der WAV-Dateien (die Sie auf der Buch-CD finden) aus und spielen diese ab.

# R10.29 Das Windows-Systemprotokoll nutzen

Die Windows Ereignisanzeige bietet die Möglichkeit, dem Nutzer an einer zentralen Stelle Informationen aus Ihren Anwendungen bereitzustellen, ohne dass Ihre Anwendung über eine eigene Oberfläche verfügen muss (Webdienste, Webanwendungen, Windows-Dienste etc.) oder dass der Programmfluss unterbrochen wird. Der Nutzer hat jederzeit die Möglichkeit, diese "Nachrichten" über die Ereignisanzeige anzuschauen.

Das .NET-Framework unterstützt Sie beim Zugriff auf das Ereignisprotokoll mit der *EventLog*-Klasse, mit der Sie zum einen neue Einträge/Rubriken erzeugen und zum anderen auch vorhanden den Einträge anzeigen lassen können.

### Oberfläche

Ein Windows Form, drei *Button*s und eine *ListBox* (Laufzeitansicht):

### Quelltext

```
using System.Diagnostics;
...
    public partial class Form1 : Form
    {
```

Der Name unserer neuen Kategorie:

```
        string EreignisKategorie = "Kochbuch-Test";
```

Der Name unserer Anwendung, wie er im Ereignisprotokoll angezeigt wird:

```
        string Quelle = "Testanwendung aus dem Kochbuch";
```

Einen neuen Eintrag erzeugen:

```
private void button1_Click(object sender, EventArgs e)
{
```

Existiert die Kategorie bereits?

```
if (!EventLog.SourceExists(EreignisKategorie))
```

Wenn nicht, erzeugen wir diese:

```
EventLog.CreateEventSource(Quelle, EreignisKategorie);
```

Zugriff auf das Ereignisprotokoll:

```
EventLog myEventLog = new EventLog();
myEventLog.Source = Quelle;
```

Ausgabe der Meldung:

```
myEventLog.WriteEntry("Hier könnte Ihr Text stehen ...",
                               EventLogEntryType.Information);
}
```

Die neue Kategorie mit allen Untereinträgen löschen:

```
private void button2_Click(object sender, EventArgs e)
{
    if (EventLog.SourceExists(EreignisKategorie))
        EventLog.Delete(EreignisKategorie);
}
```

Alle Meldungen aus unserer Kategorie anzeigen:

```
private void button3_Click(object sender, EventArgs e)
{
    listBox1.Items.Clear();
    EventLog myEventLog = new EventLog();
    myEventLog.Source = Quelle;
    foreach (EventLogEntry entry in myEventLog.Entries)
        listBox1.Items.Add(entry.TimeWritten.ToString() + " : " + entry.Message);
}
}
```

## Test

Nach dem Start klicken Sie ruhig mehrfach auf den Button zum Erzeugen neuer Einträge. Vom Erfolg können Sie sich entweder in der Ereignisanzeige oder auch mit der Beispielanwendung selbst (unterster Button) überzeugen:

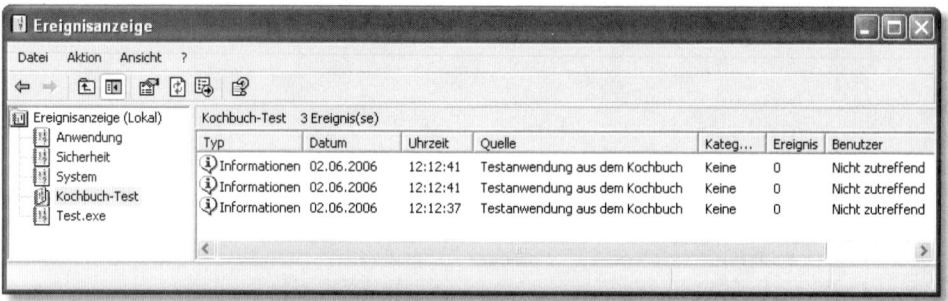

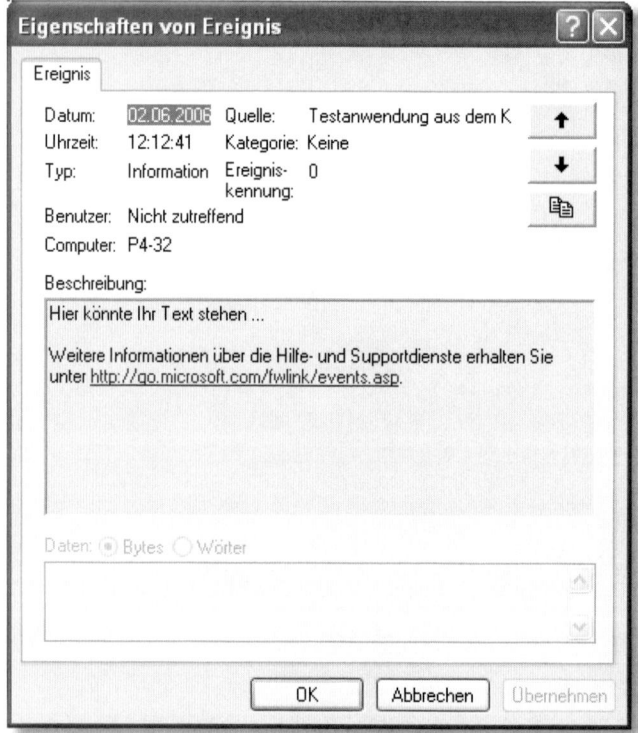

## Bemerkungen

▪ Bei einigen Überladungen des Konstruktors müssen Sie den Namen des Systems angeben. Verwenden Sie ".", wenn es sich um den aktuellen PC handelt.

▪ Mit

```
dataGridView1.DataSource = new BindingSource(myEventLog, "Entries");
```

können Sie sich die Einträge auch in einem *DataGridView* anzeigen lassen.

# R10.30   Das Windows-Systemprotokoll überwachen

Nachdem wir uns im Vorgänger-Rezept mit dem Hinzufügen neuer Einträge zum Systemprotokoll beschäftigt haben, wollen wir Ihnen jetzt eine Möglichkeit vorstellen, wie Sie mit Ihrer Anwendung auf Änderungen des Protokolls (auch durch andere Anwendungen) reagieren können.

### Oberfläche

Fügen Sie einem Windows Form eine *ListBox* und ein *EventLog*-Control hinzu. Da wir das Beispiel zusammen mit dem Vorgängerrezept testen wollen, legen Sie bitte die Eigenschaft *Source* mit "Kochbuch-Test" fest. Zusätzlich muss *EnableRaisingEvents* auf *True* festgelegt werden.

### Quelltext

Erzeugen Sie einen neuen Eventhandler für das *EntryWritten*-Ereignis:

```
private void eventLog1_EntryWritten(object sender, System.Diagnostics.EntryWrittenEventArgs e)
{
    listBox1.Items.Add(e.Entry.Source + " : " + e.Entry.Message);
}
```

### Test

Starten Sie neben diesem Beispielprogramm noch die Anwendung aus dem Rezept R10.29 und fügen Sie neue Einträge zum Systemprotokoll hinzu. Die jeweils erzeugten Einträge sollten spätestens nach einigen Sekunden in der *ListBox* auftauchen:

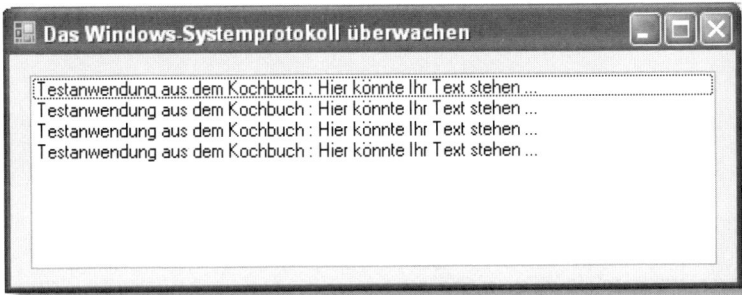

# R10.31   Die Zwischenablage überwachen und anzeigen

Wer hatte nicht schon einmal das Problem, mehrere Grafiken oder Textabschnitte über die Zwischenablage in eine andere Anwendung zu kopieren? Möchten Sie zum Beispiel eine Grafik aus einer Anwendung ausschneiden und verarbeiten, müssen Sie mehr Tasten drücken, als Ihnen lieb ist.

Das Beispielprogramm soll diesem Missstand abhelfen. Ändert sich der Zwischenablageinhalt, zeigt das Programm die Daten an. Diese könnten Sie zum Beispiel automatisch speichern oder konvertieren. Voraussetzung ist allerdings, dass es sich um Texte (TXT) oder einfache Grafiken (Bitmaps etc.) handelt.

Außerdem erfahren Sie, wie Sie mit C# Windows-Botschaften abfangen und auswerten können.

## Oberfläche

Lediglich ein Windows Form, eine *TextBox* sowie eine *PictureBox*.

## Quelltext

Das Hauptproblem dieser Anwendung besteht darin, eine Änderung des Zwischenablageinhalts zu registrieren. Eine Polling-Schleife und der dauernde Vergleich mit dem letzten Durchlauf dürften sich aus Performance-Gründen verbieten. Ein Blick in die Windows-API verrät, dass die Änderung des Zwischenablageinhalts mit einer Windows-Botschaft "angezeigt" wird. Zwei Probleme bleiben allerdings bestehen:

- Wie erhalte ich diese Botschaft?

- Wie werte ich sie aus?

Die Lösung des ersten Problems besteht darin, sich in die Kette von Zwischenablagebetrachtern "einzuklinken", da nur diese die Botschaft *WM_DrawClipboard* erhalten. Problem Nummer zwei lösen wir durch das Überschreiben der Fenster-Botschaftsbehandlung (*WndProc*).

```
using System.Runtime.InteropServices;
...
    public partial class Form1 : Form
    {
```

Die beiden API-Konstanten:

```
        const int WM_CHANGECBCHAIN = 0x030D;
        const int WM_DRAWCLIPBOARD = 0x0308;
        [DllImport("user32.dll", CharSet = CharSet.Auto)]
        public static extern int SendMessage(IntPtr hwnd, int wMsg, IntPtr wParam,
                                IntPtr lParam);
        [DllImport("User32.dll", CharSet = CharSet.Auto)]
        public static extern IntPtr SetClipboardViewer(IntPtr hWnd);

        [DllImport("User32.dll", CharSet = CharSet.Auto)]
        public static extern bool ChangeClipboardChain(IntPtr hWndRemove,IntPtr hWndNewNext);

        IntPtr NextViewer;
```

Nach dem Programmstart ordnen wir das Programm in die Kette der Zwischenablagebetrachter ein und merken uns das Handle des nächsten Viewers:

```
private void Form1_Load(object sender, EventArgs e)
{
    NextViewer = SetClipboardViewer(this.Handle);
}
```

Dieses Handle benötigen wir beim Beenden des Programms, unser Programm muss aus der Kette entfernt werden:

```
private void Form1_FormClosing(object sender, FormClosingEventArgs e)
{
    ChangeClipboardChain(this.Handle, NextViewer);
}
```

In diesem Zusammenhang tritt ein weiteres Problem auf, mit dem wir uns herumschlagen müssen: Wir haben zwar das Handle des nächsten Viewers in der Clipboard-Viewer-Kette gespeichert, was passiert aber, wenn sich dieses Fenster zwischenzeitlich von selbst aus der Kette ausklinkt?

In diesem Fall ist für uns die Message WM_CHANGECBCHAIN von Interesse, Übergabeparameter sind die Handle des entfernten und des folgenden Fensters in der Kette.

Botschaftsbehandlung überschreiben:

```
protected override void WndProc(ref Message m)
{
    switch (m.Msg)
    {
```

Die eigentliche Botschaftsbehandlung an dieser Stelle. Nach Änderung des Zwischenablageinhalts müssen wir prüfen, ob ein unterstütztes Format vorhanden ist. Wenn ja, übernehmen wir dieses in die Komponenten:

```
case WM_DRAWCLIPBOARD:
    if (Clipboard.ContainsText())
        textBox1.Text = Clipboard.GetText();
    if (Clipboard.ContainsImage())
        pictureBox1.Image = Clipboard.GetImage();
```

Sie sollten nicht vergessen, die Botschaft an eventuelle weitere Betrachterfenster weiterzugeben:

```
    SendMessage(NextViewer, m.Msg, m.WParam, m.LParam);
    break;
```

Nach dem Test, ob die Message für unsere Anwendung überhaupt interessant ist, wird gegebenenfalls das Handle des neuen Viewers gespeichert. Sollten sich weitere Fenster in der Betrachterkette befinden, reichen wir die Message weiter:

```
case WM_CHANGECBCHAIN:
    if (m.WParam == NextViewer)
        NextViewer = m.LParam;
    else
        SendMessage(NextViewer, m.Msg, m.WParam, m.LParam);
    break;
default:
    base.WndProc(ref m);
    break;
    }
}
...
}
```

## Test

Starten Sie die Anwendung und kopieren Sie aus einer anderen Anwendung etwas in die Zwischenablage oder drücken Sie einfach Alt+Druck.

Das Programm in Aktion:

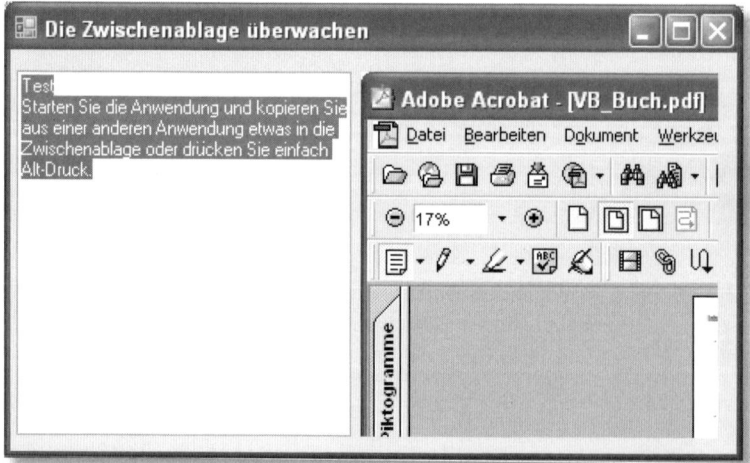

# R10.32   Das Datei-Eigenschaftenfenster anzeigen

Sicher kennen Sie auch den Datei-Eigenschaftendialog aus der Windows-Umgebung. Bevor Sie mühsam versuchen, diesen "nachzubauen", rufen Sie diesen doch direkt aus Ihrem Programm per API auf.

### Oberfläche

Fügen Sie in ein Windows Form lediglich eine *OpenFileDialog*-Komponente zur Dateiauswahl und einen *Button* ein.

### Quelltext

```
using System.Runtime.InteropServices;
...
    public partial class Form1 : Form
    {
```

Einbinden der erforderlichen Konstanten:

```
        private const int SW_SHOW = 5;
        private const int SEE_MASK_INVOKEIDLIST = 0x0C;
```

Die folgende Klasse brauchen wir als Parameter für *ShellExecuteEx*:

```
        [StructLayout(LayoutKind.Sequential)]
        public class SHELLEXECUTEINFO
        {
            public int cbSize;
            public int fMask;
            public int hwnd;
            [MarshalAs(UnmanagedType.LPWStr)]
            public string lpVerb;
            [MarshalAs(UnmanagedType.LPWStr)]
            public string lpFile;
            [MarshalAs(UnmanagedType.LPWStr)]
            public string lpParameters;
            [MarshalAs(UnmanagedType.LPWStr)]
            public string lpDirectory;
            public int nShow;
            public int hInstApp;
            public int lpIDList;
            public string lpClass;
            public int hkeyClass;
            public int dwHotKey;
```

```
            public int hIcon;
            public int hProcess;
    }
```

Einbinden der API-Funktion:

```
    [DllImport("Shell32.dll", CharSet = CharSet.Auto)]
    public static extern int ShellExecuteEx(SHELLEXECUTEINFO shinfo);
```

Die eigentliche Verwendung der API-Funktion:

```
    private void button1_Click(object sender, EventArgs e)
    {
```

Dateidialog anzeigen:

```
        if (openFileDialog1.ShowDialog() == DialogResult.OK)
        {
```

*SHELLEXECUTEINFO* initialisieren:

```
            SHELLEXECUTEINFO shInfo = new SHELLEXECUTEINFO();
            shInfo.cbSize = Marshal.SizeOf(typeof(SHELLEXECUTEINFO));
            shInfo.lpFile = openFileDialog1.FileName;
            shInfo.nShow = SW_SHOW;
            shInfo.fMask = SEE_MASK_INVOKEIDLIST;
```

Wir wollen den Eigenschaftendialog sehen

```
            shInfo.lpVerb = "properties";
```

und ausführen:

```
            ShellExecuteEx(shInfo);
        }
    }
}
```

## Test

Nach der Auswahl einer Datei dürfte der gewünschte Dialog auf dem Bildschirm erscheinen:

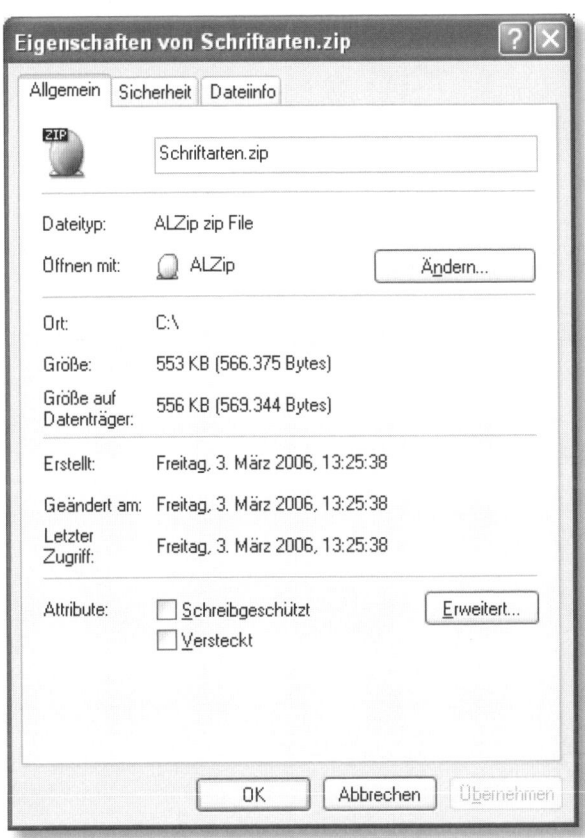

## R10.33  Prüfen, ob Visual Styles aktiviert sind

Mit der Einführung von .NET 2.0 reduziert sich der Quellcode zur Abfrage auf die Eigenschaft *Application.RenderWithVisualStyles*, über die Sie die Information abrufen können.

Zwei weitere Eigenschaften geben Ihnen detailliert Auskunft darüber, ob Visual Styles vom Betriebssystem unterstützt werden und ob der User diese auch aktiviert hat:

**SYNTAX:**  `VisualStyles.VisualStyleInformation.IsSupportedByOS`

bzw.

**SYNTAX:**  `VisualStyles.VisualStyleInformation.IsEnabledByUser`

# R10.34  Schriftarten dynamisch einbinden und verwenden

Möchten Sie mit Ihrer Anwendung eine spezielle Schriftart vertreiben bzw. diese benutzen oder wollen Sie einen Betrachter für Schriftarten programmieren, bietet sich in .NET eine *Private-FontCollection* an, die eine Schriftart nur für Ihre Anwendung temporär bereitstellt. Optional lässt sich diese Schriftart auch beim System anmelden, um die Schriftart auch anderen Anwendungen zur Verfügung zu stellen.

Das folgende kleine Beispielprogramm installiert für die Laufzeit des Programms eine neue Schriftart auf Ihrem System, verwendet diese zur Anzeige in einem Textfeld und deinstalliert die Schriftart beim Programmende wieder.

### Oberfläche

Lediglich ein Windows Form und eine *TextBox*. Die zu installierende Schriftart kopieren wir in das Anwendungsverzeichnis.

### Quelltext

```
using System.Runtime.InteropServices;
using System.Drawing.Text;
...
    public partial class Form1 : Form
    {
```

Die folgenden Deklarationen sind nur nötig, wenn Sie die Schriftart auch anderen Anwendungen temporär bereitstellen wollen:

Zwei API-Konstanten:

```
        private const int HWND_BROADCAST = 0xFFFF;
        private const int WM_FONTCHANGE = 0x1D;
```

Mit der API-Funktion *AddFontResource* fügen wir der System-Fonttabelle eine neue Schriftart hinzu (die Datei befindet sich im Projektverzeichnis und muss nicht unbedingt in das *System-\Font*-Verzeichnis kopiert werden):

```
        [DllImport("gdi32")]
        private static extern int AddFontResource(string lpszFilename);

        [DllImport("gdi32")]
        private static extern int RemoveFontResource(string lpszFilename);

        [DllImport("user32.dll")]
        private static extern int SendMessage(int hWnd, uint Msg, int wParam, int lParam);
```

Für die Einbindung der Schriftarten in die .NET-Anwendung:

```
PrivateFontCollection myFonts = new PrivateFontCollection();
```

Im Konstruktor "installieren" wir die neue Schrift:

```
public Form1()
{
```

Die beiden folgenden Zeilen sorgen dafür, dass die Schriftart auch anderen Windowsanwendungen zur Verfügung steht:

```
AddFontResource(Application.StartupPath + "\\FRAKTURN.TTF");
```

Mit der folgenden Botschaft werden alle Anwendungen davon in Kenntnis gesetzt, dass sich etwas bei den Fonts getan hat:

```
SendMessage(HWND_BROADCAST, WM_FONTCHANGE, 0, 0);
```

Mit der Methode *AddFontFile* wird die Schriftart für unsere .NET-Anwendung geladen:

```
myFonts.AddFontFile(Application.StartupPath + "\\FRAKTURN.TTF");
InitializeComponent();
}

private void Form1_Load(object sender, EventArgs e)
{
```

Hier weisen wir die neue Schriftart der *TextBox* zu:

```
Font f = new Font(myFonts.Families[0], 20, FontStyle.Bold );
textBox1.Font = f;
}
```

Beim Schließen des Formulars "entsorgen" wir die Schriftart wieder:

```
private void Form1_FormClosing(object sender, FormClosingEventArgs e)
{
RemoveFontResource(Application.StartupPath + "\\FRAKTURN.TTF");
SendMessage(HWND_BROADCAST, WM_FONTCHANGE, 0, 0);
}
}
```

## Test

Starten Sie das Programm und geben Sie etwas in die *TextBox* ein:

## R10.35  Eine Soundkarte erkennen

Für Multimedia-Programme, die auf eine Soundkarte angewiesen sind, ist es sicher nützlich zu testen, ob auch eine Soundkarte installiert ist.

### Oberfläche

Lediglich ein Windows Form und ein *Label* zur Anzeige.

### Quelltext

```
using System.Runtime.InteropServices;
    public partial class Form1 : Form
    {
```

API-Funktion einbinden:

```
        [DllImport("winmm.dll")]
        private static extern long waveOutGetNumDevs();
```

Die folgende Funktion gibt *true* zurück, wenn im System mindestens eine Soundkarte installiert ist:

```
        private bool Soundkarte()
        { return (waveOutGetNumDevs()>0); }
```

Die Verwendung der Funktion:

```
        private void Form1_Load(object sender, EventArgs e)
        {
            if (Soundkarte())
                label1.Text = "Soundkarte vorhanden";
            else
                label1.Text = "Keine Soundkarte";
        }
    }
```

### Test

Nach dem Start wird das Funktionsergebnis bereits angezeigt:

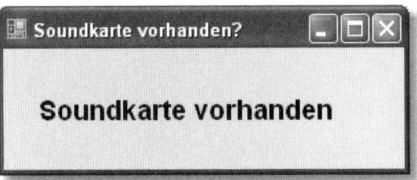

# R10.36   Prozess- und Thread-Informationen gewinnen

Das vorliegende etwas umfangreichere Beispiel demonstriert Ihnen nicht nur die Verwendung der *Process*- und *ProcessThread*-Objekte in C#, sondern kann auch für den täglichen Gebrauch des Entwicklers durchaus von Nutzen sein.

### Oberfläche

Wir brauchen zwei *ListView*-Komponenten (*View = Details*), zwei *Label*s und einen *Button*.

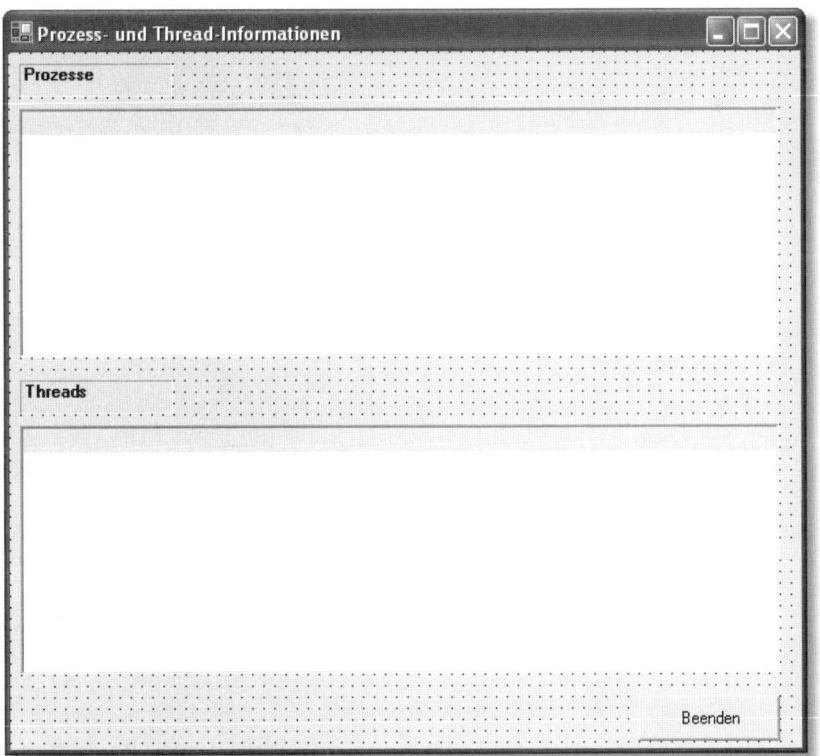

## Quellcode

```
using System.Diagnostics;

public partial class Form1 : Form
{
    ...
```

Unsere Haupt-Referenz auf die *Process*-Klasse (*System.Diagnostics*-Namespace):

```
    private Process ProcObj = new Process();
```

Einige Ergänzungen im Konstruktor-Code:

```
    public Form1()
    {
        ...
        listView1.Columns.Add("Base Name", 110, HorizontalAlignment.Left);
        listView1.Columns.Add("Modules", 70, HorizontalAlignment.Right);
        listView1.Columns.Add("Full Path", 150, HorizontalAlignment.Left);
        listView1.Columns.Add("PID", 40, HorizontalAlignment.Right);
        listView1.Columns.Add("CPU Time", 70, HorizontalAlignment.Right);
        listView1.Columns.Add("Mem Usage", 80, HorizontalAlignment.Right);
        listView2.Columns.Add("Thread ID", 85, HorizontalAlignment.Right);
        listView2.Columns.Add("State", 100, HorizontalAlignment.Right);
        listView2.Columns.Add("WaitReason", 258, HorizontalAlignment.Left);
        listView2.Columns.Add("CPU Time", 70, HorizontalAlignment.Right);
```

Der Aufruf unserer "Haupt-Methode" *enumProcs*, die wir im Anschluss implementieren werden:

```
        this.enumProcs();    // nutzerdefinierte Methode
    }
```

Die *enumProc*-Methode ermittelt alle laufenden Prozesse:

```
    public void enumProcs()
    {
        ListViewItem lvItem;
        System.TimeSpan ts;
```

Laufende Prozesse besorgen und in einem Array ablegen:

```
        Process[] allProcs = Process.GetProcesses();
```

Alle Prozesse und ihre Beschreibung in *listView1* ausgeben:

```
        for (int i = 0; i < allProcs.Length; i++)
        {
```

```
                        lvItem = this.listView1.Items.Add(allProcs[i].ProcessName);
```

Alle  Prozesse, in denen mindestens ein Modul läuft, von den Idle-Prozessen trennen:

```
            try
            {
              lvItem.SubItems.Add(allProcs[i].Modules.Count.ToString());
              lvItem.SubItems.Add(allProcs[i].MainModule.FileName);
            }
            catch
            {
              lvItem.SubItems.Add("0");
              lvItem.SubItems.Add("0");
            }
            finally
            {
              lvItem.SubItems.Add(allProcs[i].Id.ToString());
```

Ein *TimeSpan*-Objekt besorgen:

```
                ts = allProcs[i].TotalProcessorTime;
```

Die Zeit formatieren:

```
            lvItem.SubItems.Add(String.Format("{0:00}", ts.TotalHours) + ":" +
                String.Format("{0:00}", ts.Minutes) + ":" +
                String.Format("{0:00}", ts.Seconds));
            lvItem.SubItems.Add((allProcs[i].WorkingSet/1000).ToString() + "K");
            label1.Text = "Prozesse: " + allProcs.Length.ToString();
            }
        }
    }
```

Diese Methode ermittelt alle Threads zu einem laufenden Prozess:

```
    public void EnumThreads(int ProcID)
    {
       System.TimeSpan ts;
       ListViewItem lvItem;
```

Den *ListView*-Inhalt löschen:

```
       listView2.Items.Clear();
```

Den Prozess referenzieren (mittels seiner ID):

```
        Process aProc = Process.GetProcessById(ProcID);
        try
```

```
            {
```

Anzeige der Anzahl von Threads:

```
    label2.Text = "Threads: " + aProc.Threads.Count.ToString();
}
    catch (Exception ex)
    { MessageBox.Show(ex.Message); }
```

Alle Threads des Prozesses durchlaufen:

```
foreach (ProcessThread aThread in aProc.Threads)
{
    lvItem = listView2.Items.Add(aThread.Id.ToString());
    switch (aThread.ThreadState)
    {
        case ThreadState.Initialized:
                lvItem.SubItems.Add("Initialized"); break;
        case ThreadState.Ready:
                lvItem.SubItems.Add("Ready"); break;
        case ThreadState.Running:
                lvItem.SubItems.Add("Running"); break;
        case ThreadState.Standby:
                lvItem.SubItems.Add("Standby"); break;
        case ThreadState.Terminated:
                lvItem.SubItems.Add("Terminated"); break;
        case ThreadState.Transition:
                lvItem.SubItems.Add("In Transition"); break;
        case ThreadState.Unknown:
                lvItem.SubItems.Add("Unkwown"); break;
        case ThreadState.Wait:
                lvItem.SubItems.Add("Waiting"); break;
    }
```

Falls der Thread im Wartezustand ist, soll eine Info ausgegeben werden:

```
if (aThread.ThreadState == ThreadState.Wait)
    lvItem.SubItems.Add(ListReason(aThread.WaitReason));
else  lvItem.SubItems.Add("N/A");
```

Ein *TimeSpan*-Objekt abholen und die Zeit formatieren:

```
ts = aThread.TotalProcessorTime;
lvItem.SubItems.Add(String.Format("{0:00}", ts.TotalHours) + ":" +
String.Format("{0:00}", ts.Minutes) + ":" + String.Format("{0:00}", ts.Seconds));
}
```

```
}
```

Die folgende Methode dechiffriert lediglich die *ThreadWaitReason*-Enumeration:

```
private string ListReason(System.Diagnostics.ThreadWaitReason waitingReason)
{
    string s = "";
    switch (waitingReason)
    {
        case ThreadWaitReason.EventPairHigh:
          s = "Waiting For Event Pair High"; break;
        case ThreadWaitReason.EventPairLow:
          s = "Waiting For Event Pair Low"; break;
        case ThreadWaitReason.ExecutionDelay:
          s = "Execution Delay"; break;
        case ThreadWaitReason.Executive:
          s = "Waiting for Scheduler"; break;
        case ThreadWaitReason.FreePage:
          s = "Waiting For Free Virtual Mem. Page"; break;
        case ThreadWaitReason.LpcReceive:
          s = "Waiting For A Local Proc. Call To Arrive"; break;
        case ThreadWaitReason.LpcReply:
          s = "Waiting For A Reply To A Local Proc. Call"; break;
        case ThreadWaitReason.PageIn:
          s = "Waiting For Virtual Mem. Page To Arrive In Memory"; break;
        case ThreadWaitReason.PageOut:
          s = "Waiting For Virtual Mem. Page To Write To Disk"; break;
        case ThreadWaitReason.Suspended:
          s = "Execution Suspended"; break;
        case ThreadWaitReason.SystemAllocation:
          s = "Waiting For A System Allocation"; break;
        case ThreadWaitReason.Unknown:
          s = "Waiting For Unknown Reason"; break;
        case ThreadWaitReason.UserRequest:
          s = "Waiting For A User Request"; break;
        case ThreadWaitReason.VirtualMemory:
          s = "Waiting For Virtual Memory"; break;
        default: break;
    }
    return s;
}
```

Ein neuer Prozess wird angeklickt:

```csharp
private void listView1_SelectedIndexChanged(object sender, System.EventArgs e)
{
    try
    {
        EnumThreads(Convert.ToInt32(listView1.SelectedItems[0].SubItems[3].Text));
    }
    catch {}
}
...
}
```

## Test

Nach Programmstart werden alle laufenden Prozesse oben aufgelistet. Klicken Sie auf einen Prozess, so werden die zugehörigen Threads angezeigt:

In der Abbildung erkennen Sie, dass momentan 47 Prozesse auf dem PC laufen und Word, mit dem der Autor gerade arbeitet, hier 65 Module beansprucht und in 9 verschiedenen Threads läuft.

# R10.37 Ein externes Programm starten

Möchten Sie aus Ihrer .NET-Anwendung heraus andere Prozesse, d.h. Programme, starten, bieten sich Ihnen unter C#.NET zahlreiche Möglichkeiten und Optionen an. Das vorliegende Beispiel soll Ihnen einen schnellen Einstieg vermitteln.

### Oberfläche

Erstellen Sie eine Oberfläche entsprechend folgender Abbildung:

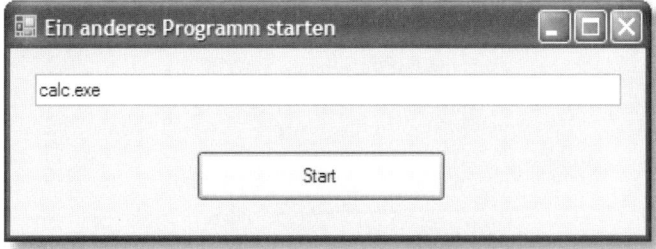

Über die *TextBox* kann zur Laufzeit Name und Pfad für eine Anwendung eingegeben werden.

### Quelltext

```
public partial class Form1 : Form
{
    private void Button1_Click(object sender, System.EventArgs e)
    {
```

Erzeugen eines *Process*-Objekts:

```
        Process proc = new Process();
```

Parametrieren (welche Anwendung soll gestartet werden) und Aufruf:

```
        proc.StartInfo.FileName = textBox1.Text;
        proc.Start();
```

---

**HINWEIS:** Diese Methode wartet nicht auf das Prozess-Ende, die Programmausführung wird direkt fortgesetzt.

---

Mit der folgenden Methode erreichen wir, dass die Anwendung solange wartet, bis der Prozess beendet ist:

```
        proc.WaitForExit();
        MessageBox.Show("Fertig");
    }
}
```

---

**HINWEIS:** Möchten Sie die Anwendung bzw. den Prozess asynchron starten, lassen Sie einfach die Methode *WaitForExit* weg.

---

### Test

Geben Sie in die *TextBox* einen Anwendungsnamen (z.B. *Calc.exe*, *MSPaint.exe*, ...) ein und klicken Sie auf die "Start"-Schaltfläche:

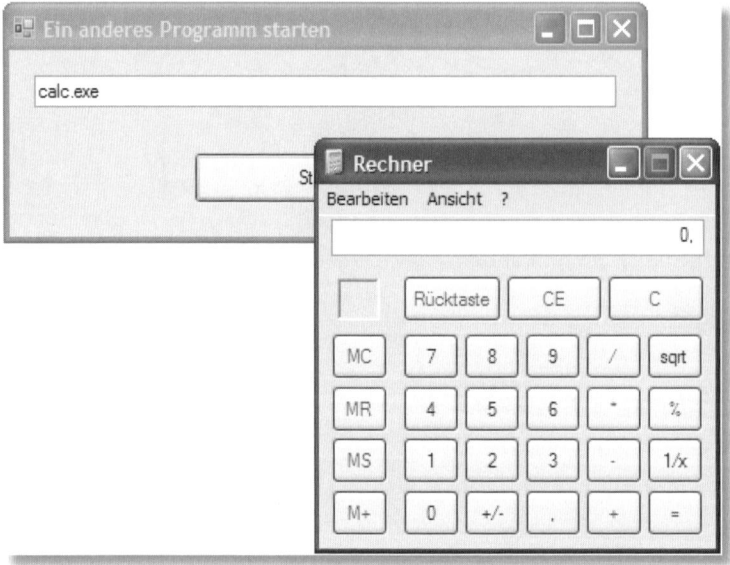

---

**HINWEIS:** Die Messagebox mit der Meldung "Fertig" sollte erst angezeigt werden, wenn die aufgerufene Anwendung beendet ist.

---

### Ergänzungen

Eine besonders einfache Variante bietet sich mit dem direkten Aufruf der Methode *Start* an:

```
System.Diagnostics.Process.Start("calc.exe");
```

Beachten Sie jedoch, dass Sie in diesem Fall nicht mit *WaitForExit* auf das Programmende warten können, für viele Anwendungszwecke reicht diese Verfahrensweise jedoch aus

Über die *StartInfo*-Eigenschaft können Sie unter anderem folgende Optionen für den zu startenden Prozess vorgeben:

| Eigenschaft | Beschreibung |
| --- | --- |
| *Arguments* | ... die Kommandozeilenparameter für den neuen Prozess (beispielsweise eine zu öffnende Datei) |
| *CreateNoWindow* | ... Start in einem neuen Fenster (*true/false*) |
| *FileName* | ... die eigentliche Anwendung |
| *WindowStyle* | ... der Startmodus für das Anwendungsfenster (maximiert, minimiert, versteckt etc.) |
| *WorkingDirectory* | ... das Arbeitsverzeichnis der Anwendung |

**BEISPIEL:**   Verwendung von Argumenten beim Aufruf der *Start*-Methode

```
System.Diagnostics.Process.Start("notepad.exe","c:\test.txt");
```

**BEISPIEL:**   Eine Webseite im Explorer öffnen

```
System.Diagnostics.Process.Start("http://www.microsoft.com");
```

**BEISPIEL:**   Eine E-Mail erzeugen

```
System.Diagnostics.Process.Start("mailto:max_musterman@nirgendwo.de");
```

# R10.38   Eine externe Anwendung starten und überwachen

Im Rezept R10.37 haben wir Ihnen bereits die grundsätzliche Methodik zum Starten von externen Anwendungen vorgestellt, C# bietet jedoch auch die Möglichkeit, das Ende des Prozesses mit einem Ereignis zu überwachen. Der Vorteil: Sie können mit Ihrer Anwendung normal weiterarbeiten (beim synchronen Ausführen wird nicht einmal das Fenster aktualisiert) und dennoch auf das Prozessende reagieren.

## Oberfläche

Eine *TextBox*, zwei *Button*s, ein *Label* und ein *Timer* (*Interval* = 500) genügen uns diesmal.

## Quelltext

Unser *Process*-Objekt deklarieren wir jetzt als globale Variable:

```
public partial class Form1 : Form
{
    ...
```

```
private System.Diagnostics.Process proc = new System.Diagnostics.Process();
```

Mit dem Klick auf den "Start"-Button starten wir den *Timer*, ermöglichen das Auslösen des *Exited*-Events und starten den Prozess:

```
private void Button1_Click(object sender, System.EventArgs e)
{
    timer1.Enabled = true;
    proc.EnableRaisingEvents = true;
    proc.Exited += new System.EventHandler(this.proc_Exited);
    proc.StartInfo.FileName = textBox1.Text;
    proc.Start();
}
```

Über den zweiten Button eröffnet sich Ihnen die Möglichkeit, die Anwendung ziemlich "brutal" zu beenden:

```
private void Button2_Click(object sender, System.EventArgs e)
{
    try
    {
        proc.Kill();
    }
    catch (Exception ex)
    {
        MessageBox.Show(ex.Message);
    }
}
```

**HINWEIS:** Dies sollte aber nicht der Normalfall für das Beenden von Anwendungen sein!

Im *Timer_Tick*-Ereignis aktualisieren wir alle 500 ms den Statustext im *label1* (die Laufzeit der aufgerufenen Anwendung):

```
private void timer1_Tick(object sender, System.EventArgs e)
{
    label1.Text = "Laufzeit : " + DateTime.Now.Subtract(proc.StartTime).ToString();
}
```

Unsere Ereignis-Prozedur, die uns auf das Prozess-Ende aufmerksam macht, muss per *Invoke* aufgerufen werden:

```
private void proc_Exited(object sender, System.EventArgs e)
{
```

```
            this.Invoke(new AnzeigeDelegate(Anzeige));
        }


        private delegate void AnzeigeDelegate();
        private void Anzeige()
        {
```

Wir berechnen ein letztes Mal die Laufzeit der Anwendung und stoppen den *Timer*:

```
            timer1.Enabled = false;
            label1.Text = "Laufzeit : " + proc.ExitTime.Subtract(proc.StartTime).ToString();
        }
    }
}
```

## Test

Unmittelbar nach dem Start sollte bereits die Prozess-Laufzeit angezeigt werden:

# Kapitel 11

# Sonstiges

## R11.1 Eine einfache E-Mail versenden

Mit Hilfe der Anweisung "*mailto:*" ist es problemlos möglich, eine E-Mail mit Adressangabe, Betreffzeile und E-Mail-Text zu generieren, lediglich auf Dateianhänge müssen Sie verzichten. Aufgerufen wird die Anweisung mit Hilfe der *Start*-Methode eines *Process*-Objekts, siehe dazu R10.37 "Ein externes Programm starten".

---

**HINWEIS:** Das in R10.37 vorgestellte Programm können Sie für die folgenden Beispiele verwenden, Sie müssen jedoch die Zeile "*proc.WaitForExit()*" auskommentieren.

---

Folgende Varianten bieten sich an:

**BEISPIEL:** Eine einfache E-Mail ohne Betreffzeile oder Body-Text.

```
mailto:xyz@abc.com
```

**BEISPIEL:** Eine E-Mail mit einer Betreffzeile ("Preisanfrage").

```
mailto:xyz@abc.com?subject=Preisanfrage
```

**BEISPIEL:** Eine E-Mail mit Adresse, Betreffzeile und zusätzlicher Kopie an die Adresse "hans@glueck.-com".

```
mailto:xyz@abc.com?subject=Preisanfrage&CC=hans@glueck.com
```

**BEISPIEL:** Eine E-Mail mit Adresse, Betreffzeile sowie einem E-Mail-Text.

```
mailto:abc@xyz.de?subject=Anfrage Preisliste&Body=Bitte senden Sie mir %0A die aktuellen
Preislisten zu!
```

Wie Sie sehen, ist die Verwendung recht einfach. Es sind lediglich einige Grundregeln zu beachten:

- Die Betreffzeile (*subject*) ist mit einem Fragezeichen "?" von der Adressangabe zu trennen.

- Alle weiteren Optionen sind mit einem "&" voneinander zu trennen.

- Zeilenumbrüche in der Textangabe können Sie mit der Kombination "%0A" realisieren.

- Leerzeichen in der Adressangabe können Sie mit "%20" einfügen.

### Test

Tragen Sie obige Anweisungen in das Programm aus R10.37 ein und klicken Sie auf den "Start"-Button:

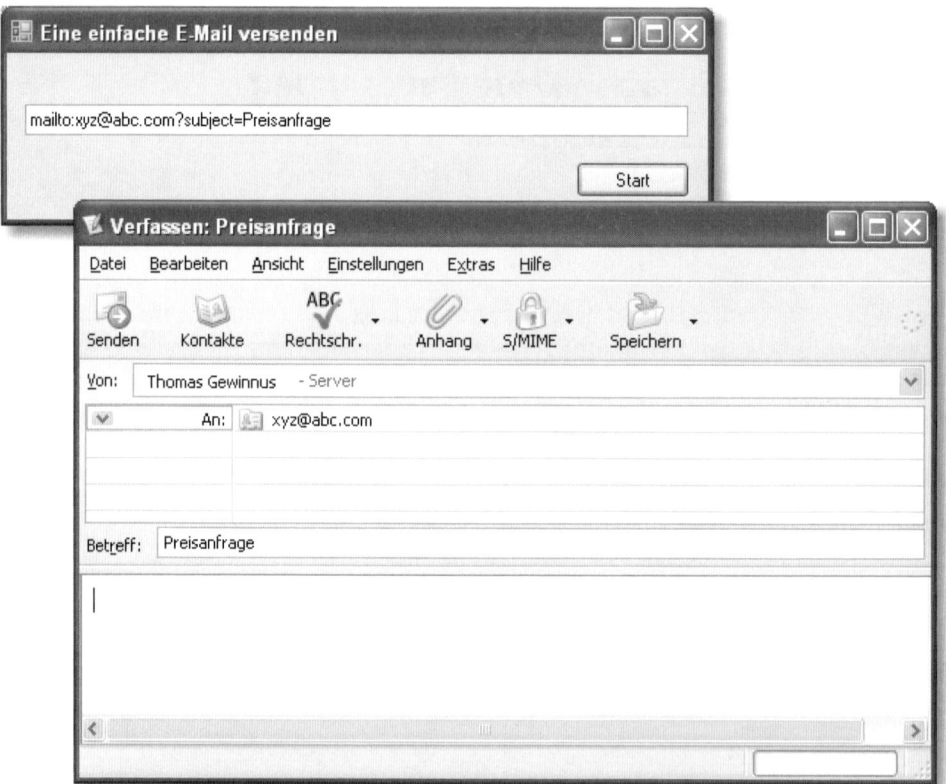

## R11.2   E-Mails mit dem integrierten Mail-Client versenden

Der Ablauf für das Senden einer E-Mail in Windows Forms-Anwendungen entspricht der Vorgehensweise bei ASP.NET-Anwendungen, wie es in Rezept R9.27 "Eine einfache EMail versenden" ausführlich erläutert wurde.

An dieser Stelle wollen wir deshalb die theoretischen Grundlagen nicht erneut auswalzen, sondern mit einem kleinen Beispielprogramm die Umsetzung für Windows Forms-Anwendungen demonstrieren.

### Oberfläche

Ein Windows Form, drei *TextBox*en (Empfänger, Betreff, Nachricht) einige *Label*s für die Beschriftung sowie ein *Button* genügen:

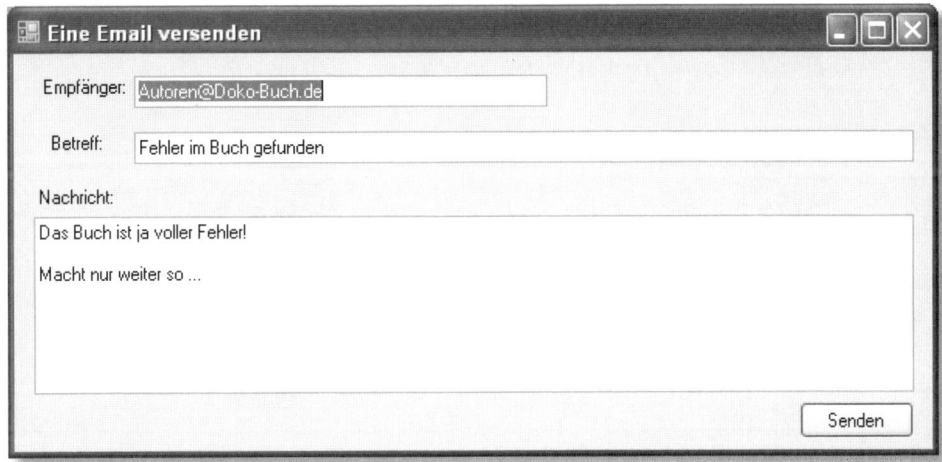

### Quelltext

```
using System.Net;
...
    public partial class Form1 : Form
    {
        private void button1_Click(object sender, EventArgs e)
        {
```

Instanz eines E-Mail-Clients erzeugen:

```
            System.Net.Mail.SmtpClient mail = new System.Net.Mail.SmtpClient();
```

Die eigentliche Message:

```
            System.Net.Mail.MailMessage msg = new
                    System.Net.Mail.MailMessage("leser@deutschland.de", textBox1.Text);
            msg.Subject = textBox2.Text;
            msg.Body = textBox3.Text;
```

---

**HINWEIS:** Hier müssen Sie Anpassungen entsprechend Ihres Mail-Servers und Ihrer Anmeldeinformationen vornehmen!

---

```
        mail.Credentials = new NetworkCredential("Hans", "Wurst");
        mail.Host = "server";
```

E-Mail versenden:

```
        mail.Send(msg);
      }
    }
}
```

### Test

Nach dem Klick sollte die Mail schon auf dem Weg zu den Autoren sein ...

# R11.3   Mit dem Visual Studio Debugger arbeiten

Um den "beliebten" Laufzeitfehlern auf die Schliche zu kommen, brauchen Sie die Unterstützung eines Debuggers. In diesem Rezept soll das wichtigste zu diesem in die Visual Studio-Um-
gebung integrierten Tool erklärt werden.

### Oberfläche

Um die einzelnen Debugger-Betriebsarten auszuprobieren, können Sie natürlich eine beliebige
Anwendung nehmen. Unser Rezept bezieht sich jedoch auf ein sehr einfaches Demoprogramm,
das aus einem Formular mit zwei *Button*s ("Ausführen" und "Beenden") besteht und welches die
Ausgaben direkt in das Debug-Fenster schreibt:

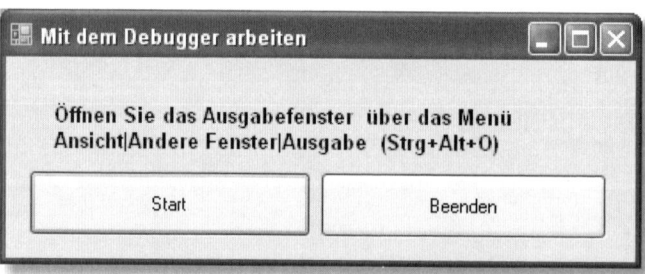

## Quellcode

```
using System.Diagnostics;

    public partial class Form1 : Form
    {
...
```

Nach dem Programmstart sollen die folgenden Anweisungen ausgeführt werden:

```
    protected override void OnLoad(System.EventArgs e)
    {
        int a = 320, b = 0;
        for (int c = 0; c < 16; c++)
        {
            b = b + a + 10;
        }
        Debug.WriteLine("Wert von a: " + a);
        Debug.WriteLine("Wert von b: " + b);
        Debug.WriteLine("Der Quotient b/a: " + b / a);
        Debug.WriteLine("Das Maximum: " + max(a, b));
        Debug.WriteLine("Das war's ...");
        base.OnLoad(e);
    }
```

Die dazu nötige Funktion *Max*:

```
    private int max(int a, int b)
    {
        int m;
        if (a > b)
            m = a;
        else
            m = b;
        return m;
    }
```

Die "Start"-Schaltfläche:

```
    private void button1_Click(object sender, EventArgs e)
    {
        int a = 320, b = 0;
        for (int c = 0; c < 16; c++)
        {
            b = b + a + 10;
```

```
        }
        Debug.WriteLine("Wert von a: " + a);
        Debug.WriteLine("Wert von b: " + b);
        Debug.WriteLine("Der Quotient: " + b / a);
        Debug.WriteLine("Das Maximum: " + max(a, b));
        Debug.WriteLine("Das war's ...");
    }
```

Die "Ende"-Schaltfläche:

```
    private void button2_Click(object sender, EventArgs e)
    {
        Close();
    }
...
```

---

**HINWEIS:** Das Programm hat, wie Sie sehen, keinerlei sinnvolle Funktion – hier geht es lediglich um die Erläuterung des Debugging-Prinzips.

---

## Erster Test

Über den Menüpunkt *Ansicht|Ausgabe* (Strg+Alt+O) können Sie sich die Vorgänge im Ausgabe-Fenster betrachten:

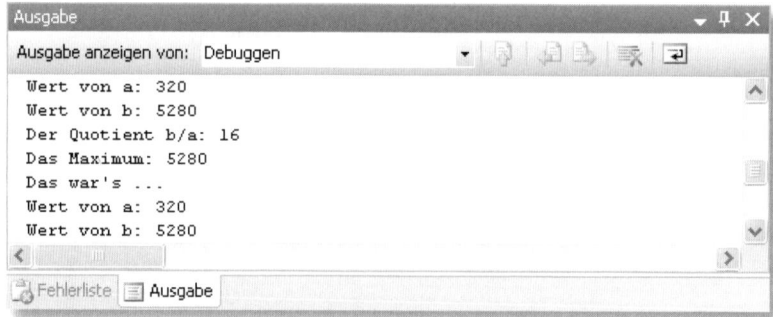

## Haltepunkte setzen

Einen Breakpoint setzen Sie entweder über das Menü *Debuggen|Neuer Haltepunkt* oder Sie klicken einfach mit der Maus auf den linken grauen Rand des Quelltextfensters, und es erscheint ein dunkelroter Punkt, auch die gesamte Zeile wird dunkelrot markiert[1]. Genauso einfach lassen sich die Haltepunkte wieder entfernen – Sie brauchen nur darauf zu klicken.

---

[1] Sie können den Breakpoint auch mit F9 setzen.

```
protected override void OnLoad(System.EventArgs e)
{
    int a = 320, b = 0;
    for (int c = 0; c < 16; c++)
    {
        b = b + a + 10;
    }
    Debug.WriteLine("Wert von a: " + a);
    Debug.WriteLine("Wert von b: " + b);
    Debug.WriteLine("Der Quotient b/a: " + b / a);
}
```

Nach dem Programmstart (F5) werden alle Anweisungen bis **vor** die Breakpoint-Zeile ausgeführt. Anschließend können Sie schrittweise mit F11 (Einzelschritt) bzw. F10 (Prozedurschritt) fortfahren. Natürlich lassen sich auch mehrere Breakpoints setzen.

Eine sehr praktikable Möglichkeit ist das Setzen von Haltepunkten nicht zur Entwurfs-, sondern erst zur Laufzeit. Sie starten dazu Ihr Programm ganz normal mit F5. Nachdem z.B. das Eröffnungsformular erschienen ist, holen Sie das entsprechende Quelltextfenster nach vorne und setzen den oder die Haltepunkt(e). Nun klicken Sie z.B. auf einen Button, und das Programm setzt die Ausführung bis zum Haltepunkt fort.

Besonders dann, wenn Sie mehrere Breakpoints gesetzt haben, sind Sie für eine Übersicht dankbar. Wählen Sie dazu das Menü *Debuggen\Fenster\Haltepunkte*. Es erscheint die Liste der Haltepunkte. Wie Sie der folgenden Abbildung entnehmen, werden die Haltepunkte anhand ihrer Zeilennummer und des Moduls unterschieden.

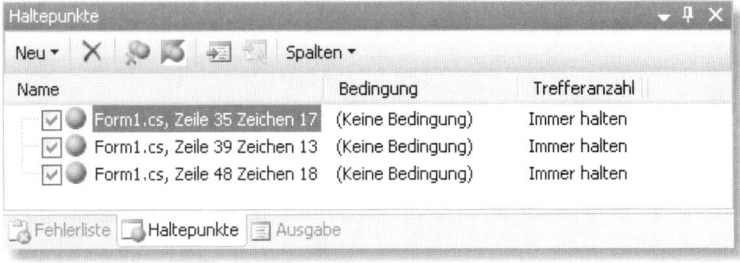

**HINWEIS:** Um zu einem bestimmten Breakpoint zu springen, klicken Sie einfach doppelt auf den Eintrag, der Cursor springt automatisch zur gewünschten Stelle.

## Abbruchbedingung setzen

Jeder Haltepunkt kann mit einer Abbruchbedingung verknüpft werden. Öffnen Sie zunächst die Liste der Haltepunkte und klicken Sie dann mit der rechten Maustaste auf den Breakpoint, dem Sie eine Bedingung zuordnen möchten. Im PopUp-Menü wählen Sie *Eigenschaften*. In das sich öffnende Dialogfenster wird von Ihnen z.B. die Bedingung *b > 850* eingetragen und mit "OK" bestätigt:

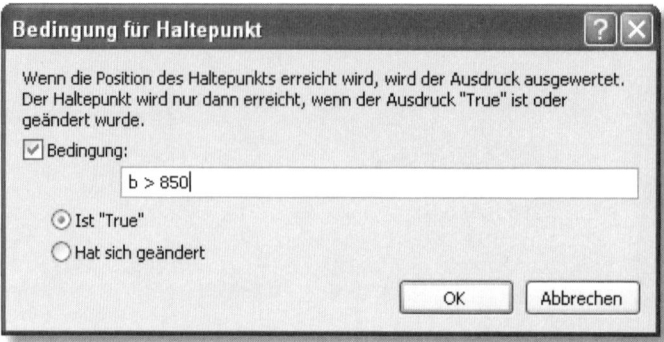

Wenn Sie jetzt unser Demoprogramm normal starten (F5), dürfte der Debugger erst die Programmausführung anhalten, wenn $c$ einen Wert größer zwei hat ($b$ ist zu diesem Zeitpunkt größer als 850).

---

**HINWEIS:** Alternativ können Sie den Breakpoint auch setzen wenn sich eine Bedingung ändert.

---

## Trefferanzahl verwenden

Reichen Ihnen die bisherigen Bedingungen nicht aus, können Sie zusätzlich auch eine Trefferzahl als Stopp-Bedingung festlegen. Unabhängig davon, ob Sie bereits eine Abbruchbedingung gesetzt haben, kann hier das Erreichen des Breakpoints bei der Programmausführung berücksichtigt werden. Welche Bedingungen zulässig sind, zeigt die folgende Abbildung:

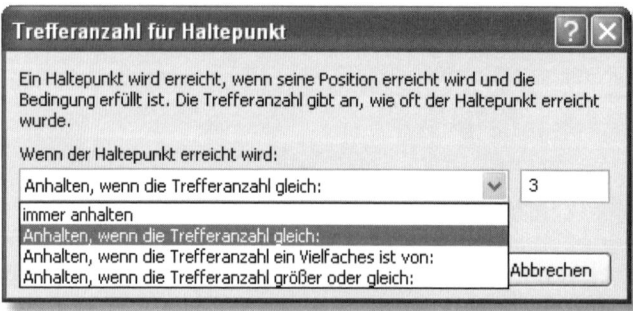

Nach obiger Einstellung und bei Beibehaltung unserer Abbruchbedingung stoppt der Debugger, wenn die Variable $c$ den Wert fünf hat (zwei Durchläufe für die Abbruchbedingung und drei für die Trefferanzahl).

### Einzelschritt-Modus

In C# macht der Einzelschrittmodus nur einen Sinn, wenn Sie vorher einen Breakpoint gesetzt haben. Das schrittweise Abarbeiten ab der ersten Zeile ist nicht möglich, nach dem Durchlauf der Main-Methode geht das Programm in die gewohnte Eingabe-Warteschleife.

Haben Sie einen Breakpoint zum Beispiel in der ersten Zeile des *Form_Load*-Ereignisses gesetzt, können Sie ab hier mit F11 zeilenweise den Programmfortschritt beobachten (gelber Pfeil und gelbe Zeilenmarkierung).

```
protected override void OnLoad(System.EventArgs e)
{
    int a = 320;
    int b = 0;
    for (int c = 0; c < 16; c++)
    {
```

Die Werte einzelner Variablen in der Ausführungsposition können Sie nun per gelber QuickInfo kontrollieren, indem Sie den Mauscursor darauf setzen und einen Moment verweilen:

```
for (int c = 0; c < 16; c++)
{
    b = b + a + 10;
}                b  330
Debug.WriteLine("Wert von a: " + a);
Debug.WriteLine("Wert von b: " + b);
Debug.WriteLine("Der Quotient b/a: " + b / a);
```

Für diese wie für alle anderen Betriebsarten des Debuggers gilt, dass Sie über *Shift+F5* (bzw. das Menü *Debuggen|Debuggen beenden*) den Debug-Modus verlassen können, um in den normalen Entwurfsmodus zurückzukehren.

### Prozedurschritt

Bei dieser Variante verfahren Sie völlig analog zum Einzelschritt, nur dass Sie diesmal die F10-Taste benutzen. Sie werden in unserem Beispiel beobachten, dass bei den Anweisungen innerhalb der *Max*-Funktion **nicht** angehalten wird. Den Prozedurschritt werden Sie also nur dann verwenden, wenn es schnell gehen muss und Sie die Fehlerursache außerhalb einer aufgerufenen Funktion/Prozedur vermuten.

### Ausführen bis Rücksprung

Haben Sie die Möglichkeit des Einzelschritts genutzt und sind Sie in der Prozedur *Max* angelangt, stellen aber fest, dass der Fehler hier ganz bestimmt nicht zu finden ist, können Sie mit *Shift+F11* bzw. dem Menüpunkt *Debuggen|Ausführen bis Rücksprung* die gesamte Prozedur überspringen und direkt zum eigentlichen Prozeduraufruf zurückkehren.

### Auswerten von Ausdrücken

Im Einzelschrittmodus arbeiten Sie sich bis zu einer bestimmten Quelltextzeile vor, anschließend markieren Sie den gewünschten Ausdruck und warten auf die Quick-Info:

```
int b = 0;
for (int c = 0; c < 16; c++)
{
    b = b + a + 10;
}              b + a + 10  660
Debug.WriteLine("Wert von a:  " + a);
Debug.WriteLine("Wert von b:  " + b);
```

Insbesondere für mehrfach verschachtelte Funktionsaufrufe und umfangreiche Berechnungen ist
dies das Mittel der Wahl, um dem Fehler auf die Schliche zu kommen.

Ist der Ausdruck zu umfangreich oder möchten Sie die Funktion direkt editieren, können Sie das
Befehlsfenster aufrufen, um den Ausdruck auszuwerten. Dabei können Sie auf alle **aktiven**
Variablen zugreifen:

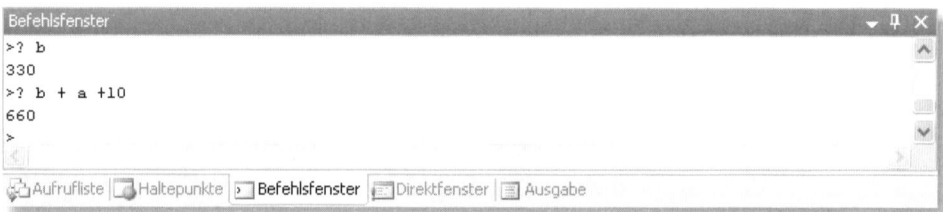

## R11.4   Eigene Fehlerklassen definieren

In einigen Anwendungsfällen möchte man eigene Fehlerklassen erzeugen, sei es, dass spezielle
Parameter übergeben werden oder dass das Verhalten geändert werden soll. Auch die Auswertung der Fehler kann wesentlich differenzierter erfolgen. Last, but not least sind eigene Fehlerklassen im Zusammenhang mit der Komponentenentwicklung von Interesse.

Dieses Rezept soll Ihnen anhand eines vielleicht etwas abwegigen, dafür aber leicht verständ-
lichen Beispiels die Vorgehensweise vermitteln:

Es soll eine neue Fehlerklasse entwickelt werden, die in der Lage ist, eine E-Mail über den aktuellen E-Mail-Client zu versenden bzw. dort zunächst anzuzeigen.

### Oberfläche

Ein Windows Form und ein *Button*.

## Quellcode (Fehlerklasse)

Fügen Sie dem Projekt eine neue Klasse hinzu (*Projekt|Klasse hinzufügen*).

Die Fehlerklasse (wir leiten von der *Exception*-Klasse ab):

```
public class CError: Exception          // erbt!
{
```

Eine zusätzliche Methode zum Versenden der E-Mail:

```
    public void SendMailMessage()
    {
       System.Diagnostics.Process.Start("mailto:support@nirgendwo.de?subject" +
          "=Fehler&Body=" + this.Message);
    }
```

Der Konstruktor :

```
    public CError(string message): base(message)
    { // Konstruktor unter Angabe einer Nachricht
    }
}
```

---

**HINWEIS:** Selbstverständlich könnten Sie hier auch weitere Parameter definieren, zum Beispiel eine Zieladresse etc.

---

## Quellcode (Form1)

Die Verwendung (gezieltes Auslösen der neuen Exception):

```
    public partial class Form1 : Form
    {


        private void test(int a, int b)
        {
            if ((a > 80000) || (b > 100000))
                throw new CError("Wertebereich nicht eingehalten");
        }
```

Die Verwendung (Fehlerbehandlung):

```
        private void button1_Click(object sender, EventArgs e)
        {
            try
            {
                test(100000, 10);
```

```
            }
        catch (CError mye)
        {
            mye.SendMailMessage();
        }
    }
}
```

## Test

Nach Aufruf der Methode *SendMailMessage* öffnet sich der aktuelle E-Mail-Client, die Meldungstexte und die Adresse sind bereits eingetragen:

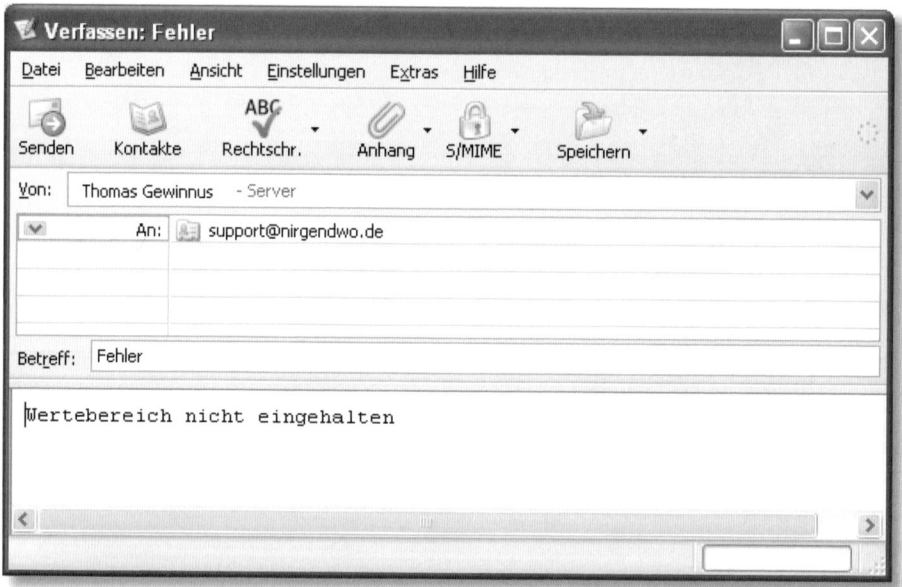

# R11.5   Die MessageBox-Klasse verwenden

Neben vielen anderen Einsatzgebieten ist vor allem bei der Fehlersuche und Fehleranzeige die Verwendung von Messageboxen interessant. Hier ist es ohne großen Programmieraufwand möglich, Zwischenergebnisse oder Warnungen anzuzeigen oder auch Werte einzugeben. Aus diesem Grund können diese Dialogfenster-Funktionen auch sehr gut für Testzwecke bzw. anstatt des Debuggers zur Fehlersuche eingesetzt werden. Diese typischen Windows-Dialoge sind modal, d.h., das Programm kann erst nach dem Schließen des Meldungsfensters fortgesetzt werden.

SYNTAX:   DialogResult **Show**(string text, string caption, MessageBoxButtons buttons,
                        MessageBoxIcon icon);

*Text* enthält die in der Dialogbox angezeigte Meldung, *Caption* den Kopfzeilentext. Über *Buttons* bestimmen Sie Art und Anzahl der angezeigten Schaltflächen:

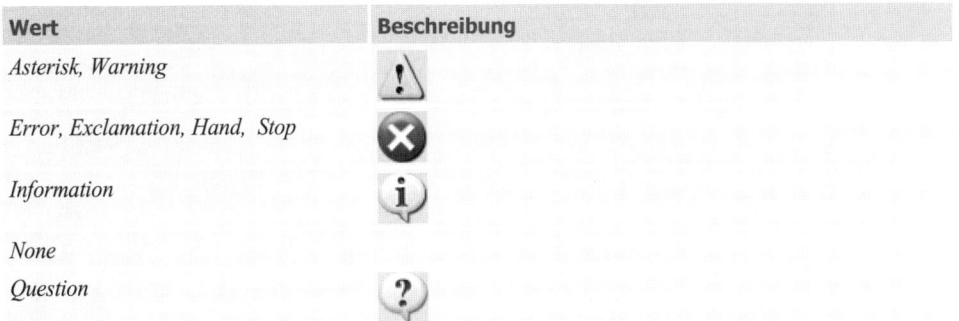

| Wert | Beschreibung |
| --- | --- |
| *AbortRetryIgnore* | Abbrechen  Wiederholen  Ignorieren |
| *OK* | OK |
| *OKCancel* | OK  Abbrechen |
| *RetryCancel* | Wiederholen  Abbrechen |
| *YesNo* | Ja  Nein |
| *YesNoCancel* | Ja  Nein  Abbrechen |

*Icon* ist für die Optik verantwortlich:

| Wert | Beschreibung |
| --- | --- |
| *Asterisk, Warning* | ⚠ |
| *Error, Exclamation, Hand, Stop* | ✖ |
| *Information* | ⓘ |
| *None* | |
| *Question* | ❓ |

Wer möchte, kann zusätzlich auch noch die Default-Taste festlegen, dafür stehen Ihnen die drei Konstanten *Button1*, *Button2*, *Button3* zur Verfügung.

Ein kleines Testprogramm soll einige der Möglichkeiten demonstrieren.

## Oberfläche

Ein Windows Form und zwei *Button*s.

## Quellcode

```
public partial class Form1 : Form
{
...
```

Verschiedene Varianten:

```
private void button1_Click(object sender, EventArgs e)
{
    MessageBox.Show("Meldungstext", "Exclamation", MessageBoxButtons.YesNo,
        MessageBoxIcon.Exclamation, MessageBoxDefaultButton.Button1);
    MessageBox.Show("Meldungstext", "Asterisk", MessageBoxButtons.YesNo,
        MessageBoxIcon.Asterisk, MessageBoxDefaultButton.Button1);
    MessageBox.Show("Meldungstext", "Error", MessageBoxButtons.YesNo,
        MessageBoxIcon.Error, MessageBoxDefaultButton.Button1);
    MessageBox.Show("Meldungstext", "Hand", MessageBoxButtons.YesNo,
        MessageBoxIcon.Hand, MessageBoxDefaultButton.Button1);
    MessageBox.Show("Meldungstext", "Information", MessageBoxButtons.YesNo,
        MessageBoxIcon.Information, MessageBoxDefaultButton.Button1);
    MessageBox.Show("Meldungstext", "None", MessageBoxButtons.YesNo,
        MessageBoxIcon.None, MessageBoxDefaultButton.Button1);
    MessageBox.Show("Meldungstext", "Question", MessageBoxButtons.YesNo,
        MessageBoxIcon.Question, MessageBoxDefaultButton.Button1);
    MessageBox.Show("Meldungstext", "Stop", MessageBoxButtons.YesNo,
        MessageBoxIcon.Stop, MessageBoxDefaultButton.Button1);
    MessageBox.Show("Meldungstext", "Warning", MessageBoxButtons.YesNo,
        MessageBoxIcon.Warning, MessageBoxDefaultButton.Button1);
}
```

Ein nicht ganz ernst zu nehmendes Beispiel:

```
private void button2_Click(object sender, EventArgs e)
{
    switch (MessageBox.Show("Achtung! Ihre Festplatte wird formatiert!",
        "Kleiner Hinweis", MessageBoxButtons.AbortRetryIgnore,
        MessageBoxIcon.Question))
    {
        case DialogResult.Abort: break;             // Abbruch
        case DialogResult.Retry: break;             // Wiederholen
        case DialogResult.Ignore: break;       // Ignorieren
    }
}
```

**Test**

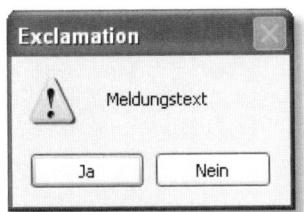      ...

Verstehen Sie Spaß?

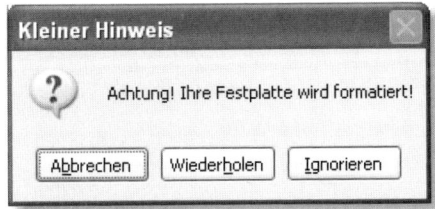

# R11.6   Nur eine Anwendungsinstanz zulassen

Tja, als C#-Programmierer sind Sie in dieser Frage,  im Gegensatz zu den VB-Anhängern, auf sich selbst gestellt. Während VB die Voraussetzungen bereits "ab Werk" mitbringt, müssten wir uns in C# mit umfangreichem Quellcode (Mutex erzeugen und abfragen) abquälen.

Doch mittlerweile sind die Sprachen soweit zusammengewachsen, dass wir einfach die nötigen VB-Klassen "kapern" und in unser C#-Programm einbinden.

### Oberfläche

Nur ein Windows Form und ein *Label*.

---

**HINWEIS:** Binden Sie einen Verweis auf die *Microsoft.Visual Basic*-Library in Ihr Projekt ein.

---

### Quelltext

Die nötigen Änderungen an der Datei *Program.cs* sind im folgenden fett hervorgehoben:

```
using Microsoft.VisualBasic.ApplicationServices;

namespace OnlyOne
{
    static class Program
```

```
{
    /// <summary>
    /// Der Haupteinstiegspunkt für die Anwendung.
    /// </summary>
```

Die universellere Variante mit Programmparametern nutzen:

```
[STAThread]
static void Main(string[] commandLine)
{
    Application.SetCompatibleTextRenderingDefault(false);
```

Wir erzeugen eine Instanz der VB-eigenen *WindowsFormsApplicationBase*-Klasse:

```
CApplication myApp = new CApplication();
```

Und Start:

```
myApp.Run(commandLine);
    }
}
```

Da einige Member anders nicht erreichbar sind, müssen wir die Klasse *WindowsForms-ApplicationBase* ableiten:

```
class CApplication : WindowsFormsApplicationBase
{
```

Im Konstruktor setzen wir die gewünschten Eigenschaften:

```
public CApplication()
{
    this.IsSingleInstance = true;
    this.EnableVisualStyles = true;
    this.ShutdownStyle = ShutdownMode.AfterMainFormCloses;
}
```

Jetzt noch das Hauptformular zuweisen:

```
protected override void OnCreateMainForm()
{
    this.MainForm = new Form1();
}
```

Möchten Sie auf das Erzeugen einer weiteren Instanz z.B. mit einem Dialog reagieren, überschreiben Sie einfach die *OnStartupNextInstance*-Methode:

```
protected override void OnStartupNextInstance(StartupNextInstanceEventArgs eventArgs)
{
    base.OnStartupNextInstance(eventArgs);
```

```
                MessageBox.Show("Es läuft bereits eine Instanz!", "Hinweis");
        }
    }
}
```

---

**HINWEIS:** Das weitere Vorgehen unterscheidet sich nicht von allen anderen C#-Programmen.

### Test

Starten Sie die Anwendung und versuchen Sie eine weitere Instanz aufzurufen:

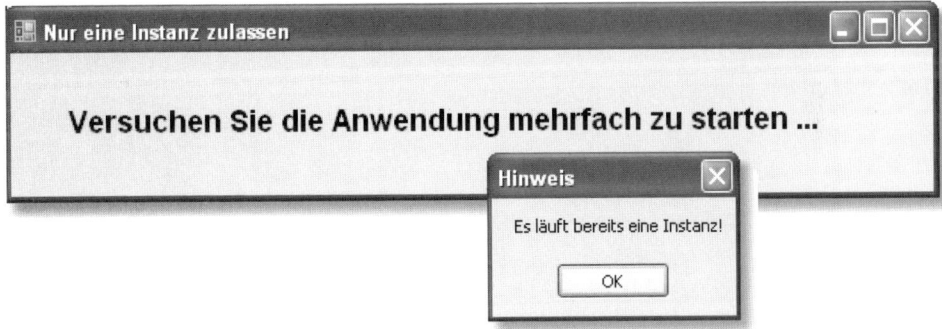

## R11.7  Die Anwendungsparameter auswerten

Viele Programme unterstützen nach wie vor die Kommandozeile bzw. die Möglichkeit, Parameter über diese an das Programm zu übergeben. Das kann beispielsweise für Editoren/Bearbeitungsprogramme der Name und der Pfad zu einer Datei sein, für Packer können so auch die Kompressionsparameter übergeben werden. Der Vorteil für den Anwender: das Programm lässt sich z.B. mit bestimmten Dokumenten verknüpfen bzw. Sie können die Anwendung aus einem Skript heraus aufrufen, ohne dass eine Interaktion mit der Programmoberfläche erforderlich ist.

Leider hat diese Form des Aufrufs für den Programmierer auch seine Nachteile. So ist es unbedingt nötig, ausführliche Fehlerbehandlungen in die Anwendung einzubauen, da der Anwender recht willkürliche Parameter an das Programm übergeben kann.

Ein weiteres Problem sind lange Dateinamen mit enthaltenen Leerzeichen, die dazu führen, dass Parameter falsch interpretiert werden[1].

### Oberfläche

Nur ein Windows Form und eine *ListBox*.

---

[1] Dateinamen sollten Sie immer in Anführungszeichen setzen!

## Quelltext

Zwei Möglichkeiten bieten sich für die Auswertung an:

- Der Haupteinstiegspunkt der Anwendung erhält eine Parameterliste (*String*-Array).

- Sie werten einfach den Rückgabewert von *Environment.GetCommandLineArgs* aus.

**BEISPIEL:**   Anpassen des Haupteinstiegspunktes

```csharp
using System;
using System.Collections.Generic;
using System.Windows.Forms;

namespace ParameterAuswerten
{
    static class Program
    {
        /// <summary>
        /// Der Haupteinstiegspunkt für die Anwendung.
        /// </summary>
        [STAThread]
        static void Main(string[] args)
        {
            foreach (string s in args)
                MessageBox.Show(s);
            Application.EnableVisualStyles();
            Application.SetCompatibleTextRenderingDefault(false);
            Application.Run(new Form1());
        }
    }
}
```

**BEISPIEL:**   Auswerten von *Environment.GetCommandLineArgs*

```csharp
...
    public partial class Form1 : Form
    {
        private void Form1_Load(object sender, EventArgs e)
        {
            String[] args = Environment.GetCommandLineArgs();
            foreach (string s in args)
                listBox1.Items.Add(s);
```

```
            }
        }
    }
```

### Test

Bevor Sie das Programm starten, sollten Sie über den Menüpunkt *Projekt|Eigenschaften* einige
"Befehlszeilenargumente" vorgeben:

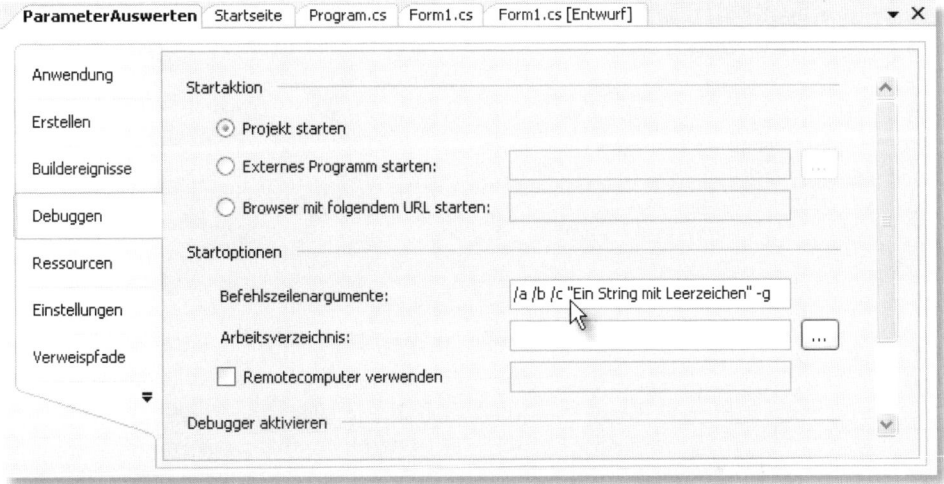

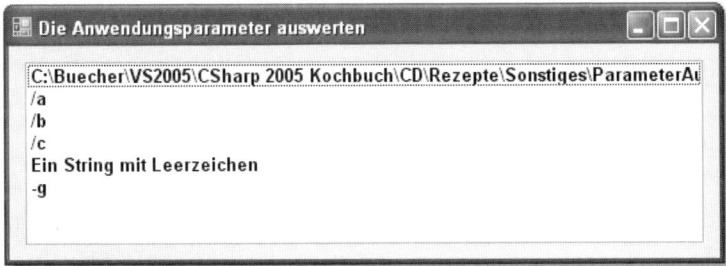

## R11.8   Die Zwischenablage verwenden

Im Gegensatz zur recht kärglichen Ausstattung in den .NET 1.x-Versionen hat sich das *Clipboard*-Objekt kräftig gemausert. Zu jedem der Datentypen *Data*, *Text*, *Audio*, *Image*, *File-
DropList* gibt es eine *Contains*-, eine *Get*- und eine *Set*-Methode, z.B. *ContainsText*, *GetText*
und *SetText*.

Eine *Contains*-Methode (*true/false*) überprüft, ob in der Zwischenablage eine Information im gewünschten Format vorliegt. Die *Get*- und *Set*-Methoden übernehmen das Kopieren bzw. Einfügen.

Ein kleines Beispiel zeigt wie es funktioniert.

## Oberfläche

In ein Windows Form fügen Sie bitte eine *PictureBox*, eine *TextBox* (*MultiLine=True*) sowie vier *Button*s ein (siehe Laufzeitansicht).

## Quelltext

```
public partial class Form1 : Form
{
```

Text in die Zwischenablage kopieren:

```
    private void button2_Click(object sender, EventArgs e)
    {
        if (textBox1.SelectedText != String.Empty)
            Clipboard.SetText((textBox1.SelectedText));
        else
            MessageBox.Show("Kein Text selektiert!");
    }
```

Text aus der Zwischenablage einfügen:

```
    private void button4_Click(object sender, EventArgs e)
    {
        if (Clipboard.ContainsText())
            textBox1.Text = Clipboard.GetText();
        else
            MessageBox.Show("Keine geeigneten Daten im Clipboard!");
    }
```

Grafik in die Zwischenablage kopieren:

```
    private void button1_Click(object sender, EventArgs e)
    {
        if (pictureBox1.Image != null)
            Clipboard.SetImage(pictureBox1.Image);
        else
            MessageBox.Show("Keine Grafik enthalten!");
    }
```

Grafik aus der Zwischenablage einfügen:

```
private void button3_Click(object sender, EventArgs e)
{
    if (Clipboard.ContainsImage())
    {
        System.Drawing.Image pic = Clipboard.GetImage();
        pictureBox1.Image = pic;
    }
    else
        MessageBox.Show("Keine Bitmap im Clipboard!");
}
```

**Test**

Kopieren Sie mit einem Zeichenprogramm (z.B. Paint) eine Grafik in die Zwischenablage und versuchen Sie diese in das Programm einzufügen:

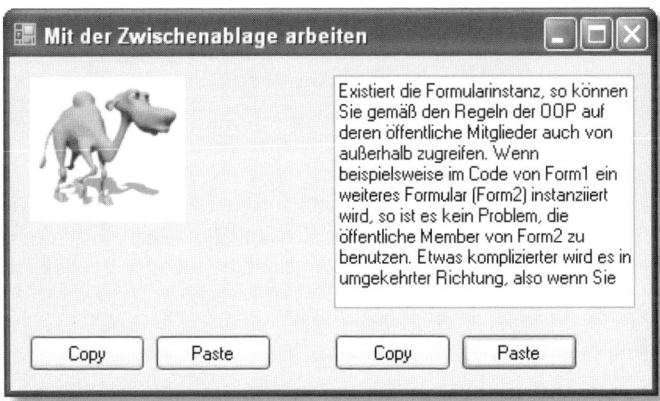

**HINWEIS:** Testen Sie auch was passiert, wenn keine Grafik/kein Text vorhanden ist.

# R11.9   Tastaturbefehle senden

Geht es darum, Anwendungen zu steuern, die nicht automatisierbar oder anders steuerbar sind, bietet es sich an, mit dem *SendKeys*-Objekt Tastatureingaben durch den Bediener zu simulieren. Zwei Methoden stehen zur Auswahl:

- *Send*
- *SendWait*

Während *Send* sich damit begnügt, die Tastatureingaben einfach an die derzeit aktive Anwendung zu senden, wartet *SendWait* auch darauf, dass die Daten verarbeitet werden. Insbesondere bei etwas langsameren Operationen kann es sonst schnell zu einem Fehlverhalten kommen.

Das Argument der beiden Methoden ist eine Zeichenkette. Jede Taste wird dabei durch mindestens ein Zeichen repräsentiert.

---

**HINWEIS:** Das Pluszeichen (+), Caret-Zeichen (^) und Prozentzeichen (%) sind für die UMSCHALT-, STRG- und ALT-Taste vorgesehen. Sondertasten sind in geschweifte Klammern einzuschließen (siehe Bemerkungen).

---

## Oberfläche

Ein Windows Form, eine *TextBox* und fünf *Button*s genügen.

## Quelltext

Die folgende Anweisung sendet die Tastenfolge Alt+F4 an das aktive Fenster und bewirkt damit ein Schließen der Applikation.

```
public partial class Form1 : Form
{
    private void button1_Click(object sender, EventArgs e)
    {
        SendKeys.Send("%{F4}");
    }
}
```

Häufig soll sich die "Tastatureingabe" nicht auf das aktuelle Formular, sondern auf das aktive Steuerelement beziehen. Dann muss dieses Steuerelement vorher den Fokus erhalten.

Die folgende Sequenz füllt das Textfeld *textBox1* mit den Ziffern 12345678 und setzt danach die Ausführung fort.

```
    private void button2_Click(object sender, EventArgs e)
    {
        textBox1.Focus();
        SendKeys.SendWait("12345678");
    }
```

*SendKeys* macht es auch möglich, quasi "wie von Geisterhand" andere Windows-Programme (z.B. den integrierten Taschenrechner) aufzurufen.

Aufruf des Windows-Taschenrechners

```
    private void button3_Click(object sender, EventArgs e)
    {
        Process proc = new Process();
```

```
            proc.StartInfo.FileName = "calc.exe";
            proc.Start();
            proc.WaitForInputIdle();              // Erweiterung
            SendKeys.SendWait("10{ADD}25=");
        }
```

**HINWEIS:** Lassen Sie beim späteren Text ruhig einmal die Anweisung *WaitForInputIdle* weg. Sie werden merken, dass zwar die Anwendung gestartet wird, die entsprechenden Zeichenfolgen verschwinden allerdings in Datennirvana.

So weit, so gut, aber teilweise passiert es, dass die neu gestartete Anwendung nicht die aktive Anwendung ist. Damit gehen auch die Tastatureingaben in die falsche Richtung. Abhilfe schafft folgende Erweiterung:

```
    public partial class Form1 : Form
    {
        [DllImport("USER32.DLL")]
        public static extern bool SetForegroundWindow(IntPtr hWnd);

        private void button4_Click(object sender, EventArgs e)
        {
            Process proc = new Process();
            proc.StartInfo.FileName = "calc.exe";
            proc.Start();
            proc.WaitForInputIdle();              // Erweiterung
            SetForegroundWindow( proc.MainWindowHandle);
            SendKeys.SendWait("10{ADD}25=");
        }
```

Läuft die Anwendung bereits, auf die Sie zugreifen wollen, müssen Sie wie folgt vorgehen:

```
    public partial class Form1 : Form
    {
        [DllImport("USER32.DLL")]
        public static extern IntPtr FindWindow(string lpClassName,
            string lpWindowName);

        [DllImport("USER32.DLL")]
        public static extern bool SetForegroundWindow(IntPtr hWnd);

        private void button5_Click(object sender, EventArgs e)
        {
```

```
        IntPtr ip = FindWindow("SciCalc",null);
        SetForegroundWindow(ip);
        SendKeys.SendWait("{ADD}75=");
    }
```

Im vorliegenden Fall greifen wir auf eine laufende Instanz des Windows-Taschenrechners zu.

## Test

Nach dem Start können Sie die verschiedenen Varianten ausprobieren:

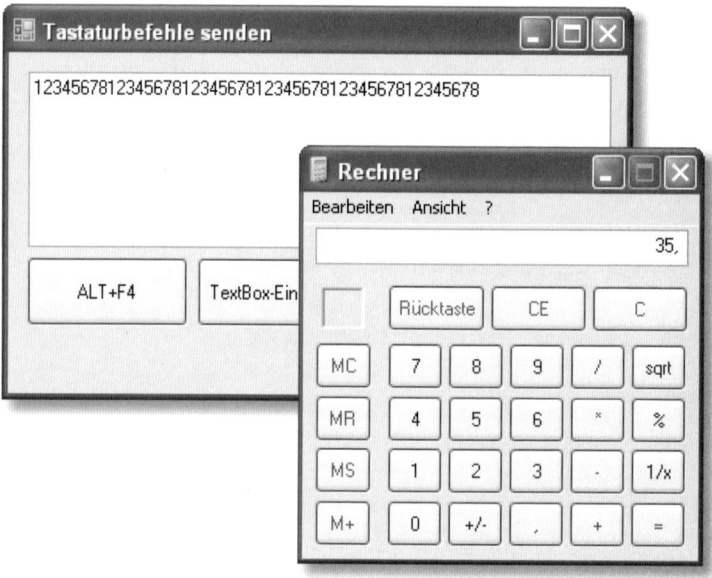

## Bemerkung

Die folgende Tabelle zeigt eine Übersicht der zulässigen Codes:

| Taste | Code |
| --- | --- |
| RÜCKTASTE | {BACKSPACE}, {BS} oder {BKSP} |
| UNTBR | {BREAK} |
| FESTSTELLTASTE | {CAPSLOCK} |
| ENTF | {DELETE} oder {DEL} |
| NACH-UNTEN | {DOWN} |
| ENDE | {END} |
| EINGABE | {ENTER} oder ~ |
| ESC | {ESC} |

| Taste | Code |
| --- | --- |
| HILFE | {HELP} |
| POS1 | {HOME} |
| EINFG | {INSERT} oder {INS} |
| NACH-LINKS | {LEFT} |
| NUM | {NUMLOCK} |
| BILD-AB | {PGDN} |
| BILD-AUF | {PGUP} |
| DRUCK | nicht unterstützt |
| NACH-RECHTS | {RIGHT} |
| ROLLEN | {SCROLLLOCK} |
| TAB | {TAB} |
| NACH-OBEN | {UP} |
| F1 ... F16 | {F1} ... {F16} |
| + (Nummernblock) | {ADD} |
| - (Nummernblock) | {SUBTRACT} |
| * (Nummernblock) | {MULTIPLY} |
| / (Nummernblock) | {DIVIDE} |

**HINWEIS:** Leider kann *SendKeys* den Code der Druck-Taste (PrtScr) nicht senden, deshalb sind z.B. auch keine per Programm auslösbaren Screenshots möglich.

# R11.10   Mittels Reflection Typinformationen sammeln

Datenschützer aufgepasst! In .NET ist ein grandioses "Spitzelsystem" integriert, das die Möglichkeit bietet, jederzeit Informationen zu allen Typen zu erhalten. Man nennt diesen Vorgang auch Reflection. Die dazu erforderlichen Klassen finden Sie im *System.Reflection*-Namensraum.

**HINWEIS:** Die Reflection funktioniert selbst dann, wenn die Typen in externen Assemblierungen gespeichert sind und Sie den zugrunde liegenden Quellcode nicht kennen.

### GetType-Methode

Eine zentrale Rolle bei der Reflection spielt die *GetType*-Methode. Das zurückgegebene Objekt der Klasse *Type* besitzt eine große Anzahl an Eigenschaften und Methoden, über welche Sie Informationen zum Typ ermitteln können.

### Oberfläche

Ein Formular mit einer *ListBox* und ein *Button* zum Beenden genügen.

## Quellcode

```
using System.Reflection;
...
    public partial class Form1 : Form
    {
        ...
        private void Form1_Load(object sender, EventArgs e)
        {
            CKunde kunde = new CKunde();
            Type tp = kunde.GetType();
            listBox1.Items.Clear();
            listBox1.Items.Add("      Typ = " + tp.Name.ToString());
            listBox1.Items.Add("");
            if (tp.IsClass)
            {
                listBox1.Items.Add("------- Eigenschaften ------");
                foreach (PropertyInfo p in tp.GetProperties())
                    listBox1.Items.Add(p.Name.ToString());
                listBox1.Items.Add("");
                listBox1.Items.Add("-------- Methoden --------");
                foreach (MethodInfo m in tp.GetMethods())
                    if (m.IsPublic && !m.IsSpecialName)
                        listBox1.Items.Add(m.Name.ToString());
                listBox1.Items.Add("");
                listBox1.Items.Add("-------- Felder --------");
                foreach (FieldInfo f in tp.GetFields())
                    listBox1.Items.Add(f.Name.ToString());
            }
        }
    }
```

HINWEIS: Fügen Sie dem Quellcode noch die Klasse *CKunde* hinzu (siehe Buch-CD).

**Test**

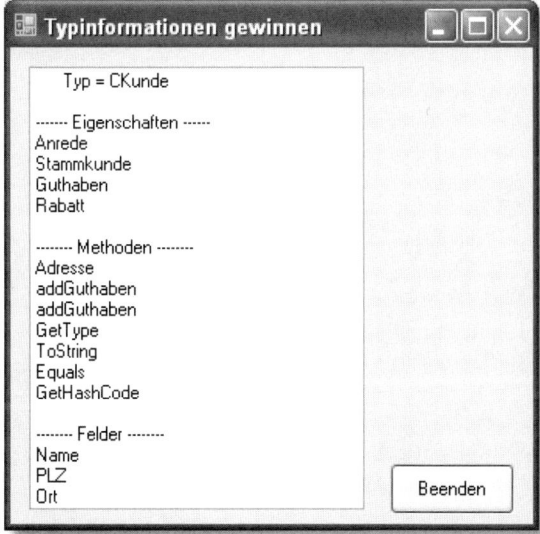

**Bemerkungen**

▪ Das zweimalige Vorkommen von *addGuthaben* erklärt sich aus den beiden Überladungen.

▪ Felder werden in unserem Beispiel nur angezeigt, wenn sie *public* sind, in der Klasse *CKunde* ist aber alles sauber verborgen.

▪ Wenn Sie selbst Typen bzw. Klassen entwickeln, können Sie diese durch Zuordnen von Attributen beschreiben. Der Anwender kann die Attribute über Reflection auslesen.

# R11.11   Ressourcen per Reflection auslesen

Für den Zugriff auf Ressourcen wie Grafiken, Videos, Sound etc. bietet sich die *GetManifest-ResourceStream*-Methode an.

Doch ach, mit Version 2.0 des Frameworks hat sich auch hier eine kleine Änderung einge-schlichen, wie eine Kontrolle mit dem .NET-Refector zeigt:

Alt (eingelagerte Ressourcen werden direkt unter *Resources* gespeichert, z.B. *Wasserlilien.jpg*):

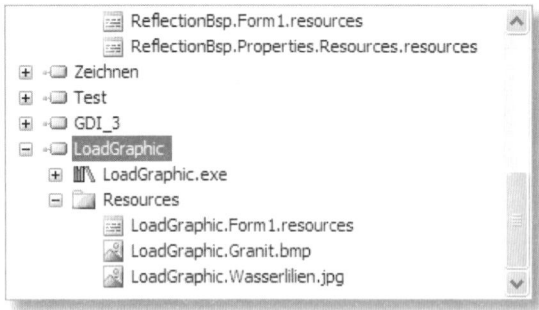

Neu (das Verhalten für eingelagerte Ressourcen hat sich zwar nicht geändert, Ressourcen, die über die Projekt-Eigenschaften hinzugefügt wurden, sind aber jetzt im Stream *...Properties.Resources.resources* gespeichert):

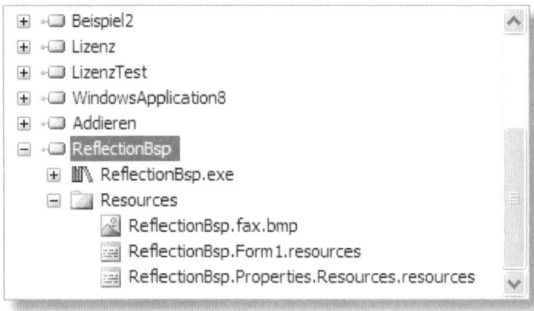

Wir müssen uns deshalb auch beim Auslesen der Ressourcen etwas mehr bemühen als bisher.

## Oberfläche

Ein Windows Form, drei *Button*s sowie zwei *ListBoxen* genügen.

---

**HINWEIS:**  Fügen Sie dem Projekt noch ein paar Ressourcen (Grafiken) hinzu.

---

## Quelltext

```
using System.Reflection;
using System.IO;
using System.Resources;
using System.Collections;
...
    public partial class Form1 : Form
    {
        private Assembly myass;
```

```
private void button1_Click(object sender, EventArgs e)
{
    myass = Assembly.GetExecutingAssembly();
    Type[] mytyp = myass.GetTypes();
    foreach (Type t in mytyp) listBox1.Items.Add(t.FullName);
}
```

Ressourcen bestimmen:

```
private void button2_Click(object sender, EventArgs e)
{
    myass = Assembly.GetExecutingAssembly();
    foreach (String s in myass.GetManifestResourceNames())
    {
```

Hier bestimmen wir zunächst die einzelnen Ressource-Streams:

```
        listBox1.Items.Add(s);
        if (s.ToLower().EndsWith(".resources"))
```

Wenn in diesem *Stream* weitere Ressourcen enthalten sind:

```
        {
            Stream stream = myass.GetManifestResourceStream(s);
            ResourceReader Reader = new ResourceReader(stream);
            IDictionaryEnumerator id = Reader.GetEnumerator();
            while (id.MoveNext())
            {
```

*ID.key* bezeichnet die gleiche Ressource, die Sie auch mit *Properties.Resources.xyz* auslesen können:

```
                listBox2.Items.Add(id.Key + "-" + id.Value);
```

Über *id.Value* können wir direkt auf die einzelnen Bitmaps zugreifen:

```
                if (id.Value is Bitmap)
                {
                    Bitmap bmp = (Bitmap) (id.Value as Bitmap).Clone();
                    bmp.Save(id.Key + ".bmp");
                }
            }
            Reader.Close();
        }
    }
}
```

**Test**

Die Anzeige in *listBox1* und *listBox2*:

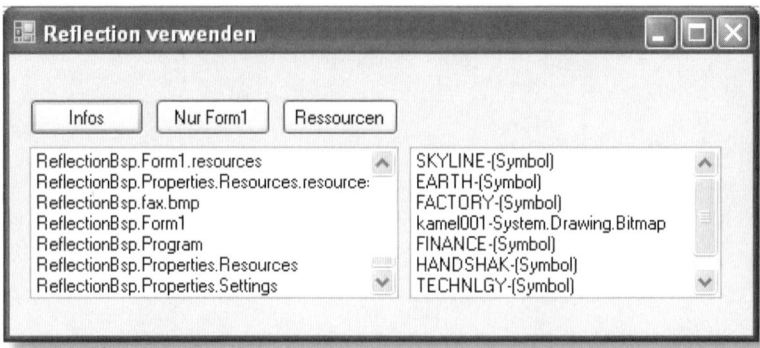

---

**HINWEIS:** Nach dem Ausführen obigen Beispiels (siehe CD), werden alle Bitmaps aus der Assembly extrahiert und als Datei gespeichert.

---

### Bemerkung

Auslesen der eingebetteten Ressource *fax.bmp* und speichern in einer externen Datei bei Doppelklick auf den entsprechenden Eintrag in *listBox1*:

```
private void listBox1_MouseDoubleClick(object sender, MouseEventArgs e)
{
    Bitmap  bmp = new Bitmap(
            Assembly.GetExecutingAssembly().GetManifestResourceStream((string)
                                                    listBox1.SelectedItem));
    bmp.Save((string) listBox1.SelectedItem);
}
```

---

**HINWEIS:** Achten Sie beim Zugriff auf die Ressourcen peinlichst auf die korrekte Schreibweise (Groß-/Kleinschreibung!).

---

# R11.12   Eine Windows Form-Anwendung lokalisieren

Visual Studio 2005 bietet weit reichende Möglichkeiten zur bequemen Lokalisierung von Anwendungen, mit seinem komfortablen Ressourcen-Editor lassen sich unter anderem String-ressourcen für lokalisierte Texte in Dialogfenstern oder in Fehlermeldungen anlegen. Zur Laufzeit werden dann mit Hilfe der *ResourceManager*-Klasse die Ressourcen ausgewählt, die zur aktuellen Sprache bzw. Kultur passen.

Das vorliegende Beispiel soll diese Möglichkeit anhand eines einfachen lokalisierten Programms zur Altersberechnung demonstrieren.

## Oberfläche Form1

Öffnen Sie eine neue Windows Anwendung, setzen Sie die *Localizable*-Eigenschaft von *Form1* auf *True* und gestalten Sie für *Language = (Default)* und *Deutsch* sowie für *Language = Englisch (USA)* die abgebildeten Bedienoberflächen:

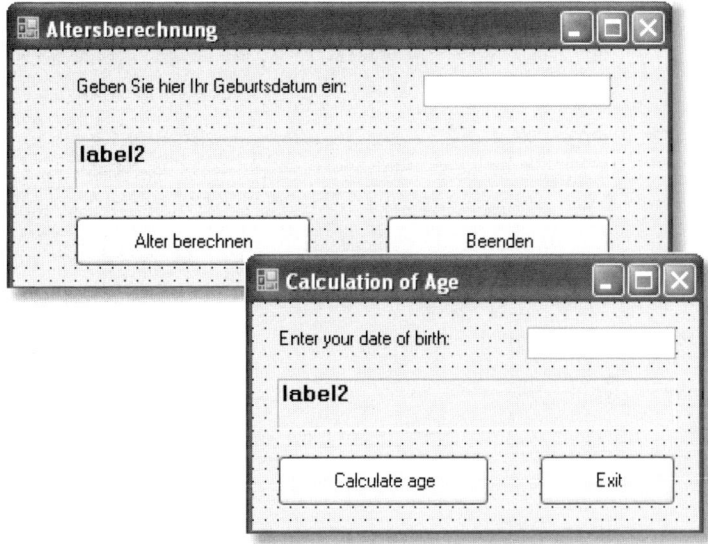

Wählen Sie das Menü *Projekt|Neues Element hinzufügen...* und anschließend *Ressourcendatei*. Geben Sie der Datei den Namen *WinFormStrings.resx* und tragen Sie im sich öffnenden Ressourcen-Editor die folgenden zwei *Name-Wert*-Pärchen ein:

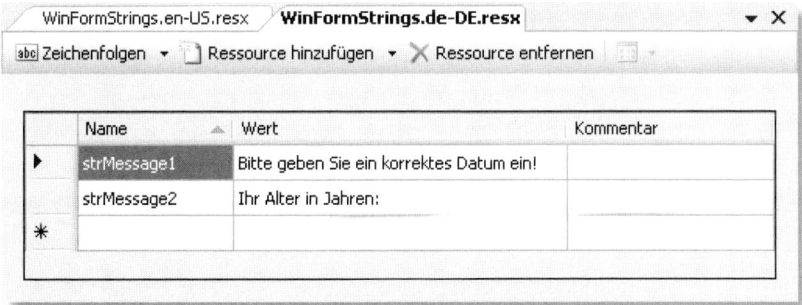

Nachdem die Standard-Ressource fertig ist, wählen Sie wieder das Menü *Projekt|Neues Element hinzufügen...* und erstellen die völlig identisch aufgebaute deutsche Ressourcendatei unter dem Namen *WinFormStrings.de-DE.resx*.

Schließlich fügen Sie eine dritte Ressourcendatei *WinFormStrings.en-US.resx* hinzu, deren *Wert*-Spalte der englischen Übersetzung entspricht:

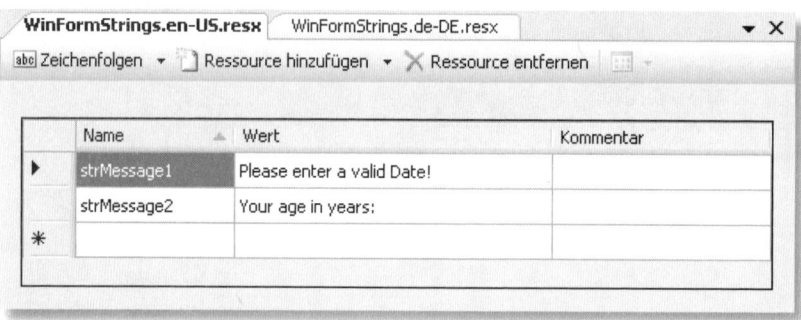

## Quellcode Form1

```
using System.Resources;
using System.Globalization;
using System.Threading;
...
public partial class Form1 : Form
{
```

Die folgende Funktion ermittelt das Alter (in Jahren) am aktuellen Datum:

```
    private int berechneAlter(DateTime gebTag, DateTime heute)
    {
        int alter = heute.Year - gebTag.Year;
        DateTime gth = gebTag.AddYears(alter);
        if (gth > heute) alter--;
        return alter;
    }
```

Die Änderung der *CurrentUICulture* muss immer **vor** dem Aufruf von *InitializeComponent()* erfolgen:

```
    public Form1()
    {
        Thread.CurrentThread.CurrentUICulture = new CultureInfo("en-US");
        //Thread.CurrentThread.CurrentUICulture = new CultureInfo("de-DE");
```

```
            InitializeComponent();
    }
```

Als "Schaltzentrale" für die Auswahl der richtigen Ressourcen dient eine *ResourceManager*-Instanz:

```
ResourceManager rm =
    new ResourceManager("Globalisierung2.WinFormStrings",typeof(Form1).Assembly);
```

Der *Button* zur Berechnung des Alters:

```
private void button1_Click(object sender, EventArgs e)
{
    try
    {
        DateTime dat1 = Convert.ToDateTime(textBox1.Text);
        DateTime dat2 = DateTime.Now;
```

Der Zugriff auf die Text-Ressourcen läuft über die *GetString*-Methode des *ResourceManager*:

```
        label2.Text = rm.GetString("strMessage2") +
        berechneAlter(dat1, dat2).ToString();
    }
    catch
    {
        MessageBox.Show(rm.GetString("strMessage1"));
    }
}
...
}
```

## Test

In Abhängigkeit von der eingestellten *CurrentUICulture* erscheint die deutsche oder die englische Bedienoberfläche und der Antworttext wird der entsprechenden Ressourcendatei entnommen:

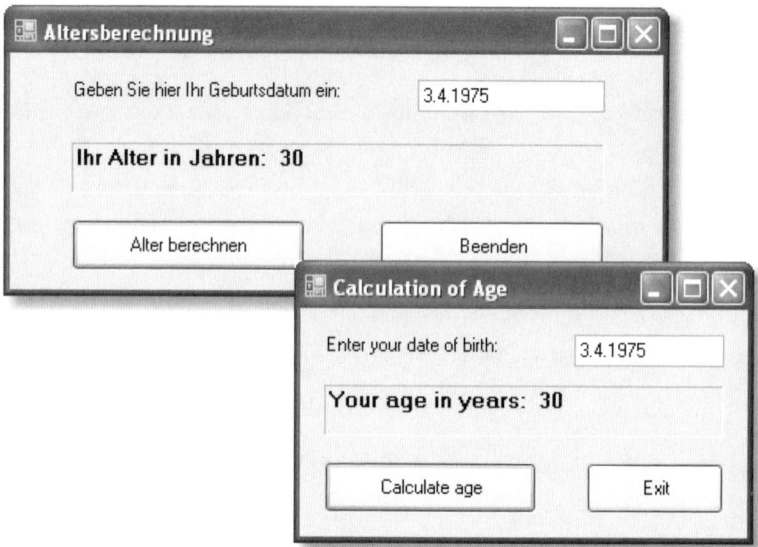

Geben Sie ein ungültiges Datum ein, so erscheint die Fehlermeldung in der richtigen Sprache:

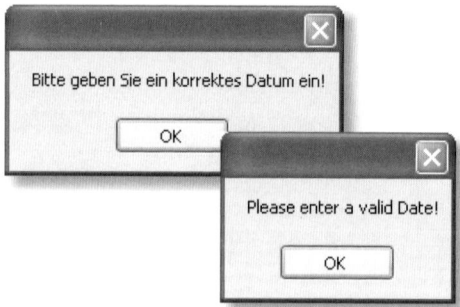

## Bemerkungen

▪ Der neue Ressourcen-Editor von Visual Studio 2005 ermöglicht nicht nur das Hinzufügen von String-Ressourcen, sondern auch von Bild-, Text- und Audiodateien.

▪ Im Quellcode auf der Buch-CD übernimmt ein extra Startformular die Ländereinstellung zur Laufzeit.

# R11.13  Eine Assembly dynamisch einbinden

Nicht immer steht schon zur Entwurfszeit fest, welche Klasse/Funktion für eine bestimmte Aufgabe eingesetzt werden soll. Aus der guten alten Win32-Welt kennen Sie bestimmt noch das dynamische Laden von DLLs mittels *LoadLibrary*. Mit der Funktion *GetProcAddress* konnten Sie den Zeiger auf eine Funktion ermitteln und dann diese Funktion dynamisch aufrufen.

Das .NET-Framework stellt Ihnen die gleiche, jedoch dank Reflection wesentlich leistungsfähigere Funktionalität zur Verfügung. Von Interesse sind in diesem Zusammenhang

- die *Assembly*-Klasse (zum Laden der gewünschten Assembly),

- die *Activator*-Klasse (zum Erzeugen der eigentlichen Instanz) und last but not least

- die *Invoke*-Methode (zum Aufrufen der gewünschten Methode).

Ein kleines Beispielprogramm zeigt die Vorgehensweise:

Eine Windows Forms-Anwendung soll zum Berechnen der Summe bzw. der Differenz eine von zwei Assemblies (*Addieren.dll*, *Subtrahieren.dll*) dynamisch laden, eine Instanz der jeweils enthaltenen Klasse erzeugen und das Ergebnis mittels Methodenaufruf berechnen.

## Klassenbibiotheken erstellen

Zunächst erstellen wir die beiden o.g. Assemblies (wählen Sie den Projekttyp *Klassenbibiothek*). Fügen Sie jeweils eine Klasse hinzu:

```
using System;
using System.Collections.Generic;
using System.Text;

namespace Addieren
{
    public class Compute
    {
        public int Calc(int a, int b)
        {
            return a + b;
        }
    }
}
```

---

**HINWEIS:** Die Klasse *Subtrahieren* ist ähnlich einfach aufgebaut, Sie finden die Daten auf der Buch-CD.

---

Kompilieren Sie die beiden Assemblies und kopieren Sie später die DLLs in das Projektverzeichnis der eigentlichen Anwendung.

## Oberfläche

Für unser aufrufendes Windows Forms-Programm entwerfen Sie bitte die folgende einfache
Oberfläche:

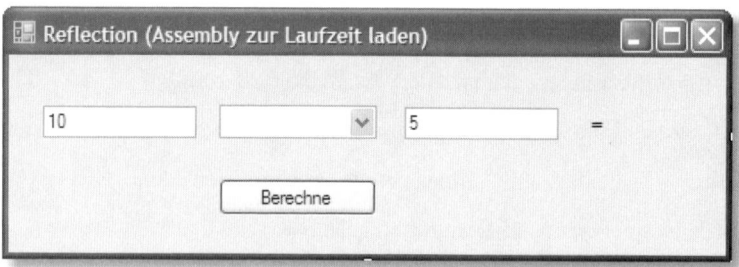

Mit der *ComboBox* wählen wir zur Laufzeit die Assembly aus, mit dem *Button* starten wir die
Berechnung.

## Quellcode

```
using System.Windows.Forms;
using System.Reflection;
using System.IO;


namespace ReflectionRechner
{
    public partial class Form1 : Form
```

Mit dem Laden des Formulars informieren wir uns zunächst, welche Assemblies zur Verfügung stehen und tragen deren Namen in die *ComboBox* ein. So können später jederzeit weitere
Bibliotheken hinzugefügt werden.

```
        private void Form1_Load(object sender, EventArgs e)
        {
            DirectoryInfo myDir;
            FileInfo[] myFiles;
            myDir = new DirectoryInfo(Application.StartupPath);
            myFiles = myDir.GetFiles("*.dll");
            foreach (FileInfo f in myFiles)
                comboBox1.Items.Add(f.Name.Substring(0, f.Name.Length - 4));
```

```
                      comboBox1.SelectedIndex = 0;
            }
```

Mit dem Klick auf den *Button* wird es ernst:

```
        private void button1_Click(object sender, EventArgs e)
        {
```

Laden des Typs aus der gewünschten Assembly:

```
            Type typ = Assembly.LoadFrom(comboBox1.Text + ".dll").GetType(comboBox1.Text +
                                ".Compute");
```

Instanz erstellen:

```
            object obj = Activator.CreateInstance(typ);
```

Methode abrufen (hier sehen Sie die Vorteile von Reflection):

```
            MethodInfo meth = typ.GetMethod("Calc");
```

Die Eingabewerte in *Integer*-Werte umwandeln:

```
            int p1 = Convert.ToInt32(textBox1.Text);
            int p2 = Convert.ToInt32(textBox2.Text);
```

Die Methode *Calc* aufrufen und den Rückgabewert auswerten:

```
            int p3 = (int) meth.Invoke(obj, new object[] { p1, p2 });
            label1.Text = "= " + p3.ToString();
        }
```

Übergabewerte beim Methodenaufruf sind das betreffende Objekt und (in einem Objektarray) die Parameter/Übergabewerte.

Anzahl, Anordnung und Datentyp im Objektarray müssen mit Anzahl, Anordnung und Typ der Parameter der aufzurufenden Methode übereinstimmen!

### Test

Starten Sie das Programm, wählen Sie eine mathematische Funktion  und klicken Sie auf den *Button*. Im *label1* sollte jetzt das richtige Ergebnis erscheinen.

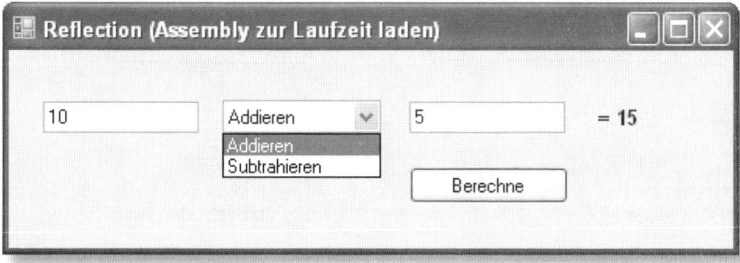

### Bemerkung

Wie Sie sehen, ist es fast problemlos möglich, zur Laufzeit Objekte aus externen Assemblies zu erzeugen und deren Methoden auszuführen. Obiger Quellcode könnte zum Beispiel dahingehend geändert werden, dass auch die enthaltenen Namespaces identische Namen bekommen. In diesem Fall genügt schon die Änderung des Assembly-Namens beim Laden, um eine gänzlich andere Funktionalität bereitzustellen. So könnten Sie spezielle Im-/Exportfilter, Add-Ins etc. programmieren.

# R11.14   Eine Assembly dynamisch erzeugen

Wer jetzt an aufwändige Parser- und Compilerprogrammierung denk, liegt völlig falsch. Wir greifen einfach in die "Werkzeugkiste" von .NET und bedienen uns bei den schon vorhandenen Compilern. Sie können mit dem *Code Document Object Model* aus dem Namensraum *System.-CodeDOM* den Quellcode einer .NET-Programmiersprache zur Laufzeit "zusammenbasteln", compilieren und ausführen! Aus der so erzeugten Assembly können mittels Reflexion die "zusammengebastelte" Funktion aufgerufen und das Ergebnis ausgewertet werden!

In welcher Sprache Sie die Funktion zusammenbauen ist egal, Voraussetzung ist lediglich das Vorhandensein eines zum Compiler passenden CodeDomProviders. Im vorliegenden Fall haben wir uns nicht für C#, sondern für VB.NET entschieden, schließlich wollen Sie als C#-Programmierer auch mal einen Blick über den Tellerrand werfen. Viel wichtiger aber ist, dass für den Endnutzer die VB-Syntax einfacher zu verstehen ist, scheitern doch viele bereits an der peniblen Groß-/Kleinschreibung von C#.

Um dem Beispiel einen praktischen Sinn zu geben, werden wir einen Formelinterpreter zum Berechnen nahezu beliebiger mathematischer Ausdrücke realisieren. Wahlweise kann die erstellte Assembly als Datei gespeichert und später wieder geladen werden.

### Oberfläche

Öffnen Sie eine neue Windows Forms-Anwendung und erstellen Sie ein Formular mit folgendem Aussehen:

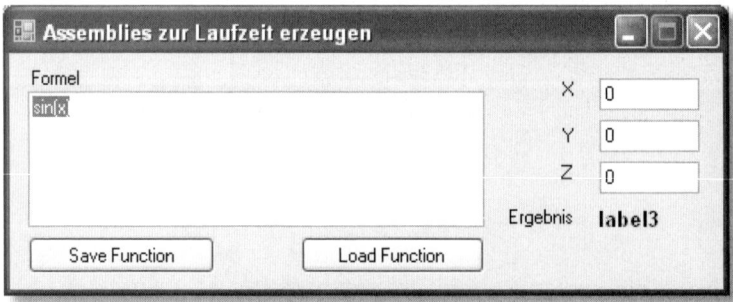

Bei der Gestaltung der Benutzerschnittstelle (*Form1*) haben Sie viel Spielraum, sodass obige Abbildung lediglich als Vorschlag zu verstehen ist. Wir können auf eine Ergebnis-Schaltfläche verzichten, da wir die Berechnung durch einfaches Betätigen der Enter-Taste starten wollen. Außerdem gönnen wir uns noch drei weitere *TextBox*en für *X*, *Y* und *Z*, um auch Variablen in die Formel einbauen zu können.

Zusätzlich fügen Sie noch ein *SaveFileDialog*- und ein *OpenFileDialog*-Control in das Formular ein.

### Quellcode (Klasse Calculator)

Zunächst erstellen wir eine Klasse, mit der Sie die Assembly im Arbeitsspeicher erstellen und verwenden können. Damit lässt sich die Funktion zunächst ausgiebig testen, bevor die Assembly als Datei gespeichert wird.

Fügen Sie zum Projekt eine neue Klasse unter dem Namen *Calculator* hinzu. Die Klasse stellt einzig die statische Methode *Calc* bereit, welcher der zu berechnende Ausdruck als String übergeben wird. Zusätzlich übergeben wir noch die Parameter *X*, *Y*, *Z*. Der Rückgabewert entspricht dem Ergebnis (*double*).

Die *Calc*-Methode erzeugt den Quellcode für ein gültiges VB.NET-Modul mit einer Klasse, die eine ganz einfache Funktion *calculate* zur Berechnung dieses Ausdrucks kapselt. Der Code wird kompiliert und ausgeführt. Um den Code dem VB.NET-Compiler zu übergeben, kommt das CodeDOM (*Code Document Object Model*) zum Einsatz, mit dem sich aus einer Anwendung heraus Programmcode erzeugen lässt. Nach dem Kompilieren wird mittels Reflection auf die erzeugte Assembly zugegriffen und der Ausdruck berechnet.

> **HINWEIS:** Da es nicht sinnvoll ist, bei gleichem Ausdruck und geänderten Variablen die Assembly erneut zu kompilieren, speichern wir die entsprechenden Verweise auf die einmal erzeugte Assembly intern ab und greifen bei Bedarf darauf zu.

```
using System.CodeDom.Compiler;
using Microsoft.VisualBasic;
using System.Reflection;
...
namespace CodeDOM
{
    static class Calculator
    {
```

Zwischenspeichern der Assembly und der Verweise:

```
        private static Assembly ass = null;
        private static Type aClass = null;
        private static MethodInfo aMethod = null;
```

```
private static String expression = "";
private static Object obj;
```

Die Berechnungsfunktion:

```
static public Double Calc(String expr, double x, double y, double z)
{
    expr = expr.Trim().ToLower();
    if (expr.Length == 0) return 0.0;
```

Die Assembly wurde für den übergebenen Ausdruck noch nicht kompiliert:

```
if (expr != expression)
{
    expression = expr;
```

Compilerparameter definieren:

```
CompilerParameters opt = new CompilerParameters(null, "", false);
opt.CompilerOptions = "/reference:System.Windows.Forms.Dll";
opt.GenerateExecutable = false;
opt.GenerateInMemory = true;
```

Den zu kompilierenden VB.NET-Quellcode müssen wir natürlich noch zeilenweise zusammenbauen, mittendrin findet sich unser zu berechnender Ausdruck. Durch die Anweisung *Imports System.Math* können wir mathematische Funktionen wie *Sin* ... auch ohne vorangestellten Namensraum schreiben. Das Voranstellen von *Return* kann in den Code eingebaut werden:

```
String src = "Imports System.Math\n" +
"Namespace Calculator\n" +
"Public Class CalculateIn\n" +
"Public Function calculate(X As Double, Y As Double,
                    Z As Double) As Double\n" +
"Return " + expr + "\n" +                // der zu berechnende Ausdruck!
"End Function\n" +
"End Class\n" +
"End Namespace\n";
```

Endlich kann kompiliert werden:

```
CompilerResults res = new VBCodeProvider().CompileAssemblyFromSource(opt,
                    src);
```

Die Fehlerauswertung:

```
if (res.Errors.Count > 0)
{
    String errors = "";
    foreach (CompilerError cerr in res.Errors)
        errors = errors + cerr.ToString() + "/n";
    ass = null;
    expression = "";
    throw new ApplicationException(errors);
}
```

Die vom Compiler erzeugte Assembly wird mit dem *Reflection*-Mechanismus ausgewertet:

```
            ass = res.CompiledAssembly;
            aClass = ass.GetType("Calculator.CalculateIn");
            aMethod = aClass.GetMethod("calculate");
            obj = Activator.CreateInstance(aClass);
        }
        return Convert.ToDouble(aMethod.Invoke(obj, new object[] {x,y,z}));
    }
  }
}
```

## Quelltext (Form1)

```
using System.CodeDom.Compiler;
using Microsoft.VisualBasic;
using System.Reflection;
...
    public partial class Form1 : Form
    {
```

Die zentrale Anlaufstelle bei Änderungen der Eingabewerte:

```
        private void berechnung()
        {
            double x,y,z;
```

Werte auslesen:

```
            x = Convert.ToDouble(textBox2.Text);
            y = Convert.ToDouble(textBox3.Text);
            z = Convert.ToDouble(textBox4.Text);
            String str;
```

Ausdruck auslesen:

```
str = textBox1.Text.ToUpper();
```

Aufrufen der statischen Methode:

```
try
{
    str = Calculator.Calc(str,x,y,z).ToString();      // statische Methode!
```

Um das Dezimaltrennzeichen sowohl im Ein- als auch im Ausgabefeld einheitlich als Punkt darzustellen, wandeln wir im Ergebnisstring das Komma einfach in einen Punkt um:

```
    label1.Text = str.Replace(',', '.');
}
```

Eine Instanziierung der Klasse *Calculator* kann entfallen, da lediglich ein statischer Methodenaufruf erfolgt. Aufgrund der vielen möglichen Compilerfehler bei Syntaxverstößen wird der entscheidende Methodenaufruf in einer Fehlerbehandlung gekapselt:

```
catch (Exception ex)
{
    label1.Text = "";
    MessageBox.Show(ex.Message);
}
}
```

Alle vier *TextBox*en benutzen den folgenden gemeinsamen *KeyPress*-Eventhandler, er sorgt dafür, dass die Eingabe eines Kommas ignoriert wird (Dezimaltrennzeichen ist der Punkt) und dass die Berechnung stets mittels Enter-Taste gestartet wird:

```
private void textBox1_KeyPress(object sender, KeyPressEventArgs e)
{
    if (e.KeyChar == (Char)Keys.Decimal)
        e.Handled = true;
    else
        if (e.KeyChar == (Char)Keys.Enter)
        {
            berechnung();
            e.Handled = true;
        }
}
```

Die Assembly als Datei erstellen:

```
private void button1_Click_1(object sender, EventArgs e)
{
```

Dateinamen ermitteln:

```
if (saveFileDialog1.ShowDialog() == DialogResult.OK)
{
```

Gleicher Ablauf wie bei der Klasse *Calculator*:

```
string expr = textBox1.Text.Trim().ToLower();
if (expr.Length == 0) return;
CompilerParameters opt = new CompilerParameters(null, "", false);
opt.GenerateExecutable = false;
```

Doch hier kommt der Unterschied:

```
opt.GenerateInMemory = false;
opt.OutputAssembly = saveFileDialog1.FileName;
String src = "Imports System.Math\n" +
        "Public Class Calculate\n" +
        "Public Function Calc(X As Double, Y As Double, " +
        "Z As Double) As Double\n" +
        "Return " + expr + "\n" +          // der zu berechnende Ausdruck!
        "End Function\n" +
```

Zusätzlich fügen wir eine zweite Funktion in die Assembly ein, über die wir die Funktion als String zurückgeliefert bekommen:

```
"Public Function CalcExpression() As String\n" +
"Return \"" + expr + "\"\n" +
"End Function\n" +
"End Class\n";
```

Etwas Fehlerbehandlung:

```
CompilerResults res = new VBCodeProvider().CompileAssemblyFromSource(opt, src);
if (res.Errors.Count > 0)
{
        String errors = "";
        foreach (CompilerError cerr in res.Errors)
            errors = errors + cerr.ToString() + "\n";
        MessageBox.Show(errors);
}
}
```

Ist eine Assembly erstellt, können wir diese zu jedem späteren Zeitpunkt wieder laden:

```
private void button2_Click(object sender, EventArgs e)
{
    if (openFileDialog1.ShowDialog() == DialogResult.OK)
```

```
            {
                double x, y, z;
                x = Convert.ToDouble(textBox2.Text);
                y = Convert.ToDouble(textBox3.Text);
                z = Convert.ToDouble(textBox4.Text);
```

Typ abrufen:

```
                Type typ = Assembly.LoadFrom(openFileDialog1.FileName).GetType("Calculate");
```

Instanz erstellen:

```
                object obj = Activator.CreateInstance(typ);
```

Die beiden Methoden parametrieren und aufrufen:

```
                MethodInfo meth1 = typ.GetMethod("Calc");
                double ret1 = (double)meth1.Invoke(obj, new object[] { x, y, z });
                MethodInfo meth2 = typ.GetMethod("CalcExpression");
                string ret2 = (string)meth2.Invoke(obj, new object[] {});
```

Anzeige der Funktionsergebnisse:

```
                MessageBox.Show("Funktion = " + ret2.ToString());
                MessageBox.Show("Ergebnis = " + ret1.ToString());
            }
        }
    }
```

## Test

Geben Sie einen beliebig komplizierten bzw. verschachtelten arithmetischen Ausdruck ein (mit oder ohne Parameter *x*, *y*, *z*). Grundlage ist zwar die VB-Syntax, aber die Unterschiede zu C# sind minimal. Die Groß-/Kleinschreibung ist ohne Bedeutung.

Starten Sie die Berechnung mit der Enter-Taste!

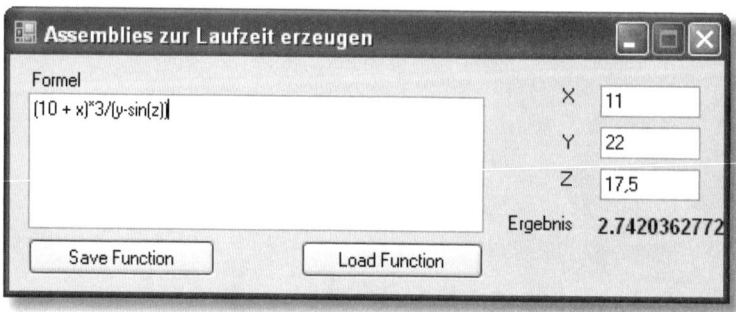

Bei syntaktischen Verstößen erfolgen in der Regel recht ausführliche Fehlermeldungen. Das Beispiel in der folgenden Abbildung zeigt, was passiert, wenn versehentlich der VB-Quadrat-wurzel-Operator SQRT mit SQR verwechselt wurde:

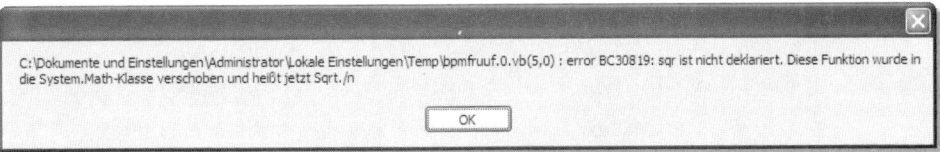

Speichern Sie nach erfolgreichem Test die Assembly ab. Mit dem .NET-Reflector können Sie jetzt einen Blick in die Assembly werfen:

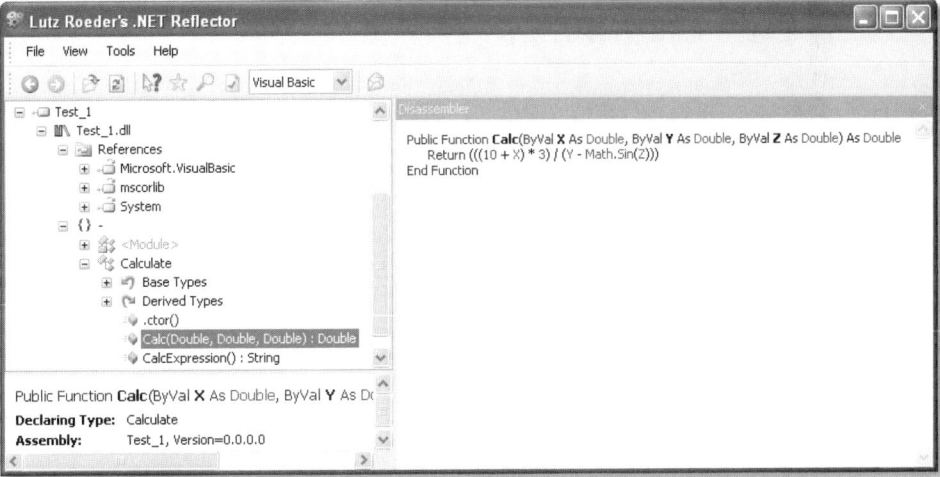

Wie nicht anders zu erwarten, finden sich beide Methoden, auch der zugehörige Quellcode dürfte Ihnen bekannt vorkommen.

Nach dem Laden der Assembly werden die Werte der drei Textboxen für die Berechnung herangezogen:

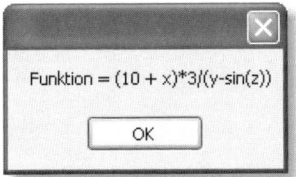
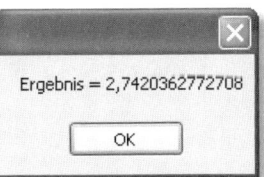

### Bemerkungen

▪ Die Klasse *Calculate* ist ausbaufähig, denn sie kann nicht nur einen einzigen Ausdruck, sondern auch einen kompletten Algorithmus berechnen, in welchem weitere Funktionen aufgerufen werden können.

▪ Gegebenenfalls ist auf das Vorhandensein der *Return*-Anweisung zu prüfen, sodass diese nur im Bedarfsfall (wie in unserem Beispiel) per Programmcode hinzugefügt werden muss.

▪ Wollen Sie für den zu berechnenden Ausdruck nicht die VB-, sondern die C#-Syntax verwenden, muss natürlich ein anderer Quellcode "zusammengebaut" werden und Sie müssen den entsprechende C#-Codeprovider instanziieren. Alle anderen Befehle unterscheiden sich nicht.

## R11.15   Eine GUID erzeugen

Für verteilte Datenbankanwendungen braucht man häufig als eindeutige ID eine GUID. Doch wo bekommen wir diese her?

Unter .NET kein Problem, mit dem Namespace *System* kommt auch die Klasse *Guid*, die wiederum die Methode *NewGuid* zur Verfügung stellt.

**BEISPIEL:**   Anzeige einer GUID

```
...
    label1.Text = System.Guid.NewGuid().ToString();
...
```

## R11.16   Bytes in MByte umrechnen

Wollen Sie die Speicherplatzgröße in MByte und nicht in Byte anzeigen, müssen Sie das wie folgt umrechnen:

```
KB = Byte / 1024;
MB = KB / 1024;
GB = MB / 1024;
```

Also gilt

```
MB = Byte / 1048576;
```

**BEISPIEL:**  Anzeige des vom aktuellen Prozess belegten Speicherplatzes:

```
...
    label1.Text = "Der vom Prozeß belegte Speicherplatz: " +
                 (Environment.WorkingSet/1048576).ToString("#.00 MB");
...
```

Beachten Sie aber folgende Ausnahme von der Regel:

**HINWEIS:**  Bei Festplatten werden die GB vom Hersteller in 1000000000-Bytes angegeben!

## R11.17  Einen String verschlüsseln

Die unter .NET 2.0 neu eingeführte Klasse *SecureString* legt eine Zeichenkette in verschlüsselter Form im Hauptspeicher ab und ermöglicht somit einen Schutz für sensible Daten (Passwörter). Damit wird in .NET 2.0 eine Sicherheitslücke eliminiert, die dadurch entsteht, dass der Entwickler keinen Einfluss darauf hat, wann erzeugte Zeichenketten von der Garbage Collection entsorgt werden und durch ein Speicherabbild Hacker somit sensible Informationen erhalten könnten.

Ein einmal gesetzter Wert kann über die Methoden *AppendChar*, *RemoveAt* und *SetAt* solange verändert werden, bis die Zeichenkette mittels *MakeReadOnly* als nicht mehr veränderbar gekennzeichnet wird. Mittels *Clear*-Methode lässt sich der Wert wieder aus dem Hauptspeicher entfernen.

**HINWEIS:**  Die *SecureString*-Klasse verfügt über keinerlei Methoden, um den internen Wert anzuzeigen was mit der Notwendigkeit begründet wird, den Inhalt gegen jegliche Einsichtnahme und Manipulation zu schützen.

Ein Entschlüsseln des Inhalts ist nicht trivial, sondern nur über Win32-Zeiger möglich, wofür Sie z.B. die *SecureStringToBSTR*-Methode der *Marshal*-Klasse verwenden können.

## Oberfläche

Das Startformular, zwei *TextBox*en und zwei *Button*s genügen für eine kleine Demo.

## Quellcode

```
public partial class Form1 : Form
    {
        public Form1()
        {
            InitializeComponent();
            textBox1.Text = "mein Passwort";
        }


        private System.Security.SecureString sichererStr = new System.Security.SecureString();
```

Verschlüsseln:

```
        private void button1_Click(object sender, EventArgs e)
        {
            textBox2.Text = String.Empty;
            sichererStr.Clear();
            string klarerStr = textBox1.Text;
```

Der Klarstring wird zeichenweise durchlaufen und verschlüsselt:

```
            for (int i = 0; i < klarerStr.Length; i++)
                sichererStr.AppendChar(klarerStr[i]);
```

Wenn Sie die folgende Anweisung auskommentieren, wäre auch ein Löschen des verschlüsselten Strings mittels *Clear* nicht möglich:

```
            //sichererStr.MakeReadOnly();
            textBox1.Text = String.Empty;
        }
```

Entschlüsseln:

```
        private void button2_Click(object sender, EventArgs e)
        {
            IntPtr ptr = System.Runtime.InteropServices.Marshal.SecureStringToBSTR(sichererStr);
            string klarerStr = System.Runtime.InteropServices.Marshal.PtrToStringUni(ptr);
            textBox2.Text = klarerStr;
        }
    }
```

### Test

Nach Programmstart können Sie beliebige Strings ver- und entschlüsseln.

Leider besteht, wie eingangs bereits begründet, keine Möglichkeit, den verschlüsselten String anzuzeigen.

### Bemerkungen

- Hauptaufgabe der Klasse *SecureString* ist die Übergabe der verschlüsselten Kennwortzeichenkette an eine Klasse, die ein Passwort erwartet.

- *SecureString* verwendet für die interne Schlüsselverwaltung das Data Protection API (DAPI).

## R11.18   Die Verwendung von DoEvents verstehen

Läuft ein rechenzeitintensives Programm, werden andere (gleichzeitig geöffnete) Anwendungen blockiert. Abhilfe schafft die *Application.DoEvents*-Methode. Wie Sie diese vernünftig einsetzen, zeigt Ihnen dieses Rezept.

### Oberfläche

Auf einer *Form* platzieren Sie einige *Label,* ein *Timer*-Control, eine *ProgressBar* sowie vier *Button*s (siehe Laufzeitansicht).

Stellen Sie die *Maximum*-Eigenschaft der *ProgressBar* auf 10000000 und die *Interval*-Eigenschaft des *Timer*s auf 500 (*Enabled = True*).

Mit dem Klick auf jeden der drei Schaltflächen wird 10.000.000 Mal der Sinus eines Wertes berechnet und die dafür benötigte Rechenzeit angezeigt. Den prozentualen Fortschritt innerhalb der Rechenschleife zeigt die *ProgressBar*.

## Quelltext

```
public partial class Form1 : Form
{

...
```

Die "Uhr" (*label1*) soll den Einfluss von *DoEvents* auf das Verhalten anderer Prozesse/Anwen-
dungen verdeutlichen:

```
private void timer1_Tick(object sender, EventArgs e)
{
    label1.Text = System.DateTime.Now.ToLongTimeString();
}
```

Die erste Variante ermittelt die Sinus-Werte, ohne auf die eigene oder andere Anwendungen
Rücksicht zu nehmen (die Uhr "steht"). Mit diesem "egoistischen" Verhalten wird die schnell-
ste Ausführungszeit erkauft:

```
private void button1_Click(object sender, EventArgs e)
{
    double a = 3.111, von, bis;
    progressBar1.Value = 0;
    von = System.Environment.TickCount;

    for (int x = 1; x < 10000000; x++)
    {
        a = Math.Sin(x) + a;
        if (x % 500 == 0) progressBar1.Value = x;
    }
    bis = System.Environment.TickCount;
    label2.Text = ((bis - von) / 1000).ToString() + " s";
}
```

Bei der zweiten Variante wird bei **jedem** Schleifendurchlauf die Rechenzeit für andere Anwendungen freigegeben. Die Uhr läuft jetzt zwar weiter, aber die Programmlaufzeit steigt
drastisch an!

```
private void button2_Click(object sender, EventArgs e)
{
    double a = 3.111, von, bis;
    progressBar1.Value = 0;
    von = System.Environment.TickCount;

    for (int x = 1; x < 10000000; x++)
    {
```

```
        a = Math.Sin(x) + a;
        Application.DoEvents();
        if (x % 500 == 0) progressBar1.Value = x;
    }
    bis = System.Environment.TickCount;
    label3.Text = ((bis - von) / 1000).ToString() + " s";
}
```

Dass man durch geschickte Zuteilung von Ressourcen an andere Anwendungen durchaus eine akzeptable Programmlaufzeit erreichen kann, beweist die letzte Variante. Die Ressourcen werden mit jedem 500ten Durchlauf freigegeben. Die Uhr kann genügend "Luft schnappen", um ihre Aufgabe auszuführen:

```
private void button3_Click(object sender, EventArgs e)
{
    double a = 3.111, von, bis;
    progressBar1.Value = 0;
    von = System.Environment.TickCount;

    for (int x = 1; x < 10000000; x++)
    {
        a = Math.Sin(x) + a;
        if (x % 500 == 0)
        {
            progressBar1.Value = x;
            Application.DoEvents();
        }
    }
    bis = System.Environment.TickCount;
    label4.Text = ((bis - von) / 1000).ToString() + " s";
}
```

Ähnlich wie mit der Zeitanzeige verhält es sich mit dem Schließen der Anwendung, was nur dann möglich ist, wenn Rechenzeit freigegeben ist:

```
private void button4_Click(object sender, EventArgs e)
{
    this.Close();
}
}
```

## Test

Probieren Sie die drei Alternativen aus und beobachten Sie dabei die Uhr!

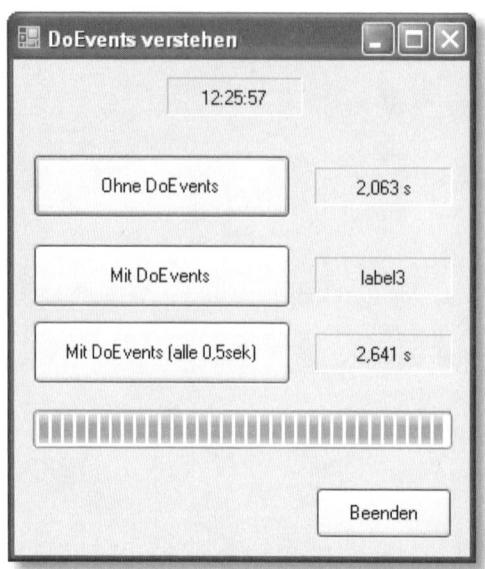

HINWEIS: Beim Gegenüberstellen der drei Varianten werden Sie merken, dass der Verzicht auf *DoEvents* (Variante 1) noch mit einem weiteren Nachteil behaftet ist: So ist es unmöglich, das Programm während des Schleifendurchlaufs zu beenden.

# R11.19   Eine Pause realisieren

Einen *Delay*-Befehl werden Sie unter C# vergeblich suchen, und das ist auch gut so, schließlich ist Windows ein Multitasking-System.

Wir zeigen in diesem Rezept zwei Varianten, mit denen Sie sich helfen können:

- Sie verwenden eine Hilfsprozedur *delay(zeit)*  mit einer *DoEvents*-Schleife. Die *DoEvents*-Anweisung ermöglicht anderen Anwendungen (auch einem *Timer* oder weiterem Thread Ihrer Anwendung), ihre "Tätigkeit" fortzusetzen. Sollten Sie diese Anweisung weglassen, "steht" der Rechner für die angegebene Zeit.

- Alternativ können Sie auch die *Thread.Sleep*-Methode verwenden. Ihre Anwendung ist für einige Sekunden in den Tiefschlaf versetzt und benötigt überhaupt keine Rechenzeit mehr. Allerdings lässt sich die Anwendung nicht mehr bedienen, der gesamte Prozess, und dazu gehören auch alle Funktionen der Oberfläche, "schläft".

### Oberfläche

Zwei *Button*s und eine *ListBox* für die Statusanzeige genügen.

## Quelltext

```
public partial class Form1 : Form
{
...
```

Variante 1:

```
    private void delay(int zeit)
    {
        int zeit1;
        zeit1 = System.Environment.TickCount;
        while ((System.Environment.TickCount - zeit1) < zeit)
            Application.DoEvents();
    }

    private void Button1_Click(object sender, EventArgs e)
    {
        listBox1.Items.Add("Start");
        delay(5000);
        listBox1.Items.Add("Stop");
    }
```

Variante 2:

```
    private void Button2_Click(object sender, EventArgs e)
    {
        listBox1.Items.Add("Start");
        Application.DoEvents();
        System.Threading.Thread.Sleep(5000);
        listBox1.Items.Add("Stop");
    }
}
```

**HINWEIS:** Das *Application.DoEvents* ist nötig, da sonst die Startmeldung nicht angezeigt wird.

## Test

Beide Varianten liefern hier eine Zeitverzögerung von etwa 5 Sekunden:

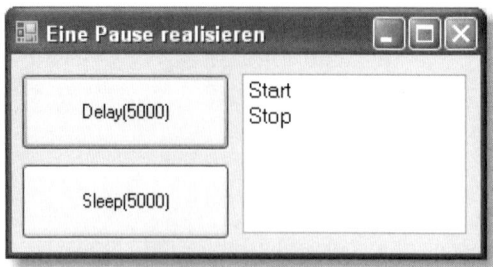

---

**HINWEIS:** Die *delay*-Prozedur nach Variante 1 ist vorzuziehen, da sie Ihrer Anwendung Gelegenheit gibt, notwendige Funktionen auszuführen. Lediglich der aktuelle Programmablauf (Ereignisprozedur etc.) ist unterbrochen, andere Ereignisse, z.B. *Timer* oder *MouseClick*, können weiterhin ausgelöst werden.

---

# R11.20  Hilfedateien programmieren

Zu einer professionellen C#-Applikation gehört, genauso wie zu jedem anderen Windows-Programm, eine Hilfedatei. In diesem Rezept lernen Sie, wie man eine solche Hilfedatei unter Verwendung des Microsoft *HTML Help Workshops* erstellt.

Im nachfolgenden Rezept R11.21 "Hilfedateien in Visual C#-Anwendungen einbinden" erfahren Sie dann den Rest.

## Der HTML Help Workshop

Dieses komplexe Autorentool unterstützt Sie bei der Anfertigung von HTML-Hilfedateien:

- Erstellen eines Projekt-Files (*.hhp*)
- Formatieren von Hilfeseiten (*.htm*, *.html*)
- Erstellen von Inhaltsdateien (*.hhc*)
- Index-Files (Navigieren zwischen den Topics)
- Einbinden von Bild- und Multimediadateien
- Hilfefenster und Styles definieren
- Hilfedateien kompilieren (*.chm*)
- Testen und Debuggen von Hilfedateien

Den HTML Help Workshop können Sie unter folgender Adresse herunterladen:

```
http://msdn.microsoft.com/library/enus/htmlhelp/html/hw MicrosoftHTMLHelpDownloads.asp
```

Die folgenden Ausführungen sollen Ihnen den Einstieg erleichtern.

> HINWEIS: Auf das Erstellen von HTML-Seiten werden wir nicht weiter eingehen, dafür stehen zum Beispiel MS *Frontpage* oder auch eine ganze Reihe von Free- bzw. Shareware-Tools zur Verfügung.

## Bedienung am Beispiel

"Der Schuster trägt selbst die schlechtesten Schuhe" und so ist auch die Hilfe zur HTML-Help teilweise ziemlich verwirrend. Hier der Versuch, einen besseren Einstieg zu vermitteln:

- Schreiben Sie mit einem HTML-Editor (z.B. Word oder *Microsoft FrontPage Express*) die einzelnen Hilfeseiten. Fügen Sie Hotspots bzw. Hyperlinks ein, so dass jede Seite erreichbar ist.

- Öffnen Sie den Microsoft HTML Workshop (*hhw.exe*).

- Wählen Sie im Dialogfeld *Project* den Befehl *File/New*.

- Unaufgefordert drängt Ihnen nun ein Wizard seine Dienste auf. An dem Dialogfeld mit der Option *Convert WinHelp Project* gehen Sie achtlos vorbei, das Häkchen setzen Sie nur in dem Fall, wenn Sie ein bereits existierendes älteres Hilfeprojekt (*.hpj*) in das neue HTML-Format konvertieren wollen. Dies dürfte besonders für den Umsteiger hilfreich sein, beantworten sich doch durch Vergleich des ursprünglichen mit dem konvertierten Projekt-File viele Fragen von selbst.

- Über die Schaltfläche "Browse" spezifizieren Sie Ihr *.hhp*-Projekt-File. Zweckmäßigerweise legen Sie es im gleichen Verzeichnis an, in welchem sich auch die *.htm*-Dateien befinden (z.B. als *Garten.hhp*).

- Wählen Sie die Option *Htm-Files*, da Sie die HTML-Dateien ja bereits erstellt haben.

- Im nächsten Fenster fügen Sie über "Add" die *.htm*-Dateien hinzu.

- Klicken Sie nacheinander auf die vorletzte ("Save project, contents and index files") und auf die letzte Schaltfläche ("Save all project files and compile") der linken (senkrechten) Symbolleiste des HTML Help Workshops. Im Logfenster (rechts) können Sie sich vom Erfolg überzeugen.

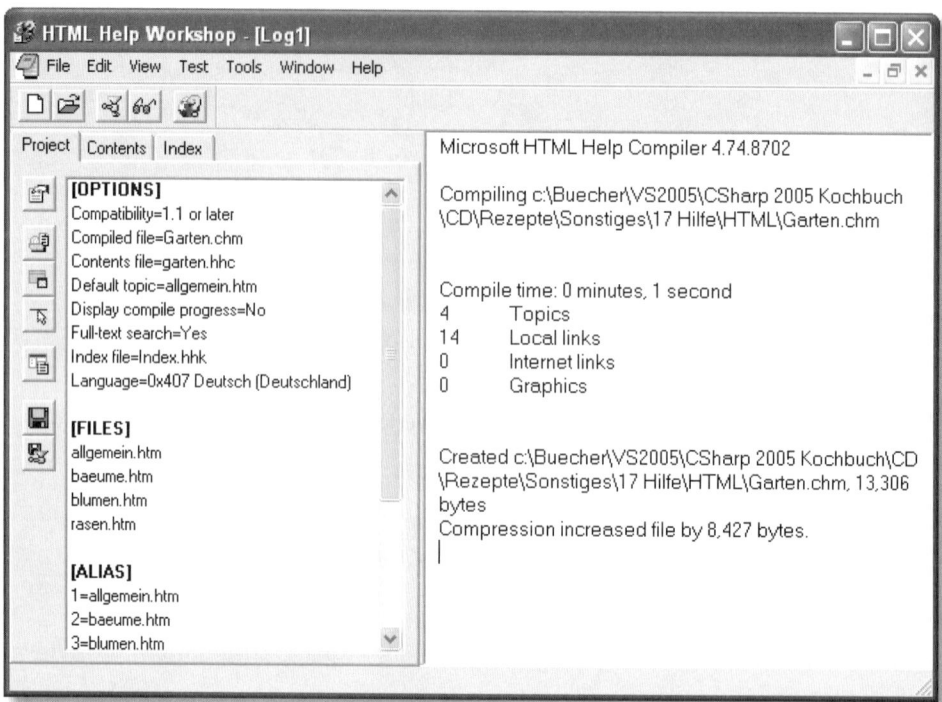

- Wählen Sie "View compiled file" (vorletzte Schaltfläche in der oberen Symbolleiste), so können Sie in einem einzelnen Hilfefenster bereits die erste Hilfeseite sehen und sich über die von Ihnen angelegten Links zu den anderen Seiten bewegen.

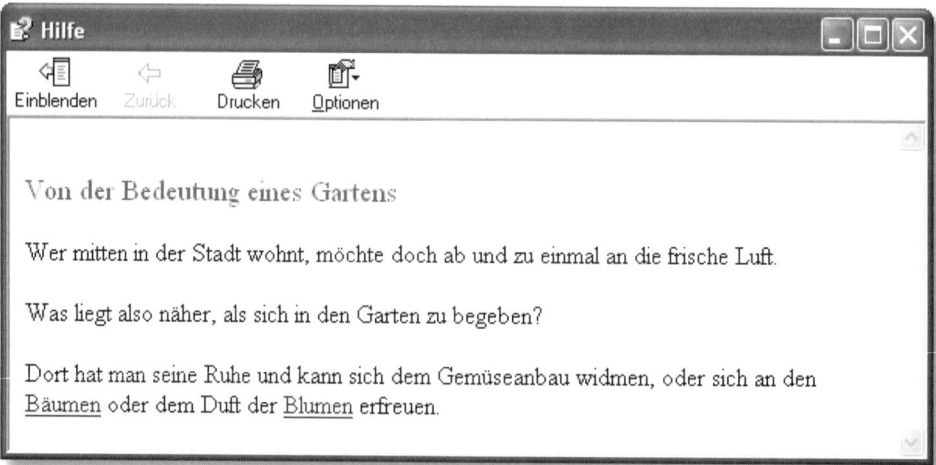

■  Um das Inhaltsverzeichnis zu erstellen, öffnen Sie die Contents-Seite, bestätigen die Option
   "Create a new contents file" und speichern es als *Test.hhc* im Projektverzeichnis.

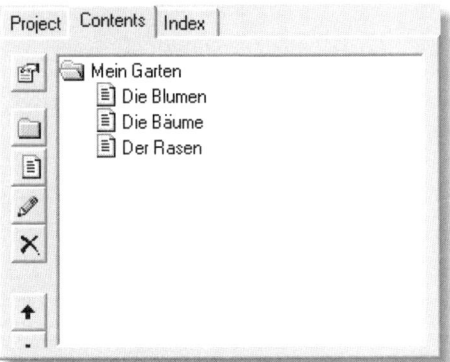

■  Klicken Sie auf die Schaltfläche "Insert a heading" (links, zweite von oben).

■  Wählen Sie als *Entry Title*: "Mein Garten". Klicken Sie auf die "Edit"-Schaltfläche im
   Dialogfeld *Path or URL* und stellen Sie oben das Projekt-File *test.hhp* und unten über die
   "Browse"-Schaltfläche die Seite *allgemein.htm* ein.

■  Klicken Sie auf die Schaltfläche "Insert a page" (links, dritte von oben). Das Meldungsfeld
   "Do you want to insert at the beginning?" quittieren Sie mit "Nein".

■  Weisen Sie auf die gleiche Art die *html*-Dateien der ersten untergeordneten Seite zu.

■  Die gleiche Prozedur wiederholen Sie für alle weiteren untergeordneten Seiten. Beginnen Sie
   dabei immer im Hauptfenster mit der Schaltfläche "Insert a page". Benutzen Sie hier keine
   "Add"-Schaltfläche, sonst kommt es zu einem Compiler-Fehler!

■  Nach Verlassen des HTML-Workshops öffnen Sie die Hilfe, indem Sie auf die kompilierte
   Hilfedatei *test.chm* doppelklicken.

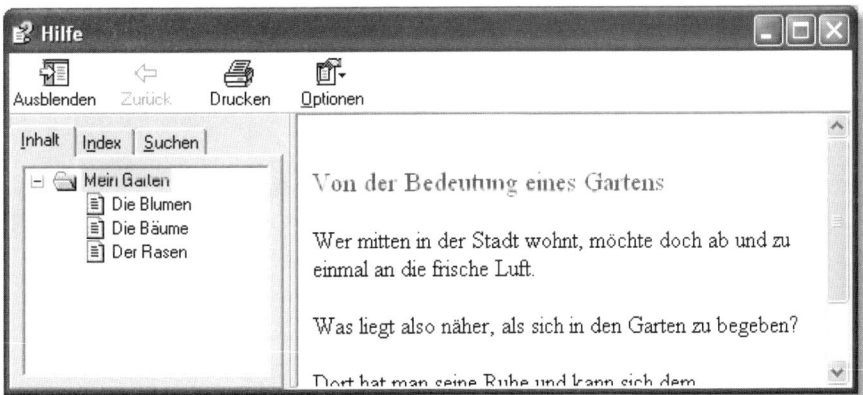

■ Das Hinzufügen einer Indexdatei (*Index.hkk*) funktioniert ähnlich wie bei einer Inhaltsdatei. Diesmal öffnen Sie die Indexseite über die Schaltfläche "Insert a keyword".

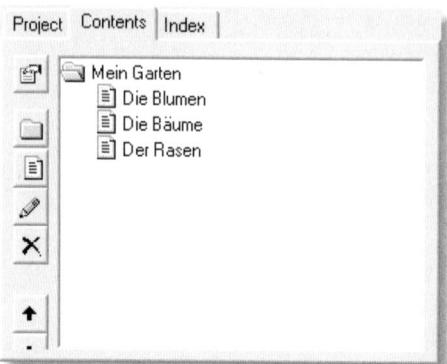

■ Die einzelnen Keywords ordnen Sie auf analoge Weise ("Edit"-Schaltfläche) den jeweiligen *htm*-Seiten zu. Das Ergebnis im Hilfefenster (nach Verlassen des Workshops) zeigt die folgende Abbildung.

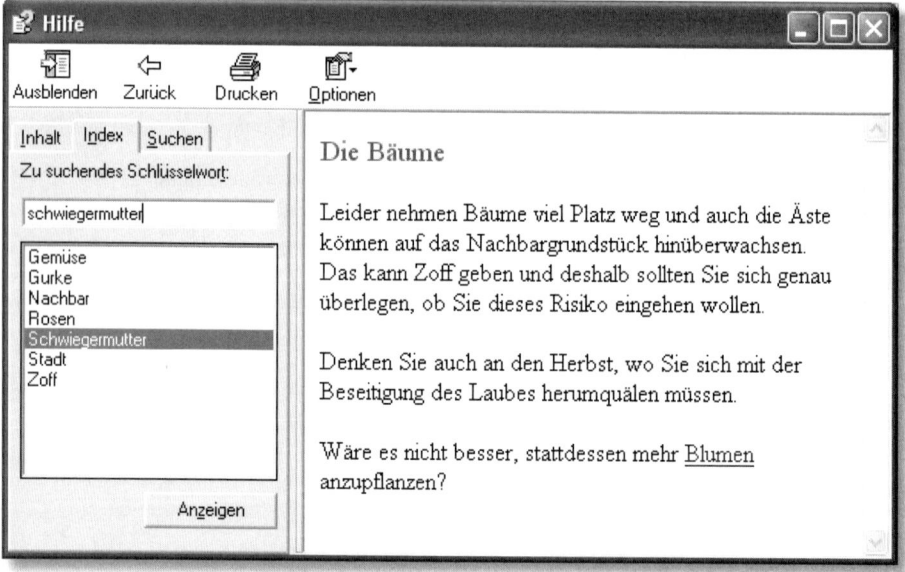

# R11.21    **Hilfedateien in die Visual C#-Anwendung einbinden**

Altgediente Windows-Programmierer werden zunächst einmal recht frustriert nach der bisher üblichen *HelpContextId*-Eigenschaft Ausschau halten und nichts finden. Die bisher übliche Vorgehensweise wird unter VS.NET nicht mehr unterstützt. Stattdessen finden Sie in VS.NET zwei neue Controls und ein *Help*-Objekt vor, die alle bisherigen Aufgaben übernehmen.

Am Beispiel der Hilfedatei aus dem vorhergehenden Rezept R11.20 "Hilfedateien programmieren" möchten wir Ihnen die Vorgehensweise aufzeigen.

## Oberfläche

Entwerfen Sie zunächst eine Oberfläche entsprechend folgender Abbildung:

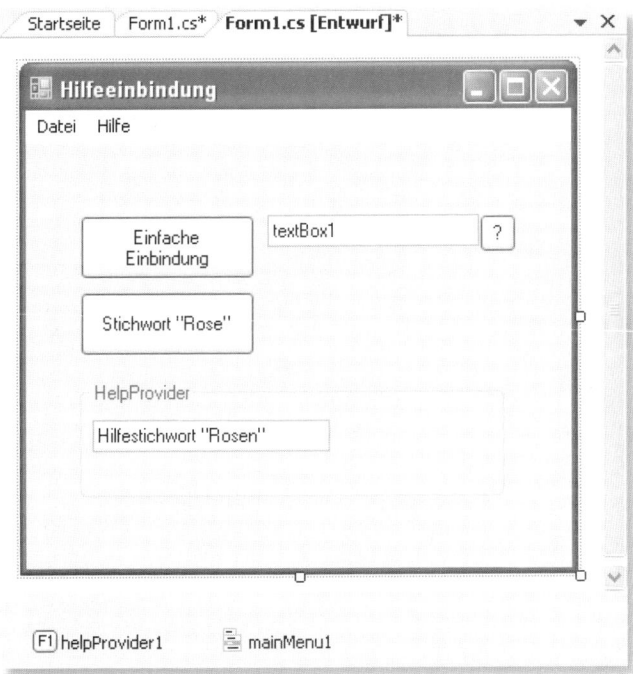

Neben den sichtbaren Komponenten fügen Sie noch eine *HelpProvider*- und eine *MainMenu*-Komponente in das *Form* ein. Erzeugen Sie anschließend ein Hilfemenü mit folgenden Einträgen:

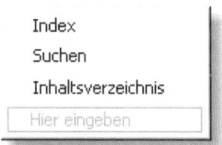

## Quelltext (Hilfemenü)

**HINWEIS:** Kopieren Sie die Hilfedatei aus dem Vorgängerrezept in das *\bin\Debug* Verzeichnis der Anwendung.

Mit Hilfe des *Help*-Objekts (Sie können keine Instanzen bilden) ist es möglich, aus der Applikation heraus eine HTML-Hilfedatei oder eine einzelne HTML-Seite aufzurufen. Als Hauptverwendungsbereich dürfte sich der obige Menüpunkt *Hilfe* anbieten, der wohl in fast keiner
Anwendung fehlt.

Die Routinen, die sich hinter den Menüpunkten *Inhalt*, *Index* und *Suchen* befinden, können Sie
mit der *ShowHelp*-Methode realisieren:

Anzeige der Tabulatorseiten *Inhaltsverzeichnis*, *Index*, *Suchen*:

```
private void MenuItem3_Click(object sender, EventArgs e)
{
    Help.ShowHelp(this, "garten.chm", HelpNavigator.Index);
}


private void MenuItem4_Click(object sender, EventArgs e)
{
    Help.ShowHelp(this, "garten.chm", HelpNavigator.Find);
}


private void MenuItem5_Click(object sender, EventArgs e)
{
    Help.ShowHelp(this, "garten.chm", HelpNavigator.TableOfContents);
}
```

Anzeige des Index mit vorgegebenem Stichwort:

```
private void button2_Click(object sender, EventArgs e)
{
    Help.ShowHelp(this, "garten.chm", HelpNavigator.KeywordIndex, "Rosen");
}
```

Das Ergebnis nach dem Aufruf:

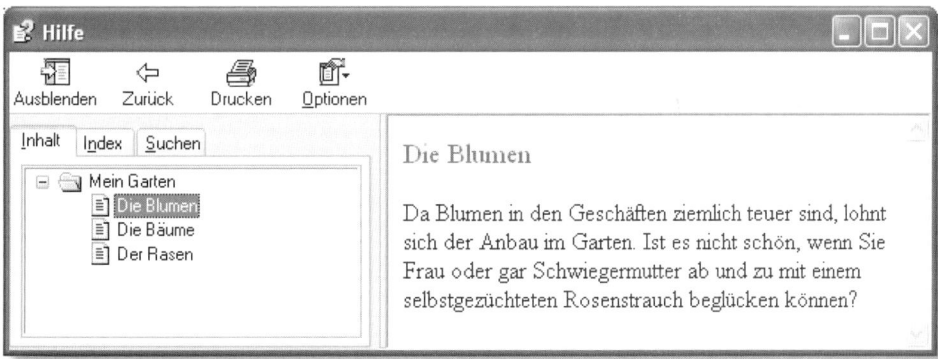

## Quelltext (PopUp-Hilfe)

Mit der *ShowPopup*-Methode realisieren Sie relativ problemlos eine einfache Hilfestellung für beliebige Controls, ohne erst eine Hilfedatei programmieren zu müssen.

BEISPIEL:   Anzeige einer PopUp-Hilfe:

```
Help.ShowPopup(this, "Geben Sie hier Ihr Wunschgehalt ein!", new Point(100, 20));
```

Doch ach, wo landet unser PopUp-Fenster?

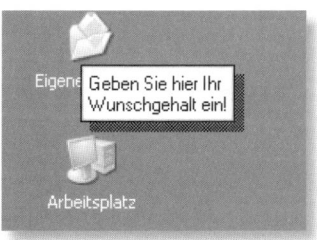

Weit weg vom eigentlichen Geschehen wird die Hilfe angezeigt. Nachbessern ist also angesagt. Dank der neuen Methode *PointToScreen* ist die lästige Koordinatenrechnerei schnell realisiert.

BEISPIEL:   Umrechnen der Anzeigeposition auf Bildschirmkoordinaten:

```
private void button3_Click(object sender, EventArgs e)
{
    Help.ShowPopup(this, "Geben Sie hier Ihr Wunschgehalt ein!",
        textBox1.PointToScreen(new Point(100, 20)));
}
```

Und jetzt läuft es auch so wie gewünscht:

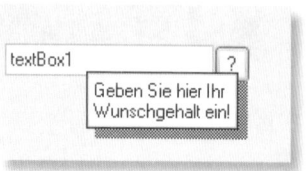

## Quelltext (HelpProvider)

Sicher haben Sie sich auch schon gefragt, wie Sie einzelnen Controls ein bestimmtes Hilfe-Thema zuordnen können. Auch intensivstes Studium der Eigenschaftenliste bringt keine relevanten Erkenntnisse – von Hilfeunterstützung keine Spur. Abhilfe schafft ein recht unscheinbares Control, das zur Laufzeit nicht sichtbar ist:

Mit dem *HelpProvider*-Control aktivieren bzw. realisieren Sie die Hilfeunterstützung für ein Formular. Ziehen Sie einfach die entsprechende Komponente aus der Toolbox in ein Windows Form. Bis jetzt nichts Spektakuläres, doch werfen Sie einmal einen Blick auf die Eigenschaften eines beliebigen Eingabe-Controls (z.B. *TextBox*). Unter dem Stichwort *Sonstiges* tauchen plötzlich einige neue Eigenschaften auf, deren Bedeutung unschwer zu erkennen ist:

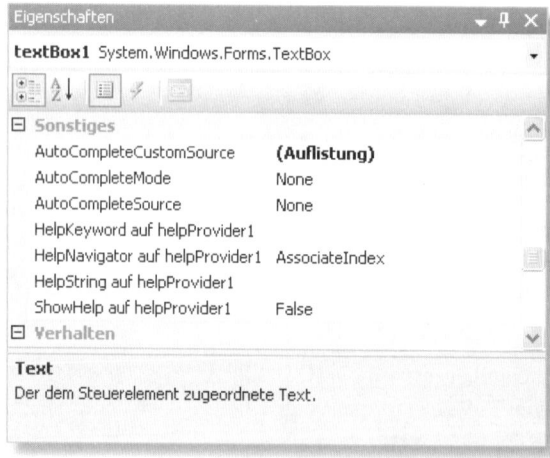

Doch bevor es so weit ist Verknüpfungen herzustellen, sollten Sie die Hilfedatei mit dem *HelpProvider* über dessen *HelpNameSpace*-Eigenschaft (URL) verbinden.

Um die einfache Hilfeunterstützung für das Formular zu aktivieren genügt es, wenn Sie die Formulareigenschaft *Show Help auf HelpProvider* aktivieren (*True*).

Etwas aufwändiger wird es, wenn Sie den einzelnen Eingabe-Controls einen Hilfetopic zuordnen wollen.

Wählen Sie das entsprechende Control (*textBox2*) und weisen Sie die in der folgenden Abbildung angegebenen Eigenschaften zu:

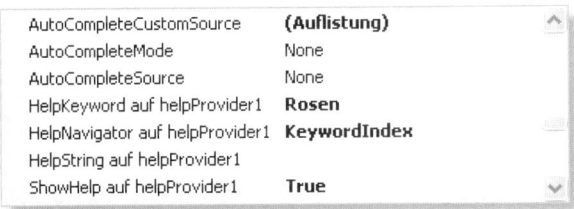

Alternativ können Sie die einzelnen HTML-Seiten auch über den Namen der HTML-Datei auswählen:

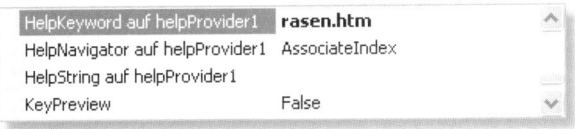

# R11.22  Installationsdateien erzeugen

Haben Sie es endlich geschafft? Ist Ihre Anwendung bereit für den Endkunden? Wenn ja, dann sollten Sie sich eingehend mit den in Visual Studio enthaltenen Setup-Projekten beschäftigen. Mit Hilfe dieser Projekte können Sie ein "professionelles" Setup-Programm erstellen. Doch Vorsicht! Möchten Sie neben Ihrer Framework-Anwendung auch noch das Framework selbst in das Setup aufnehmen, bleibt es nicht bei einer Diskette, planen Sie ruhig eine CD ein.

Der Hinweis, .NET-Anwendungen lassen sich mit XCOPY installieren, dürfte schnell als Märchen enttarnt werden, wenn Sie auch die folgende Aufgabenliste damit realisieren wollen:

▪ Unterscheidung der Betriebssysteme

▪ Installation des Frameworks + Service Packs

▪ Prüfen auf aktuellere Versionen

▪ Auswahl eines Installationsverzeichnisses

▪ Erzeugen von Einträgen im Startmenü (Shortcuts)

▪ Eintragen von Lizenzinformationen in die Registry

▪ Registrieren von Dateitypen (Verknüpfungen)

▪ Eventuelles Kopieren und Registrieren von noch benötigten COM-Komponenten

▪ Deinstallationsroutine

▪ ...

## Das Setup-Projekt

Wer die Ausgaben für einen richtigen Setup-Generator scheut, muss mit dem vorlieb nehmen, was in Visual Studio enthalten ist. Öffnen Sie zunächst das C#-Projekt für das ein Setup erstellt werden soll. Starten Sie danach den Menüpunkt *Datei|Neu|Projekt* und wählen Sie *Setup-Projekt* (zur Projektmappe hinzufügen), wenn Sie eine Windows-Anwendung vertreiben möchten. Für ASP.NET-Projekte wählen Sie stattdessen *Websetup-Projekt*.

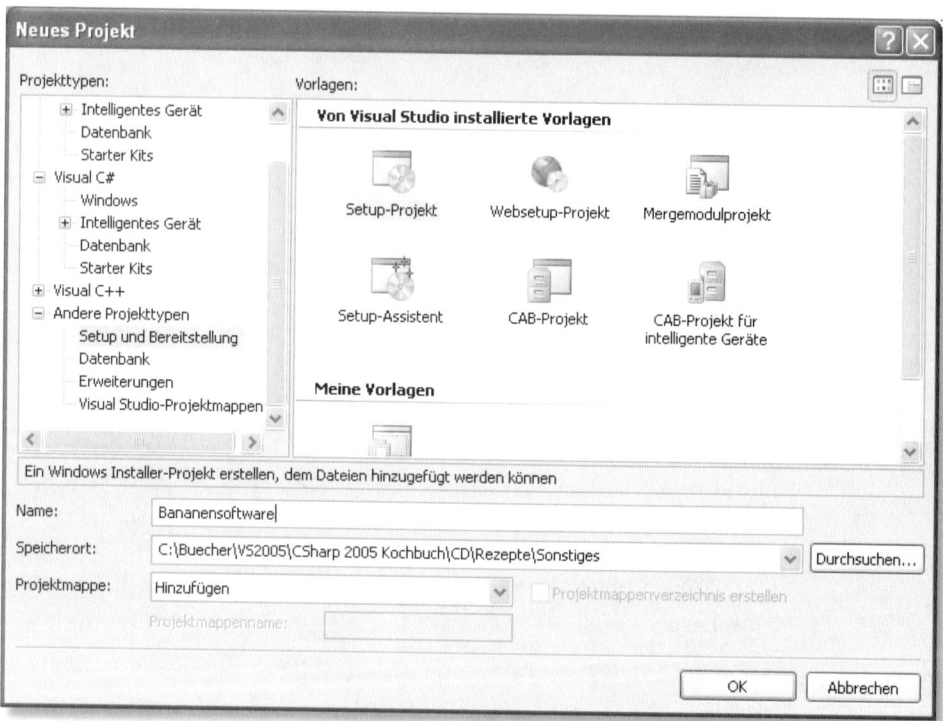

HINWEIS: Sie sollten gleich zu Beginn dem Projekt einen sinnvollen Namen geben, um auch später noch damit etwas anfangen zu können.

Nachfolgend finden Sie im Projektmappen-Explorer ein neues Projekt vor:

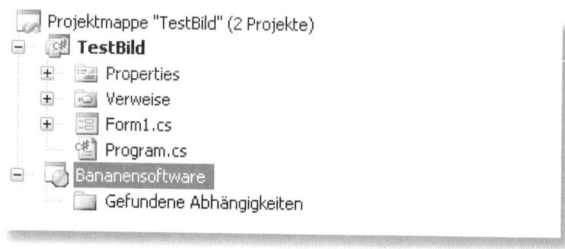

Markieren Sie dieses, sollten folgende Eigenschaften verfügbar sein:

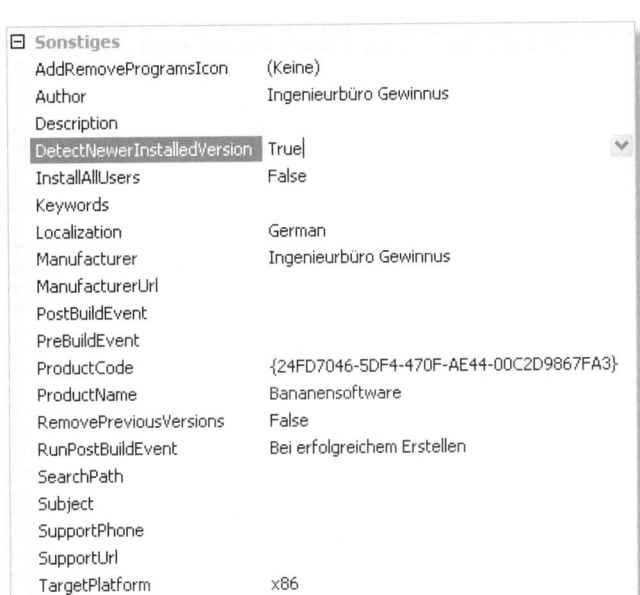

Die Bedeutung der einzelnen Eigenschaften dürfte sich vielfach bereits aus deren Namen ergeben.

---

**HINWEIS:** Die Eigenschaft *ProductName* wird vom Setup-Programm für den zukünftigen Ordnernamen und die Anzeige unter *Systemsteuerung|Software* genutzt.

---

Viel wichtiger ist die Frage, wie Sie Dateien hinzufügen und Registry-Einträge ändern können. Ein Blick auf die Kopfleiste des Projektmappen-Explorers zeigt einige neue Icons, die für die weitere Arbeit von Bedeutung sind:

Die Funktionen von links nach rechts:

- Eigenschaften
- Dateisystem-Editor
- Registrierungs-Editor

- Dateityp-Editor

- Benutzeroberflächen-Editor

- Editor für benutzerdefinierte Aktionen

- Editor für Startbedingungen

## Dateisystem-Editor

Mit diesem Editor können Sie alle dateirelevanten Operationen des Setup-Programms festlegen. Möchten Sie beispielsweise ein bestehendes C#-Projekt hinzufügen, markieren Sie im Dateisystem-Editor den Eintrag *Anwendungsordner* und fügen Sie per Kontextmenü eine Projektausgabe hinzu:

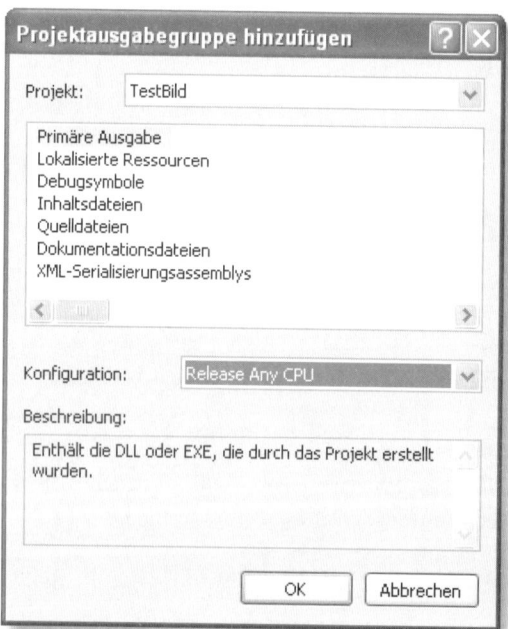

Wählen Sie den Eintrag *Primäre Ausgabe* und bestätigen Sie mit OK. Danach findet sich folgender Eintrag im Dateisystem-Editor:

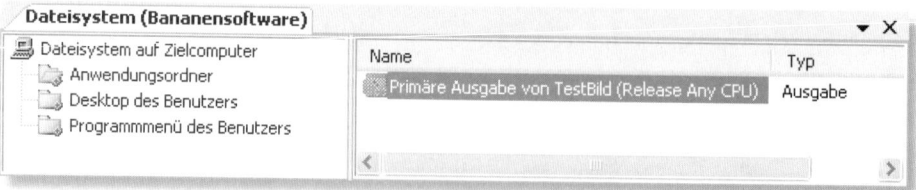

Klicken Sie auf diesen Eintrag und wählen Sie im Kontextmenü den Punkt *Verknüpfung erstellen*. Die neue Verknüpfung ziehen Sie einfach per Drag & Drop in den Folder *Programmmenü des Benutzers*. Auf diese Weise ist bereits der Eintrag im Startmenü erzeugt. Die gleiche Vorgehensweise nutzen Sie für das Erzeugen eines Desktop-Links, nur dass Sie die Verknüpfung in diesem Fall in den Folder *Desktop des Benutzers* ziehen.

**HINWEIS:** Geben Sie den neu erstellten Verknüpfungen einen sinnvollen Namen, denn wie sie hier benannt werden, erscheinen sie auch im Startmenü oder auf dem Desktop.

### Erster Test

Eigentlich spricht jetzt nichts mehr gegen einen ersten Test. Wählen Sie den Menüpunkt *Erstellen|Setup erstellen*. Nach einigem Festplattenrattern verkündet das Protokoll den Erfolg (oder auch nicht). Ein Blick in das Verzeichnis *Release* zeigt die gewünschten Dateien:

Klicken Sie auf *Bananensoftware.msi*, um das Setup direkt zu starten (der MSI dürfte auf Ihrem PC bereits vorhanden sein). Nach einigen bekannten Dialogboxen (Begrüßung, Verzeichnis, Fertig) ist das Programm auf Ihrem PC ordnungsgemäß installiert und in das Startmenü eingetragen. Testen Sie die Funktionsweise der Verknüpfungen und räumen Sie dann Ihren PC über die Systemsteuerung (Software) wieder auf:

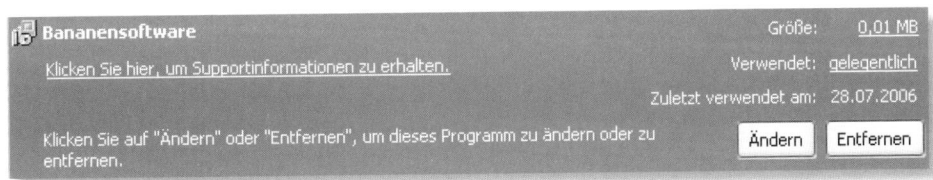

Damit steht bereits das erste Grundgerüst, und wir können weitere Features hinzufügen.

### Registrierungs-Editor

Auch das Erzeugen von Registry-Einträgen ist mit den Setup-Projekten kein Problem. Öffnen Sie den Registrierungs-Editor (nicht den in Windows, sondern den in Visual Studio). Es erwartet Sie ein reduziertes Abbild der Registrierdatenbank mit den für eine Installation wichtigen Baumzweigen:

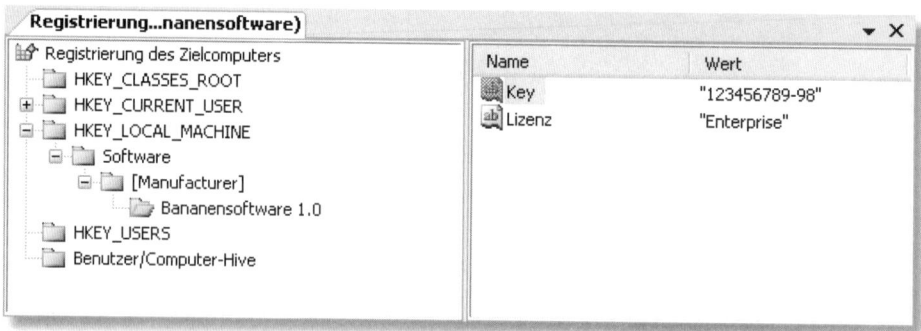

Legen Sie Einträge die alle Nutzer betreffen (Installationspfade etc.) im Baumzweig HKEY_LOCAL_MACHINE ab, nutzerspezifische Daten (letzte geöffnete Datei etc.) im Baumzweig HKEY_CURRENT_USER. Für das Format der Registry-Einträge hat sich die folgende Notation eingebürgert:

```
...\<Software>\<Herstellername>\<Anwendungsname>\<Version>
```

Im obigen Beispiel haben wir auch gleich noch zwei Values (*Key* und *Lizenz*) erzeugt.

---

**HINWEIS:**  Ob die Einträge beim Installieren überschrieben werden sollen oder ob bei einer Deinstallation gelöscht werden, entscheiden Sie über die Eigenschaften der jeweiligen Knoten bzw. Values.

---

Nach dem erneuten Generieren des Setup-Programms und der Installation finden sich die vordefinierten Registry-Einträge auch an den gewünschten Stellen wieder:

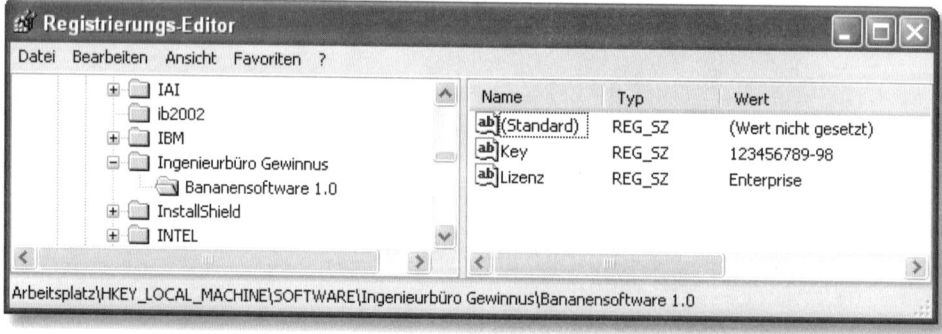

## Dateityp-Editor

Haben Sie eigene Dateitypen für Ihre Anwendung definiert (z.B. \*.*dat*, \*.*ooo*) und möchten Sie, dass diese Dateitypen mit Ihrer Anwendung verknüpft werden (Doppelklick öffnet die Datei), dann sollten Sie den Dateityp-Editor verwenden.

Öffnen Sie diesen und erstellen Sie einen neuen Dateityp (Kontextmenü). Nun können Sie die verschiedenen Aktionen auflisten, die Ihre Anwendung unterstützt (auch Verben genannt):

Für unser Beispiel unterstützen wir das Öffnen (*Open*) und das Drucken (*Print*), wobei wir bei *Print* mit Hilfe eines Kommandozeilenschalters (/P) den *Print*-Befehl vom normalen *Open*-Befehl unterscheiden.

BEISPIEL:   Eigenschaften der *Print*-Aktion

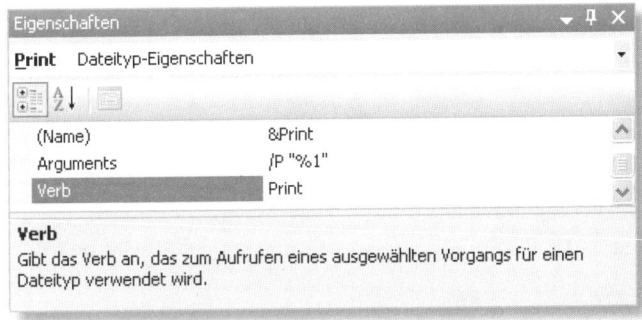

HINWEIS:   Beachten Sie, dass der Platzhalter für den Dateinamen in Anführungszeichen zu setzen ist, andernfalls kommt es bei Dateien mit Leerzeichen im Namen bzw. im Pfad zu Problemen, da das Leerzeichen auch als Parameter-Trenner fungiert.

Beim Test genügt es, wenn Sie eine beliebige Datei in *\*.Banane* umbenennen. Klicken Sie auf die Datei, muss sich die verknüpfte Anwendung öffnen.

Unter *Ordner-Optionen|Dateitypen* können Sie die erzeugten Verknüpfungen überprüfen:

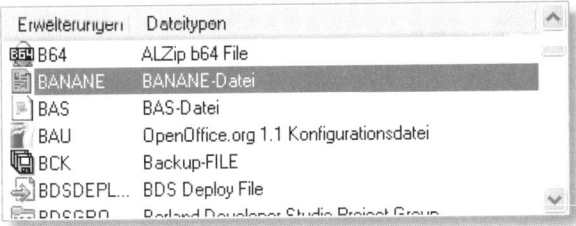

## Benutzeroberflächen-Editor

Mit diesem Editor konfigurieren Sie das optische Erscheinungsbild Ihres Setup-Programms. Hier legen Sie fest, was in den Dialogen angezeigt wird.

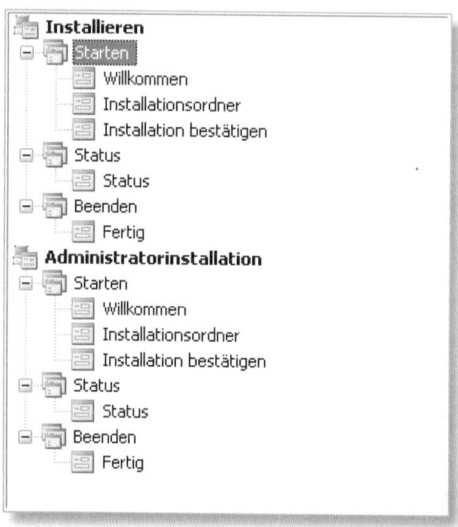

Neben den bereits angezeigten Dialogen können Sie weitere hinzufügen. Wählen Sie dazu den Knoten *Starten* aus und rufen Sie über das Kontextmenü den folgenden Assistenten auf:

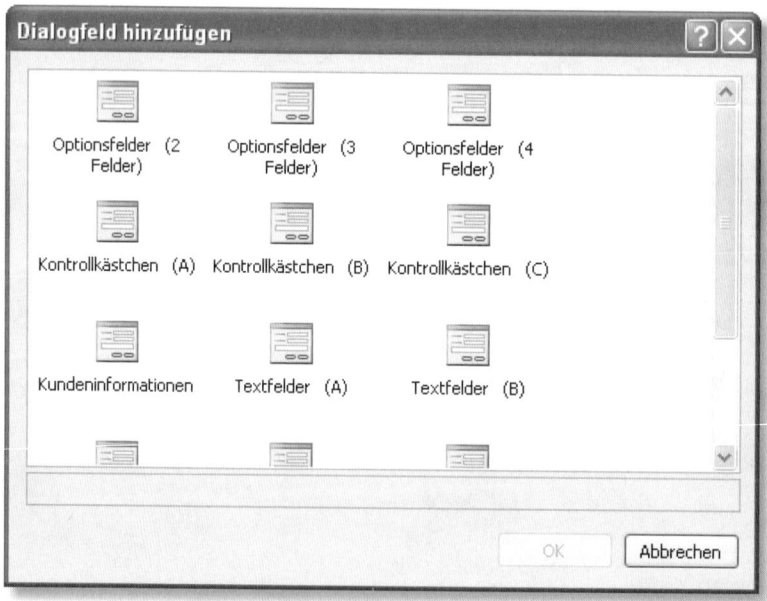

Warum die Microsoft-Programmierer, die ja sonst nicht mit optischen Spielereien geizen, an dieser Stelle gespart haben, bleibt wirklich ein Rätsel. Mehr als die obigen kleinen Icons bekommen Sie von den Dialogen nicht zu sehen. Erst beim Test im Setup-Programm erfahren Sie, dass zum Beispiel das Formular *Textfelder (C)* wie folgt aussieht:

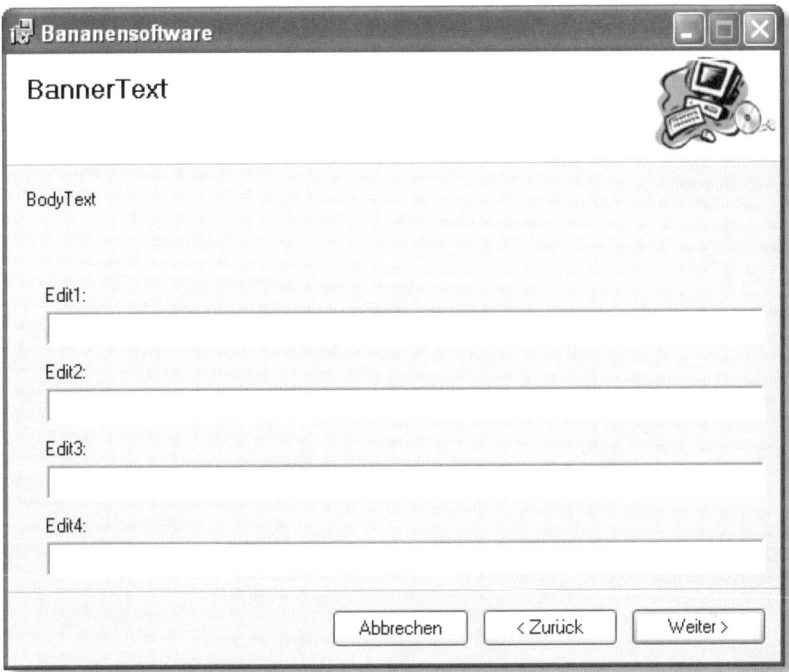

Die Beschriftungen können Sie natürlich über die Eigenschaften an Ihre Bedürfnisse anpassen. Die Anzeigereihenfolge der Dialoge ändern Sie durch einfaches Verschieben im Baum.

### Editor für Startbedingungen

So gern Sie auch Ihr Programm auf fremden PCs sehen (vorausgesetzt es wurde bezahlt), nicht in jedem Fall entspricht die Konfiguration des Endanwenders Ihren Festlegungen. So kann es sein, dass Sie Ihre Anwendung gezielt für Windows 2000/XP[1] entwickelt haben und Funktionen nutzen, die in Windows ME nicht enthalten sind. In diesem Fall sollte schon das Installationsprogramm jeden Versuch verhindern, die Anwendung zu installieren.

Diese Aufgabenstellung übernimmt der *Editor für Startbedingungen*. Hier legen Sie fest, welche Anwendungen installiert sein müssen, welche Registry-Zweige vorhanden sein müssen etc.

---

[1] Wer schon einmal eine Anwendung für alle MS Windows-Versionen entwickelt hat, kann ein Lied davon singen.

**BEISPIEL:**   Voraussetzung für die Installation Ihrer Anwendung soll MDAC ab Version 2.8 sein.

Wählen Sie den *Editor für Startbedingungen* und fügen Sie dem Knoten *Zielcomputer durchsuchen* einen Eintrag *Registrierungssuche* (Kontextmenü) hinzu. Automatisch wird auch eine Bedingung erzeugt, die jedoch noch keinerlei Funktionalität aufweist.

**HINWEIS:**   Mit dem Durchsuchen des Zielcomputers nach Dateien, Registry-Einträgen oder Komponenten wird lediglich ein aktueller Status bestimmt, den Sie später mit den Bedingungen auswerten können.

Die Eigenschaften für die Registry-Suche legen wir wie folgt fest:

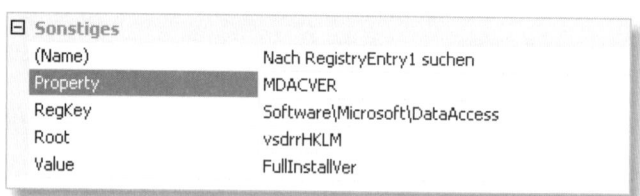

Der zu durchsuchende Registry-Zweig wird mit *RegKey* festgelegt, der Ausgangsknoten mit *Root* (HKEY_LOCAL_MACHINE), der zu suchende Wert mit *Value*. Das Ergebnis der Suche wird in einer "Variablen" *Property* gespeichert und kann über diesen Namen als Bedingung auch abgerufen werden.

Die Bedingungseigenschaften legen Sie auf die gleiche Weise fest, wählen Sie die Bedingung im Baum aus und übernehmen Sie die folgenden Eigenschaften (wir nehmen 2.9, um einen Fehler auszulösen):

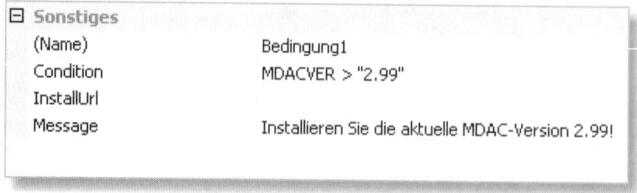

Die *Message*-Eigenschaft enthält den im Fehlerfall anzuzeigenden Text. *Condition* stellt eine Bedingung für den weiteren Ablauf des Installationsprogramms dar.

Der Test im Setup-Programm:

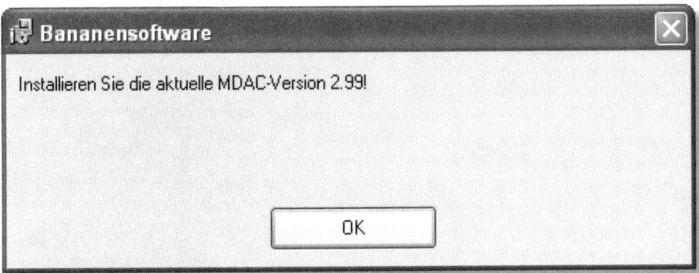

## Test

Nach dem Aufruf des Menüpunkts *Erstellen|Setup erstellen* finden Sie die schon beschriebenen zwei Dateien im *Release*-Verzeichnis vor.

Nach dem Aufruf von *Setup.exe* und einer eventuellen Installation des Frameworks finden Sie sich dann in Ihrem selbst erstellten Installationsprogramm (*\*.msi*) wieder:

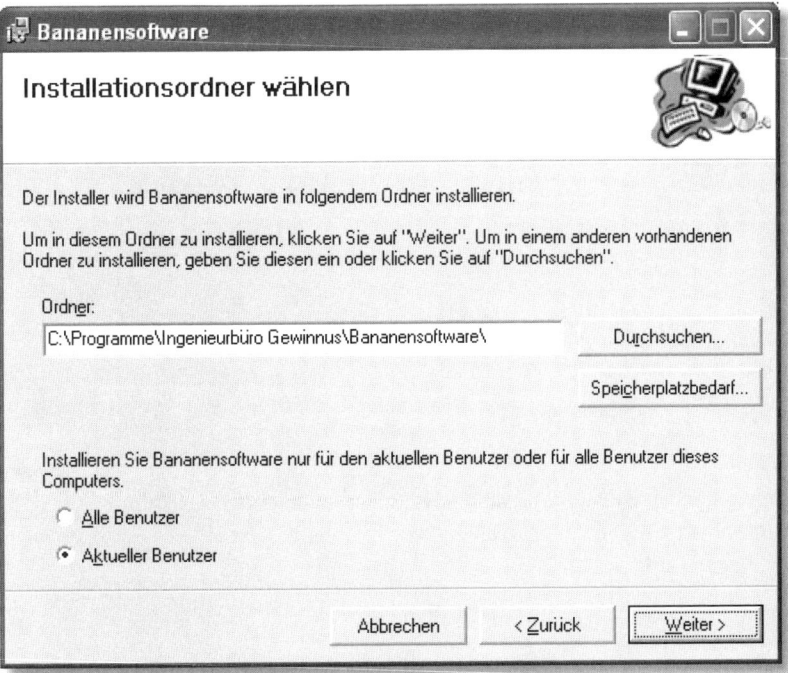

# R11.23   ClickOnce zur Distribution verwenden

Mit *ClickOnce* bietet sich dem .NET 2.0-Entwickler eine weitere Möglichkeit, seine Programme zu verteilen. Dieses Rezept soll dazu eine konkrete Schritt für Schritt Anleitung vermitteln.

Als "Opfer" können Sie  beliebiges Projekt aus Ihrem Fundus verwenden. Allerdings sollte es nicht zu komplex sein, da während der Installation keinerlei Administratorenrechte zur Verfügung stehen und z.B. Einträge in die Registry nicht vorgenommen werden können.

## Ort der Veröffentlichung

Rufen Sie das Menü *Projekt\Eigenschaften...* auf und wählen Sie die Registerseite "Veröffentlichen". Tragen Sie dort den Ort der Veröffentlichung ein, für einen ersten Test eignet sich der lokale Webserver (IIS).

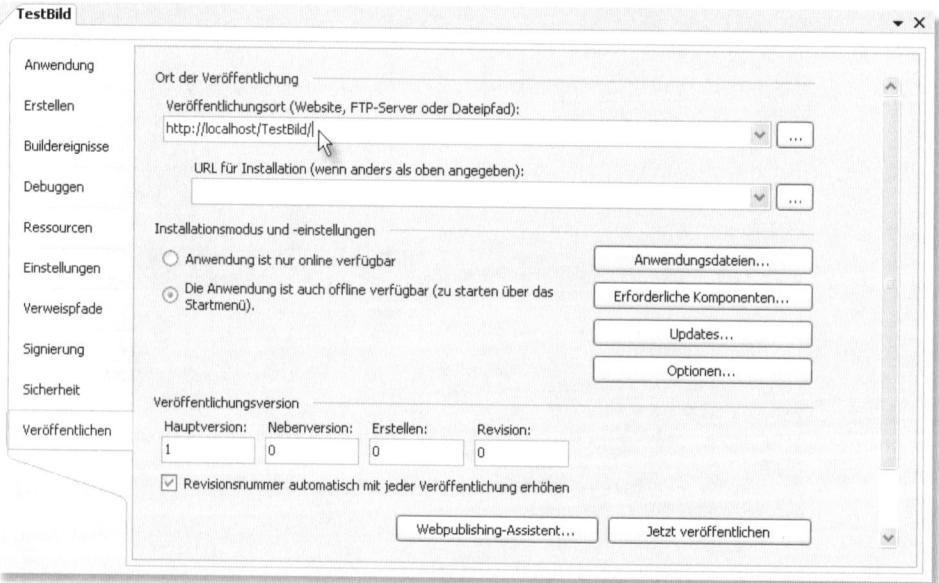

## Anwendungsdateien

Klicken Sie auf die Schaltfläche "Anwendungsdateien..." so öffnet sich ein Dialog in dem Sie angeben können, welche Dateien auf den Deployment-Server zu kopieren sind. *ClickOnce* erkennt selbstständig, welche Abhängigkeiten zwischen den Dateien bestehen und welche Dateien unbedingt erforderlich sind.

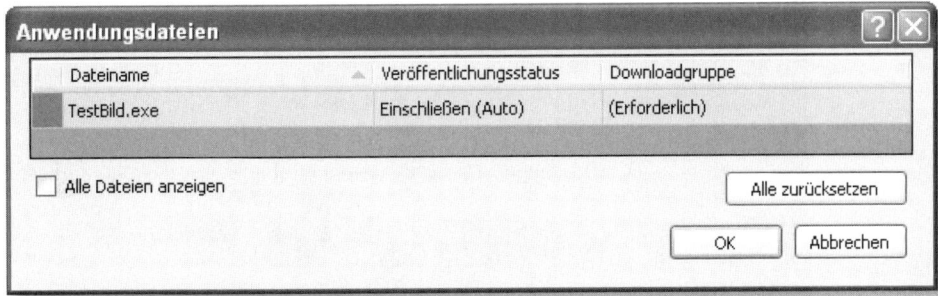

## Erforderliche Komponenten

Nach Klick auf die Schaltfläche "Erforderliche Komponenten..." zeigt Ihnen ein Dialog die Komponenten an, die bei Bedarf ebenfalls mit auf den Deployment-Server kopiert werden können.

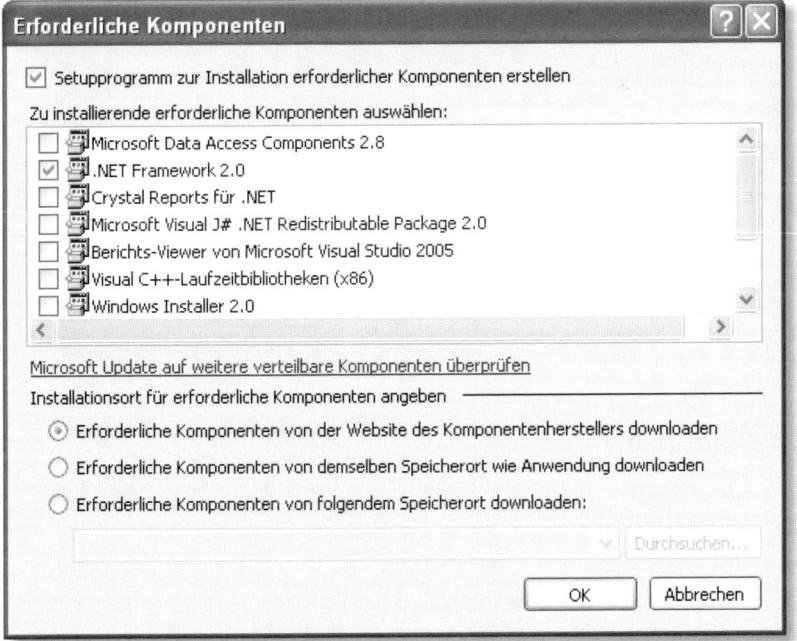

Neben dem *.NET Framework 2.0* stehen momentan die *MDAC 2.8*, der *Windows Installer 2.0*, *Crystal Reports für .NET* und einige andere zur Verfügung. Für unser einfaches Beispiel können wir aber auf zusätzliche Komponenten verzichten, das .NET-Framework wird im Fall der Fälle von der Microsoft-Homepage heruntergeladen.

## Updates

Ein entscheidendes Merkmal der *ClickOnce*-Philosophie ist das Update-Management, welches auf Wunsch auch vollautomatisch ablaufen kann. Nach Klick auf die "Updates..."-Schaltfläche öffnet sich der entsprechende Dialog, der – wie übrigens alle anderen auch – so gut beschriftet ist, dass zusätzliche Erklärungen an dieser Stelle pure Papierverschwendung wären.

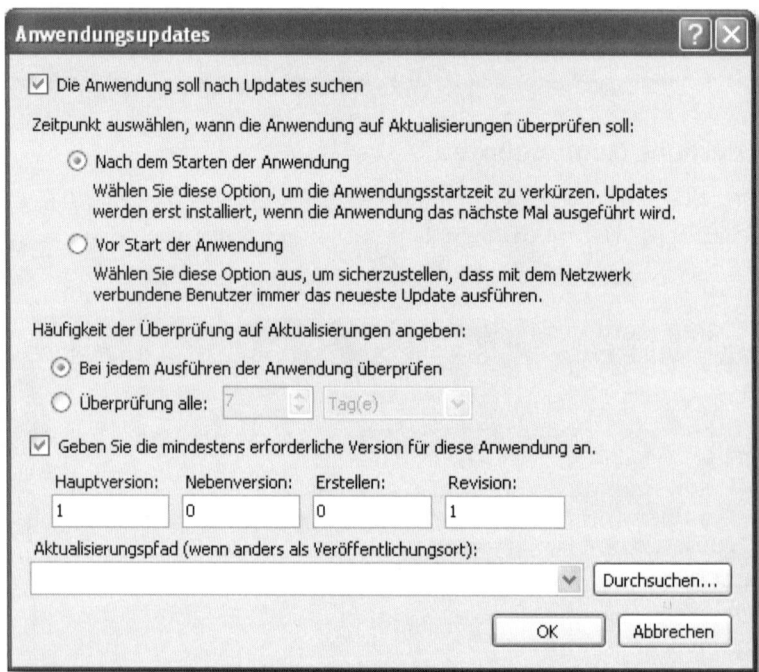

## Veröffentlichen

Haben Sie alle Einstellungen vorgenommen, so steht dem entscheidenden Klick auf die Schaltfläche "Jetzt veröffentlichen" nichts mehr im Wege.

Es vergeht etwas Zeit, bis im Browser eine HTML-Seite *publish.htm* erscheint, welche zusammen mit den Programmdateien auf dem Webserver liegt.

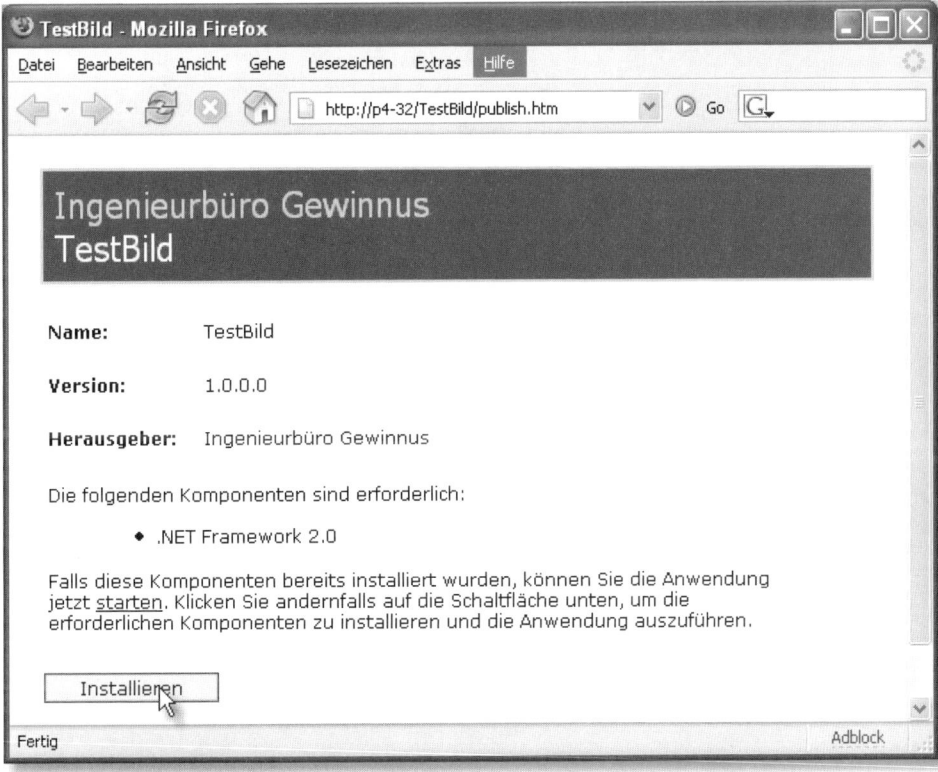

## Verzeichnisstruktur

Auf dem Webserver wurde das Verzeichnis *\TestBild* mit der abgebildeten Struktur angelegt:

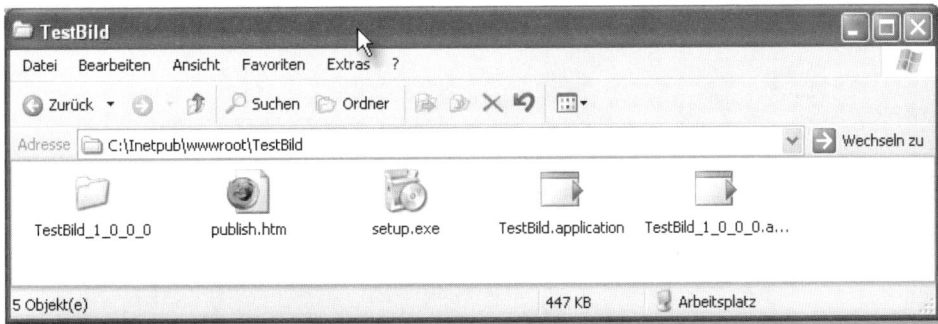

Ein paar Worte zu den einzelnen Dateien:

- Die Datei *publish.htm* liefert den Einsprung für den Anwender (siehe oben).

- Die Datei *setup.exe* startet die Installation über die Datei *publish.htm*.

- *TestBild.application* und *TestBild_1_0_0_1.application* sind XML-Dateien, sie enthalten Deployment Manifeste, welche Setup und Update der Anwendung konfigurieren.

- Im Unterverzeichnis *\TestBild_1_0_0_1* befindet sich das eigentliche Programm. Es besteht aus der *exe*-Datei *TestBild.exe.deploy* und dem Application-Manifest *TestBild.exe.manifest.*

Es folgen teilweise mehrere Sicherheitswarnungen die Sie – zumindest für unser Beispiel – bedenkenlos ignorieren können (Schaltfläche "Ausführen" bzw. "Installieren" wählen):

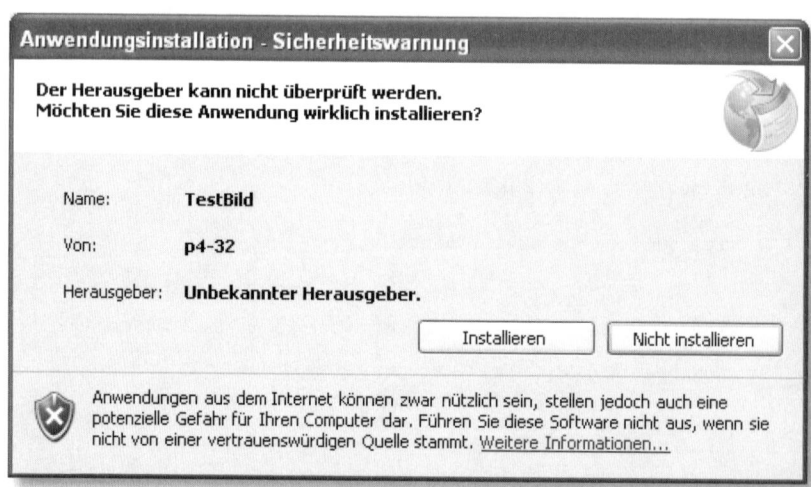

Nach Klick auf die "Installieren"-Schaltfläche und erfolgreichem Abschluss der Installation wird das Programm gestartet. Außerdem können Sie es – wie jedes andere Programm auch – über die "Start"-Schaltfläche des Windows Desktop aufrufen, selbst wenn keine Verbindung zum Netzwerk mehr besteht.

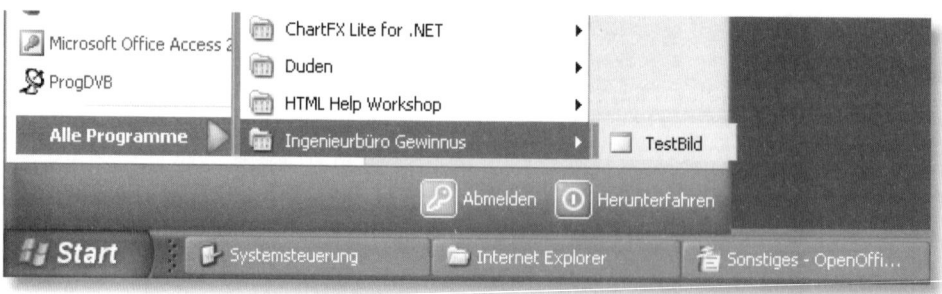

---

**HINWEIS:** Über *Systemeinstellungen|Software* lässt sich das Programm wieder deinstallieren, wobei Sie hier sogar die Option haben, die Vorgängerversion zu restaurieren.

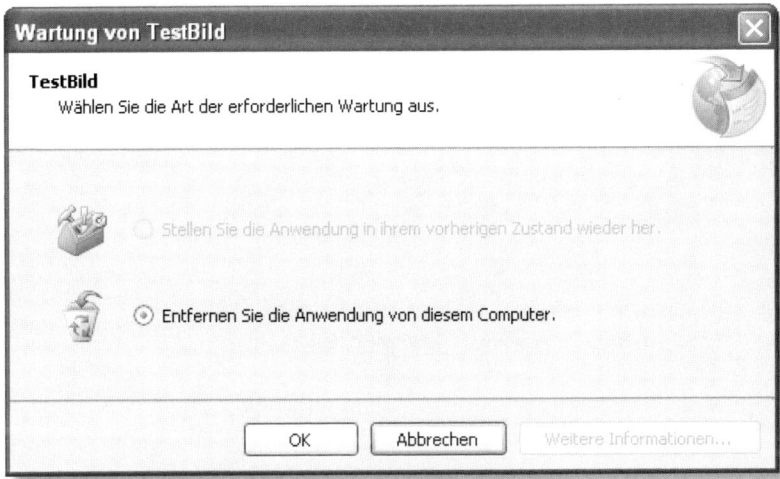

# Anhang

## A: Glossar

| Begriff | Bedeutung | Bemerkung |
|---|---|---|
| ACE | Access Control Entries | Einträge in einer ACL |
| ACL | Access Control List | Zugangskontrollliste, dient der Rechteverwaltung |
| ADO | ActiveX Data Objects | ältere Datenzugriffstechnologie von Microsoft |
| ADO.NET | | neue Datenzugriffstechnologie von Microsoft für .NET |
| ADS | Active Directory Service | Verzeichnisdienst |
| ANSI | American National Standard Institute | US-amerikanische Standardisierungsbehörde |
| API | Application Programming Interface | allgemeine Schnittstelle für den Anwendungsprogrammierer |
| ASCII | American Standard Code for Information Interchange | klassisches Textformat |
| ASP | Active Server Pages | Webseiten mit serverseitig ausgeführten Skripten |
| BLOB | Binary Large Object | binäres Objekt, z.B. Grafik |
| BO | Business Object | Geschäftsobjekt |
| CAO | Client Activated Objects | vom Client aktiviertes Objekt (.NET Remoting) |
| CGI | Common Gateway Interface | Möglichkeit für die Verarbeitung von Anfragen auf einem Webserver |
| CLI | Common Language Infrastructure | Standard für alle .NET-Programmiersprachen |
| CLR | Common Language Runtime | virtuelle Umgebung von .NET |
| COD | Click Once Deployment | neue Distributionsmöglichkeit in .NET 2.0 |
| COM | Common Object Model | allgemeines Objektmodell von Microsoft |
| CSV | Comma Separated Variables | durch bestimmte Zeichen getrennte Daten (meist Komma) |
| CTS | Common Type System | Datentypen, die von .NET unterstützt werden |
| DAO | Data Access Objects | klassische Datenzugriffsobjekte |
| DC | Device Context | Gerätekontext |
| DCOM | Distributed Component Object Model | auf mehrere Rechner verteiltes COM |
| DES | Data Encryption Standard | Standard für die Verschlüsselung von Daten |
| DISCO | WebService Discovery | XML-Protokoll zum Aufsuchen von Webdiensten |

| Begriff | Bedeutung | Bemerkung |
|---------|-----------|-----------|
| DLL | Dynamic Link Library | Laufzeitbibliothek, die von mehreren Programmen benutzt werden kann |
| DQL | Data Query Language | Untermenge von SQL zur Datenabfrage |
| DDL | Data Definition Language | Untermenge von SQL zur Datendefinition |
| DML | Data Manipulation Language | Untermenge von SQL zur Datenmanipulation |
| DMO | Distributed Management Objects | Objekte z.B SQLDMO zum Administrieren des SQL Servers |
| DNS | Domain Name Service | Umwandlung von Domain-Namen in IP-Adresse |
| DOM | Document Object Model | objektorientiertes Modell für den Zugriff auf strukturierte Dokumente |
| DSN | Data Source Name | Name einer Datenquelle |
| DTD | Document Type Definition | Definition der Xml-Dokumentenstruktur |
| DTS | Data Transformation Services | SQL-Server-Dienst, zum Transformieren von Daten |
| FCL | Framework Class Library | .NET-Klassenbibliothek |
| FSM | Finite State Machine | Endlicher Zustandsautomat |
| FTP | File Transfer Protocol | Internet-Protokoll für Dateitransfer |
| FQDN | Full Qualified Domain Name | Host-Name des Servers in URL |
| FSO | File System Objects | Objektmodell für Zugriff auf Laufwerke, Verzeichnisse und Dateien |
| GAC | Global Assembly Cache | allgemein zugänglicher Speicherbereich für Assemblies |
| GC | Garbage Collection | "Müllsammlung" (Freigabe von Objekten) |
| GDI | Graphical Device Interface | Grafikfunktionen der Windows API |
| GDI+ | | Grafikklassenbibliothek von .NET |
| GLS | Gleichungssystem | Begriff der numerischen Mathematik |
| GUI | Graphical User Interface | grafische Benutzerschnittstelle |
| GUID | Global Unique Identifier | eindeutiger Zufallswert (128 Bit) zur Kennzeichnung von Klassen |
| HTML | Hypertext Markup Language | Sprache zur Gestaltung statischer Webseiten |
| HTTP | Hypertext Transfer Protocol | Protokoll für Hypertextdokumente |
| ICMP | Internet Control Message Protocol | Nachrichtenprotokoll im Internet |
| ID | Identifier | Identifikationsschlüssel |
| IDC | Internet Database Connector | ... enthält Infos zum Herstellen einer Verbindung bzw. Ausführen von SQL |
| IDE | Integrated Development Environment | Integrierte Entwicklungsumgebung |
| IE | Internet Explorer | ... oder Internet Browser |
| IIS | Internet Information Server | ... oder Internet Information Services |
| IL | Intermediate Language | Zwischencode von .NET |
| ISAM | Indexed Sequence Access Method | indexsequenzielle Zugriffsmethode |

| Begriff | Bedeutung | Bemerkung |
|---|---|---|
| ISAPI | Internet Server API Interface | Web-Anwendung (DLL) für IIS und IE |
| Jet | Joint Engineers Technology | lokales Datenbanksystem von Microsoft |
| JIT | Just In Time | Compilieren zur Laufzeit |
| LAN | Local Area Network | lokales Rechnernetzwerk |
| MARS | Multiple Active Results Sets | Mehrfachverwendung einer Connection (SQL Server 2005) |
| MDA | Model Driven Architecture | Anwendungsentwicklung auf Basis von Modellen |
| MDAC | Microsoft Data Access Components | Datenzugriffskomponenten (ab Version 2.6), müssen auf Zielcomputer installiert sein |
| MIME | Multipurpose Internet Mail Extensions | standardisierte Dateitypen für Internet-Nachrichten |
| MMC | Microsoft Management Console | Rahmenanwendung für administrative Aufgaben |
| MS | Microsoft | Software-Gigant |
| MSDE | Microsoft Data Engine | abgerüstete SQL Server-Datenbank-Engine |
| MSDN | Microsoft Developers Network | eine (fast) unerschöpfliche Informationsquelle für den Windows-Programmierer |
| MSIL | Microsoft Intermediate Language | Zwischencode für .NET |
| MSXML | Microsoft XML Core Services | |
| ODBC | Open Database Connectivity | allgemeine Datenbankschnittstelle |
| OLAP | On-Line Analytical Processing | |
| OLE | Object Linking and Embedding | Microsoft-Technologie zum Verknüpfen und Einbetten von Objekten |
| OLE DB | | Schnittstelle für den universellen Datenzugriff |
| OOP | Object Oriented Programming | Objektorientierte Programmierung |
| PAP | Programmablaufplan | |
| POP3 | Post Office Protocol Version 3 | Posteingangsserver |
| PWS | Personal Web Server | abgerüstete Version des IIS |
| RAD | Rapid Application Development | schnelle Anwendungsentwicklung |
| RDBMS | Relational Database Management System | Relationales Datenbank-Management-System |
| RDL | Report Definition Language | Xml-basierte Beschreibungssprache für Microsoft Reporting Services |
| RDS | Remote Data Services | Objektmodell für Datenverkehr mit Remote Server |
| RPC | Remote Procedure Call | Aufruf einer entfernten Methode |
| RTL | Runtime Library | Laufzeitbibliothek |
| SAO | Server Activated Object | vom Server aktiviertes Objekt (.NET Remoting) |
| SDK | Software Development Kit | Entwickler-Tools |
| SGML | Standard Generalized Markup Language | Regelwerk zur Definition von Auszeichnungssprachen für Dokumente |

| Begriff | Bedeutung | Bemerkung |
|---------|-----------|-----------|
| SMO | SQL Management Objects | managed Code-Libraries zur Verwaltung und Analyse des SQL Servers |
| SMTP | Simple Mail Transport Protocol | TCP/IP-Protokoll für die Übertragung von Nachrichten zwischen einzelnen Computern |
| SOAP | Simple Object Access Protocol | Protokoll zum XML-basierten Zugriff auf Objekte |
| SOM | Schema Object Model | zusätzliche APIs für den Zugriff auf XML Schema-Dokumente |
| SQL | Structured Query Language | Abfragesprache für Datenbanken |
| SQLDMO | SQL Distributed Management Objects | Library für Verwaltung des MS SQL Servers |
| SSL | Secure Socket Layer | Sicherheitsprotokoll für Datenübertragung |
| SSPI | Security Service Provider Interface | API für Authentifizierung und Vergabe von Zugriffsberechtigungen |
| TCP/IP | Transmission Control Protocol/ Internet Protocol | Netzwerkprotokoll zum Datentransfer, IP-Adresse ist 32-Bit-Zahl |
| UDDI | Universal Description, Discovery and Integration | Technologie zum Durchsuchen nach Webdiensten |
| UDF | User Defined Function | benutzerdefinierte Funktion (SQL Server) |
| UDL | Unified Data Link | standardisierte Datenverbindung |
| UDP | Unified Data Protocol | standardisiertes Datenprotokoll |
| UI | User Interface | Benutzerschnittstelle |
| UML | Unified Modelling Language | Sprache zur Beschreibung von Objektmodellen |
| UNC | Uniform Naming Convention | System zur Benennung von Dateien in vernetzten Umgebungen |
| URL | Uniform Resource Locator | Web-Adresse |
| VCL | Visual Component Library | Delphi-Klassenbibliothek |
| WMI | Windows Management Instrumentation | Klassen zur Windows-Administration |
| WSDL | Web Services Description Language | XML-basierte Beschreibungssprache für Webdienste |
| WSE | Webservice Enhancements | Webdienst-Erweiterungen von Microsoft |
| W3C | Consortium | Standard |
| WWW | World Wide Web | Teil des Internets |
| XAML | eXtensible Application Markup Language | XML-Beschreibung für Windows-Oberflächen |
| XML | Extensible Markup Language | universelle textbasierte Beschreibungssprache |
| XSD | XML Schema Definition Language | XML-Dialekt zur Beschreibung von Datenstrukturen |
| XSLT | Extensible Stylesheet Language Transformations | Technologie zum Transformieren der Struktur von XML-Dokumenten |

# B: Wichtige Datei-Extensions

| Extension | Beschreibung |
| --- | --- |
| .ascx | Web-Benutzersteuerelemente |
| .asp | Active Server Pages |
| .aspx | Webform |
| .aspx.cs | Quellcode für Webform |
| .cd | vom Klassen Designer angelegte Datei |
| .config | Konfigurationsdatei der Anwendung |
| .csproj | C#-Projektdatei |
| .css | StyleSheet |
| .deploy | Dateien für Click Once Deployment |
| .disco | Static Discovery File |
| .dll | Assembly (Klassenbibliothek) |
| .exe | Assembly (ausführbare Datei) |
| .htm | HTML-Datei |
| .manifest | Deployment Manifest |
| .pdb | Debug-Infos (Program Debug Database) |
| .resources | Ressourcen-Datei |
| .resx | Ressourcen-Datei (Xml) |
| .rdl | Xml-Report (Reporting Services) |
| .rdlc | lokaler Xml-Report |
| .rpt | Crystal Report |
| .settings | Anwendungseinstellungen (Visual Studio Settings) |
| .sln | Visual Studio Projektmappe |
| .suo | Benutzereinstellungen Visual Studio |
| .cs | C#-Quellcodedatei |
| .vshost.exe | Visual Studio Host zum Laden der Assembly |
| .wsf | Script für Windows Scripting Host |
| .xsd | XML Schema für XML-Dokumente |
| .xslt | XML-Transformationsdatei |
| default.aspx | Standardseite für Web |
| global.asax | Globale Ereignisse für die Webanwendung |
| web.config | WEB-Konfiguration |
| web.sitemap | Inhaltsverzeichnis des Webs für die Navigation |

# C: ANSI-Tabelle

| | | | | | | | |
|---|---|---|---|---|---|---|---|
| 0 | | 32 | [space] | 64 | @ | 96 | ` |
| 1 | | 33 | ! | 65 | A | 97 | a |
| 2 | | 34 | " | 66 | B | 98 | b |
| 3 | | 35 | # | 67 | C | 99 | c |
| 4 | | 36 | $ | 68 | D | 100 | d |
| 5 | | 37 | % | 69 | E | 101 | e |
| 6 | | 38 | & | 70 | F | 102 | f |
| 7 | | 39 | ' | 71 | G | 103 | g |
| 8 | BS | 40 | ( | 72 | H | 104 | h |
| 9 | TAB | 41 | ) | 73 | I | 105 | i |
| 10 | LF | 42 | * | 74 | J | 106 | j |
| 11 | | 43 | + | 75 | K | 107 | k |
| 12 | | 44 | , | 76 | L | 108 | l |
| 13 | CR | 45 | - | 77 | M | 109 | m |
| 14 | | 46 | . | 78 | N | 110 | n |
| 15 | | 47 | / | 79 | O | 111 | o |
| 16 | | 48 | 0 | 80 | P | 112 | p |
| 17 | | 49 | 1 | 81 | Q | 113 | q |
| 18 | | 50 | 2 | 82 | R | 114 | r |
| 19 | | 51 | 3 | 83 | S | 115 | s |
| 20 | | 52 | 4 | 84 | T | 116 | t |
| 21 | | 53 | 5 | 85 | U | 117 | u |
| 22 | | 54 | 6 | 86 | V | 118 | v |
| 23 | | 55 | 7 | 87 | W | 119 | w |
| 24 | | 56 | 8 | 88 | X | 120 | x |
| 25 | | 57 | 9 | 89 | Y | 121 | y |
| 26 | | 58 | : | 90 | Z | 122 | z |
| 27 | | 59 | ; | 91 | [ | 123 | { |
| 28 | | 60 | < | 92 | \ | 124 | | |
| 29 | | 61 | = | 93 | ] | 125 | } |
| 30 | | 62 | > | 94 | ^ | 126 | ~ |
| 31 | | 63 | ? | 95 | _ | 127 | |

| | | | | | | | |
|---|---|---|---|---|---|---|---|
| 128 | | 160 | [space] | 192 | À | 224 | à |
| 129 | | 161 | ¡ | 193 | Á | 225 | á |
| 130 | | 162 | ¢ | 194 | Â | 226 | â |
| 131 | | 163 | £ | 195 | Ã | 227 | ã |
| 132 | | 164 | ¤ | 196 | Ä | 228 | ä |
| 133 | | 165 | ¥ | 197 | Å | 229 | å |
| 134 | | 166 | ¦ | 198 | Æ | 230 | æ |
| 135 | | 167 | § | 199 | Ç | 231 | ç |
| 136 | | 168 | ¨ | 200 | È | 232 | è |
| 137 | | 169 | © | 201 | É | 233 | é |
| 138 | | 170 | ª | 202 | Ê | 234 | ê |
| 139 | | 171 | « | 203 | Ë | 235 | ë |
| 140 | | 172 | ¬ | 204 | Ì | 236 | ì |
| 141 | | 173 | | 205 | Í | 237 | í |
| 142 | | 174 | ® | 206 | Î | 238 | î |
| 143 | | 175 | ¯ | 207 | Ï | 239 | ï |
| 144 | | 176 | ° | 208 | Ð | 240 | ð |
| 145 | | 177 | ± | 209 | Ñ | 241 | ñ |
| 146 | | 178 | ² | 210 | Ò | 242 | ò |
| 147 | | 179 | ³ | 211 | Ó | 243 | ó |
| 148 | | 180 | ´ | 212 | Ô | 244 | ô |
| 149 | | 181 | µ | 213 | Õ | 245 | õ |
| 150 | | 182 | ¶ | 214 | Ö | 246 | ö |
| 151 | | 183 | · | 215 | × | 247 | ÷ |
| 152 | | 184 | ¸ | 216 | Ø | 248 | ø |
| 153 | | 185 | ¹ | 217 | Ù | 249 | ù |
| 154 | | 186 | º | 218 | Ú | 250 | ú |
| 155 | | 187 | » | 219 | Û | 251 | û |
| 156 | | 188 | ¼ | 220 | Ü | 252 | ü |
| 157 | | 189 | ½ | 221 | Ý | 253 | ý |
| 158 | | 190 | ¾ | 222 | Þ | 254 | þ |
| 159 | | 191 | ¿ | 223 | ß | 255 | ÿ |

# Index

**GUT AUFGELEGT**

ICH BLEIBE OFFEN LIEGEN ;-) DANK SPEZIAL-
FORMAT UND PATENTIERTER BINDUNG

Kösel FD 351 · Patent-No. 0748702